Recht – Wissenschaft – Theorie
Standpunkte und Debatten

herausgegeben von
Matthias Jestaedt, Oliver Lepsius,
Christoph Möllers und Andreas Voßkuhle

5

Der Eigenwert
des Verfassungsrechts

Was bleibt von der Verfassung
nach der Globalisierung?

Herausgegeben von

Thomas Vesting und Stefan Korioth

Mohr Siebeck

Thomas Vesting, geboren 1958, Inhaber des Lehrstuhls für Öffentliches Recht, Recht und Theorie der Medien an der Johann Wolfgang Goethe-Universität Frankfurt/M.

Stefan Korioth, geboren 1960, Inhaber des Lehrstuhls für Öffentliches Recht und Kirchenrecht an der Ludwig-Maximilians-Universität München.

ISBN 978-3-16-150984-1
ISSN 1864-905X (Recht – Wissenschaft – Theorie)

Die Deutsche Nationalbibliothek verzeichnet diese Publikation in der Deutschen Nationalbibliographie; detaillierte bibliographische Daten sind im Internet über *http://dnb.d-nb.de* abrufbar.

© 2011 Mohr Siebeck, Tübingen.

Das Buch wurde von Gulde Druck in Tübingen aus der Minion gesetzt, auf alterungsbeständiges Werkdruckpapier gedruckt und gebunden.

Vorwort

„Der Eigenwert des Verfassungsrechts – was bleibt von der Verfassung nach der Globalisierung?" versteht sich als Versuch der Selbstreflexion und Selbstvergewisserung des nationalen Staats- und Verfassungsrechts zu Beginn des 21. Jahrhunderts. Der hier vorliegende Sammelband ist aus einem DFG-Rundgespräch hervorgegangen, das am 25. und 26. März 2010 in der inspirierenden Umgebung und Atmosphäre der Siemens-Stiftung in München-Nymphenburg stattfand. Zielsetzung des Rundgesprächs war es, den Diskussions- und Wissensstand der Staatsrechtslehre darauf zu befragen, welche Aufgabe und welche Bedeutung dem nationalen Verfassungsrecht heute zukommen und zukommen können – nach allen Relativierungen, Infragestellungen und Veränderungen, die mit der in den letzten beiden Jahrzehnten umfassend erörterten Globalisierung des Rechts und der fortschreitenden europäischen Integration verbunden sind. Was bleibt von der Nationalstaatsverfassung, die lange Zeit auf das Narrativ einer „höchsten Autorität" innerhalb einer geltenden Rechtsordnung ausgerichtet werden konnte? Befindet sich die nationale Verfassung im unaufhaltsamen und nicht umkehrbaren Niedergang oder auf der Suche nach einem neuen Standort mit neuen Funktionen? Lassen sich hierbei Teilbereiche der Verfassung unterscheiden, die jeweils weniger stark oder stärker von den genannten Entwicklungen berührt worden sind und berührt werden?

Das Rundgespräch wollte vor allem diejenigen Teildisziplinen innerhalb des öffentlichen Rechts ansprechen, die sich mit der Erklärung, Systematisierung und Fortentwicklung des Verfassungsrechts und der hierzu gehörenden Peripherie, der Staats- und Verfassungstheorie, aber auch der Verfassungs- und Dogmengeschichte, befassen. Es sollte dabei gerade um die Selbstvergewisserung eines einst mehr oder weniger vollständig auf den je eigenen Nationalstaat zentrierten Fachgebiets gehen, dessen Bedeutung heute fragwürdig geworden ist und demnach, sofern dies möglich ist, neu erarbeitet werden muss. Diese Zielsetzung führte zu einem Vorrang der fachinternen Reflexion. Interdisziplinäre und international orientierte Problemzugänge, die inzwischen zur üblichen Einkreisung eines Problemfelds gehören, sollten zwar nicht prinzipiell ausgespart werden, aber auch nicht an die Stelle dessen treten, was traditionellerweise als Verfassungsrechtslehre bezeichnet wird. Unsere Absicht war nicht nur, erste Antworten auf die Frage nach dem gegenwärtigen Eigenwert von Verfassung und Verfassungsrecht zu geben, sondern damit zugleich Perspektiven für zukünftige und daran anknüpfende Forschungsfragen zu eröffnen.

Der DFG danken wir für großzügige finanzielle Unterstützung. Für die perfekte Betreuung des Projekts war auf seiten der DFG Herr Michael Schuster zuständig, dessen tragisch frühen Tod im Januar diesen Jahres wir betrauern. Prof. Dr. Heinrich Meier gebührt Dank dafür, dass er sich sofort bereit erklärt hat, die herrlichen Räume der Carl Friedrich von Siemens-Stiftung für die Tagung zur Verfügung zu stellen. Frau Gudrun Kresnik und ihr Team haben vorzüglich für unser leibliches Wohl gesorgt. Dr. Dr. Ino Augsberg, Philipp Eckel und Michael Müller haben die organisatorische Seite der Tagung umsichtig vorbereitet und die redaktionellen Lasten bei der Erstellung des Tagungsbandes getragen.

München, im Juni 2011   Thomas Vesting
                                                        Stefan Korioth

Inhalt

Thomas Vesting/Stefan Korioth

Einführung

Die Fragestellung „Was bleibt von der Verfassung nach der Globalisierung?" könnte nach wehmütigem Rückblick und Abschied von der Verfassung klingen. Ist der nationale Konstitutionalismus ins Zwielicht oder ins Dunkel geraten?[1] Ein Ende der herkömmlichen nationalstaatlichen Verfassung und ihre Ersetzung durch höherstufige oder eher horizontal-funktionale Aggregationen kann zwar nicht kategorisch ausgeschlossen werden, aber ob eine solche Entwicklung die Bedeutung der nationalen Verfassungen wirklich relativiert oder sogar gegen Null schrumpfen lässt, ist gerade die Frage, auf die der Band, wenn nicht fertige Antworten, so doch zumindest tragfähige Einschätzungen geben möchte. Es herrscht zwar kein Mangel an Einzelbeiträgen zu nahezu allen Bereichen des Staats- und Verfassungsrechts. Es ist aber dennoch erstaunlich und müsste die Verfassungsrechtslehre eigentlich in große Unruhe versetzen, dass es seit Konrad Hesses „Grundzügen des Verfassungsrechts der Bundesrepublik Deutschland"[2] keinen Versuch eines eigenständigen systematischen Zugriffs auf die Gesamtheit des geltenden „nationalen" Verfassungsrechts mehr gegeben hat. Bezeichnend hierfür ist auch, dass an die Stelle der konzentrierten Darstellung des Stoffs in einer nicht lediglich für Ausbildungszwecke arrangierten Form gerade in den letzten 20 Jahren eine stark gestiegene Zahl von Grundgesetzkommentaren getreten ist, die, verfasst zumeist von einer Vielzahl von Autoren, die einzelnen Fragen des Verfassungsrechts orientiert an der Artikelfolge des Grundgesetzes Punkt für Punkt abarbeiten und sich damit gewissermaßen von selbst jeder darüber hinaus gehenden Fragestellung entledigen (können).

Von wenigen Ausnahmen abgesehen,[3] haben sich die anspruchsvolleren Debatten um die Zukunft der Verfassung, die etwa Dieter Grimm um 1990 noch ganz selbstverständlich nur mit Fragen des innerstaatlichen öffentlichen Rechts in Verbindung gebracht hatte,[4] zwischenzeitlich auf die Phänomene der Europäisierung, Internationalisierung und Globalisierung verlagert. Diskutiert wird etwa, ob es möglich ist, den Verfassungsbegriff vom Staat abzulösen, ob sich der Verfassungsbegriff in den supra- und transnationalen Raum exportieren lässt; entsprechend beherrschen Texte

---

[1] Dazu Petra Dobner/Martin Loughlin (Hrsg.), The Twilight of Constitutionalism?, Oxford 2010.

[2] Erste bis 20. Auflage 1966–1995, Nachdruck 1999.

[3] Aus jüngerer Zeit insbesondere Otto Depenheuer/Christoph Grabenwarter (Hrsg.), Verfassungstheorie, 2010; stark methodologisch orientiert *Matthias Jestaedt*, Die Verfassung hinter der Verfassung, 2009.

[4] *Dieter Grimm*, Die Zukunft der Verfassung, 1991.

über europäisches Verfassungsrecht, globalen Konstitutionalismus, globale Zivilverfassungen (*societal constitutionalism*) und andere Phänomene die Diskussion.[5] Daneben bindet eine die Ebene des Staats- und Verfassungsrechts eher beiläufig thematisierende Diskussion über die Reform des Verwaltungsrechts die Aufmerksamkeit des Fachs. Vor einem Jahrzehnt ist sogar vermutet worden, dass Methodenfragen des öffentlichen Rechts im Verwaltungsrecht zu erörtern seien, nicht dagegen länger – wie traditionellerweise – im Bereich des Staatsrechts und der Staats- und Verfassungstheorie.[6] Bei aller Berechtigung, die diese Verminderung der Aufmerksamkeit für das traditionelle Staats- und Verfassungsrecht angesichts der Sachprobleme haben mag, bleibt doch auch in einem globalisierten Staaten- und Verfassungsraum die Frage, was aus den Beständen an Argumentationen und Wissen werden soll, die bis vor kurzem ausschließlich im Feld der nationalen Verfassungsrechtslehre bearbeitet und gepflegt worden sind. Kann es sein, dass der Verfassungsbegriff und die Orientierung hin auf das Verfassungsrecht als Formel für die Einheit des öffentlichen Rechts nicht mehr länger tragfähig sind? Welche gesellschaftlichen Prozesse führen möglicherweise zu einem Bedeutungsverlust des traditionellen Verfassungsmodells? Umgekehrt gefragt: Welche bleibende Funktion kann der Verfassung auch und gerade angesichts solcher sozialen Veränderungen noch zugesprochen werden? Wofür bleibt ein Verfassungsdenken, eine „zeitgenössische Verfassungstheorie",[7] unaufgebbar? Gibt es neue Aufgaben, die der Verfassung zuwachsen?[8]

Die gegenwärtige Lage der Verfassung und des Verfassungsrechts ist alles andere als einfach zu fassen. Einerseits hat das Verfassungsrecht unter dem Grundgesetz eine mit keiner anderen Epoche der neueren Verfassungsgeschichte vergleichbare Erfolgsgeschichte vorzuweisen.[9] Die in Weimar noch zaghaft formulierte, umstrittene und von vielen als problematisch angesehene Anerkennung eines Vorrangs der Verfassung[10] ist unter dem Grundgesetz Dreh- und Angelpunkt zur Bestimmung der Stellung der Verfassung in der gesamten Rechtsordnung geworden.[11] Damit ist einer-

---

[5] Aus der Vielzahl der Beiträge vgl. nur *Gunther Teubner*, Globale Zivilverfassungen. Alternativen zur staatszentrierten Verfassungstheorie, ZaöRV 63 (2003), S. 1 ff.; *ders./Andreas Fischer-Lescano*, Regime-Kollisionen. Zur Fragmentierung des globalen Rechts, 2006; *Karl-Heinz Ladeur/Lars Viellechner*, Die transnationale Expansion staatlicher Grundrechte. Zur Konstitutionalisierung globaler Privatrechtsregimes, Archiv des Völkerrechts 46 (2008), S. 42 ff.; *Ulrich K. Preuß*, Disconnecting Constitutions from Statehood: Is Global Constitutionalism a Viable Concept?, in: Dobner/Loughlin (Fn. 1), S. 23 ff. m. w. N. und andererseits (negativ) *Rainer Wahl*, In Defence of "Constitution", im gleichen Werk, S. 220 ff.

[6] *Christoph Möllers*, Theorie, Praxis und Interdisziplinarität in der Verwaltungsrechtswissenschaft, VerwArch 93 (2001), S. 22 ff.; *ders.*, Braucht das öffentliche Recht einen neuen Methoden- und Richtungsstreit?, VerwArch 89 (1999), S. 187 ff.

[7] Vgl. dazu den Beitrag von *Fabian Steinhauer* i. d. Bd.

[8] Vgl. den Beitrag von *Thomas Vesting* i. d. Bd.

[9] Vgl. dazu – teilweise kritisch – die Beiträge von *Christoph Schönberger, Uwe Volkmann* und *Rainer Wahl* i. d. Bd.

[10] *Gerhard Anschütz*, Die Verfassung des Deutschen Reiches, 14. Auflage 1933, S. 371, 401, 476.

[11] *Rainer Wahl*, Der Vorrang der Verfassung (1981), in: *ders.*, Verfassungsstaat, Europäisierung, Internationalisierung, 2003, S. 121 ff.

seits die umfassende Bindung des Gesetzgebers an das Grundgesetz verbunden, andererseits die Möglichkeit einer umfassenden verfassungsgerichtlichen Kontrolle aller Staatstätigkeit, von der das Bundesverfassungsgericht in der Vergangenheit intensiven Gebrauch gemacht hat.[12] Dies hat zu einer umfassenden Durchdringung aller Rechtsgebiete durch ein professionalisiertes Verfassungsrecht mit einer bedeutenden Rolle des Richterrechts geführt, etwa im Rahmen einer verfassungsrechtlichen Aufladung grundlegender verwaltungsrechtlicher Institute (subjektiv-öffentliche Rechte, Ermessenslehre, Beurteilungsspielraum, Vertrauensschutz, Partizipation im Verwaltungsverfahren) oder im Sinne einer starken Durchdringung des Privatrechts vor allem durch die heute kaum noch bestrittene Rechtsfigur der Drittwirkung von Grundrechten in zivilrechtlichen Beziehungen.[13] Diese Erfolgsgeschichte des Verfassungsrechts, die man leicht durch andere Beispiele anreichern könnte, wie etwa die „Neuentdeckung" grundrechtlicher Schutzpflichten[14] oder sogar neuer Grundrechte, scheint aber inzwischen ihren Zenit hinter sich zu haben. Sie droht nunmehr, worauf in jüngerer Zeit vor allem Rainer Wahl aufmerksam gemacht hat, zumindest teilweise in einen Bedeutungsverlust der Verfassung umzuschlagen. Dieser Bedeutungsverlust äußert sich nicht zuletzt in einer Diffusion und Auflösung des Verfassungsrechts etwa im Verhältnis zum Privatrecht oder zum supra- und internationalen Recht.[15]

Andererseits ist es mit der Expansion des Verfassungsrechts in das einfache Recht hinein und mit der zunehmenden „Verschleifung" von einfachgesetzlichem Recht und Verfassungsrecht[16] zu einer Proliferation von „Teilverfassungen" gekommen, wie sie heute auch (und vor allem) für den außerstaatlichen Raum in der Form einer Entstehung von globalen Zivilverfassungen (*societal constitutionalism*) beobachtet werden. Diese Tendenz zu sektorspezifischen Eigenverfassungen, Teilverfassungen oder Folgeverfassungen meint nicht mehr das, was in den 1970er Jahren damit verbunden worden ist, nämlich die Zusammenschau mehrerer Verfassungsnormen zu einem normativen Gesamtkomplex, der mehr aussagen soll als die einzelnen Vorschriften, wie etwa die damalige Redeweise von der „Wirtschaftsverfassung" des Grundgesetzes.[17] Gemeint ist heute vielmehr eine zunehmende Autonomisierung bestimmter Rechtsgebiete, die ihre jeweilige Regelsetzung nicht mehr primär aufgrund hierarchisch übergeordneter (Verfassungs-)Rechtssätze und Verfassungsprinzipien, sondern nach selbstgesetzten internen Maßstäben betreiben. Für die Frage

---

[12] Vgl. zur Rolle des Verfassungsgerichts auch den Beitrag von *Matthias Jestaedt* i. d. Bd.

[13] BVerfGE 7, 198 – Lüth.

[14] Seit BVerfGE 39, 1 – § 218 StGB.

[15] *Rainer Wahl*, Zwei Phasen des Öffentlichen Rechts nach 1949, in: *ders.*, Verfassungsstaat, Europäisierung, Internationalisierung, 2003, S. 411 ff.; *ders.*, Die Rolle staatlicher Verfassungen angesichts der Europäisierung und der Internationalisierung, i. d. Bd.; ferner den Beitrag von *Christoph Schönberger* i. d. Bd.

[16] *Matthias Jestaedt*, Grundrechtsentfaltung im Gesetz. Studien zur Interdependenz von Grundrechtsdogmatik und Rechtsgewinnungstheorie, 1999.

[17] *Rupert Scholz*, Pressefreiheit und Arbeitsverfassung, 1978, S. 130 ff.

nach der Bedeutung des nationalen Verfassungsrechts wichtig ist dabei die Beobachtung, dass dieses Phänomen keine Eigentümlichkeit der Globalisierungsdiskussion
darstellt. Teilverfassungen haben sich vielmehr schon lange vor der Intensivierung
der Globalisierung und Europäisierung im innerstaatlichen Recht gebildet, etwa im
Rundfunkrecht, im Wirtschaftsrecht, hier vor allem angestoßen durch die Kontroverse über die Unternehmensmitbestimmung in den 1970er Jahren und weitgehend
beendet durch das Mitbestimmungsurteil des Bundesverfassungsgerichts,[18] im Sozialrecht, im Hochschulrecht, im Religionsverfassungsrecht und in jüngerer Zeit auch
im Datenschutzrecht. Hier hat sich eine Reihe von relativ undurchlässigen und für
den Außenstehenden nicht immer leicht zu durchschauenden Kommunikationsnetzwerken gebildet, die das Verfassungsrecht auch innerstaatlich in Richtung einer
Fragmentierung in Teilverfassungen aufzulösen scheint. Diese Teilverfassungen
scheinen ihrerseits so komplex zu sein, dass nur wenige Verfassungsrechtler heute in
der Lage sind, kompetent über Fragen des Medienrechts oder des Religionsverfassungsrechts oder des Datenschutzrechts nachzudenken – und noch weniger Verfassungsrechtler können dies gleichzeitig. Die Leistungsfähigkeit der so bestimmten
Teilverfassungen ist insgesamt aber nur schwer einschätzbar. Der Sammelband verfolgt deshalb auch den Zweck, mit ausgewählten Sachbereichsberichten einen Überblick darüber herzustellen, inwieweit in bestimmten Handlungsfeldern die Herausbildung von Teilverfassungen mit in sich selbst kreisenden Dogmatiken vorangeschritten ist und den Diskurs bestimmt und was das eigentlich bedeutet.[19] Müssten
die Probleme einzelner Teilverfassungen dann nicht mit denen aus anderen Teilverfassungen abgeglichen werden? Müssten nicht auch an dieser Stelle Metaregeln der
Abstimmung entwickelt werden, gleichsam Kollisionsnormen herausgebildet werden, die jenseits der herrschenden fallbezogenen Abwägung in Anschlag zu bringen
wären? Eine der Fragestellungen lautete, ob eine mögliche künftige Bedeutung des
Verfassungsrechts auch darin liegen könnte, solche Kollisionsregeln zu entwickeln
und zu systematisieren. Wäre dies der Fall, dann könnte und müsste sich dies auch in
einer Umorientierung der Aufmerksamkeit des Fachs niederschlagen, etwa dergestalt, dass die „systematisierende" juristisch-konstruktive Arbeit gegenüber der fallbezogenen und nacherzählenden Rechtsprechungsberichterstattung wieder an Wert
gewinnen müsste.

Einen weiteren, unter Umständen problematischen Entwicklungstrend thematisiert der Sammelband im Hinblick auf die Herausbildung eines neuen Verhältnisses
zwischen Politik und Verfassungsrecht.[20] Während sich ursprünglich unter dem
Grundgesetz die Überzeugung herausbildete, die Verfassung habe die Funktion, als

---

[18] BVerfGE 50, 290.

[19] Vgl. dazu die Beiträge von *Helge Rossen-Stadtfeld, Friedhelm Hase, Jens Kersten, Oliver Lepsius,
Ino Augsberg, Hans Michael Heinig, Ralf Poscher, Indra Spiecker gen. Döhmann* und *Ivo Appel* i. d.
Bd.

[20] Vgl. dazu den Beitrag von *Stefan Korioth* sowie zum Zusammenspiel von Verfassungsrecht
und (Partei-)Politik auch den Beitrag von *Martin Morlok* i. d. Bd.

Rahmenordnung politisches Handeln einerseits an langfristige Regeln zu binden, andererseits politische Gestaltungsspielräume zu eröffnen und hierzu die Verfassung als Selbstbindung der Politik im Staatsorganisationsrecht sowie als Medium der Freisetzung von Prozessen der gesellschaftlichen Selbstorganisation im Feld der Grundrechte einzusetzen, so ist die Verfassung in der jüngeren Vergangenheit vielfach zum selbstbezüglichen Handlungsinstrument der Politik geworden. Schon bei der Reform des Asylrechts im Jahre 1993 ist das Grundgesetz unter den Druck der Eigenlogik einer auf Kompromissformeln angelegten politischen Kommunikation geraten, die die Verfassung als Medium der Festschreibung tagesaktueller Ziele und Kompromisse politischen Handelns versteht.[21] Dieser Trend hat sich vor allem mit den beiden Stufen der Föderalismusreform (2006, 2009) fortgesetzt. Wer etwa die Neugestaltung des Art. 104b GG (Finanzhilfen des Bundes) oder die neuen Verschuldungsregeln (Art. 109, 115 GG) betrachtet, kann sich des Eindrucks nicht erwehren, dass hier eher zufällig gefundene politische Kompromisse mit weitreichender Bindungswirkung für die Zukunft unmittelbar in die Verfassung hineingenommen worden sind. Das wirft letztlich die Frage auf, ob die Verfassung robust genug ist, gegen diese Form notwendigerweise kurzfristig ausgerichteter politischer Handlungsstrategien ihren Eigenwert behaupten und bewahren zu können, oder ob sie zu einer beliebigen Steuerungsmasse des Politikbetriebes mutiert und letzten Endes in diesem pulverisiert wird.

Die Reduktion des Verfassungsrechts auf den Status einer der Politik jederzeit zur Verfügung stehenden Steuerungsmasse hat jedenfalls schon heute ganz praktische Auswirkungen auf die Normierungstechnik. An die Stelle eines sachlichen, oftmals von Verfassungsjuristen geprägten Stils der bewusst selektiven und knappen Formulierung tritt ein Stil der alle Eventualitäten einbeziehenden Ministerialvorlage, in dem nicht zuletzt die Ansprüche an syntaktische und grammatikalische Genauigkeit, an sprachliche Eleganz und systematische Geschlossenheit stark abgesenkt werden. Zugleich schlägt sich die Verwandlung der Verfassung in eine strategische Handlungsmasse der Politik sogar in symbolischem Verfassungsrecht nieder. Es werden, wie am Beispiel des neuen Staatsschuldenrechts gezeigt werden kann,[22] Normen beschlossen, die ganz offensichtlich nicht dem behaupteten Regelungsziel entsprechen. So versprach die Politik, durch eine Änderung der Art. 109, 115 GG eine sogenannte „Schuldenbremse" in das Verfassungsrecht einzuführen; eine nähere Betrachtung der Normen zeigt, dass auch in der Zukunft in der Verschuldungspolitik sehr weite Spielräume bestehen werden.[23] Während sich manche der neuen Verfassungsänderungen daraus erklären lassen, dass der verfassungsändernde Gesetzgeber

---

[21] *Andreas Voßkuhle*, „Grundrechtspolitik" und Asylkompromiß. Zur Verfassungsänderung als Instrument politischer Konfliktbewältigung am Beispiel des Art. 16a GG, DÖV 1994, S. 53 ff.

[22] Vgl. den Beitrag von *Stefan Korioth* i. d. Bd.

[23] *Stefan Korioth*, Das neue Staatsschuldenrecht – zur zweiten Stufe der Föderalismusreform, JZ 2009, S. 729 ff.; *ders.*, Die neuen Schuldenregeln für Bund und Länder und das Jahr 2020, in: Martin Junkernheinrich u. a. (Hrsg.), Jahrbuch für öffentliche Finanzen 2009, 2009, S. 389 ff.

den Befreiungsschlag angesichts einer zunehmenden normativen Verdichtung seiner Handlungsspielräume aus Karlsruhe sucht, geht diese Erklärung insbesondere bei den Verfassungsänderungen durch die Föderalismusreform I und II nicht auf.

Schließlich stellt sich die Frage, ob nicht vielleicht auch die Verfassungsgerichtsbarkeit ihren Zenit überschritten hat oder sich über ihre Funktion jedenfalls nicht immer ganz im Klaren ist.[24] In einer denkbaren Perspektive wäre auch die Regelung der Politik nur als besonderes Problemfeld des Verfassungsrechts zu verstehen, dessen Kompatibilität gegenüber anderen Regelungsgebieten von der kollisionsrechtlich umorientierten Verfassung zu gewährleisten ist. Wiederum aber geht es, wie bereits in vergangenen Epochen des Verfassungsrechts, um den prekären Eigenwert des Verfassungsrechts: So wenig dieser in den vielfältigen Teilverfassungen aufgeht, so wenig kann seine Einheit rein institutionell, etwa durch eine „Juristenverfassung" unter Führung des Bundesverfassungsgerichts, verstanden und gesichert werden. Die Differenz zum Bereich des Politischen lässt sich zudem reflexiv mit der Verfassungstheorie verkoppeln, die sich so wieder auf den rechtlichen Aspekt ihres Beobachtungsgegenstandes konzentrieren könnte. Hier ließe sich eine neue Eigenständigkeit der Verfassungstheorie gewinnen, die gegenüber konkurrierenden Ansprüchen anderer Sozialwissenschaften, etwa der Politologie und der Ökonomie, selbstbewusst in Stellung gebracht werden könnte. Insbesondere die hier versammelten Berichte aus den verschiedenen Teilbereichen des Verfassungsrechts sind in dieser Hinsicht eher ermutigend. Trotz aller Globalisierung und Europäisierung scheint das nationale Verfassungsrecht nach wie vor eine unverzichtbare Aufgabe für die verschiedenen Regelungsbereiche einzunehmen. Auch zu Beginn des 21. Jahrhunderts erscheint es daher keineswegs ausgeschlossen, die grundlegende Funktion der nationalen Verfassung und eines sie begleitenden Rechts darin zu sehen, wo man sie seit jeher gesehen hat: Als Institutionalisierung und Normierung der Verfahrensweisen und grundlegenden Überzeugungen, in denen sich auch eine pluralistische Gesellschaft in Abgrenzung von anderen Gesellschaften einig sein will. Diese Einheit, und die damit unauflöslich verklammerte Bereitschaft zum Einig-Sein, muss aber vielleicht in ganz neuer Weise gedacht werden.

---

[24] Vgl. die Beiträge von *Christoph Schönberger* und *Matthias Jestaedt* i. d. Bd.

Christoph Schönberger

Der Aufstieg der Verfassung:

Zweifel an einer geläufigen Triumphgeschichte

Wenn deutsche Verfassungsrechtler sich gemeinsam die Frage vorlegen, was nach der Globalisierung noch bleibt von Verfassung und Verfassungsrecht, dann scheint es der Verfassung nicht gut zu gehen. Wie besorgte Ärzte stehen die Verfassungsjuristen am Krankenbett und beobachten jedes Lebenszeichen ihres fragilen Patienten mit aufmerksamer Gespanntheit. Immer neue Enwicklungen werden wahrgenommen und durch auf „-ierung" endende Prozessbegriffe vorläufig beschrieben, und alle diese Prozesse scheinen die Verfassung in Bedrängnis zu bringen: Privatisierung, Europäisierung, Internationalisierung, Globalisierung. Diese Sorge um die Verfassung ist ein neues Phänomen. Sie steht in auffälligem Kontrast zur über Jahrzehnte gepflegten Erzählung vom beispiellosen Siegeszug von Verfassung und Verfassungsrecht unter dem Grundgesetz. In dieser noch immer verbreiteten Sichtweise erscheint der Aufstieg der Verfassung als eine Entwicklung von unausweichlicher Folgerichtigkeit, von geradezu geschichtsphilosophischer Evidenz, die für die deutsche Verfassungsgeschichte im Grundgesetz gipfelt. Wer in dieser Perspektive auf den Aufstieg der Verfassung zurückblickt, der nimmt ihre heroische Epoche in den Blick. Mit einer Entlehnung aus der Ekklesiologie könnte man von einer *constitutio triumphans* sprechen. Diese Siegesgeschichte ist freilich verfassungshistorisch anfechtbar oder doch jedenfalls vielfältiger Nuancierung bedürftig. Die verfassungshistorische und -vergleichende Rückschau lässt den Aufstieg „der" Verfassung keineswegs als lineares, sondern als umwegiges, aufhaltsames Unternehmen erscheinen (I). Die besondere Bedeutung des Verfassungsrechts des Grundgesetzes in der heutigen Bundesrepublik ist vor allem das Produkt eines bundesdeutschen Sonderwegs nach 1949 (II). Überdies sind in dieser gewundenen Aufstiegsgeschichte bereits vielfältige Problemfelder erkennbar, von denen her die latente Krise des grundgesetzlichen Verfassungsrechts in der Gegenwart besser verstanden werden kann (III).

I. Wann stieg die Verfassung auf und worin lag dieser Aufstieg?

Die Probleme mit dem Thema zeigen sich sofort, wenn man sich die Frage stellt, an welchen Merkmalen man den Aufstieg der Verfassung historisch festmachen kann und wann denn dieser Aufstieg nun eigentlich stattgefunden hat.

1. Die übliche deutsche Erzählung: Von der konstitutionellen Monarchie zur parlamentarischen Demokratie

Die übliche deutsche Erzählung dazu ist auf die deutsche Verfassungsgeschichte und den Übergang von der konstitutionellen Monarchie zur parlamentarischen Demokratie fixiert. Hiernach ist das zentrale Thema des Aufstiegs der Verfassung letztlich die Problematik der Durchsetzung von deren Vorrang gegenüber dem Gesetzgeber. Die Erzählung führt vom fehlenden Vorrang der Verfassung im deutschen Konstitutionalismus und dem ihn ausdeutenden staatsrechtlichen Positivismus über zögerliche Ansätze in der Weimarer Zeit hin zum Grundgesetz mit der Bindung des Gesetzgebers an Grundrechte und Verfassungsprinzipien und der institutionellen Sicherung des Vorrangs der Verfassung durch eine mit umfassenden Kompetenzen versehene Verfassungsgerichtsbarkeit.[1] In dieser Deutung hat sich der Aufstieg „der Verfassung" letztlich erst mit dem Grundgesetz und unter dem Grundgesetz vollzogen.

Wichtige, wenn auch längst nicht alle Elemente der deutschen Entwicklung werden in dieser Erzählung durchaus zutreffend auf den Punkt gebracht. Die Schwierigkeiten damit fangen aber spätestens dann an, wenn der Eindruck entsteht, diese spezifische deutsche Entwicklung habe lediglich universelle begriffliche Merkmale der Verfassung zur vollen Entfaltung gebracht, und zur Bestätigung auf die US-amerikanische Verfassungstradition verwiesen wird. Die Entwicklung mit und unter dem Grundgesetz erscheint dann als Vollendung der westlichen Verfassungstradition, gewissermaßen als die Krönung der westlichen Verfassungsrevolutionen des ausgehenden 18. Jahrhunderts. Man versteht sofort, warum diese Deutung in der Bundesrepublik seit den sechziger Jahren so erfolgreich war. Sie erlaubte es, jene Sonderwegsthesen hinter sich zu lassen, welche die deutsche Entwicklung im Kontrast zu den parlamentarischen Demokratien des „Westens" gedeutet hatten, vor 1918 und 1945 häufig affirmativ, danach meist klagend. Der Aufstieg der Verfassung nach 1949 konnte als ein Nachholen und Vollenden dessen verstanden werden, was sich in den Vereinigten Staaten und Frankreich 150 Jahre früher abgespielt hatte. Die Bundesrepublik der Nachkriegszeit schien die westlichen Verfassungsrevolutionen in großen Schritten nach- und eingeholt, ja sie gar mit deutscher Gründlichkeit geradezu überholt zu haben. Das Grundgesetz war in dieser Perspektive nicht länger Produkt der spezifisch deutschen Verfassungsgeschichte und der Konkurssituation Nachkriegsdeutschlands, sondern gewissermaßen der Gipfelpunkt der Verfassungsgeschichte der westlichen Demokratien.

---

[1] Eindringlich *Rainer Wahl/Frank Rottmann*, Die Bedeutung der Verfassung und der Verfassungsgerichtsbarkeit in der Bundesrepublik – im Vergleich zum 19. Jahrhundert und zu Weimar, in: Werner Conze/M. Rainer Lepsius (Hrsg.), Sozialgeschichte der Bundesrepublik Deutschland. Beiträge zum Kontinuitätsproblem, 1983, S. 339–386.

2. Ein irritierender Vergleichsbefund: der ungesicherte Vorrang der Verfassung in den westlichen Demokratien bis in das 20. Jahrhundert hinein

Eine derartige Deutung des Aufstiegs der Verfassung weist freilich allzu viele blinde Flecke auf. Diese betreffen zum einen die Deutung der westlichen Verfassungstradition, zum anderen das bundesrepublikanische Verfassungsrecht selbst.

a) Vorbild Vereinigte Staaten?

Was die Verfassungstradition der westlichen Demokratien angeht, fällt auf, dass insoweit fast immer nur der Bezug zu den *Vereinigten Staaten* hergestellt wird. So offenkundig die Pionierrolle der USA auch ist, so wenig genügt es doch, immer wieder darauf zu verweisen, der Vorrang der Verfassung sei vom Supreme Court bereits durch *Marbury v. Madison* im Jahr 1803 anerkannt worden. Sicherlich war ein Verständnis der Verfassung als *paramount law* in den Vereinigten Staaten bereits am Ende des 18. Jahrhunderts mit erstaunlicher Folgerichtigkeit entwickelt.[2] Hierbei spielten spezifische Rechtstraditionen der nordamerikanischen Kolonien eine bedeutsame Rolle.[3] Anders als die Gesetze des englischen Parlaments waren diejenigen der einzelnen Kolonien immer schon Normen gewesen, die dem höheren britischen Recht und der Kontrolle des Londoner Privy Council unterlagen. Es fiel den Kolonisten daher leichter, ihre eigene Gesetzgebung auch nach der Loslösung vom englischen Mutterland als gebunden und begrenzt zu verstehen.

Dennoch hat der theoretisch früh behauptete Vorrang der Verfassung auch in den Vereinigten Staaten erst im 20. Jahrhundert Konturen gewonnen. Während des „langen" 19. Jahrhunderts hat eine inhaltliche Verfassungskontrolle von Gesetzen in den USA kaum stattgefunden, das ist erst seit dem ausgehenden 19. Jahrhundert in stärkerem Ausmaß geschehen.[4] Auch hatte diese Kontrolle lange Zeit fast nur die Gesetzgebung der Einzelstaaten im Blick und nicht die Bundesgesetzgebung. Sie war eher ein Mittel der Durchsetzung des Bundesrechts gegenüber den Gliedstaaten als der Durchsetzung des Vorrangs der Verfassung allgemein. Die besondere Hervorhebung von *Marbury v. Madison* entstand auch in den USA erst seit Anfang des 20. Jahrhunderts, als es darum ging, die jetzt intensiver ausgeübte grundrechtliche Kontrolle der Bundesgesetzgebung durch Rückgriff auf einen Präzendenzfall historisch zu legitimieren. Zuvor war es bei der Frage der „judicial review" nicht in erster Linie um das Verhältnis von Verfassungsrecht und Gesetzesrecht gegangen, sondern um das viel drängendere und schwierigere Verhältnis von Bund und Gliedstaa-

---

[2] Zusammenfassend *Rainer Wahl*, Der Vorrang der Verfassung (1981), in: *ders.*, Verfassungsstaat, Europäisierung, Internationalisierung, 2003, S. 121–160 (125 ff.).

[3] *Gerald Stourzh*, Vom Widerstandsrecht zur Verfassungsgerichtsbarkeit: Zum Problem der Verfassungswidrigkeit im 18. Jahrhundert (1974), in: *ders.*, Wege zur Grundrechtsdemokratie, 1989, S. 37–74.

[4] Zur Entwicklung in den USA zusammenfassend *Ernst Fraenkel*, Das amerikanische Regierungssystem, 1960, S. 186 ff.

ten.[5] Es ist eine anachronistische Rückprojektion, wenn man *Marbury v. Madison*
so liest, als ob es damals schon der Sache nach um die Bindung des Gesetzgebers
an verfassungsrechtlich verbürgte Freiheitsrechte gegangen wäre. Der ungefestigte
nordamerikanische Bundesstaat des 19. Jahrhunderts stellte das US-amerikanische
Verfassungsrecht damals vor ganz andersgeartete Aufgaben.

Das Verständnis des Vorrangs der Verfassung bleibt in den USA überdies bis heute
eingebettet in eine institutionelle Situation, die sich von den selbständigen Verfassungsgerichten Kontinentaleuropas grundlegend unterscheidet. Verfassungskontrolle war und bleibt dort inzidente Nebenaufgabe aller Gerichte. Das bedeutet in den
Vereinigten Staaten weiterhin, dass der Supreme Court nur einen Teil seiner Entscheidungen spezifisch verfassungsrechtlichen Fragen widmet und zudem zwischen
Fragen des Verfassungsrechts und solchen des einfachen Rechts häufig gar nicht besonders unterscheidet und unterscheiden muss.[6] Man wird diese Situation auch als
Ausdruck der Tatsache verstehen müssen, dass die Neukonstituierung durch Verfassungen am Ende des 18. Jahrhunderts in den jungen USA nicht als vollständig revolutionärer Bruch mit einer Tradition empfunden worden war, die in den Kolonien
bereits vielfältige umfassende und schriftlich fixierte Grundordnungen (*charters,
fundamental orders*) gekannt hatte.[7] Die nordamerikanische Bundesverfassung hat
vor diesem Hintergrund einen emphatischen normativen Selbststand im neunzehnten Jahrhundert kaum besessen und ihn auch im zwanzigsten jedenfalls nicht in der
Intensität erlangt, wie sie das heutige deutsche Verständnis wie selbstverständlich
zugrunde legt.

b) Vorbild Frankreich?

Ohnehin nimmt sich der Fall der Vereinigten Staaten als Sonderkonstellation aus,
wenn man die europäischen Verfassungsentwicklungen zum Vergleich heranzieht.
Das andere klassische Vergleichsland ist hier in erster Linie *Frankreich*.[8] Dort hat sich

---

[5] *Jack N. Rakove*, The Origins of Judicial Review: A Plea for New Contexts, Stanford Law Review
49 (1997), 1031–1064 (1041 ff.). Oliver Wendell Holmes hat in einem bekannten Diktum nur die
bundesgerichtliche Kontrolle der einzelstaatlichen Gesetze für unabdingbar gehalten, nicht aber
diejenige der Bundesgesetze: „I do not think the United States would come to an end if we lost our
power to declare an Act of Congress void. I do think the Union would be imperiled if we could not
make that declaration as to the laws of the several States": *Oliver Wendell Holmes*, Collected Papers,
1920, S. 295 f. Zu den häufig übersehenen spezifisch föderativen Problemen verfassungsrechtlicher
Normenkontrollen allgemein *Christoph Schönberger*, Normenkontrollen im EG-Föderalismus, EuR
2003, S. 600–627 (614 ff.).

[6] Vgl. dazu immer noch den prägnanten Vergleich bei *Konrad Zweigert*, Einige rechtsvergleichende und kritische Bemerkungen zur Verfassungsgerichtsbarkeit, in: Christian Starck (Hrsg.),
Bundesverfassungsgericht und Grundgesetz, Bd. 1, 1976, S. 63–75 (64 ff.).

[7] *Gerald Stourzh*, Staatsformenlehre und Fundamentalgesetze in England und Nordamerika im
17. und 18. Jahrhundert. Zur Genese des modernen Verfassungsbegriffs, in: Rudolf Vierhaus
(Hrsg.), Herrschaftsverträge, Wahlkapitulationen, Fundamentalgesetze, 1977, S. 294–327 (318 ff.).

[8] Allgemein zur französischen Entwicklung des Verständnisses von Verfassung *Paul Bastid*,
L'idée de constitution, 1985.

aber ein nennenswerter Vorrang der Verfassung durch das „lange" 19. Jahrhundert
hindurch weder in der Theorie noch in der Praxis durchsetzen können. Sicherlich lag
in der vor allem vom Abbé Sieyès entwickelten Unterscheidung zwischen *pouvoir
constituant* und *pouvoirs constitués*[9] bereits der Ansatz für ein anspruchsvolleres Verständnis des Vorrangs der Verfassung. Es ist in Frankreich aber bis weit in das 20.
Jahrhundert hinein allein bei diesem weitgehend nur verfassungstheoretischen Ansatz geblieben. Paradoxerweise war der Vorrang der Verfassung in Frankreich in der
Tendenz stärker bereits im Ancien Régime verwirklicht gewesen, in der Rechtsprechung der Parlamente zu den ungeschriebenen „lois fondamentales" des alten Frankreich, an denen diese obersten Gerichtshöfe die neu zu registrierenden königlichen
Gesetze maßen.[10] Gerade deshalb hatte nach der Revolution bis hinein in das 20.
Jahrhundert die Furcht vor einem „gouvernement des juges" die Gemüter beherrscht.
Das hat sich erst in der Fünften Republik seit 1958 schrittweise geändert, aber auch
heute noch ist Frankreich von einem durchgängigen und gerichtlich abgesicherten
Vorrang der Verfassung noch ein gutes Stück entfernt.[11] Einen Aufstieg der Verfassung hat es dort in recht zaghafter Form eigentlich erst seit den achtziger Jahren des
20. Jahrhunderts gegeben.

*c) Der ungesicherte Vorrang der Verfassung im gemeineuropäischen
Verfassungsrecht um 1900*

Das französische Beispiel zeigt etwas Bedeutsames, das über die spezifisch französische Verfassungstradition hinausweist. Blickt man nämlich zurück auf das Europa
um 1900, so nimmt sich die Ablehnung des Vorrangs der Verfassung durch Paul Laband[12], die in Deutschland gern als Ausdruck der Sondersituation der Verfassung im
deutschen Konstitutionalismus gedeutet wird[13], keineswegs singulär aus. Sie ist vielmehr mit unterschiedlichen Begründungen durchaus europäisches Gemeingut, von
der Begründung der „Parlamentssouveränität" bei Albert Venn Dicey in Großbri-

---

[9] *Emmanuel Joseph Sieyès*, Was ist der Dritte Stand? (1789), in: *ders.*, Politische Schriften 1788–
1790, 1975, S. 117–195 (170 f., 174). Eingehend *Egon Zweig*, Die Lehre vom Pouvoir Constituant. Ein
Beitrag zum Staatsrecht der Französischen Revolution, 1909; *Pierre Duclos*, La Notion de Constitution dans l'Oeuvre de l'Assemblée Constituante de 1789, 1932.

[10] Näher *Christoph Schönberger*, Der Kampf der Parlamente mit dem Königtum in Frankreich
vor der Revolution. Gerichtshöfe zwischen Verfassungsgerichtsbarkeit, ständischer Opposition und
moderner Nationalrepräsentation, in: Selbstverwaltung in der Geschichte Europas in Mittelalter
und Neuzeit. Tagung der Vereinigung für Verfassungsgeschichte in Hofgeismar vom 10. bis 12.
März 2008, Beiheft 19 zu „Der Staat", 2009, S. 143–167 (150 f., 160 ff.).

[11] Eingehender Überblick bei *Olivier Jouanjan*, Grundlagen und Grundzüge staatlichen Verfassungsrechts: Frankreich, in: Armin von Bogdandy/Pedro Cruz Villalón/Peter Michael Huber
(Hrsg.), Handbuch Ius Publicum Europaeum, Bd. I, 2007, § 2.

[12] Locus classicus: *Paul Laband*, Das Staatsrecht des Deutschen Reiches, Bd. 2, 5. Aufl. 1911, S. 39:
„Die Verfassung ist keine mystische Gewalt, welche über dem Staat schwebt, sondern gleich jedem
anderen Gesetz ein Willensakt des Staates und mithin nach dem Willen des Staates veränderlich."

[13] Zur Kritik an dieser negativen Fixierung auf das Verfassungsverständnis der Epoche der konstitutionellen Monarchie näher *Christoph Schönberger*, Der Vorrang der Verfassung, in: Festschrift
Rainer Wahl, 2011, S. 385–403 (392 ff.).

tannien bis hin zum Verständnis des Gesetzes als Ausdruck des Gemeinwillens bei Raymond Carré de Malberg in der französischen Dritten Republik.[14] Es lässt sich daher nur in einem äußerst eingeschränkten Sinn davon sprechen, der Vorrang gehöre „begrifflich zur Verfassung, auch wenn das nicht sogleich überall erkannt worden ist"[15]. Sicherlich war ein Stück Vorrang der verfassungstheoretischen Unterscheidung Sieyès' zwischen *pouvoir constituant* und *pouvoirs constitués* immanent. Aber zwischen dieser verfassungstheoretischen Unterscheidung und der rechtlichen Bindung des Gesetzgebers an inhaltliche Vorgaben der Verfassung, insbesondere an Grundrechte, lag doch eine ganze Welt und in Kontinentaleuropa mehr als ein Jahrhundert.

Der fehlende oder doch jedenfalls äußerst ausgedünnte Vorrang der Verfassung im gemeineuropäischen Verfassungsrecht, in Monarchien wie Republiken, am Beginn des 20. Jahrhunderts dürfte sich nicht zuletzt aus dem *Fehlen grundrechtlicher Verbürgungen* oder deren mangelnder rechtlicher Bindungskraft gegenüber dem Gesetzgeber erklären. In den europäischen Verfassungen vor dem Ersten Weltkrieg waren die damaligen sozialen Kräfte von Monarchie und Aristokratie bis hin zu Bürgertum und Arbeiterschaft in komplexer Weise ausbalanciert und in den Gesetzgebungsprozess voll oder doch halb integriert. Die Ausbalancierung in den Institutionen ließ die Frage einer Bindung des Gesetzgebers an inhaltliche Vorgaben des Verfassungsrechts, insbesondere an Grundrechte, noch fernliegend erscheinen. Gerade die Aufgabe des Freiheitsschutzes galt in erster Linie als Aufgabe der freiheitlichen Institution des Parlaments selbst, zumal unter den Bedingungen noch häufig eingeschränkter Wahlrechte. Nur in Frankreich, wo sich seit 1870 dauerhaft eine parlamentarische Republik mit allgemeinem Wahlrecht durchgesetzt hatte, setzte früh eine Diskussion über mögliche rechtliche Bindungen des parlamentarischen Gesetzgebers ein[16]; diese blieb aber auch dort lediglich verfassungstheoretisch-rechtspolitischer Natur, weil die republikanische Ideologie vom Gesetz als Ausdruck des Gemeinwillens sich weiterhin als stärker erwies. So hat sich etwa einer der führenden Staatsrechtler der Dritten Republik, Raymond Carré de Malberg, noch im Jahr 1933 in einer ausführlichen kritischen Auseinandersetzung mit der rechtstheoretischen Stufenbaulehre der Wiener Schule Hans Kelsens und Adolf Merkls gegen die Vorstellung verwahrt, das Parlament stehe unter der Verfassung.[17] Da die Verfassungsge-

---

[14] *Albert Venn Dicey*, Introduction to the Study of the Law of the Constitution, 1885; *Raymond Carré de Malberg*, Contribution à la théorie générale de l'État, 1920/22; *ders.*, La loi, expression de la volonté générale, 1931.

[15] So *Dieter Grimm*, Verfassung (1989), in: *ders.*, Die Zukunft der Verfassung, 1991, S. 11–28 (14), mit Bezug auf die Unterscheidung von *pouvoir constituant* und *pouvoirs constitués*.

[16] *Marie-Joëlle Redor*, De l'État légal à l'État de droit. L'évolution des conceptions de la doctrine publiciste française 1879–1914, 1992; *Renaud Baumert*, La découverte du juge constitutionnel, entre science et politique. Les controverses doctrinales sur le contrôle de constitutionnalité des lois dans les Républiques française et allemande de l'entre-deux-guerres, 2009.

[17] *Raymond Carré de Malberg*, Confrontation de la théorie de la formation du droit par degrees avec les idées et les institutions consacrées par le droit positif français relativement à sa formation, 1933, S. 56 ff.

setze der Dritten Republik keinen Grundrechtskatalog enthielten und Verfassungsänderungen im Wesentlichen unter denselben Bedingungen zulässig waren wie die
normale Gesetzgebung, sah Carré de Malberg das französische Parlament de facto
als souverän an.[18]

Diese Situation hat sich erst im Verlauf des 20. Jahrhunderts grundlegend verändert, als sich in Europa allmählich und mit einer schwierigen Inkubationszeit zwischen den Weltkriegen parlamentarische Demokratien auf der Grundlage des allgemeinen Wahlrechts herausbildeten. Erst jetzt wurde die Frage inhaltlicher verfassungsrechtlicher Bindungen des demokratischen Gesetzgebers in aller Deutlichkeit
bewusst. Und erst die Einführung grundrechtlicher Bindungen des Gesetzgebers in
die Verfassungstexte und die gerichtliche Überprüfbarkeit der Einhaltung dieser
Bindungen haben ein anspruchsvolles Verständnis des Vorrangs der Verfassung
möglich gemacht, zunächst vor allem in Deutschland und Italien als den Verlierer-
ländern des Zweiten Weltkriegs.

Das ist ein durchaus irritierender Befund. Was aus heutiger deutscher Sicht als
eines der hervorstechendsten Merkmale „der" Verfassung gilt, eben ihr Vorrang, war
nach den Verfassungsrevolutionen des ausgehenden 18. Jahrhunderts durch das
„lange" 19. Jahrhundert hindurch in Europa überhaupt nicht und auch in den USA
nur in vorsichtigen Ansätzen verwirklicht. Man hat damals das Anliegen der modernen Verfassungen, politische Herrschaft zu organisieren, zu legitimieren und zu begrenzen, vor allem im Zusammenspiel der durch die Verfassungen organisierten
Institutionen gesehen und nicht in ihrem rechtsförmlichen oder gar gerichtsförmig
gesicherten Vorrang.

II. Der Aufstieg der Verfassung als Sonderweg der Bundesrepublik

Vor diesem Hintergrund ist die Annahme fragwürdig, unter dem Grundgesetz habe
sich eben nur voll realisiert, was an normativer Kraft im Begriff der modernen Verfassung von vornherein angelegt gewesen sei. Vielmehr hat sich hier in Verfassungstext und Verfassungsinterpretation eine Dichte und Systematik verfassungsrechtlicher Vorgaben entwickelt, die der europäischen und nordamerikanischen Verfassungstradition des 19. Jahrhunderts völlig fremd war. Hierin liegt ein neuer, anderer
deutscher Sonderweg nach 1945. Die Wahrnehmung dieses Sonderwegs wird freilich
dadurch erschwert, dass in Europa nach dem Zweiten Weltkrieg der Schutz der Menschenrechte insgesamt ein größeres Gewicht gewonnen und die gerichtliche Kontrolle des parlamentarischen Gesetzgebers sich stärker ausgebreitet hat, nicht zuletzt
gerade unter dem Einfluss des neu ausgerichteten deutschen Verfassungsrechts.[19]

---

[18] *Christoph Schönberger*, Vom repräsentativen Parlamentarismus zur plebiszitären Präsidialde-
mokratie. Raymond Carré de Malberg (1861–1935) und die Souveränität der französischen Nation,
Der Staat 34 (1995), 359–390 (380f.).

[19] *Peter Häberle*, Wechselwirkungen zwischen deutschen und ausländischen Verfassungen, in:

Dennoch hat kein anderes europäisches Land bis heute jene Intensität und Dichte verfassungsrechtlicher Anforderungen und verfassungsgerichtlicher Kontrolle entwickelt, die für die Bundesrepublik kennzeichnend sind. Die Gründe für diesen Sonderweg sind vielfältig. Einige seien hier besonders hervorgehoben.

1. Das Pathos der Grundrechtsverfassung

Stärker als die traditionellen westlichen Vorbilder verstand sich das Grundgesetz von vornherein spezifisch als Grundrechtsverfassung. In Reaktion auf den Nationalsozialismus stellte es Menschenwürde und Grundrechtskatalog an den Beginn des Verfassungstextes und verlieh diesem Katalog in Art. 1 Abs. 3 GG unmittelbare Verbindlichkeit für alle staatliche Tätigkeit. Von vornherein beanspruchte das Grundgesetz mit größerem Nachdruck Vorrang als frühere Ordnungen, und seine höhere rechtliche Geltung war durch gerichtlichen Schutz wirksam gesichert.[20] Sicherlich waren Grundrechtskataloge seit jeher ein wichtiges Element der westlichen Verfassungstradition seit dem ausgehenden 18. Jahrhundert. Aber das Grundgesetz erneuerte und radikalisierte dieses traditionelle Element unter den gewandelten Bedingungen der posttotalitären Situation in Europa nach dem Zweiten Weltkrieg.

2. Unitarisierung des deutschen Bundesstaates

Nationalsozialismus, Krieg, Teilung, Vertreibung und nicht zuletzt die Auflösung Preußens hatten überdies traditionelle Partikularitäten des deutschen Bundesstaates abgeschliffen, die vor allem für den Bereich des öffentlichen Rechts, für Verfassung, Verwaltung und Verwaltungsrechtsprechung der Länder charakteristisch gewesen waren. So entstand jetzt auch mit dem Bundesverwaltungsgericht erstmals eine umfassende Revisionsgerichtsbarkeit des Bundes für den Bereich des öffentlichen Rechts, die ihre Zuständigkeiten parallel zum ebenfalls neuen Bundesverfassungsgericht nicht zuletzt auf die Grundrechte und allgemeinen Prinzipien des Grundgesetzes stützte.[21] Erstmals in der deutschen föderalen Verfassungsgeschichte war es hierdurch möglich, gerade das öffentliche Recht von der Bundesverfassung her grundlegend und einheitlich neu zu systematisieren. Man bedenke zum Kontrast

---

Detlef Merten/Hans-Jürgen Papier (Hrsg.), Handbuch der Grundrechte in Deutschland und Europa, Bd. I, 2004, § 7; *Tom Ginsburg*, The Global Spread of Constitutional Review, in: Keith E. Whittington/R. Daniel Keleman/Gregory A. Caldeira (Hrsg.), Oxford Handbook of Law and Politics, 2008, S. 81–99.

[20] Dazu die frühe Bilanz von *Ulrich Scheuner*, Das Grundgesetz in der Entwicklung zweier Jahrzehnte, AöR 95 (1970), 353–408 (362 ff.).

[21] Dazu näher *Christoph Schönberger*, „Verwaltungsrecht als konkretisiertes Verfassungsrecht". Die Entstehung eines grundgesetzabhängigen Verwaltungsrechts in der frühen Bundesrepublik, in: Michael Stolleis (Hrsg.), Das Bonner Grundgesetz. Altes Recht und neue Verfassung in den ersten Jahrzehnten der Bundesrepublik Deutschland (1949–1969), 2006, S. 53–84 (61 ff.).

etwa, dass noch die Bismarckverfassung auf einen reichseinheitlichen Grundrechtskatalog nicht zuletzt aus föderalen Gründen verzichtet hatte, weil Verwaltung und
Gerichtsbarkeit damals noch als überwiegende Domäne der politisch selbstbewuss-
ten Einzelstaaten und Grundrechtsverbürgungen deshalb als Länderangelegenheit
galten.[22] Wie in allen föderalen Systemen[23] bedeutete die umfassende Gewährleistung von Bundesgrundrechten auch gegenüber der Landesstaatsgewalt durch das
Grundgesetz einen massiven Unitarisierungsschub[24] und setzte vorangegangene
Vereinheitlichungen fort. Der Siegeszug des grundgesetzlichen Verfassungsrechts
war nur auf der Basis eines sehr unitarischen Bundesstaates[25] möglich, den es vor
1933 nicht gegeben hatte.

3. *Verfassungsrecht als Stabilitätsanker für das disparate einfache Recht Nachkriegsdeutschlands*

Das Verfassungsrecht drängte sich zudem als neuer Stabilitätsanker für das einfache
Recht, vor allem das Verwaltungsrecht, geradezu auf. Dieses war durch Nationalsozialismus und Krieg tiefgreifend verunsichert worden, und diese Verunsicherung
wurde durch die Bewältigung der Kriegsfolgen (Lastenausgleich, Besatzungsschä-
den, Vertriebenenrecht usf.) in vielfältigen und disparaten Maßnahmegesetzen noch
vergrößert.[26] Ein umstandsloses Wiederanknüpfen an die deutsche Rechtstradition
des Konstitutionalismus und deren vorsichtige Neuorientierung in der Weimarer
Republik war kaum möglich. Hier schien allein das Verfassungsrecht des jungen
Grundgesetzes neuen Halt bieten zu können. So schrieb der langjährige Senatspräsi-
dent am Bundesverwaltungsgericht Martin Baring im Jahr 1960 hoffnungsvoll, es
seien die Leitgedanken der Verfassung, „die wie Goldgrund das Gewebe der wechselseitigen Beziehungen durchwirken und dem flüchtigen Flitter der mehr oder weniger
schadhaften Spezial- und Maßnahmegesetze Sinn und Halt geben"[27]. Das junge Verfassungsrecht verhieß dem heterogenen Durcheinander des öffentlichen Rechts der
Nachkriegsepoche die Ordnung und Beständigkeit grundlegender Leitfiguren.

---

[22] Dazu *Ernst Rudolf Huber*, Grundrechte im Bismarckschen Reichssystem (1973), in: *ders.*, Bewahrung und Wandlung. Studien zur deutschen Staatstheorie und Verfassungsgeschichte, 1975, S. 132–151 (133 f.).

[23] Allgemein zur unitarisierenden Wirkung von bundesrechtlichen Grundrechtsverbürgungen, die sich vor allem in der US-amerikanischen Verfassungsgeschichte anschaulich gezeigt hat: *Albrecht Weber*, Die Grundrechte im Integrationsprozess der Gemeinschaft in vergleichender Perspektive, JZ 1989, 965–972; *Olivier Beaud*, Droits de l'homme et du citoyen et formes politiques. Le cas particulier de la Fédération, Revue Universelle des Droits de l'Homme 2004, 16–25; *Christoph Schönberger*, Unionsbürger, 2005, S. 199 ff.

[24] Zusammenfassend *Sigrid Boysen*, Gleichheit im Bundesstaat, 2005, S. 86 ff.

[25] *Konrad Hesse*, Der unitarische Bundesstaat, 1962.

[26] Dazu näher *Schönberger* (Fn. 21), S. 67 ff.

[27] *Martin Baring*, Rechtsprechung des Bundesverwaltungsgerichts zum Grundgesetz für die Bundesrepublik Deutschland, JöR N.F. 9 (1960), S. 93–120 (98).

4. Das institutionelle Neuangebot des Bundesverfassungsgerichts

Diesen Ausgangsbedingungen und diesem Bedarf entsprach das Angebot und die institutionelle Situation der neu eingerichteten Verfassungsgerichtsbarkeit.[28] Diese war als selbständige Verfassungsgerichtsbarkeit einerseits allein auf die Prüfung von Verfassungsrecht beschränkt, andererseits vor allem durch die Verfassungsbeschwerde prozessrechtlich mit umfassenden Zuständigkeiten versehen. Diese Kombination aus umfassender Zuständigkeit und begrenztem Prüfungsmaßstab musste fast zwangsläufig dazu führen, dass sich die verfassungsrechtlichen Vorgaben in der Ausdeutung durch das Gericht wundersam vermehrten. Die Verselbständigung der Verfassungsgerichtsbarkeit löste einen materiellrechtlichen Sog zugunsten der Ausdehnung des vorrangigen Verfassungsrechts aus.[29] Gerade aufgrund der Verfassungsbeschwerde entwickelte das Gericht sein Selbstbild und öffentliches Ansehen in erster Linie als Grundrechtsgericht.[30] Die traditionell auf dogmatische Systembildung ausgerichtete Staatsrechtswissenschaft sekundierte dabei rasch kräftig und verstärkte diesen Trend zu einer immer ausgreifenderen Verfassungsinterpretation.

Der Aufstieg der Verfassung war so in erster Linie der Aufstieg der Verfassungsgerichtsbarkeit. Das veränderte die Natur des Verfassungsrechts grundlegend, stand von nun an doch jede Verfassungsnorm und jedes verfassungsrechtliche Argument im Horizont potentieller gerichtlicher Entscheidbarkeit.[31] Der gesamte Prozess vollzog sich mit staunenswerter Geschwindigkeit, hatte doch der damalige Präsident des Bundesverwaltungsgerichts Fritz Werner noch 1959 bei den Juristen insgesamt eine gewisse „Ungläubigkeit verfassungsrechtlichen Fragen gegenüber" konstatiert und diese mit der Wahrnehmung des Grundgesetzes als Provisorium erklärt.[32] Gerade aus dem Provisorischen der Ausgangssituation heraus war es aber möglich, die gesamte Rechtsordnung grundlegend umzugestalten und in ungekannter Weise auf das Verfassungsrecht auszurichten. Das entsprach der alten französischen Erkenntnis, dass nur das Provisorische von Dauer ist.

---

[28] Umfassend zur Entstehung des Bundesverfassungsgerichts *Heinz Laufer*, Verfassungsgerichtsbarkeit und politischer Prozess. Studien zum Bundesverfassungsgericht für die Bundesrepublik Deutschland, 1968, S. 35 ff.

[29] Formulierung nach *Rainer Wahl*, Die objektiv-rechtliche Dimension der Grundrechte im internationalen Vergleich, in: Merten/Papier (Hrsg.), Handbuch der Grundrechte (Fn. 10), § 19, Rz. 20 f.

[30] *Uwe Wesel*, Der Gang nach Karlsruhe. Das Bundesverfassungsgericht in der Geschichte der Bundesrepublik Deutschland, 2004; *Matthias Jestaedt/Oliver Lepsius/Christoph Möllers/Christoph Schönberger*, Das entgrenzte Gericht. Eine kritische Bilanz nach sechzig Jahren Bundesverfassungsgericht, 2011.

[31] Zu diesem grundlegenden Wandel *Wahl* (Fn. 2), S. 138 ff.

[32] *Fritz Werner*, „Verwaltungsrecht als konkretisiertes Verfassungsrecht", DVBl. 1959, 527–533 (527).

5. Das gesellschaftliche Umfeld: „Verfassungspatriotismus"

Zu den deutschen Besonderheiten nach dem Zweiten Weltkrieg zählt schließlich der schrittweise Aufstieg der Verfassung zum Ersatz für nationale Identität unter den Bedingungen der schwierigen Erbschaft des Nationalsozialismus und der deutschen Teilung. Nation, Geschichte und Kultur konnten der Bonner Republik kein Fundament bieten, und die Verfassung trat allmählich, vor allem seit den achtziger Jahren des 20. Jahrhunderts, in diese Lücke hinein.[33] Der erstaunliche juristisch-institutionelle Bedeutungsgewinn von Verfassung und Verfassungsgerichtsbarkeit, der sich schrittweise seit den fünfziger Jahren vollzogen hatte, gewann so mit Verzögerung einen breiteren öffentlich-gesellschaftlichen Resonanzraum. Dieser „Verfassungspatriotismus", für den Dolf Sternberger und Jürgen Habermas auf unterschiedliche Weise theoretische Fundamente suchten[34], hat dem Grundgesetz im öffentlichen Bewusstsein einen Status verschafft, für den es in anderen westlichen Demokratien keine Entsprechung gibt; gelegentlich kann das als „quasireligiöse Aufwertung"[35] der Verfassung erscheinen. Allenfalls in den Vereinigten Staaten gibt es hierzu gewisse Parallelen; die Verfassung bleibt dort jedoch eingebunden in eine öffentliche Festkultur, die andere nationale Symbole wie Unabhängigkeitserklärung, Flagge oder Hymne einschließt[36], und wurde nie als Ersatz für nationale Identität verstanden. Ein deutliches Gegenbeispiel bietet weiterhin etwa Frankreich, das zweite Mutterland der Verfassungsrevolutionen des ausgehenden 18. Jahrhunderts, wo die Verfassung im öffentlichen Bewusstsein bis heute eine völlig vernachlässigenswerte Rolle spielt.

III. Die Aufstiegsgeschichte als Spiegel heutiger Probleme

In dieser (vor allem: west-)deutschen Aufstiegsgeschichte der Verfassung nach 1949 sind schon manche der Probleme erkennbar, die heute verstärkt von Bedeutung sind. Die Gründe für den Aufstieg sind zugleich Keime der späteren Probleme. Es ist ein allgemeines Problem von Institutionenentwicklung, dass Institutionen häufig den Bedingungen verhaftet bleiben, die ihren anfänglichen Erfolg begünstigt haben. Gerade dieses Verhaftetsein in den Denkwelten vergangener Erfolge behindert indes oft die erfolgreiche Selbstbehauptung unter gewandelten Umständen. In der französischen Revolution scheiterte die Flucht des Königs 1791 in Varennes nicht zuletzt daran, dass die Einhaltung der traditionellen Hofetikette es der Königsfamilie er-

---

[33] *Dieter Grimm*, Identität und Wandel – Das Grundgesetz 1949 und heute, Leviathan 37 (2009), 603- 616 (614).

[34] Zu Konzepten und Kritik *Jan-Werner Müller*, Verfassungspatriotismus, 2010, S. 21 ff.

[35] *Dieter Simon*, Zäsuren im Rechtsdenken, in: Martin Broszat (Hrsg.), Zäsuren nach 1945, 1990, S. 153–167 (165).

[36] *Jürgen Heideking*, Der symbolische Stellenwert der Verfassung in der politischen Tradition der USA, in: Hans Vorländer (Hrsg.), Integration durch Verfassung, 2002, S. 123–135 (124).

schwerte, rasch zu den königstreuen Truppen am Ostrand Frankreichs durchzukommen.[37] Auch für Institutionen gilt allzu oft das Wort T. S. Eliots: *In my beginning is my end*. In jedem Fall zeigen die spezifischen Umstände, die den Aufstieg von Verfassungsrecht und Verfassungsgerichtsbarkeit in der Bundesrepublik ermöglicht haben, einige der Bereiche an, in denen diese heute auf Schwierigkeiten stoßen.

Hierbei geht es um spezifische Probleme des deutschen Verfassungsrechts. Diese sogleich zu skizzierenden spezifischen Probleme gesellen sich zu den allgemeinen Herausforderungen, die den Regelungsanspruch der Verfassung in allen westlichen Demokratien seit längerem in Frage stellen. Hierzu gehört der Wandel hin zum Wohlfahrts- und Sozialstaat, den das Verfassungsrecht nie in gleicher Weise prägen konnte wie den Staat der liberalen Epoche.[38] Entwicklungen wie die Verlagerung von Freiheitsbedrohungen auf gesellschaftliche Akteure, die neue Aufgabe der Risikovorsorge und der Wandel von repressiven zu präventiven Steuerungsinstrumenten treten hinzu. Die sich hierdurch abzeichnende Erosion des Regelungsvermögens der Verfassung hat *Dieter Grimm* bereits gegen Ende der alten Bundesrepublik eindringlich zum Thema gemacht.[39] Es fragt sich allerdings, ob diese Erosion nicht zu einem Gutteil nur für ein Verfassungsrecht zum Problem wird, das derart umfassende und extrem gesteigerte Geltungsansprüche entwickelt hat wie dasjenige der Bundesrepublik Deutschland. Nicht alle Probleme des bundesdeutschen Verfassungsrechts sind solche der Form „Verfassung" überhaupt und stellen diese Form grundlegend in Frage.

1. Das Verständnis des Verfassungsrechts als systematische Einheit: eine latent nationalstaatlich-introvertierte Denkfigur

Zum einen war das seit den fünfziger Jahren entwickelte Verständnis des Verfassungsrechts als eine auf Grundrechten und Verfassungsprinzipien beruhende systematische Einheit nicht nur eine idealisierende Umdeutung eines fragmentarischen, kompromisshaften und widersprüchlichen Verfassungstextes.[40] Diese Interpretation verwies vielmehr implizit auch auf den politischen Einheitsrahmen nationalstaatli-

---

[37] *Mona Ozouf*, Varennes. La mort de la royauté. 21 juin 1791, 2005, S. 132 ff., 142.

[38] *Mark Tushnet*, Weak Courts, Strong Rights. Judicial Review and Social Welfare Rights in Comparative Constitutional Law, 2009.

[39] *Grimm*, Die Zukunft der Verfassung (1990), in: *ders.* (Fn. 11), S. 408 ff.

[40] Einer der ersten Verfassungsrichter hat bereits 1954 deutlich ausgesprochen, wie sehr diese Interpretationsweise aus der Not eine Tugend machte: „Zumal das Grundgesetz, das im Drang der Eile unter dem Druck schwieriger Verhältnisse geschaffen wurde und für widerspruchsvolle Grundauffassungen vermittelnde Lösungen finden musste, enthält unvermeidlich Unklarheiten und Lücken. Daher ist eine weite und schöpferische Auslegung notwendig, die neben dem Wortlaut, Sinn und Zweck der einzelnen Bestimmungen, Geist und System des Grundgesetzes, die geschichtliche Entwicklung der Verfassungsprinzipien und Institutionen und die vergleichbare Ordnung anderer Verfassungen in Betracht zieht …": *Julius Federer*, Die Rechtsprechung des Bundesverfassungsgerichts zum Grundgesetz für die Bundesrepublik Deutschland, JöR 3 (1954), S. 15–66 (18).

cher Organisation. Die homogenisierende Überformung föderativer Partikularität etwa durch bundeseinheitlich wirkende Grundrechte zeigt das deutlich – gerade auch im Kontrast zur weiterhin deutlich größeren Heterogenität der alten demokratischen Bundesstaaten Schweiz und USA.[41] Die wissenschaftliche Begleitung der entsprechenden Verfassungsrechtsprechung verstärkte diese Tendenz wiederum implizit, stand sie doch in der Tradition der deutschen Rechtswissenschaft des 19. Jahrhunderts, in der die wissenschaftliche Systembildung immer auch auf nationale Einheitsbildung abgezielt hatte. Dieser implizite Nationalismus konnte sich umso unbefangener entfalten, weil er in der Bundesrepublik äußerlich mit einer entschiedenen Absage an die etatistischen Traditionen der deutschen Staatsrechtslehre einherging und die Großsemantiken des öffentlichen Rechts zunehmend von „Staat" auf „Verfassung" umstellte.[42] Prämisse dieser Entwicklung war es, dass die gesamte deutsche Rechtsordnung vom Grundgesetz her verstanden, systematisiert und angeleitet werden konnte. Dies war vor allem die Konsequenz der Tatsache, dass das Bundesverfassungsgericht ein selbständiges, von der sonstigen Justiz losgelöstes Gericht ist. Seine einzige Währung ist bis heute das Verfassungsrecht des Grundgesetzes.

Durch die Verdichtung der europäischen Integration und die wachsende Bedeutung des Völkerrechts gibt es aber wachsende Massen in Deutschland geltenden Rechts, die nicht in diesem Horizont entstanden sind und auch nicht in diesen Horizont gestellt werden können. Die Introvertiertheit der allein auf das nationale Verfassungsrecht bezogenen dogmatischen Einheitsbildung, die den Aufstieg der Verfassung nach 1949 begünstigt hatte, wird in der Gegenwart zum Problem. Aus dieser bundesrepublikanischen Tradition heraus kann die wachsende Bedeutung von Europa- und Völkerrecht häufig nur als Erschütterung und Gefährdung des einheitsbildenden Verfassungsrechts erlebt werden. Das Verständnis des Grundgesetzes als systematische Einheit ist zunehmend untauglich, um das Ineinandergreifen unterschiedlicher Rechtsschichten angemessen zu erfassen und zu verarbeiten.

2. Die Erschöpfung der Anstoß- und Thematisierungsfunktion des Verfassungsrechts für das einfache Recht

Verwandte Fragen stellen sich hinsichtlich der in den Nachkriegsjahrzehnten entwickelten Bedeutung des Verfassungsrechts als übergeordnete Ebene der Beobachtung und Systematisierung des einfachen Rechts.[43] Auch diese Systematisierungsfunktion beruhte in erster Linie darauf, dass das Bundesverfassungsgericht für einige

---

[41] Vgl. dazu bereits oben, S. 14 f.

[42] Zu dieser Umstellung und den entsprechenden Kontoversen zwischen Schmitt- und Smend-Schule näher *Frieder Günther*, Denken vom Staat her. Die bundesdeutsche Staatsrechtslehre zwischen Dezision und Integration 1949–1970, 2004; *Christoph Möllers*, Der vermisste Leviathan. Staatstheorie in der Bundesrepublik, 2008.

[43] Dazu die Bilanz bei *Hans Christian Röhl*, Verfassungsrecht als wissenschaftliche Strategie?, in: Festschrift Eberhard Schmidt-Aßmann, 2008, S. 821–836.

Jahrzehnte mit Erfolg beanspruchen konnte, alle Grundsatzfragen den in Deutschland geltenden Rechts als Fragen der Grundgesetzinterpretation reformulieren und beantworten zu können. Gerade die wachsende Europäsierung des deutschen Rechts und die Konkurrenz, die Europäischer Gerichtshof und EGMR dem Bundesverfassungsgericht machen, stellen diese Möglichkeit aber zunehmend in Frage. Das gilt auch für die Grundrechte, deren Interpretation lange das Herzstück des Verfassungsrechts der Bundesrepublik gebildet hatte. So konnte das Bundesverfassungsgericht Bestimmungen des Volkszählungsgesetzes 1983 noch schlicht scheitern lassen, indem es aus dem Grundgesetz ein neuartiges Grundrecht auf informationelle Selbstbestimmung entwickelte. Gegenüber der auf einer EG-Richtlinie beruhenden Vorratsdatenspeicherung konnte es bereits nur noch die deutschen Umsetzungsspielräume kontrollieren und das Sachproblem nicht mehr autonom und umfassend vom Grundgesetz her beantworten.[44] Je mehr unterschiedliche Rechtsschichten auf internationaler, europäischer, nationaler und subnationaler Ebene ineinandergreifen, desto weniger lassen sich diese Schichten noch vom Verfassungsrecht des Grundgesetzes her deuten und aufeinander beziehen. Die bisherige Anstoß- und Thematisierungsfunktion des Verfassungsrechts für die Rechtsentwicklung geht zunehmend auf andere normative Ebenen wie Europa- und Völkerrecht über, wird dort aber viel punktueller und sektoraler wahrgenommen wird als bisher im nationalen deutschen Rahmen. Vielleicht muss die Aufgabe der Systematisierung unter diesen Bedingungen heute wieder stärker vom Verfassungsrecht auf die Ebene des einfachen Rechts und der obersten Bundesgerichte zurückverlagert werden, wo sie ursprünglich, etwa in Form der Herausbildung allgemeiner Rechtsgrundsätze, ja auch eigenständig wahrgenommen wurde.

3. Die Erschöpfung der Charismatisierung des Verfassungsrechts durch das Bundesverfassungsgericht

Schließlich mehren sich auch die Fragen hinsichtlich der Rolle des Bundesverfassungsgerichts als selbständige Verfassungsgerichtsbarkeit. Es könnte durchaus sein, dass diese Form der selbständigen Verfassungsgerichtsbarkeit ihren Zenit unter heutigen Bedingungen bereits überschritten hat.[45] Anders als die integrierte Verfassungsgerichtsbarkeit etwa des US-amerikanischen Supreme Court ist sie geradezu strukturell gezwungen, ihre eigene Existenz durch permanente Fortentwicklung gerade und nur des Verfassungsrechts zu legitimieren. Seit den ausgehenden fünfziger Jahren führt das zu immer neuen Versuchen der Charismatisierung des Verfassungsrechts, die aber heute anders als in den heroischen frühen Jahrzehnten des Gerichts

---

[44] BVerfGE 65, 1 (1983); BVerfGE 125, 260 (2010), dazu *Wolfgang Durner*, Vorratsdatenspeicherung [Urteilsanmerkung zu BVerfGE 125, 260], JA 2010, 391–394 (394).

[45] Dazu näher *Christoph Schönberger*, Anmerkungen zu Karlsruhe, in: Jestaedt u.a., Das entgrenzte Gericht (Fn. 30), S. 9–76 (57 ff.).

immer weniger gelingen, ja vielleicht immer weniger auch nur möglich sind. Hier wirken viele Faktoren zusammen: In der frühen Bundesrepublik war die Aktivierung des Verfassungsrechts durch das junge Bundesverfassungsgericht auch eine Art vormundschaftlicher Wegweisung hin zur freiheitlichen Demokratie.[46] Mit der Durchsetzung einer liberalen Demokratie sind derartige Anstöße heute nicht länger in derselben Weise nötig. Der Präzeptoren-Habitus, den das Bundesverfassungsgericht unter den Bedingungen einer jungen und ungefestigten Demokratie entwickelt hat, wird zunehmend unzeitgemäß.[47] Auch die stärkere Bürokratisierung des Gerichts in den Kammerbeschlüssen schränkt die Möglichkeiten der Charismatisierung mehr und mehr ein. Die wachsende europäische und internationale Einbindung der Bundesrepublik wirkt ihr gleichfalls entgegen. Mit dem wachsenden Abstand zur Sondersituation der deutschen Teilung, die das Phänomen des Verfassungspatriotismus hervorgebracht hat, verliert auch der entsprechende gesellschaftliche Resonanzraum des Verfassungsrechts eher an Bedeutung.[48] Die Verfassung wandelt sich langsam von einem Leitbild, das die gesamte Rechtsordnung durchdringt, zum eifersüchtig verteidigten Rückzugsraum. Hatte das Bundesverfassungsgericht in seiner Gründungsepoche im Zeichen der „Wertordnung des Grundgesetzes" ausgreifend die gesamte Rechtsordnung in den Horizont des Verfassungsrechts gestellt[49], so befindet es sich heute zunehmend in einer Abwehrposition und betont defensiv die „Identität" der deutschen Verfassungsordnung in ihrem Kernbestand.[50] Eroberte das Bundesverfassungsgericht in seinen frühen Jahrzehnten die ganze Welt des Rechts für das junge Grundgesetz, so verteidigt es heute mehr und mehr nur noch halbherzig den alternden deutschen *acquis constitutionnel*.

IV. Schluss

Dieser schleichende Bedeutungsverlust ist sicherlich unerfreulich für das Bundesverfassungsgericht und auch unerfreulich für eine Staatsrechtswissenschaft, die ihre Autorität zunehmend auf systematische Deutungsangebote eines umfassend maßgeblichen Verfassungsrechts gegründet hat. Aber liegt darin auch eine Bedrohung für Verfassung und Verfassungsrecht selbst? Das ist keineswegs sicher. Vielleicht

---

[46] *Brun-Otto Bryde*, Der Beitrag des Bundesverfassungsgerichts zur Demokratisierung der Bundesrepublik, in: Robert Chr. van Ooyen/Martin H. W. Möllers (Hrsg.), Das Bundesverfassungsgericht im politischen System, 2006, S. 321–331.

[47] *Ulrich Haltern*, Integration als Mythos. Zur Überforderung des Bundesverfassungsgerichts, JöR 45 (1997), 31–88 (80).

[48] *Grimm* (Fn. 33), 616.

[49] Dazu und zur erbitterten zeitgenössischen Kritik der Schmitt-Schule *Christoph Schönberger*, Werte als Gefahr für das Recht? Carl Schmitt und die Karlsruher Republik, in: *Carl Schmitt*, Die Tyrannei der Werte, 3. Aufl. 2011, S. 57–91 (62 ff., 76 f.).

[50] Besonders markant in seinem 2009 ergangenen Urteil zum Vertrag von Lissabon: BVerfGE 123, 267 (353 ff.).

müssen wir das Schicksal der Verfassung wieder stärker vom Schicksal ihrer juristischen Interpreten unterscheiden lernen. Auch in den Vereinigten Staaten gibt es einen Trend dazu, die Verfassung stärker den Gerichten zu entwinden.[51] Es mag auch sein, dass hier lediglich schrittweise die enorme Überspannung abgebaut wird, mit der das Verfassungsrecht des Grundgesetzes in der Bundesrepublik belastet worden ist. Vielleicht erleben wir nur den Beginn eines Prozesses, in dessen Verlauf sich der Nachkriegssonderweg des bundesdeutschen Verfassungsrechts zunehmend abschleift und sich das deutsche Verfassungsrecht demjenigen der europäischen Nachbarn wieder stärker annähert. Nur ein Verfassungsrecht mit systematischem Allzuständigkeitsanspruch gerät immer wieder und zunehmend in die Gefahr, das Scheitern seiner umfassenden Regelungsansprüche als Krisenzeichen zu deuten. Eine Gefährdung von Verfassung und Verfassungsrecht liegt heute vielleicht eher in einer Art überfordernder Nostalgie, von der freilich kein deutscher Verfassungsjurist ganz frei sein kann: der Nostalgie für jene – im Rückblick betrachtet: kurzen – Jahrzehnte, in denen man die Welt insgesamt mit rechtlichem Geltungsanspruch vom Grundgesetz her deuten zu können glaubte. Eines allerdings ist heute schon sicher: Diese Zeit wird nicht wiederkehren.

---

[51] Vgl. etwa *Mark Tushnet*, Taking the Constitution Away from the Courts, 1999; *Ran Hirschl*, Towards Juristocracy. The Origins and Consequences of the New Constitutionalism, 2004; *Larry D. Kramer*, The People Themselves. Popular Constitutionalism and Judicial Review, 2005.

Uwe Volkmann

Der Aufstieg der Verfassung

Beobachtungen zum grundlegenden Wandel des Verfassungsbegriffs[*]

I. Die Verfassung in unseren Tagen

Dass die Verfassung für die Gesellschaft von heute andere Sinnbedürfnisse befriedigt als zu früheren Zeiten und darin selber mit neuem Sinn gefüllt wird, zeigt ihre Anwendung. Die Verfassung ist Argument in den Debatten des politischen Tagesgeschäfts, die Bürger berufen sich auf sie bis hinunter zu den Amtsgerichten, man mahnt öffentlich ihre Einhaltung oder die Rückbesinnung auf ihre Wertungen an, und immer wieder ziehen spektakuläre Verfahren vor dem Bundesverfassungsgericht Aufmerksamkeit auf sich, durchbrechen die Routinen des politischen Betriebs. Die Verfassungsbeschwerde etwa gegen die Vorratsdatenspeicherung kam einer Massenpetition gleich; eingelegt war sie von über 35.000 Bürgern, die schon durch ihre schiere, von keiner öffentlichen Versammlung zum Thema erreichten Anzahl ihrem Protest als einer neuen Form politischer Aktion Ausdruck verliehen[1]. Die Entscheidung des Gerichts über die Mindestsätze für Kinder nach Hartz IV war bereits im Vorfeld von fiebriger Aufmerksamkeit begleitet[2]: Kurz vor der Entscheidung, aber offenbar ganz gezielt mit Blick auf sie, lancierten einige Tageszeitungen neuere statistische Erhebungen, nach denen Hilfesuchende in bestimmten Konstellationen besser stehen, wenn sie nicht arbeiten und Leistungen nach dem SGB II beziehen, als wenn sie arbeiten und von ihrem Lohn leben müssen. Am Vorabend informieren die wichtigsten Nachrichtensendungen an zentraler Stelle über die anstehende Entscheidung, oft garniert mit zu Herzen gehenden Berichten über das mühsame Leben in Hartz IV, und am Entscheidungstag selbst weisen nahezu alle großen Tageszeitungen auf ihrer ersten Seite auf das bevorstehende Ereignis hin. Die Urteilsverkündung selbst wird live auf einem Nachrichtenkanal des öffentlich-rechtlichen Rundfunks übertragen, unterbrochen von erläuternden Kommentaren durch eigens nach Karlsruhe geholte Sachverständige. Schon nach der Verkündung des Tenors vermelden alle Nachrichtenagenturen und die Online-Redaktionen der Zeitungen das Ergebnis,

---

[*] Der Beitrag enthält im Abschnitt II Thesen und Überlegungen aus dem einführenden Kapitel einer Verfassungslehre der Bundesrepublik, an der ich derzeit arbeite.

[1] BVerfGE 125, 260,

[2] Das Urteil selbst in BVerfGE 125, 175.

während gleichzeitig der Server des Bundesverfassungsgerichts unter der Last der Anfragen zusammenbricht und erst gegen Mittag mühsam seinen Dienst wieder aufnimmt. Noch am selben Tag beginnen die Kontroversen über die Interpretation des Urteils und die Folgen, die aus ihm zu ziehen sind. Sie münden schließlich in eine weit ausgreifende Debatte über die Zukunft des Sozialstaats überhaupt, die durch einen polemischen Beitrag des Außenministers und Vizekanzlers in der Tageszeitung „Die Welt" ausgelöst wird[3]. Und all dies entzündet sich an einem Satz der Verfassung, der aus sich heraus gar keinen begreifbaren Inhalt hat und von dem Theodor Heuss in den Beratungen des Parlamentarischen Rates noch als eine „nicht interpretierte These" sprach[4]. Seine Anwendung ist darin ebenso wie die Anwendung der Verfassung insgesamt zum Ereignis geworden, zu einem bewegenden und zugleich erregenden Moment des politisch-gesellschaftlichen Lebens, der dieses selbst dann weiter in Gang hält und in eine bestimmte Richtung dirigiert. Die Verfassung selbst präsentiert sich darüber in ihrem Wesen verwandelt; sie hat einen Aufstieg durchlebt, dem man wenig Vergleichbares an die Seite stellen mag und der möglicherweise überspitzt, aber nicht ohne Wahrheit bereits als „Karriere der Verfassung" hin zu einem „Totalitätsbegriff" bezeichnet worden ist[5].

II. Stationen des Aufstiegs

Dieser Aufstieg lässt sich beschreiben und wird häufig beschrieben als eine Veränderung der Funktionen, die die Verfassung für die politische Ordnung oder die Gesellschaft insgesamt erfüllt. In der Rede von den Funktionen bleibt allerdings meist unklar, ob damit die empirische Funktion im Sinne der beobachtbaren Leistungen der Verfassung gemeint ist oder die normative Funktion im Sinne der Erwartungen, die sich auf sie richten[6]. Darüber hinaus werden im Versuch ihrer Bestimmung die verschiedenen Funktionen oft nur additiv aneinandergereiht, woraus sich dann am Ende zehn oder noch mehr verschiedene Verfassungsfunktionen ergeben[7]. Indessen

---

[3] *G. Westerwelle*, An die deutsche Mittelschicht denkt niemand, Die Welt v. 11. 2. 2010; beklagt werden dort die „sozialistischen Züge" der Diskussion nach der Hartz-IV-Entscheidung und eine davon ausgehende Einladung zu „spätrömischer Dekadenz".

[4] Entstehung der Artikel des Grundgesetzes, JöR n. F. 1 (1951), S. 1, 49.

[5] *H. Hofmann*, Vom Wesen der Verfassung, JöR n. F. 51 (2003), S. 1 (4 ff.). Zu möglichen Abstiegstendenzen s. demgegenüber den Beitrag von *Chr. Schönberger* in diesem Band, S. 13 (23 ff.).

[6] Vgl. zu dieser Unterscheidung – in anderem Zusammenhang – etwa *D. Grimm*, Politische Parteien, in: E. Benda/W. Maihofer/H.-J. Vogel (Hrsg.), Handbuch des Verfassungsrechts, 2. Aufl. 1995, § 14 Rdnr. 12; die Unbestimmtheit des Funktionsbegriffs wird auch gerügt von *C. Möllers*, Verfassunggebende Gewalt – Verfassung – Konstitutionalisierung, in: A. von Bogdandy (Hrsg.), Europäisches Verfassungsrecht, 1. Aufl. 2002, S. 1 (22 ff.); in der 2. Aufl. 2009 (S. 227 ff.) insoweit nicht mehr aufgegriffen.

[7] Drei Grundfunktionen etwa bei *K. Hesse*, Verfassung und Verfassungsrecht, in: E. Benda/W. Maihofer/H.-J. Vogel, Handbuch des Verfassungsrechts, 2. Auf. 1995, § 1 Rn. 5 ff.; sechs bei *A. Voßkuhle*, Verfassungsstil und Verfassungsfunktion, AöR 119 (1994), 35 (46 ff.); acht oder möglicherweise auch zehn bei *K. Stern*, Das Staatsrecht der Bundesrepublik Deutschland, Bd. I, 1984, S. 78 ff.

ergibt die bloße Aufzählung einzelner Funktionen noch keinen Begriff, solange sie nicht in irgendeine Ordnung oder Hierarchie gebracht werden. Es ist aber wesentlich dieser Begriff, der sich geändert hat, und zwar gerade als die Summe der Aufgaben, die die Verfassung erfüllen soll, und der Erwartungen, die sich auf sie richten[8]. Von hier aus lässt sich der Aufstieg der Verfassung in mehreren Stationen nachzeichnen, die am Ende nicht mehr und nicht weniger ergeben als einen rundum veränderten Begriff von Verfassung insgesamt.

1. Von der Tatsache zur Norm: Der Aufstieg zur rechtlichen Verfassung

Über die erste dieser Stationen oder Entwicklungsstufen sind heute an sich nicht mehr viele Worte zu verlieren, weil ihr Ergebnis längst zur selbstverständlichen Grundlage jeder Beschäftigung mit Verfassung geworden ist. Sie wird bezeichnet durch den Übergang von der tatsächlichen oder empirischen zur rechtlichen oder normativen Verfassung. Als solche bildet sie allerdings den Ausgangspunkt für alle weiteren Veränderungen, die auf ihr erst aufsetzen und sie zur mittlerweile gar nicht mehr hinterfragten Voraussetzung haben. Verfassung aber ist dort, wo der Begriff geschichtlich erstmals verwendet wird, zunächst ein rein deskriptiver Begriff, der bis weit in das 18. Jahrhundert hinein nur den je und je gegebenen Gesamtzustand politischer Einheit und Ordnung beschreibt[9]: bei Aristoteles etwa die konkrete Staats- und Regierungsform eines Gemeinwesens[10], später im Heiligen Römischen Reich Deutscher Nation in unbestimmter Abgrenzung gegen die verschiedenen Staatsgrundgesetze die Darstellung der einzelnen Reichsinstitutionen in ihrem inneren Zusammenhang, wie sie etwa in Pufendorfs „Verfassung des deutschen Reiches" vorgenommen ist[11]. Mit den bürgerlichen Revolutionen in Amerika und Frankreich wird unter Verfassung aber nun die rechtliche Verfassung verstanden, während der Begriff der tatsächlichen Verfassung sich allmählich verliert. Eine Zeitlang wird er noch als polemischer Gegenbegriff fortgeführt: etwa bei Hegel, dem die Vorstellung fremd bleibt, eine Verfassung könne „bloß von Subjekten geschaffen" werden[12], oder bei Lassalle, der mit seiner Hilfe die tatsächlichen Klassen- und Machtverhältnisse demaskieren will[13]. Aber im großen und ganzen wird der Begriff der tatsächlichen Verfassung nun ein Gegenstand der Soziologie und taucht als solcher etwa noch bei Max Weber auf, während er in juristischen Diskursen nunmehr durch den Begriff

---

[8] Zu diesem Zusammenhang von Funktion und Begriff bereits *P. Badura*, Verfassung und Verfassungsgesetz, in: Festschrift für U. Scheuner, 1973, S. 19 (32); *G. F. Schuppert/C. Bumke*, Die Konstitutionalisierung der Rechtsordnung, 2000, S. 29 f.

[9] *C. Schmitt*, Verfassungslehre, 8. Aufl. 1993, S. 4 f.

[10] *Aristoteles*, Politik, 1278b, 9–12.

[11] *S. Pufendorf*, Die Verfassung des Deutschen Reiches, Kap. 4 und 5.

[12] *G. W. F. Hegel*, Grundlinien der Philosophie des Rechts, 1821, § 274 Zusatz.

[13] *F. Lassalle*, Über Verfassungswesen, in: ders., Reden und Schriften, hrsgg. von E. Bernstein, Band I, 1892, S. 463 (476 ff.).

der Verfassungswirklichkeit oder der Verfassungsrealität ersetzt wird[14]. Unter Verfassung aber wird nun, vom Ende des 18. Jahrhunderts an, der Rechtstext verstanden, als der sie bis heute gilt, und damit ist zugleich der Grundstein für ihren Aufstieg gelegt. In den politischen Debatten der Zeit steigt „Verfassung" – als Forderung nach einer geschriebenen, rechtlich bindenden Verfassung – zum Leit- und Kampfbegriff auf, in dem die Forderung nach einer grundlegenden Umgestaltung und Neuordnung der Verhältnisse wesentlich aufgehoben ist: „Es ist heute ganz eigens das Zeitalter der Constitutionen", wie von Rotteck in der ersten Hälfte des 19. Jahrhunderts schreibt[15]. Innerhalb der Rechtshierarchie steigt sie zur obersten Rechtsebene auf, ausgestattet mit dem Vorrang gegenüber allem übrigen Recht, der alsbald als ihr zentrales Begriffsmerkmal erkannt wird[16].

2. Von der Organisation zur Konstitution: Der Aufstieg zur Staatsfundamentalnorm

Indessen ist das nur der Anfang einer Entwicklung, die damit noch längst nicht abgeschlossen ist. Ihre nächste Station knüpft an ihren Gegenstand an, also an das, was die Verfassung regeln will und worauf sie bezogen ist. Sobald von einem Verfassungsdiskurs im modernen Sinn erstmals gesprochen werden kann, ist klar, dass dieser Gegenstand die oberste Gewalt im Staat selber ist, die von der Verfassung ordnend und regulierend erfasst werden soll. In diesem Sinne wird sie schon von Vattel in seinem Völker- und Naturrecht von 1758 als das fundamentale Regelwerk definiert, das die Art und Weise bestimmt, nach der die öffentliche Gewalt ausgeübt werden soll („règlement fondamentale qui détermine la manière dont l'autorité publice doit être exercée")[17]. Die Art und Weise dieser Erfassung ist allerdings unterschiedlich und hängt von der geschichtlichen Situation ab, in der die Verfassung jeweils entsteht. In den verschiedenen deutschen Einzelstaaten wurden die Verfassungen einer bestehenden Herrschaft abgerungen, von der sie dann entweder als oktroyierte Verfassungen selbst erlassen oder mit der sie als paktierte Verfassungen ausgehandelt wurden. Sie setzten dann diese Herrschaft voraus und sollten sie in diesem Sinne vor allem begrenzen. In den Vereinigten Staaten und Frankreich ging die Verfassung demgegenüber aus einer revolutionären Umwälzung der Verhältnisse hervor, aus der heraus sie die Aufgabe hatte, politische Herrschaft neu und allererst zu begründen[18]. Die Unterschiede verloren sich aber im Laufe der Zeit, weil die Ver-

---

[14] S. bei *Max Weber* ders., Wirtschaft und Gesellschaft, 5., rev. Aufl. 2002, S. 27; demgegenüber etwa *W. Hennis*, Verfassungsrecht und Verfassungswirklichkeit, 1968.

[15] *C. von Rotteck*, Lehrbuch des Vernunftrechts und der Staatswissenschaften, Bd. II, 1830, S. 172.

[16] *R. Wahl*, Der Vorrang der Verfassung, jetzt in: ders., Verfassungsstaat, Europäisierung, Internationalisierung, S. 121 ff., mit instruktiver Nachzeichnung der in sich durchaus uneinheitlichen Entwicklung.

[17] *E. de Vattel*, Le droit des gens ou principes de la loi naturelle, 1758, § 27.

[18] Zu diesen unterschiedlichen Traditionen *D. Grimm*, Die Zukunft der Verfassung, 2. Aufl. 1994, S. 49 ff., 57 ff.; *Möllers* (Fn. 6), S. 4 ff.

fassungen auch dort, wo sie lediglich eine gegebene Herrschaft begrenzten, eine Bindung bewirkten, die von den jeweils Herrschenden nicht mehr einseitig aufgekündigt werden konnten: Einmal in Kraft, lösten sie sich von ihrem Willen ab und traten ihnen als Ordnung aus eigenem Recht gegenüber[19].

Im Ergebnis reguliert die Verfassung damit auch in der herrschaftsbegrenzenden Tradition politische Herrschaft umfassend und triumphiert über sie; es gibt nun keine Herrschaft neben und außerhalb der Verfassung mehr, sondern nur noch Herrschaft aus und nach Maßgabe der Verfassung. Am Ende triumphiert sie sogar über den Staat, weil es nur noch so viel Staat oder so viel Bundesrepublik Deutschland gibt, wie die Verfassung konstituiert[20]. „Staat" ist dann schlicht kein Argument mehr, weder für noch gegen irgendetwas[21]; das Argument, das heute einzig zählt, ist „Verfassung", und selbst wo „Staat" oder „Souveränität" – wie jetzt im Lissabon-Urteil des Bundesverfassungsgerichts – als Argument herangezogen werden, leiten sie ihre Geltung aus der Verfassung ab, und nur aus ihr. Ihre Autorität ist damit selber bloß noch der Verfassung entlehnt, aber schon lange keine eigene, selbsttragende mehr. Selbst im „Handbuch des Staatsrechts", der letzten Bastion, in der noch hier und da ein vorverfassungsmäßiger Staatsbegriff im Sinne eines Staates vor der Verfassung gepflegt wird, geht es in diesem Sinne nun ganz überwiegend um: „Verfassungsrecht", und folgerichtig beginnt der erste Band nun, in der dritten Auflage, endlich mit einem Abschnitt über Ursprung und Wandel der Verfassung, so wie es heute auch einzig angemessen ist[22]. Dazu passt es, dass sich Verfassungen oft mit einem Gründungsmythos umgeben, der die Funktion der Staatshervorbringung auf eine symbolische Ebene hebt und darin noch einmal verklärt: dem Mythos der erfolgreichen Revolution in den Vereinigten Staaten und Frankreich, dem Mythos der Stunde Null in der Bundesrepublik, von dem auch das Grundgesetz – als das „ganz Andere" zu dem, was vorher war – bis heute zehrt[23].

3. Von der Form zum Inhalt: Der Aufstieg zur materiellen Verfassung

Die dritte Station ist demgegenüber gekennzeichnet durch eine inhaltliche Anreicherung der Verfassung, durch die sie nochmals eine neue Qualität und Substanz erhält. Sie vollzieht sich als Übergang vom formellen zum materiellen Verfassungsbegriff, der seinerseits die Antwort auf die Frage nach dem Proprium von Verfassung darstellt. Ist nämlich die Verfassung als Rechtsnorm entdeckt, muss das Kriterium benannt werden, das sie von anderen Rechtsnormen unterscheidet; gilt sie darüber

---

[19] *Grimm* (Fn. 18), S. 60 f.

[20] *Hofmann* (Fn. 5), JöR n. F. 51 (2003), 7.

[21] So die durchgängige These von *C. Möllers*, Staat als Argument, 2000.

[22] *D. Grimm*, Ursprung und Wandel der Verfassung, in: J. Isensee/P. Kirchhof, Handbuch des Staatsrechts, Bd. I, 2003, § 1. Der vorverfassungsmäßige Staatsbegriff demgegenüber noch bei *J. Isensee*, Staat und Verfassung, ebda., Bd. II, 2. Aufl. 2004, § 15 Rdnr. 6 ff., 21 ff., 46 ff.

[23] Anschaulicher Beleg: der Wunsiedel-Beschluss des BVerfG, NJW 2010, 47 (51 f.).

hinaus als Staatsfundamentalnorm, müssen die Merkmale gefunden werden, die sie von den Staatsgrundgesetzen oder Freiheitsbriefen älterer Prägung unterscheiden. Als man zunächst, mit Beginn des Verfassungsdiskurses, nach diesen Merkmalen sucht, findet man sie zunächst in bestimmten Eigenschaften der Form. Die Verfassung wird dann entweder mit der Verfassungsurkunde gleichgesetzt oder als höchste Norm innerhalb eines Gemeinwesens, also aus ihrem Vorrang gegenüber dem übrigen Recht, definiert[24]. Beides macht aber nicht deutlich, worin der Grund für die herausgehobene Qualität der Verfassung und ihre symbolische Verkörperung in einer einheitlichen Urkunde liegt. Ihren Grund haben beide in der Eigenart und Wichtigkeit des Inhalts der Regelungen, denen jene Qualitäten zukommen. Dieser kann erneut in zweifacher Weise bestimmt werden, und zwar zunächst rein additiv durch die Angabe der Themen und Materien, zu denen die Verfassung Aussagen macht. Verfassungen betreffen, sagt man dann etwa, die Ausübung politischer Herrschaft, sie richten die Staatsorgane ein, ordnen ihr Verhältnis zueinander und enthalten zugleich die grundsätzlichen Bestimmungen für das Verhältnis des Staates zu seinen Bürgern[25]. Der Inhalt kann aber auch qualitativ bestimmt werden, indem an die Art und Weise dieser Ausübung zugleich bestimmte Mindestanforderungen gestellt und in der Folge nur solche Regelwerke als Verfassungen bezeichnet werden, die diese Mindestanforderungen erfüllen. Bekanntestes Beispiel ist Art. 16 der französischen Menschenrechtserklärung von 1789, nach dem nur solche Gebilde eine Verfassung haben, die die Gewaltenteilung gewährleisten und die individuellen Rechte sichern.

Im Laufe der Zeit verbindet sich aber dieser Begriff mit der demokratischen Komponente, die ihrerseits der revolutionären Entstehung der Verfassungen in den Vereinigten Staaten und Frankreich folgt. Die Verfassungen sind hier hervorgegangen aus einem souveränen Akt der verfassunggebenden Gewalt des Volkes, dessen Mitglieder sich in dieser Ursprungssituation wechselseitig als Freie und Gleiche anerkennen, und diese Traditionslinie bleibt für den Begriff zuletzt auch in Deutschland bestimmend. In diesem Sinne konnte etwa Welcker im Rotteck/Welckerschen Staatslexikon zusammenfassend feststellen, die Verfassung sei „nicht irgendein Nebenpunkt, sondern die Hauptsache der politischen Freiheit oder ihrer Verwirklichung, ja diese selbst"[26]. Von konservativer Seite wurde in der Frühphase der Verfassungskämpfe die Forderung nach einer über die gegebene ständische Ordnung hinausweisenden Verfassung als einer wirklichen „Repräsentativverfassung" gerade deshalb zurückgewiesen, weil sie „stets in letzter Instanz auf dem verkehrten Begriff von einer obersten Souveränität des Volkes gegründet" waren, wie es von Gentz in der bekannten Denkschrift formuliert hatte[27]. So oder so verband sich in den Debatten der

---

[24] Beide Merkmale noch zentral bei *H. Kelsen*, Reine Rechtslehre, 2. Aufl. 1960, S. 228 f.; Nachweise für die Zeit der Verfassungskämpfe bei *Grimm* (Fn. 18), S. 126 ff., 134 ff.

[25] Klassisch *G. Jellinek*, Allgemeine Staatslehre, 3. Aufl., sechster Neudruck 1959, S. 534.

[26] *C. T. Welcker*, Art. Grundgesetz, Grundvertrag, in: C. von Rotteck/C. T. Welcker (Hrsg.), Das Staats-Lexikon, 2. Aufl., 12 Bände, 1848 ff., Bd. VI, S. 166.

[27] *F. von Gentz*, Über den Unterschied zwischen landständischen und Repräsentativ-Verfassungen, in: H. Brandt (Hrsg.), Restauration und Frühliberalismus 1814–1840, 1979, S. 218 f.

Zeit die Idee der Verfassung mit der Forderung nach demokratischer Mitsprache an staatlichen Entscheidungen, so dass schließlich die real bestehenden Verfassungen des monarchischen Konstitutionalismus nur als ein unvollkommenes Abbild der wahren und vollständigen Verfassungen erschienen, auf die hin sie selber allmählich fortzuentwickeln waren. Fortan müssen bestimmte rechtsstaatlich-demokratische Mindestgehalte gegeben sein, damit ein Regelungswerk die Bezeichnung als Verfassung auch verdient. Deutlich wird dies etwa in der Zusammenfügung „Verfassungsstaat", die von vornherein nicht einen Staat mit irgendeiner Verfassung meint, sondern nur einen solchen, der den Bürgern ein Minimum an individuellen Freiheiten und demokratischer Mitsprache gewährt[28]. Natürlich können auch weiterhin Regelungswerke, die diesen Mindestanspruch nicht erfüllen, als Verfassungen bezeichnet werden und sich die mit dem Begriff verbundene Attraktivität gleichsam ausleihen. Diese erscheinen aber nunmehr nur noch als „unechte" oder „semantische" Verfassungen, die gegenüber den echten Verfassungen allenfalls eine Minderform darstellen und mit der Bezeichnung eine Qualität beanspruchen, die ihnen an sich nicht zukommt[29]. Die Verfassung macht demgegenüber aus Untertanen Bürger, was dann zwangsläufig auch ihre Sympathiewerte erhöht.

4. Von der Limitierung zur Programmierung: Der Aufstieg zur normativen Basisschicht des Rechtssystems

Eine vierte Wandlung oder besser Anreicherung des Verfassungsbegriffs resultiert aus der Ausdehnung des staatlichen Aufgabenbereichs und dem Formenwandel hinsichtlich der Aufgabenerledigung, die in dieser Anreicherung zugleich nachvollzogen und rechtlich eingefangen werden. In der Gedankenwelt des politischen Liberalismus, aus der sie, getragen von der bürgerlichen Verfassungsbewegung, hervorgegangen ist, hatte die Verfassung vor allem die Aufgabe, der Gesellschaft Freiräume zur Selbstregulierung zu sichern und diese vor dem Zugriff des Staates abzuschirmen[30]. Sie sollte in diesem Sinne vor allem Grenzen ziehen, deren Einhaltung dann gegebenenfalls durch eine Verfassungsgerichtsbarkeit zu sichern war. Mit dem Siegeszug des sozialstaatlichen Paradigmas und der nachfolgenden Übernahme einer staatlichen Globalverantwortung für die Herstellung erwünschter Lagen aller Art ändert sich das. Der Staat wird damit positiv auf bestimmte materiale Zielwerte und die Bewirkung konkreter Erfolge in allen gesellschaftlichen Sachbereichen verpflichtet, die ihrerseits nun nicht mehr allein mit den klassischen Mitteln von Befehl und Zwang angestrebt werden können, sondern eine breite Palette ganz unterschiedlicher Steuerungsmedien – Geld, Handlungsanreize, Information, Kontextveränderung –

---

[28] Vgl. *E.-W. Böckenförde*, Begriff und Probleme des Verfassungsstaates, in: *ders.*, Staat, Nation, Europa, 1999, S. 127 (132).

[29] Vgl. *K. Loewenstein*, Verfassungslehre, 4. Aufl. 2000, S. 131, 153 ff.

[30] Das Muster ist klassisch nachgezeichnet bei *Grimm* (Fn. 18), S. 67 ff., 399 ff.

verlangen. Die meisten Verfassungen reagieren darauf ihrerseits mit einer Erweite-rung um dirigierende oder eben programmatische Gehalte, die das Handeln des Staates nicht mehr nur wie vordem beschränken, sondern positiv in eine bestimmte Richtung lenken: als allgemeine Prinzipien, Zielvorgaben, Erfüllungs- und Gewähr-leistungsaufträge. Noch Hans Kelsen erschien dies unter der Geltung der Weimarer Reichsverfassung, die davon bereits weitgehend durchsetzt war, unerträglich. Weil eine Berücksichtigung solcher Zielvorgaben wie Freiheit, Gleichheit und Menschen-würde „nicht den Charakter einer Rechtsanwendung im technischen Sinne des Wortes" haben könne, seien sie, so meinte er, in einer Verfassung einerseits entbehr-lich: „Verzichtet man auf sie, so ändert sich an der tatsächlichen Rechtslage nichts". Andererseits erschienen sie ihm auch gefährlich, weil sie eben zu Bestimmungsversu-chen einladen können, die mit dem, was man bisher unter Rechtsanwendung ver-stand, nichts mehr zu tun haben[31].

Auch darüber ist indessen, wie über so vieles bei Kelsen, die Zeit hinweggegangen. Das Grundgesetz ist – von den Staatszielen bis zu den als Gewährleistungsaufträgen verstandenen Grundrechten – durchsetzt mit programmatischen, das Staatshandeln in eine bestimmte Richtung dirigierenden Prinzipien, und es hat dabei mit der unter der Weimarer Reichsverfassung weit verbreiteten Vorstellung aufgeräumt, dass „pro-grammatisch" immer gleichbedeutend ist mit „rechtlich unverbindlich"[32]. Vom Ge-setzgeber verlangt dies Verfassungsausgestaltung, von den Gerichten Implementati-on von Verfassungsrecht in private Rechtsverhältnisse und von der Verwaltung eben auch Verfassungsvollzug. In der Folge lässt sich auch das Verhältnis zum einfachen Recht nicht mehr nur im früheren Gedanken des Vorrangs der Verfassung erfassen, sondern weicht einer allgemeineren Vorstellung umfassender Durchdringung. Es geht jetzt nicht mehr nur darum, dass sich das einfache Recht seinerseits in einem gewissen verfassungsrechtlichen Rahmen hält. Vielmehr muss es inhaltlicher Aus-druck der verfassungsrechtlichen Grundentscheidungen sein, ihnen auf allen Stufen seiner Konkretisierung entsprechen[33]. Prinzipiell kann deshalb nun jede Rechtsfrage eines jeden Teilbereichs der Rechtsordnung verfassungsrechtlich relevant werden, wie man leicht daran ablesen kann, dass die Verfassungsbeschwerden, die beim Bun-desverfassungsgericht eingehen, von ihrem Spektrum her mittlerweile tatsächlich die gesamte Rechtsordnung abdecken, vom Arbeits- und Mietrecht über das Han-dels- und Gesellschaftsrecht bis hin zum Verwaltungsrecht, das ja schon früher bloß als „konkretisiertes Verfassungsrecht" galt[34]. Das Ergebnis ist eine Wiedergeburt und allmähliche Prägung der gesamten Rechtsordnung aus dem Geist der verfassungs-rechtlichen Wertordnung, für die stellvertretend die Art und Weise steht, in der das

---

[31] *H. Kelsen*, Wesen und Entwicklung der Staatsgerichtsbarkeit, VVDStRL 5 (1928), 30, (68 ff.).

[32] Vgl. dazu *B.-O. Bryde*, Programmatik und Normativität der Grundrechte, in: D. Merten/H.-J. Papier (Hrsg.), Handbuch der Grundrechte in Deutschland und Europa, Bd. I, 2004, § 17 Rdnr. 2 f., 24 ff., 39 ff.

[33] *Hofmann* (Fn. 5), JöR n. F. 51 (2003), 12.

[34] Überblick bei http://www.bundesverfassungsgericht.de/organisation/gb2009/A-IV-4.html.

Familienrecht nach und nach von den Restbeständen patriarchalischen Denkens entrümpelt und auf das Prinzip der Gleichberechtigung hingeordnet worden ist[35] – bis hin in detaillierte Vorgaben etwa für das eheliche Namensrecht und die Zulässigkeit von Doppel- oder Dreifachnamen[36]. Die Verfassung ist dadurch zur „inhaltlichen Mitte" oder „normativen Basisschicht" des Rechtssystems aufgerückt, auf die alle seine Normen – wie entfernt auch immer – rückbezogen sein müssen[37].

5. Vom Teil zum Ganzen: Der Aufstieg zur Gesellschafts- und Bürgerverfassung

Zugleich greift die Verfassung – als eine fünfte Station – dadurch aus vom staatlichen in den gesellschaftlichen Bereich: Indem sie den Staat dazu anleitet und dirigiert, sich um die sozialen, wirtschaftlichen und kulturellen Belange der Gesellschaft zu kümmern, macht sie nun selber die Gesellschaft und das Gesellschaftliche zu ihrem Gegenstand. Sie ist dadurch nicht mehr wie vordem bloße Teilordnung für den politischen Prozess, sondern wird nach einer schönen Formulierung von Alexander Hollerbach „allbezüglich": Zu allen Gegenständen des politischen und gesellschaftlichen Lebens hält sie heute Kontakt, bietet Orientierung und Richtungsweisung[38]. Von der reinen Staats- steigt sie damit zur Gesellschaftsverfassung auf, zur „Grundordnung des gesamten Gemeinwesens", wie es nun bei Konrad Hesse in deutlicher Abgrenzung gegen die bloße Grundordnung des Staates heißt[39]. Als solche wird sie dann von der Gesellschaft in einer späteren Phase der Entwicklung und mit innerer Folgerichtigkeit ihrerseits angenommen, man kann sagen: ein Stück weit verinnerlicht. Sie wächst dadurch in die Rolle einer geistigen Klammer als einer inneren Grundlage des Zusammenlebens der Bürger hinein. Das BVerfG hat die Verfassung in diesem Sinne schon früh als „Ausdruck der sozialen und politischen Gedankenwelt" bezeichnet, „die dem gegenwärtig erreichten kulturellen Zustand des deutschen Volkes" entspreche und deren sich daraus ergebende Wertsetzungen „von der übergroßen Mehrheit des deutschen Volkes aus voller Überzeugung bejaht" würden; hieraus, so schloss es, erwachse der grundgesetzlichen Ordnung „die innere Verbindlichkeit, die das Wesen der Legitimität ausmacht"[40].

---

[35] Die früheren Diskussionen nunmehr nachgezeichnet bei *C. Franzius*, Bonner Grundgesetz und Familienrecht, 2005, die gerade die ersten Jahre der Bundesrepublik abdeckt.

[36] Vgl. zuletzt BVerfGE 109, 256; 123, 90 ff.; zum „Zick-Zack-Kurs" in diesem Zusammenhang *U. Sacksofsky*, FPR 2010, 15 ff.

[37] Die Formulierungen bei *R. Alexy*, Rechtssystem und praktische Vernunft, jetzt in: *ders.*, Recht, Vernunft, Diskurs, S. 213; *T. Osterkamp*, Juristische Gerechtigkeit, 2004, S. 177.

[38] *A. Hollerbach*, Ideologie und Verfassung, in: W. Maihofer (Hrsg.), Ideologie und Recht, 1968, S. 37 (51); ähnlich *Schuppert/Bumke* (Fn. 8), S. 58: „Allmaßstäbliche Grundordnung".

[39] *K. Hesse*, Grundzüge des Verfassungsrechts der Bundesrepublik Deutschland, 20. Aufl. 1999, Rn. 17 f.; die Gegenvorstellung klassisch entfaltet bei *W. Kägi*, Die Verfassung als rechtliche Grundordnung des Staates, 1945.

[40] BVerfGE 5, 85 (379).

Heute befinden wir uns in einer Situation, da alle anderen inneren Verbindlichkeiten dieser Art brüchig geworden oder ganz weggefallen sind: Das Vaterland, die Religion, ein ethnisch oder kulturell definiertes Zusammengehörigkeitsgefühl – nichts davon kann heute noch die gesamte Gesellschaft in sich einschließen, wenn von ihnen überhaupt noch etwas geblieben ist. Geblieben ist nur die Verfassung, die nun zum Inbegriff dessen wird, was die Gesellschaft noch eint und innerlich zusammenhält. Natürlich gilt dies nicht für die ganze Verfassung, wie ja auch wir, wenn wir hier etwa vom Aufstieg oder Eigenwert der Verfassung reden, nie die ganze Verfassung meinen, sondern immer nur die besonders herausgehobenen Bestandteile, die ihren Vorrang vor dem übrigen Recht von ihrem Inhalt her überhaupt erst rechtfertigen. Es gilt deshalb nicht für die Notariatsänderung nach Art. 138 GG oder die neuen Übergangsregelungen für den Wegfall der Gemeinschaftsaufgabe Hochschulbau, sondern immer nur für den schmalen Kern von Grundprinzipien, auf die sich die Juristen gemeinsam mit den Bürgern beziehen können. Für das amerikanische Verfassungsrecht hat kürzlich Mark Tushnet instruktiv zwischen einer „thin" und einer „thick constitution" unterschieden: Die „thin constitution" steht darin für die Juristen und Bürgern gemeinsame Kernverfassung, die sich aus dem Prinzipien von Menschenwürde, Freiheit, Gleichheit und Demokratie zusammensetzt, während die „thick constitution" für die darum herum liegende Juristenverfassung steht, die mit Detailregelungen befrachtet ist, in dogmatischen Figuren kleingearbeitet ist und in rechtsförmigen Verfahren gehandhabt wird[41]. Aber in diesem schmalen Kern erkennt die Gesellschaft nun ihrerseits in der Verfassung ihre Identitätsgrundlage; sie bildet nun den Gesellschaftsvertrag, an dessen Zustandekommen real niemand beteiligt war, aber den nun alle als Basis ihres Zusammenlebens anerkennen. Die Verfassung wird dadurch zuletzt zur „Bürgerverfassung"[42], die nun sogar ihren eigenen Patriotismus erzeugt: einen Patriotismus der Verfassung statt eines Patriotismus der Deutschen, der Schweizer oder der Österreicher[43]. Als Beispiel mag man die hierzulande in periodischen Abständen immer wieder ausbrechenden Debatten über Leitkultur, über Werterosionen und neue Wertorientierungen, über die Notwendigkeit eines neuen Patriotismus etc. nehmen, die, sobald man sie auf ihre inhaltlichen Bestandteile befragt, am Ende doch allesamt nur wieder auf die Verfassung zurückführen[44].

---

[41] *M. Tushnet*, Taking the Constitution away from the Courts, 1999, S. 9 ff.

[42] Der Begriff etwa – in Aufnahme der Arbeiten von Tushnet – bei *Bryde* (Fn. 32), Rdnr. 63 ff.

[43] Das Konzept des Verfassungspatriotismus bei *D. Sternberger*, Verfassungspatriotismus, 1982; aufgegriffen und fortentwickelt etwa bei *J. Habermas*, Faktizität und Geltung, 2. Aufl. 2001, S. 632 ff.; polemische Kritik daran von konservativer Seite bei *J. Isensee*, Die Verfassung als Vaterland, in: A. Mohler (Hrsg.), Wirklichkeit als Tabu, 1986, S. 11 ff.; Kritik von links nunmehr bei *A. Krölls*, Das Grundgesetz – ein Grund zum Feiern, 2009, ausdrücklich als „Streitschrift gegen den Verfassungspatriotismus" konzipiert. Rezeption des Konzepts in den USA etwa bei *F. I. Michelman*, Morality, Identity and „Constitutional Patriotism", 14 Ratio Juris (2001), S. 253 ff.; *J.-W. Müller*, Constitutional Patriotism, Princeton 2007.

[44] Vgl. etwa die Beiträge in N. Lammert (Hrsg.), Verfassung, Patriotismus, Leitkultur – was unsere Gesellschaft zusammenhält, 2006.

6. Vom Nomos zum Ethos: Der Aufstieg zur Gerechtigkeitsordnung

Die tieferen Gründe für diese Entwicklung liegen darin, dass die Verfassung nicht nur deshalb gilt, weil es nun einmal so festgelegt ist, als eine „kontingente Sicherung kontingenter Gehalte"[45], sondern weil sich in ihr auch eine Vorstellung des Guten, Richtigen und Angemessenen verkörpert, also eine spezifisch moralische oder ethische Qualität. Damit ist die nächste Station des Aufstiegs erreicht, die als Übergang zur ethischen Verfassung beschrieben werden kann. Historisch erklärt sie sich daraus, dass die Verfassung mit ihren zentralen Prinzipien – Menschenwürde, Freiheit, Gleichheit, demokratische Selbstbestimmung – zugleich die klassischen Problemformeln des neuzeitlichen Natur- und Vernunftrechts in sich aufnimmt, das selbst nichts anderes ist als eine Summe moralischer Forderungen, also eine moralische, keine juristische Kategorie[46]. Es wurde – sieht man von der charakteristischen Ausnahme Englands ab, wo John Locke das Ergebnis der Glorious Revolution in seine berühmten Abhandlungen über die Regierung gießen konnte – zu einer Zeit postuliert, als es noch keine rechtlichen Bindungen des Staates gab, und formulierte dann Anforderungen an ihn, die von ihm erst in sein Recht zu übernehmen waren. Heute sind diese Anforderungen ihrerseits in die Verfassung inkorporiert, die deshalb heute ganz offen als „Naturrechtsersatz" fungiert und als solcher genommen wird[47]. Sie nimmt damit auch den moralischen oder ethischen Gehalt in sich auf, den sie nun ihrerseits und in der Sache selbsttragend zum Ausdruck bringt.

Das Bundesverfassungsgericht hat dies dadurch zum Ausdruck gebracht, dass es die Grundrechte und auch die Verfassung insgesamt als Medium und Träger eines eigenen Wertgehalts apostrophiert hat, nämlich als Wertentscheidung, Wertordnung, Wertsystem oder wie die Formulierungen alle heißen[48]. Heute wird darin oft nur eine Chiffre für die rechtstechnische Seite des Vorgangs gesehen, also etwa für die Art und Weise, mit der sich die Grundrechte im Rechtssystem zur Geltung bringen, so wie es im Bild von der „Ausstrahlungswirkung" angedeutet ist. Aber die Rede von der Wertordnung hat daneben eben noch eine zweite Seite, die auf den ethischen Gehalt verweist, der in den davon erfassten Prinzipien beschlossen liegt und auf eine dahinter liegende Vorstellung des Guten und Richtigen verweist. Diese Seite entfällt nicht schon deshalb, wenn man, wie es heute vielfach geschieht, statt von Wertordnung bloß noch von objektiver Ordnung oder statt von Wertentscheidungen bloß

---

[45] *H. Hofmann*, Zur Idee des Staatsgrundgesetzes, in: ders., Recht – Politik – Verfassung, 1986, S. 261 (262).

[46] Vgl. *R. Dreier*, Zur Problematik und Situation der Verfassungsinterpretation, in: ders./F. Schwegmann (Hrsg.), Probleme der Verfassungsinterpretation, S. 13 (39 f.).

[47] Der Begriff etwa bei *Osterkamp* (Fn. 37), S. 195 ff.; eingehend zum Zusammenhang *P. Häberle*, Verfassungstheorie ohne Naturrecht, jetzt in ders., Verfassung als öffentlicher Prozess, 3. Aufl. 1998, S. 93 ff.

[48] Grundlegend: BVerfGE 2, 1 (12); 5, 85 (138 f.); für die Grundrechte BVerfGE 7, 198 (205 ff.).

noch von Grundsatznormen oder ähnlichem spricht[49]. Es geht stattdessen um den
Gerechtigkeitsanspruch, den die Verfassung mittlerweile erhebt und der in ihrer Anwendung immer mitverhandelt wird[50]. Es ist deshalb auch kein Zufall, sondern nur
folgerichtig, wenn die bekannteste Gerechtigkeitskonzeption der neueren Zeit, die
Theorie der Gerechtigkeit von John Rawls, mit ihren beiden zentralen Gerechtig-
keitsgrundsätzen genau diejenigen aufgreift, die in der Verfassung als Rechtsnorm
ohnehin schon enthalten sind, und was die Verfassung in dieser Hinsicht bewirkt, ist
nur, dass sie die umständlichen Herleitungen überflüssig macht[51]. Die Verfassung
geht dadurch, wie dies erneut bei Konrad Hesse beschrieben ist, nicht in ihren äußeren und förmlichen Elementen auf, sondern wird zum Inbegriff einer guten und ge-
rechten Ordnung des Gemeinwesens[52].

Als solche entfernt sie sich in mehrfacher Hinsicht von einem normalen Rechtstext
und wird folgerichtig auch anders angewandt als dieser. Zum einen kommen ihr als
politische Gerechtigkeitsordnung weitere Wirkungen zu, die über die klassischen
rechtlichen Wirkungen hinausweisen: Sie entfaltet nun auch sozialkulturelle, psy-
chologische und edukatorische Wirkungen, überhaupt eine geistige und symbolische
Dimension; sie transportiert eine bestimmte Idee über Inhalt und Form des Zusammenlebens im Staat, die in der öffentlichen Wahrnehmung nicht weniger wichtig ist
als die Streitentscheidungsfunktion, auf die die Verfassung von vielen Juristen immer noch reduziert wird[53]. Zum zweiten und damit zusammenhängend stellt sich
auch ihre Interpretation weit stärker als bei anderen Rechtstexten als ein geisteswis-
senschaftlich-ganzheitlicher Vorgang der Normkonkretisierung dar. In vielen Fällen
– besonders markant bei der Auslegung der Menschenwürdegarantie, aber letztlich
bei allen grundsätzlicher angelegten Problemen – kommt sie darüber hinaus überhaupt dem Ausbuchstabieren moralischer Prinzipien gleich, so wie es für den amerikanischen Rechtsraum in Ronald Dworkins Theorie eines „moral reading" der amerikanischen Verfassung ausgearbeitet ist[54]. Aus alledem erklärt sich auch die oft beschriebene Tendenz zur „Sakralisierung" der Verfassung, die dann je nach Standpunkt
beklagt oder auch nur verspottet wird, mit den Bürgern als Gläubigen und den Rich-

---

[49] Zu dieser oft beobachteten Verabschiedung des Wertbegriffs vgl. etwa. *H. Dreier*, in: ders.
(Hrsg.), Grundgesetz, 2. Aufl. 2004, Vorbemerkung vor Art. 1 Rdnr. 82 m. w. N.

[50] Zu diesem Gerechtigkeitsanspruch *M. Morlok*, Was heißt und zu welchem Ende studiert man
Verfassungstheorie, 1988, S. 91 ff.

[51] Die Gerechtigkeitsgrundsätze bei *J. Rawls*, A Theory of Justice, 1971, Dt. Eine Theorie der
Gerechtigkeit, 1975, S. 81 ff., mit gleicher Berechtigung ließe sich auch die Diskurstheorie des demo-
kratischen Rechtsstaats bei Habermas nehmen, vgl. *ders*. (Fn. 43), S. 109 ff., 166 ff., ferner die „Drei-
Zonen-Theorie" der Gerechtigkeit bei *D. von der Pfordten*, Rechtsethik, S. 436 ff.

[52] *K. Hesse*, Verfassungsrechtsprechung im geschichtlichen Wandel, JZ 1995, 265 (266); fast
wortgleich *E. Denninger*, Menschenrechte und Grundgesetz, 1994, S. 10; ähnlich auch *G. Frankenberg*, Die Verfassung der Republik, 1996, S. 19 ff.

[53] Zu dieser Dimension insbesondere *A. Brodocz*, Die symbolische Dimension der Verfassung,
2006; *H. Vorländer*, Die Verfassung als symbolische Ordnung, PVS Sonderheft 36/2006, S. 229 ff.;
schon früher *J. Gebhardt*, Die Idee der Verfassung, in: A. Kimmel (Hrsg.), Verfassungen als Fundament und Instrument der Politik, 1995, S. 9 ff.

[54] *R. Dworkin*, Freedom's Law, 1996, S. 7 ff.

tern des Bundesverfassungsgerichts als den Hohepriestern[55]. Indessen ist das Bekenntnishafte und Zivilreligiöse, überhaupt der Zug zum Symbolischen und Rituellen der Verfassungsidee nicht fremd und insbesondere den ersten revolutionären Verfassungen eigen[56]. Und es erklärt eben auch, wie die Verfassung zur Integrationsgrundlage des Gemeinwesens geworden ist und dazu aufsteigen konnte: Als politische Gerechtigkeitsordnung enthält sie zugleich den ethischen Grundkonsens von Staat und Gesellschaft, nämlich die in Rechtsform gegossenen ethischen und moralischen Prinzipien, in denen diese Gesellschaft noch einig sein will[57].

7. Von der Ordnung zum Prozess: Der Aufstieg zur lebenden Verfassung

Die letzte der Veränderungen, von denen hier zu handeln ist, wird im Verhältnis zu den bisher besprochenen leicht unterschätzt, weil sie zunächst nur einen untergeordnet-formalen Aspekt zu betreffen scheint und auch in der öffentlichen Wahrnehmung weniger präsent ist. Es könnte sich gleichwohl um die bedeutsamste handeln, weil sie einerseits die Voraussetzung bildet, auf der alle anderen erst aufsetzen können, und diese andererseits in ihr letztlich zusammenlaufen. In diesem Sinne betrifft sie nicht den sachlichen Gehalt oder die Reichweite der Verfassung, sondern das unterliegende Verhältnis von Verfassung und Verfassungswirklichkeit, genauer die Frage, wie sich die Verfassung verhält zu Veränderungen jener Wirklichkeit, die sie zu ordnen bestimmt ist. In Bezug darauf stehen sich von der gedanklichen Ausgangslage bis heute zwei unterschiedliche Grundpositionen gegenüber, die mit einer gewissen Vereinfachung als die Ordnungstheorien einerseits und die Prozesstheorien andererseits bezeichnet werden können[58]. Nach den verschiedenen Ordnungstheorien stellt sich die Verfassung als eine in sich geschlossene Ordnung dar, die, einmal in der Welt, dieser gegenüber einen unbedingten Geltungsanspruch erhebt; sie tritt dieser Wirklichkeit grundsätzlich als etwas Vorgegebenes, in der Sache bereits Entschiedenes gegenüber, das sich im Verhältnis zu ihr als das statisch-beharrende Moment des staatlichen und gesellschaftlichen Lebens behauptet[59]. Nach den Prozesstheorien, von denen ebenfalls verschiedene Varianten im Umlauf sind, erscheint die Verfassung demgegenüber selbst in ständiger Bewegung, ist in fortwährender Um-,

---

[55] Der Spott etwa bei *G. Roellecke*, Das Ansehen des BVerfG und die Verfassung, in: M. Piazola (Hrsg.), Das Bundesverfassungsgericht, 1995, S. 33 (48); *O. Depenheuer*, Auf dem Weg in die Unfehlbarkeit, in: FS für Martin Kriele, 1997, S. 485 (490 ff.); die Kritik etwa bei *H. Dreier*, Gilt das Grundgesetz ewig?, 2009, S. 98 ff.

[56] Vgl. *Hofmann* (Fn. 5), JöR n. F. 51 (2003), 8; siehe stellvertretend schon die Charakterisierung der Verfassung als „political bible of the state" bei *T. Paine*, Rights of Man, 1791, Chapter IV, Part 1.

[57] Zu dieser Funktion bereits *J. Isensee*, Verfassungsgarantie ethischer Grundwerte und gesellschaftlicher Konsens, NJW 1977, 545 ff.

[58] Die Begriffe etwa bei *A. Schmitt Glaeser*, Vorverständnis als Methode, 2004, S. 33 ff.

[59] Sehr klar in diesem Sinne etwa bei *E.-W. Böckenförde*, Die Methoden der Verfassungsinterpretation – Bestandsaufnahme und Kritik, in: ders., Staat, Verfassung, Demokratie, 1991, S. 53 (85 f.).

Fort- und Weiterbildung begriffen, mit der sie sich elastisch den Veränderungen ihres Gegenstandes anschmiegt. Sie ist dann zuletzt selber „Prozess" oder „öffentlicher Prozess" wie die einschlägige Aufsatzsammlung Peter Häberles zum Thema programmatisch überschrieben ist[60].

Stellt man die beiden Verfassungsmodelle einander in dieser Weise gegenüber, dürfte kaum ein Zweifel bestehen, dass das erste, also das Modell der Ordnungstheorien, der ursprünglichen Idee der Verfassung am nächsten kommt. Unter der Hand durchgesetzt hat sich indessen das zweite. Ein anschauliches Beispiel dafür liefert die Entdeckung und Entwicklung des Allgemeinen Persönlichkeitsrechts, das in produktiver Kombination von Art. 2 Abs. 1 und Art. 1 Abs. 1 allmählich in das Grundgesetz hineingelesen worden ist und dem bis heute neue Gehalte hinzugefügt werden[61]. Auch in sich erweist es sich als hochgradig beweglich, wie etwa die ständigen Neu- und Nachjustierungen des Abwägungskonzeptes zwischen Ehrenschutz und Pressefreiheit in der unendlichen Geschichte der Caroline-von-Monaco-Entscheidungen belegen[62]. Der beste Beleg für die Prozesshaftigkeit der Verfassung ist aber das Verfassungsverständnis insgesamt, wie es in den bisherigen Stationen der Entwicklung skizziert worden ist. Auch bei ihm kann man sich ja durchaus die Frage vorlegen, woher es eigentlich kommt und wovon es abhängt. Ganz offensichtlich hängt es zunächst nicht oder doch allenfalls nur unwesentlich vom Text ab. Ob etwa die Grundrechte als Abwehrrechte zu verstehen sind oder als Gewährleistungsaufträge, ob das Beiwort „sozial" in Art. 20 Abs. 1 eine Belanglosigkeit enthält oder ein verbindliches Ziel aller Politik, sagt der Text nicht. Es ist vielmehr eher der Text, der von einem vorausgesetzten Verfassungsverständnis aus gelesen wird, als dass dieses umgekehrt aus ihm gewonnen wäre. Man kann auch sagen, es ist weniger der Inhalt, der die Funktionen der Verfassung und die Erwartungen an sie prägt, als dass es vielmehr die Funktionen und Erwartungen sind, die den Inhalt der Verfassung bestimmen. Ganz deutlich wird dies etwa in den gängigen Topoi der Verfassungsinterpretation wie dem Maßstab integrierender Wirkung, dem Prinzip der Verstärkung der Geltungskraft oder dem Prinzip der praktischen Konkordanz, in denen allesamt die Vorstellung mitschwingt, dass die Verfassung letztlich harmonisierend, ausgleichend oder befriedend wirken, also bestimmte Aufgaben erfüllen soll[63]. Ebenso wenig hängt das Verständnis der Verfassung aber auch vom Willen derer ab, die sie gemacht haben: Natürlich haben sich die Väter und Mütter des Grundgesetzes, die allesamt noch der Vorstellung eines bloß rahmenartigen Provisoriums anhingen, nicht träumen lassen, was aus ihrem Kind einst werden könnte, aber das ist ein Gesichtspunkt, der heute nur noch für Historiker von Interesse und schon von Thomas Jef-

---

[60] *Häberle* (Fn. 47); der den Titel inspirierende Aufsatz auf S. 121 ff.

[61] Zuletzt etwa das Grundrecht auf Schutz der Vertraulichkeit und Integrität informationstechnischer Systeme, vgl. BVerfGE 120, 274 (302 ff.). – Online-Durchsuchung.

[62] BVerfG, NJW 2000, 1021 ff.; EGMR, NJW 2004, 2647 ff.; BGH NJW 2007, 1981 ff.; BGH, EuGRZ 2007, 503 ff.; BVerfG, NJW 2008, 1793 ff.; BGH, NJW 2008, 3138 ff.; BGH, NJW 2008, 3141 f.

[63] Diese und andere Topoi etwa bei *Hesse* (Fn. 39), Rdnr. 70 ff.

ferson mit dem Argument beiseitegeschoben worden ist, die Erde wie die Verfassung sei für die Lebenden gemacht, nicht für die Toten[64]. Was die Verfassung heute ist, hängt vielmehr vom jeweiligen Umgang mit ihr ab; es ist das Resultat einer bestimmten sozialen Praxis, in der sich das heutige Verständnis von Verfassung wie auch ihr konkreter Inhalt allmählich ausgeformt haben. Vereinfacht lässt sich das so ausdrücken, dass die Verfassung das Resultat von Kommunikationen über Verfassung ist und letztlich nur in diesen Kommunikationen vorhanden ist. Die Verfassung präsentiert sich dadurch heute weithin als „lebende" Verfassung, wie sich in Annäherung an ein derzeit in den Vereinigten Staaten vielerörtertes Konzept formulieren lässt und es hierzulande in den verschiedenen Prozesstheorien vorausgesetzt ist[65]. Für die Verfassung bedeutet dies einerseits Verluste an Normativität, die sich nicht hinwegdiskutieren, sondern allenfalls durch bestimmte Auffanglinien begrenzen lassen. Was die Verfassung aber dadurch an Normativität verliert, gewinnt sie auf der anderen Seite an Leistungsfähigkeit durch eine neuartige Beweglichkeit hinzu, dank derer sie nun auch zu dem immer rapideren sozialen und politischen Wandel Kontakt halten kann.

III. Zurück zu den Ursprüngen?

Mit alledem geht der sachliche Aufstieg der Verfassung freilich zu Lasten ihrer formalen Qualitäten, wie es in einer frühen Linie der Kritik schon früh formuliert worden ist[66]. Ohnehin darf die Rede von einem vorherrschenden Verfassungsverständnis nicht so verstanden werden, als ob es keine Alternativen oder Gegenentwürfe zu ihm gäbe. Im Gegenteil ist es seit jeher das Ziel der Angriffe verschiedener Minderheitenpositionen, die – wenn auch ihrerseits in unterschiedlicher Intensität und in mehr oder weniger scharfen Worten – die gesamte Entwicklung für einen Irrweg halten und eine Rückbesinnung auf den ursprünglichen, in den verschiedenen Phasen der Entwicklung nunmehr verschütteten Kern der Verfassungsidee fordern. In polemischer Vereinfachung lassen sie sich je nach ihren intellektuellen Stichwortgebern oder auch der Schule, die von ihnen begründet worden ist, auf drei Grundmodelle zurückführen, bei denen zumindest zwischen den ersten beiden eine Reihe von Be-

---

[64] So *T. Jefferson* in verschiedenen Briefen, u. a. an J. Cartwright, 1824.

[65] Das amerikanische Pendant ist das Konzept der „living constitution"; begriffsbildend *H. McBain*, The Living Constitution, 1937. Heutige Befürworter sind etwa Cass Sunstein; unter den Gegnern befinden sich William Rehnquist und Antonin Scalia. Der beste Beleg für die Durchsetzung dieses Verständnisses könnte im übrigen der performative Selbstwiderspruch sein, in den sich jeder zu verwickeln droht, der es wieder ändern und durch ein neues – etwa im Sinne der älteren Ordnungstheorien – ersetzen wollte. Selbst wenn einem solchen Unternehmen je Erfolg beschieden sein sollte: Wovon hinge dieser Erfolg dann letztlich ab – und wer wollte garantieren, dass er auf Dauer besteht?

[66] *E. Forsthoff*, Die Umbildung des Verfassungsgesetzes, in: FS für Carl Schmitt, 1959, S. 35 ff.; seinerzeit ein veritabler Skandal, vgl. *Hofmann* (Fn. 5), JöR n. F. 51 (2003), 11 Fn. 50.

rührungspunkten bestehen; lediglich das dritte weist von seinem Ausgangspunkt her zumindest zunächst in eine ganz andere Richtung.

Das erste Grundmodell kann das *Modell Carl Schmitt* genannt werden, für das dieser in verschiedenen Schriften wie etwa dem berühmten Aufsatz über die „Tyrannei der Werte" oder seiner „Verfassungslehre" den Ton vorgegeben hatte[67]. Man wendet sich dann etwa – geradezu ein Grundtenor dieser Schule – gegen die Vorstellung einer verfassungsrechtlichen Wertordnung, ferner gegen die Deutung der Grundrechte als Schutzpflichten oder als objektive Ordnung, in der man sie auf eine undifferenzierte Weise wieder aufgehoben sieht; in einer früheren Phase gehörte auch die Wendung gegen das sozialstaatliche Paradigma dazu. Stattdessen wird wieder eine primär abwehrrechtliche Deutung der Grundrechte propagiert, so wie überhaupt die Verfassung wieder stärker auf das frühere Konzept der rechtsstaatlich-limitierenden Verfassung hin ausgerichtet werden soll: mit klaren, juristisch präzisen Grenzziehungen, durch die vor allem der Staatsgewalt wieder schärfere Fesseln angelegt werden sollen[68]. Für die zweite Alternative steht demgegenüber das *Modell Hans Kelsen*. Es zielt vor allem auf eine Reinigung der Verfassung von allen ethisch-moralischen Implikationen, von der politischen Philosophie oder der bloßen „Verfassungstheorie"; diese gelten ihr, wie das berühmte „Vorspiel im philosophischen Himmel"[69], als tendenziell verdächtig, Zeichen einer problematischen Aufladung der Verfassung, die die historische Trennung von Recht und Moral wieder rückgängig macht[70]. Stattdessen soll es wieder zurück zum reinen Rechtstext gehen, zur Verfassung der Juristen, von Juristen gemacht und für Juristen bestimmt, die wieder nach den klassischen Auslegungsmethoden der Wortlautinterpretation, des „original intent" oder der Verfassungssystematik gehandhabt wird; wo diese dann enden, endet das Geschäft der Auslegung insgesamt[71]. Eine dritte, damit auf den ersten Blick freilich nur sehr bedingt in einen Topf zu werfende Variante der Grundsatzkritik schließlich wird durch das *Modell Niklas Luhmann* bezeichnet. Dieses verabschiedet sich vor allem von der Vorstellung der Verfassung als einer übergeordneten, die verschiedenen Teile

---

[67] *C. Schmitt*, Die Tyrannei der Werte, in: Säkularisation und Utopie, Ebracher Studien, 1967, S. 37 ff.; der Titel selbst geht allerdings auf eine Formel von Nicolai Hartmann zurück. Die Grundlagen des Verfassungsverständnisses sind demgegenüber formuliert in der Verfassungslehre (Fn. 9); maßgeblich sind hier vor allem die Passagen über den rechtsstaatlichen Teil, S. 123 ff.

[68] In dieser Linie etwa *E. Forsthoff* (Fn. 66); *ders.*, Begriff und Wesen des sozialen Rechtsstaats, VVDStRL 12 (1954), 8 ff., dort die Wendung gegen das sozialstaatliche Paradigma; ferner *E.-W. Böckenförde*, Zur Kritik der Wertbegründung des Rechts, in: *ders.*, Recht, Staat, Freiheit, 1991, S. 67 ff.; *ders.*, Grundrechte als Grundsatznormen, in: *ders.* (Fn. 59), S. 159 ff.; *B. Schlink*, Kritik der Abwägung, 1976; *ders.*, Abschied von der Dogmatik, JZ 2007, 157; *R. Poscher*, Grundrechte als Abwehrrechte, 2003, insbes. S. 72 ff., 107 ff.

[69] *C. F. von Gerber*, Grundzüge des deutschen Staatsrechts, 3. Aufl. 1880, Neudruck 1969, S. 237.

[70] Gegen diese moralische Aufladung zuletzt prominent *Dreier* (Fn. 46), S. 98 ff.

[71] Für diese Richtung etwa *M. Jestaedt*, vgl. bereits *ders.*, Grundrechtsentfaltung im Gesetz, 1999, 332 ff., 339 ff.; *ders.*, Und er bewegt sie doch!, in: FS für W. Schmitt Glaeser, 2003, 267 ff.; *ders.*, Die Verfassung hinter der Verfassung, 2009, insbes. S. 24 ff.; vgl. besonders markant auch den Beitrag von *Jestaedt* in diesem Band. Für diese Richtung ferner *Dreier* (Fn. 46); tendenziell auch *O. Lepsius*, vgl. etwa *ders.*, Braucht Verfassungsrecht eine Theorie des Staates?, EuGRZ 2004, 370 (380 f.).

der Rechtsordnung zur Einheit verklammernden Ordnungsidee, die in der Verfassung symbolisch verkörpert ist; im Gegenteil werden solche Einheitsvorstellungen, überhaupt das Denken in Hierarchien und Über-/Unterordnungsverhältnissen, als illusionäre oder vielleicht sogar ideologische Verschleierung der tatsächlichen Verhältnisse demaskiert, als eine Denkfigur für Unaufgeklärte, die sie der Notwendigkeit allen weiteren Nachdenkens enthebt. Statt solcher „autoritärer Werte- und Prinzipienarrangements" wird dann, so eine der Schlussfolgerungen, eine neue Form der rechtlichen Bearbeitung gesellschaftlicher Strukturkonflikte notwendig, die mit Hilfe neuartiger und ausdifferenzierter Techniken gesellschaftliche Autonomieräume für systemische Selbstregulierung sichern soll[72]. Mit diesem klassisch-liberalen oder möglicherweise auch neoliberalen Impuls ergeben sich am Ende doch unversehens Berührungspunkte zu den anderen Gegenentwürfen.

Gemeinsam ist ihnen allen ohnehin, dass sie die Risiken und Nebenwirkungen des neuen Verfassungsverständnisses – die es gibt – maximieren und seine vielfältigen Vorzüge und Leistungen – die es eben auch gibt – minimieren. Zu diesen Leistungen gehört nicht zuletzt die neue Beweglichkeit der Verfassung mitsamt der Nähe zur Gesellschaft, die sie dadurch gewonnen hat, und es gehört dazu auch die enorme Akzeptanz, die sie heute von einem erweiterten Verfassungsverständnis aus findet. Vor allem aber überschätzen solche Gegenentwürfe wie jede Grundsatzkritik, die immer gleich aufs Ganze geht, die Möglichkeit zur Umkehr. Was letztlich für jedes System gilt und von der Politikwissenschaft oft auf den Begriff der Pfadabhängigkeit gebracht wird, könnte in leicht veränderter Gestalt auch für das Verfassungsrecht und die Praxis seiner Anwendung gelten: Wie in jedem anderen System, so gibt es möglicherweise auch innerhalb einer Rechtsordnung entscheidende Weichenstellungen, die, einmal vollzogen, nicht mehr rückgängig zu machen sind. Sie brechen oft mit vorgefundenen und eingespielten Strukturen, tragen die Rechtsentwicklung auf eine neue Stufe, hinterlassen tiefe Spuren in allen Bereichen des Rechts und strahlen zuletzt weit in die politische und soziale Wirklichkeit aus. Für die Bundesrepublik könnte das Lüth-Urteil, mit dem das neue Verfassungsverständnis maßgeblich vorbereitet wurde, eine solche Weichenstellung gewesen sein[73]. Ein Zurück in den Zustand einer verlorenen Reinheit ist schon deshalb unrealistisch, und es erscheint als Alternative auch nicht einmal sonderlich attraktiv.

---

[72] So zuletzt – in der Sache freilich eher von links – *A. Fischer-Lescano*, Kritik der praktischen Konkordanz, KJ 2008, 166 ff.; siehe ferner etwa *T. Vesting*, Von der liberalen Grundrechtstheorie zum Grundrechtspluralismus, in: Allgemeinheit der Grundrechte und Vielfalt der Gesellschaft, 1994, S. 8 ff.; *K.-H. Ladeur*, Postmoderne Rechtstheorie, 1995; *ders.*, Negative Freiheitsrechte und gesellschaftliche Selbstorganisation, 2000, S. 56 ff., 86 ff., 137 ff.; *ders.*, Kritik der Abwägung in der Grundrechtsdogmatik, 2004, dort verknüpft mit Überlegungen ökonomischer Rechtstheorie und einem Plädoyer für die abwehrrechtliche Deutung der Grundrechte.

[73] Dies die zutreffende Überlegung von *R. Wahl*, Lüth und die Folgen: Ein Urteil als Weichenstellung für die Rechtsentwicklung, in: T. Henne/A. Riedlinger (Hrsg.), Das Lüth-Urteil aus (rechts-)historischer Sicht, 2005, S. 371 ff.

Fabian Steinhauer

Zeitgenössische Verfassungstheorie

I. Wie – zeitgenössisch?

1. Indizien des Zeitgenössischen

(1) Was ist zeitgenössische Verfassungstheorie?[1] Wenn die Verfassungen nicht (mehr) die rechtliche Grundordnung des Staates sind, dann können Verfassungstheorien weder als staatszentrierte noch als staatsähnliche Einrichtungen beschrieben werden. Man kann vielleicht versuchen, die Theorien wie eine Anstalt oder Behörde zu organisieren, aber der Eigensinn des konstitutionellen Wissens liegt nicht in dem, was entsprechend verwaltet wird. Man kann vielleicht auch versuchen, sich den Verfassungstheoretiker als eine Art universitären Leviathan vorzustellen. Aber auch hier lag schon traditionell der Witz eher in der Zusammenstellung zwischen den vielen kleinen Subjekten und dem Schema der großen, anthropomorph verkörperten Figur sowie in den Zusammenhängen zwischen Bildlichkeit und Argumentation als in der Identität zwischen Subjekt und Wissen. Von den Traditionen, in denen der Theoretiker als großes Subjekt oder seine Theorie als große Objektivation erscheint, ist man abgeschnitten. Begriffe wie Repräsentation, Souveränität, Wille und Entscheidung mögen nicht an Bedeutung verlieren. Sie rücken aber von ihrer alten Stellung ab. Anders gesagt: Sie werden verrückt. Weil die Alternativen neuer Verfassungstheorien noch unbestimmt sind, geht der Beitrag zuerst nur von der Voraussetzung aus, dass es zeitgenössische Verfassungstheorie gibt. Selbstverständlich ist das nicht.[2] Noch vor der Frage, was Verfassungstheorie leistet, irritiert schon das Zeitgenössische.

(2) Bevor ich auf Verfassungstheorie zu sprechen komme, möchte ich darum auf die Semantik des Zeitgenössischen zu sprechen kommen. Es gibt zwar reihenweise

---

[1] So lautete die Frage, die Stefan Korioth und Thomas Vesting mit der Einladung zu dem Rundgespräch über den Eigenwert der Verfassung nach der Globalisierung gestellt haben. Ich danke den Organisatoren und Teilnehmern der Tagung sowie Johanna Bergann, Stefanie Günthner, Ophelia Lindemann, Luise Lindner und Gunther Teubner für kritische Anmerkungen und Anregungen.

[2] Zur Frage, ob es überhaupt Verfassungstheorie gibt, *Oliver Lepsius*, Braucht das Verfassungsrecht eine Theorie des Staates? EuGRZ 2004, S. 372–381 m. w. N. Zur Verfassungstheorie als weithin noch „unerschlossenem Terrain" *Otto Depenheuer/Christoph Grabenwarter*, Vorwort, in: *dies.* (Hg.), Verfassungstheorie, Tübingen 2010, S. VII; *Matthias Jestaedt*, Die Verfassung hinter der Verfassung. Eine Standortbestimmung der Verfassungstheorie, Paderborn u. a. 2009, S. 11 f. Ein frühes Beispiel für den Topos nicht-existierender Verfassungstheorie: *Carl Schmitt*, Verfassungslehre, Berlin 1993, S. XI.

Galerien für zeitgenössische Kunst, aber weder Anwalts- noch Staatskanzleien für zeitgenössisches Recht. Die Qualifikation als ‚*zeitgenössisch*' hat sich umgangssprachlich im Kunstsystem durchgesetzt und bezeichnet die avancierten Arbeitsweisen der Künstler und Vermittler noch vor ihrer (historischen) Klassifizierung, d. h. vor ihrer Einfassung in Geschichte und bevor sie mit dieser Einfassung ein bestimmtes Prädikat erhalten. Das Subjekt, der Mittler und die Zeit sind dafür aber durch einen gleich getakteten Pulsschlag verbunden und das konstituiert, inklusive Risiko und Rausch, ihre Genossenschaft. Zeitgenossen kooperieren in der Zeit, flottierend bis flüchtig, und sie setzen mit den Grenzen ihrer Genossenschaft Ungleichzeitigkeiten in die Welt. Die Moderne gehört nicht dazu, selbst wenn sie aktuell und in enger Nachbarschaft zur zeitgenössischen Kunst präsentiert wird. Die Semantik des Zeitgenössischen verweist auf eine (neue) Unterscheidung von Zeit, Geschichte und Präsenz[3], bei der das Zeitgenössische in seiner Freiheit zeitgebunden und in der Präsenz prekär, so aber vor geschichtlichem Verschluss gefeit ist. Es geht nicht in dem auf, was aktuell ist und bindet sich gleichermaßen an Zeit und Anachronismus.[4] Zeitgenossen sind zwar unbedingt in und mit der Zeit verbunden, nicht aber mit der Gegenwart. Ob die Popularität des Zeitgenössischen im Kunstsystem an einem Nachhall der Avantgarde, einer Skepsis gegenüber dem Kollektivsingular Geschichte oder an einer kulturökonomischen Nähe zwischen Künstler- und Unternehmertum liegt, kann man nur schwer sagen. Es ist aber klar, dass die Kooperation mit einem Zeitverständnis einhergeht, in der Neues und Altes widerständig verbandelt sind.[5] Auf diese Zeitstelle abzuzielen bedeutet, die Iteration fassen zu wollen.[6] Das ist die Stelle, an der die Reproduktionen springen und die Unterschiede zwischen Alt und Neu sowohl verstärkt als auch gedämpft, nicht aber nivelliert werden.[7] Die Semantik des Zeitgenössischen treibt so die Aporien der Zeit – dampfend – heraus und in die Welt, sie bringt sie nicht zum Verschwinden. Vertraute Kommunikation sieht sicher anders aus.

(3) Im Rechtsdiskurs ist das Zeitgenössische nicht attraktiv, der Ausdruck wird kaum verwendet. Ob das daran liegt, dass Rechtswissenschaftler im Puls der Zeit (nach wie vor) ewiges Verschwinden sehen, lässt sich schwer einschätzen.[8] Selbst die staatlichen und kommunalen Institutionen, die Rechtsform und Kunst koppeln, und bei denen die Grenze zwischen ewigem Museumsarchiv und wechselhaftem

---

[3] Das Problem ist vertraut, *Ernst H. Kantorowicz*, Die zwei Körper des Königs. Eine Studie zur politischen Theologie des Mittelalters, Stuttgart 1992, S. 284–293 zur Unterscheidung von aeternitas, tempus und aevum.

[4] *Giorgio Agamben*, Was ist Zeitgenossenschaft? in: Nacktheiten, Frankfurt am Main 2009, S. 21–35 (23).

[5] *Boris Groys*, Über das Neue. Versuch einer Kulturökonomie, München 1992, S. 42–44.

[6] *Hans-Jörg Rheinberger*, Iterationen, Berlin 2005, S. 18–29.

[7] *Bazon Brock*, Arrièregardismus. Vorwärts Kameraden, wir müssen zurück!, in: Die Re-Dekade, München 1990, S. 221–225.

[8] So in der Deutung einer augustinischen Phase bei *Kantorowicz* (Fn. 3).

Ausstellungsraum durchlässig geworden sind, meiden bisher aber den Begriff des Zeitgenössischen und bezeichnen sich lieber als Museum für moderne Kunst bzw. für Gegenwartskunst.[9] Was indiziert das? Vielleicht hat die Kunst eine globale, zivile Eigenverfassung.[10] Wenn das so ist, dann tauchen in dem Schnittfeld, wo sie sich mit dem Boden der alten Welt überschneidet, dem Titel nach keine staatlichen oder kommunalen Institutionen für zeitgenössische Kunst auf.[11] Das liegt kaum an einer generellen Unverträglichkeit von (Ver-)Sammlung und Zeitgenossenschaft, immerhin gibt es eine Reihe privater Stiftungen für zeitgenössische Kunst. Es scheint eher so, als scheuten der auf Öffentlichkeit pochende Staat oder die Kommune mit ihren geschichtlich orientierten Bindungsformen auf der Ebene des Institutionellen schon die Nähe zur temporären Art und als seien die Kapillare, in denen der Puls so riskant und rauschend schlägt, eine Privation oder eine Angelegenheit der Privatrechtsgesellschaft.[12] Vielleicht sind die Unterscheidbarkeit von Zeit, Geschichte und Präsenz sowie die widerständige Verbändelung von Alt und Neu im Staat und im öffentlichen Recht ein Problem und dabei eine Frage von Kunst- *und* Staatsfreiheit. Wegen der Absenz des Zeitgenössischen den Staat als Figur einer Konserve zu sehen, wäre vielleicht eine Überinterpretation. Es gibt allerdings neben den Benennungen der Institutionen eine Reihe von Bedingungen, die nahe legen, dass die Semantik des Zeitgenössischen einer gesellschaftlichen Einstellung folgt, die dem Recht und der Kunst unterschiedliche Positionen und Funktionen in der Zeit zuweist. Die Orientierung des Kunstsystems am Neuen und der Rechtswissenschaft am Herkömmlichen sind ebenso bekannt, wie die künstlerische Zuneigung und juristische Abneigung gegenüber Moden.[13] Die Funktionszuschreibungen, wie Luhmanns Vorstellung, im Recht würden normative Erwartungen stabilisiert oder die stabilisierte Erwartung, Kunst müsse überraschen und bilde ein kreatives Reservoir, sind ebenso

---

[9] Z. B. Berlin (als Landesmuseum für moderne Kunst in der Berlinischen Galerie und als Teil der staatlichen Museen zu Berlin im Hamburger Bahnhof – Museum für Gegenwart), Frankfurt, Bremen, München, Siegen oder Basel. Ausnahme in Deutschland ist, auf kommunaler Ebene, die „Ausstellungshalle zeitgenössische Kunst Münster", die von der Stadt Münster betrieben wird.

[10] *Gunther Teubner*, Globale Zivilverfassungen: Alternativen zur staatszentrierten Verfassungstheorie, in: *Marcelo Neves/Rüdiger Voigt* (Hg.), Die Staaten der Weltgesellschaft. Niklas Luhmanns Staatsverständnis, Baden-Baden 2007, S. 117–146, überträgt die Figur der Verfassung von ihrem Bezug zur nationalstaatlich geerdeten Kopplung von Recht und Politik auf die Reflexivität, Eigenrationalität, Limitierbarkeit und Koppelbarkeit differenzierter gesellschaftlicher Teilsysteme. Er orientiert sich in seinen Untersuchungen an den systemtheoretischen Funktionssystemen. *Ders.*, Ein konstitutioneller Moment? Die Logik des ,hit the bottom', in: *Klaus Günther/Stefan Kadelbach*, Recht ohne Staat (i.E. 2010).

[11] Anders in den neuen Welten. In Chicago, Los Angeles, San Diego, Kansas City und Sydney gibt es zum Beispiel staatliche und kommunale Museen „of Contemporary Art". Die Unterscheidung zwischen alter und neuer Welt ist wichtig, weil erst sie die alte Welt konstituiert und so auch die Abwesenheit einer Bezeichnung auf der einen Seite des Ozeans signifikant macht.

[12] Zur Figur der kapillaren Verfassung *Jacques Derrida*, Das andere Kap, Frankfurt am Main 1992, S. 34; *Teubner* (Fn. 10).

[13] *Klaus F. Röhl*, Parzifal Crossover, in: Michelle Cottier et al. (Hg.), Wie wirkt Recht? Baden-Baden 2010, S. 91–100 (92).

bekannt.[14] Es ist also entweder kein Zufall oder ein deutlicher Zufall, dass es zwar schon seit geraumer Zeit Zeitschriften zum Verfassungsrecht und ein Archiv für Öffentliches Recht, aber kein ‚Journal für zeitgenössisches Verfassungsrecht‘ gibt.[15] JZ kürzt etwas anders ab.

(4) Zeitgenössische Verfassungstheorie ist alles andere als selbstverständlich. Das liegt nicht daran, dass Juristen Präsenz und Gegenwart gering schätzen.[16] Die Gegenwart wird in der Regel aber nicht als zeitgenössisch, sondern eben als gegenwärtig verstanden, und so werden Zeit und Gegenwart analytisch präzise unterschieden. Die Gegenwart ist in juristischem Kontext nicht nur der Inbegriff der Präsenz[17], sondern auch eine Frage der Aktualisierung des Gesetzes.[18] Im Fall der Nichtaktualisierbarkeit kann man die Gegenwärtigkeit des Rechts noch als nackten (Sprech-)Akt, als Präsenz des Gesetzgebers und der justiziellen Spruchkörper verstehen. In beiden Fällen zielt man auch auf die Präsenz des Bewusstseins und damit auf die klare Grenze zwischen dem, was in der Form und dem, was außerhalb ihrer liegt.[19] Funktionierende Kommunikation soll – so lautet die Forderung – ‚klar‘, d. h. die Form soll geklärt sein.[20] In der Theorie des Verfassungsdiskurses fordern manche Autoren dazu das Gebot zeitloser Sprache.[21] Das Gebot zeitloser Sprache ruht nicht nur auf der Vorstellung, zeitlos zu sein, sobald man gegenwärtig sei.[22] Es bringt auch das Gebot der

---

[14] *Niklas Luhmann*, Das Recht der Gesellschaft; Frankfurt am Main 1993, S. 126–131; *Dirk Baecker*, Kultur der Zeit, in: Wozu Kultur? Berlin, 2001, S. 161–180.

[15] *Oliver Brupbacher*, Die Zeit des Rechts, Experimente einer Moderne in Zeitschriften, Weilerswist 2010.

[16] *Karl Larenz/Claus Wilhelm Canaris*, Methodenlehre der Rechtswissenschaft, Heidelberg u. a. 1995, S. 26, zur Auslegung als Vergegenwärtigung; *Christian Hillgruber*, Verfassungsinterpretation, in: Depenheuer/Grabenwarter (Hg.), Verfassungstheorie, Tübingen 2010, S. 505–534 (Rn. 22 zur „entzeiteten Verfassung" und Rn. 38 zur Vergegenwärtigung und zum „Bewußtmachen" des Willens).

[17] Vgl.: „Wenn man unter Ewigkeit nicht unendliche Zeitdauer, sondern Unzeitlichkeit versteht, dann lebt der ewig, der in der Gegenwart lebt", *Ludwig Wittgenstein*, Tractatus Logico-Philosophicus. Werkausgabe Bd. 1, Frankfurt am Main 1984, S. 84.

[18] *Oliver Lepsius*, Themen einer Rechtswissenschaftstheorie, in: *Matthias Jestaedt/ ders.* (Hg.), Rechtswissenschaftstheorie, Tübingen 2008, S. 1–49 (42–45). Lepsius deutet die Unzeitlichkeit der Gesetze und Entscheidungen als deutsches Rechtsverständnis und als Nachhall von Kodifikation und Systembildung.

[19] *Larenz/Canaris* (Fn. 16), S. 133 f.; *Matthias Herdegen/Martin Morlok*, Leistungsgrenzen des Verfassungsrechts. Informalisierung und Entparlamentisierung politischer Entscheidungen als Gefährdungen der Verfassung? VVDStRL 62 (2002), S. 7–116; *Hillgruber* (Fn. 16), Rn. 38 unterscheidet zwischen „inneren Tatsachen" und „äußeren Hilfstatsachen".

[20] *Andreas von Arnauld*, Rechtssicherheit, Tübingen 2006, S. 226 m. w. N.

[21] *Wolfgang Nikolaus Graf Vitzthum von Eckstädt*, Form, Sprache und Stil der Verfassung, in: Depenheuer/Grabenwarter (Hg.), Verfassungstheorie, Tübingen 2010. S. 373–389, Rn. 16.

[22] *Graf Vitzthum von Eckstädt* (Fn. 21). Das dort formulierte Gebot klarer Zeitlosigkeit ist phonozentrisch. Vitzthum stellt fest, dass Sprache mehr als eine bloße Nebenverfassung sei. Sie sei ein „konstitutionelles Schlüsselelement", weil sie Recht schaffe und sichtbar sowie hörbar mache. Den Verweis auf die Sichtbarkeit nimmt Vitzthum im nächsten Satz allerdings zurück: „Justitia mag eine Augenbinde tragen – geknebelt, stumm ist sie nicht und darf sie nicht sein: Recht-Sprechung [im Original, F. S.] ist ihre Aufgabe. Die Sprache, vornehmlich die verschriftlichte Sprache, bildet den in seiner Leistungskraft kaum zu überschätzenden Rohstoff des Rechts." Mit Heideggers Worten be-

Klarheit, ein bestimmtes (hylemorphistisches) Schema der Urteilskraft und damit die aporetische Unterscheidung von Form und Inhalt mit sich. Die Form soll den Inhalt fassen, darf ihn aber nicht verstellen. Sie muss ihn repräsentieren, darf mit ihm aber nicht verwechselbar sein.[23] Die Aporie ist aushaltbar, soweit das ästhetische Schema sich um ein (transzendentales) Bewusstsein zentriert, in dessen Gegenwärtigkeit sich die Widerstände zwischen Form und Inhalt auflösen oder als Subordination des Außen unter das Innen ausrichtbar werden.[24] Verständlichkeit und Durchsichtigkeit kann man dann als Synonyme auffassen und man kann dann in einem weiteren Schritt fordern, Evidenz solle auf Transparenz und Klarheit, nicht auf Opakem und Verklärung ruhen. Gegenwärtig sind das alles vertraute Gebote, es sind schließlich auch Gebote der Gegenwärtigkeit. Man braucht nur dem weiten Nachhall dieser Ästhetik und dem Gebot der Klarheit auf einer metaphorischen Ebene nachzugehen. So ist es in dieser Ästhetik eine Regel der Rechtssprache, nicht *nebulös* zu schreiben.[25] Dampf, die oben schon erwähnte Spur des Zeitgenössischen, gilt in dieser Metapher als Wahrnehmungsstörung, nicht als sichtbare Spur der Zeit. Man könnte die verstellte Selbstverständlichkeit auch mit der Metapher windiger Luft oder klaren Wassers belegen, tut es in der Regel aber nicht.[26] Die Gegenwart und ihr Gebot der Klarheit und Zeitlosigkeit fordern ein, Medien in der Unsichtbarkeit zu lassen.

(5) Die ausbleibende Selbstverständlichkeit zeitgenössischer Verfassungstheorie gibt damit selbst einen Hinweis darauf, welches Feld sie besetzt. Was ist, wenn sich die Verfassung nicht um ein (transzendentales) Bewusstsein zentriert und seine Kontur nicht nach äußerer Form und innerem Inhalt erhält? Das wäre eine Frage für zeitgenössische Verfassungstheorie. Zeitgenössische Verfassungstheorie hat einen Anteil an der Zeit, sie ist nicht zeitlos, nicht gegenwärtig und nicht geklärt. Sie hat auch

---

zeichnet Vitzthum die Sprache als das „Haus des Seins". Die verschriftlichte Sprache versteht Vitzthum phonographisch, nicht visuell. In der Schilderung legt er nahe, dass es in der Schrift nicht auf die Sichtbarkeit, sondern auf die Repräsentation von Sprache als einem stimmlichen Phänomen ankomme. Sprache ist insoweit Form, deren äußerliche Fassung die Schrift und deren innere Fassung der Sinn oder Inhalt ist, in beiden Fällen ist Sprache Element des Bewusstseins, aber weder exteriores noch zwischenräumliches Medium. Zur Kritik am Phonozentrismus u. a. *Jacques Derrida*, Die Stimme und das Phänomen. Einführung in das Problem des Zeichens in der Phänomenologie Husserls, Frankfurt am Main 2002, insbesondere S. 25–27 zum Vorrecht der Gegenwärtigkeit als Bewusstsein und zur Begründung dieses Vorrechts durch die Vortrefflichkeit der Stimme; *Sybille Krämer*, ‚Schriftbildlichkeit' oder: Über eine (fast) vergessene Dimension der Schrift, in: *dies./Horst Bredekamp* (Hg.), Bild, Schrift, Zahl, München 2003, S. 157–176 (162–164) zur Medialität, Zwischenräumlichkeit und Exteriorität der Schrift; *Ino Augsberg*, Die Lesbarkeit des Rechts. Texttheoretische Lektionen für eine postmoderne juristische Methodologie, Weilerswist 2007, S. 27–93.

[23] *Derrida* (Fn. 22), S. 12–18.

[24] *Jacques Derrida*, Signatur Ereignis Kontext, in: Limited Inc., Wien 2001, S. 5–45 (32–41); z. B. *Hillgruber* (Fn. 16), Rn. 38.

[25] Z. B. BVerfGE 87, 209 (227) – Tanz der Teufel.

[26] *Nicolas Berg*, Luftmenschen. Zur Geschichte einer Metapher, Göttingen 2008; *Pierre Legendre*, ‚Die Juden interpretieren verrückt'. Gutachten zu einem Text, in: Vom Imperativ der Interpretation. Fünf Texte, Wien/Berlin 2010, S. 165–188.

Anteil an zeitgenössischen Medien, wie etwa dem Computer.[27] Sie entwickelt sich schließlich eher im Netzwerk der Medien als im Zentrum des Bewusstseins. Nicht nur, dass Medien die Exteriorität jenseits des Bewusstseins und der Gegenwärtigkeit markieren, in ihnen liegt auch ein Widerstand gegen das ästhetische Schema von Form und Inhalt.[28] Wenn das Gebot zeitloser Verfassung(stheorie) lautet, Medien im Unsichtbaren zu belassen, so lautet das Gebot zeitgenössischer Verfassung(stheorie), Medien auf die Grenze der Sichtbarkeit zu verschieben. Zeitgenössische Verfassungs-theorie ist selbst nebulös. Ihre Transfigurationen, Verklärungen und Medien werden von der Metaphorik ausbleibender Evidenz ganz passend getroffen. Sie verstellen, indem sie etwas anderes *und sich selbst* sichtbar machen, und sie müssen sich darum vermutlich gefallen lassen, auch unter die Metaphern des Nebels und anderer Schwe-bestoffe zu fallen.[29] Eine zeitgenössische Verfassungstheorie müsste es sich gefallen lassen, dass der verstellte Blick zuerst als Operation der Wahrnehmungsstörung be-zeichnet wird. Von der Warte des Zeitgenössischen aus wäre der Nebel allerdings eine traurig unterschätze Möglichkeit, Dinge zur Sicht und Aussage zu bringen. Weniger metaphorisch, dafür aber abstrakter gesprochen, vollzieht die Zeitgenossenschaft nämlich die Unterscheidung zwischen Medium und Form, als wäre sie nicht mehr ganz Medium und noch nicht ganz Form, darin aber gerade noch Medium und schon ein Stück Form. Aus dem Verfahren des Vollzugs heraus erscheinen zeitgenössische Medien nur zuerst diffus, dann aber als graphische Operatoren, die Linien der Un-terscheidung ziehbar machen.[30] An der Grenze der Medien liegen die Stellen, an de-nen sich die Dinge verklären. Vielleicht erfüllt dann die Verklärung eine Funktion. So lautet mein erster Schluss aus den Indizien.

(6) Symbolische Ordnungen zeigen in den Benennungen der Institutionen und dem Gebrauch der Metaphern einen Nachhall, weil auch die Namen und Metaphern

---

[27] *Cornelia Vismann*, Verfassung nach dem Computer, Habilitationsschrift (Manuskript), Frankfurt am Main 2007.

[28] *Friedrich Kittler*, Grammophon, Film, Typewriter, Berlin 1986, S. 39; *Marshall McLuhan*, Die Gegenwart ist immer unsichtbar, in: Das Medium ist die Botschaft, Dresden 2001, 108–128; *Niklas Luhmann*, Die Kunst der Gesellschaft, Frankfurt am Main 1995, S. 165–214.

[29] *Fritz Heider*, Ding und Medium, Berlin 2005, S. 27; *Claus Zittel*, Einleitung, in: *René Descartes*, Die Meteore, Frankfurt am Main 2006, S. 1–28 (10); *Immanuel Kant*, Opus postumum, 2. Hälfte (Convolut VII bis XIII), in: Gesammelte Schriften, Akademie-Ausgabe, Bd. XXII, Berlin 1938, S. 487 (zum Schematismus als Styx Interfusa).

[30] *Luhmann*, Die Kunst der Gesellschaft, Frankfurt am Main 1995, S. 180f. zum Zusammenhang von Zeit und dichter Atmosphäre in der Unterscheidung von Medium und Form. Mit einem gra-phischen Operator ist eine kulturtechnische Einrichtung gemeint, die Dinge und Handlungen ver-bindet. Schreiben ist darin eine Handlung, die schon möglich war, bevor es die Schrift und ihre technischen Medien gab. Die Kulturtechnik macht insoweit weder das Subjekt noch das Medium zum Anfang, sondern nimmt Akteure, Netzwerke und Dinge in Betracht, in denen einerseits noch das Subjekt konstituiert, gleichzeitig aber auf die technischen Objekte dezentriert wird, „Der Be-griff der Kulturtechnik umfasst also ein (…) komplexes Akteur-Netzwerk, das technische Objekte und Handlungsketten einbegreift, in die sie eingebunden sind, die sie konfigurieren oder die sie konstitutiv hervorbringen.", *Bernhard Siegert/Lorenz Engell*, Editorial, in: Zeitschrift für Medien- und Kulturforschung 1 (2010), S. 5–9 (7).

Stellen zum Eintritt in diese Ordnung sind. Semantik und Metaphorik sind Indizien für unterschiedliche Kulturen und Medien der vergesellschafteten Zeit. Der zweite Schluss, der aus den Indizien gezogen wird, lautet, dass die Rechtswissenschaft, wenn es um neues Verfassungsrecht geht, sich primär an der Gegenwart, nicht am Zeitgenössischen orientiert. Diese Orientierung geht nicht damit einher, dass das Recht konservativer oder stabiler als die Kunst wäre. Sie erzeugt gewahrte Formen. Wozu dann zeitgenössische Verfassungstheorie, wenn sie so wenig selbstverständlich ist und andere Bereiche angemessener darauf eingestellt sind, die Kulturökonomie des Neuen und die Momente der Iteration zu fokussieren?[31] Wozu zeitgenössische Verfassungstheorie, wenn sie so wenig zur gegenwärtigen Verfassungstheorie passt? Die gewahrte Form der Verfassung geht heute mit einem melancholischen Diskurs einher, in dem man die Verfassung selbst verschwinden sieht. Die gegenwärtige Verfassungstheorie ist auf einen melancholischen Diskurs ausgerichtet. Mit der gegenwärtigen Verfassungstheorie kann man sehen, dass bestimmte Konditionen verschwinden, man kann beteuern, dass die Normativität des Rechts auch früher schon enttäuschungsfest sein musste. Man verfehlt aber die spezifischen Konditionen eines Rechts, das sich in den Grenzdiffusionen der Person, des subjektiven Rechts und der politischen Gemeinschaften entwickelt. Das legt nahe, das Zeitgenössische, die medialen Grenzen und Transfigurationen in den Blick zu nehmen. Wenn Verfassungen einen Eigenwert haben, dann bedeutet das nicht, dass sie nicht Fremdes inkorporieren.[32] Wenn der Verfassungsdiskurs keine zentrale Instanz, keinen obersten Gerichtshof der Vernunft und kein ‚suprematistisches Bewußtsein' kennt, dann bedeutet das nicht, dass er nicht existent wäre. Der folgende Beitrag geht darum davon aus, dass es zwischen der Aktualisierung des Gesetzes und dem Akt von Gesetzgebung oder Urteil einen epistemologischen Raum gibt, in dem sich zeitgenössische Verfassungstheorien formieren, auch wenn sie an der Grenze der Sichtbarkeit stehen und unvertraut kommunizieren.[33] *Zeitgenössische* Verfassungstheorie operiert dann anders als gegenwärtige Verfassungstheorie.[34]

---

[31] Z. B. *Hans Jörg Rheinberger*, Experimentalsysteme und epistemische Dinge. Eine Geschichte der Proteinsynthese im Reagenzglas, Frankfurt am Main 2006.

[32] *Jean Clam*, Was heißt, sich an Differenz statt an Identität orientieren? Zur De-Ontologisierung in Philosophie und Sozialwissenschaft, Konstanz 2002, S. 116.

[33] *Michel Foucault*, Die Ordnung der Dinge, Frankfurt am Main 1971, S. 11.

[34] *Grabenwarter/Depenheuer* (Fn. 2), in der programmatischen Kurzbeschreibung auf S. V f.: „In diesem Sinne thematisiert Verfassungstheorie ordnungspolitische Herausforderungen und verfassungspolitische Handlungsmöglichkeiten, auf die eine konkrete Verfassung nur eine – von mehreren theoretisch möglichen – historisch kontingente Antwort ist. [...] In einem solchen Verständnis hat Verfassungstheorie in mehrfacher Hinsicht dienende Funktionen: Sie dient der Verfassungsrechtsdogmatik, indem sie stillschweigend zugrunde gelegte Vorverständnisse offenlegt, Verfassungsvoraussetzungen und -erwartungen nachspürt sowie Leitbilder, d. h. den *telos* [Hervorhebung im Original, F. S.] einer Verfassung, rekonstruiert. Der Verfassungsvergleichung dient die Verfassungstheorie als Basis für die Bildung von Kategorien und Institutionen jenseits einer konkreten Rechtsordnung: derart schafft sie Vergleichsmaßstäbe für konkretes Vergleichen. Sie dient schließlich der Verfassungsrechtspolitik, indem sie deren Akteuren Leitlinien, Perspektiven und Handlungsoptionen anbietet." *Zeitgenössische* Verfassungstheorie verfügt gegenüber der historischen

2. Ausschluss

Drei Punkte möchte ich aus meinem Beitrag ausscheiden: *Erstens* geht es im Folgenden nicht um den Umstand, *dass* man Verfassungstheorien weiterschreiben muss. Es wird – *zweitens* – nicht behauptet und nicht versucht, nachzuweisen, dass (oder inwieweit) aktuelle Verfassungstheorie zeitgenössisch ist oder sein sollte. Zeitgenossenschaft wird nicht als Präsenz oder als Repräsentation der Gegenwart verstanden. Nimmt man die Wissenschaften in den Blick, dann fallen Publikationen auf, die auch heute Verfassungen als Vollendung oder Bewahrung der Errungenschaften bürgerlicher Revolutionen des späten 18. Jahrhunderts[35], als Fortführung Weimarer Verfassungslehren[36] oder in der Rückführung auf Zitate antiker Autoren wie Polybios und Cicero konzipieren. Auf den ersten Blick scheint zeitgenössische Verfassungstheorie eher randständig zu sein, vor allem dann, wenn sie sich ausdrücklich als postmodern bezeichnet.[37] Das ist auf den zweiten Blick seltsam, weil der Einbau historischer Zitate außerhalb des Rechts (etwa in der Architektur) als Merkmal des Postmodernen gilt. Es gibt aber eben Dinge, die als Verfassung bezeichnet werden, ohne es zu sein, so wie es Dinge gibt, die postmodern sind, ohne so bezeichnet zu werden. Es geht in dem hier interessierenden Zusammenhang weder um die Frage, wie berechtigt noch wie notwendig zeitgenössische Verfassungstheorie und ihre Bezeichnung ist. Ich gehe mit der Begriffsgeschichte nur begrenzt verbindlich um. Damit möchte ich es mir nicht leicht machen und die Begriffe (Verfassung/zeitgenössisch) bis auf weiteres freigeben. Die Konditionen der Kommunikation realisieren sich aber nur teilweise im Begriff.[38] Der Begriff verhält sich zur Zeit, wie sich die Geschichte zur Zeit verhält, sie gehen nicht ineinander auf.[39] Es mag eine Enttäuschung sein, aber ich werde darum auch nicht Literatur suchen und dann als zeitgenössisch oder nicht zeitgenössisch, verfassungstheoretisch oder nicht-verfassungstheoretisch klassifizieren. Meine Argumente sind nicht gattungstheoretischer oder

---

Kontingenz konkreter Verfassung nicht über ein Mehr an Sein. Leitbilder und telos werden nicht als Synonyme verstanden. Und die dienende Funktion ist unsicher, vgl. *Denis Diderot*, Jaques le fataliste et son maître (1773).

[35] *Dieter Grimm*, The Achievement of Constitutionalism, in: *Petra Dobner/Martin Loughlin* (Hg.), The Twilight of Constitutionalism? New York 2010, S. 3–22.

[36] *Peter Unruh*, Weimarer Staatsrechtlehre und Grundgesetz: Ein verfassungstheoretischer Vergleich, Berlin 2004; ders. Der Verfassungsbegriff des Grundgesetzes: Eine verfassungstheoretische Rekonstruktion, Berlin 2002.

[37] *Karl-Heinz Ladeur*, Postmoderne Verfassungstheorie, in: *Ulrich K. Preuß* (Hg.), Zum Begriff der Verfassung. Die Ordnung des Politischen, Frankfurt am Main 1994, S. 304–321.

[38] *Niklas Luhmann*, Gesellschaftsstruktur und Semantik, Bd. 1. Studien zur Wissenssoziologie der modernen Gesellschaft, Frankfurt am Main 1993, S. 9–71; *ders.*, Verfassung als evolutionäre Errungenschaft, RJ (1990), S. 176–220; *Quentin Skinner*, Vision of Politics I. Regarding Method, Cambridge 2002, S. 175–187.

[39] *Reinhart Koselleck*, Begriffsgeschichtliche Probleme der Verfassungsgeschichtsschreibung, in: *ders.*, Begriffsgeschichten. Studien zur Semantik und Pragmatik der politischen und sozialen Sprache, Frankfurt am Main 2006, S. 366–401.

kategorialer Art, sondern kultur- und medientechnisch bestimmt. Das heißt, sie zielen auf Reproduzierbarkeiten und mediale Vorbedingungen des Verfassungsdiskurses.

Drittens ziele ich weder klagend noch lobend auf einen Verfall des Verfassungsrechts ab. Es mögen sich zwar zu fast jeder Aussage über Verfassungen Gegenbeispiele anderer Aussagen finden. Für das Auffinden von Gegenbeispielen muss man nicht auf den transnationalen Bereich und das klassische Kontingenzfeld des Verfassungsvergleiches zurückgreifen.[40] Man braucht nur Details und Zeiten zu vergleichen und findet dann Gegenaussagen, die gleichermaßen gültig sind.[41] Man könnte die nur schwer auszumachenden Konstanten als Frage nachzuholender Koordination und als Kohärenz in der Zielsetzung verstehen.[42] Im schlechten Fall kann man es als Beliebigkeit, im besten Fall als Pluralisierung des Verfassungsdiskurses bezeichnen.[43] Teilweise verwendet man zur Bezeichnung des Phänomens die Figur der ,Fragmentierung'.[44] Man läuft in einer Geschichte der (Auf-)Trennung aber Gefahr, eine ursprüngliche und verlorene Präsenz der Verfassung zu behaupten und, auch ohne Metaphysik, zu unterstellen, dass es früher einen einheitlichen Verfassungsdiskurs und das System des Verfassungsrechts gab, sei es als historische Tatsache oder als normativen Komplex. Für Entscheidungszeiträume des Verfassungsgerichts und einen Kreis der Verfassungsliteratur kann man zwar dichtere und dünnere Einheitsphasen ausmachen. Das (lösbare) Problem ist dann, die zeitlichen Phasen, die Exklusivität des ,hermeneutischen Zirkels' und den literarischen Kanon abschließend zu bestimmen. Das unlösbare Problem liegt darin, daraus Lob *oder* Klage und Appelle für mehr Einheitlichkeit oder weniger Differenz zu machen. Wenn behauptet wird, das Verfassungsrecht früher „konzentriertes Recht" und heute zerstreutes Recht sei, dann ist damit nicht gemeint, dass es in jüngerer Zeit zu mehr und unterschiedlicheren Rechten, Brüchen, Kommentaren, Konflikten und Details im Verfassungsrecht gekommen ist oder dass die Ordnung abnimmt, während die Unordnung zunimmt. Zivilverfassung ist kein Problem von zu viel Verfassung.[45] Es ändern sich aber die Selbstbeschreibungen und die Einrichtungen, mit denen Ein-

---

[40] *Susanne Baer*, Verfassungsvergleichung und reflexive Methode: Interkulturelle und intersubjektive Kompetenz, ZaöRV 64 (2004), S. 735–758.

[41] *Michael Stolleis*, Konstitution und Intervention. Studien zur Geschichte des öffentlichen Rechts im 19. Jahrhundert, Frankfurt am Main 2001, S. 32 („Im Detail ist alles ganz anders!").

[42] *Armin von Bogdandy/Jürgen Bast*, Der verfassungsrechtliche Ansatz und das Unionsrecht. Von einem Konstitutionalismus der Verrechtlichung zwischenstaatlicher Beziehungen zu einer liberaldemokratischen Politisierung der EU, in: *dies.* (Hg.), Europäisches Verfassungsrecht. Theoretische und dogmatische Grundzüge, Berlin/ Heidelberg 2009, S. 1–9 (7 f.)

[43] *Nico Krisch*, Die Vielheit der europäischen Verfassung, in: *Yvonne Becker* et al. (Hg.), Die Europäische Verfassung – Verfassungen in Europa, Baden-Baden 2005, S. 61–89.

[44] *Hauke Brunkhorst/Sérgio Costa* (Hg.), Jenseits von Zentrum und Peripherie: Zur Verfassung der fragmentierten Weltgesellschaft, München 2005.

[45] So aber: „[D]ehnt sich der Begriff der Verfassung" und „füllt [er] sich mit immer weiterem Inhalt, ohne Rücksicht darauf, ob ihm dies verträglich ist [?] (...) Je weiter, desto vager wird der Begriff; je offener, desto beliebiger und leerer." *Josef Isensee*, § 15: Staat und Verfassung, in: *ders./ Paul Kirchhof* (Hg.), HbdStR II, 3 Auflage, S. 3–106, Rn. 6/18; *Grimm* (Fn. 35), S. 3.

heit und Differenz in Korrelation gestellt werden können, um Verfassungsrecht re-produzierbar zu halten. Darin liegt eine Ökonomie des Gesetzes. Konflikte, die au-ßerhalb des Schemas Verfassung situiert wurden, werden jetzt innerhalb des Sche-mas situiert – und umgekehrt. Ich meine damit nicht, dass es zwischen Verfassungsrecht und dem Rest der Welt immer ein Gleichgewicht und eine flüssige Ökonomie gibt. Gemeint ist aber der Entwurf, der sich über den Wechsel von Sche-mata vollzieht, also eine „Metaschematisierung", „Verklärung" oder „Transfigurati-on".[46] Schon das „konzentrierte Recht" von Peter Lerche ist eine komplexe Figur, die nicht weniger komplex ist als die „konstitutionelle Polysemie" von Friedrich Müller und Ralph Christensen.[47] Obschon Lerche mit seiner Verfassungsfigur den Modus der Einheit und die beiden anderen Autoren den Modus der Differenz wählen, liegt die Funktion von Figuren darin, beides zu konfigurieren.[48] In den Entwürfen kommt es nicht zu einer Mengenverschiebung zwischen Einheit und Differenzen. Es wäre in diesem Zusammenhang nicht interessant, ob die Systematik des Verfassungsrechts ab- oder zunimmt, sondern wie sich das Schema System in Umschriften ändert, um es als Element der symbolischen Ordnung zu halten.[49] Entscheidend ist, zu welchen Effekten es im Recht kommt, wenn die gesellschaftliche Disparatheit und die er-schütterten Zweck-/Mittelrelationen Teil der symbolischen Ordnung werden oder wenn der Diskurs der Verfassung sich nicht mehr als Fortsetzung und Erbe des Staatsdiskurses imaginiert.

---

[46] Aus der paulinischen Theologie: Phil 2, 6–8; 3, 21; 2 Kor 11, 13–15, 1 Kor 4, 6 (Luther übersetzt Metaschematisierung mit Verklärung); *Johann Gottfried Herder*, Werke in zehn Bänden, Frankfurt am Main 1985–2002; *Ulrich Gaier/Ralf Simon* (Hg.), Zwischen Bild und Begriff. Kant und Herder zum Schema, München 2010.

[47] *Peter Lerche*, Stil, Methode, Ansicht. Polemische Bemerkungen zum Methodenproblem, DVBl 1961, 690–701; *Friedrich Müller/Ralph Christensen*, Juristische Methodik. Band II. Europarecht, Berlin 2003, S. 248.

[48] Klassisch *Quintilian*, Inst. Or. I, 8, 16 anhand der Übersetzung von schema in figura; *Nadja J. Koch*, ΣΧΗΜΑ. Zur Interferenz technischer Begriffe in Rhetorik und Kunstschriftstellerei, IJCT 6.4 (2000), S. 503–515.

[49] In einem für die Suchbewegung typischem Beispiel *Christian Bumke*, Relative Rechtswidrig-keit, Tübingen 2004, S. 36: „Das Bild, das im Folgenden als Umschreibung des Systembegriffs die-nen soll, ist folgendes: die Rechtsordnung ist ein Geflecht aus losen Stangen, Bändern, Seilen, Ästen und anderem Strickwerk. Von außen betrachtet ähnelt es einer abgeflachten Pyramide. Seine Grundstabilität gewinnt es aus einigen kräftigen, meist nach oben weisenden Trägern. Neben die-sen stehen teils parallel, quer oder angelehnt, weitere Teile aus dem gleichen oder anderen Materi-alien. Auf diesen wiederum liegen andere Teile kreuz und quer. Die Teile weisen zum Teil nach in-nen, zum Teil nach außen. Das Geflecht weist größere und kleine Löcher auf und besitzt eine unter-schiedliche Dichte. Die Äste, Stangen oder Seilstücke sind teils ineinander verschlungen, teils liegen sie unverbunden nebeneinander, dann auch wieder aufeinander. Sie werden geklemmt, geschnürt oder gehakt". Bild- und analogiefrei, dafür aber nüchtern und digital zur Alternative vom System und Nichtsein zugespitzt *Jestaedt* (Fn. 2), S. 87: „In einem ersten Zugriff gilt für beide, die Verfas-sungsdogmatik wie die Verfassungstheorie: sie sind systematisch oder sie sind nicht".

3. Thesen

(1) Worauf ziele ich ab, wenn so viel Klärungsbedürftiges ausgeschlossen wird? Das Zeitgenössische bezeichnet eine begrenzte Kooperation in der Zeit. Solange etwas zeitgenössisch ist, solange ist es auch nicht gegenwärtig; es ist noch im Medium, schon an der Form, aber nicht im ästhetischen Dispositiv der Scheidbarkeit von Form und Inhalt. Die Frage, welcher Eigenwert der *Verfassungstheorie* nach Globalisierung, Privatisierung und Digitalisierung verbleibt, verstehe ich in diesem Kontext als Suche nach idiosynkratischen Verfassungen. Sie schleichen sich mit einer ‚eigenen Fremdheit‘ in Verfassungsreproduktionen ein, und die Theorie dazu ist der Versuch, die Iteration zu fassen.[50] Zeitgenössische Verfassungstheorie erfüllt sich also nicht am ursprünglichen Original, sondern an Kopien und Kopien von Kopien. Sie ist – nur scheinbar im Widerspruch dazu – nicht so sehr eine Frage der Didaxe, also der Order expliziten Wissens oder der frischen Klarheit eines Sprechakts – sondern dessen, was die Wiederholbarkeit im Wissen schafft.[51] Sie steckt voller Überschreibungen und fremder Figuren und sie legt Spuren, die etwas anderes und sich selbst sichtbar machen.

(2) Die These lautet, dass die signifikanten Änderungen des Verfassungsrechts in der Verfassung des Diskurses liegen. Die Zweideutigkeit des Genitivs ist die präzis passende Grammatik dieses Umstandes, weil sich zwischen der Verfassung, über die der Diskurs etwa mittels seiner Rechtssätze und Aussagen verfügt, und der Verfassung, die ihn fügt (wie u. a. die Konstitution der Schrift oder der mündlichen Sprache), so wechselseitige wie asymmetrische Bedingungen einstellen. Wenn man von der Verfassung der Sprache, der Schrift, des Menschen oder auch der Vernunft spricht, so mag es sich in disziplinären Diskursen nicht um Verfassungen ‚im eigentlichen Sinne‘ handeln. Es sind aber Begleiter, ohne die ‚eigentliche‘ Verfassungen nicht auskommen. Verfassungen werden von zahlreichen Nebenverfassungen begleitet, und um diese Doppelgängerei zu beschreiben, braucht man präzise Zweideutigkeiten, wie sie sich eben in Verfassungen von Verfassungen einstellen.[52] Der Diskurs

---

[50] Z.B. *Alexandra Kemmerer*, The Crack in Everything. Sovereignty in a European Union of States, People and Citizens. A Comment on Øyvind Østerud, in: Helge Høibraaten/Jochen Wille (Hg.), Northern Europe and the Future of the EU, Berlin 2011 (i.E.).

[51] *Karl-Heinz Ladeur*, Postmoderne Rechtstheorie. Selbstreferenz – Selbstorganisation – Prozeduralisierung, Berlin 1995, S. 138.

[52] *Jestaedt* (Fn. 2) wählt z. B. die Figur von der „Verfassung hinter der Verfassung". Mit anderen Voraussetzungen, aber in der Operation der Doppelung ähnlich, fragt Depenheuer, was die Verfassung konstituiert. *Otto Depenheuer* (Hg.), Mythos als Schicksal. Was konstituiert die Verfassung? Wiesbaden 2009. Für die moderne Markierung der konstitutionellen Doppelung ist Emmanuel Joseph Sieyès Unterscheidung von konstituierter und konstituierender Gewalt die zentrale Referenz. Weitere markante grammatikalische und schriftbildliche Umsetzungen zur Markierung der Doppelung finden sich in Carl Schmitts erstem Satz der Verfassungslehre und seine Unterscheidung von Verfassung und ‚Verfassung‘, *Schmitt* (Fn. 2), S. 4: „Der Begriff der ‚Verfassung‘ hat einen verschiedenen Sinn." Die Kombination von Singular und Plural hat dabei einen Bezug zur schriftbildlichen Nutzung von Gänsefüßchen. Schmitt liefert im Prinzip gleich die Subversion mit; *Rainer Totzke*, Logik, Metaphysik und Gänsefüßchen. Derridas Dekonstruktion und der operative Raum

der Verfassung, so lautet die These weiter, befindet sich heute in zerstreuter Verfassung. Die These lautet schließlich, dass sich diese Änderung in einer Epistemologie des Verfassungsrechts fassen lässt, die eine ‚extratheoretische' Einrichtung der Rechtswissenschaft ist. Einer zeitgenössischen Verfassungstheorie müsste der Austritt aus der Verfassungstheorie gelingen, ohne dadurch ihren Gegenstand zu verlieren. Der Theorie müsste es gelingen, ihren Gegenstand zu „versäumen".[53]

II. Epistemologie und Medien der Verfassung

1. Relevante und signifikante Veränderungen

(1) Der Theorie müsste es gelingen, ihren Gegenstand zu versäumen. Das ist selbst eine idiosynkratrisch anmutende Beschreibung, die wie alle voraussetzungsreichen Beschreibungen Geduld erfordert. Was ist gemeint? Ich knüpfe zuerst an einen Unterschied zwischen *relevanten* und *signifikanten* Neuheiten an, um zu erläutern, dass es sich bei der Beschreibung von Verfassungen auch um Operationen der Sichtung und Ordnung und auch um Verfahren der Evidenz handelt. Neue Artikel, wie z. B. Art. 16 a GG und Art. 23 GG n. F. sind relevante Verfassungsänderungen, die in unterschiedlichem Sinne das Grenzregime der Verfassung und seine Definierbarkeit verschoben haben.[54] Beide neuen Artikel sind Beispiele für Änderungen, die eine ältere Grenze perforiert haben und zuerst so wirken, als fehle der Verfassung, dem rechtssatzförmigen Syntagma der Rechtsordnung, plötzlich die ‚Zeichensetzung', vor allem aber der abschließende Punkt. So, wie bei Art. 16 a GG (der Änderung des Asylrechts), die stilistische und technische Aufhebung der inneren Differenz zwischen Verfassungsrecht und einfachem Recht kritisiert wurde, bezieht sich bei Art. 23 GG n. F. (dem Relais zur Europäisierung), die Auseinandersetzung auf den Bruch der souveränen Differenz, die ‚einst' das Innen- und Außenverhältnis der Verfassung eingerichtet hatte. Man kann an beiden Beispielen die Tatsache beobachten, dass die transitive Dimension der Verfassung, in diesem Fall das, was sie über Grenzen sagt, auf ihre reflexive Dimension zurückschlägt. Sie sagt immer auch etwas über sich, und sei es ganz selbstbezogen die Grenze ihres Textes. Die Methode der Verfassung, zu sprechen und zu schreiben, trennt sie nicht vom Objekt ab.

---

der Schrift, in: *Gernot Grube* et al. (Hg.), Schrift. Kulturtechnik zwischen Auge, Hand und Maschine, München 2005, S. 171–186.

[53] *Rheinberger* (Fn. 6), S. 53 mit Rückgriff auf Jacques Lacan und Foucault: „Je besser er oder sie [die Wissenschaftler, Anm. FS] lernt, mit seinem Experimentalsystem umzugehen, desto erfolgreicher bringt das System seine eigenen Möglichkeiten zur Geltung. Es macht sich gewissermaßen unabhängig von den Wünschen des Forschers, gerade weil er es mit allem verfügbaren Geschick gestaltet hat. Wie anders soll auch Wissen erzeugt werden? [...] ‚Das Subjekt ist [...] in innerem Ausschluss seinem Objekt eingeschlossen.' Das Subjekt ist mit seinem Objekt versäumt."

[54] *Dieter Grimm*, Die Zukunft der Verfassung, Frankfurt am Main 1990, S. 441, beschreibt die beiden Artikel sogar als Dokumente verlorener Verfassung.

(2) Die beiden neuen Artikel sind relevante Änderungen, unbestimmt ist aber die Signifikanz. Es gibt weitere Beispiele für neue Relevanz, auch im Bereich des Verfassungswandels, und auch hierzu möchte ich Beispiele geben. Die Entscheidung, dass auch ein „nichtallgemeines Gesetz" (in diesem Fall § 130 IV StGB – Volksverhetzung) durch eine Ausnahme wie ein „allgemeines Gesetz" im Sinne des Art. 5 II GG behandelt werden kann und darum eine verfassungsmäßige Schranke der Meinungsfreiheit darstellt, ist ein relevanter Wandel aus jüngerer Zeit.[55] Wie bei den Verfassungsänderungen stellt sich die Frage, ob sie auch signifikant ist. Bei der Entscheidung zur Verfassungsmäßigkeit des § 130 IV StGB ist zwar die begriffliche Zusammenstellung und ihre schriftbildliche Realisierung auffällig. Die Richter am Verfassungsgericht schreiben die Negation („nicht") und die Allgemeinheit („allgemeines") in einem Wort zusammen, statt das Antonym zu wählen. Der Entscheidungstext ist zwar auffällig, aber nicht signifikant, denn die Entscheidung ist nicht auf Wiederholbarkeit angelegt.[56] Sie entscheidet etwas, bezeichnet letztlich aber selbst mit dem auffälligen Schriftbild nichts außer der Aporie von Regel und Ausnahme. Sie legt oder hinterlässt, wie man in der Epistemologie sagt, keine Spur, gerade weil sie etwas klar macht.[57] Die Kommunikationsfreiheit der Verfassung erhält bei aller Relevanz keine Impulse. Hier scheint es so, als fehle dem Syntagma Verfassung durch die verschmolzene Zusammenschrift an sich getrennter Worte die Zeichensetzung.[58] Ein weiteres Beispiel: Die Entscheidung, dass die durch die Verträge von Lissabon eingeführten neuen Medien der Kopplung von Recht und Politik unter die Vorgaben der Art. 20 GG, Art. 23 GG n. F. und Art. 38 I GG fallen, gehört ebenfalls zum relevanten Wandel.[59] In den Entscheidungsgründen ist die Kombination von europäisch erweiterter und nationalstaatlich konzentrierter Medialität auffällig. Der Leser trifft, „mäandernd", auf Figuren der Unmittelbarkeit des Politischen und auf Figuren, die den Willensakt und die hermeneutischen Kompetenzen in einem weiten Ensemble der konstitutionellen Entscheidungsfindung vielfältig vermittelt aufspannen.[60] Es ist, als hätten die Richter versucht, mit der Figur der „Verfassungsidentität" einen springenden Punkt zu setzen. Man trägt den Begriff der Volkssouveränität

---

[55] BVerfGE 124, 300 – Wunsiedel; *Steffen Augsberg/Wolfram Höfling*, Grundrechtsdogmatik im Schatten der Vergangenheit, JZ 2010, S. 1088–1091; *Karl-Heinz Ladeur*, Die „allgemeinen Gesetze" als Schranken der Meinungsfreiheit: Zur dogmatischen Leistungsfähigkeit der formalen Konzeption, K&R 2010, S. 642–646.

[56] *Derrida* (Fn. 24), S. 43.

[57] *Sybille Krämer*, Immanenz und Transzendenz der Spur, in: *dies.* et al. (Hg.), Spur. Spurenlesen als Orientierungstechnik und Wissenskunst, Frankfurt am Main 2007, S. 155–181; *dies.*, Was also ist eine Spur? Und worin besteht ihre epistemologische Rolle?, ebd., S. 11–33 (17).

[58] Vgl. *Sybille Krämer*, ‚Operationsraum Schrift'. Über einen Perspektivwechsel in der Betrachtung der Schrift, in: Grube et al. (Fn. 52), S. 23–57 (32–35) zur Entwicklung des Zwischenraums in der Schrift.

[59] BVerfGE 123, 267.

[60] *Christoph Schönberger*, Die Europäische Union zwischen ‚Demokratiedefizit' und Bundesstaatsverbot. Anmerkungen zum Lissabon-Urteil des Bundesverfassungsgerichts, Der Staat 48 (2009), S. 535–558.

weiter, arrangiert ihn aber neu. Am Rande zur Dogmatik könnte man fragen, ob
denn die Figur der Legitimationskette, die für sich genommen schon sehr viel um-
fasste und eine eher großzügige Metapher war, noch passe. Man stößt auf disparate
Figuren: Der Abgeordnete gilt als Subjekt, er ist zugleich Effekt des eigentlich unmittelbaren Willensaktes (der Wahl) und Repräsentant, also eine große Figur für die
Medien des politischen Systems. Zugleich gelten die „Völker – das heißt die staatsan-
gehörigen Bürger" als die „Subjekte der demokratischen Legitimation" und das weist
eher darauf hin, dass man den Begriff des Subjekts auch eher großzügig verwendet.[61]
Nun kommt aber so viel dazu. Die Beschreibungen haben mit der demokratischen
Reflexivität[62] sowohl des europäischen als auch des deutschen Rechts wenig gemeinsam und finden weder für das Gemeinsame noch für das Konflikthafte etwas Be-
zeichnendes, noch nicht einmal für die Loyalität gegenüber der Politik Europas, die
in dem Urteil zaghaft und versteckt mitläuft und erst im folgenden Mangold-Beschluss und dem Begriff der „Fehlertoleranz" sowie der „strukturell bedeutsamen
Verschiebung" klarer zu Tage getreten ist.[63] Insbesondere die Figur der Offensicht-
lichkeit, die in dem Mangold-Beschluss eine Rolle spielt, ist dabei typischer Schlag-
baum in einem Regime, das sich über Verfahren der Evidenz und mit Grenzen der
Sichtbarkeit und so schließlich unter Rückgriff auf vorgeschaltete Diskursordnungen
instituiert. Die Kommentatoren sprechen von einer „zwiespältigen Aufnahme" oder
greifen mit ernster Ironie auf kinematographische Verfahren zurück, um den Sinn
zu fassen.[64] Die Bedeutung des Lissabon-Urteils ist (was selbstverständlich ist) fragwürdig. In den Fragwürdigkeiten tut sich die Kluft zwischen relevanten und signifikanten Änderungen der Verfassung auf.[65]

(3) Die *signifikanten* Änderungen neuer Verfassungen sind epistemologischer,
nicht dogmatischer und – ich komme gleich dazu – nicht einmal verfassungstheoretischer Art. Sie liegen in dem epistemischen Feld, das dogmatische und theoretische
Aussagen ermöglicht, in dem es bestimmte Dinge sichtbar und Aussagen sagbar
macht.[66] „Eine Dynamik der Auflösung der ‚Einheit' der Verfassung in ein Ensemble
von ‚Teilverfassungen', die eine Verfassungsfortbildung eher nach den internen Maßstäben der Teilverfassung betreiben, lässt sich [...] im innerstaatlichen Recht seit langem beobachten", merkt zum Beispiel Thomas Vesting in diesem Band an. Der Beob-

---

[61] Vgl. die Kritik am Maßstab des Art. 38 I GG bei *Matthias Jestaedt*, Warum in die Ferne schwei-
fen, wenn der Maßstab liegt so nah? Verfassungshandwerkliche Anfragen an das Lissabon-Urteil
des BVerfG, Der Staat 48 (2009), S. 497–516.

[62] *Pierre Rosanvallon* Demokratische Legitimität. Unparteilichkeit – Reflexivität – Nähe, Hamburg 2010.

[63] BVerfG Beschl. v. 6. Juli 2010 – 2 BvR 2661/06.

[64] *Dieter Grimm*, Das Grundgesetz als Riegel vor einer Verstaatlichung der Europäischen Union.
Zum Lissabon-Urteil des Bundesverfassungsgerichts, Der Staat 48 (2009), S. 475–495. *Franz C.
Mayer*, Rashomon in Karlsruhe, whi-berlin.de/papers/2009.dhtml.

[65] *Christoph Schönberger*, Lisbon in Karlsruhe: Maastricht's Epigones at Sea, GERM. L. J. 10
(2009), S. 1201–1218, der in ähnlichem Kontext die Distanz zwischen Entscheidung und Begründung hervorhebt.

[66] *Gilles Deleuze*, Foucault, Frankfurt am Main 1992, S. 69–98.

achtbarkeit gehen bestimmte implizite Bedingungen voraus, um die explizit gestritten wird. Die Diskussion um die Beobachtbarkeit der Zivilverfassungen, die Gunther Teubner angestoßen hat, zeigt das gut. ‚Feld' ist für den Gedanken einer vorgeschalteten Diskursordnung mit ihren Verschließungen und Eröffnungen vermutlich kein besonders glücklicher Ausdruck. Die Bedingungen liegen, um für diese Instanz des Diskurses auf eine ältere, kirchenrechtliche, architektonische und (wegen der Vorschaltung) angemessen fremde Figur zurückzugreifen, in einer ‚Kammer der Signatur', also einem symbolischen Medium, das die Verfahren des Rechts mit der symbolischen Ordnung verschaltet.[67]

2. Verfassungstheorie im engeren Sinne

Warum sollen die signifikanten Änderungen nicht rechtsdogmatischer und verfassungstheoretischer Natur sein, und warum sollen solche Kammern aus relevanten signifikante Änderungen machen? Anders gefragt: Warum soll man auf fremde Figuren und Dinge zurückgreifen, wenn es doch der ureigene Bedarf der Rechtswissenschaft ist, für Relevanz *und* Signifikanz zu sorgen? Der Grund liegt in der Einstellung auf Ungewissheit.[68] Sie verlangt einen Austritt aus der Selbstverständlichkeit, der weder mit der Dogmatik, noch – auf einer ersten Stufe – mit der Verfassungstheorie möglich ist. Wieso, wenn Dogmatik und Theorie doch selbst schon ein gewaltiges Unbestimmtheitspotential haben? Trotz der Offenheit, was Dogmatik heute kennzeichne und trotz des Widerstreites, was Verfassungstheorie ausmache, gibt es im deutschen Verfassungsdiskurs dichte dogmatische und koordinierte verfassungstheoretische Diskurse. Sie mögen nicht durch konsensual gepflegte Semantik, Strategien, Projekte und Methoden zusammengehalten werden, aber durch eine Pflege der wechselseitigen Beobachtung, auch wenn man Beobachtung nicht mit Lektüre oder Gespräch in Eins setzen sollte. Verfassungstheorie „in einem engeren Sinne" meint dabei eine Königsdisziplin, in der die Ansprüche aus Praxis und Dogmatik abstrahiert, generalisiert, von der Last des Alltages befreit und – in zurückhaltender Fortführung einer Rechtsphilosophie – getestet und dann noch einmal oder nicht mehr legitimiert werden. In diesen Relegitimationsschleifen ist es erstens wahrscheinlich, dass man es mit einem Vorrang der Praxis vor der Theoriebildung zu tun hat. Die Praxis fördert schließlich auch die Empfänglichkeit für bestimmte Theorien.[69] Es liegt teilweise sogar nahe, die verstreute Praxis des Verfassungsdiskurses für theore-

---

[67] Die Stanza delle Signatura ist ein Paradigma symbolischer Medien. In ihr werden der Text des Gesetzes, Rechtsverfahren, (urbane) Medien, Subjekte und ikonographische Programme verbunden. Sie wird in der heute (bis auf die Möblierung) überlieferten Form zwischen 1508 und 1511 eingerichtet und ist Modell einer Instanz, die einen Transfer zwischen Realem und symbolischer Ordnung herstellt.

[68] *Ino Augsberg*, Einleitung, in: ders. (Hg.), Ungewissheit als Chance. Perspektiven eines produktiven Umgangs mit Unsicherheit im Rechtssystem, Tübingen 2009, S. 7.

[69] *Kantorowicz* (Fn. 3), S. 283.

tisch avancierter als die Verfassungstheorie zu halten.[70] Es ist, als ginge auf dem Weg vom impliziten Wissen zum expliziten Wissen etwas verloren. Zweitens ist im Verfassungsdiskurs undeutlich, wo die Praxis endet und die Theorie beginnt, vor allem aber wie die Theorie endet und die Praxis beginnt. Die Verfassungstheorie im engeren Sinne (oder die in verfassungskonformem Sinne) schweigt über solche neuralgischen Stellen, muss sie auch, sonst wäre sie nicht mehr *im* engeren Sinne. Ihre Identifikationskraft ist ihr Verschluss.[71] Ein „vertieftes Verständnis einer Verfassungsordnung ist ohne Kenntnis ihrer Wissenschaft kaum denkbar, denn diese beschreibt nicht nur, sondern birgt oft den Schlüssel zu ihrer Identität und zum Selbstverständnis des Rechtsstabs."[72] Als Kulturtechnik der handlichen Verschließung und Eröffnung, mit der Themen und Fragestellungen für den Verfassungsdiskurs bereit gehalten werden, hat die Verfassungstheorie im engeren Sinne eine besondere Bedeutung, sie *beherrscht* schließlich ihren Gegenstand so, wie sie den Rechtsstab konstituiert. In den Diffusionen, die aus der Globalisierung heraus in den Verfassungsdiskurs einschlagen, erzeugt die Verfassungstheorie im engeren Sinne aber auch immer den Rest, in dem der Bedarf nach einer Epistemologie liegt, die das, was sie beherrscht, verlässt.[73]

3. Neue Epistemologie

In diesem Zusammenhang kommen die zweideutige Grammatik des Genitivs („Verfassung des Diskurses") und die neue Epistemologie ins Spiel. Epistemologie ist zwar ein wissenschaftliches Phänomen, sie hat sich aber in Abgrenzung von geisteswissenschaftlichen Erklärungen zur Orientierung am „Gerichtshof" der Vernunft und mit Selbstdistanzierungen vom r(echtsl)oyalen Status der Theorie entwickelt.[74] Nicht, dass man den Unsinn oder die Unvernunft höher schätzen sollte, es geht aber in der neuen Epistemologie um stummes Wissen, Akteure, Objekte, Techniken und Verfahren, nicht um die Präsenz und Hermeneutik des Sinns. Die neue Epistemologie rückt nicht nur vom Logozentrismus, der Sinnpräsenz und der geschichtlichen Einkreisung des Verstehens, sondern auch von der Vorstellung ab, nach der mit Theorie

---

[70] *Gunther Teubner*, Des Königs viele Leiber: Die Selbstdekonstruktion der Hierarchie des Rechts. In: Soziale Systeme 2 (1996), S. 229–256; *Christoph Möllers*, Der vermisste Leviathan, Frankfurt am Main, S. 42 f.

[71] *Markus Möstl*, Regelungsfelder der Verfassung, in: *Depenheuer/Grabenwarter* (Fn. 2), S. 569–597 (Rn. 7).

[72] *Armin von Bogdandy/Pedro Cruz Villalón/Peter M. Huber*, Einleitung, in: *dies.* (Hrsg.), Handbuch des Ius Publicum Europaeum. Bd I. Grundlagen und Grundzüge staatlichen Verfassungsrechts. Heidelberg 2007, S. V.

[73] Auf das Verhältnis von Dogmatik und Theorie bezogen und mit anderen Ansätzen: *Jestaedt* (Fn. 2), S. 40–44.

[74] *Erich Hörl*, Römische Machenschaften. Heideggers Archäologie des Juridismus, in: *Cornelia Vismann/Thomas Weitin* (Hg.), Urteilen/Entscheiden, München 2006, S. 236–253.

eine perfekte Distanzierung des Subjekts vom Ding einhergehe.[75] Sie rückt schließlich von der Idee ab, dass theoretische Distanz den Vorrang des Subjekts vor dem
Objekt sowie die souveräne Möglichkeit von Instrumentalisierungen ermögliche.[76]
Vom Prinzip der präzisen Zweideutigkeit aus gedacht und den Umstand im Blick,
dass die Verfassung des Diskurses es mit wechselseitigen *und* asymmetrischen Bedingungen zu tun hat, ist es unmöglich, Theorie als eine Form der instrumentali-
sierenden Distanzierung zu sehen, weil das Subjekt in diesem Sinne kein unkonditi-
onierter Anfang ist.[77] Ohne die Zweideutigkeit verbleibt dem Subjekt zwar der Vorrang vor dem Ding, man verfehlt aber seine Konditionierung. Die neue Epistemologie
geht hingegen mit präzisen Zweideutigkeiten um. Das hat auch eine Konsequenz in
der Konstitution der Zeit, weil der Anfang nicht zum unkonditionierten Subjekt gemacht werden soll. Tritt er als Ursprung (z. B. der Verfassung) auf, so ist damit ein
erster Sprung zwischen Neuem und Altem sowie der Nachhall dieses Sprungs, nicht
aber ein Originalzustand, gemeint. Die neue Epistemologie beginnt also schon mit
Reproduktionen und mit den darin liegenden Anschlüssen an (Vor-)Bedingungen.
Der Vorrang, der in den Verläufen des Rechts weiterhin eine Rolle spielt (z. B. als
vorher/nachher), wird insofern allein der Zeit eingeschrieben und findet sich weder
im Subjekt noch im Ding. Von Rängen der Unterscheidung rückt die Epistemologie
im übrigen ab und sie trifft sich darin mit den Kultur- und Medientheorien, die nicht
an einem Vorrang entweder des Sinns oder des Materials, sondern an Verschaltungen
und Versinnlichungen, an Ökologien und Ökonomien des Umgangs mit Dingen und
Symbolen, an habitualisierten, inkorporierten und routinierten Praktiken und an
einem Austritt aus dem *Geist* des Begriffes interessiert sind.[78] Kulturtechnik (z. B.
Lektüre/Schrift) ist das Stichwort für veränderte Perspektiven neuer Epistemologie.
Unter ,neue Epistemologie' möchte ich also disparate theoretische Strömungen zusammenfassen, die sich seit Beginn der 60er Jahre formiert haben, die sich aber allesamt durch eine „*Bereitschaft zur Dehermeneutisierung von ,Geist' und ,Sinn'*" aus-
zeichnen.[79] Hatte die Hermeneutik das Sein, das verstanden werden kann, im Sinne,
zielt die neue Epistemologie weiter auf Reproduktionen und die darin liegenden Ver-

---

[75] *Luhmann* (Fn. 38), S. 63.

[76] *Cornelia Vismann*, Kulturtechnik und Souveränität, Zeitschrift für Medien- und Kulturforschung 1 (2010), S. 171–181.

[77] *Ladeur* (Fn. 51), S. 19–22.

[78] *Vismann* (Fn. 76); *Sybille Krämer/Horst Bredekamp*, Kultur, Technik, Kulturtechnik: Wider
die Diskursivierung der Kultur, in: *dies.* (Fn. 22), S. 11–22; *Wolfgang Ernst*, Tradition – Jenseits des
Archivs. Eine Medienarchäologie kultureller Übertragungstechniken (Vorlesungsmanuskipt),
www.medientheorien.hu-berlin.de; *Steinhauer*, Bildkontakt. Zur Anpassung des Medienrechts an
Bilder und zum Status der Bilder im Verfassungsrecht: in: *Augsberg* (Fn. 68), S. 61–107; *Hans Blumenberg*, Arbeit am Mythos, Frankfurt am Main 1989, S. 127–162; *Anselm Haverkamp*, Das Skanda-
lon der Metaphorologie, in: *ders./Dirk Mende*, Metaphorologie. Zur Praxis von Theorie, Frankfurt
am Main 2009, S. 33–61 (41); *Ludwig Jäger*, Versuch über den Ort der Schrift. Die Geburt der Schrift
aus dem Geist der Rede, in: *Grube* et al. (Fn. 52), S. 187–209.

[79] *Bredekamp/Krämer* (Fn. 78), S. 14.

schaltungen mit dem, was in den kultur- und medientechnischen Apparaten und Verfahren liegt.[80]

4. Theorie als Parallaxe

(1) Die neue Epistemologie ist eine extratheoretische Einrichtung. Was ist gemeint? Ich ziele auf einen Zusammenhang zwischen der präzisen Zweideutigkeit der Verfassung und ihrer Einrichtung als Theorie. Ich schließe an die Vorstellung an, dass Theoriebildung nicht bloß metaphorisch an Dispositive des Blicks, Techniken der Aufmerksamkeit und an visuelle Medien, wie etwa Schrift, den regelhaften Apparaten der Perspektive und eine diagrammatische Einrichtung der Logik und des Systembegriffes anschließt.[81] Theorie schließt ganz konkret an solche Einrichtungen an. Theorie und Beobachtung formatieren im Rückgriff auf Medien Blicke, selbst wenn sie wenig anschauliche Effekte liefern.[82] Mit einer elliptischen Formulierung kann man davon ausgehen, dass Theorien Blicke *sind*.[83] Man muss dabei den Blick nicht als phänomenologische Schau eines Bewusstseins verstehen.[84] Er ist Effekt von kulturtechnischen, medialen Verfahren der Evidenz, die Konturen schaffen. Der Blick setzt in abstraktem Sinne einen definierten Raum und in konkretem Sinne den urbanen Architekturraum, (Bild-)Tafeln, auffaltbare und begrenzte Bücher oder den geomet-

---

[80] *Kittler* (Fn. 28), S. 7–33.

[81] *Sybille Krämer*, Operative Bildlichkeit. Von der ‚Grammatologie' zu einer ‚Diagrammatologie'? Reflexionen über erkennendes Sehen, in: *Martina Heßler/Dieter Mersch*, Logik des Bildlichen: Zur Kritik der ikonischen Vernunft, Bielefeld 2009, S. 94–122; *Christian Stetter*, Bild, Diagramm, Schrift, in: Grube et al. (Fn. 52), S. 115–135; exemplarisch: *Hermann Jahrreiss*, System des Verfassungsrechts in Tafeln und Übersichten, Tübingen 1930.

[82] *Michel Foucault*, Überwachen und Strafen, Frankfurt am Main 1976; *Gerhard Leibholz*, Zur Begriffsbildung im öffentlichen Recht, Blätter für deutsche Philosophie 5 (1931), S. 175–189. Der Einwand mag auf der Hand liegen, dass die Figur des Blickes und der Sichtbarkeit heutzutage zu unpassenden Katachresen des Wissens werden, weil neue Epistemologien – sei es nun in der Biologie, Physik oder in der Gesellschaftswissenschaft – vor allem im Bereich der Unsichtbarkeit operieren. *Udo di Fabio*, Das Recht offener Staaten. Tübingen 1998, S. 136–138, betont zum Beispiel wiederholt, das zentrale Institutionen des Rechts – wie seiner Meinung nach die Souveränität – unsichtbar geworden seien. Ähnlich *Michael Stolleis*, Das Auge des Gesetzes. Geschichte einer Metapher, München 2004. Unabhängig davon, ob Souveränität eine zentrale Institution ist, generiert aber die Unsichtbarkeit ihren eigenen Bedarf nach Bildgebungsverfahren. Einen kuriosen Hinweis darauf findet man bei *Heinrich Triepel*, Der Stil des Rechts, Potsdam 1946, der die Arbeit nicht nur dem Ophtalmologen Karl Wessely widmet, sondern den Stil des Rechts in Anlehnung an die Diskurse um optische Medien explizit als „Bildgebungsverfahren" bezeichnet; allgemein *Manfred Schneider*, Imaginationen des Staates, in: *Rudolf Behrens* (Hg.), Die Macht und das Imaginäre. Eine kulturelle Verwandtschaft zwischen Früher Neuzeit und Moderne, Würzburg 2005, S. 41–58.

[83] Vgl. *Cornelius Castoriadis*, Gesellschaft als imaginäre Institution, Frankfurt am Main 1990, S. 12.

[84] So etwa noch bei *Leibholz* (Fn. 82); die Phänomenologie der Lebenswelt kann man allerdings auch aus der Totalen des Bewusstseins- und Begriffshorizontes lösen und in einem Sinne auffassen, den Hans Blumenberg herausgearbeitet und auf Uneinsehbares und die Integration des Unbekannten eingestellt hat, *Hans Blumenberg*, Theorie der Lebenswelt, Frankfurt 2010.

rischen Systemraum der Neuzeit voraus.[85] Unter diesen weiten Konditionierungen kann es zu ganz bestimmten Bindungen kommen: Cartesianisches Subjekt und der Albertische Apparat der Zentralperspektive sind in diesem Sinne nicht voneinander getrennte, sondern kulturtechnisch aufeinander bezoge epistemische Einrichtungen.[86] Carl Schmitt hatte in Anlehnung an solche Beziehung spekuliert, dass der albertische, geometrische Systemraum eine besondere Affinität zum nomologischen Raum des verfassten, souveränen Nationalstaates hätte.[87]

(2) Für die Verfassung nach der Globalisierung kann man den Systemraum des Rechts nicht (mehr) mit der zentralperspektivischen Sehpyramide analog setzen. Die extratheoretische Einrichtung meint darum eine bestimmte Einrichtung des Blickes, die man eher mit der *Parallaxe* vergleichen kann. Die Parallaxe gehört zu den optischen Bewegungsgesetzen zwischen Dingen, die – wie z. B. die Verfassung hinter der Verfassung – hintereinander angeordnet sind. Sie ist in einem modernen Sinn der Versuch, aus dem Blick auszutreten, um ihn für sich selbst sichtbar zu machen.[88] Die Parallaxe ist die Lücke, die das Eine von sich selbst trennt und damit konstituiert.[89] In den Bewegungsgesetzen der Verfassung spielt sie eine Rolle, weil in ihr das bewegte Subjekt durch die Beobachtung in dem Maße konstituiert wird, wie die Beobachtung durch das Subjekt konstituiert wird. Mit der Parallaxe soll man sichtbar werden lassen, was unsichtbar ist, weil es sichtbar macht. „Der Blick des Subjekts ist schon immer in das wahrgenommene Objekt eingeschrieben, und zwar in Gestalt des blinden Flecks, also dessen, ‚was in dem Objekt mehr ist als das Objekt selbst‘, dem Punkt, von dem aus das Objekt selbst den Blick erwidert. ‚Das Bild ist sicher in meinem Auge, aber ich, ich bin im Tableau.‘"[90] Die neue Epistemologie beruht auf einer reflexiven Wendung, die das Subjekt in das von ihm konstituierte Bild mit einschließt, verdoppelt und so innerhalb und außerhalb seines Eigenbildes vorkommen lässt. So verschalten und versinnlichen sich Akteure und Dinge auch in der Kulturtechnik des Blickes, den man Theorie nennt. Eine extratheoretische Einrichtung muss insofern das Kunststück vollbringen, etwas anderes und sich selbst sichtbar zu machen und so in eine Lücke einzurücken. Sie sollte in der Iteration der Verfassung Spuren lesbar machen und sich auf die Verschaltung von Eigenem und Fremden einstellen.

---

[85] *Erwin Panofsky*, Perspektive als symbolische Form, Vorträge der Bibliothek Warburg 1924/25, Leipzig/ Berlin 1927, S. 258–330.

[86] *Bernhard Siegert*, Wissensanalyse in der frühen Royal Society. Robert Hookes „mechanical algebra", in: *Inge Baxmann* et al. (Hg.), Das Laokoon-Paradigma. Zeichenregime im 18. Jahrhundert, Berlin 2000, S. 26–44 (32).

[87] *Carl Schmitt*, Land und Meer, Stuttgart 1954, S. 68 f.

[88] *Immanuel Kant*, Gesammelte Werke XV. Handschriftlicher Nachlaß. Anthropologie, Frankfurt am Main 1974, S. 664: „Je mehr man außer sich ist, desto besser beschaut man das Objekt." *Manfred Sommer*. Evidenz im Augenblick. Phänomenologie der reinen Empfindung, Frankfurt am Main 1987, S. 23; *Slavoj Žižek*, Parallaxe, Frankfurt am Main 2006.

[89] *Žižek* (Fn. 88), S. 12.

[90] *Žižek* (Fn. 88), S. 21.

(3) Das ist in der Verfassungstheorie so wenig selbstverständlich wie das Zeitgenössische. Die verbreitete Diskussion, in der darum gestritten wird, ob man Dogmatik und Theorie um der Freiheit willen trennen oder um der Wirksamkeit willen
vereinen soll, gehen an den Verschaltungen in der Regel vorbei und von anderen
Prämissen aus. Die angeblich freiere Theorie steht dort im Gegensatz zu einer angeblich wirklichkeitsnäheren Dogmatik. Die Theorie ist darin ein halbnormatives Zwi-
schenwesen, das nicht so normativ wie die Dogmatik, aber normativer als die Sozialwissenschaft sei. Theorie ist in dieser Auseinandersetzung meist aber reines Be-
wusstseinsphänomen, Idee oder Fiktion, nicht aber eine kultur- und medientechnisch
gebundene Einrichtung, die sowohl Dogmatik als auch Theorie im engeren Sinne
ermöglicht.[91] Theorie besteht nach geläufigem Verständnis in der Rechtswissenschaft
aus Sätzen, und die sind Zeichen der Sprache, des Logos und der Ideen, sie bestehen
aber nicht aus Objekten und erst recht nicht aus Dingen, die mit den Subjekten verschaltet sind. Die Verfassungstheorien stecken zudem zwar voller Figuren, die etwas
vor Augen stellen, blenden aber ihr eigenes Verfahren der Evidenz eher aus.[92] Gerade
das sollte aber eine zeitgenössische Verfassungstheorie im Interesse an der Iteration
mit einkalkulieren.

5. Symbolische Medien

(1) Die Epistemologie hat ihre Gedanken u. a. an Experimentalsystemen entwickelt,
und sie spricht in Bezug auf die Verschaltungen zwischen Subjekt und Objekt von
„epistemischen Dingen".[93] Die Rechtswissenschaft ist weitgehend kein Experimentalsystem, sie hat es aber auch mit epistemischen Dingen zu tun, und sie gerät – wie
Experimentalsysteme – an die Grenze des Wissens und an ungewisse Momente ihrer
Reproduktion. Mit epistemischen Dingen meine ich in diesem Zusammenhang *symbolische Medien* und Schemata.[94] Der Verweis auf die symbolischen Medien ist mit
der neukantianischen Figur des Als-Ob wenn überhaupt, dann nur sehr weit und
nur im Hinblick auf die Annahme eines abstrakten Zuges der Differenz (bei Kant
etwa als Zug des Schematismus zwischen Anschauung und Begriff) verwandt. Sie

---

[91] Kritisch u. a. *Castoriadis* (Fn. 83), S. 12.

[92] *Rüdiger Campe*, Vor-Augen-Stellen. Über den Rahmen rhetorischer Bildgebung, in: *Gerhard
Neumann* (Hg.), Poststrukturalismus. Herausforderung an die Literaturwissenschaft, Stuttgart/
Weimar 1997, S. 208–225.

[93] *Rheinberger* (Fn. 31).

[94] *Fabian Steinhauer*, Schemata/Schemen, in *Ino Augsberg/Sophie-Charlotte Lenski* (Hg.), Die
Innenwelt der Außenwelt der Innenwelt des Rechts, i.E. 2011. Die (rhetorische) Unterscheidung
zwischen Begriff und Figur/Metapher markiert einen kommunikativen und nicht synthetischen
Zwischenraum, der auch mit den Ausdruck Schema und den beiden unterschiedlichen Plural-
formen bezeichnet werden kann; *Wolfgang Stegmaier*, Schema, Schematismus, in: *Joachim Ritter/
Karlfried Gründer* (Hg.), Historisches Wörterbuch der Philosophie, Bd. 8: R-Sc, Basel 1992,
Sp. 1246–1261; *Andrea Steudel-Günther*, Schema, in: *Gert Ueding* (Hg.), Historisches Wörterbuch
der Rhetorik Bd. 8, Tübingen 2007, Sp. 469–473.

bezieht sich auch nicht auf das Konzept der „Imagined Community".[95] In dem Verweis auf die symbolischen Medien ist gemeint, dass die Stätte der juridischen Normativität und die Gesellschaft in Medien und Kulturtechniken verschaltet sind und diese Verschaltungen in Operationen vollzogen werden.[96] In den Medien liegen die Praktiken und Techniken der Reproduktion, mit denen die Reflexivität in Verfahren eingebettet ist.[97] Medien fungieren darin in einem doppelten Sinn. Sie gehören zur Technik, die Vorbedingungen für die Reproduktion von Recht schafft, *und* sie sind Schemata, die den Transfer vom Realen zur symbolischen Ordnung kanalisieren.[98] Die Urkunde ist ein naheliegendes Beispiel. Sie bildet in der harten Materialität des Papiers, seines Schnittes und auch noch mit der Schwärze der Schrift die Anfangsbotschaft und erste Adresse im Verfassungsdiskurs. Sie rückt das Denkbare in die Register der Wahrnehmung, ihre Schriftbildlichkeit visualisiert nicht nur die Ideen, sondern konstituiert sie auch so, dass sie ihrer reproduktiven Performanz zugänglich werden.[99] Darüber hinaus wird sie in einem Teil des Verfassungsdiskurses auch noch als das eigentliche Element der Transsubstantiation gedeutet und bildet dort die universale Stelle der Transformation, etwa als Teil einer römisch-katholisch geprägten Hermeneutik.[100] Wegen des Charakters der Medien, der so doppelt ist, wie er selbst die Welt verdoppelt, wird hier von symbolischen Medien gesprochen. Man kann sagen, dass jeder Eröffnung und Erschließung eines körperlichen Mediums eine Eröffnung und Erschließung des Raums symbolischer Ordnungen zugeordnet werden kann. Die Handlungen in der medialen Immanenz begleiten wie ein Echo die Ansprüche der Transzendenz – et vice versa. Nicht nur der König, alle Medien haben in diesem Sinne doppelte Körper. Das sind generelle Beschreibungen, und im Detail muss man die unterschiedlichen Reproduktionstechniken unterscheiden, mit denen Rechtskulturen ihre symbolischen Medien behandeln.[101] Schemen/Schemata sind symbolische Medien eines Diskurses, mit denen Wissen sammelbar, speicherbar, übertragbar wird. Mit ihnen wird versucht, normatives Kapital, wie es in der Semantik der Werteordnung und der Relation zwischen Notwendigkeit und Kontingenz *begrifflich* gefasst wird, zu akkumulieren, zu verstreuen und zu verbreiten – und als

---

[95] Im Anschluss an Benedict Anderson *Ulrich Haltern*, Europarecht und das Politische, Tübingen 2005, S. 199–216. Bei beiden Autoren wird m. E. wird die Eigenpräsenz des Sinns überschätzt.

[96] *Siegert/Engell* (Fn. 30), S. 7.

[97] Am Beispiel der Rhetorik *Anselm Haverkamp*, Met-Hodos, Setzung nicht durch Gewalt. Verfahren in Literatur und Recht (Anhand von Shakespeares Kaufmann von Venedig), in: *Augsberg/Lenski* (Fn. 94).

[98] *Cornelia Vismann*, Law as Transfer Science, Law and Critique 10 (1999), S. 279–286.

[99] *Krämer*, (Fn. 22), S. 164.

[100] *Josef Isensee*, Vom Stil der Verfassung. Eine typologische Studie zu Sprache, Thematik und Sinn des Verfassungsgesetzes, Opladen/Wiesbaden 1999, S. 55 f. mit Hinweisen auf die monotheistische Dignität der Urkunde und zugleich mit Abgrenzungen gegen die Figur der Diaspora.

[101] *Thomas Vesting*, Rechtstheorie als Medientheorie (Supplement I). Überlegungen zur Notwendigkeit der Verknüpfung von Sprachtheorie und Medientheorie, Ancilla Iuris 2010, S. 47–88.

Referenz zu wahren.[102] Man findet sie in Sprache, in Rede, in Schrift, in der Schriftbildlichkeit des Diagramms, im Computer und schließlich auch außerhalb dieser
Verbreitungsmedien in den verzweigten rhetorischen Ökonomien des Rechtsdis-
kurses.[103] Der Ausdruck Schemata/Schemen ist in seiner Abstraktion auf Medien-
übergriffe ausgerichtet. So möchte ich die Aufmerksamkeit auf die Momente lenken,
in denen eine Korrelation von Einheit und Differenz operativ hergestellt wird.[104] Die
Frage lautet letztlich: Was leistet das Schema *Verfassung* heute?

(2) Eine weitere These lautet, dass das Schema für Reflexivität sorgt. Für den Verfassungsdiskurs ist der extratheoretische Blick interessant, soweit man nicht der
Macht von Gesetzgebung und Spruchkörpern vertraut. Er ist auch dann interessant,
wenn Normativität als (vor-)gegeben und befragbar vorausgesetzt wird und man die
Frage der Verbindlichkeit nicht an die politische Theologie oder an politische Theorie und Demokratieforschung abgeben möchte. Der extratheoretische Blick kann das
Recht nicht in seiner fachlichen Ausdifferenzierung hypostasieren, sondern nur als
einen Stellvertreter in den großen Ordnungen der Gesellschaft begreifen. Als ein solcher Stellvertreter operiert das Recht mit Leerstellen und Abundanz. In beiden Fällen ragen die Dinge ins Recht hinein und aus dem Recht heraus. Der Verfassungsdiskurs formiert heute zerstreutes Recht und bedarf darin anderer Methoden, als die
Verfassungstheorie im Nationalstaat. Es ist nicht so sehr der Verlust einer zentralen
Sinnreferenz als vielmehr der Umstand, dass die Disparatheit der Gesellschaft und
die erschütterte Relation von Mitteln und Zwecken aus dem Realen ausgerückt und
heute selbst schon Teil der symbolischen Ordnung geworden sind, der theoretische
Anpassungen nahe legt. Es ist nur ein Effekt dieser Veränderungen, dass sich der
Diskurs der Verfassung heute nicht mehr im ‚prima' Medium des Begriffs realisiert,
sondern auch zur Figur tendiert, ohne dass im Verhältnis zwischen Begriff und Figur
ein Vorrang oder Nachrang (etwa als souveräne Begriffs- *oder* Bildmacht) festellbar
wäre.[105] Die Inkorporationen des Verfassungsdiskurses erfolgen nicht mehr im Monopol des Staates und im Operationsraum seiner Anstalten, Körperschaften und
Medien. Die nachhallende Metapher, im Verfassungsrecht würden sich Begriffe ‚ein-

---

[102] *Niklas Luhmann*, Gibt es in unserer Gesellschaft noch unverzichtbare Normen?, Heidelberg
1993.

[103] Als Rückblick *Barbara Stollberg-Rillinger*, Das Kaisers alte Kleider. Verfassungsgeschichte und
Symbolsprache im alten Reich, München 2008, die dem Narrativ folgt, die Zeit der Symbole sei an
ihr Ende gekommen. Zum Begriff der rhetorischen Ökonomie: *Bonaventura de Sousa Santos*, Dis-
kurs und Macht. Versuch über die Soziologie der juristischen Rhetorik, in: *Dieter Deiseroth* et al.
(Hg.), Ordnungsmacht? Über das Verhältnis von Legalität, Konsens und Herrschaft, Frankfurt am
Main 1981, S. 16–45 (dt. Übersetzung von Karl-Heinz Ladeur).

[104] *Thomas Vesting*, Ende der Verfassung? Zur Notwendigkeit der Neubewertung der symbolischen Dimension der Verfassung in der Postmoderne (in diesem Band), Abschnitt II 1.

[105] *Marcelo Neves*, Verfassung und Öffentlichkeit. Zwischen Systemdifferenzierung, Inklusion
und Anerkennung, Der Staat (2008), S. 477–509; *Gunnar Folke Schuppert*, Staat als Prozess. Eine
staatstheoretische Skizze in sieben Aufzügen, Frankfurt/ New York 2010, S. 48–65 m.w.N.; *Rainer
Wahl*, Die Schwebelage im Verhältnis von Europäischer Union und Mitgliedstaaten. Zum Lissabon-
Urteil des Bundesverfassungsgerichts, Der Staat 48 (2009), S. 587–614 (592).

bürgern', hat eine seltsame Färbung erhalten, weil die Inkorporationen im Polykorporatismus dezentraler Gesellschaften stattfinden und dabei Immi- und Emigrationen verkehrbar werden. Das alte Konzept einer ‚verfassungskonformen' Verfassungstheorie klingt aus der Warte der zeitgenössischen Verfassungstheorie wie ein Exzess der Mimesis. Man kann zwar konform zur Verfassung verzeichnen, was Verfassungen auszeichnet. Im Schema Verfassung liegt aber eine diagrammatische Operation und damit ein Zug, der in einer gerichteten Bewegung der Differenz aus der Form aus- und ins Medium eintreten lässt.[106]

(3) Es gab eine Zeit, da war es ohne weiteres üblich, Verfassungsrecht als gebündeltes Recht zu begreifen. Wenn Verfassungsrecht als Teilordnung bezeichnet wurde, so wurde das abqualifizierend verstanden. Es ist noch ganz typisch, dass Michael Sachs in seinem Grundgesetzkommentar von 1996 die Einführung mit folgendem Satz beginnt: „Der Begriff der Verfassung wird in Staats- und Verfassungslehre in vielfältigen Bedeutungen verwendet, deren *einzige Gemeinsamkeit* [Hervorhebung F. S.] wohl in bezug auf den Staat besteht".[107] In einer Ergänzung zu dieser Bestimmung schob er (unter einem dünnen schwarzen Strich) in der Fußnote den Satz nach: „Unberührt bleibt die Verwendung des Begriffs in anderen Zusammenhängen, etwa bei der ‚Kommunalverfassung' u. ä.".[108] Das weite Feld der Ähnlichkeit schob Sachs nur noch punktiert („u. ä.") und im Vertrauen auf Unauffälligkeit nach. Die einzigartige Gemeinsamkeit aller Verfassungsbedeutungen beruhte auch bei diesen älteren Bestimmungen schon darauf, weitere Verfassungen in Subtexte abzuziehen und über einen Saum hinweg eine Grenze einzurichten, mit der dann anschließend, *nach dieser Abtrennung*, Unberührbarkeiten möglich werden sollten. In einer solchen Operation zugleich eine stabil, zeitenthoben und kategorial eingerichtete Verfassungsidentität zu sehen, ist heute schwer möglich, gerade weil die Operation zur Einrichtung einer Verfassungsschwelle unverzichtbar und ein medial gerichteter, diagrammatischer, versäumender Zug bleibt. Die Unauffälligkeit des Ähnlichen und der Selbstevidenz der Definition, der Sachs trauen konnte, kann man im Bereich zeitgenössischer Verfassungstheorie nicht trauen. Von vielfältigen Veränderungen im Verfassungsdiskurs zu sprechen, ist fast noch eine glatte Untertreibung.[109] Figuren der Ausfransung, der Dezentralität, der Polykontextualität und der medial gerichteten Bewegung der Differenz sind in diesem Sinne nur erste Zeugen eines epistemischen Umbaus.[110] Es gibt in diesem Zusammenhang zwei erhebliche Verunsicherungen des

---

[106] *Immanuel Kant*, Kritik der reinen Vernunft Bd. 1. Werkausgabe Bd. III, Frankfurt am Main 1974, S. 187–194; *Giorgio Agamben*, Das Sakrament der Sprache. Eine Archäologie des Eides. Homo Sacer II. 3, Berlin 2010, S. 90 f.

[107] *Michael Sachs*, Einführung, in: *ders.* (Hg.), Grundgesetz-Kommentar, München 1996, Rn. 1.

[108] Ebd.

[109] *Dobner/ Loughlin*, Introduction, in: *dies.* (Fn. 35), S. xi–xvi.

[110] U. a. *Karl-Heinz Ladeur*, Der Staat der ‚Gesellschaft der Netzwerke'. Zur Notwendigkeit der Fortentwicklung des Paradigmas des ‚Gewährleistungsstaates', Der Staat 2009, S. 163–192; *Horst Dreier*, Der freiheitliche Verfassungsstaat als riskante Ordnung, Rechtswissenschaft 1 (2010), S. 11–38 (19); *Schuppert* (Fn. 105) m. w. N.

Verfassungsdiskurses. Die erste Verunsicherung liegt in dem Verdacht, dass die Zeit der Verfassung mit dem Auftauchen ihrer begleitenden Verfassungen an ihr Ende gekommen wäre. Man streitet nicht mehr um Aktualisierung des Ähnlichen, sondern, digital, um Abbruch oder Fortführbarkeit der Verfassung. Man kann dies unterschiedlich einschätzen. Vielleicht ist das eine Krise der Verfassung. Für Systemtheoretiker könnte die digitale Zuspitzung der Frage um das zukünftige Sein oder Nichtsein der Verfassung aber auch ein weiterer Hinweis darauf sein, dass das Verfassungsrecht heute einen eigenen, vom übrigen Rechtsdiskurs ausgesonderten, binären Code entwickelt. In diesem zweiten, echoartigen Code geht es nicht primär darum, Fragen und Sachverhalte dem Recht und der Politik zuzuführen, sondern eine Spaltung des Rechts reflexiv werden zu lassen, die sich daraus ergibt, dass das Recht an einem ubiquitären gesellschaftlichen Inklusions- und Exklusionsschema teilhat. Nicht nur in Bezug auf die Politik, sondern in Bezug auf alle gesellschaftlichen Bereiche muss das Recht seine Limitierbarkeit erfassen und für andere gesellschaftliche Bereiche in dem Maße zur Verfügung stellen, wie diese Bereiche verfasst sein wollen. Das bedeutet aber zugleich, dass sich der Verfassungsbegriff nicht von außen angestoßen wandelt, als schwappe die Globalisierung über die Grenzen des Verfassungsstaates und als verwässere sie ihren Sinn. Der lokale Code der Verfassung ändert sich vielmehr von innen heraus. Die zweite Verunsicherung geht damit einher. Sie bezieht sich auf den Verdacht, dass man in der Zeit des Diskurses überhaupt keine Genossen hat. Nicht nur der Begriff der Gemeinschaft, sondern auch die Selbstreferenz des Diskurses werden verunsichert.[111] Die Auseinandersetzung betrifft eine Verfassung, die sowohl letzte Referenz als auch Gegenstand des Diskurses sein kann, von der es schwer ist, sich zu distanzieren und mit der man (als unspezifisches Subjekt einer neuen Verfassung) sich selbst ebenso schwer identifizieren kann.

6. ,Eigenwert'

(1) Möglicherweise ist ,Eigenwert' ein zeitgenössisches Schema, das Methoden generiert und Wissen um die Verfassung formatiert, signifikant und wiederholbar macht? Zuerst fällt auf, dass man unter der Verwendung des Ausdruckes eine Reihe von Staatsrechtslehrern einladen kann, ein Rundgespräch zu führen. Der Ausdruck legt Kommunikationsmöglichkeiten nahe. Das kann daran liegen, dass das Schema ,Eigenwert' im Verfassungsdiskurs in Anlehnung *und* in Konkurrenz (unter anderem) zur Eigenschaft, Eigenart, Autonomie, Verfassungsidentität, spezifischem Verfassungsrecht, Selbststand, Substanz, lebendigem Kern, dem Gemeinsamen aller Verfassungen, Telos, Bewegungsgesetz etc. auftritt. In einem engeren, technischen Sinne hat der Ausdruck eine systemtheoretische Tradition. Dort spricht man von „*Eigenvalue*", von „*Eigenwert*" und von „*Eigenverhalten*", weitgehend in synonymer Verwen-

---

[111] *Augsberg* (Fn. 68), S. 7.

dung.[112] In einem Übergang vom Interesse an funktionaler Ausdifferenzierung zum Interesse an der abstrakten Einrichtung der Differenz, also im engeren Kontext der Wende zur Autopoiesis, übernahm Niklas Luhmann die Begriffe von Heinz von Foerster, und übertrug sie von lebenden Systemen auf Kommunikationssysteme.[113] Sie bezeichnen „eine im rekursiven Verfahren der Anwendung des Verfahrens auf die Resultate des Verfahrens sich einstellende Stabilität".[114] Das setzt nach Luhmann zwei Dinge voraus: Selbstreferenz und Zirkularität. Es ist eine Stabilität, die sich nicht ohne weiteres einstellt, nur weil etwas selbstreferentiell und rekursiv ist. Rekursive Stabilität ist prekäre Stabilität, oder: Stabilität auf der Grundlage von Instabilität. Luhmann stellt zu der rekursiven Stabilität fest: „Im Eigenverhalten des Kommunikationssystems Gesellschaft wird jener imaginäre Raum von Bedeutung stabilisiert, der im rekursiven Anwenden von Kommunikation auf Kommunikation nicht zerstört, sondern etabliert wird; und dies gerade dank seines Eigenwertes, also durch die Erfahrung, daß gerade das Durchschauen des Durchschauens die Ergebnisse liefert, die eine Fortsetzung des rekursiven Kommunizierens, also die Autopoiesis der Gesellschaft ermöglichen."[115] Luhmann meint eine Rekursivität, die nicht exklusiv ist, die mit unentschiedener In- und Exklusion einhergeht. Bezogen auf vertraute Begriffe des Verfassungsdiskurses zielt der Eigenwert also eher auf Vermögen als auf Eigentum. Im Eigenwert wird über die instabile Grenze des Systems das Eigene entfaltet. Das Rechtssystem hat nach Luhmann einen Eigenwert, wenn es seine Operationen auf sich selbst anwenden kann. Die Verfassung spielt in dem Kontext eine besondere Rolle. Ihre Semantik setzt sich in dem Moment durch, in dem das Rechtssystem sein Eigenverhalten institutionalisiert hat, sobald also das Recht seine eigenen Operationen auf sich selbst anwenden und so beobachten konnte, ob seine Festlegung Recht oder Unrecht ist. Verfassung und Eigenwert sind Effekte eines Momentes, den Luhmann als Verdichtung der Autonomie zur Autopoiesis begreift. Das meint Ausdifferenzierung von Recht und Politik und gleichzeitig strukturelle Kopplung von Recht und Politik. Die Frage, welche Rolle die Verfassungstheorie hierbei wiederum spiele, stellt sich bei Luhmann nicht, weil er nicht zwischen unterschiedlichen Gattungen juristischer Episteme unterscheidet und nicht weiter darauf eingeht, inwieweit bestimmte Setzungen, wie etwa Sieyès' grundlegende Differenz oder eine feierlich unterzeichnete Urkunde zuerst theoretisch, dogmatisch oder praktisch war. Die Differenz zwischen philosophischem Phantasma und nüchterner Rechtsverwaltung wird transversal durchschnitten. Der Witz in der Evolution der Semantik liegt nach Luhmann darin, dass es weder auf die Träger des Wissens noch auf die Gattung und Adressen ihrer Texte ankommt, sondern auf die Komplexität der Strukturen

---

[112] *Niklas Luhmann*, Die Gesellschaft der Gesellschaft Bd. 1, Frankfurt am Main 1998, S. 29 als Teil einer Aufreihung dessen, was „Kommunikation im Zuge ihrer eigenen Fortsetzung (...) erzeugt": „Identitäten, Referenzen, Eigenwerte, Objekte".

[113] *Niklas Luhmann*, Die Gesellschaft der Gesellschaft Bd. 2, Frankfurt am Main 1998, S. 1124.

[114] *Luhmann* (Fn. 112), S. 217 f.

[115] Ebd. S. 219.

und Ereignisse, in deren eigener Variationen sich neue Episteme entwickeln und in veränderten Semantiken niederschlagen.[116]

(2) Unterstellt man Luhmann eine Beobachtungsgabe für die Entwicklungen zwischen Gesellschaftsstruktur und Semantik, so gelten seine Beobachtungen auch für seine eigenen Begriffe. Eigenwert ist ein Begriff, an dem Luhmann und seine Erben keine Lizenzen halten. Es ist einer der Begriffe, die für den Diskurs auch dann attraktiv sein können, wenn ihr ursprünglicher Kontext und Inhalt nicht übernommen wird. Man kann im deutschen Verfassungsdiskurs inzwischen eine Attraktivität von Luhmannschen Schlüsselbegriffen beobachten, obschon die Prämissen kaum übernommen werden. Kopplung und Anschlussfähigkeit etwa tauchen vermehrt auf, allerdings eher als Figuren für Verbindlichkeit und Konsensfähigkeit.[117] Man sollte daraus nicht auf die Beliebigkeit der Begriffe, sondern auf eine bestimmte Unsicherheit und ein Suchverhalten des Diskurses schließen. Eigenwert ist ein eigensinniger Begriff, der etwas anderes bezeichnet als Identität, proprium, Substanz und Autonomie, auch wenn die Differenz nicht genau abgestimmt ist. Die vier Begriffe können in Luhmanns Sinn als Leitbegriffe dienen, solange man über eine stabile Dialektik verfügt, nach der sich nicht nur Identität von Differenz und Eigenes von Fremdem unterscheiden lassen, sondern solange auch die Unterscheidung schon vor ihrem kulturtechnischen Vollzug ein Garant für ihre Stabilität ist. ‚Substanz' kann als Leitbegriff dienen, wenn die Unterscheidung zwischen Substanz und Akzidenz in sich so stabil ist, dass sich nicht die Frage stellt, ob das eine substanzielle oder nebensächliche Unterscheidung ist. Das setzt eine stabile Ordnung voraus, die den Unterscheidungen voraus geht und die durch die Unterscheidung nicht berührt wird. Die Substanz ist dann schon in der Welt und nicht erst im Vollzug der Unterscheidung. Eigenwert hingegen kann nach Luhmann dann als Schema dienen, wenn man über keine stabile Dialektik verfügt, wenn man also Eigenes und Fremdes gut unterscheiden kann, wenn der Unterschied aber weder auf höhere Ebene synthetisiert werden kann, noch ausschließbar ist, dass (sich) Eigenes und Fremdes trotz Unterscheidbarkeit auch verkehren können. Aus dem Blickwinkel der Kategorienlehre müsste man sagen, dass Eigenwerte eigenschaftsfrei sind. Sie haben keine Qualität, keine Substanz, keine differentia specifica. Das heißt nicht, dass die Eigenwerte ohne Kategorien auskommen müssen. Sie verfügen nur über eine differentia divisa, einen nackten Unterschied, den man nicht leugnen, mit dem man sich aber auch nicht begnügen kann. Das Konzept des Eigenwertes hat insoweit eine Nähe zur beschriebenen neuen Epistemologie zeitgenössischer Verfassungstheorien. Wenn der Diskursraum abgegrenzt, seine Geometrie aber variabel ist, dann ist auch die Dialektik instabil. Wenn die Verfassungstheorie im Staatsgebiet keinen eigenen Raum, im Territorium keine geerdeten Grenzen, im Volk kein Selbstbewusstsein und in der Urkunde zwar

---

[116] *Luhmann* (Fn. 38), S. 63.
[117] Z.B. *Anna Bettina Kaiser*, Die Kommunikation der Verwaltung. Diskurse zu den Kommunikationsbeziehungen zwischen staatlicher Verwaltung und Privaten in der Verwaltungsrechtswissenschaft der Bundesrepublik Deutschland, Nomos, Baden-Baden 2009, S. 53.

eine erste Adresse, aber keine letzte Botschaft findet, dann ist auch die Dialektik instabil.[118] Weil Grenzen, Referenzen und Reproduzierbarkeiten unverzichtbar sind, richtet sie das Interesse auf die Schemata und Medien, die entsprechendes für den Diskurs bereit halten können.

III. Fazit

(1) Was ist zeitgenössische Verfassungstheorie, und welches Feld besetzt sie im Eigenwert der Verfassung? Mit der Verfassungstheorie steckt man im Dilemma der Eigenheiten, die an jeder Stelle des Verfassungsdiskurses ausgesondert und fürs Ganze vorkommen können. Wenn Eigenwert ein treffendes Schema und zeitgenössische Verfassungstheorie dafür reif ist, dann ist diese Theorie nicht das allgemeinste Wissen im Rechtsdiskurs. Verfassungstheorie übersteigt nicht die Kontingenz der konkreten Verfassungen, sondern tauscht sie gegen andere Kontingenz aus. Sie ist dann nicht das, mit dem man ansetzen kann, wenn alles andere nicht mehr weiter hilft, sie ist keine epistemische Ultima ratio. Verfassungstheorie erhebt besondere Generalisierungs- und engagierte Distanzierungsansprüche. Sie ist aber so kontingent wie der Diskurs, den sie beschreibt, und die Verfassung, auf die sie sich bezieht. Rechtserzeugung und Rechtserkenntnis lassen sich zwar weiter unterscheiden. Unterscheidungen sind graphische Operatoren, die weder unklar noch unscharf werden. Die Unterscheidungen werden aber reproduziert. Sie werden auch vervielfältigt und bekommen dabei iterative Strukturen, sie werden nicht identisch reproduziert. Der Unterschied zwischen Rechtserzeugung und Rechtserkenntnis kann dann auf der Ebene der Rechtserzeugung und auf der Ebene der Rechtserkenntnis vorkommen. Die Abschichtung zwischen Theorie, Dogmatik und Praxis wird dadurch verunsichert. Die Unterscheidungen können ihre Ursprünglichkeit verlieren, also den unberührten Ort, der ihnen voraus geht. Die Vorstellung, Verfassungstheorie sei der ausgezeichnete Ort der Reflexion, gerät durch die Vorstellung vom Eigenwert des Verfassungsrechts in das Dilemma der Eigenheiten und selbst auf die Scheide von Selbst- und Fremdreferenz. Die Verfassungstheorie hat dann an sich gar keinen Standort, sie befindet sich in der Diaspora. Sie ist dann nicht nur reflexiv, sondern exzentrisch reflexiv und kommt ohne feste Adresse überall und nirgends vor. Eine zeitgenössische Verfassungstheorie, dass unterscheidet sie etwa von der Verfassungstheorie, hat insofern keine exklusive Anbindung an das öffentliche Recht oder juristische Fakultäten, weil sie dann nicht nur die abstrakt wiederholte Verklammerung von Grundrechten und Staatsorganisation ist. In einem Sinne, der aus dieser Sicht auf die symbolische Ordnung des Rechts zielt, erfahren Grundrechte ihre Institutionalisierung

---

[118] Am Beispiel des methodischen Wechsels von reinen zu „unsauberen Trennungen" und zu einer „Theorie doppelter Verfassungsbegriffe": *Anne Peters*, Elemente einer Theorie der Verfassung Europas, Berlin 2001, S. 41.

weder vom Staat noch vom Leitsatz eines Verfassungsgerichtes.[119] Die Organisation des Politischen findet im Staat einen Trabanten, aber kein Zentrum. Und die Kultur, die als weitere Stätte des Normativen und Institutionellen fungiert, ist keine nationalstaatliche Kultur mehr. Es gibt Indizien des Zeitgenössischen. Von zeitgenössischer Verfassungstheorie könnte man aber nur in strukturellen und organisatorischen Veränderungen sprechen, in denen Disziplinen und Fakultäten ein weiteres Spiel eingehen und sich durch die perforierten Grenzen einer so disziplinierten wie fakultativ gefassten Verfassung transversale Projekte verstetigen.

(2) Zeitgenössische Verfassungstheorie ist ein epistemisches Kapillar, ohne Kapitalverfassung, aber voller Nebenverfassungen. Sie ist eine Art Echowissenschaft, der etwas voraus geht, auch wenn es nicht die eigene Unterscheidung ist. Die Aufgabe der zeitgenössischen Verfassungstheorie liegt darum in der Aufdeckung der Figurationen und Konfigurationen, in denen das Recht sich als symbolische Ordnung einrichtet, in dem es sich auf sein Anderes, was nicht ausschließlich die Politik, die Theologie, die Ökonomie oder das Individuum ist, einlässt. Weil es dabei nicht um eine direkte Fortführung von Rechtsquellenlehre jenseits des Staates, sondern um einen Blick auf die Institutionalisierung und ihr Echo geht, entwickelt die Verfassung hier eher die Funktion eines Relais, mit dem Recht so beobachtet werden kann, als ob es keines sei und mit dem Dinge, die nicht Recht sind, so beobachtet werden können, als ob sie es seien. Das Schema, das darin liegt, sollte dabei sowohl auf Expansion als auch auf Limitation der Zusammenführung setzen können. Jüngere Entwürfe setzen insofern auf Verfassungstheorie, als dass sie sich in der Weiterführung von Projekten zum Kollisionsrecht als eigenem transnationalen Kollisionsrecht entwickeln. Die Konflikte von Regimen, normativen Erwartungen, staatlichen Gesetzen und privaten Ordnungsbildungen markieren so das Feld der zeitgenössischen Verfassungstheorie. Als Nebenverfassung und Echo erscheinen einer unsteten Verfassungstheorie nicht bloß die unterschiedlichen Teile des Grundgesetzes, also etwa die Wehrverfassung mit ihrem Abweichungspotential. Als Nebenverfassung erscheint ihr nicht nur die Landesverfassungen, die Kommunalverfassungen und die Unternehmensverfassungen, die völkerrechtliche Nebenverfassung oder das Nebeneinander von Verfassungsentwicklung und Konstitutionalisierung. Als Nebenverfassung erscheinen der zeitgenössischen Verfassungstheorie verzweigte Netzwerke aus Ordnungsimpulsen, in denen sie ihre Stabilität einrichten muss, ohne zwar auf das reine Kristall einer reinen Verfassung der Verfassung bauen zu können. Mit dem Verzicht auf die eigene Kristallisation muss sie sich aber auch nicht auf das Phantasma einlassen, Theorie

---

[119] U.A. *Oliver Dörr*, Rechtsprechungskonkurrenz zwischen nationalen und europäischen Verfassungsgerichten, DVBl 2006, S. 1088–1097; *Christian Tomuschat*, The Effects of the Judgments of the European Court of Human Rights According to the German Constitutional Court, German Law Journal 11 (2010), S. 513–526, und *Corinna Coors*, Headwind from Europe: The New Position of the German Courts on Personality Rights after the Judgment of the European Court of Human Rights, German Law Journal 11 (2010), S. 527–538.

außerhalb der Gesellschaft zu sein.[120] Der Eigenwert liegt dann nicht in dem Versprechen, eine höhere und stabilere Rechtsschicht einzurichten und in abstrakteren, ‚zeitloseren‘ Sätzen zu fassen. Er liegt darin, die Reflexivität des Rechts in seiner Exzentrik zu institutionalisieren.

---

[120] *Karl-Heinz Ladeur*, Der Staat gegen die Gesellschaft. Zur Verteidigung der Rationalität der Privatrechtsgesellschaft, Tübingen 2006, S. 23–28.

Thomas Vesting

Ende der Verfassung?

Zur Notwendigkeit der Neubewertung der symbolischen Dimension der Verfassung in der Postmoderne

I. Die „Einheit" der Verfassung im Sog eines Pluralisierungsgeschehens – einige Beispiele

1. Situative Abwägung in der Grundrechtsdogmatik

(1) Das Verfassungsrecht wird seit längerem durch einen Pluralismus von als miteinander koordinations- und ausgleichsfähig geltenden „Verfassungsprinzipien" bestimmt, nicht aber mehr über hierarchische Vor- und Nachrangverhältnisse strukturiert, die ihrerseits fest in einer unwandelbaren „leitenden Idee" als Anfang aller Rechtserkenntnis fundiert sind. Das zeigt sich vielleicht am deutlichsten in der Grundrechtsdogmatik, wie sie sich in der Rechtsprechung des Bundesverfassungsgerichts durchgesetzt hat. Vor allem mit der Konstruktion von Grundrechtskollisionen und der sich daran anschließenden Notwendigkeit des „Ausgleichs" der kollidierenden Interessen geht ein ständiger Veränderungsprozess der Grenzen der Grundrechte einher, der die Konturierung von stabilen Erwartungen unterläuft: Die Grundrechtsanwendung wird nicht (mehr) an der Sicherung von relativ genau konturierten Schutzbereichen etwa der Freiheit oder des Eigentums orientiert, sondern an der interessengerechten Abwägung verschiedener Grundrechte,[1] die – qua „Realbereichsanalyse" – einen unmittelbaren Durchgriff auf die „Wirklichkeit" der „Situationen" der jeweiligen Fälle zu erlauben scheint. Die dabei unvermeidliche Dauervariation des Geltungsumfangs der Grundrechte wird in der Rechtsprechung des Bundesverfassungsgerichts noch verstärkt, wenn zu der bereits vorhandenen Abwägungskasuistik die Entdeckung immer neuer „ungeschriebener" Grundrechte oder neuartiger Schranken tritt und die scheinbar wirklichkeitsadäquate und interessengerechte

---

[1] Vgl. *Ricardo R. Campos*, Das internalisierte Außen in der Methodenlehre: Eine ökologische Betrachtung der Unterscheidung zwischen Auslegung und Rechtsfortbildung in der Moderne, unveröffentlichte Magisterarbeit Frankfurt/Main 2010; *Karl-Heinz Ladeur*, Kritik der Abwägung in der Grundrechtsdogmatik, 2004; *Matthias Jestaedt*, Grundrechtsentfaltung im Gesetz, 1999, 42 ff. Die Kritik der Kritik, wie man sie etwa bei *Wolfgang Kahl*, § 26 Grundrechte, in: Otto Depenheuer/ Christoph Grabenwarter (Hrsg.), Verfassungstheorie, 2010, 807 ff., 829 findet, lässt sich auf die Probleme der Abwägung erst gar nicht ein.

„Gruppierung" von „Situationen" noch weiter verschärft wird.[2] Im Sozialrecht, um nur ein Beispiel zu nennen, führt diese fallweise Konkretisierung des Verfassungsrechts – nach der Beobachtung von Friedhelm Hase – zu einer „Art Verflüssigung der Verfassungsnormativität" und schlägt sich damit „gerade in einem Rechtsgebiet, dessen Einrichtungen dem Leben des Einzelnen im unablässigen Wandel der Verhältnisse Sicherheit bieten sollen, auch in fatalen Effekten" nieder.[3]

Ralf Poscher hat diese Auflösung jeder Objektstabilität im Grundrechtsteil des Grundgesetzes jüngst in einem Kommentar zu Michael Pawliks Strafrechtswissenschaftstheorie[4] zur Tugend gemacht.[5] Er hält Pawlik einen idealistischen Systemanspruch bzw. eine zu „strenge Systemidee" kantischen Stils vor: Wie immer es sich mit der Erklärungskraft des Systembegriffs im Strafrecht verhalte, das Verfassungsrecht jedenfalls stehe „unter einer *Reihe* von Prinzipien".[6] Folglich wird das Systemdenken für das öffentliche Recht als nicht (mehr) einlösbar qualifiziert. Statt die Wissenschaftlichkeit des Verfassungsrechts in einer ohnehin nicht mehr kontrollierbaren Systembildung zu verankern, sei eine umfassende „Theorie der Methode der Rechtsanwendung" nötig, die dann auch eine „kleinteiligere" Systembildung integrieren könne, um in einer „Dogmatik" über den „Verweis auf Prinzipienkollisionen und Abwägungen" hinausgehen zu können.[7] So sehr der Vorschlag einer Umstellung des Systemdenkens auf eine sich nicht in situativen Abwägungen erschöpfende Methode der Rechtsanwendung diskutabel ist, so sehr zeigt Poschers Vorschlag doch auch, wie sehr im gegenwärtigen Verfassungsrecht eine Vielzahl offensichtlich wählbarer Perspektiven, Ideen, Bilder und Modelle von Verfassung an die Stelle *eines* in seinen Grundstrukturen revisionsresistenten Verfassungssystems getreten sind. Die situationsbezogene Abwägungsdogmatik der Grundrechte hat sich jedenfalls längst in den literarischen Betrieb hinein verlängert und sich dort eine weitere Stütze verschafft,

---

[2]   *Karl-Heinz Ladeur*, „Finding our text …": Der Aufstieg des Abwägungsdenkens als ein Phänomen der „sekundären Oralität" und die Wiedergewinnung der Textualität des Rechts in der Postmoderne, in: Ino Augsberg/Sophie-Charlotte Lenksi (Hrsg.), Die Innenwelt der Außenwelt der Innenwelt des Rechts, 2011 (i.E.) (im Anschluss an eine Terminologie von Walter Benjamin).

[3]   *Friedhelm Hase*, in diesem Band („Welche Erfordernisse sich aus dem Gleichheitssatz ergeben, unter welchen Voraussetzungen ein Vertrauensschutz anzuerkennen ist oder wie weit der Eigentumsschutz sozialer Rechtspositionen reicht, sei nicht generell, sondern nur in einer Abwägung anhand der Bedingungen des Einzelfalls festzustellen."); für die Schwankungsbreite, die der Abwägungspragmatismus etwa im Aktienrecht auslöst, vgl. nur *Peter O. Mülbert*, Grundsatz- und Praxisprobleme der Einwirkungen des Art. 14 GG auf das Aktienrecht in: Arbeitspapier des Instituts für deutsches und internationales Recht des Spar-, Giro- und Kreditwesens an der Johannes Gutenberg-Universität Mainz, 2010, 4f.

[4]   Vgl. *Michael Pawlik*, Strafrechtswissenschaftstheorie, in: ders./Rainer Zaczyk (Hrsg.), Festschrift für Günther Jakobs zum 70. Geburtstag, 2007, 469 ff.

[5]   *Ralf Poscher*, Am Fuße der Kathedrale. Von den Bedingungen, Grenzen und Kosten eines idealistischen Systemanspruchs an das Recht, in: Matthias Jestaedt/Oliver Lepsius (Hrsg.), Rechtswissenschaftstheorie, 2008, 105 ff.

[6]   *Poscher*, ebd., 111. Dort ist auch von einem „*Bündel* von Prinzipien und Grundsätzen" die Rede [Hervorhebungen von mir, T. V.].

[7]   *Poscher*, ebd.; ähnlich *ders.*, Theorie eines Phantoms, Rechtswissenschaft 4/2010, 349 ff., 372 (in einer Kritik an Robert Alexys Prinzipientheorie).

wie man vielleicht am deutlichsten in der gegenüber der Rechtsprechung des Bundesverfassungsgerichts weitgehend unkritischen Lehrbuchliteratur beobachten kann. Nimmt man diese als Indikator oder Seismographen für den Zustand des gegenwärtigen Verfassungsrechts, hat sich die „Einheit" der Verfassung offensichtlich in eine immer länger werdende und in die Zukunft hinein offene Sequenz von Fällen und Entscheidungen des Bundesverfassungsgerichts aufgelöst.[8] Das Denken der Verfassung als einer „Einheit", als eines in sich stabilen „zwingenden" Systems (der Vernunft), ist durch ein flüssiges System der Selbstorganisation von durch Rechtsprechungsberichte generierten Daten und Informationen über vergangene und neueste Rechtsprechungsereignisse abgelöst worden.

2. Transnationale Teilverfassungen (Verbraucherschutz, Finanzmärkte)

Vielleicht auch deshalb haben sich die grundsätzlicheren Diskussionen um die Zukunft der Verfassung stärker auf das transnationale Feld verlagert. In dieser Diskussion ist aber die Auffassung weit verbreitet, dass der moderne (liberale) Staat sein ehemaliges Monopol auf Verfassungsbildung bereits verloren habe, jedenfalls aber die Möglichkeit der Übertragung des Verfassungsbegriffs auf ganz unterschiedliche Institutionen und Rechtsphänomene im transnationalen Raum bestehe: europäische Verfassung, globaler Konstitutionalismus, Weltwirtschaftsverfassung etc. lauten hier die Stichworte.[9] Auch im transnationalen Feld ist es um die „Einheit" der Verfassung daher alles andere als gut bestellt. Anne Marie Slaughter hat im Kontext dieser Debatte die Metapher von einer „Disaggregation" des Staates bzw. der staatlichen Souveränität geprägt,[10] die die Implosion der Zentralisierung der Umweltkontakte an der Organisationsspitze des Staates abbilden soll und damit das Ende jeder „Einheit" der alten „unitarischen" Staatsverfassung. War die zwischenstaatliche Kommunikation in der glorreichen Zeit der souveränen Staatlichkeit auf diplomatische

---

[8] Eine Variante dieser Entwicklung scheint darin zu bestehen, das Verfassungsrecht wie ein in einer Geheimschrift geschriebenes Mysterium zu behandeln, die Verfassung in eine Art „constitutio duplex" umzuschreiben, die unter der Oberfläche der Körper ihrer Zeichen einen weiteren Text enthält, eine tiefere und vielfältigere Sinnschicht, zu der man dem Publikum überhaupt erst „Zugänge" eröffnen muss. Dann macht die Suche nach möglichst markanten Formeln und Wiedererkennungseffekten die Runde: Namen wie Elfes, Lüth, Mephisto und Caroline von Monaco oder Orte wie Brokdorf, Rastede, Kalkar und Lissabon. Von der „Einheit" der Verfassung bleibt dann die Gesamtheit der Namen und Orte, die an so oder so entschiedene Fälle erinnern, die aber möglicherweise, und möglicherweise mit genauso guten Gründen, auch genauso gut hätten anders entschieden werden können.

[9] Zur Diskussion einerseits (positiv) *Ulrich K. Preuß*, Disconnecting Constitutions from Statehood: Is Global Constitutionalism a Viable Concept?, in: Petra Dobner/Martin Loughlin (Hrsg.), The Twilight of Constitutionalism? Oxford 2010, 23 ff. m. w. N. und andererseits (negativ) *Rainer Wahl*, In Defence of „Constitution", im gleichen Werk, 220 ff.; viele weitere Hinweise zur Debatte bei *Gunther Teubner*, Ein konstitutioneller Moment? Die Logik des ‚hit the bottom', in: Klaus Günther/Stefan Kadelbach (Hrsg.) Recht ohne Staat 2011, i. E.

[10] Vgl. nur *Anne-Marie Slaughter*, A new world order, Princeton 2004, 14.

Kommunikation begrenzt, wird sie heute nicht zuletzt durch eine sich spontan und dezentral vollziehende Bildung transnationaler Regierungs-, Verwaltungs- und Rechtsprechungsnetzwerke erweitert. Daraus entsteht u. a. eine globale *community of courts*,[11] in der Gerichte und Streitschlichtungsinstitutionen aller Art sich wechselseitig beobachten und ihr Methodenarsenal erweitern. Im Grenzfall dehnt diese Dynamik den bei der Interpretation einer Verfassung zu berücksichtigenden Kontext um die „Werte" fremder Verfassungskulturen aus, so dass von einer genuin amerikanischen oder deutschen Verfassungskultur nur noch eingeschränkt gesprochen werden kann. Ein Beispiel dafür wäre etwa die neuere Diskussion über die Rezeption „ausländischen" Verfassungsrechts in den USA,[12] ein anderes die u. a. auch in Deutschland zu beobachtende Veränderung der Stellung des Rechts des „geistigen Eigentums", das im Zuge der Evolution des Internets stärkeren Schranken auf *fair use* unterworfen wird (*Google Book Settlement*).[13]

Gunther Teubner geht in seiner Kritik des staatszentrierten Verfassungsdenkens noch weiter.[14] Seiner Ansicht nach erleben wir momentan das Ende der „Einheit" der alten Staatsverfassung und den Auftritt von „Elementen einer Weltwirtschaftsverfassung, einer globalen Verfassung des Bildungs- und Wissenschaftssystems, einer politischen Globalverfassung oder von einer Digitalverfassung des Internet"[15]. Wir sind Zeugen einer spontanen und von keinem Zentrum aus geplanten und gesteuerten Bildung von Eigenverfassungen entlang der funktionalen Kommunikationsnetzwerke der Weltgesellschaft, etwa der Wirtschaft, des Sports, des Internets etc. Eine an solche Überlegungen anschließende neuere privatrechtstheoretische Studie spricht mit Blick auf die „spontane Konstitutionalisierung" von Verbraucherschutzrechten von einem transnationalen Konstitutionalismus als einer „hybriden Ordnung", die aus einer Kooperation und Kollaboration von staatlichen, wirtschaftlichen und zivilgesellschaftlichen Akteuren hervorgehe.[16] Diese neue Form der transnationalen Konstitutionalisierung soll oder ist bereits im Begriff, das Innenleben der neuen sozialen Körper jenseits des Staates bis in die feinsten Fältchen hinein zu erfassen. Teubners jüngstes Beispiel für diesen gesellschaftlichen Konstitutiona-

---

[11] Vgl. *Slaughter*, ebd., 65 ff.

[12] *Slaughter*, ebd., 66 f.

[13] Vgl. dazu nur *Olaf Sosnitza*, Google Book Search, Creative Commons und Open Access – Neue Formen der Wissensvermittlung in der digitalen Welt?, Rechtswissenschaft, 3/2010, 225 ff., 231 f.

[14] Vgl. *Teubner* (Fn. 9); *ders.*, Globale Zivilverfassungen. Alternativen zur staatszentrierten Verfassungstheorie, ZaöRV 63 (2003), 1 ff.; *ders.*, Die anonyme Matrix. Zu Menschenrechtsverletzungen durch „private" transnationale Akteure, Der Staat 45 (2006), 161 ff.; *ders./Andreas Fischer-Lescano*, Regime-Kollisionen. Zur Fragmentierung des globalen Rechts, 2006; kritisch *Dieter Grimm*, Gesellschaftlicher Konstitutionalismus – Eine Kompensation für den Bedeutungsschwund der Staatsverfassung?, in: Matthias Herdegen u. a. (Hrsg.), FS Herzog, 2009, 67 ff., 75 ff.; vgl. auch *Thomas Vesting*, Politische Verfassung? Der moderne (liberale) Verfassungsbegriff und seine systemtheoretische Rekonstruktion, in: Gralf-Peter Callies/Andreas Fischer-Lescano/Dan Wielsch/Peer Zumbansen (Hrsg.), Soziologische Jurisprudenz, FS Teubner, 2009, 609 ff.

[15] *Fischer-Lescano/Teubner* (Fn. 14), 56.

[16] *Gralf-Peter Callies/Peer Zumbansen*, Rough Consensus and Running Code. A Theory of Transnational Private Law, Oxford 2010, 168.

lismus ist der globale Finanzmarkt:[17] Das durch die Geschäftsbanken und das In-
vestment-Banking vorangetriebene unbegrenzte Wachstum von Geldmengen muss
und soll durch eine „interne Politisierung der ‚kapillaren Verfassung' der Wirtschaft"
limitiert werden. Die herkömmlichen Staatsverfassungen wie das Grundgesetz werden damit zu einem „Verfassungsregime" unter anderen, zu Verfassungsfragmenten
in einer Weltgesellschaft, die nur noch auf funktionaler Ebene zur Einheit kommt.
Die Einheit der alten Staatsverfassung löst sich auf in den dauernden Widerstreit von
Zivilverfassungen mit füreinander fremden Rationalitäten, in einen „clash of civil
constitutions", der durch ein neuartiges Kollisionsrecht abgespannt werden soll und
muss.[18]

3. Nationale Teilverfassungen (Rundfunk, Datenschutz)

Eine Dynamik der Auflösung der „Einheit" der Verfassung in ein Ensemble von
„Teilverfassungen", die eine Verfassungsfortbildung eher nach den internen Maßstäben der Teilverfassung betreiben, lässt sich aber auch im innerstaatlichen Recht seit
langem beobachten. Ein Beispiel für eine derartig autonome Teilverfassung ist die
Rundfunkverfassung. An die Stelle der Vorstellung einer homogenen liberalen Ho-
noratiorenöffentlichkeit ist hier schon in den 1960er Jahren die Vorstellung einer
pluralistischen Gruppenöffentlichkeit getreten: Ein mehr prozesshaft und prozedu-
ral denn substanziell gedachtes Grundrecht der Rundfunkfreiheit[19] gewährleistet die
durch Organisation umzusetzende Möglichkeit, dass alle gesellschaftlich relevanten
Gruppen „gleichgewichtig" im Rundfunkprogramm zu Wort kommen. Der massenmediale Kommunikationsraum, für den zunächst die Presse und dann das Programmfernsehen als paradigmatisch angesehen worden ist, wird dabei insgesamt
politik- und staatszentriert gedacht: Es wird unterstellt, dass die innere Welt der Einzelnen durch die Zugehörigkeit zu einer aus Parteien und Verbänden und deren Milieus geprägten Gruppenöffentlichkeit bestimmt wird. In diesen „Sinn-Provinzen"
findet eine Vorsortierung von „Themen" statt, die qua Gruppenrepräsentation in die
öffentlich-rechtliche Rundfunkanstalt hineingetragen werden und dort den Mög-
lichkeitsraum der anstaltsinternen Programmplanung vorstrukturieren. Als gesen-
detes Programm übernimmt der Rundfunk dann seinerseits eine wichtige Voraussetzung im Prozess der Strukturierung von Themen politischer Relevanz und leistet
damit selbst einen Beitrag zur „Einheit" der Verfassung.[20]

---

[17] *Teubner* (Fn. 9).

[18] *Fischer-Lescano/Teubner* (Fn. 14), 57 ff., 170 f.

[19] Vgl. *Karl-Heinz Ladeur*, Die „objektiv-rechtliche Dimension der Rundfunkfreiheit" – eine
grundrechtliche Anomalie?, in Heiko Faber/Götz Frank (Hrsg.), Demokratie in Staat und Wirtschaft, FS Stein, 2002, 67 ff.; 70 ff. vgl. auch *Thomas Vesting*, Prozedurales Rundfunkrecht. Grundlagen – Elemente -Perspektiven, 1997, 135 ff.

[20] Vgl. dazu und zu den damit einhergehenden Idealisierungen *Karl-Heinz Ladeur*, Medienrecht
und die Ökonomie der Aufmerksamkeit, 2007, 120 f.; *Thomas Vesting*, Der Medienbruch. Zur Zukunft der Vielfaltssicherung im Zeitalter der Internet-Kommunikation, Funkkorrespondenz 30

Auch der Datenschutz hat inzwischen teilverfassungsrechtliche Konturen entwickelt. Hier ist im Zuge der Evolution des Computers und der durch ihn möglich gewordenen Komplexitätszunahme elektronischer Datenverarbeitungssysteme in Großorganisationen aller Art (Verwaltung, Unternehmen etc.) ein Grundrecht auf „informationelle Selbstbestimmung" geschaffen worden,[21] das, vergleichbar mit dem Grundrecht auf freie Meinungsbildung im Rundfunkrecht, die Teilverfassung des Datenschutzes zunächst mit Blick auf die Sammlung von Daten und Informationen durch staatliche Stellen in einem „ungeschriebenen" Grundrecht zu fundieren sucht. Während im Rundfunkverfassungsrecht aber zumindest in der Anfangsphase des öffentlich-rechtlichen Rundfunkmonopols ein klares und durchaus stimmiges Bild über die Struktur des Gruppenrundfunks bestand, ist schon das dem Volkszählungsurteil zugrunde liegende Schutzkonzept der „informationellen Selbstbestimmung" durch eine Unklarheit oder „Brüchigkeit" gekennzeichnet,[22] die mit der dort nicht bewältigten genuin kommunikativen Natur von Informationsprozessen zu tun hat: Daten werden einerseits der Selbstbestimmung und Verfügung des Individuums zugeordnet, andererseits aber als soziales Phänomen angesehen. Diese Unsicherheit in der Grundrechtskonstruktion hängt auch damit zusammen, dass die grundrechtliche Verankerung der datenschutzrechtlichen Teilverfassung als Ausfluss des allgemeinen Persönlichkeitsrechts interpretiert wird; beide Grundrechte werden dann zusammen vielfach im Sinne einer Extension von Rechten auf individuelle Selbstverfügung und damit letztlich als im Ausgangspunkt individuelle Abwehrrechte gedeutet (Recht am eigenen Datum, Bild etc.).[23] Diese Brüchigkeit im Zentrum der datenschutzrechtlichen Teilverfassung hat sich auch in die Diskussion um das neue Computergrundrecht hinein fortgesetzt: Während etwa Wolfgang Hoffmann-Riem die subjektiv-rechtliche Konturierung des neuen Grundrechts akzentuiert,[24] scheint

---

(2010), 35 ff. Das Programmfernsehen ist im übrigen ein gutes Beispiel für das, was *Jean-Claude Kaufmann*, Die Erfindung des Ich, 2005, 68 – im Anschluss an François Dubet – ein „institutionelles Programm" der „ersten Moderne" nennt, d. h. eine Beziehung, in der es dem Staat gelang, die Individuen über eine soziale Rolle zu erreichen und „soziale Figuren" wie z. B. die vielfältigen „Verbandsfunktionäre" herzustellen, soziale Figuren, die heute allerdings eher anachronistisch anmuten.

[21] BVerfGE 65, 1, 43; dazu und zum Kontext *Cornelia Vismann*, Akten. Medientechnik und Recht, 2000, 303 f.

[22] *Wolfgang Hoffmann-Riem*, Informationelle Selbstbestimmung in der Informationsgesellschaft. Auf dem Wege zu einem neuen Konzept des Datenschutzes, AöR 123 (1998), 513, 514 f.; *Karl-Heinz Ladeur*, Das Recht auf informationelle Selbstbestimmung: Eine juristische Fehlkonstruktion?, DöV 2009, 45 ff., 47.; *Hans-Peter Bull*, Informationelle Selbstbestimmung – Vision oder Illusion? Datenschutz im Spannungsverhältnis von Freiheit und Sicherheit, 2009.

[23] So etwa *Marion Albers*, Umgang mit personenbezogenen Informationen und Daten, in: Wolfgang Hoffmann-Riem/Eberhard Schmidt-Aßmann/Andreas Voßkuhle (Hrsg.), Grundlagen des Verwaltungsrechts II, 2008, § 22 Rn. 58; vgl. auch *Gabriele Britz*, Informationelle Selbstbestimmung, in: *Wolfgang Hoffmann-Riem*, Offene Rechtswissenschaft, 2010, 561 ff., 581 ff. (die Abwehrrecht und Schutzverpflichtung miteinander kombinieren will).

[24] Vgl. nur *Wolfgang Hoffmann-Riem*, Der grundrechtliche Schutz der Vertraulichkeit und Integrität eigengenutzter informationstechnischer Systeme, in: Offene Rechtswissenschaft (Fn. 23), 526 ff., 534 (Fn. 34), 540 ff.

dieses bei genauerer Betrachtung doch eher auf eine objektiv-rechtliche Konturierung des Rechts auf „informationelle Selbstbestimmung" als „Schutz des Assoziati-
onszusammenhangs zwischen Nutzer und informationstechnischem System vor
heimlichen Eingriffen Dritter" hinauszulaufen.[25]

Wie immer man die Entwicklung des Datenschutzrechts im Einzelnen bewerten
mag, es lässt sich kaum bestreiten, dass sich auch im Bereich des Datenschutzes eine
durch Verfassungsrecht, Gesetzgebung und Verwaltung (Datenschutzbeauftragte)
vorangetriebene Verfassungsfortbildung beobachten lässt, die nach den internen
Maßstäben der Teilverfassung betrieben wird, um die herum die Erwartungen der
involvierten Akteure konvergieren. Diese Liste von innerstaatlichen Teilverfassungen
ließe sich leicht fortsetzen. Auch im Wissenschaftsrecht wird seit langem die Eigenständigkeit und besondere Geschlossenheit der Wissenschaftsverfassung auch unter
Verwendung systemtheoretischen Vokabulars gegenüber älteren eher ontologischen
Beschreibungen akzentuiert, die die Wissenschaft noch als rechtsexterne „Seinsgegebenheit" charakterisiert hatten.[26] Das adäquate Recht der Teilverfassung firmiert
dann als ein spezifisches Teilverfassungsrecht, als „Folgeverfassung", wie beispielsweise auch im Finanzverfassungsrecht.[27] Regelmäßig kommt es dabei zu einer neuartigen horizontalen Verknüpfung mit europäischem Recht, Völkerrecht und transnationalen Rechtsschichten: Die außerstaatlichen Normenbestände werden in den
staatlichen Teilverfassungen rezipiert und diese ihrerseits durch nicht-staatliches
Recht angereichert, wie u. a. auch im Umweltrecht, wo die innerstaatliche Teilverfassung neben ihrer „Ordnungsfunktion" dann die Aufgabe einer neuartigen „Vermitt-
lungsfunktion" von nationalstaatlichen und supranationalen Rechtsschichten zugewiesen bekommt.[28]

II. Zur symbolischen Einheit der Verfassung

1. Fragmentierung und Instabilität als Merkmale der postmodernen Gegenwartsverfassung

Diese Schlaglichter auf einige Verfassungsrechtsentwicklungen und einige Themen
der neueren Verfassungsdiskussion zeigen, dass die Verfassung des Grundgesetzes

---

[25] Vgl. *Vaios Karavas*, Grundrechtsschutz im Web 2.0. Ein Beitrag zur Verankerung des Grundrechtsschutzes in einer Epistemologie hybrider Assoziation zwischen Mensch und Computer, in:
Christoph Bieber/Martin Eifert/Thomas Groß/Jörn Lamla (Hrsg.), Soziale Netze in der digitalen
Welt. Das Internet zwischen egalitärer Teilhabe und ökonomischer Macht, 2009, 299 ff., 318; vgl.
auch *Ladeur* (Fn. 22), 45 ff., 54 f.

[26] Vgl. *Ino Augsberg* in diesem Band m. w. N.; vgl. auch *Christoph Enders*, Die Freiheit der Wissenschaft im System der Grundrechtsgewährleistungen, in: Hans-Georg Babke (Hrsg.), Wissenschaftsfreiheit, 2010, 153 ff., 165 f.

[27] *Stefan Korioth* in diesem Band.

[28] Dazu *Ivo Appel* in diesem Band am Beispiel der Umweltverfassung.

sowohl von innen wie von außen in den Sog eines Pluralisierungsgeschehens geraten
ist. So wie einerseits ein horizontaler Prinzipienpluralismus, kontextgebundene Ab-
wägungsformeln, die Schaffung immer neuer „Grundrechtsgehalte" durch ein über
die herkömmliche Vorstellung lückenfüllender Rechtsfortbildung hinausgehendes
Richterrecht die Entstehung von Teilverfassungen mit befeuert haben, treibt der
weltweite gesellschaftliche Wandel andererseits ein neuartiges Zusammenspiel von
sich überlappenden „Verfassungsrechtskreisen" voran, die Heraufkunft eines „inter-
legalen" Netzwerks aus staatlichem Verfassungsrecht, lokalen Teilverfassungsrechten,
europäischem Verfassungsrecht und transnationalem Konstitutionalismus. Auch
wenn man über den einen oder anderen Punkt dieses Ausgangszenarios sicherlich
geteilter Meinung sein kann, führt doch wohl kein Weg an der Einsicht vorbei, dass
die herkömmliche Selbstbeschreibung der Verfassung als einer an den territorialen
Nationalstaat gebundenen „Einheit" durch diese Entwicklungen herausgefordert
wird, ja dass diese Entwicklung dazu zwingt, die Beschreibung der Verfassung für
ein höheres Maß an „Disaggregation", an Fragmentierung und Instabilität, zu öffnen.[29] Das macht jede Verfassungstheorie auf der Höhe der Zeit zu einer nicht gerade
einfachen Angelegenheit. Ja, wenn die postmoderne Gegenwartsverfassung mit Ad-
jektiven wie zersplittert, zerstreut, fragmentiert, diskontinuierlich usw. einigermaßen treffend beschrieben ist, stellt sich umso mehr das Problem, ob die Frage nach
der „Einheit" der Verfassung für das Schreiben, Sprechen und Denken *über* die Verfassung überhaupt noch sinnvoll ist – oder der Einheitsbegriff für die postmoderne
Gegenwartsverfassung nicht ganz aufgegeben werden sollte.

Im Folgenden soll vor diesem Hintergrund der Versuch unternommen werden,
die Frage nach der „Einheit" der Verfassung neu zu stellen und diese Frage stärker auf
die Ebene der symbolischen Dimension der Verfassung, der Einbettung der Verfassung in einen „kulturellen Text",[30] zu verschieben. Auch wenn davon auszugehen ist,

---

[29] Gunther Teubner spricht in einem neueren Aufsatz von „fragmented foundations". Vgl. *Gunther Teubner*, Fragmented Foundations: Societal Constitutionalism Beyond the Nation State, in:
Petra Dobner/Martin Loughlin (Hrsg.), The Twilight of Constitutionalism?, 2010, 327 ff.

[30] Zu einem weiten Konzept des „kulturellen Textes", der auf das bewahrenswerte kognitive und
praktische Wissen zielt, auf Äußerungen von „gesteigerter Verbindlichkeit" und darin auch die ungeschriebene Verfassung der Gesellschaft einbezieht, vgl. etwa *Jan Assmann*, Religion und kulturelles Gedächtnis 2000, 124 ff., 127; auch *Slavoj Žižek*, Lacan, 2008, 18, spricht in einem solchen
weiten Sinn von der „symbolischen Ordnung", während das Symbolische bei Lacan selbst – wie
Assmanns Textbegriff – Schrift voraussetzt; denn erst die Schrift setzt das Ich in der Kommunikation einem unbekannten Gesicht aus (E. Jabès) und ermöglicht damit – psychoanalytisch gesehen
– den Übergang vom Imaginären zum Symbolischen. Der Signifikant Lacans dürfte jedenfalls, im
Unterschied zu F. de Saussure, die Trennung von *langue* und *écriture* eher aufheben. Zu dieser bis
heute recht unbeleuchteten Problematik der medialen Verfassung des Signifikanten vgl. etwa *Wolfgang Welsch*, Vernunft. Die zeitgenössische Vernunftkritik und das Konzept der transversalen Vernunft, 1996, 284; und *Christian Stetter*, Schrift und Sprache, 1997, 120. Bei *Cornelius Castoriadis*,
Gesellschaft als imaginäre Institution. Entwurf einer politischen Philosophie, 1990, 399, werden
das „Imaginäre" und das „Symbolische" dagegen mehr oder weniger gleichgesetzt („Das Symbolische entspricht in Wirklichkeit einer Komponente bestimmter gesellschaftlich imaginierter Bedeutungen, nämlich dem Aspekt ihrer instituierten Normativität.").

dass für das Verfassungsdenken die Frage nach der „Einheit" der Verfassung in gewisser Weise gar nicht umgangen werden kann, geht es hier nicht um den Versuch einer Wiederherstellung kantischen und/oder rechtspositivistischen Systemdenkens. Ralf Poscher ist in seiner Kritik an jeglichen Wiederbelebungsversuchen des hierarchischen Systemdenkens des 18. und 19. Jahrhunderts unbedingt zuzustimmen: Die Tage öffentlich-rechtlicher Systembildung, die alle Komponenten mit einer „leitenden Idee" vermittelt und alles Wissen in ein homogenes Erkenntnissubjekt zurückführt,[31] liegen hinter uns, so elegant, perfekt und schön diese Systementwürfe auch einmal gewesen sein mögen. Deshalb stehen im Folgenden nicht Versuche der Wiederherstellung einer Konzeption der „Einheit" der Verfassung als *Substanz* im Vordergrund, die Suche nach „kollektiver Identität" und „existentieller Einheit", auch nicht in der Variante „politischer Einheitsbildung", die aus der „vorausgesetzten" eine „aufgegebene" Einheit macht.[32] An diese letztlich ontologischen Konzepte, die noch das Verfassungsdenken der Weimarer Zeit und der frühen Bundesrepublik bestimmt haben, kann heute nicht mehr oder nur noch in sehr eingeschränktem Maße angeschlossen werden: Die Suche nach substantiellen Letztbegründungen und letztfundierenden revisionsresistenten Prinzipien in den juristischen „Nachbarwissenschaften" ist spätestens seit den achtziger Jahren des letzten Jahrhunderts eingestellt worden, und an der damit einhergehenden Einsicht in den Bedeutungszuwachs historischer Kontingenz, metaphysischer Grundlosigkeit und nicht-hintergehbarer Ungewissheit muss sich heute jede Verfassungstheorie orientieren.[33] Diese Neuorientierung will aber keineswegs ein „Ende" der Verfassung ausrufen, sondern eher auf einen grundlegenden „Wandel" der Verfassung hinweisen: Aufgrund ihres notwendigerweise hybriden, Recht, Politik, Gesellschaft und Kultur miteinander verschleifenden Charakters ist die Verfassung an einen soziohistorischen Kontext gebunden, dessen symbolische Dimension in der Vergangenheit durch Medien wie Schrift und Buchdruck bestimmt wurde und heute mehr und mehr durch ein „Überschreiben" und „Umschreiben" dieser Traditionsbestände im Zuge der Evolution elektronischer Netzwerke bestimmt wird. Die Frage nach der „Einheit" der Verfassung verschiebt

---

[31] *Poscher* (Fn. 5), 105.

[32] Zu Letzterem *Uwe Volkmann*, in diesem Band; *Konrad Hesse*, Grundzüge des Verfassungsrechts, 1999, Rn. 5 ff.; zur Kritik dieser Tradition vgl. *Thomas Vesting*, Politische Einheitsbildung und technische Realisation. Über die Expansion der Technik und die Grenzen der Demokratie, 1990.

[33] Vgl. aus Sicht der politischen Theorie jüngst etwa *Oliver Machart*, Die politische Differenz. Zum Denken des Politischen bei Nancy, Lefort, Badiou, Laclau und Agamben, 2010, 74 ff. (dessen „demokratische" Lösung man allerdings nicht unbedingt teilen muss); aus rechtstheoretischer Sicht vgl. nur *Ino Augsberg*, Die Lesbarkeit des Rechts, 2009, 118 f.; *Gunther Teubner*, Der Umgang mit Rechtsparadoxien: Derrida, Luhmann, Wiethölter, in: Christian Joerges/ders. (Hrsg.), Rechtsverfassungsrecht, 2003, 25 ff.; *Niklas Luhmann*, Das Recht der Gesellschaft, 1993, 383; *Karl-Heinz Ladeur*, Postmoderne Rechtstheorie. Selbstreferenz – Selbstorganisation – Proceduralisierung, 1992, 213; für das Verwaltungsrecht vgl. *B. Wollenschläger*, Wissensgenerierung im Verfahren, 2009; für das Verfassungsrecht und die Notwendigkeit seiner Einbettung in einen praktisch wirksamen Prozess der Erzeugung von Verbindlichkeit *Rainer Wahl*, in diesem Band.

sich dann zur Frage der Reproduktion dieser Einheit durch je spezifische Medien
und ihre „Konstellationen", die auch das gemeinsame Wissen und die verschiedenen
Wissenstypen, die „soziale Epistemologie" der Verfassung und die dem Verfassungsrecht zugrundeliegenden Wissenspraktiken,[34] beeinflussen.

2. Symbolische Einheit

Das Syntagma der „symbolischen Einheit" soll vor allem Platz für die Annahme
eines eigenständigen Raums symbolischer Verfassungsrealität schaffen, der zwar mit
der Fluidität und Heterogenität der Verfassungswirklichkeit der postmodernen Gegenwartsverfassung vermittelt ist, aber nicht mit dieser gleichgesetzt werden darf.
Eine postmoderne Verfassungstheorie[35] muss sich dessen bewusst sein, „daß sie keine Welt der Dinge, sondern eine der Zeichen entwirft, daß ihr eine gewisse Intransparenz wesentlich ist."[36] Aber bei aller Intransparenz gegenüber der Welt der Dinge
muss diese Zeichenwelt umweltadäquat sein, sie muss sich in anderen Zeichenwelten
informieren und ihre Erkenntnisse mit diesen abgleichen, und dabei kann sich die
Verfassungstheorie in einem ersten Schritt an neueren Entwicklungen der Soziologie, Anthropologie und Kulturtheorie orientieren. Im Feld der Soziologie und Anthropologie hat Jean-Claude Kaufmann in den beiden letzten Jahrzehnten in verschiedenen Büchern gezeigt (allerdings nicht nur er), dass das postmoderne Individuum nichts Einheitliches und Stabiles ist, sondern eine labile prozesshafte Figur, an
der laufend gearbeitet wird und zu der konstitutiv der „persönliche Glauben an die
eigene Einheit" gehört.[37] „Das Individuum muss unablässig die Bruchstücke eines
zersplitterten Selbst wieder zusammenfügen oder sich wenigstens von seiner Einheit
überzeugen, an sich selbst als eine Totalität glauben und zugleich parallel dazu an
dieser Totalität arbeiten, da sie nur selten und unvollkommen realisiert wird."[38] Die
Einheit des Selbst ist keine fixe Gegebenheit, sondern eher Produkt des Prozessierens
eines fragilen Gleichgewichts. Dies kann das Selbst aber nicht ohne die Verankerung
in Institutionen. Zu ihnen gehören „eine persönliche Mikrokultur" und nicht zuletzt
ein in Gewohnheiten und Habitus sedimentiertes implizites Wissen, das dem Selbst
unter dem Druck der Ereignisse eine Richtung gibt. Der Begriff, „Richtung" (fr.

---

[34] *Sybille Krämer*, Medium, Bote, Übertragung. Kleine Metaphysik der Medialität, 2008, 257;
vgl. dazu auch allg. *Indra Spiecker gen. Döhmann*, Wissensverarbeitung im Öffentlichen Recht,
Rechtswissenschaft 1/2010, 247 ff. (die allerdings die Kehrseite des Wissens, das Nicht-Wissen, m. E.
zu wenig akzentuiert).

[35] Vgl. *Karl-Heinz Ladeur*, Postmodere Verfassungstheorie, in: Ulrich K. Preuß (Hrsg.), Zum
Begriff der Verfassung. Die Ordnung des Politischen, 1994, 304 ff.

[36] *David E. Wellbery*, Schopenhauers Bedeutung für die moderne Literatur, 1998, 57.

[37] *Jean-Claude Kaufmann*, Wenn Ich ein anderer ist, 2010, 19, 21 (Zitat).

[38] *Kaufmann*, ebd., 38; *ders.*, Die Erfindung des Ich. Eine Theorie der Identität, 2005, 59; vgl.
auch *Alain Ehrenberg*, Das erschöpfte Selbst. Depression und Gesellschaft in der Gegenwart, 2004;
vgl. auch *Rainer Paris*, Das zersplitterte Ich. Zu Jean-Claude Kaufmanns Identitätstheorie, Merkur
2010, 718 ff.

sens), den Kaufmann verwendet und der im Französischen zugleich „Sinn" bedeutet, spielt als „Richtungssinn" nicht zufällig eine zentrale Rolle in der Kultur- und Gedächtnistheorie Jan Assmanns.[39] Wie das Individuum in Kaufmanns Soziologie und Anthropologie keinen Halt ohne habitualisierte und lebensweltlich verankerte Gewohnheiten, ohne „inkorporierte Schemata",[40] gewinnt, geht Assmann von der Unterstellung aus, dass auch Gesellschaften auf der kollektiven Ebene einen kulturellen Richtungssinn in Form von „formativen" und „normativen" Texten ausbilden müssen,[41] von Texten, die einen verbindlichen Wissensbestand dokumentieren und in entsprechenden Lebenspraktiken reproduziert werden müssen. In diese kulturellen Texte, wie sie die frühen Schriftkulturen des Alten Orients etwa in Form von Weisheitsliteratur gekannt haben und die moderne Buchdruckkultur in Form „großer Literatur", wird ein von den Menschen zwar nicht unabhängiges, aber ihnen gegenüber doch vorgängiges und von ihrer Endlichkeit getrenntes gemeinsames Wissen eingetragen, das Jan Assmann „kulturelles Gedächtnis" nennt.[42] Damit ist die Speicherung eines geteilten Wissens über die Welt in kognitiver und praktischer Hinsicht gemeint, das in kulturellen Texten wie Kulturlandschaften, Mythen, Bauwerken, Schriften, Bildern, Monumenten, Dingen, Urkunden usw. gespeichert ist und das in seiner Verbindlichkeit den Einzelnen wie den menschlichen Kollektiven erst Orientierung in einer disparaten, fragmentierten und in sich diskontinuierlichen Welt ermöglicht.

Die symbolische Dimension der Verfassung wäre dann als Notwendigkeit eines kollektiv geteilten Glaubens an die „Einheit" der Verfassung zu bestimmen, an die Vorstellung der Verfassung als eines gemeinsamen Bandes, das sich artikulieren und in Szene setzen muss. Die Theoriesprache spricht hier ganz gezielt im Modus eines „als ob". Sie versucht, die „Einheit" der Verfassung als Produkt einer „imaginären Fabrikation" zu fassen,[43] die einen bestimmten Platz im kulturellen Raum besetzt und die „fiktionale Realität" der Einheit der Verfassung anwesend macht. Die „fiktionale Realität" der Einheit der Verfassung ist freilich nicht dasselbe wie die „fiktionale Realität" eines postmodernen Romans, man denke beispielweise an das von Marihuana-Rauchschwaden eingenebelte Kalifornien in Thomas Pynchons Roman *Inherent Vice*; und das „als ob" der „Einheit" der Verfassung ist auch mehr als eine beliebige Fiktion und auch etwas anderes als eine an unmittelbaren Nützlichkeitser-

---

[39] Vgl. nur *Jan Assmann*, Ma'at. Gerechtigkeit und Unsterblichkeit im Alten Ägypten, 1990, 15, 163 (dort am Beispiel der altägyptischen Ma'at-Formel, deren etymologische Grundbedeutung auf so etwas hinausläuft wie „den Dingen eine richtige Richtung geben").

[40] *Kaufmann* (Fn. 37), 28; *ders.* (Fn. 38), 63; vgl. dazu auch instruktiv *Peter Sloterdijk*, Du musst dein Leben ändern. Über Anthropotechnik, 2009, 276 ff.

[41] *Assmann* (Fn. 30), 53, 124 ff., 134.

[42] *Jan Assmann*, Thomas Mann und Ägypten. Mythos und Monotheismus in den Josephsromanen, 2006, 69 f.; *ders.* (Fn. 30), 11 ff.; *ders.*, Das kulturelle Gedächtnis. Schrift, Erinnerung und politische Identität in frühen Hochkulturen, 1992, 48 ff.

[43] Vgl. *Albrecht Koschorke u. a.*, Der fiktive Staat. Konstruktionen des politischen Körpers in der Geschichte Europas, 2007, 55 (Zitat), 60 f.; vgl. auch *Günter Frankenberg*, Staatstechnik – Perspektiven auf Rechtsstaat und Ausnahmezustand, 2010, 53 ff.

wägungen orientierte Fiktion im Gefolge der römisch-rechtlichen *fictio iuris*. Man könnte im Anschluss an eine Bemerkung von Jacques Derrida über den gleichzeitigen Ursprung des Gesetzes *und* der Literatur von einer „unvermeidlichen" und „unvergesslichen" Erzählung sprechen[44] oder von einer Geschichte über die „Einheit" der Verfassung, die gepflegt und bewahrt werden *muss*. So wie das Individuum sich unablässig von seiner Einheit überzeugen muss (auch wenn sie immer nur unvollkommen realisiert wird) und so wie eine Familie ihre Einheit und Identität in Geschichten über die Vorfahren im Hin und Her der Ereignisse pflegen muss (auch wenn es „Versager" gibt), ist auch die Verfassung auf eine „narrative Identität" im Sinne von Paul Ricœur angewiesen,[45] auf ein provisorisches, sich in der Zeit veränderndes Zentrum, eine „Fabelkomposition", auf die ihre zerstreuten und zersplitterten Institutionen hin bezogen werden können. Weil die Verfassung allerdings auf einer sehr viel höheren Ebene der Allgemeinheit aggregiert ist als das Allgemeine einer Familie oder einer Person und die Schrift als „Urkunde" oder „Gründungsdokument" Träger ihrer Verbindlichkeit ist,[46] ist die symbolische Dimension der Verfassung für die sinnliche Anschauung und Erfahrung sehr viel schwerer greifbar als die einer leibhaftigen Person oder einer Familiengenealogie, die in Mutter, Vater, Großeltern, Urgroßeltern usw. ebenfalls körperlich personifiziert ist. Und gerade weil eine liberale demokratische Verfassung wie das Grundgesetz den „Platz der Autorität" deshalb „leer lassen muss",[47] ist die ständige „Arbeit" an den Institutionen der Verfassung, die den diskontinuierlichen und zentrifugalen Kräften der Gegenwart einen „Richtungssinn" geben und diesen Sinn an eine Praxis re-delegieren, unverzichtbar. Wie das postmoderne Individuum seine schwammige Unbeständigkeit in einem Narrativ über seine Identität stabilisieren muss, dem Glauben an sich selbst, ist die Verfassung auf kollektive Praxisformen angewiesen, die den *Glauben* an die Einheit der Verfassung in eine fortwährende „Arbeit" an ihrer fragmentierten „Einheit" und „Identität" ummünzen, auch wenn diese Einheit in realiter brüchig und latent und damit gewissermaßen eine tragende Figur im Verborgenen bleiben muss. Systemtheoretisch gewendet: Die Selbstbeschreibung der Verfassung als „Einheit" macht diese Selbstbeschreibung aufgrund ihre „retroaktiven Effekte" zu einem „evolutionär bedeutsamen Faktor", indem sie die „autopoietische Operativität" der Verfassung mit erzeugt.[48]

---

[44] *Jacques Derrida*, Préjugés. Vor dem Gesetz, Wien 2005, 56 f.

[45] *Kaufmann* (Fn. 37), 39; *Paul Ricœur*, Das Selbst als ein Anderer, 1996, 168; vgl. auch *Jens Mattern*, Zwischen kultureller Symbolik und allgemeiner Wahrheit, 2008, 74, 83, 133.

[46] Für Frankreich vgl. *Frankenberg* (Fn. 43), 56; *Koschorke* (Fn. 43), 241, 248; für Amerika *Mitchell Meltzer*, Secular Revelations. The Constitution of the United States and classic American literature, Cambridge (Mass.) 2005, 51; *Ethan M. Katsh*, The electronic media and the transformation of law, New York 1989, 266 ff.; vgl. auch *Uwe Volkmann* und *Fabian Steinhauer* in diesem Band.

[47] *Koschorke u. a.* (Fn. 43), 251; *Augsberg* (Fn. 33), 119; *Karl-Heinz Ladeur*, Negative Freiheitsrechte und gesellschaftliche Selbstorganisation. Die Erzeugung von Sozialkapital durch Institutionen, 2000, 166; zu Claude Leforts politischer Philosophie, die hinter diesen Zitaten steht, vgl. näher *Machart* (Fn. 33), 118 ff., 132 ff.

[48] In Anlehnung an *Urs Stäheli*, Die Nachträglichkeit der Semantik. Zum Verhältnis von Sozial-

Diese ganz eigentümliche (und hier nur grob beschriebene) „Fabelkomposition" der symbolischen Einheit der Verfassung, die Schaffung einer „narrativen Identität", steht auch der verfassunggebenden Gewalt nicht einfach zur Verfügung. Die Lehre von der verfassunggebenden Gewalt, die seit Sieyès *pouvoir constituant* und *pouvoir constitués* unterscheidet,[49] trifft trotz aller Engführung der Verfassungstheorie auf den Machtbegriff doch insofern einen richtigen Aspekt, als das Problem des Anfangs der Verfassung gerade von der postmodernen Verfassungstheorie nicht verdrängt werden darf. Das Setzen des Anfangs der Verfassung im Akt der Verfassunggebung, der gründenden „rechtschöpferischen" Gewalt, kann durchaus wie ein „Ereignis" gelesen werden, als ein Geschehen, dem etwas Einmaliges, Einzigartiges, Zufälliges anhaftet, als Einbruch des Außer-Ordentlichen in eine gegebene Ordnung. Mit der Verfassunggebung mag deshalb hier und dort ein Element „reiner" Gewalttätigkeit im Sinne von Walter Benjamin einhergehen, aber entscheidend ist, dass die Verfassung in ihrer symbolischen Dimension nicht in ihrem Gründungsereignis aufgeht, sondern unauflöslich an „Retrofiktionen" gebunden ist, an einen, wie es auch in der neueren Erzählforschung heißt, retroaktiven Prozess der Sinnstiftung,[50] der die im Anfang der Verfassung liegende Ungewissheit und Unentscheidbarkeit binden muss.[51] Auch die Dynamik der retroaktiven Sinnstiftung ist eng mit Schrift und Buchdruck verknüpft. Denn erst unter den Bedingungen der Schriftlichkeit gilt, was Boris Groys in seiner Phänomenologie der Medien über die Relativität der subjektiven Rolle des Autors gesagt hat. „Die Zukunft gehört dem Leser."[52] Von hier aus gesehen ist die Lehre vom *pouvoir constituant* als einheitsstiftender Gewalt der Verfassung nichts anderes als ein selbsterzeugter Mythos einer bereits ins-Werk-gesetzten Verfassung. Die symbolische „Gewalt" geht hier der realen Gewalt voraus. Die Verfassung ist wie das Recht selbst zuerst ein von Medien getragenes Sinnsystem („system of meaning") und erst danach ein auch möglicher Ort der Auferlegung von legitimem Zwang („imposition of force").[53] Und weil auch die Verfassung des Grund-

---

struktur und Semantik, Soziale Systeme 4 (1998), 315 ff., 332; an dieser Stelle ließen sich möglicherweise auch Verknüpfungen zu Anselm Haverkamps Theorie der (literarischen) Latenz herstellen. Vgl. dazu *Thomas Khurana/Stefanie Diekmann*, Latenz, in dies. (Hrsg.) Latenz. 40 Annäherungen an einen Begriff, 2007, 9 ff., 12 m. w. N.

[49] Vgl. *Pierre Rosanvallon*, Demokratische Legitimität. Unparteilichkeit – Reflexivität – Nähe, 2010, 154; *Lucien Jaume*, Constituent Power in France: The Revolution and its Consequences, in: Martin Loughlin/Neil Walker (Hrsg.), The Paradox of Constitutionalism. Constituent Power and Constitutional Form, Oxford u. a. 2007, 67 ff., 69; *Horst Dreier*, Gilt das Grundgesetz ewig? Fünf Kapitel zum modernen Verfassungsstaat, 2009, 9, 15 ff., 20.

[50] *Koschorke u. a.* (Fn. 43), 47, 56; vgl. auch *Marie Theres Fögen*, Römische Rechtsgeschichten: über Ursprung und Evolution eines sozialen Systems, 2002; zur Unmöglichkeit der Selbstbegründung einer demokratischen Verfassung vgl. auch *Rosanvallon* (Fn. 49), 167.

[51] *Karl-Heinz Ladeur*, Mythos der Verfassung – Verfassung als Mythos, in: Otto Depenheuer, Mythos als Schicksal. Was konstituiert die Verfassung, 2009, 185 ff., 187.

[52] Vgl. *Boris Groys*, Unter Verdacht, 2002, 210; vgl. allg. auch *Adam Seligman/Suzanne Last Stone*, Text, Tradition, and Reason in Comparative Perspective. An Introduction, Cardozo Law Review 28 (2006), 1 ff.

[53] *Robert Cover*, Narrative, Violence, and the Law. The Essays of Robert Cover, edited by Martha

gesetzes unauflöslich an das Medium der Schrift gebunden ist, hat das Grundgesetz, einmal als Schrifttext ins Werk gesetzt und als Druckwerk unter die Leute gebracht, im Prozess seiner Stabilisierung durch eine ständige Re-Lektüre eine Entwerkung erfahren, die die Kontrolle über den Text der „gründenden Gewalt" der „Verfassungsväter" irreversibel entzogen hat.

Von einer liberalen und demokratischen Verfassung wie dem Grundgesetz als einer symbolischen Einheit zu sprechen, heißt dann auch, die Verfassung als emergente Ordnung zu behandeln, als ein Phänomen, das nicht auf die Eigenschaften seiner Komponenten,[54] etwa auf die hinter ihm liegenden Handlungen oder Willensäußerungen eines „Verfassungsgesetzgebers" zurückgeführt werden kann. Als symbolische Einheit ruht das Grundgesetz wie letztlich auch die Identität des Individuums oder der Familie in einer kulturellen evolutionären Struktur, nicht aber ist die symbolische Dimension der Verfassung, auch wenn sie sich in der Sprache der Gemeinschaft artikuliert („we, the people"), nur ein anderer Ausdruck für den Willen handelnder Subjekte (Akteure). Liberale und demokratische Verfassungen können zwar nicht ohne ein Moment des Neuen gedacht werden, ohne einen Spalt zwischen Gegenwart und Vergangenheit, der im Nachhinein nicht wieder geschlossen werden kann. Aber ein postmodernes Verfassungsverständnis darf die Verfassung nicht primär um Kategorien der Subjektivität und „Gewalt" herum organisieren, also die Verfassung beispielsweise aus einem Willen, Kalkül, Vertrag oder einer kollektiven (Mehrheits-)Entscheidung hervorgehen lassen, auch wenn die für die moderne Verfassung typische Abkehr von der Vergangenheit und ihren normativen Texten, den in Gesetzen, Normen, Konventionen etc. gesammelten Regelbeständen, in der historischen und sozialen Realität nie ohne individuelle und kollektive Akteure stattfindet, die mit etwas Neuem beginnen, das seinerseits nicht durch eine Tradition gebunden ist: einer Unabhängigkeitserklärung, einem Schwur, einer Erklärung unveräußerlicher Menschenrechte oder, wie in Deutschland nach dem Zweiten Weltkrieg, mit einer Weisung. Die Verfassung ist aber in ihrer symbolischen Dimension, dort, wo sie allein zur Einheit kommen kann, unauflöslich mit Institutionen wie Sprache,

---

Minow, Michael Ryan, and Austin Sarat, Ann Arbor 1995, 95 ff., 105 (mit Rekurs auf die Tora). Über diesen Primat des Symbolischen geht *Ulrich Haltern*, Obamas politischer Körper, 2009, 281 ff., zu schnell hinweg. Auch dort betont Haltern – wie schon in früheren Publikationen – die *reale* Opfer- und Tötungsbereitschaft als „letztes Band" des westlichen Verfassungsstaates. Der virtuelle Charakter des Symbolischen produziert aber gegenüber dem Subjekt eine Andersheit, die ein „zu-sich-selbst-kommen" des Individuums im rechtlich-politischen Raum ebenso ausschließt wie in allen anderen Räumen.

[54] *Niklas Luhmann*, Die Gesellschaft der Gesellschaft, 1997, 134. Im Kontext der jüdischen Hermeneutik (nach rabbinischer und kabbalistischer Überlieferung) würde man sagen: Hinter der Geschichte der Textauslegung kommt keine (heideggersche) Geschichte der Seinsauslegung zum Vorschein: Das Lesen der Tora geht der Weltschöpfung voraus. Vgl. dazu *Almut Sh. Bruckstein*, Die Maske des Moses. Studien zur jüdischen Hermeneutik, 2007, 54; *Eveline Goodmann-Thau*, Aufstand der Wasser. Jüdische Hermeneutik zwischen Tradition und Moderne, 2002, 60; vgl. allg. auch *Susan A. Handelman*, The Slayers of Moses. The Emergence of Rabbinic Interpretation in Modern Literary Theory, Albany (N. Y.) 1982; *José Faur*, Golden Doves with Silver Dots, Atlanta (G. A.) 1999.

Medien, Kultur, gemeinsamem Wissen, kulturellem Gedächtnis usw. vermittelt. Sie ist darin von einem symbolisch gefüllten Raum abhängig, einem kulturellen Text, der jenseits der Endlichkeit der Lebensspanne eines einzelnen Menschen oder eines kollektiven Akteurs eine unaufhörliche Eigenlogik der Benennungen und Namen („Grundgesetz") und der mit dieser Praxis einhergehenden Identitätsbildungen in die historische Zeit einschreibt.

3. Die symbolische Einheit als das Andere der Verfassung

Zwischen dem Anfang der Verfassung und einer darauf rekursiv bezugnehmenden Traditionsbildung ist die symbolische Einheit der Verfassung zu lokalisieren. Der Verfassung eine „symbolische Einheit" zu unterlegen, heißt also, sie einerseits mit der Vorstellung einer unerlässlichen, unvermeidbaren und notwendigen Fiktion zu konfrontieren, einem Gesetz, das einen Anfang schafft. Auch das Grundgesetz verweist auf einen derartigen Anfang, auf ein „Gründungsereignis" und die Kette seiner Ursachen, die Vernichtung der Nazi-Diktatur, die Weisung der Alliierten, der Entwurf von Herrenchiemsee usw. Aber weil das im Einzelnen schon umstritten ist,[55] bleibt andererseits auch der Anfang des Grundgesetzes letztlich intransparent. Die symbolische Einheit der Verfassung entsteht erst in der nachträglichen Interpretation in der „offenen Gesellschaft der Verfassungsinterpreten". Diese hat ihren Ausgangspunkt in einem gerahmten und begrenzten Gründungstext („Verfassungsurkunde"), aber dieser Text muss wie sein Rahmen durch Erzählungen und Geschichten gepflegt und stets in der Gegenwart aktualisiert werden. Der Titel des berühmten Essays von Robert Cover aus dem Jahre 1982, der vom Recht (*law*) als „Nomos" und von einem zu diesem normativen Universum gehörigen „Narrativ" spricht,[56] wäre also so zu verstehen, dass Nomos und Narrativ wechselseitig voneinander abhängig sind und es keinen Nomos ohne Narrativ geben kann, das aber seinerseits – als Narrativ – in einer pluralistischen Gesellschaft unterschiedlich ausfallen kann. Das bedeutet nicht, die historische „Einmaligkeit" der Verfassung als „normativem Maßstab" zu leugnen, aber doch darauf zu insistieren, dass keine „verfassunggebende Gewalt", keine Gründung, die Zukunft abschließend determinieren kann; determiniert werden kann nur die Notwendigkeit, das Gründungsereignis mit Narrativen zu koppeln, und zwar in der Weise, dass die „soziale(n) Bindungen und Selbstverständnisse" der Subjekte auch in Zukunft weiter über die Verfassung und ihre Institutionen vermittelt werden können.[57] Das ist auch die Bedingung für die Erzeugung und Aufrechterhaltung einer notwendigen Spannung zwischen dem geschriebenen Verfassungstext und der unerlässlichen Anpassungsbereitschaft an den gesellschaftlichen Wandel, für die Entstehung von rekursiven Kommunikationsnetzwerken, die

---

[55] Vgl. dazu nur die Akzentsetzungen bei *Hans-Ulrich Wehler*, Deutsche Gesellschaftsgeschichte, Bd. 5, 2008, 5 f., 235 ff.
[56] *Cover* (Fn. 53), 95 ff.
[57] *Ladeur* (Fn. 51), 196.

„original intent" und „contextualism" in eine produktive Beziehung setzen und damit die Einheit der Verfassung fortschreiben.

Daraus folgt zugleich, dass die Verfassung als symbolische Einheit der individuellen Identität nicht einfach eine kollektive Identität an die Seite stellt, sondern der
Logik der dritten Partei jenseits von Individuum und Kollektiv gehorcht. Dieses
„Dritte" kann man in einer gedächtnistheoretischen Perspektive mit Jan Assmann
das „kulturelle Gedächtnis" nennen. In der politischen Philosophie von Jean-Luc
Nancy wäre das der Ort des „Gemeinsamen", die Dimension der „Ordnung der Welt,
der Zirkulation des Sinns" jenseits des schaffenden Subjekts.[58] Auch wenn dieser Ort
des Gemeinsamen undarstellbar ist, konstituiert er doch eine Art paradoxer Gemeinschaft (von Interpreten), d.h. keine homogene, existentielle, ein für alle Mal
gegebene Gemeinschaft, sondern eine Gemeinschaft, die eine anfängliche Differenz
mitführt, die Nancy auf die Formel der „Ko-existenz" bringt,[59] eine Ontologie des
Mitseins, die auch künftig nicht in ein Subjekt oder System zurückgeführt werden
kann. Man kann somit auf der symbolischen Ebene der Verfassung nicht einfach
innen und außen oder eigenes und fremdes trennen, weil hier das Äußere Teil des
Inneren wird und das Fremde immer schon Teil des Eigenen ist. Die Verfassung muss
dann selbst als eine Instanz der symbolischen Vermittlung von Kultur und Subjektivität begriffen werden, als Ort einer, wie man mit Emmanuel Lévinas auch sagen
könnte, „schwierigen Freiheit" oder „heteronomen Autonomie".[60] Hier ist übrigens
der Punkt, an dem die Verfassung noch heute auf eine ihre Immanenz übersteigende
Transzendenzvorstellung verweist, die mit der Formel der „Verfassungssakralisie-
rung" nicht erfasst ist.[61] Die Verfassung bringt jedenfalls auch als liberale und demokratische Verfassung gegenüber den Individuen eine fremde Ordnung in Anschlag,
in der Objekt und Subjekt nie zur Deckung kommen können. „The constitution of a
true society is uprooting."[62] Daran muss jede weitere Institutionenbildung, etwa
auch die der Konstruktion von Grundrechten, anknüpfen. Grundrechte werden
m.E. völlig missverstanden, wenn man sie als Ausdruck einer an sich unbegrenzten
Selbstbestimmung des Individuums konzipiert, die dann nachträglich wieder restr-
ringiert werden muss. Diese „freiheitstheoretische" Vorstellung ist vielmehr ihrer-

---

[58] *Jean-Luc Nancy*, Wahrheit der Demokratie, 2009, 95; *Ladeur* (Fn. 51), 185 ff., 191.

[59] *Jean-Luc Nancy*, Singulär plural sein, 2004, 58; *Machart* (Fn. 33), 87 ff., 102; *Krämer* (Fn. 34),
54 ff.

[60] *Susan Handelman*, Fragments of Redemption. Jewish thought and literary theory in Benjamin, Scholem, and Levinas, Bloomington 1991, 294, 304 (im Kontext einer Lévinas-Lektüre); vgl.
auch *Thomas Vesting*, Die innere Seite des Gesetzes. Symbolische Ordnung, Rechtssubjektivität und
Umgang mit Ungewissheit, in: Ino Augsberg (Hrsg.), Ungewissheit als Chance, 2009, 39 ff., 53.

[61] Darauf scheint *Dreier* (Fn. 49), 98 ff., die Abhängigkeit der Verfassung von (ursprünglich) re-
ligiösen Traditionen reduzieren zu wollen; ähnlich auch *Volkmann* in diesem Band; anders *Karl-
Heinz Ladeur*, § 18 Staat und Gesellschaft. Von der liberalen zur postmodernen Gesellschaft, in:
Otto Depenheuer/Christoph Grabenwarter (Hrsg.), Verfassungstheorie, 2010, 599 ff., 619 ff.

[62] *Emmanuel Levinas*, Difficile liberté (1963), hier zitiert nach *Handelman* (Fn. 60), 295; vgl.
dazu auch *Sarah Hammerschlag*, The Figural Jew. Politics and Identity in Postwar French Thought,
Chicago, 2010, 117 ff.

seits Effekt eines unreflektierten Narzissmus, der die Sehnsucht nach der verloren gegangenen ontologischen Sicherheit der Verfassung in einen haltlosen Subjektivismus umschreibt, der, um ein Wort von Claude Lévi-Strauss aus den siebziger Jahren aufzugreifen, „seine kleine Person für das Wesentliche" hält.[63]

Wenn man diese (Vor-)Überlegung zur „symbolischen Einheit" der Verfassung als Frage nach dem Grund der Autorität und der Verbindlichkeit einer Verfassung reformuliert, muss die Verfassung wie eine Gabe gedacht werden. Als Gabe ist die Verfassung von einem typischen Tauschgeschäft darin unterschieden, dass sie eine Verpflichtung schafft, deren Annahme nicht abgelehnt werden kann. Vielmehr verschuldet sie das Subjekt unendlich. So wie die Verwehrung von Gastfreundschaft gegenüber dem Fremden jeden Außenkontakt einer Gruppe unmöglich macht und damit langfristig die Existenz der Gruppe gefährden würde, liefe auch die Zurückweisung einer Gabe letztlich auf die Unmöglichkeit hinaus, das Soziale und seine Zwänge, die so sind, wie sie sind, ablehnen und negieren zu wollen (eine weitere Ausarbeitung dieses Gedankens könnte an Marcel Mauss' Theorie der Gabe anknüpfen, an Franz Rosenzweigs Ur-Affirmation des Nicht-Nichts, an Bernhard Waldenfels Antwortregister oder an Wittgensteins Einsicht, dass es kein Ich ohne die Gewissheit der Richtigkeit des eigenen Namens gibt, die wiederum eine gemeinsame Sprache und das Vertrauen in die Wahrheit der dort verwendeten Namen voraussetzt).[64] Damit entzieht die postmoderne Verfassungstheorie nicht zuletzt der heute vor allem mit dem Demokratieprinzip in Verbindung gebrachten Illusion einer Selbstbeherrschung der Welt den Boden. Gerade die Frage nach dem Grund der Autorität der Verfassung führt notwendigerweise über das heute dominierende Demokratieverständnis hinaus oder hinter es zurück. Jedenfalls kommt es nach der hier eingenommenen Perspektive darauf an, die symbolische Dimension der Verfassung zu akzentuieren, das, was sich jenseits der Intentionen der Subjekte im „gemeinsamen Raum" der sich „überlappenden Imaginationen" abspielt. In die Verfassung ist ein auch über die unmittelbare Körperlichkeit der Schrifturkunde hinausgehendes „symbolisches Kapital" eingetragen, das „mitlaufen" muss und das letztlich – als eine Art *precommitment*, als implizites Wissen – in den Lebensformen einer Gesellschaft einen Widerhall finden muss.

Die geschriebene Verfassung im engeren Sinn, der Schrifttext des Grundgesetzes, wäre dann als Teil der symbolischen Dimension der Verfassung und ihrer Einbettung in die kulturellen Texte einer Gesellschaft zu fassen, als eine „kollektive Erinnerungsfigur", die in Akten der wiederholenden Lektüre aktualisiert, verändert und gegebenenfalls an den gesellschaftlichen Wandel angepasst wird. Die Verfassung ist immer ein Symbol für eine „allgemeine Sache",[65] für einen symbolischen Ort, an

---

[63] Hier zitiert nach *Kaufmann* (Fn. 20), 61.

[64] Zu Wittgenstein zuletzt *Giorgio Agamben*, Das Sakrament der Sprache. Eine Archäologie des Eides, 2010, 68 f.

[65] Vgl. *Karl-Heinz Ladeur*, Der Staat der Gesellschaft der Netzwerke, Zur Notwendigkeit der Fortentwicklung des Paradigmas des „Gewährleistungsstaates", Der Staat 48 (2009), 163 ff., 183.

dem ein geteilter Sinn zirkulieren und von dem das Selbstverständnis der Bürger einer Verfassung nicht getrennt werden kann. Das Allgemeine, das eine liberale und demokratische Verfassung wie das Grundgesetz für das Selbstverständnis ihrer Bürger als autonom und selbstverantwortlich zum Ausdruck bringt, ist zwar gerade als Rechtstext und Kommentar in teilweise nicht jedermann verständlichen Regeln gespeichert, aber eine Verfassung ist niemals nur ein gemeinsamer Raum für die Selbstverständigung von Regierung, Verwaltung, Jurisdiktion und Universitätslehre – und kann auch niemals auf den technisch-dogmatischen Aspekt ihrer Kommentierung durch staatlich subventionierte Gerichte oder die professionelle Expertise einer an staatlich finanzierten Universitäten beheimateten Staatsrechtslehre reduziert werden. Deshalb kann die symbolische Einheit der Verfassung auch nicht nur in einem Expertenstab beheimatet sein und allein dort gepflegt werden. Das wird beispielsweise im Konzept der „Grundnorm" von Hans Kelsen zu wenig akzentuiert. Kelsen gebührt zwar das Verdienst, die Frage nach dem Grund der Autorität einer Verfassung mit aller notwendigen Klarheit (und u. a. in einer gewissen Parallele zu Sigmund Freuds kulturpsychologischen Arbeiten) gestellt zu haben.[66] Aber die Fiktion der „Einheit" der Verfassung kann nicht nur eine wissenschaftliche Hypothese von Juristen für Juristen sein. Das Symbolische, der Glaube an die Einheit, an ein Band, eine Aneinanderfügung, die ein Bild stiftet,[67] muss sich inszenieren, das Symbolische muss selbst praktisch werden. Auch im Fall der Rundfunkverfassung hat sich ja über Verfassungsrechtsprechung und Staatsrechtslehre hinaus in der Praxis des Nachkriegsrundfunks ein besonderes Grundrechtsverständnis, eine soziale Epistemologie des Gruppenrundfunks jenseits individueller Meinungen etablieren können. Daraus ist ein von allen am Gruppenrundfunk beteiligten Akteuren getragener und auch vom Publikum lange Zeit nicht infrage gestellter Glaube an die Legitimität der Sonderstellung des öffentlich-rechtlichen Rundfunks hervorgegangen, eine narrative Identität, der erst heute, im Zeitalter der *social networks*, wirklich brüchig zu werden beginnt und daher dringend einer Neukonstruktion bedarf.

III. Ausblick: Zur Evolution symbolischer Einheit: Von der „Einheit" des Buchdrucks zur „Einheit" der Netzwerke

Die Verfassung muss als symbolische Einheit dem „Ereignis" ihrer „realen Gründung" vorausgehen. Die Verfassung muss zwar ins-Werk-gesetzt werden, aber ausschlaggebend ist, dass es im Zuge ihrer Anwendungsgeschichte gelingt, ein Bild der Einheit der Verfassung zu erzeugen und zu stabilisieren, eine narrative Identität, die nicht nur im politischen System und einer sich in dessen Peripherie ansiedelnden

---

[66] Vgl. *Martin Schulte*, Das Gesetz des Unbewussten im Rechtsdiskurs: Grundlinien einer psychoanalytischen Rechtstheorie nach Freud und Lacan, 2010, 35 f.; vgl. auch *Marie Theres Fögen*, Das Lied vom Gesetz, 2007, 74 ff.

[67] *Nancy* (Fn. 59), 95.

Expertise verankert ist, bei den Gründungsvätern und (Rechts-)Experten, sondern in der Gesellschaft insgesamt. Die Verfassung muss den Zivilsektoren eine Matrix der Praktiken und Werte zur Verfügung stellen, die dazu beitragen, dem sozialen Leben Sinn zu verleihen. Das heißt zugleich, dass die Verfassung in einer ungewissen Zukunft von ihren Adressaten, an ganz unterschiedlichen Orten der Gesellschaft und in ganz unterschiedlichen Zusammenhängen, immer wieder angenommen werden muss. Aber wie geht das? Gerade an der Geschichte der US-amerikanischen Verfassung könnte man zeigen, dass und wie sehr diese Vermittlungsleistung ursprünglich eng mit der Buchdruckkultur verknüpft war, mit der Möglichkeit einerseits, die Verfassungsurkunde als Druckwerk massenhaft reproduzieren und in kommunikative Prozesse aller Art einführen zu können, andererseits aber auch mit einem durch Schriftsteller wie Ralph Waldo Emerson angefeuerten Literaturbetrieb, in dem die neu gewonnene Subjektivität der Amerikaner durch die Produktion und Lektüre von Verfassungsliteratur gebunden wird. Die Souveränität der neuen Nation wird auf die aktive Seele souveräner Leser gestützt. Mitchell Meltzer nennt das eine „säkulare Offenbarung".[68] Eine ähnlich wichtige Rolle zur Stabilisierung der kollektiven und individuellen Identität spielt die Literatur im Paris des 19. Jahrhunderts, wie Albrecht Koschorke u. a. am Beispiel der Novelle *Sonntage eines Pariser Bürgers* von Guy de Maupassant gezeigt hat.[69] Anders ist es hingegen im Fall des Grundgesetzes, in dem eher Presse und Rundfunk von paradigmatischer Bedeutung für die Modellierung von Subjektivität gewesen sein dürften: Weil schon das Kaiserreich, die Weimarer Republik und erst recht die Nazi-Diktatur nicht ohne den Aufstieg der Massenmedien gedacht und erklärt werden können, übernehmen diese unter dem Grundgesetz und hier vor allem der öffentlich-rechtliche Rundfunk die Funktion der Herstellung von „Verfassungspoesie", jetzt aber auch und vor allem in elektronischer Form, durch Nachrichten, Informationssendungen und Unterhaltungsformate, die den nach dem Zusammenbruch der Nazidiktatur verunsicherten Bürgern eine neue demokratische Gesinnung und Orientierung vermitteln sollen.[70]

Auch wenn die Überlegungen des letzten Absatzes ein wenig assoziativ und bruchstückhaft bleiben müssen, so führen sie doch unmittelbar in das Zentrum unseres Themas. Die symbolische Dimension der Verfassung ist selbst von der kulturellen Evolution und damit von der Evolution der Medien im Allgemeinen und der Schrift im Besonderen abhängig. Diese Annahme hat zur Folge, dass die ursprünglichen

---

[68] *Meltzer* (Fn. 46); *Ladeur* (Fn. 51), 185 ff., 197 ff. Für Deutschland könnte man etwa auf Schopenhauer hinweisen, der nach *Wellbery* (Fn. 36), 58, die „Vorstellung selbst als das primäre Datum nimmt und sodann der Frage nach deren Sinnstruktur nachgeht", d. h. Vorstellungen „als Elemente eines interreferentiellen (also: selbstreferentiellen) Netzwerkes" fasst. Damit wird das Subjekt unrein, die relationale Struktur des Selbst und die Verknüpfung von Subjektivierungspraktiken und Institutionen trotz aller „Autonomieästhetik" implizit akzeptiert. Dazu weiterführende Überlegungen bei *Ladeur* (Fn. 2).
[69] *Koschorke* (Fn. 43), 252.
[70] Vgl. *Kaufmann* (Fn. 37), 183 („In den glorreichen Zeiten der Vollprogrammsender schufen die von einer großen Zuschauermenge angeschauten gleichen Programme soziale Bindungen.").

Konstruktionselemente der Verfassungstheorie, allen voran die Unterscheidung von Verfassung und verfassunggebender Gewalt, heute viel stärker als bislang üblich daraufhin überprüft werden müssen, inwiefern sie mit der Buchdruckkultur zusammenhängen und inwiefern sie im Zeitalter der „sozialen Netzwerke" anschlussfähig bleiben. Denn während die Buchdruckkultur gerade die Abgeschlossenheit des in einer Verfassung als einheitlicher Urkunde gespeicherten Wissens proklamiert, den System*entwurf*, ist für ein postmodernes Verfassungsverständnis das netzwerkartige Moment der Ordnungsbildung in Anschlag zu bringen, die Indeterminiertheit der Verfassung, ihr durch die Anfangsbedingungen nicht abschließend festgelegter Informationsreichtum. Man kann die postmoderne Verfassung daher mit der Form eines „Blog" vergleichen, „über die ein Autor nicht mehr eine Botschaft gezielt an einen Adressatenkreis ‚sendet', sondern die durch ein transitorisches Sichtreibenlassen und Getriebenwerden charakterisiert ist."[71] In der Tradition der jüdischen Hermeneutik könnte man dieses der postmodernen Verfassung inhärente Phänomen auch als das notwendige „Späterkommen" der Verfassung präzisieren, als Einsicht in die Notwendigkeit einer unendlichen (sich laufend wiederholenden) Lektüre der Verfassung, die eine dynamische Stabilität schafft, die eine „Unterwanderung" des Tradierten und damit Raum für die Anpassung des Textes an eine fragmentierte und diskontinuierliche Welt einschließt.[72] Man hätte es dann – psychoanalytisch gesprochen – mit einer grundsätzlichen „Nachträglichkeit" der postmodernen Verfassung zu tun: Der Prozess der retrospektiven Sinnerzeugung führt zu einer ständigen „Umschrift" der Verfassung, aber nie zu einer endgültigen Klärung ihres Inhalts. Die „retroaktive Sinngebung" schreibt ein „immer-schon-gewesen-sein" fest, das gleichzeitig „auch die Grenzen eines Signifikationssystems" bezeichnet.[73]

Mit diesen Überlegungen ist alles andere als eine Standpunktbeliebigkeit gemeint, auf die sich der Verfassungsinterpret als „kleine Person" selbst festlegen könnte. Es ist eines der größten Diskussionshindernisse und Selbstblockaden der derzeitigen verfassungstheoretischen Diskussion, dass eine postmoderne (poststrukturalistische, postsystemtheoretische) Perspektive, wie sie hier vertreten wird, noch heute vielfach mit Beliebigkeit, *anything goes* usw. gleichgesetzt wird. Dieser Vorwurf übersieht, dass die postmoderne Theorie an einen Aufstieg des praktischen Wissens gebunden ist, d. h. an eine starke Hinwendung zur Erfahrung, zum praktisch Erprobten und Bewährten, zum Gewicht des Impliziten, dem in der Theorie ein Vorrang gegenüber jeder theoretischen Selbstermächtigung eingeräumt wird. Michael Oakshott, ein früher Vertreter der Postmoderne, hat diese Anerkennung der konstitutiven Rolle historischer Kontingenz für die politische Theorie auf die Formel gebracht, dass die Menschen im politischen Handeln eine grenzen- und grundlose See besegeln und

---

[71] *Karl-Heinz Ladeur*, Anmerkung zu LG Berlin vom 19. Januar 2010, ZUM 2010, 540; *Andrew Sullivan*, Warum ich blogge, Merkur 717, 2009, 103 ff.

[72] *Bruckstein* (Fn. 54), 63.

[73] *Stäheli* (Fn. 48), 330; vgl. auch *Steinhauer* in diesem Band (unter II. 3. Neue Epistemologie).

Politik ein Geschäft nur für Schwindelfreie sei.[74] Bei Emmanuel Lévinas, einem anderen Gründer postmodernen Denkens, äußert sich diese Kritik am „reinen" Denken in dem Postulat eines Vorrangs der Gerechtigkeit vor der Wahrheit. Die lévinas'sche Gerechtigkeit kann aber nicht einfach wollen, was „gute Gründe" sein mögen, sondern verweist ihrerseits auf die historische Kontinuität der unablässigen Lektüre und (mündlichen) Diskussion eines (in diesem Fall heiligen) Textes, der aber auch für Lévinas, den Talmud-Lehrer und Philosophen, eine Art Prüfstein der Verankerung und Bewertung jeder Interpretation (der Gerechtigkeit) ist.[75]

Wenn man diese Erfahrungen ernst nimmt, bedeutet das für eine Verfassungstheorie auf der Höhe der Zeit, dass sie dazu beitragen muss, den kulturellen Text der Verfassung, zu dem auch die Rechtsverfassung im engeren Sinn gehört, auf das neuartige Phänomen der Computernetzwerke einzustellen, die damit einhergehenden Veränderungen der sozialen (oder vielleicht besser: medialen) Epistemologie zu beobachten und das Verfassungsrecht „netzwerkgerecht" umzuschreiben. Auf einer allgemeinen Ebene muss die Verfassungstheorie dabei nach Anschlüssen an das eingangs nur kurz skizzierte Pluralisierungsgeschehen der postmodernen Gegenwartsverfassung suchen. Dabei können die theoretischen Ausgangsüberlegungen wiederum durch Anknüpfung an Jean-Claude Kaufmanns Soziologie und Anthropologie des Subjekts präzisiert werden. Denn Kaufmann geht mit vielen anderen Soziologen, Sozialpsychologen, Anthropologen und Literaturwissenschaftlern zu Recht davon aus, dass erst mit der Postmoderne die Einheit und Identität des Individuums wirklich zu einem Problem geworden ist; erst hier ist an die Stelle eines stabilen Ich, wie es die Moderne nicht zuletzt mit Hilfe des Staates und der Verfassung hervorgebracht hat, eine „schwammige Unbeständigkeit" getreten.[76] Während noch die Moderne auf einem „institutionellen Programm" basierte, in der der Sinn „von oben" kam, hat die Postmoderne Sozialisation und Subjektivität getrennt und an die Stelle ihrer Einheit das Experiment einer anhaltenden Sinnsuche gesetzt.[77] Das Ergebnis ist eine „unsichere Identität", die fortlaufende „Selbstverwaltung des eigenen Lebens".[78] An die Stelle eines umfassenden „Disziplinierungsprozesses" tritt ein umfassender „Personalisierungsprozess".[79] Das Ich, so Kenneth J. Gergen ganz ähnlich, prozessiert heute eine „pastiche personality",[80] die sich mit einem unablässigen Strom der Ereignisse und Überraschungen konfrontiert sieht und eine viel höhere Unbestimmtheit und Offenheit als jemals zuvor in ihrem Innersten mit sich führt. Mit Birger P. Priddat kann man das auch so ausdrücken: „Das unvollständige Ich wird durch die Liefe-

---

[74] *Machart* (Fn. 33), 22.

[75] *Handelman* (Fn. 60), 304.

[76] *Kaufmann* (Fn. 38), 81.

[77] *Kaufmann*, ebd., 83.

[78] *Ehrenberg* (Fn. 38), 142, 154.

[79] *Gilles Lipovetzky*, Narziß oder die Leere. Sechs Kapitel über die unaufhörliche Gegenwart, 1996, 8.

[80] *Kenneth J. Gergen*, The Saturated Self. Dilemmas of Identity in Contemporary Life, New York 2000, 150.

rung des Neuen ständig annäherungsweise komplettiert, um bereits dann schon wieder ein Defizit zu spüren, das nur durch ein nächstes Neues neu ausgefüllt zu werden scheint et cetera. Wir haben, um es in einem modernen ökonomischen Jargon zu beschreiben, relationale Verträge zur Welt, die ein Maß an Unbestimmtheit besitzen, die wir, offen, durch Anschluss an je Neues zu schließen versuchen. Unser Ich ist ständig im re-contracting begriffen, mit abnehmender Intensität im Alter, aber grundlegend nicht vorbestimmt oder geordnet."[81]

Die Gegenwart ist aber nicht nur im Subjektiven, auf der psychologisch-individuellen Ebene, sondern auch auf der gesellschaftlichen Ebene durch einen tiefen Bruch mit dem „institutionellen Programm" der Moderne gekennzeichnet. Seit den 1960er Jahren sind (zunächst) die westlichen Gesellschaften einem nie gekannten Veränderungsprozess unterworfen worden, der im Unterschied zur Moderne die gesamte Gesellschaft, auch die einfachen Leute in den Dörfern und Provinzen und nicht mehr nur das Bürgertum der Großstädte,[82] erfasst hat. An die Stelle eines „institutionellen Programms" tritt eine neuartige Schwammigkeit und Unbeständigkeit verschiedenster Kräfte, die neuartigen Selbstreferenzen der Systeme, die von der „Realwirtschaft" entkoppelte Finanzindustrie, die Massenmedien und ihre Starkultur, die Politik und „ihre Klasse" usw. Joyce Appleby spricht an dieser Stelle von einem Kapitalismus in neuen Fassungen („settings").[83] Mit einem stärkeren Blick auf das politisch-ökonomische Feld kann man diesen sozialen Wandel mit Gunther Teubner als einen Übergang vom Makrokorporatismus älterer Prägung zu einem neuartigen „Polykorporatismus" beschreiben,[84] in dem die Grenze zwischen dem Privaten und dem Öffentlichen durchlässig wird und eine situative Logik der heterarchischen Koordination die stabile Organisation entlang übergeordneter Zwecke ablöst. Mit Karl-Heinz Ladeur kann man von einem Übergang zu einer „Gesellschaft der Netzwerke" sprechen, der Entstehung einer „Wir-Welt" jenseits der stabilen Muster von Individual- und Kollektivkörpern in hochvariablen „intra- und interorganisationalen Netzwerken" und „heterarchischen hybriden Verschleifungen".[85] Mit Albrecht Koschorke könnte man das zu lösende Problem dann so fassen: Was hat es für Folgen für die symbolische Einheit einer Verfassung, wenn sich diese nicht mehr entlang von Individuen, Gruppen und Organisationen beobachten kann, sondern nurmehr

---

[81] *Birger P. Priddat*, Unternehmer als Cultural Entrepreneurs, in: Ludger Heidbrink/Peter Seele (Hrsg.), Unternehmertum. Vom Nutzen und Nachteil einer riskanten Lebensform, 2010, 116 ff., 123 f.

[82] Vgl. *Ehrenberg* (Fn. 38), 53 f.

[83] *Joyce O. Appleby*, The Relentless Revolution, 2010, 331 ff., vgl. auch 317, 342 ff. (zu den medientechnologischen Voraussetzungen).

[84] So *Gunther Teubner*, Polykorporatismus. Der Staat als „Netzwerk" öffentlicher und privater Kollektivakteure, in: Hauke Brunkhorst (Hrsg.), Das Recht der Republik, 1999, S. 346 ff.; vgl. auch *ders.* Netzwerk als Vertragsverbund. Virtuelle Unternehmen, Franchising, just-in-time in sozialwissenschaftlicher und juristischer Sicht, 2004, S. 38, vgl. auch S. 66 ff.

[85] *Karl-Heinz Ladeur*, Der Staat gegen die Gesellschaft. Zur Verteidigung der Rationalität der „Privatrechtsgesellschaft", 2006, S. 296; vgl. dazu allg. *Ino Augsberg/Tobias Gostomzyk/Lars Viellechner*, Denken in Netzwerken. Zur Rechts- und Gesellschaftstheorie Karl-Heinz Ladeurs, 2009.

entlang einer „Vielzahl interdependenter, aber höchst variabel geknüpfter und schnell veränderlicher Netze"? Was heißt es für eine Verfassung, ihre symbolische Einheit inmitten „von unabgeschlossenen, hybriden Strukturen statt in korporativen Zugehörigkeiten mitsamt ihren Inklusionen und Exklusionen" zur Geltung bringen zu müssen? Welche Konsequenzen ergeben sich daraus für „das Selbstverständnis von sozialen Akteuren und kollektiven Subjekten", die das „Herzstück und ständiger Verhandlungsgegenstand" auch der alten Teilverfassungen waren?[86]

Sehr abstrakt gesprochen kommt es in dieser Lage darauf an, dass die verfassungstheoretische Diskussion, auch soweit sie von der Rechtswissenschaft und der Staatsrechtslehre betrieben wird, vor diesem Umwälzungsprozess nicht die Augen verschließt und sich auf die Artikulation dieser neuen Erfahrungen einlässt. Die Verfassungstheorie müsste einerseits die Frage der „Einheit" der Verfassung viel stärker auf einer symbolischen und damit auch medien- und kulturtheoretischen Ebene behandeln, während sie sich auf einer anwendungsbezogenen Ebene viel stärker auf die Fragmentierung und Instabilitäten der neuen Teilverfassungen als „Folgeverfassungen" einlassen müsste. Wenn man beispielsweise bei einer Analyse der Rundfunkverfassung mit den Unterscheidungen von Gunter Teubner ansetzt, wird sofort deutlich, dass die Rundfunkverfassung ursprünglich in die ältere Variante des Makrokorporatismus gehörte. Kultur und Gesellschaft wurden hier als politische Kultur und politische Gesellschaft imaginiert, während umgekehrt das sich als Produzent und Konsument am öffentlich-rechtlichen Rundfunk beteiligende Individuum als politisch engagierter Staatsbürger gedacht wurde. Der nervöse Zuschauer der fragmentierten „Unterhaltungsöffentlichkeit", der sich von einem Nischenprogramm zum anderen klickt, kann aber in eine solche Vorstellung nicht mehr integriert werden. Vor allem die neuen Formen der *social networks* (YouTube etc.) haben mit dem Modell des politikzentrierten Vollprogrammfernsehens, ja mit dem Rundfunk an sich, überhaupt nichts mehr zu tun. Auf diese Probleme ist beispielsweise das Bundesverfassungsgericht in seiner letzten Rundfunkgebührenentscheidung nicht eingegangen.[87] Stattdessen deutet es zwischen dem Rundfunk und den neuen Möglichkeiten der Kultur der Netzwerke eine Kontinuität an, die es nicht gibt. Demgegenüber hätte die medienrechtliche Diskussion sich aber gerade auf die neuen Phänomene der *social networks* einzustellen und ihre Begriffe neu und „netzwerkgerecht" zu justieren.[88] Und das gilt nicht nur für das Medien(verfassungs-)recht!

---

[86] *Koschorke* (Fn. 43), S. 386.
[87] Vgl. BVerfGE 119, 181, 214 ff.
[88] Vgl. *Karl-Heinz Ladeur*, Neue Medien brauchen neues Medienrecht! Zur Notwendigkeit einer Anpassung des Rechts an die Internetkommunikation, in: Christoph Bieber u. a. (Fn. 25), 23 ff.; vgl. auch *Thomas Vesting*, Grundlagen einer neuen Medienpolitik, Funk-Korrespondenz 56 (2008), 3 ff. (zur neuen digitalen Kommunikation als „disruptive technology").

Helge Rossen-Stadtfeld

Medien

I. Freiheit, Persönlichkeit und Demokratie

Vergesellschaftete Menschen sind nicht ohne weiteres frei, jedenfalls nicht in dem Sinn, in dem das Grundgesetz solche Freiheit will und zu schützen sucht. Diese Freiheit ist eine Befähigung, die Voraussetzungen hat und erworben werden muss. Menschen müssen die Fähigkeit erlangt haben, Freiheit als ihre eigene zu *erkennen*, sie müssen ihre Freiheit in sozialen Bezügen *geltend machen* und sie müssen sie dort *verwirklichen* können. Zunächst aber müssen sie befähigt sein, dies alles auch zu *wollen*. Individuelle Freiheit entsteht in epistemischen, voluntativen, deklarativen bzw. perlokutativen und praktischen Bezügen, und sie wird in diesen erst Wirklichkeit. Sie kann nur in denjenigen realen Vollzügen gelingen, in denen sich gewolltes Erkennen und selbstbewusstes Begehren, die nachdrückliche Geltendmachung und die zielstrebige Durchsetzung zur Einheit der Selbstverwirklichung verbinden. Auf diesem Weg kann überhaupt erst denkbar werden, dass sich eine Verheißung der Moderne erfüllen könnte, nämlich die Zusammenführung von Autonomie und Authentizität in gelingendem Leben.[1] Individuelle Freiheit ist der Inbegriff sehr voraussetzungsvoller Befähigungen, sie ist insoweit bedingte Freiheit.

Die deutsche Verfassung will, dass *diese* Freiheit[2] grundrechtlichen Schutz genieße.[3] Dessen normative Einrichtung kann deshalb die tatsächliche Bedingtheit seines Gegenstandes nicht unbeachtet lassen. Auch wird sie zu berücksichtigen haben, dass

---

[1] Vgl. *Taylor*, Quellen des Selbst, 1994; zur Diskussion jetzt *Rosa*, Identität und kulturelle Praxis, 1998, S. 181 ff.

[2] Als „reale Freiheit", so *Bumke*, Grundrechte, in: Hoffmann-Riem, Offene Rechtswissenschaft, 2010, S. 435 ff. (439 f.).

[3] Wo die Verfassung anders, enger, wirklichkeitsenthobener gelesen wird, mag man zu der Erkenntnis gelangen, es sei von ihr nur die „Anerkennung der dem Recht vorausgesetzten *inneren* Autonomie aller Menschen" gefordert, einer inneren Autonomie zumal, die diese Menschen „prinzipiell zur sittlichen Selbstbestimmung befähigt". Aufgabe des Staates „als Mittel der autonomen Selbstorganisation der Freien und Gleichen" sei es dann, „eine rechtliche Ordnung gleicher Sphären *äußerer* Freiheit" zu schaffen, so *Hain*, Rundfunkfreiheit als „dienende Freiheit" – ein Relikt?, in: Bitburger Gespräche Jahrbuch 2007/I, S. 26 (29; Hervorheb. im Orig.). Das sind große und schöne Worte, sie sind im vorliegenden Zusammenhang auch nicht zum ersten Mal zu vernehmen. Doch sind sie auch abgründig. Was, wie hier die „innere Autonomie aller Menschen", von der Verfassung und kraft ihrer vorausgesetzt werden *muss*, kann nicht nur, sondern *darf* in seiner Entstehung nicht mehr zum Gegenstand ihrer Sorge werden. Werden dann Autonomie und Würde aller (aller!) Menschen erst wirklich ernst genommen? Aber geraten wirkliche Menschen und deren tatsächliche Befindlichkeiten dann nicht gerade aus dem Blick? Und will das Grundgesetz eine Verfassung nicht

dieser Schutz schon vor jeder näheren Bestimmung, Formung und Ausrichtung individueller Freiheit einsetzen muss. Die übergreifende grundrechtliche Konstruktion, in der individuelle Freiheit entstehen, Schutz finden und sich entfalten können soll, gründet heute im Recht der Persönlichkeitsentfaltung. Diese Persönlichkeit ist eine Voraussetzung schon der Denkbarkeit, jedenfalls aber aller weiteren Ausprägung, Ausgestaltung, Verwirklichung und Beschränkung verfasster Freiheit. Die Bedingungen ihrer Ausbildung und Entfaltung sind deshalb bei der Ermittlung grundrechtlicher Gewährleistungsgehalte grundsätzlich immer mit zu berücksichtigen, auch wenn sie von Fall zu Fall keine oder jedenfalls unterschiedlich gewichtige Probleme aufwerfen mögen.[4]

Als bedingt und voraussetzungsvoll erweist sich verfasste Freiheit auch dann, wenn sie überindividuell, nämlich als Seinsweise eines Gemeinwesens entworfen werden soll. Was immer das gemeine Wesen sein mag, immer entsteht es in der Verwirklichung der gleichen Freiheit aller, die an ihr interessiert sein können und dies daraufhin auch wirklich sind. Die gleiche Freiheit aller bedarf dann aber einerseits in der *Auseinandersetzung* der „Leidenschaften und Interessen"[5] vielfältiger Grenzziehung. Andererseits sollte sie im *Zusammenwirken* solcher Leidenschaften und Interessen möglichst vervielfältigt und vermehrt werden.[6]

Soll also gesellschaftliche Freiheit auf ein Gemeinwesen hin begrenzt, ausgefaltet und befördert werden, erfordert dies unter anderem die rechtsnormative Ausgestaltung der Spielräume solcher Freiheit. Im Konfliktfall ist dabei auf eine beiderseits möglichst weitgehende, dabei aber gleichmäßige Verwirklichung der gewährleisteten Freiheit hinzuwirken („praktische Konkordanz"[7]). Im Fall der Kooperation sind jedenfalls deren Beständigkeit und etwaige positive Emergenzeffekte anzustreben. In beiden Fällen muss die Ausgestaltung kollektiver Freiheit keineswegs im Modus der Demokratie stattfinden. Das bedarf vielmehr selbst noch der politischen Entscheidung, die sich ihrerseits wiederum nicht notwendig demokratischer Willensbildung verdanken mag. Die deutsche Verfassung kodifiziert eine solche Entscheidung, sie ist 1949 zugunsten der Demokratie getroffen worden. An die Regeln, nach denen in

---

gerade für solche Menschen und ihre Gesellschaft sein? Man wird in dieser Lektüre, wie sich hier zeigt, das Grundgesetz wohl doch verfehlen.

[4] Dass der Münchner Gastwirt den Wunsch und das Wissen dazu hat, sich selbst in seiner Berufsfreiheit zu verwirklichen, mag als Teil des normativen Settings seiner Auseinandersetzung mit dem Kreisverwaltungsreferat um die Berechtigung eines strikten Rauchverbots ohne weiteres zu erwarten sein. Mit Blick auf die Angehörigen eines stabilen „Hartz IV"-Milieus in Berlin-Neukölln erscheint eine solche Erwartung weniger selbstverständlich. Dass die höhere Tochter mit elbchausseenahem Gymnasialabschluss weiß, was sie will, wenn sie ihre Bildungskarriere in ein „soziales Jahr" hinein fortsetzt, kann bis auf weiteres unterstellt werden. Kann entsprechend auch unterstellt werden, dass die junge Muslima, die seit kurzem ein Kopftuch trägt, dies in Ausübung selbst-bewusst gebildeter und angeeigneter religiöser Überzeugungen tut?

[5] *Hirschmann*, Leidenschaften und Interessen, 1980.

[6] Dazu in rechtswissenschaftlicher Perspektive grundlegend und bis heute nicht wieder erreicht *Suhr*, Entfaltung des Menschen durch die Menschen, 1976.

[7] *Hesse*, Grundzüge des Verfassungsrechts, 20. Aufl. 1995, Rn. 72, 317 ff.; überzeugende Kritik freilich bei *Fischer-Lescano*, Kritik der praktischen Konkordanz, KritJ 2008, S. 166 ff.

Konflikt und Kooperation kollektive Freiheit zu leben und ein Gemeinwesen zu bilden ist, können im Geltungsbereich des Grundgesetzes seitdem nur die gebunden werden, die sich diese Regeln selbst gegeben haben.

Im normativen Gefüge der Verfassung stehen nun Persönlichkeit und Demokratie weder beziehungslos noch gleichrangig nebeneinander. Über das Wissen, Meinen und Wollen, dessen die Demokratie bedarf, verfügt sie selbst nicht.[8] Demokratie ist vielmehr angewiesen auf Persönlichkeiten, die sich den Werkstoff demokratischer Selbstbildung und Selbstfindung immer wieder neu aneignen, um ihn erschließen, weiter entwickeln und mitteilen zu können.[9] Gewiss ist Persönlichkeit nicht auch schon hinreichende Gelingensvoraussetzung der Demokratie. Aber sie ist für die durch das Grundgesetz verfasste Demokratie notwendig, und sie ist dieser auch vorgängig.[10] Wer sich der Entstehens- und Gelingensbedingungen der Demokratie zu vergewissern sucht, wird zunächst nach den Bedingungen zu fragen haben, unter denen sich die demokratiefähige und demokratiegeneigte Persönlichkeit ausbilden kann.

Doch schwächt sich das Verhältnis des Vorrangs, in dem Persönlichkeit zu Demokratie steht, schnell zu einem Verhältnis wechselseitiger Bedingtheit ab. In ihm erscheint die Zuweisung vor- oder nachrangiger Positionen nicht mehr besonders sinnvoll. Keinem Mitglied des verfassten Gemeinwesens darf die Möglichkeit von vornherein verschlossen sein, das Selbstbewusstsein, den Willen zur Selbstbestimmung und die Fähigkeit zur Selbstdarstellung und Selbstbehauptung auszubilden, deren die freie Persönlichkeit bedarf. Demokratie kann aber immer noch als eine Form kollektiver Willensbildung gelten, für die immerhin eine gewisse Wahrscheinlichkeit zu vermuten ist, dass die genannten Voraussetzungen individueller Freiheit sich etwaiger Fremdbestimmung zuletzt entziehen können.[11] Immer noch spricht auch manches dafür, dass diese demokratietheoretische Erwartung in der Praxis gelebter Demokratie hinreichende empirische Bestätigung findet. Damit bleibt es also zwar bei dem konstruktiv notwendigen Vorrang der freien Persönlichkeit. Sie ist aufgerufen, sich mit ihresgleichen über die Bedingungen ihrer eigenen Ausbildung und Sicherung zu verständigen, zu denen dann auch die Strukturen demokratischer Willensbildung und Entscheidung gehören. In der täglichen Verfassungspraxis dürften

---

[8] Vgl. schon *Anschütz*, Drei Leitgedanken der Weimarer Reichsverfassung, 1923, S. 33, dort freilich mit Blick auf die *Verfassung* des demokratischen Staates, und auch mit Weiterungen (etwa: Opferbereitschaft, Vaterlandsliebe), die heute der Historisierung bedürfen.

[9] Ausführlich *Preuß*, Die Bedeutung kognitiver und moralischer Lernfähigkeit für die Demokratie, in: Offe (Hrsg.), Demokratisierung der Demokratie, 2003, S. 259 (259).

[10] Das ist ein empirischer Befund. Seine gesellschaftstheoretische Reflexion würde in die vertragliche *Staats*begründung der Aufklärungsphilosophie (Hobbes, Locke, Rousseau, Kant) zurückführen, die bei gleichen Individuen ansetzt, um deren Willen als einzig verbleibende Rechtfertigungsquelle erweisen zu können, s. dazu im Übbl. *Hofmann*, Zur Lehre vom Naturzustand in der Rechtsphilosophie der Aufklärung, in: ders., Recht – Politik – Verfassung, 1986, S. 93 (101 ff., 108 ff.).

[11] Auch dies ist ein Aspekt der „uneinholbaren normativen Überlegenheit" der Demokratie, über deren tatsächliche Voraussetzungen *Preuß*, a.a.O. (Fn. 9), nachdenkt.

Persönlichkeit und Demokratie aber wohl eher in einem Verhältnis der Gleich-
ursprünglichkeit und wechselseitigen Bedingtheit zu beobachten sein.[12]

II. Die Welt aus den Medien

„Im Anfang war die Presse und dann erschien die Welt" – wohl wahr, wie aber kommt
diese nun in jene auch hinein? Im Jahr 1921 schien Karl Kraus dafür noch ein höheres Wesen nötig, er fährt nämlich fort: „Nach unsrer Vorbereitung sieht Gott, dass
es gelingt, und so die Welt zur Zeitung er bringt".[13] Man wird dem Polemiker Kraus
nicht nur das etwas holperige Versmaß, sondern auch den Drang zur metaphysischen
Rückversicherung nachsehen müssen. Er verfügte noch nicht über die Werkzeuge
der modernen Systemtheorie. Deren Bielefelder Neubegründer kann dann aber Mitte der 1990er Jahre kurzen Prozess machen und feststellen: „Was wir über unsere
Gesellschaft, ja über die Welt, in der wir leben, wissen, wissen wir durch die Massenmedien".[14] Ganz gottlos nun und ohne jedes Versmaß, immerhin aber an den Sicher-
heitsleinen eines Platon- und eines Shakespeare-Zitats,[15] wird alles verfügbare Wissen der Welt als Stoff vorgängiger massenmedialer Vermittlung erkannt.

In der Tat ist die Welt viel zu groß geworden, als dass sie in unmittelbarer Nahbe-
reichskommunikation unter Anwesenden, in erweiterter forumsartiger Gruppen-
kommunikation[16] oder auch etwa in einer „Blogosphere"[17] noch originär erschlossen
werden könnte. Das wird man sogar zuspitzen müssen. Denn wo *entsteht* wohl diese
„Welt"? Wo mag sich mit ihr auch eine „Gesellschaft" *herstellen*? Wo inmitten dieser
Gesellschaft könnte sich wiederum dann auch ein „Wir" *ausbilden*? Und wie könnte
es schließlich dem Ich gelingen, sowohl sich selbst wie auch sein aggregiertes Wir aus
Welt und Gesellschaft *herauszuarbeiten* und diese sich *entgegenzusetzen*, um sich in
ihnen dann wieder finden zu können? Gefragt ist hier nach Bauplätzen, nach dem
Material, den Richtungsvorgaben und den Handelnden in gestaltend-produktiver
Konstruktion.

---

[12] Vgl. *Rossen*, Freie Meinungsbildung durch den Rundfunk, 1988, S. 158 f.

[13] *Kraus*, Literatur oder Man wird doch da sehen (1921), in: ders., Dramen, 1989, S. 57.

[14] *Luhmann*, Die Realität der Massenmedien (1995), 4. Aufl. (2009), S. 9; s. auch *Rossen*, a. a. O.
(Fn. 12), S. 228 ff.

[15] Die „Welt" umgreife nämlich Geschichte und Natur gleichermaßen, denn „Was wir über die
Stratosphäre wissen, gleicht dem, was Platon über Atlantis weiß: man hat davon gehört. Oder wie
Horatio es ausdrückt: So I have heard, and do in part believe it", *Luhmann*, ebd.

[16] Zu diesen Grundtypen gesellschaftlicher Kommunikation *Stock*, Medienfreiheit, 1985,
S. 26 ff.; *Rossen*, a. a. O. (Fn. 12), S. 35 ff.

[17] Über Typologie und Bedeutung sozialer Netzwerke informieren die Beiträge in *Alpar/Blasch-
ke* (Hrsg.), Web 2.0 – Eine empirische Bestandsaufnahme, 2008; zu Strukturen, publizistischen
Gehalten und thematischen Schwerpunkten übersichtlich *Unger*, Die Blogosphäre – Inhaltliche
Strukturen deutschsprachiger Weblogs, unveröff. Magisterarbeit TU-Dresden 2005, http:/twoday.
net/static/neuronal/files/magisterarbeit.pdf; mit Blick auf oft behauptete Emanzipationspotentiale
einigermaßen melancholisch *Keren*, Blogosphere. The New Political Arena, Lanham (Lexington
Books) 2006.

Gewiss wird das Material, mit dem hier erbaut, gestaltet und eingerichtet werden muss, nicht ausschließlich durch die Massenmedien zur Verfügung gestellt. Ebenso wenig finden sich die Bauplätze, auf denen dieses Material verarbeitet wird, allein im Angebot der Medien. Und schon gar nicht wird die Grob- und Feinplanung, die aller dieser Produktion zugrunde liegt, allein von den Medien vorgegeben. Die Rezeption massenmedialer Gehalte, das kann heute als gesichert gelten, findet niemals als ausschließlich passive Hinnahme statt. Sie ist immer auch auslegende Umgestaltung, Anpassung und Neuschöpfung durch die Rezipienten, selbst wenn deren Beitrag im Einzelfall kaum noch erkennbar sein mag.[18]

Dies alles lässt aber den Befund unberührt, dass sich im massenmedialen Angebot keineswegs nur eine Welt der Betrachtung darbietet. In diesem Angebot ein bloßes „Fenster zur Welt" zu erwarten, wäre ein Missverständnis, wohl auch naiv. Vielmehr wird die Welt in diesem Angebot allererst erzeugt, jedenfalls immer wieder neu gefügt, geprägt und gestaltet, aus- und umgebaut. Man muss neueren konstruktivistischen Ansätzen der Kommunikationstheorie[19] nicht in deren letzte Konsequenzen folgen, um ihnen doch in dem Ergebnis beitreten zu können, dass gesellschaftliche Wirklichkeit wesentlich das ist, als was sie in den Massenmedien hervorgebracht und vorgestellt wird.[20]

Aus und in dieser Wirklichkeit suchen vergesellschaftete Individuen dann auch ihr Wissen, Meinen und Wollen. Zwar nicht ausschließlich, aber zum größten, wahrscheinlich sogar zum allergrößten Teil finden diese Individuen im Angebot der Massenmedien den Baustoff, dessen sie bedürfen, um sich zu Persönlichkeiten entwerfen und entfalten zu können, immer wieder neu und weiter, ein Leben lang. Aus diesem Baustoff formen die Individuen Vorstellungen ihrer Welt und der Gesellschaft, zu der sie sich – ob am Arbeitsplatz oder im Straßenverkehr, beim Bürgerentscheid oder auf „YouTube" – mit anderen verbinden müssen. Im massenmedialen Angebot finden sie Bausteine und Anleitungen, sich ein kollektives Wir vorzustellen, dem sie sich als individuelles Ich gegenüber setzen können. Dabei werden auch Konventionen und Wertordnungen, Normalitätsmuster, Verdrängungsroutinen und Relevanzzuweisungen übernommen, bestätigt oder verändert. Letztlich ergibt sich daraus das gewaltige und in laufender Selbstveränderung befindliche Gewebe symbolisch-nor-

---

[18] Im Überblick zu neueren Befunden („Interaktivität", „Personalisierung", „Privatisierung") *Bleicher*, Vom Programm zur Navigation? Ordnungsmodelle des Internet-Fernsehens, M&K 2009, S. 520 (521 ff. m. w. N.).

[19] Einen Überblick zur Diskussion bieten die Beiträge in *Merten/Schmidt/Weischenberg* (Hrsg.), Die Wirklichkeit der Massenmedien: eine Einführung in die Kommunikationswissenschaft, 1994.

[20] Zu einem Forschungsprogramm, das im Begriff der „Medialisierung" neuere Untersuchungsvorhaben zur Bedeutung massenmedialer Kommunikation für gesellschaftliche Selbstverständigung und sozialen Wandel zu umgreifen sucht, s. *Meyen*, Medialisierung, M&K 2009, S. 23 ff. m. w. N.

mativer Verflechtungen, in dem die Einzelnen und ihre Gemeinschaften nicht nur
miteinander verbunden sind, sondern wohl überhaupt erst entstehen können.[21]

In allen diesen Konstruktionen und Gefügen wird, das sei nochmals betont, natürlich nicht nur verarbeitet, was die Massenmedien als Material zur Verfügung stellen. Formen unvermittelter Kommunikation wie die bereits erwähnten[22] bestehen
fort, und sie können im Internet zu neuer Bedeutung und Gestaltung finden. Auch
müssen diese Wirklichkeits-Gebilde keineswegs standfest, ausgewogen, gar elegant
oder sonst schön sein. Typischerweise wird es sich um Bricolage und unfertiges
Patchwork handeln, um mehr oder weniger eigen-artige Persönlichkeitsbastelei,
nicht selten auch offensichtlich erst teilweise fertiggestellt oder von vornherein gar
nicht auf Dauer angelegt. Schließlich ist in der Flut einander immer schneller ablö-
sender Angebote, die vielleicht persönlichkeitserheblich sein könnten, mit Überfor-
derungserleben und Verweigerungsreaktionen zu rechnen. Heute gilt für Massenmedien und Internet: „Unzählige Objektivationen des Geistes stehen uns gegenüber
... wie nach eigenen Gesetzen verwaltete Reiche, die Inhalt und Norm unseres individuellen Daseins zu werden beanspruchen, das doch mit ihnen nichts Rechtes anzu-
fangen weiß, ja, sie oft genug als Belastungen und Gegenkräfte empfindet.“[23] Aber so
entstehen und sind nun einmal die Persönlichkeiten, deren Entfaltungsfreiheit die
Verfassung schützt und deren Selbstbestimmung sie in demokratischen Formen zu
zivilisieren sucht. Und alle diese Persönlichkeiten, ihre Wirklichkeiten, Welten und
Gemeinschaften, sind immer in beträchtlichem Maß vom Stoff des massenmedialen
Angebots.

III. Freiheit im Werden

Auch in ihrer Beobachtung durch das Verfassungsrecht bildet sich Persönlichkeit
wesentlich in Kommunikationsprozessen. Zu was sich Persönlichkeit entfalten, als

---

[21] Ziemlich Disparates kann hier verhandelt und festgelegt werden: etwa ob die Einkommens-
unterschiede zwischen Hauptkommissar, Bundespräsident, WDR-Intendantin, Pro7Sat1-Vorstand
und Investmentbanker eine Neubalancierung des sozialen Anstands oder vielleicht umgekehrt dessen gänzliche Preisgabe als soziomoralisches Korrektiv erfordern könnten, ob dicke bzw. schnelle
Autos immer noch ganze Männer bedeuten, inzwischen doch eher lächerlich erscheinen oder sogar
als moralrelevante Sozialpathologie beobachtet werden müssen, dass 19 Tote bei einer „Lovepa-
rade" als Drama und Skandal zu werten, aber 4152 Verkehrstote im Jahr 2009 als statistisches Datum hinzunehmen sind, was ein Rauchverbot mit Toleranz zu tun haben könnte oder ob, wer arbeiten will, auch Arbeit findet. Das ist der Stoff, aus dem in Konsens und Konflikt der Kitt der Gesellschaft erzeugt wird, und er wird heute immer noch ganz wesentlich über die Massenmedien in die
gesellschaftlichen Strukturen eingelassen. Und das gilt auch für die Verfassung, ihr Recht und dessen laufende (Um-)Gestaltung, Differenzierung, Integration und Publifizierung; von *Volkmann*
wird das in diesem Band dann in der schönen Formulierung erfasst, es sei die Verfassung die Her-
vorbringung der Kommunikationen über sie, nur in diesen vorhanden.
[22] S. o. bei Fn. 16 f.
[23] *Simmel*, Die Krisis der Kultur, in: ders., Das individuelle Gesetz. Philosophische Exkurse
(1916), 1968, S. 233.

was sie sich und anderen erscheinen kann, in welche kollektiven Identitäten sich Persönlichkeit dann einfindet und ob sie schließlich deren demokratischen Fortgang zu befördern suchen wird, das alles bestimmt sich wesentlich, vielleicht sogar ausschließlich, in Zusammenhängen der Kommunikation, diese auch hier verstanden als Einheit von Information, Mitteilung (in dem Wort des Art. 5 Abs. 1 S. 1 GG: Äußerung) und Verstehen.[24] Die stetig sich drehende und weiter treibende Achse dieser Kommunikationen ist der Prozess der Meinungsbildung.[25] Keineswegs notwendig aufbauend, einfallsreich oder auch nur sozialverträglich, aber doch jedenfalls unaufhebbar produktiv wird in ihm das subjektive Wissen, Meinen und Wollen erarbeitet, in dem nicht nur Persönlichkeit sich ausdrücken und widerspiegeln, sondern dann auch Demokratie ihre Beweggründe und Ziele finden muss. Die Kommunikationsgrundrechte des Art. 5 Abs. 1 GG, das Grundrecht der Persönlichkeitsentfaltung aus Art. 2 Abs. 1 GG und das Demokratieprinzip verweisen aufeinander, sie stützen sich wechselseitig. In der Achsenlinie dieser kommunikationsverfassungsrechtlich tragenden Konstruktion wird so schließlich ihre grundlegende Gewährleistung sichtbar, ohne ausdrücklich bezeichnet zu sein. Unausgesprochen vorausgesetzt ist in dem eben skizzierten Gefüge verfassungsnormativer Verweisungen eine kommunikationsverfassungsrechtliche Grundnorm, die Gewährleistung freier und umfassender Meinungsbildung.[26]

Die Kommunikationsrechte des Art. 5 Abs. 1 S. 1 GG weisen damit eine grundrechtstheoretische Besonderheit auf. Diese Grundrechte schützen ihre Träger gerade auch darin, die ihnen verbürgte Freiheit überhaupt erst erkennen und annehmen zu können. Die Kommunikationsgrundrechte setzen das Subjekt der von ihnen geschützten Freiheit und dessen Befähigung zur Ausübung dieser Freiheit nicht stets schon als jenseits ihrer Schutzbereiche vollständig entwickelt voraus. Diese Grundrechte erfassen auch das Werden dieses Subjekts und die Ausbildung jener Befähigung. Sie schützen ihr Subjekt auch dort schon, wo es noch gar nicht bestehen kann, sondern sich erst, und zwar im Doppelsinn des Wortes, *bilden* können soll.

Einen den Grundrechten des Art. 5 Abs. 1 S. 1 GG vergleichbaren Gewährleistungsgehalt könnte ein individualrechtlich normiertes subjektives „Grundrecht auf Bildung" haben. Es müsste ja auch schon den ungebildeten Menschen so schützen, dass *er sich*, und *frei*, dazu bilden könnte, souverän über seine weitere Bildung zu verfügen. Paternalismus und Selbstbestimmung müssten normativ so aufeinander bezogen werden, dass sie sich wechselseitig stützen und begrenzen könnten.[27] Nicht

---

[24] *Luhmann*, a. a. O. (Fn. 14), S. 117 f. m. w. N.

[25] *Starck*, in: v. Mangoldt/Klein (Hrsg.), Grundgesetz, Bd. I, Art. 5 Rn. 37; *Schulze-Fielitz*, in: Dreier (Hrsg.), GG-Kommentar, Bd. 1, 2. Aufl. (2004), Art. 5 I, II, Rn. 67 m. w. N.

[26] Übbl. bei *Rossen-Stadtfeld*, in: Hahn/Vesting (Hrsg.), Beck'scher Kommentar zum Rundfunkrecht, 2. Aufl. (2008), § 25 Rn. 8 ff.; ausführlich *Rossen*, a. a. O. (Fn. 12), S. 81 ff.

[27] Zu spezifisch bildungsrechtlichen Hintergründen, Ausprägungen und Weiterungen dieses Zugleichs von Disponibilität und Unverfügbarkeit *Stock*, Autonomiekonzepte für die öffentliche Schule – Altes und Neues, in: Jach/Jenkner (Hrsg.), 50 Jahre Grundgesetz und Schulverfassung, 2000, S. 59 ff. (insbes. S. 65 ff.); mit Blick auf aktuelle Entwicklungsfragen des dualen Rundfunksys-

zuletzt der grundrechtstheoretischen Probleme wegen, die eine solche Konstruktion verursacht, haben sich Rechtsprechung und überwiegende Literatur der Anerkennung eines solchen Grundrechts bislang verweigert.[28]

Im Kommunikationsverfassungsrecht ist eine solche Verweigerung nicht möglich. Das ergibt sich, und zwar ohne dass es eines zusätzlichen Verweises auf das Sozialstaatsgebot[29] oder das Demokratieprinzip bedürfte, bereits aus dem paradoxienahen Gehalt der Grundrechte des Art. 5 Abs. 1 GG selbst. Diese setzen die meinungsbildende Persönlichkeit unverfügbar. Sie verlangen aber gerade dazu eine Ausgestaltung eben der kommunikativen Bedingungen und Beziehungen, in denen die Persönlichkeit sich selbst erst zur Autonomie hin bilden muss, um sich dann auch ihr Gemeinwesen demokratisch aneignen zu können. Die sich selbstbestimmt erst bildende Persönlichkeit wird der demokratischen Ausgestaltung ihrer Entstehungsbedingungen damit als Maßstab und Ziel bereits vorgegeben. Persönlichkeit und Demokratie werden unverfügbar gestellt, indem über sie verfügt wird.

Dieser ambivalente Schutz der werdenden Persönlichkeit und ihrer stets noch auf dem Weg befindlichen demokratischen Verbindung gilt kommunikationsräumlich unbeschränkt. Er besteht auch dort, wo Individuen im Internet kommunizieren und dabei in den Einwirkungsbereich meinungsbildungserheblicher Angebote gelangen. Der besondere Schutz des Art. 5 Abs. 1 GG, der die kommunizierende Persönlichkeit in Entstehung, Entfaltung und Bestand gleichermaßen umgreift, soll auch in diesem Bereich wirksam werden können.

IV. Funktion und Freiheit

Was selbstbestimmte Persönlichkeiten sind, wozu sie sich laufend entwickeln können, und ob sie ein ihnen gemeines Wesen dann auch demokratisch zu pflegen vermögen, hängt also von epistemisch-informationellen, kognitiven und voluntativen, insgesamt also von zutiefst sozial eingebundenen Voraussetzungen ab.[30] Diese Voraussetzungen werden heute weitestgehend in den Zusammenhängen gesellschaftlicher Kommunikation gestaltet, gesucht und erschlossen. Moderne Massenmedien stellen diese Zusammenhänge her und pflegen sie. Dabei haben sie, Presse wie Rundfunk, immer wieder darauf hinzuwirken, dass gesellschaftliche Kommunikation ineinander überführt, miteinander verzahnt und auseinander neu entfaltet wird. Das ist der Kern einer Integrationsaufgabe, die den modernen Massenmedien durch Art. 5 Abs. 1 GG weiterhin auferlegt bleibt, an der also kraft verfassungsnormativer

---

tems *ders.*, Public-Service-Idee und duales System – woher und wohin?, in: Institut für Informations-, Telekommunikations- und Medienrecht (ITM) an der Westfälischen Wilhelms-Universität Münster – Landeskompetenzzentrum Münster – (Hrsg.), Vom Bau des digitalen Hauses, FS Norbert Schneider, Berlin 2010, S. 25 ff. (35 f.).

[28] S. *Gröschner*, in: Dreier, a. a. O. (Fn. 25), Art. 7 Rn. 65 f.

[29] Dazu näher *Rossen*, a. a. O. (Fn. 12), S. 258 ff.

[30] S. o. vor Fn. 5 und nach Fn. 16.

Vorgabe in allem empirischen Wandel gesellschaftlicher Kommunikation festzuhalten ist.[31] Diese wird daraufhin zum Gegenstand einer Betreuungspflicht, die durch Kommunikationsverfassungsrecht und „positiv" ausgestaltendes[32] einfaches Medienrecht den Medien – Presse[33] und Rundfunk[34] – auferlegt ist.

Für den Rundfunk hat das Bundesverfassungsgericht diese Betreuungspflicht mehrfach und genauer ausgezeichnet. Dieser ist durch Art. 5 Abs. 1 S. 2 GG verpflichtet darauf, aber auch geschützt darin, gesellschaftliche Kommunikation frei, und das heißt hier mit Blick auf die soeben bezeichnete Betreuungspflicht: nach Maßgabe allein professionell-eigenständiger Kriterien zu betreuen. Sowohl gegenüber dem Staat[35] wie auch gegenüber sonstigen Trägern gesellschaftlicher, insbesondere wirtschaftlicher Macht muss er unabhängig bleiben können.[36] Als „Medium und Faktor"[37] soll der Rundfunk Leistungen für einen – wie immer auch unabgeschlossenen und lückenhaften – Zusammenhang gesellschaftlicher Kommunikationen und innerhalb dieses Zusammenhanges erbringen. Er soll sich in seinem gesamten Angebot der Vielfalt gesellschaftlicher Kommunikation medial so weit wie möglich öffnen, faktoriell auf eine stetige Erhöhung des jeweils erreichten Vielfaltniveaus hinwirken und im übrigen für die allgemeine Zugänglichkeit seiner Darbietungen Sorge tragen. Auch heute noch kann nach Auffassung des Bundesverfassungsgerichts nur auf diese Weise gewährleistet werden, was Art. 5 Abs. 1 GG als ein Zusammenhang höchstran-

---

[31] *Rossen*, a.a.O. (Fn. 12), S. 246ff.; *Rossen-Stadtfeld*, a.a.O. (Fn. 26), § 25 Rn. 34ff.

[32] Übbl. bei *Schulze-Fielitz*, a.a.O. (Fn. 25), Rn. 215ff. m.w.N.

[33] Seit dem Spiegel-Urteil kennt das BVerfG eine *Funktion* der Presse für die Meinungsbildung der Einzelnen und für die „öffentliche Auseinandersetzung"; die „öffentliche Aufgabe" der Presse wird dort ebenso hervorgehoben wie ihre „Funktion ... im demokratischen Staat", und ausdrücklich wird schließlich darauf hingewiesen, dass die in manchen Hinsichten bevorzugte Stellung der Presseangehörigen diesen „um ihrer Aufgabe willen und nur im Rahmen dieser Aufgabe eingeräumt" sei, s. BVerfGE 20, 162 (174ff.). Diese funktionale Bindung der Pressefreiheit wird weiter präzisiert insbes. in BVerfGE 25, 256 (268: „Meinungs- und Pressefreiheit wollen die freie geistige Betätigung und den Prozess der Meinungsbildung in der freiheitlichen Demokratie schützen; sie dienen nicht der Garantie wirtschaftlicher Interessen"); 57, 295 (322f.); 74, 297 (323); 80, 124 (135).

[34] Grdl. BVerfGE 57, 295 (320), seitdem st. Rspr., zuletzt BVerfG, 1 BvR 2270/05, 809, 830/06 v. 11.09. 2007, BVerfGE 119, 181 (214ff., 217ff.).

[35] Ausgestaltende Medienrechtsetzung ist freilich Teil des demokratischen Meinungs- und Willensbildungsprozesses, auf den sie zum Schutz der Medienfreiheit auch vor staatlichem Zugriff strukturierend und sogar inhaltsbestimmend (insbes.: rundfunkrechtliche Programmgrundsätze und -vorgaben) einwirken soll. Hier stellen sich Balanceprobleme im Grenzbereich der Paradoxie, die aber keineswegs unlösbar sind, vgl. *Rossen*, a.a.O. (Fn. 12), S. 140ff., 300ff.; als jüngere Stellungnahme *Goerlich/Meier*, Selbstverpflichtungen und Autonomie am Beispiel des öffentlich-rechtlichen Rundfunks, ZUM 2007, S. 889ff. m.w.N.

[36] Das fasst die Formulierung der Rundfunkfreiheit als „Rundumfreiheit" zusammen: *Stock*, Medienfreiheit als Funktionsgrundrecht, 1985, S. 335; ebenso *Hoffmann-Riem*, in: Benda/Maihofer/Vogel (Hrsg.), Handbuch des Verfassungsrechts der Bundesrepublik Deutschland, 2. Aufl. (1995), § 7 Rn. 18, 59.

[37] BVerfGE 12, 205 (260); 57, 295 (320); 73, 118 (152); *Rossen-Stadtfeld*, in: Hahn/Vesting, a.a.O. (Fn. 26), § 25 Rn. 34ff.

giger Kommunikationsrechte insgesamt sicherstellen will: die Freiheit umfassender und chancengleicher[38] Meinungsbildung.[39]

Dem weit ausgespannten Realisationsbereich der Meinungsbildungsfreiheit entsprechend hat der Rundfunk eine „dienende" Funktion in seinem gesamten Tätigkeitsfeld zu erfüllen. Um innerhalb dieses Feldes bereichsspezifisch-dimensionale Besonderheiten zu unterscheiden, wird im Rundfunkrecht herkömmlich die Aufgabentrias „Information, Bildung und Unterhaltung" verwendet; in jüngerer Zeit ist sie durch die Aufgabe der „Beratung" zu einer Aufgabenquadriga erweitert worden.[40] Informative, bildende und unterhaltende Elemente müssen danach in immer wieder neuen, unbeständigen Mischungsverhältnissen medial und faktoriell verarbeitet werden.[41]

Insbesondere vermag gerade ein massenmedial zugängliches Unterhaltungsangebot die individuelle und öffentliche Meinungsbildung tiefgreifend zu beeinflussen.[42] Das kann erfolgen etwa durch die spektakelhafte[43] Zurschaustellung möglicher Identifikationsfiguren (von „Germany's next Topmodel" über *Harald Schmidt* bis zu *Marco Schreyl* oder *Dieter Bohlen*) oder, umgekehrt, sozialer Elendsbilder in den neueren „Doku-Soaps" des kommerziellen Nachmittagsfernsehens.[44] Unterhaltungsangebote beeinflussen Persönlichkeitsbildung und Demokratiefähigkeit sowie Demo-

---

[38] *Schulz*, Gewährleistung kommunikativer Chancengleichheit als Freiheitsverwirklichung, 1998.

[39] *Rossen*, a.a.O. (Fn. 12), S. 142f., 165ff.; *Rossen-Stadtfeld*, a.a.O. (Fn. 26), § 25 Rn. 8ff. m.w.N.

[40] S. etwa § 11 Abs. 2 S. 3 RStV.

[41] Zum bekannten Beispielsfall des „Infotainment", hier durch Presseerzeugnisse, vgl. BVerfGE 101, 361 (390).

[42] So nachdrücklich und überzeugend das Bundesverfassungsgericht a.a.O. (Fn. 41). § 11 Abs. 1 S. 5 RStV i.d.F. des 12. RÄndStV zieht daraus nun für den öffentlich-rechtlichen Teil des Dualen Systems die normative Konsequenz: „Auch Unterhaltung soll einem öffentlich-rechtlichen Angebotsprofil entsprechen". Das sollte nicht als Ermutigung der Strategie eines „Containment" des öffentlich-rechtlichen Rundfunks in hochkulturell-randständigen Qualitätsnischen verstanden werden. Produktiver, und damit richtig, ist vielmehr eine Lektüre der Regelung, nach der hier einer schon viel zu weit fortgeschrittenenen Angleichung des öffentlich-rechtlichen an das kommerzielle Unterhaltungsniveau eine normative Grenze gezogen werden soll.

[43] Dazu trotz einer zeitverhafteten geschichtsphilosophischen Rahmung in Genauigkeit, Konsequenz und Vorausschau beeindruckend *Debord*, Die Gesellschaft des Spektakels, 1996 (Erstausgabe 1967), im hiesigen Zusammenhang etwa Thesen 17f., 20f., 25, 59f., 157, 192.

[44] Zu letzteren findet sich eine vorzügliche Analyse bei *Pauer*, Der produzierte Prolet, ZEIT Nr. 32 v. 05.08. 2010, S. 38. Mit Blick auf die Funktion solcher Unterhaltungsformen für die Entlastung, Rechtfertigung und Befestigung gesellschaftlicher Beziehungen führt dort ein Zitat von *Joan Bleicher* („Früher ging man mit dem Picknickkorb zur öffentlichen Enthauptung, heute schaut man eben Dokusoaps") zu den wohl nur rhetorischen Fragen der *Autorin*: „Das Nachmittagsfernsehen also als moderne Negativfolie zur Selbstbeobachtung und gleichzeitigen sozialen Abgrenzung von Verlorenen, die noch Verlorenere verlachen? Scripted Reality als Zementierung des Abgehängtseins von Menschen am unteren Ende der gesellschaftlichen Leiter, die Tag für Tag stundenlang in die Welt des Trashs abtauchen, aus der sie selbst entstammen?" Das sind nun gewiss Fragen, zu denen sich das Grundgesetz nicht gleichgültig verhalten wird.

kratiebereitschaft[45] aber auch durch die Verfertigung, die einübende Bekräftigung sowie andererseits auch Distanzierung[46] von Rollenschemata, Verhaltenserwartungen und Normalitätsmustern, oder durch die implizite Bewerbung bestimmter, das Meinen und Wünschen steuernder Werte („Fun", coole Cleverness, Unempfindlichkeit etc.).[47] Unterhaltung beeinflusst gesellschaftliche Kommunikation und Meinungsbildung schließlich durch die bloße Bindung zeitverzehrender Aufmerksamkeit, die dann für andere Angebote nicht mehr aufgebracht werden kann.[48] Shows und Soaps, Talkrunden, Rezensionen, das Feuilleton überhaupt, wohl aber auch etwa Blogs und ähnliche Internet-Foren, können sich zu mächtigen „Diskursmaschinen" der Unterhaltungsindustrie verbinden, dazu in Gang gesetzt, gesellschaftliche Aufmerksamkeit unaufhörlich von Erregung zu Vergessen und wieder zu neuer, stärkerer Erregung zu treiben.[49] In der „Immanenz"[50] solcher Erregungsunterhaltung (Unterhaltungserregung?) könnte sich gesellschaftliche Kommunikation gegen Anderes, Unbekanntes, befremdlich Utopisches und damit womöglich wirklich Neues so sehr abdichten, dass sie jedenfalls in ihren massenmedialen Bahnen unfruchtbar würde. Auch dann wäre das normative Anliegen der Meinungsbildungsfreiheit verfehlt.

Zwar unterscheiden sich Rundfunk und Presse in ihren je besonderen Leistungen an die und in der gesellschaftlichen Kommunikation. Das bedingt je besondere Anforderungen an die Ausgestaltung der einfachrechtlichen Regimes, in denen die Massenmedien diese Leistungen zu erbringen haben. Die Verfassung zeichnet diese Regimes nicht im Einzelnen vor. Sie haben sich vielmehr im Zusammenwirken wirtschaftlicher, politischer, publizistischer bzw. journalistischer und rechtlicher Bedingungen und Einflüsse mehr oder weniger inkrementalistisch herausgebildet, und sie verändern sich im Wandel der Strukturen gesellschaftlicher Kommunikation und

---

[45] Vgl. *Hoffmann-Riem*, Mediendemokratie als rechtliche Herausforderung, Der Staat 2003, S. 193 ff. (222).

[46] Die freilich durchaus ambivalent ist, noch einmal *Pauer*, a.a.O. (Fn. 44): unter dem Druck „voyeuristischer Präferenzen" sei die „Pseudo-Wirklichkeit ... mit der Zeit immer lauter, kaputter und grausamer geworden", die „Reizspirale des inszenierten Trashs scheint sich immer weiter zu drehen".

[47] In den Worten des BVerfG, a.a.O. (Fn. 41): „Realitätsbilder ... und Gesprächsgegenstände ... Lebenseinstellungen, Werthaltungen und Verhaltensmuster"; ähnlich BVerfGE 119, 181 (215: „Vielfalt der in einer Gesellschaft verfügbaren Informationen, Erfahrungen, Werthaltungen und Verhaltensmuster").

[48] Unterhaltung kann so Vergessen bewirken und damit, jedenfalls wenn dem Nietzsche der Zweiten unzeitgemäßen Betrachtung Glauben geschenkt werden darf, Leben und Handeln erst ermöglichen. Sie kann aber auch bloße Betäubung und systematische Verdrängung bewirken, dazu dann etwa *Debord*, a.a.O. (Fn. 43), S. 205. Vergleichsweise leidenschaftslos wird die Dethematisierungs- und Ausblendungsfunktion moderner massenmedialer Unterhaltung als meinungsbildungsrelevant notiert in BVerfGE 12, 205 (260); ähnlich BVerfGE 31, 314 (326); 59, 231 (258); 73, 118 (152).

[49] Das ist die beunruhigend plausibel dargelegte These von *Hielscher*, Traurige Alphabeten. Über den Triumph der Unterhaltung, Süddeutsche Zeitung Nr. 185 v. 13.08. 2010, S. 13. Einen ähnlich zirkulär sich selbst forttreibenden Zusammenhang von Erregung, Abstumpfung und stärkerer Erregung konstatiert *Pauer*, a.a.O. (Fn. 44).

[50] *Hielscher*, ebd. (Fn. 49).

ihrer gesellschaftlichen Umwelten weiter. Freilich lassen sich in diesem Wandel einigermaßen beständige Grundmodelle solcher Regulierungsregimes ausmachen. Für
die Presse gilt nach wie vor ein Modell funktionssichernd reglementierter Marktfrei-
heit als Gestaltungsvorgabe. Im Bereich des Rundfunks soll die Verbindung von pro-
fessioneller journalistischer Freiheit in der unmittelbaren Erfüllung der Rundfunkfunktion und mittelbarer gesellschaftlicher Kontrolle dieser Erfüllung Gewähr für
die hinreichende Aufgabenerfüllung bieten. Die funktionale Bindung der Medienfreiheit bleibt aber in beiden Ausgestaltungsformen unberührt. Normativen Bestand
vermittelt die Verfassung damit allein der *Funktion*[51] der Medien, die Freiheit individueller und kollektiver Meinungsbildung zu ermöglichen. Die Herstellung der rechtlichen und außerrechtlichen Bedingungen, unter denen diese Funktion verwirklicht
werden kann, überantwortet sie demgegenüber zeit-, problem- und interessenver-
hafteter, also durchaus kontingenter politischer Ausgestaltung.

Die Voraussetzungen grundrechtlich geschützter Persönlichkeitswerdung und die
Gelingensbedingungen demokratischer Vergesellschaftung sind in weitem Ausmaß
abhängig von den Leistungen der Massenmedien. Deshalb hat auch für die Presse zu
gelten, was in der Rechtsprechung des Bundesverfassungsgerichts ausführlicher für
den Rundfunk entwickelt worden ist, ohne aber durch dessen technische Eigenarten
bedingt zu sein. Auch die Pressefreiheit ist nicht um ihrer selbst oder gar um wirtschaftlicher Gründe willen grundrechtlich gewährleistet. Auch sie ist eine Freiheit in
funktionaler Bindung. Das wird in der Rechtsprechung des Bundesverfassungsgerichts schon vor der genaueren Konturierung der entsprechenden Funktion des
Rundfunks hervorgehoben; für die Entwicklung einer funktional gebundenen Medienfreiheit erweist sich nicht die Rundfunkfreiheit, sondern die Pressefreiheit als
Ursprungsparadigma.[52] Auch die Presse hat an der Verknüpfung, Ausweitung und
Integration gesellschaftlicher Kommunikation mitzuwirken. Das bedeutet nicht,
dass Presse- und Rundfunkfreiheit notwendig auch denselben Ausgestaltungsvorga-
ben im Einzelnen unterliegen müssten. Mit Blick auf Organisation und Bedeutung
der jeweiligen Medien können hier sogar sehr unterschiedliche Gestaltungen veran-
lasst sein.

Noch einmal hervorzuheben ist, dass der funktionalen Bindung grundrechtlicher
Freiheit eine kraftvoll individualrechtlich ausgerichtete Schutzabsicht zugrunde
liegt. Keineswegs wird unvermittelt eine demokratische, sozialintegrative, kultur-
oder gar staatspflegerische Bedeutung der Medien eingeführt, um erst aus dieser
dann dessen dienende Funktion nicht nur abzuleiten, sondern in solcher Bedeutung

---

[51] Für den Rundfunk wird das spätestens im NRW-Urteil von 1991 hervorgehoben, s. BVerfGE
83, 238 (299).
[52] S. die Nachw. o. Fn. 33.

auch zu begrenzen.[53] Zwar begriffspolitisch[54] verständlich, in theoretischer wie dogmatischer Hinsicht aber kaum nachvollziehbar ist deshalb der Vorwurf, ein eigentlich vorrangiges, individual- und abwehrrechtlich ausgerichtetes Grundrechtsverständnis werde hier für ein Konzept objektivrechtlich-heteronomer Inpflichtnahme grundrechtlicher Freiheit preisgegeben. Gleiches gilt für die Klage, die „dienende" Freiheit der Medien sei einem fürsorglichen Paternalismus verpflichtet, der unter den Bedingungen grenzenloser Informations- und Kommunikationsmöglichkeiten bestenfalls befremdlich wirke, jedenfalls aber grundrechtsdogmatisch längst nicht mehr zu rechtfertigen sei.[55]

Solche Kritik sucht immer noch ein Konzept grundrechtlicher Normativität in hergebrachten Entgegensetzungen zu fassen, das diese Entgegensetzungen längst aufgehoben hat, und zwar im Doppelsinn des Wortes. Das Grundrechtsgefüge des Art. 5 Abs. 1 GG bindet objektive und subjektive, abwehr- und leistungsrechtliche, handlungsbezogene und institutionelle Gehalte ein und ordnet sie einander zu. Die in allen ihren Dimensionen (Bildung, Äußerung, Rezeption) chancengleich realisierbare Freiheit aller Grundrechtsträger, ihre individuelle Persönlichkeit in Kommunikationsprozessen auszubilden, ist aber Ursprung und bleibt Mittelpunkt dieses Grundrechtsgefüges. Erst in ihm kann schließlich auch ein übergreifender Verfassungsbegriff moderner Massenmedien entwickelt werden, der sich dann als funktional akzentuiert erweist. Erste Destinatäre der grundgesetzlich gewährleisteten Funktion solcher Medien sind nicht Gesellschaft, Staat oder Demokratie, sondern Persönlichkeiten, die fähig sein sollen, genau zu denken und eindringlich zu fühlen, die wissen und glauben, reden und zuhören können sollen.

So verstandene Grundrechtsnormativität ist keiner milieuspezifischen[56] Abstufung zugänglich. In dieser normativen Perspektive muss dann freilich um so mehr auffallen, dass auch die Meinungsbildungsfreiheit tatsächlich immer stärker von sozialen Lagen beeinflusst scheint. In den Kreisen bildungsbürgerlicher Eliten wird man die Fertigkeit grundsätzlich voraussetzen dürfen, Informations-, Orientie-

---

[53] So aber *Vesting*, in: *Hahn/Vesting*, a.a.O. (Fn. 26), Einf. RstV, Rn. 14 ff. (16: „staatszentrierte Modellbildung", „*politische* Funktionalisierung der Autonomie der Medien und des Rundfunks" [Hervorheb. i. Orig.]), sowie erneut in diesem Band.

[54] Wohl noch zu vorsichtig *Hoffmann-Riem*, Der Rundfunkbegriff in der Differenzierung kommunikativer Dienste, AfP 1996, S. 9 (15: „suggestive Rhetorik").

[55] Für viele vgl. *Degenhart*, Bonner Kommentar zum Grundgesetz, Lsbl. (Stand 1999), Art. 5 Abs. 1 u. 2, Rn. 709; *Engel*, Multimedia und das deutsche Verfassungsrecht, in: Hoffmann-Riem/Vesting, Perspektiven der Informationsgesellschaft, 1995, S. 155, 163; *Bullinger*, Medien, Pressefreiheit, Rundfunkverfassung, in: Badura / Dreier (Hrsg.), FS 50 Jahre Bundesverfassungsgericht, 2001, S. 193, 201 („... nationale Rundfunkorganisationen und ihre staatlichen Regulatoren entscheiden hier primär darüber, mit welchen Informationen die Bürger telekommunikativ ‚versorgt' werden sollen"); neuere zusammenfassende Überblicke bei *Lindschau*, Die Notwendigkeit des öffentlichrechtlichen Rundfunks, 2007, S. 148 f., und *Reese*, Der Funktionsauftrag des öffentlich-rechtlichen Rundfunks vor dem Hintergrund der Digitalisierung, 2006, S. 54 f., jew. m.w.N.

[56] Eine gerade auch medientheoretisch produktive „wissenssoziologische Interpretation sozialer Milieus" einschließlich weiterführender Typisierungen findet sich bei *Schulze*, Die Erlebnisgesellschaft, 3. Aufl. (1993), Kap. 5. u. 6.

rungs- und Bildungsbedarfe aus der Qualitätspublizistik und dem Internet zu decken. Für die Unterhaltungsangebote des Nachmittags-, Vorabend- und Prime Time-Programms des Leitmediums Fernsehen fehlt in diesen Kreisen ohnehin die Zeit. Genau hier aber finden sich Medienangebote mit ausgesprochen beeindruckenden Quotenzuwächsen.[57] Wo die ökonomischen, politischen und juristischen Maßgaben verhandelt werden, nach denen Freiheit und Funktion der Massenmedien auszugestalten sind, verfügt man zur Empirie dieses Fernsehangebots regelmäßig kaum über eigene Anschauungen. Man hat dort deshalb auch nur eher vage Vorstellungen von den Verwüstungen, die das Fernsehen – kommerzielle Angebote freilich weitaus mehr als Public Service-Angebote[58] – im Denken, Fühlen und Wollen einer immer größeren Gruppe seiner Rezipienten anzurichten geeignet ist. Wenn sich dann Angehörige der bildungsbürgerlichen Eliten in medienethnologischer Absicht den merkwürdigen Milieus zugesellen, die sich da Tag für Tag am Bildschirm ihrer inszenierten Normalität vergewissern, und wenn sie ihre Erfahrungen auch noch in gediegenen Printmedien veröffentlichen,[59] mag das für kurzfristige Aufregung im Feuilleton sorgen, dort auch manch' geschliffene Sorge hervorrufen, etwa um den gesellschaftlichen Zusammenhalt. Aber das geht vorüber, auch die bildungsbürgerliche Beunruhigung, von Angstlust nicht immer wirklich zu unterscheiden, kann

---

[57] Besondere Bedeutung hat dabei seit einigen Jahren das bereits erwähnte Format der „Doku Soap" bzw. „Scripted Reality" erlangt, in dem Laiendarsteller in pseudo-dokumentarischem Stil Wirklichkeit spielen; frühe Beobachtungen bei *Niggemeier*, Fernsehen für Menschen, die lieber bügeln, FAZ v. 04. 12. 2005, http://www.stefan.niggemeier.de/blog/k11/; derzeit stilprägende Beispiele bei *Winterbauer*, Der Siegeszug der scripted Reality, http://meedia.de/nc/details-topstory/article/der-siegeszug-der-scripted-reality_100024919.html v. 02. 12. 2009; weitere Daten bei *Krüger*, Factual Entertainment – Fernsehunterhaltung im Wandel, MP 2010, 158 ff. (171 ff.), und *ders.*, Sendungsformen, Themen und Akteure im Nonfictionangebot von ARD, ZDF, RTL und Sat.1, MP 2010, 258 (266 ff.); s. auch *Pauer*, a. a. O. (Fn. 44).

[58] Im öffentlich-rechtlichen Rundfunk sind die Quoten kommerzieller „Scripted Reality"-Formate indes nicht unbemerkt geblieben. Ein im NDR erstelltes Positonspapier „Scripted Reality – eine Chance für den NDR?" v. 04. 06. 2010 (http://www.agdok.de/de_DE/news/127389/hpg_detail) plädiert entschieden für einen „Test" des Formats im Hauptabendprogramm des NDR. Zwar wolle man das kommerzielle Reality-Format nicht kopieren. Doch könne es „in einer Übersetzung für die Sehgewohnheiten unserer Zuschauer ... auch im öffentlich-rechtlichen Umfeld funktionieren", heißt es in dem NDR-Papier, weil das Format „spannende Geschichten zu einem relativ kleinen Budget liefert". Das kennzeichnende Funktionsprinzip dieses Formats ist freilich die systematische Verwischung und planmäßige Ausblendung des Unterschieds zwischen Dokumentation und Fiction. Dies prägt das Format. Darauf wird deshalb auch in jeglicher „Übersetzung" nicht verzichtet werden können. Dann aber dürfte es schwer werden, der verfassungsrechtlich vorgegebenen Funktion des Public Service mit diesem Format zu genügen. „Sehgewohnheiten" oder Budgeteffizienz können einen normativ befestigten Programmauftrag nicht ersetzen. Sollte sich hier ein neuer Fall der „Konvergenz nach unten" abzeichnen? Mit einigen programmrechtlich desinteressierten Beruhigungsbekundungen ist diese Befürchtung nicht auszuräumen, vgl. etwa *Bergengruen* (Leiter der Hauptabteilung Film und Familienprogramm des SWR), Interview, promedia 11/10, S. 30 ff. (http://www.promedia-berlin.de/fileadmin/Archiv/2010/11/promedia201011-online03.pdf), vage auch ARD-Programmdirektor *Herres*, Die Stärke unserer Marken, Interview Funkkorrespondenz 46/2010: „diese Form von Scripted Reality kommt für uns nicht in Frage" – andere Formen aber doch?

[59] Nach *Weiß/Bonner*, *Holtkamp* und *Wieczorek* u. a. *Kissler*, Dummgeglotzt. Wie das Fernsehen uns verblödet, 2009.

schließlich in der „Ökonomie der Aufmerksamkeit"[60] als Medienkritik vermarktet werden,[61] und solange der Medienproll nur Untersuchungsobjekt bleibt, besteht ja auch kein Anlass zu dauerhafter Beunruhigung. Es sind dies freilich Mitbürgerinnen und Mitbürger, auch sie haben das Wahlrecht, und ohne sie wird eine moderne Gesellschaft auf Dauer nicht zivilisiert bleiben können. Auch für sie, die für sich selbst oft nicht mehr einstehen können,[62] fordert das Grundgesetz Verantwortung ein, auch von den besseren Ständen, denen etwa „Das wahre Leben" bei RTL II und die dortige Ausstellung von Freaks[63] typischerweise als eher degoutantes Unterschichtenvergnügen gelten.

V. Einrichtung und Ausgestaltung der Medienfreiheit

Das Kommunikationsverfassungsrecht bindet Gesetzgeber und Verwaltung unmittelbar. Doch ist das Gewährleistungsgefüge, zu dem sich seine Regelungen verbinden, nur in einigen grundlegenden Eckpunkten und (Funktions-)Bezügen aus der Verfassung selbst erkennbar. Selbststand, Wirklichkeitsbezug und Ordnungsanspruch des Kommunikationsverfassungsrechts zeigen sich durchaus gerade auch in dieser normativen Zurückhaltung. Politischer Gestaltungsverantwortung und ihren Trägern – zu denen heute auch, wohl noch vor den Gesetzgebern, die informellen Netzwerke gezählt werden müssen, in denen Medienwirtschaft, Medienaufsicht und Medienpolitik die Strukturen gesellschaftlicher Kommunikation aushandeln[64] – wird die Verpflichtung auferlegt, die Infrastruktur des Gewährleistungsgefüges durch einfaches Medienrecht und bei dessen Handhabung näher auszugestalten. Diese „positiven Ordnungen" müssen vor allem sicherstellen, dass die Massenmedien ihrer Funktion nachkommen können und auch tatsächlich nachkommen, den Gesamtzusammenhang gesellschaftlicher Kommunikation möglichst weitgehend zu erschließen und zugänglich zu halten.

Was das im Einzelnen verlangt, ist, wie bemerkt, verfassungsrechtlich nicht vorgegeben. Erschließen lassen sich dem Kommunikationsverfassungsrecht aber jedenfalls grundlegende Bestandteile seines Gewährleistungsziels. Die in gesellschaftlicher Kommunikation geborgene Vielfalt der Themen und Perspektiven, des Wissens, Meinens und Wollens, der moralischen sowie ästhetischen Möglichkeiten und Verpflichtungen soll in den Angeboten der Massenmedien möglichst unverkürzt zu-

---

[60] *Franck*, Ökonomie der Aufmerksamkeit, 1998.

[61] RTL 2 gehört zu dem Konzern, in dem auch das Buch von *Kissler* (s. o. Fn. 59) verlegt wird. Man sieht: vor dem Renditeziel sind Kritik und Krise nicht nur gleich-gültig, sie können sich vielmehr wechselseitig befördern.

[62] Das freilich ist perspektivenabhängig, s. dazu schon o. Fn. 3.

[63] Oder, in den Worten einer Casting-Agentin, mit der sich *Pauer*, a.a.O. (Fn. 44), unterhalten hat: „gehirnamputierte Hartz-IV-Empfänger", „schwangere Teenies" und „stark Fettleibige".

[64] Zur rechtswissenschaftlichen Beobachtung solcher Verhandlungssysteme allgemein *Rossen*, Vollzug und Verhandlung, Tübingen 1999, S. 290 ff., 348 ff.

gänglich werden.[65] Der Zugang zur Welt, der Persönlichkeiten und Demokratie heute nahezu ausschließlich durch die Massenmedien möglich ist, soll so weit wie möglich geöffnet sein, zugleich auch erreichbar bleiben. Es soll dieser Zugang also weder durch exklusive Rezeptionsbedingungen verengt noch durch unstrukturiert-unübersehbare Informationsfluten überspült werden. So nur kann auch heute noch am Leben gehalten werden, was, durchaus im Sinne *Musils*, als eine Art gesellschaftlicher Möglichkeitssinn zu gelten hätte. Schließlich sind die großen Erzählungen doch an ihr Ende gelangt, wirken die überlieferten kollektiven Selbstbilder schäbig und ist es immer häufiger nur die Kultur des „Als Ob", in der Relevanzbehauptungen überhaupt noch Wurzeln finden können. Unter diesen Bedingungen dürfte die Gesellschaft gute Gründe haben, sich ihre Medien sorgfältig, interessiert und zugewandt einzurichten, nämlich als Kontingenzreservoir und Überraschungsauslöser, als Möglichkeitsverstärker und Wahrscheinlichkeitsverdichter, insgesamt eben als Garanten kommunikativer Vielfalt. Die Kommunikationsverfassung des Grundgesetzes kann und will gesellschaftlicher Kommunikation weder Inhalte noch Formen, weder Stile noch Niveaus vorgeben. Wohl aber will sie im Rahmen des ihr normativ Möglichen einer Verarmung, Verriegelung und schließlichen Erstarrung gesellschaftlicher Kommunikation entgegen wirken.[66] In diesem Anliegen findet Verfassung einen stabilen Eigenwert, auf den sich die Beobachtung moderner gesellschaftlicher Kommunikation nicht nur beziehen kann, sondern immer wieder beziehen muss.

Die verfassungsrechtlich geforderte Reichweite und Dichte der positiven Ordnungen, mit denen solches zu fördern wäre, hängen aber von den Bedingungen ab, unter denen die der Meinungsbildungsfreiheit dienende Funktion in den Realbereichen[67] des Kommunikationsverfassungsrechts jeweils wahrzunehmen ist. Diese empirischen Bedingungen sind unterschiedlich.

1. Presse

Für die Presse hat das Bundesverfassungsgericht bislang ein regulativ zurückhaltendes, marktnahes und tendenzbezogen-außenpluralistisch angelegtes Ordnungsmodell als grundsätzlich ausreichend erachtet. Die außerrechtlichen (Real-)Bedingungen, unter denen dieses Ordnungsmodell seine vielfaltssichernde Eignung nachweisen muss, sind freilich schwieriger geworden. Im Bereich der Presse lassen sich seit längerem schon weitgreifende Konzentrationsbewegungen, ein stetiger Schwund an Anzeigenkunden – 2009 lagen die Vertriebserlöse erstmals höher als die Werbe-

---

[65] Zu dem kommunikationsverfassungsrechtlichen Vielfaltskonzept *Rossen-Stadtfeld*, a.a.O. (Fn. 26), § 25 Rn. 25 ff.

[66] Zu der sehr gegenwärtigen und drängenden Gefahr solcher Erstarrung s. o. nach Fn. 48, 56.

[67] Zur Methodologie der notwendig verzahnten Analyse von Real- und Normbereichen *Müller/Christensen*, Methodik I, 8. Aufl. (2002), Rn. 15–18, 230–233, 281, 397.

einnahmen[68] – und ein demgegenüber stark steigender Kostendruck beobachten.[69] Die Tendenz zu rückläufigen Absatzzahlen im Bereich der klassischen Printerzeugnisse hält an. Das gilt insbesondere im Feld der anspruchsvolleren tagesaktuellen Presse, also genau dort, wo profil- und identitätsprägende Produkte zu immer höheren Kosten auf immer unübersichtlicher werdenden Vertriebswegen verkauft werden müssen.[70] Erschwerend kommt hinzu, dass sich jüngere Generationen offenbar von den eingeführten Presseprodukten abwenden und ihren Zutritt zum modernen Mediensystem verstärkt im Internet suchen.[71] Solche Probleme haben zu Reaktionen der Presseunternehmen und ihrer Verbände geführt; so ist man insbesondere darauf bedacht, mit eigenen Angeboten verstärkt im Internet Fuß zu fassen[72] und andere Anbieter massenkommunikativer Leistungen möglichst fern zu halten, sogar die Möglichkeit der steuerfinanzierten Subventionierung einer Grundversorgung mit anspruchsvollen Presseleistungen wird nicht mehr für undenkbar gehalten.[73] Insgesamt aber scheinen alle diese Schwierigkeiten noch nicht ein Maß erreicht zu haben, bei dem weithin die Überzeugung bestünde, dass in Abkehr von dem pressespezifischen Ordnungsmodell nach anderen Wegen zu suchen sei, die grundrechtsvorgegebene Funktion dieses Massenmediums weiterhin zu gewährleisten.

In Teilbereichen des Pressewesens hat vor allem die teils substanzgefährdende Ausdünnung des Personals freilich Bedingungen geschaffen, unter denen eine funktionsgemäß-professionelle journalistische Betätigung offenbar kaum noch möglich ist. Wie immer schon sind auch hiervon erneut vor allem die Lokalredaktionen betroffen.[74] Sie verfügen vielfach kaum noch über das erforderliche und hinreichend qualifizierte Personal, den vielfältigen Aufgaben zu genügen, die sich bei der kommunikativen Erschließung und Vermittlung gesellschaftlicher Kommunikation in den lokalen und regionalen Lebenswelten stellen. Pressemäßige Lokalberichterstattung verkümmert dann zur bloßen Protokollierung derjenigen Ereignisse, die an der Oberfläche des lokalen Geschehens unaufwendig abgreifbar sind oder von dieser

---

[68] Bund deutscher Zeitungsverleger (Hrsg.), Jahrbuch Zeitungen 2009, Tab. 3 a.

[69] *Schütz*, Deutsche Tagespresse 2008, MP 2009, S. 454 ff.; *Röper*, Zeitungen 2010: Rangverschiebungen unter den größten Verlagen, MP 2010, S. 218 ff.; *Vogel*, WAZ-Gruppe schließt zu dominierenden Verlagen auf. Daten zum Markt und zur Konzentration der Publikumspresse in Deutschland im 1. Quartal 2010, MP 2010, S. 296 ff.

[70] *Holznagel/Dörr/Hildebrand*, Elektronische Medien, 2008, S. 57 ff. m. w. N.

[71] Vgl. *Feierabend/Kutteroff*, Medienumgang Jugendlicher in Deutschland, Ergebnisse der JIM-Studie (Jugend, Information, [Multi-]Media) 2007, MP 2007, S. 83, insbes. S. 90 ff.; *Haas/Trump/ Gerhards/Klingler*, Web 2.0: Nutzung und Nutzertypen, MP 2007, S. 215, 216; *Klinger*, Jugendliche und ihre Mediennutzung 1998 bis 2008, MP 2008, S. 625 ff. Ein Überblick über aktuell kommunizierte Forschungsergebnisse zum Gegenstand, aber auch einige wichtige methodologische Relativierungen, finden sich bei *Jaeckel*, Was unterscheidet Mediengenerationen?, MP 2010, S. 247 ff.

[72] Übbl. bei *Vogel*, Online-Geschäftsfelder der Pressewirtschaft, MP 2008, S. 236 ff.

[73] So von dem ehemaligen Verfassungsrichter *Dieter Grimm* in einem Interview mit FAZ.NET v. 12. 05. 2009, zu finden über www.faz.net.

[74] S. o. Nachw. in Fn. 69 sowie noch den Übbl. zu Befund und Folgen bei *Roeper*, Pressekonzentration, Vortragsmanuskript Tutzing 17. 7. 2010, S. 10 ff. (http://web.apb.tutzing.de/apb/cms/uploads/media/Vortrag_Roeper_Pressekonzentration-1.pdf).

Oberfläche aus zugeliefert werden, sie degeneriert zu bloßem Verlautbarungsjournalismus oder sie wird letztlich sogar ganz eingestellt. Eigene Recherche, gar Investigation, und zwar aus kritischer Distanz heraus unternommen, ein „lokales Gedächtnis" oder die Reflexion auf mögliche Zukünfte des lokalen Quartiers und deren mutmaßliche Bewirker (und Erdulder), die Rückbindung des Kleinräumig-Lokalen in großräumig-überlokale Bezüge, das alles findet dann in der ausgebluteten Lokalredaktion nicht mehr statt. Es wäre dies alles freilich für die Erfüllung der Medienfunktion, wie sie die Verfassung in höchstrangiger Normativität vorgibt, bedeutsam, wohl sogar notwendig.

2. Rundfunk

Könnte die Sicherung der dienenden Funktion dem Selbstlauf des Markts, ungefähr nach dem Modell pressespezifischer Regulierung, überlassen werden, wäre ausgestaltende Rechtsetzung auf einige grundlegende Rahmenvorgaben zu beschränken. Jede darüber hinaus gehende Regulierung würde einen Eingriff in die Rechte des Art. 5 Abs. 1 S. 2 GG darstellen. Dieser Eingriff könnte nach den Maßstäben des Art. 5 Abs. 2 GG kaum gerechtfertigt werden;[75] in Fällen zweifelhafter Zuordnung wären neue Dienste und Angebote von solcher Regulierung grundsätzlich nicht erfasst.

Eine marktnahe Entregelung des Rundfunksystems müsste sich freilich auf funktionsbezogene und empiriegestützte Erwartungen stützen können. Nicht nur müsste erwartet werden können, dass ein deregulierter, im wesentlichen nur gegen Missbrauchsgefahren gesicherter Rundfunk-"Markt" überhaupt entstünde. Es müsste auch erwartet werden können, dass dieser Markt stets das Maß an zugänglicher Vielfalt erzeugen könnte, dessen freie individuell-private und kollektiv-öffentliche Meinungsbildung bedarf. Die Erfüllung beider Erwartungen ist im Hinblick auf die empirisch sich einstellenden Marktstrukturen in einer „Ökonomie der Aufmerksamkeit", insbesondere unter den Bedingungen vorrangiger Werbefinanzierung, unwahrscheinlich, wohl sogar ausgeschlossen.[76]

---

[75] *Rossen*, a. a. O. (Fn. 12), S. 309 f.

[76] Dies ist eine wichtige Prämisse der neueren Rechtsprechung zum Rundfunkverfassungsrecht, s. BVerfGE 73, 118 (154 ff.); 83, 238 (298); 90, 60 (87); zuletzt bestätigt in BVerfG, 1 BvR 2270/05 v. 11. 09. 2007, a. a. O. (Fn. 34), Rn. 115, 117 m. w. N. Dem liegen die langjährige Beobachtung systembedingt defizitären Wettbewerbs und die Qualifizierung des Rundfunks als meritorisches Gut zugrunde, dazu näher *Kiefer*, Wettbewerb im Dualen Rundfunksystem?, MP 1994, S. 430 ff.; vgl. auch *Pethig*, Die verfassungsrechtliche Verbürgung der Vielfalt in der Bundesrepublik Deutschland, in: Kohl (Hrsg.), Vielfalt im Rundfunk – Interdisziplinäre und internationale Annäherungen, 1997, S. 31 ff.; *Heinrich*, Medienökonomie, Bd. 2, 1999, S. 24 ff.; *Schulz/Held/Kops*, Perspektiven der Gewährleistung freier öffentlicher Kommunikation, ZUM 2001 (Sonderheft), S. 621, 630; *Never*, Meinungsfreiheit, Wettbewerb und Marktversagen im Rundfunk, 2002, insbes. S. 124 ff.; *Sjurts*, Einfalt trotz Vielfalt in den Medienmärkten, in: Friedrichsen/Seufert (Hg.), Effiziente Medienregulierung, 2004, S. 71, 77 ff. Erhellende neuere Analysen finden sich bei *Kops/Sokoll/Bensinger*, Rahmenbedingungen für die Durchführung des Drei-Stufen-Tests – Gutachten, erstellt für den Rundfunkrat des

Wichtiger noch als die empirischen Grenzen der Erfüllbarkeit marktbezogener Vielfalterwartungen sind aber die normativen Grenzen, die der Berücksichtigungsfähigkeit solcher Erwartungen gezogen sind. Diese müssen als stets bereits gegeben unterstellen, was im Gewährleistungsgefüge des Art. 5 Abs. 1 GG, also kraft kommunikationsverfassungsrechtlicher Vorgabe, doch immer erst noch als im Entstehen begriffen und unterstützungsbedürftig gedacht werden kann. Für einen wirklichen Rundfunkmarkt müsste stets bereits vorausgesetzt werden können, dass sich allein schon aus den aggregierten Nachfrageentscheidungen „marktsouveräner" Rezipienten ein Kommunikationsangebot ergäbe, das insgesamt den Anforderungen der Meinungsbildungsfreiheit jedenfalls im wesentlichen genügen könnte. Diese Voraussetzung aber darf im Normbereich des Art. 5 Abs. 1 GG gerade nicht als stets schon erfüllt unterstellt werden. Hier soll die Fähigkeit zur souveränen Teilnahme an gesellschaftlicher Kommunikation auch in ihren *Entstehens*voraussetzungen und Bestands*bedingungen* geschützt sein. Diese Fähigkeit darf also, wie sich aus den Maßgaben hinlänglich genau entfalteter Grundrechtsnormativität ergibt, nicht als je schon bestehend und damit grundrechtsnormativ unerheblich behandelt werden. Hier verweigert sich Verfassung erneut den Anpassungszumutungen eines vor allem ökonomisch geprägten Wirklichkeitsentwurfs, hier besteht sie darauf, dass Persönlichkeit keineswegs als abgeleitete Funktion im übrigen unbefragbarer Nachfrage-"Entscheidungen" zu behandeln sei, hier verlangt sie einmal mehr die Anerkennung ihres normativen Selbststandes („Eigenwert").

Die Persönlichkeit selbst, deren rezeptive Wahlentscheidung für Struktur und Gehalte des massenmedialen Angebots maßgeblich sein müsste, entwickelt sich hier im Prozess der Meinungsbildung erst noch, *und sie soll genau darin auch geschützt sein.* Dann aber kann sie, wenn und soweit es um die ausgestaltende Sicherung der tat-

---

Westdeutschen Rundfunks, sowie *Kops*, Publizistische Vielfalt als Public Value?, Institut für Rundfunkökonomie an der Universität zu Köln, Arbeitspapiere Hefte 252 (2009), Teil 2.2.2 (S. 82 ff.), u. 265 (2010), pass. (http://www.rundfunk-institut.uni-koeln.de/institut/pdfs/25209.pdf u. -26510. pdf). Diese Befunde lassen das „Misstrauen gegenüber der Leistungsfähigkeit werbemarktgetriebener Rundfunkangebote" empirisch wohlbegründet erscheinen, auf das *Cornils*, Parteilicher Rundfunk? – Die politischen Parteien als Gegenstand und Faktor der Berichterstattung im Privatfunk, ZJS 2009, S. 465 (474), die erwähnte Prämisse rückführen zu können meint. Sie führen aus Vertrauen oder Misstrauen, also letztlich subjektiv bleibender, kontingenter Dispositionen, hinaus in objektivierbares Wissen – soweit dieses in sozialwissenschaftlicher Forschung erlangt werden kann.

Die Befunde zu den unvermeidlichen Leistungsgrenzen allein werbefinanzierten Rundfunks müssen dazu freilich zur Kenntnis genommen werden. Schon das unterbleibt aber vielfach. Auch deshalb mag die Prämisse in marktliberaler Perspektive strikter Ablehnung begegnen, so etwa bei *Hoppmann*, Meinungswettbewerb als Entdeckungsverfahren – Positive Rundfunkordnung im Kommunikationsprozess freier Meinungsbildung, in: Mestmäcker (Hrsg.), Offene Rundfunkordnung – Prinzipien für den Wettbewerb im grenzüberschreitenden Rundfunk, 1988, S. 163 ff.; paradigmatisch zugespitzt dann das Gutachten „Offene Medienordnung" des Wissenschaftlichen Beirates beim Bundesministerium für Wirtschaft und Technologie v. Oktober 1999, insbes. S. 8 ff.; verfassungsrechtlich gewendet bei *Engel*, Multimedia und das deutsche Verfassungsrecht, in: Hoffmann-Riem/Vesting (Hrsg.), Perspektiven der Informationsgesellschaft, 1995, S. 155 ff.

sächlichen Anforderungen dieses Schutzes geht, schwerlich als immer schon hinreichend entwickelt angesehen werden. Wo dies dennoch geschieht, werden die Persönlichkeit des „mündigen"[77] Rezipienten und dessen „souveräne" Wahlentscheidung keineswegs allererst ernst genommen und aus dem Gehäuse unzeitgemäß-bevormundender Grundrechtsnormativität[78] entlassen. Sie werden vielmehr zu normativen Fiktionen; und fiktional wird dann auch der größere Zusammenhang demokratischer Meinungs- und Willensbildung erscheinen, der sich wesentlich aus den Beiträgen jener Persönlichkeiten bilden müsste. Hier zeigt sich: ein als subjektiv-rechtlich firmierendes Verständnis der Rundfunkfreiheit interessiert sich gerade nicht für die Befindlichkeit des Realsubjekts der Kommunikationsverfassung. Es drängt dieses vielmehr in die normative Fiktionalität ab, aus der ihm umgekehrt eine als objektiv-rechtlich bezeichnete Konzeption der Rundfunkfreiheit tatsächlich begehbare Auswege zu sichern sucht.

Besteht das Bundesverfassungsgericht auf der Notwendigkeit einer hinlänglich dichten „positiven Ordnung" des Rundfunkwesens,[79] erweist sich dies mit Blick auf das Gewährleistungsgefüge des Art. 5 Abs. 1 GG als folgerichtig. Wenn auch die tatsächlichen Voraussetzungen der Meinungsbildungsfreiheit grundrechtsnormativ gesichert sein sollen, wenn dies funktionale Bindungen der Rundfunkfreiheit bedingt und wenn diese Bindungen wiederum im Selbstlauf des Marktmechanismus nicht hinreichend erwartet werden können, dann erscheint die regulierende Einrichtung der Rundfunkfunktion verfassungsrechtlich alternativenlos.

Ausgestaltende Rundfunkgesetzgebung, die in diesem Sinn auf Grundrechtsvoraussetzungsschutz und die Verwirklichung grundrechtlicher Normativität zielt, findet keine „natürlichen" Freiheiten vor, in die sie eingreifen könnte, um deren Wahrnehmung zu beschränken.[80] Innerhalb des Gewährleistungsgefüges von Art. 5 Abs. 1 GG ist auch das Grundrecht der Rundfunkfreiheit eine normativ erst konstituierte Verbindung von grundrechtlichen Entfaltungsspielräumen, tatsächlichen Voraussetzungen der Grundrechtsverwirklichung und funktionalen Pflichtenbindungen. Unter den Bedingungen komplexer gesellschaftlicher Kommunikationsbeziehungen

---

[77] Zu diesem alten, allzu sehr vereinfachenden, wohl gerade deshalb aber bis heute so oft traktierten „Mündigkeitstheorem" *Rossen*, a.a.O. (Fn. 12), S. 127, 256f., 275, 331. Es dient innerhalb des rechtswissenschaftlichen Diskurses der begriffspolitisch gleichen Funktion wie die „Marktsouveränität" der Rezipienten in wirtschaftswissenschaftlichen Bezügen.

[78] Das ist der wohl zentrale Vorwurf, mit dem die neoliberale Kritik der verfassungsgerichtlichen Rekonstruktion des Gewährleistungszusammenhanges von Art. 5 Abs. 1 GG begegnet, vgl. auch insoweit für alle das Gutachten „Offene Medienordnung", a.a.O. (Fn. 76), S. 9: „Das Verfassungsgericht überlässt die Meinungsbildung nicht der Gesellschaft".

[79] BVerfGE 57, 295 (319); 73, 118 (152); 107, 299 (332); 114, 371 (386f.); zuletzt BVerfG, a.a.O. (Fn. 34), S. 214ff.

[80] Anders *Gellermann*, Grundrechte im einfachgesetzlichen Gewande, 2000, S. 196, 197ff. Von der dort gefundenen „individualgrundrechtlichen ‚Rohsubstanz'" der Rundfunkfreiheit dürfte aber nur wenig unvermittelt zu nutzen sein. Denn es soll der „grundrechtlichen Gewährleistung eine Begrenzung ‚immanent'" sein, mit der die dienende Funktion gesichert werde. Diese Begrenzung sei vom „Gesetzgeber kraft einer dem Grundrecht entspringenden Einrichtungspflicht unter Beigabe gewisser Direktiven" konkretisierend zu vervollkommnen (alles ebd. S. 196).

hat ausgestaltende Rundfunkgesetzgebung umfassende Kommunikationsfreiheit in deren mehrdimensionalen Ausprägungen (Bildung, Äußerung, Rezeption, Vermittlung) allererst mit zu ermöglichen. Solche Regulierung ist grundrechtseröffnend, grundrechtserschließend, grundrechtszuordnend und grundrechtssichernd. Das lässt sich im herkömmlichen Eingriffsmodell nicht mehr abbilden. Regulierung dieses Typs gestaltet grundrechtliche Normativität aus, sie ist Grundrechtsausgestaltung.[81]

3. Internet

Das Internet ist jedenfalls kein Medium.[82] Es wird als ein immateriell-symbolischer Raum vorzustellen sein, in dem alle Kommunikation bestimmten Übermittlungsregeln und -routinen („Protokollen") unterworfen ist. Die Ausstattung und Nutzung dieses Kommunikationsraums wird durch technische Voraussetzungen heute nicht mehr maßgebend bestimmt. Bezogen auf die Technik der Codierung, Übertragung und Präsentation kommunikativer Angebote trifft zu, dass inzwischen alle neueren Angebotsformen im Netz „konvergieren".[83] Die medienverfassungsrechtliche Beurteilung von Internetangeboten hat deshalb unabhängig von der verwendeten Verbreitungstechnik zu erfolgen.[84]

Mit seiner Mitte im „World Wide Web" (WWW) hat das Internet Eigenschaften, die vermuten lassen könnten, es werde gesellschaftliche Kommunikation, die sich nun in diesen neuen immateriell-symbolischen Raum hinein entfalte, im wesentlichen keiner professionellen Betreuung mehr bedürfen. Die kommunikative Erschließung der Welt, soweit sie für die Persönlichkeitsentwicklung und demokratische Selbstbestimmung unabdingbar ist, könnte daraufhin in die Verfügung derjenigen zurück zu geben sein, um derer freien Meinungsbildung willen die Medienfreiheiten einer funktionalen Bindung unterworfen worden sind. Das Gefüge funktional einander verbundener Grundrechtsgewährleistungen in Art. 5 Abs. 1 GG

---

[81] Seit BVerfGE 57, 295 (320/321) st. Rspr. Zur Diskussion *Rossen*, a. a. O. (Fn. 12), S. 283 ff.; *Ruck*, Zur Unterscheidung von Ausgestaltungs- und Schrankengesetzen im Bereich des Rundfunks, AöR 117, 1992, S. 543 ff.; trotz anderen Ansatzes und deshalb nicht leicht zu verstehen so dann auch *Gellermann*, a. a. O. (Fn. 80), S. 205 ff. Über das Kommunikationsverfassungsrecht hinaus greifende Untersuchungen bei *Bumke*, Der Grundrechtsvorbehalt, 1998, und *Cornils*, Die Ausgestaltung der Grundrechte, 2005. Viel spricht dafür, dass Ausgestaltung und Eingriff gleitend ineinander übergehen können.

[82] Zum Folgenden s. *Rossen-Stadtfeld*, Audiovisuelle Bewegtbildangebote von Presseunternehmen im Internet: Presse oder Rundfunk?, BLM-Schriftenreihe 92, S. 72 ff.

[83] Ein prätentiöses Wort für einen übersichtlichen Sachverhalt; zu den verschiedenen Dimensionen der Konvergenzdiagnose, die inzwischen wieder in den Hintergrund des rundfunkrechtlichen Diskurses verschoben worden ist, s. *Hoffmann-Riem*, Regulierung der dualen Rundfunkordnung, 2000, S. 80 ff., sowie *ders./Schulz/Held*, Konvergenz und Regulierung, 2000; zu einem möglichen neueren Anwendungsfall s. o. bei Fn. 58.

[84] *Hoffmann-Riem*, Der Rundfunkbegriff in der Differenzierung kommunikativer Dienste, AfP 1996, S. 12 f.

zerfiele, die Medienfreiheiten des Art. 5 Abs. 1 S. 2 GG wären den Kommunikations-
freiheiten des Art. 5 Abs. 1 S. 1 GG gleichzuordnen. Bei näherem Zusehen erweisen
sich diese Annahmen freilich als wenig einleuchtend und normativ kaum begründ-
bar:

a) Differenzierung, Individualisierung, Desintegration

Eine auffällige Eigenart der Internetkommunikation liegt darin, dass ihre Gegenstände die Vermutung der Unvergänglichkeit beanspruchen können. Eine andere
wichtige Eigenart ergibt sich daraus, dass die netzvermittelten Kommunikationsbeziehungen unabsehbar weit in offene Kommunikationshorizonte hinein reichen, zugleich aber auch in der Regel intern stark differenziert sind. Ein dauerhafter[85] und in
seinen Ausmaßen unabsehbarer Kommunikationsraum Internet gliedert sich in eine
komplexe, also wiederum niemals ganz erfassbare, Vielzahl und Vielfalt von Spezi-
alkommunikationen. Phänomenologisch reicht das von der mehr oder weniger ab-
geschotteten Individualkommunikation über öffentliche Inszenierungen der Privatheit, thematisch spezialisierte Kommunikationsforen und sonstige Teilöffent-
lichkeiten, lineare und nicht-lineare Informationsangebote bis hin zu Darbietungen,
die sich dramaturgisch und inhaltlich in keiner Weise von herkömmlichen Medien-
angeboten unterscheiden lassen.[86] Gesellschaftliche Kommunikation differenziert
sich weiter aus, sie öffnet sich dabei Individualisierungstendenzen ebenso wie Stan-
dardisierungsbestrebungen.

Selbst wenn aber, wofür viel spricht, der gesellschaftliche Makrotrend spezifischer
(keineswegs allseitig-ausschließlicher) Individualisierung im Internet anhalten oder
sich verstärken sollte, ist die Basisnorm des deutschen Kommunikationsverfassungsrechts darauf eingerichtet. Die Gewährleistung freier Meinungsbildung findet ihre
normative Begründung zuerst in Bedarf und Bedürfnis der Persönlichkeit, die sich
in tatsächlich freier Kommunikation immer wieder bilden und entfalten können
soll. Sie erfasst also gerade auch eine Entwicklung gesellschaftlicher Kommunikation, in der sich diese Persönlichkeiten aus größeren kommunikativen Zusammenhängen eher lösen.

Im Übrigen beinhaltet die verfassungsrechtlich vorgegebene Funktion der Medi-
en, laufend auf eine Verzahnung der Zusammenhänge gesellschaftlicher Kommunikation hinzuwirken, nur die Eröffnung von Möglichkeiten und die Präsentation von
Angeboten. Dieser Teilgehalt der Medienfunktion kann schwerlich schon mit dem
Hinweis darauf als überholt abgetan werden, mit dem Entstehen des Internet sei die
Aufhebung der Gesellschaft in der Gemeinschaft ohnehin endgültig unvorstellbar
geworden. Letzteres mag so sein, doch ist das für das Verständnis der im Gewährleis-

---

[85] Solange jedenfalls, wie für Elektrizität und einige (noch) nicht synthetisierbare Rohstoffe wie
etwa Indium, Gallium oder verschiedene „seltene Erden" gesorgt ist.

[86] Übbl. bei *Schulz/Held/Kops*, a.a.O. (Fn. 76), S. 623f., dem wäre noch das dort nicht genannte
(Internet-)Radio hinzuzufügen.

tungsgefüge des Art. 5 Abs. 1 GG funktional ausgerichteten Medienfreiheit belanglos. Dass im übrigen die Funktion des Rundfunks der Herstellung tatsächlicher nationaler Gemeinschaft in Gestalt eines „Fernsehvolks"[87] habe dienen sollen, ist eine Legende, die seit Jahrzehnten in der rundfunkverfassungsrechtlichen Auseinandersetzung instrumentalisiert wird.[88]

b) Meinungsbildungsfreiheit im Internet

Gewiss wandeln sich die gegenwärtigen Rahmenbedingungen gesellschaftlicher Kommunikation, diese entgrenzt sich auf komplizierte Weise, ungleichzeitig, inkonsistent und konfliktiv. Viel spricht für die Annahme, dass gerade die Erschließungs-, Analyse-, Differenzierungs-, Synthetisierungs-, Ergänzungs-, Entdeckungs-, Orientierungs- und mit alledem letztlich Integrationsleistungen, die zur Verwirklichung der massenmedialen Integrationsfunktion[89] erbracht werden müssen, im Zuge der weiteren medientechnischen und medienstrukturellen Entwicklung immer wichtiger werden.[90] Die Freiheit umfassender, individuell-privater und kollektiv-öffentlicher Meinungsbildung soll so, wie sie im Gewährleistungsgefüge des Art. 5 Abs. 1 GG geschützt ist, nicht an den Grenzen des Virtuellen ihr Ende finden. Auch jenseits dieser Grenzen bedarf sie dann aber der ermöglichenden, stützenden und sichernden Gewährleistung. Mehr noch, je stärker sich das Internet als ein Kommunikationsraum ausweitet, in den sich die Lebenswelten der vergesellschafteten Persönlichkeiten immer enger einpassen, desto geringer wird relativ dazu das Vermögen unvermittelter Individualkommunikation erscheinen, sich die neue symbolische Welt auch nur in Ansätzen zu erschließen. Das Gewicht des Grundproblems, auf das die Funktion der Massenmedien des Art. 5 Abs. 1 S. 2 GG zu reagieren sucht, nimmt dementsprechend zu.

Auch unter den Bedingungen entwickelter Netzkommunikation erweist sich der verfassungsnormative Bezugspunkt dieser Funktion in der Meinungsbildungsfreiheit als zentral. Eine ihr dienend zugeordnete Funktion kann freilich nicht zum Inhalt haben, den grenzenlosen Kommunikationsraum des Internet in die programmierte Einheit eines bestimmten massenmedialen Angebots einzubinden. Schon mit Blick auf den vergleichsweise überschaubaren Geltungsraum des Grundgesetzes war

---

[87] *Bullinger*, Medien, Pressefreiheit, Rundfunkverfassung, in: Badura / Dreier (Hrsg.), FS 50 Jahre Bundesverfassungsgericht, 2001, S. 193 (200 f. m. w. N.: „Fernsehnation, von der die Rechtsprechung des Bundesverfassungsgerichts ausgeht"); zur Diskussion s. *Jarren*, Gesellschaftliche Integration durch Medien? Zur Begründung normativer Anforderungen an die Medien, M&K 2000, S. 22 ff.; Übbl. u. Kritik bei *Brand*, Rundfunk im Sinne des Art. 5 Abs. 1 Satz 2 GG, 2002, S. 85 ff.

[88] Nämlich als begriffspolitisch nützlicher Pappkamerad.

[89] S. o. bei Fn. 31.

[90] Verschiedene Ansätze in diese Richtung etwa bei *Trute*, Öffentlich-rechtliche Rahmenbedingungen einer Informationsordnung, VVDStRL 57 (1998), S. 216, 230 ff., 249 ff.; *Holznagel*, Der spezifische Funktionsauftrag des Zweiten Deutschen Fernsehens (ZDF), S. 39 ff., 118 ff.; *Hoffmann-Riem*, Regulierung, a. a. O. (Fn. 83), S. 136 ff., 311 f.; a. A. *Determann*, Kommunikationsfreiheit im Internet, 1999, S. 395 ff.

der dienenden Medienfunktion ein derart starkes Integrationsziel niemals vorgegeben. Kommunikative Integration in ihrem schwächeren, differenzierten und realitätsgerechten Verständnis[91] kann aber und muss daraufhin auch in den Kommunikationsraum des Internet hinein stattfinden.

Funktional eingebundene Medienfreiheit soll und *könnte* jedenfalls so wahrgenommen werden, dass in diesem Kommunikationsraum dann Stützpunkte verlässlicher Orientierung und Qualität entstehen, gewissermaßen befestigte Inseln der Glaubwürdigkeit, der publizistischen Substanz, der dramaturgischen sowie ästhetischen Innovativität und der professionellen Verantwortung. Rezipienten, die das Internet nutzen, sollten zu diesen Inseln finden können, sie sollten wissen und wiederum kommunizieren können, was dort erwartet werden kann, und es sollten von dort aus Erkundungen ins Unbekannte möglich sein, dessen Befindlichkeit sich dann in dem Wissen um das Woher der Erkundung genauer reflektieren lässt. Das ist eine anspruchsvolle Funktionsbestimmung. Die Bearbeitung dieser Funktion wird neue Vermittlungsformen und ein mitwachsendes Selbstverständnis der Massenmedien erfordern, auch wird mit hybriden Ordnungsmodellen zwischen Programmvorgabe und Navigationsmöglichkeit zu rechnen sein.[92] Dass das Rundfunkangebot in beiden Teilen des dualen Systems dieser Funktion derzeit nur sehr begrenzt gerecht wird, vermag die Unmöglichkeit ihrer Erfüllung nicht zu belegen.

Zu erwarten ist jedenfalls, dass gesellschaftliche Kommunikation in den großen Kommunikationsraum hineinwächst, den das Netz eröffnet.[93] Jähe Entwicklungssprünge, unvermittelte Paradigmenwechsel oder auch nur eine beschleunigte Selbstveränderung innerhalb dissipativer Strukturen werden dabei, trotz einer in Teilbereichen „nicht zu unterschätzenden Dynamik",[94] weiterhin kaum zu beobachten sein.[95] Solange sich dies nicht ändert, gibt es keinen Grund für die Annahme, dass die Massenmedien ihre gemeinsame, aber unterschiedlich ausgestaltete Funktion bei dem Übergang in den neuen Entfaltungsraum des Netzes verlieren könnten.

Für den Rundfunk liegt hierin die pflichtgeprägte Kehrseite der optionensichernden Entwicklungsgarantie, die das Bundesverfassungsgericht mit Blick auf das Verhältnis zwischen kommerziellem und öffentlich-rechtlichem Rundfunk mehrfach als grundrechtsgesichert erachtet hat.[96] Massenmediale Angebote dürfen nicht nur, sie sollen in den Kommunikationsraum des Internet hinein verbreitet werden. Freilich sollen sie dabei nicht ihren je spezifischen Funktionsbezug abstreifen können.

---

[91] S. o. bei Fn. 31, 52, 89.

[92] Dazu *Bleicher*, a. a. O. (Fn. 18), S. 526 ff. m. w. N.

[93] Nach den derzeit verfügbaren Daten über die Nutzung von Online-Angeboten hat dieser Prozess schon längst begonnen, s. *Schulz/Held/Kops*, a. a. O. (Fn. 76), S. 625; *Oemichen/Schröter*, Alltagswirklichkeit der Onlinenutzung, MP 2010, S. 457 ff.

[94] *Oemichen/Schröter*, a. a. O. (Fn. 93), S. 470.

[95] So in ihrem Fazit *Bleicher*, a. a. O. (Fn. 18), S. 534 f.

[96] Zuletzt in BVerfG, a. a. O. (Fn. 34), S. 218 m. w. N.; vgl. ferner *Hoffmann-Riem*, Regulierung, a. a. O. (Fn. 83), S. 238 ff.

Dies gilt um so mehr dann, wenn sich die immer wieder geäußerte Vermutung endgültig bestätigen sollte, dass die Wahrscheinlichkeit einer Gefährdung oder Verfehlung der dienenden Funktion im Netz jedenfalls nicht abnehmen, womöglich sogar ansteigen könnte.[97] In diesem Zusammenhang ist mit Blick auf die kommerziellen Medien dann auch zu berücksichtigen, dass deren Netzangebote weder aus den Werbeerlösen außerhalb des Netzes noch den Printerlösen querfinanziert werden können. Dass reine Entgeltfinanzierung je eine auch nur einigermaßen gewichtige Bedeutung erlangen könnte, kann auf absehbare Zeit gleichfalls nicht erwartet werden. Das kommerzielle Internet-Angebot wird sich also zu einem mehr oder weniger großen Teil aus dem Verkauf von Werbezeit finanzieren müssen.[98] Dann aber unterliegen auch diese Angebote den Zwängen der „Ökonomie der Aufmerksamkeit".[99] Ihnen entgegen zu wirken ist eine der wichtigen Aufgaben jeder ausgestaltenden „positiven" Medienordnung.

---

[97] *Hoffmann-Riem*, a. a. O. (Fn. 83), S. 244; *Schulz/Held/Kops*, a. a. O. (Fn. 76), S. 625 f., 630 f.

[98] Dazu und zu den Konsequenzen im Übbl. *Hildebrand*, epd medien Nr. 54 v. 9. 7. 2008, S. 20, 23 f., unter Verweis auf *Holznagel/Dörr/Hildebrand*, a. a. O. (Fn. 70), insbes. S. 421 ff.

[99] S. o. Fn. 60.

Friedhelm Hase

Sozialrecht

I. Vorbemerkung

Der Versuch, das Verhältnis zwischen Sozialrecht und Verfassungsrecht näher zu bestimmen, führt sogleich in enorme, geradezu unlösbare Schwierigkeiten hinein:

– Zum Einen ist das Recht der sozialen Sicherheit immer wieder als ein Wust von – sehr stark veränderlichen, zum Teil intransparenten, fragmentierten – Bestimmungen und Regelungskomplexen beschrieben worden, in dem selbst Fachleute bisweilen keine strukturierenden Grundsätze oder Zusammenhänge (geschweige denn ein System) erkennen können. Das Sozialrecht der Gegenwart erscheint als ein expandierendes Netz aus immer neuen Regelwerken, deren vielfältige Wirkungen niemand mit Sicherheit abzuschätzen vermag[1].

– Zum Zweiten aber hat die Verfassungsrechtswissenschaft dem Sozialrecht und dessen Expansion und Veränderung in den letzten Jahrzehnten insgesamt nur wenig Beachtung geschenkt[2], die Staatsrechtslehre hat die enorme Bedeutung und auch die Brisanz der Entwicklung der sozialen Sicherung jedenfalls sehr stark unterschätzt[3]. Das Thema „Sozialstaatlichkeit" ist zwar, etwa auf der Tagung der Staatsrechtslehrer in Jena 2003[4], behandelt worden, doch zumeist ist entweder der Prozess des Ausbaus der sozialen Sicherung nachgezeichnet oder – mehr oder we-

---

[1] Dazu *Josef Isensee*, Finanzverfassung des Grundgesetzes und Sozialrecht, in: Sozialfinanzverfassung, Schriftenreihe des Deutschen Sozialrechtsverbandes (SDSRV) 35 (1992), S. 7, 18: Vorstellungen einer Systemgerechtigkeit, aus der sich – letztlich gleichheitsrechtlich begründete – Forderungen nach „Systemkonsequenz, Formenstrenge, Formenklarheit" ergeben, klingen „im Sozialrecht weltfremd, naiv-theoretisch, angesichts der heute herrschenden Unübersichtlichkeit und Unabgestimmtheit seiner rasch dahinfließenden Regelungsmassen. ... Der Jurist, der im Sozialrecht von System redet, gerät entweder in den Verdacht der Ahnungslosigkeit oder des Umstürzlertums"; im selben Sinne *Friedrich E. Schnapp*, Sozialversicherung – Begriff ohne Kontur?, in: VSSR 1995, 101 ff.

[2] Einige neuere Untersuchungen deuten insoweit vielleicht auf einen Wandel hin, vgl. *Peter Axer*, Normsetzung der Exekutive in der Sozialversicherung, 2000; *Friedhelm Hase*, Versicherungsprinzip und sozialer Ausgleich, 2000; *Hermann Butzer*, Fremdlasten in der Sozialversicherung: zugleich ein Beitrag zu den verfassungsrechtlichen Vorgaben für die Sozialversicherung, 2001; mit übergreifenden Fragestellungen *Thorsten Kingreen*, Das Sozialstaatsprinzip im europäischen Verfassungsverbund, 2003; *Hans Michael Heinig*, Der Sozialstaat im Dienst der Freiheit, 2008; ferner bereits *Rainer Pitschas*, Der „neue" soziale Rechtsstaat, in: FS Zacher, 1998, S. 755 ff.

[3] Dazu eindringlich *Karl-Heinz Ladeur*, Risiko Sozialstaat: Expansion des Sozialstaats ohne verfassungsrechtliche Schranken, Der Staat 46 (2007), 61 ff.; vgl. auch *Hase* (Fn. 2), S. 4 ff.

[4] Der Sozialstaat in Deutschland und Europa, VVDStRL 64 (2005).

niger resignierend – festgestellt worden, das Verfassungsrecht habe diesem im Grunde keine eigenen, festen Maßstäbe oder Kriterien entgegenzusetzen: Es passe sich der Entwicklung gleichsam an oder weiche vor ihr, immer wieder einen Schritt, zurück[5].

Angesichts solcher Schwierigkeiten können hier nur einige thesenhafte Überlegungen vorgetragen werden, mit denen ein Arbeitsprogramm umrissen werden soll.

II. Das Konstitutionalisierungsparadoxon

Ausgangspunkt ist dabei ein Paradoxon, in dem sich vielleicht ein ganzes Bündel von Widersprüchen verbirgt. Explizit sind Sozialrechtsfragen im Grundgesetz zwar nur in sehr wenigen – kompetenziellen – Vorschriften (vor allem im Katalog der Gesetzgebungsmaterien in Art. 74 GG) angesprochen[6], doch aufgrund eines Prozesses umfassender Konstitutionalisierung wird längst – auch – in der sozialen Sicherung nahezu jede Regelungsfrage verfassungsrechtlich bewertet und entschieden. Schon in der Begründung der Gesetzentwürfe werden die jeweils verfolgten Regelungsziele häufig auf verfassungsrechtliche Gesichtspunkte gestützt, fast jeder Sachkonflikt wird auch mit verfassungsrechtlichen Argumenten ausgetragen, in zahllosen Urteilen der Sozialgerichte wird wesentlich auf verfassungsrechtliche Gründe rekurriert, wichtigere Streitfragen werden schließlich durchweg durch das Bundesverfassungsgericht entschieden[7]. Als aktuelles Beispiel sei hier nur die Entscheidung genannt, mit der der Erste Senat die Berechnung der Regelsätze in der Grundsicherung für Arbeitsuchende („Hartz IV") beanstandet hat[8]. Eine solche Konstitutionalisierung des Sozialrechts ist in der historischen Perspektive ein relativ neues Phänomen, sie hat sich erst in den letzten Jahrzehnten in der Bundesrepublik entwickelt[9].

---

[5] *Christoph Enders*, Sozialstaatlichkeit im Spannungsfeld von Eigenverantwortung und Fürsorge, VVDStRL 64 (2005), S. 7 ff., 43 ff.

[6] In Art. 74 Abs. 1 GG ist in Nr. 7 die „öffentliche Fürsorge", in Nr. 12 die „Sozialversicherung einschließlich der Arbeitslosenversicherung" aufgeführt. Art. 86 Abs. 2 GG betrifft die Frage, welche „sozialen Versicherungsträger" bundesunmittelbare Körperschaften sind. In Art. 120 Abs. 1 Satz 4 GG schließlich ist festgelegt, dass der Bund „die Zuschüsse zu den Lasten der Sozialversicherung mit Einschluss der Arbeitslosenversicherung und der Arbeitslosenhilfe" trägt. – Soziale Grundrechte sind im Grundgesetz nicht enthalten, vgl. nur *Isensee*, Verfassung ohne soziale Grundrechte, Der Staat 19 (1980), 367 ff.; *Jörg P. Müller*, Soziale Grundrechte in der Verfassung?, 2. Aufl. 1981; *Klaus Lange*, in: Ernst-Wolfgang Böckenförde/Jürgen Jekewitz/Thilo Ramm (Hrsg.), Soziale Grundrechte, 5. Rechtspolitischer Kongress der SPD vom 29. Februrar bis 2. März 1980 in Saarbrücken, 1981, S. 49 ff.

[7] Dazu bereits *Friedhelm Hase*, Steuerung der Evolution des sozialen Sektors durch Verfassungsrecht, Sozialer Fortschritt 1988, 265 ff.; *ders.*, Verfassungsrechtliche Anforderungen an die staatliche Gewährleistung sozialer Sicherheit, SDSRV 51 (2004), S. 7, 8 ff.

[8] Urt. vom 9. Februar 2010, BVerfGE 125, 175 ff.

[9] Dazu *Hans F. Zacher*, Sozialpolitik und Verfassung im ersten Jahrzehnt der Bundesrepublik

Die zentrale These meines Vortrags lautet, dass mit dieser massiven Durchdringung des Sozialrechts mit verfassungsrechtlichen Werten und Argumentationsansätzen nicht etwa die Steuerungs- und Orientierungsfunktion, die der Verfassung gemeinhin zugeschrieben wird, in einem Teilgebiet des Rechts immer stärker oder umfassender zur Geltung gebracht worden ist – eher im Gegenteil: Die soziale Sicherung scheint in der Zeit *vor* ihrer Konstitutionalisierung viel stärker in übergreifenden, eindeutigen und stabilen, im Bewusstsein der Bevölkerung verankerten Regeln und Ordnungsmustern abgestützt gewesen zu sein, als dies heute der Fall ist[10]. Durch die Konstitutionalisierung selbst (oder den mit ihr verbundenen rechtlichen und sozialen Wandel) wären demnach strukturierende und ordnungsgewährleistende Regelvorgaben verblasst, erodiert oder sogar verlorengegangen, die dem Sozialrecht und seinen komplexen Institutionen im unablässigen Wandel der Verhältnisse Halt bieten können. Konstitutionalisierung wäre hier also mit einer Schwächung gerade solcher Funktionen oder Leistungen verbunden, die eine Verfassung im überkommenen Verständnis gewährleisten soll. Zur Begründung dieser vielleicht irritierenden These möchte ich zunächst die spezifische Anlage und Aufgabenstellung des Rechts der sozialen Sicherung umreißen.

III. Spezifika des Sozialrechts
oder
Die Sorge für Belange des persönlichen Lebens als Gegenstand des öffentlichen Rechts

Die vielfältigen Gestaltungen der sozialen Sicherung sind insofern außerordentlich voraussetzungsreich, als sie sich allesamt auf die elementare Verantwortung beziehen, die der Einzelne in der Privatrechtsgesellschaft für Belange seines persönlichen Lebens trägt[11]: Diese Sorge der Privatperson wird im Sozialrecht als ein Gegenstand öffentlicher Aufgaben anerkannt, sie wird mit den besonderen Mitteln des öffentlichen Rechts aufgegriffen und „bearbeitet". Dass jeder für den eigenen Lebensbedarf

---

Deutschland, 1980, insbes. S. 17 f. und passim; *ders.*, Sozialstaat, Verfassungs- und Europarecht 1946–1996 – Ein halbes Jahrhundert gemeinsamen Weges, VSSR 1997, 1, 8 ff.

[10] Skeptisch hinsichtlich des Ertrags der Konstitutionalisierung des Sozialrechts bereits *Hase*, in: SDSRV 51 (2004), S. 7, 8, 14 ff.; speziell zu Art. 14 GG *Hans-Jürgen Papier*, in: Bernd von Maydell/ Franz Ruland/Ulrich Becker (Hrsg.), Sozialrechtshandbuch, 4. Aufl. 2008, § 3 Rn. 55 ff.; *Isensee*, in: SDSRV 35 (1992), S. 23 ff.; *Otto Depenheuer*, Wie sicher ist verfassungsrechtlich die Rente? Vom liberalen zum solidarischen Eigentumsbegriff, AöR 21 (1995), 417, 422 ff., 433, 444.

[11] Grundlegend *Franz Böhm*, Privatrechtsgesellschaft und Marktwirtschaft, Ordo 17 (1966), 75 ff.; gemeint ist eine Gesellschaft, in der keine umfassende staatliche Verantwortung für alle gesellschaftlich relevanten Fragen anerkannt ist, in der vielmehr „sozial überaus wesentliche Verhältnisse und öffentlich-allgemein bedeutsame Angelegenheiten der Ordnung durch dezentralisiert-gesellschaftliche Vorgänge und damit dem Privatrecht überantwortet bleiben", *Franz Bydlinski*, Das Privatrecht im Rechtssystem einer „Privatrechtsgesellschaft", 1994, S. 63; vgl. auch *Hase* (Fn. 2), S. 38 ff.

und für den seiner engsten Angehörigen selbst einzustehen hat, ist eine der Prämissen des neuzeitlichen Gesellschafts- und Rechtssystems[12]: Eigenverantwortung ist hier als Freiheit ausgeprägt, auf deren Grundlage – durch die Notwendigkeiten der Bedarfsdeckung – ein permanenter Druck zur Anpassung an die Anforderungen sozialer Institutionen (wie Familie, Schule, berufliche Bildungseinrichtungen, System der Arbeitsbeziehungen) wirksam wird. Mit der Sorge für sich selbst ist der Einzelne auf die Mittel des Privatrechts verwiesen[13], mit denen aber, wie die Erfahrungen des 19. Jahrhunderts zeigen, gegenüber elementaren Gefährdungen des Lebens jedenfalls für Teile der Bevölkerung keine adäquate Absicherung zu erreichen war[14]. Durch die Einrichtung öffentlich-rechtlicher Sicherungssysteme hat der Staat die Eigenverantwortung des Einzelnen aber nicht etwa aufgehoben und durch eine umfassende öffentliche Sorge für das Individuum ersetzt, im Konzept der sozialen Sicherung (wie es zunächst über Jahrzehnte hinweg verstanden worden ist) sind vielmehr die elementaren Erwartungen an die Eigenaktivität der Privatperson vorausgesetzt[15] und sogar, durch „Umsetzung" in eine verbindliche öffentlich-rechtliche Form, in einer ganz neuartigen Weise akzentuiert[16].

Alles Sozialrecht beruht demnach auf einer „Interaktion" zwischen privat-gesellschaftlichen Verhältnissen, Strukturen und Institutionen, in denen sich für den Einzelnen der Druck zur Wahrnehmung der Verantwortung für sich selbst entfaltet, und öffentlich-rechtlichen Verwaltungseinrichtungen und Leistungssystemen, durch die privatrechtsimmanente Begrenzungen der Absicherung des Lebens in der modernen Gesellschaft überwunden werden sollen[17]. Durch Sozialrecht wird dem

---

[12] Dazu bereits *Paul Laband* mit der Feststellung, nach „dem Grundprinzip der privatwirtschaftlichen Erwerbs- und Gesellschaftsordnung" sei es „dem Einzelnen überlassen, für Fälle zeitweiser oder dauernder Erwerbsunfähigkeit oder außerordentlicher Bedürfnisse Fürsorge zu treffen. Die formellen Hilfsmittel dafür bietet das *Privatrecht* ...", Das Staatsrecht des Deutschen Reiches, Bd. 3, 5. Aufl. 1913 (Neudruck 1964), S. 286 ff., 289. Im selben Sinne *Hans F. Zacher*, Verfassung und Sozialrecht, in: FS Dürig, 1990, S. 67, 70.

[13] Vgl. *Zacher* (Fn. 12), S. 73: Der „freiheitliche Sozialstaat hat zunächst ... ein privatrechtliches Programm"; *Hase* (Fn. 2), S. 43; *Görg Haverkate*, Verfassungslehre, 1982, S. 258 ff., 269 ff.

[14] Im Unvermögen „der großen Masse der arbeitenden Bevölkerung", die Absicherungsmöglichkeiten des Privatrechts zu nutzen, war für *Laband* die Einrichtung der „Arbeiterversicherung" durch die Sozialgesetzgebung des Kaiserreichs begründet gewesen, Staatsrecht (Fn. 12), S. 289.

[15] So für das Sozialrecht immer wieder *Hans F. Zacher*, etwa in: Einführung in das Sozialrecht der Bundesrepublik Deutschland, 3. Aufl. 1995, S. 10; FS Dürig (Fn. 12), S. 67, 70; Verrechtlichung im Bereich des Sozialrechts, in: Friedrich Kübler (Hrsg.), Verrechtlichung von Wirtschaft, Arbeit und sozialer Solidarität, 1984, S. 11, 23; im selben Sinne etwa *Gerhard Igl/Felix Welti*, Sozialrecht, 8. Aufl. 2007, § 2 Rn. 5.

[16] Vgl. nur *Hase* (Fn. 2), S. 43 ff., 51 ff.

[17] In diesem Zusammenhang kann *Helmut Ridders* Kritik einer etatistischen Verkürzung des Sozialstaatsgebots in Erinnerung gerufen werden. Auch unter den Bedingungen der Sozialstaatlichkeit ist das Verhältnis von Staat und Gesellschaft danach „weder das der Identität oder Verschmelzung ... noch das des abgeschiedenen Gegenüber eines das Politische monopolisierenden Staates und einer privatisierenden Gesellschaft", es ist vielmehr „ein Verhältnis der Zuordnung, der gegenseitigen Annäherung, Beeinflussung und Durchdringung bei gleichwohl jederzeitiger klarer Unterscheidbarkeit. ... Die Einsaugung des Staats durch die Gesellschaft ist genauso wie der umgekehrte Vorgang freiheitsgefährdend und totalitär", Zur verfassungsrechtlichen Stellung der Ge-

Einzelnen eine Sicherheit eröffnet, die er seiner Lebenssituation nach benötigt, innerhalb der Privatrechtsordnung aber nicht erreichen kann[18]. Alle Gestaltungen dieses Rechtsgebiets sind ihrer Anlage nach insofern prekär, als sie Sicherheit jenseits des Marktes und des privat-gesellschaftlichen Institutionengefüges erschließen sollen, deren Strukturvorgaben – und den durch sie erzeugten individuellen Verantwortungsdruck – aber nicht beeinträchtigen oder sogar aufheben dürfen. Dass eine solche Gratwanderung möglich ist, zeigt das klassische, durch die Gesetzgebung des Kaiserreichs geprägte Sozialversicherungsrecht. Dass sich die gesellschaftlichen Bedingungen seit dieser Zeit stark verändert haben, soll natürlich nicht in Abrede gestellt werden.

IV. Die klassische Sozialversicherung

Die Erfahrung, dass abhängig Arbeitende innerhalb des Privatrechts und aufgrund freiwillig-gesellschaftlicher Initiativen keine angemessene Absicherung für elementare Lebensrisiken fanden, ist im Kontext der Sozialgesetzgebung des Kaiserreichs immer wieder hervorgehoben worden: Diese Gesetzgebung sei, so ein zeitgenössischer Beobachter, in einem „Bankerott des Privatrechts" begründet, in dessen „Unvermögen … zur Heilung der socialen Schäden, welche in der fast vollständigen Schutzlosigkeit der Arbeiter gegen die wirtschaftlichen Nachteile von Krankheit, Unfall, Invalidität und Alter" liegen. Der Staat habe es deshalb zu seiner Aufgabe gemacht, „die Gegenmittel zur Abwendung der für die Gesamtheit drohenden Gefahren zu schaffen"[19].

Die Arbeiter hatten nicht etwa deshalb im Zentrum der Bismarckschen Sozialgesetzgebung gestanden, weil sie verelendet gewesen wären, ganz im Gegenteil: Sie waren Protagonisten eines neuen Systems der Erwerbswirtschaft, in dem, den Grundregeln des modernen Schuldrechts entsprechend, ohne positiv erbrachte Leistung keine Gegenleistung gefordert werden darf, bei Hinderung an der Arbeitsleistung also grundsätzlich kein Entgeltanspruch besteht („ohne Arbeit kein Lohn"). – Mit der Einführung der Sozialversicherung – zunächst „Arbeiterversicherung"[20] – ist die Sorge für die Lebensgrundlagen Arbeitender aber, wie schon erwähnt, nicht pauschal verstaatlicht worden, die Möglichkeiten der staatlichen Gesetzgebung und Verwaltung im sozialen Bereich wurden seinerzeit insgesamt eher zurückhaltend eingeschätzt. So war in der berühmten Kaiserlichen Botschaft zur Einführung der „Arbei-

---

werkschaften im Sozialstaat nach dem Grundgesetz für die Bundesrepublik Deutschland (Gewerkschaftsgutachten), 1960, S. 14 f.; ähnlich *Zacher* in: HStR Bd. I, § 25 Rn. 26: Die wichtigste verfassungsrechtliche Prämisse des „Sozialen" ist das „Gegenüber von Staat und Gesellschaft"; Vgl. auch *Hase*, Helmut Ridders Überlegungen zum Sozialstaatsgebot, KJ 32 (1999), 295, 296 ff.

[18] Vgl. *Hase*, in: SDSRV 51 (2004), S. 22 ff.

[19] *Richard Weyl*, Lehrbuch des Reichsversicherungsrechts, 1894, S. 5 ff., 920.

[20] In der Gesetzessprache wurde der Begriff „Sozialversicherung" erst nach dem Ersten Weltkrieg verwendet, *Georg Wannagat*, Lehrbuch des Sozialversicherungsrechts, I. Bd. 1965, S. 17.

terversicherung" hervorgehoben worden, durch den engen Anschluss an die realen Kräfte des („christlichen"!) Volkslebens und „das Zusammenfassen der letzteren in der Form korporativer Genossenschaften unter staatlichem Schutze und staatlicher Förderung" solle die Lösung von Aufgaben ermöglicht werden, „denen die Staatsgewalt allein in gleichem Umfange nicht gewachsen sein würde"[21].

Die klassische Sozialversicherung ist mit ihren Regelungsmustern auf Strukturvorgaben der Erwerbsgesellschaft und des privaten Sektors bezogen, sie ist eine „Neuerfindung" des öffentlichen Rechts[22], durch die Angehörigen benachteiligter Bevölkerungskreise Anschlussmöglichkeiten an das Sicherungsniveau der Privatrechtsgesellschaft eröffnet werden sollten[23]. Diese Sicherung bleibt strikt auf erwerbstätige, insofern *schutzbedürftige* und zugleich *vorsorgefähige* Personen, d.h. auf einen Teil der Bevölkerung beschränkt. Den einzelnen Kodifikationen liegen einfache, den Grundlagen des modernen Wirtschaftssystems angepasste Regeln zugrunde, in denen Belastungen und Begünstigungen für alle Beteiligten nachvollziehbar miteinander verknüpft sind. Leistungsberechtigt ist nur, wer als Versicherter Beiträge zu entrichten hat, die Beitragsbelastung bemisst sich nach der Höhe der jeweiligen Arbeitsentgelte, in den Entgeltersatzleistungen der Systeme spiegelt sich die durch Arbeit erreichte individuelle Einkommensposition wider[24]. – Diesem, an der modernen Wirtschafts- und Gesellschaftsstruktur ausgerichteten Sozialrechtskonzept entsprechend waren Leistungen der Armenpflege (seit Weimar dann „Fürsorge", später „Sozialhilfe", jetzt in erster Linie „Hartz IV"), die allein in der Bedürftigkeit der Begünstigten begründet sind, rein objektiv-rechtlich ausgestaltet, der staatlichen Aufgabe standen seinerzeit also keine individuellen Rechtsansprüche gegenüber[25].

---

[21] Botschaft vom 19. November 1881, zit. bei *Wannagat* (Fn 20), S. 63 f.; zur Entstehung der Arbeiterversicherung näher etwa *Friedrich Kleeis*, Die Geschichte der sozialen Versicherung in Deutschland, 1928; *Walter Vogel*, Bismarcks Arbeiterversicherung, 1951; *Gerhard E. Ritter*, Sozialversicherung in Deutschland und England, 1983, insbes. S. 35 ff.; *ders.*, Der Sozialstaat, 1991, insbes. S. 62 ff.; Bismarck und die Grundlegung des deutschen Sozialstaates, in: FS Zacher, 1998, S. 789 ff.

[22] So *Bydlinski* (Fn. 11), S. 34 f.: Mit ihr wird eine neue, nicht aus irgendwelchen „historisch entwickelten und positiv etablierten" Prinzipien herzuleitende Antwort auf Probleme gegeben, die im Zuge der industriellen Revolution aufgebrochen waren. Auch *Wannagat* hat die Sozialgesetzgebung Bismarcks als ein „von völlig neuen Ideen" durchdrungenes Werk gekennzeichnet, aaO (Fn. 20), S. 73. Anschaulich *Ritter*, in: FS Zacher, S. 789: Die Einführung der Sozialversicherung „war ein ‚Sprung ins Dunkel', in ein bisher weitgehend unerschlossenes Gebiet …"; dort auch Hinweis auf die Aussage Bismarcks, man gehe „mit der sozialen Gesetzgebung in unbekannte Erdteile".

[23] Zur Akzessorietät der überkommenen Sozialversicherung zu den Rechtsverhältnissen in der Privatrechtsgesellschaft *Ladeur*, Der Staat 46 (2007), 78 ff., 82.

[24] Zu den unterschiedlichen Ausprägungen dieser Akzessorietät näher *Hase* (Fn. 2), S. 121 ff., 133 ff., 140 ff.

[25] Zum überkommenen Verständnis des Fürsorgerechts vgl. nur *Bernd Schulte/Peter Trenk-Hinterberger*, Sozialhilfe, 2. Aufl. 1986, S. 37 ff., 43 ff.; *Florian Tennstedt*, Fürsorgegeschichte und Vereinsgeschichte 1981, S. 72 ff.

V. Expansion des Wohlfahrtsstaats und Konstitutionalisierung des Sozialrechts: Die Entwicklung der Nachkriegszeit

Vor dem Hintergrund eines geradezu unwahrscheinlichen Aus- und Umbaus der Sozialleistungssysteme hat sich das Sozialrechtsverständnis in der Bundesrepublik seit Ende der fünfziger Jahre des vergangenen Jahrhunderts grundlegend gewandelt. Die überkommenen, an Regeln und Ordnungsmustern des Erwerbssektors ausgerichteten Grundstrukturen der sozialen Sicherung werden zwar perpetuiert, diese Sicherung wird aber *durch den Staat* auf breiteste Bevölkerungskreise – in der Tendenz auf alle Bürger – ausgedehnt: Elemente der „Erwerbstätigensicherung" werden durch die staatliche Rechtsetzung zunehmend universalisiert, Rechtspositionen, deren Begründung im klassischen Sozialrecht zwingend mit einer wirtschaftlichen Eigenaktivität der Begünstigten verknüpft waren, werden immer häufiger direkt vom Staat zugeteilt. Diese breite Tendenz zur Verallgemeinerung der sozialen Sicherung durch den Staat liegt der umfassenden Konstitutionalisierung des Sozialrechts in der Bundesrepublik zugrunde.

1. Neue Leitbilder: Der Übergang zur sozialen Sicherung des Bürgers

Seit den sechziger Jahren hat in Deutschland eine neue, stark durch Verfassungsrecht – oder genauer: durch verfassungsrechtliche Erwartungen an den Staat – bestimmte sozialpolitische Programmatik die Oberhand gewonnen. Die Stoßrichtung wurde etwa in Hans Achingers bekannter Schrift „Sozialpolitik als Gesellschaftspolitik" vor allem durch den Untertitel – „von der Arbeiterfrage zum Wohlfahrtsstaat" – deutlich markiert[26]. In dem sozialpolitischen Standardlehrbuch Heinz Lamperts ist, ganz im selben Sinn, ein säkularer Übergang „von der staatsautoritären, repressiven, schichtspezifischen Schutzpolitik zur Gesellschaftspolitik des demokratischen und sozialen Rechtsstaates" beschworen worden[27]. In der Diskussion über die Ausweitung der Versicherungspflicht in der gesetzlichen Krankenversicherung wurde von einem bekannten Sozialrechtler gefordert, den Sozialversicherungsschutz nicht mehr, wie in der Vergangenheit, als „eine Ausstrahlung aus dem Arbeitsverhältnis", sondern als „Ausstrahlung unmittelbar aus der Verfassung heraus" zu begreifen[28]. Und das Bundesarbeitsministerium kündigte Anfang der siebziger Jahre an: „Die Sozialversicherung – bisher vorwiegend auf die Arbeitnehmer ausgerichtet – wird in Zukunft den

---

[26] Die Arbeit ist in dritter Aufl. 1979 erschienen.

[27] Lehrbuch der Sozialpolitik, jetzt von Heinz Lampert und Jörg Althammer, 8. Aufl. 2007, S. 137 ff.

[28] *Horst Peters*, in: Ehe und Familie im Sozialversicherungs- und Versorgungsrecht (Diskussionsbeitrag), SDSRV 2 (1967), S. 118, 121: Nachdem bereits fast 90% der Bevölkerung in die gesetzliche Krankenversicherung einbezogen (und darüber hinaus viele Bürger durch staatliche Beihilfeleistungen geschützt) seien, stelle sich die Frage, „ob wir nun nicht den Rest auch noch ‚reinnehmen und dann alle in einen staatlichen Krankheitsschutz stellen".

einzelnen Staatsbürger in den Mittelpunkt ihrer Überlegungen rücken, gleichgültig ob er berufstätig ist oder nicht"[29].

2. *Universalisierung erwerbsarbeitsbezogener Sicherungssysteme*

Tatsächlich hat die Gesetzgebung seit Ende der sechziger Jahre immer neue Personenkreise in die Sozialleistungssysteme einbezogen, die dort allein aufgrund staatlicher Anordnung – und zumeist auch auf Kosten des Staates – Sicherungsvorteile erhalten, die bei Arbeitnehmern und Selbständigen stets mit eigenen erwerbswirtschaftlichen Aktivitäten und der entsprechenden Abgabenlast verbunden sind[30]. Exemplarisch ist hier nur auf den Sozialversicherungsschutz der Kindergartenkinder, Schüler und Studierenden[31] oder auf die sozialversicherungsrechtliche Absicherung Erziehender[32] und Pflegender[33] hinzuweisen. Gerade die 1985 eingeführte Anrechnung von Kindererziehungszeiten in der Rentenversicherung wurde als Element einer grundlegenden Umorientierung der sozialen Sicherung insgesamt – im Sinne einer Überwindung der überkommenen „Erwerbsarbeitsfixierung" und der „Anerkennung" und „Honorierung" der „Erziehungsleistung" durch die Allgemeinheit – propagiert[34], das Bundesverfassungsgericht hat entsprechende Forderungen – in ei-

---

[29] Kennzeichen sozial, S. 53, zit. bei *Walter Leisner*, Sozialversicherung und Privatversicherung, 1974, S. 14; ebenso auch bereits der Sozialbericht 1971 der Bundesregierung, BT-Drucks. 6/2155, S. 11: „Maßnahmen und Leistungen sozialer Sicherung, die ursprünglich vor allem auf die abhängig Beschäftigten zugeschnitten waren, werden auf weitere bisher nicht ausreichend gesicherte Gesellschaftsgruppen ausgedehnt. ... Die soziale Sicherung löst sich von ihrer begrenzten Funktion für bestimmte Gruppen und Lebensbereiche und gewinnt einen umfassenden Charakter".

[30] Zum Teil werden die Lasten auch den Sozialbeitragszahlern auferlegt, so etwa bei der Absicherung der Pflegepersonen in der Rentenversicherung (§ 3 Abs. 1 Satz 1 Nr. 1 a, § 170 Abs. 1 Nr. 6 Buchst. a SGB VI).

[31] Eingeführt durch Gesetz vom 23. März 1971 (BGBl. I S. 237). Nach § 2 Abs. 1 Nr. 8 a SGB VII sind nunmehr alle Kinder während des Besuchs von Tageseinrichtungen geschützt, für deren Betrieb der Träger einer Erlaubnis nach § 45 SGB VIII oder einer entsprechenden landesrechtlichen Vorschrift bedarf. Das Bundessozialgericht hatte den Begriff „Kindergarten" im früheren Recht (§ 539 Abs. 1 Nr. 14 a RVO) wörtlich interpretiert und damit insbes. Ansprüche von Hortkindern und von Kindern in Spielkreisen und Kleinkindergruppen ausgeschlossen, vgl. BSGE 44, 203, 205 f.; 47, 281, 283 f.

[32] Die Anrechnung von Kindererziehungszeiten in der Rentenversicherung geht auf das Hinterbliebenenrenten- und Erziehungszeitengesetz vom 11. Juli 1985 (BGBl. I S. 1450) zurück, seit dem Inkrafttreten des Gesetzes ist die Begünstigung mehrfach – und insgesamt erheblich – ausgeweitet worden.

[33] Nicht erwerbsmäßig tätige Pflegepersonen sind durch das Pflegeversicherungsgesetz vom 26. Mai 1994 (BGBl. I S. 1014) in den Schutz der gesetzlichen Rentenversicherung und der Unfallversicherung einbezogen worden.

[34] In diesem Sinne etwa *Renate Jaeger*, Welche Maßnahmen empfehlen sich, um die Vereinbarkeit von Berufstätigkeit und Familie zu verbessern?, in: Verhandlungen des 60. DJT, 1994, Bd. II/S. O 27, 34, 57.

ner Rechtsprechung, die den allgemeinen Gleichheitssatz mit Art. 6 Abs. 1 GG verbindet und m. E. stark überdehnt – aufgegriffen und weiter verstärkt[35].

3. Durchdringung der Rechtspraxis mit verfassungsrechtlichen Fragestellungen und Argumentationsansätzen

Zugleich ist das Sozialrecht in der Rechtspraxis umfassend von verfassungsrechtlichen Fragestellungen und Argumentationsansätzen durchzogen worden. Bereits 1954 hatte des Bundesverwaltungsgericht das herkömmliche Fürsorgerechtsverständnis für obsolet erklärt und in Art. 1 Abs. 1, Art. 2 Abs. 1 und Art. 20 Abs. 1 GG einen individuellen Rechtsanspruch auf soziale Hilfe abgestützt[36]. In der Folgezeit ist im Grunde das gesamte Sozialrecht mit verfassungsrechtlichen Bezügen „durchsetzt", an verfassungsrechtliche Bewertungen „angeschlossen" worden. Abzulesen ist der Wandel nicht zuletzt an einer sehr deutlichen Erhöhung der Zahl einschlägiger verfassungsgerichtlicher Entscheidungen. Dietrich Katzenstein, von 1975 bis 1987 Richter des Bundesverfassungsgerichts, hat die Rechtsprechung mehrfach ausgewertet: Bis etwa Mitte der sechziger Jahre hatte es nur wenige Entscheidungen zum Sozialrecht gegeben, dann stieg die Zahl der Eingänge stark an, Anfang der achtziger Jahre wurde eine Zahl von durchschnittlich über 200 Verfahren pro Jahr erreicht – das Sozialrecht war zu der Materie geworden, in der die meisten verfassungsgerichtlichen Verfahren zu verzeichnen sind[37]. – Damit ist die Bedeutung der einschlägigen Rechtsprechung des Bundesverfassungsgerichts für den politischen Prozess und die Sozialgesetzgebung enorm gewachsen. Schon die sozialpolitischen Auseinandersetzungen sind, wie erwähnt, oft stark von verfassungsrechtlicher Rhetorik geprägt, in allen Stadien des Gesetzgebungsprozesses wird die verfassungsgerichtliche Kontrolle antizipiert und zum Teil auch instrumentalisiert[38]. Auch die Fachgerichte (hier also primär die Sozialgerichte) stützen ihre Entscheidungen häufig auf verfassungsrechtliche Erwägungen.

Diese umfassende Konstitutionalisierung der sozialen Sicherung steht offenbar im Kontext eines übergreifenden Wandels des Rechts- und Verfassungssystems und der

---

[35] Vgl. nur BVerfGE 87, 1, 36 ff.; 94, 241, 260 ff.

[36] Urt. vom 24. Juni 1954, BVerwGE 1, 159, 161 f.; ebenso BVerfGE 40, 121, 133; BSGE 57, 59, 63 ff.

[37] *Dietrich Katzenstein* hat für die Zeit von 1952 bis 1973 (eine Spanne von 22 Jahren) insgesamt 75 Entscheidungen zum Sozialrecht gezählt. Von 1973 bis 1981 (in acht Jahren) ergingen bereits 55, von 1982 bis 1987 (in sechs Jahren) dann 49 Entscheidungen, Das Sozialrecht in der neueren Rechtsprechung des Bundesverfassungsgerichts, VSSR 1982, 167 ff.; Das Sozialrecht in der Rechtsprechung des Bundesverfassungsgerichts von 1982 bis 1987, SGb 1988, 177 ff.; eigene Recherchen (juris) haben für das Jahrzehnt von 1988 bis 1997 insgesamt 206 Entscheidungen, für die Zeit von 1998 bis 2002 hingegen 100 Entscheidungen ergeben. Zur Entwicklung der verfassungsgerichtlichen Rechtsprechung auch *Wolfgang Rüfner*, Das Sozialrecht in der Rechtsprechung des Bundesverfassungsgerichts, VSSR 1974, 68 ff.

[38] Vgl. *Hase*, in: SDSRV 51 (2004), S. 10.

juristischen Methodik, mit dem sich – das Lüth-Urteil von 1958 zeigt den Umschwung an[39] – eine „neue", außerordentlich flexible, an relativ offenen Werten ausgerichtete „Rechtssprache" durchgesetzt hat, die es erlaubt, in den verschiedensten
rechtlichen Konflikten verfassungsrechtliche Fragen „wiederzuerkennen"[40]. Zu den
wichtigsten Elementen dieser Sprache gehören die – wesentlich als objektive Werte
verstandenen – Grundrechte und weitere „Verfassungsentscheidungen", wie sie etwa
auch aus Kompetenzvorschriften hergeleitet werden[41]. In den Auseinandersetzungen
über das Sozialrecht und in der einschlägigen Rechtsprechung stehen die Grundrechte aus Art. 2 Abs. 1, Art. 3 Abs. 1, Art. 12 und Art. 14 GG, das Sozialstaatsgebot
und darüber hinaus Kompetenztitel wie der des Art. 74 Abs. 1 Nr. 12 GG – mit dem
in der Rechtsprechung des Bundesverfassungsgerichts immer weiter „ausfransenden" Begriff „Sozialversicherung" – im Vordergrund.

VI. Zur Kritik der Konstitutionalisierung des Sozialrechts

Die umfassende Konstitutionalisierung der sozialen Sicherung hat gewiss zu einer
neuartigen Akzentuierung von Momenten der Kontinuität und der Kohärenz in der
– insgesamt außerordentlich hektischen – Entwicklung des in mancher Hinsicht zer-
fasernden Sozialrechts geführt[42]. Es dürfte kaum ein Rechtsgebiet geben, in dem die
Regelungen so häufig „umgewälzt" werden wie im Recht der sozialen Sicherung –
hier hat die Konstitutionalisierung zu einer gewissen Vereinheitlichung beigetragen.
Sie wirft aber auch gravierende Probleme auf, deren wichtigste hier nur zu benennen
sind.

1. Relativierung der Verfassungsnormativität

Zum einen geht das soeben skizzierte Rechtsmodell der „Abwägung" von Gütern
und Werten mit einer Art Verflüssigung der Verfassungsnormativität einher, die sich
in einem Rechtsgebiet, dessen Einrichtungen dem Leben des Einzelnen im unablässigen Wandel der Verhältnisse Sicherheit bieten sollen, auch in fatalen Effekten niederschlägt. Das flexibilisierte, werthaft-offene Verfassungsrecht wird letztlich nur
noch situativ, von Fall zu Fall, unter jeweils bestimmten, veränderlichen Kontextbe-
dingungen konkretisiert[43]. Das Bundesverfassungsgericht hebt gerade in der Recht-

---

[39] Urt. des Ersten Senats vom 15. Januar 1958, BVerfGE 7, 198 ff.

[40] Dazu *Hase*, in: SDSRV 51 (2004), S. 11 ff. mit Nachw.

[41] Vgl. etwa *Matthias Herdegen*, in: Dirk Heckmann/Klaus Meßerschmidt (Hrsg.), Gegenwarts-
fragen des Öffentlichen Rechts, 1988, S. 161, 170 f.; *Bodo Pieroth*, AöR 114 (1989), 422 ff.; *Matthias
Jestaedt*, in: Josef Aulehner u. a. (Hrsg.), Föderalismus – Auflösung oder Zukunft der Staatlichkeit?,
1997, S. 346 ff.

[42] Näher *Hase*, in: SDSRV 51 (2004), S. 14 f.

[43] Dazu bereits *Hase*, SF 1988, 265, 266 f.; allgemein zum Abwägungsdenken *Karl-Heinz Ladeur*,

sprechung zu sozialrechtlichen Fragen immer wieder hervor, es stelle keine allgemeingültigen Regeln auf. „Sozialversicherung" etwa könne man letztlich nicht abstrakt definieren, der Begriff sei, zwischen „Versicherungsprinzip" und „sozialem Ausgleich", für vielfältige Gestaltungen offen[44]. Welche Erfordernisse sich – im Sinne eines Schutzes privater Belange – aus dem Gleichheitssatz ergeben[45], unter welchen Voraussetzungen und in welchem Maße ein Vertrauensschutz anzuerkennen ist oder wie weit der Eigentumsschutz sozialer Rechtspositionen[46] reicht, sei nicht generell, sondern nur in einer Abwägung anhand der Bedingungen des Einzelfalls festzustellen[47].

Im besonderen Kontext der sozialen Sicherung hat die Kritik des verfassungsrechtlichen Abwägungsdenkens, wie sie auch in neueren wissenschaftlichen Arbeiten immer wieder vorgetragen worden ist[48], m. E. besonderes Gewicht. Sozialrecht beruht zwar durchweg auf der staatlichen Verfügung über grundrechtlich gewährleistete Freiheit, doch das Verfassungsrecht gibt aufgrund der Aufweichung seiner normativen Struktur keine juristisch greifbaren Maßstäbe dafür, inwieweit etwa die Gesetzgebung bestimmte Personenkreise in ein soziales Sicherungssystem einbeziehen darf[49], es bietet dem Einzelnen letztlich nicht den geringsten Schutz gegenüber

---

Kritik der Abwägung in der Grundrechtsdogmatik, 2004; zur sozialen Sicherung *ders.*, Der Staat 46 (2007), S. 61, 83 ff.

[44] „Sozialversicherung" sei in verfassungsrechtlicher Sicht ein „weit gefasster Gattungsbegriff", eine Festlegung auf eine abgeschlossene Reihe bestimmter Merkmale komme nicht in Betracht (im Wesentlichen seien die Gestaltungen der sozialen Vorsorge durch das soziale Bedürfnis nach einem Ausgleich besonderer Lasten, die organisatorische Bewältigung der Aufgabe durch selbständige Anstalten und Körperschaften des öffentlichen Rechts und die Finanzierung durch Beiträge der Beteiligten charakterisiert), in diesem Sinne etwa BVerfGE 11, 105, 111 ff.; 63, 1, 34 f.; 75, 108, 146; 87, 1, 34; 88, 203, 313. In einer Entscheidung des *Bundessozialgerichts* wird ausgeführt, im Grundgesetz sei „nicht näher geregelt, was unter Sozialversicherung in Art. 74 Abs. 1 Nr. 12 GG zu verstehen ist", der Begriff sei nur „formal bestimmt, nicht inhaltlich nach einem Versicherungsprinzip"; bei der Anwendung der Kompetenzvorschriften müsse dem Gesetzgeber ein „weiter Spielraum" zugestanden werden, nur „Aufgabenzuweisungen an die Sozialversicherungsträger, bei denen diese gleichsam nur Zahlstellen für gesetzlich angeordnete andere Leistungen sind", seien von der Kompetenz nicht umfasst, BSGE 81, 276, 282; zu der Entscheidung *Christian Rolfs*, Versicherungsfremde Leistungen in der Sozialversicherung, NZS 1998, 551 ff.; *Schnapp*, JZ 1999, 621 ff.

[45] Zu den Auswirkungen des allgemeinen Gleichheitssatzes auf das Sozialrecht in der Rechtsprechung des Bundesverfassungsgerichts *Michael Sachs*, Die Auswirkungen des allgemeinen Gleichheitssatzes auf das Sozialrecht in der Rechtsprechung des Bundesverfassungsgerichts, VSSR 1994, 33 ff.; *Wolfgang Rüfner*, in: Bonner Kommentar zum Grundgesetz (Losebl.), Art. 3 Abs. 1 Rn. 53 ff.; *Lerke Osterloh*, in: Sachs (Hrsg.), Grundgesetz, 5. Aufl. 2009, Art. 3 Rn. 176 ff.

[46] Grundlegend die Entscheidungen vom 28. Februar 1980 und vom 1. Juli 1981, BVerfGE 53, 257, 289 f. und 58, 81, 109.

[47] Dem „Ausmaß des Vertrauensschadens des Einzelnen" wird, soweit Rechtsänderungen individuell zugeordnete Positionen betreffen, die „Bedeutung des gesetzlichen Anliegens für die Allgemeinheit" gegenübergestellt, so die Formulierung in BSGE 78, 138, 148; in der Sache ebenso BVerfGE 58, 81, 110 ff., 120 ff.; 69, 272, 309 ff.; 71, 1, 11 ff.; 76, 220, 244 ff.; 92, 365, 406 f.; 95, 143, 160 ff.

[48] Vgl. etwa *Ladeur* (Fn. 43); *Matthias Jestaedt*, Grundrechtsentfaltung im Gesetz, 1999, insbes. S. 72 ff., 206 ff.

[49] So wird in der Rechtsprechung angenommen, die Gesetzgebung dürfe den Kreis der Pflichtversicherten in der Sozialversicherung „auch" unter dem Gesichtspunkt der finanziellen Leistungs-

einer enorm gestiegenen, auf immer weitere Einkunftsarten ausgreifenden und perspektivisch mit Sicherheit weiter wachsenden Abgabenbelastung[50], es legt nirgendwo verbindlich fest, welche durch Arbeit und Beitragszahlung begründeten Rechtspositionen auch bei künftigen Rechtsänderungen nicht substantiell gekürzt oder sogar entwertet werden dürfen[51]. Diese Verunsicherung ist vor allem auch darin begründet, dass die Rechtsprechung dem Staat und seiner Gesetzgebung in der verfassungsrechtlichen Auseinandersetzung hyperkomplexe Superwerte und entsprechende Prärogativen – wie den im Sozialrecht „weiten" oder oft sogar „besonders weiten Gestaltungsspielraum" – zuerkennt, durch die im Grunde *jede* Abwägung unterlaufen wird[52]. Selbst das Ziel, die Stabilität und die finanziellen Grundlagen der Sozialleistungssysteme insgesamt sicherzustellen, wird immer wieder auf Seiten des Staats als Verfassungswert – etwa gegenüber den Eigentumspositionen Sozialversicherter – in Stellung gebracht[53] – eine Abwägung, bei welcher der Einzelne offenbar nur verlieren kann, und zwar aus logischen wie aus ethischen Gründen: Wenn das große Ganze gefährdet ist, *muss* der Einzelne mit seinen besonderen Belangen einfach zurückstehen!

2. Verwischung elementarer Ordnungsvorgaben in der sozialen Sicherung

Diese Entgrenzung des Verfassungsrechts durch das vorherrschende Abwägungsdenken ist umso gravierender, als in den meisten wichtigen Sozialleistungssystemen aufgrund vielfältiger Überlastungen und vor allem auch der Folgen eines dramatischen demografischen Wandels schon sehr bald mit einschneidenden Veränderungen zu rechnen ist (es wird dabei sicher nicht primär um einen weiteren Ausbau sozialer Begünstigungen gehen!). Das gleichsam hinter (oder unter) dieser Aufweichung der Verfassungsnormativität liegende Problem ist meiner Eingangsüberlegung

---

fähigkeit des Gesamtsystems bestimmen. In diesem Sinne etwa BVerfGE 44, 70, 90: „Bei der zulässigen Einführung einer gesetzlichen Pflichtversicherung liegt es in der Gestaltungsfreiheit des Gesetzgebers, den Mitgliederkreis so abzugrenzen, wie es für die Begründung einer leistungsfähigen Solidargemeinschaft erforderlich ist"; ebenso BSGE 58, 224, 228; krit. dazu *Hase* (Fn. 2), S. 65 ff.

[50] Verfassungsrechtliche Argumente gegen Beitragserhöhungen haben nach der Rechtsprechung erst Aussicht auf Erfolg, wenn der Extrempunkt einer „unerträglichen Belastung" mit konfiskatorischen Zügen erreicht ist. Klagen gegen die Höhe der sozialversicherungsrechtlichen Beitragsbelastung hat das Bundessozialgericht stets zurückgewiesen, vgl. BSG SozR 2200 § 1385 Nr. 16; BSGE 81, 276 ff. Eine Verfassungsbeschwerde gegen das an erster Stelle genannte Urteil hat das Bundesverfassungsgericht nicht zur Entscheidung angenommen, SozR 2200 § 1385 Nr. 17.

[51] Skeptisch hinsichtlich der bisherigen Judikatur etwa *Hans-Jürgen Papier*, der von einer „recht bescheidenen Einzelfallprüfung nach den (beliebigen?) Maßstäben der Zumutbarkeit und Billigkeit" spricht und resümiert, die „großzügige Unterstellung sozialrechtlicher Positionen unter den Schutz des Art. 14 GG" sei in der Rechtsprechung des Bundesverfassungsgerichts in weiten Bereichen ohne nennenswerte praktische Konsequenz geblieben, in: von Maydell/Ruland/Becker, Sozialrechtshandbuch (Fn. 10), § 3 Rn. 55; *ders.*, in: Maunz/Dürig, GG (Losebl.), Art. 14 Rn. 1; ähnlich *Isensee*, in: SDSRV 35 (1992), S. 23 ff.

[52] Vgl. nur *Hase* (Fn. 2), S. 65 ff., 217 ff.

[53] BVerfGE 53, 257, 293; 58, 81, 110; 74, 203, 214; 75, 78, 98.

zufolge darin zu sehen, dass mit der beschriebenen umfassenden Konstitutionalisierung des Sozialrechts grundlegende Ordnungsvorgaben in Frage gestellt und zum Teil aufgelöst worden sind, auf die jedwede soziale Sicherung als Abstützung angewiesen ist. Dieser Konstitutionalisierung liegt, so lautete meine These, ein tiefgreifender Umbau der Sozialleistungssysteme zugrunde, mit dem der Staat die überkommene, im Wesentlichen auf Erwerbsarbeit zugeschnittene soziale Absicherung immer weiter ausgedehnt und in der Tendenz auf die gesamte Bevölkerung erstreckt hat. Dies schlägt nicht nur in einer permanenten Überlastung des Staats und der sozialen Sicherungssysteme zu Buche, sondern führt auch zu empfindlichen Störungen in dem – eingangs angesprochenen – Zusammenspiel zwischen öffentlich-rechtlichen Schutzvorkehrungen und privaten Strukturen und Institutionen, in denen die Eigenverantwortung und Eigenaktivität des Einzelnen permanent wachgehalten werden muss.

Auf einer sehr allgemeinen Ebene kann das grundlegende Dilemma dabei darin gesehen werden, dass Absicherungsvorteile, die an sich mit der *individuellen Eigenleistung* verknüpft sind, zunehmend auch über eine direkte staatliche Zuteilung – das heißt auf *sozialpolitischem Wege* – erreichbar sind[54], was im Übrigen bei denen Frustrationen erzeugt, die weiterhin auf die eigene Arbeits- und Abgabenleistung verwiesen sind. Konkreter wäre beispielsweise zu zeigen, dass ein Ausbau bestimmter Sozialleistungen (wie des Arbeitslosengeldes) bei älteren Arbeitnehmern als ein Anreiz zum vorzeitigen Ausscheiden aus der Erwerbsarbeit wirken kann, andere Leistungen hingegen unter Umständen die Anpassung junger Menschen an Anforderungen schulischer Bildung und beruflicher Qualifizierung – oder allgemein an die Bedingungen des Arbeitslebens – erschweren[55]. Auffällig ist etwa auch, dass das geltende Sozialleistungsrecht in nicht unerheblichem Maße von gesetzlich geregelten familiären Unterhaltspflichten abstrahiert und diese damit mehr oder weniger offen unterminiert und delegitimiert. Gemeint sind vor allem Fälle, in denen ein Empfänger öffentlicher Hilfe Anspruch auf familiären Unterhalt hat, dieser Unterhalt aber in der sozialrechtlichen Bedürftigkeitsprüfung ausgeblendet wird[56].

---

[54] Vgl. *Hase* (Fn. 2), S. 369 ff.; ferner *Ladeur*, Der Staat 46 (2007), 83 ff.

[55] „Hartz IV" soll, wie Sozialarbeiter berichten, von Heranwachsenden bereits anstelle einer Berufsperspektive angegeben werden.

[56] So gehen in der Sozialhilfe Unterhaltsansprüche des Hilfeempfängers nur insoweit auf den Hilfeträger über, als Unterhaltspflichtige im ersten Grade mit dem Hilfeempfänger verwandt sind (§ 94 Abs. 1 Satz 3 Hs. 1 SGB XII). In der Grundsicherung für Arbeitsuchende ist ein Übergang von Unterhaltsansprüchen des Leistungsempfängers gegen Verwandte grundsätzlich ausgeschlossen, wenn der Unterhaltsberechtigte den Anspruch nicht geltend macht (§ 34 Abs. 2 Satz 1 Nr. 2 SGB III), dazu näher *Christian Link*, in: Wolfgang Eicher/Wolfgang Spellbrink (Hrsg.), SGB II – Grundsicherung für Arbeitsuchende, 2. Aufl. 2008 § 33 Rn. 33 ff.

VII. Schlussbemerkung

All dies ist hier nicht zu weiter vertiefen. Es kann bei einer Auseinandersetzung mit der Konstitutionalisierung des Sozialrechts natürlich nicht darum gehen, eine Rückkehr zur „Arbeiterversicherung" Bismarcks zu postulieren, ebenso wenig darum, den säkularen Prozess der Verallgemeinerung der sozialen Sicherung frontal zurückzuweisen. Vielmehr sollte hier vor allem dafür geworben werden, beim Nachdenken über die Bedeutung der Verfassung für das Sozialrecht viel stärker als bisher die begrenzten Möglichkeiten des Staates und dessen uneindeutig-ambivalente Rolle in der sozialen Sicherung in Rechnung zu stellen. Sozialpolitik ist auf ein kompliziertes Gefüge privat-gesellschaftlicher Institutionen bezogen, in dem sich die staatliche Gesetzgebung, gerade auch bei besten Absichten der Akteure, in destruktiven Effekten und Blockierungen niederschlagen kann. Vor allem bedarf es hier auch einer Rückbesinnung darauf, dass die öffentlich-rechtliche soziale Sicherung stets auf Rechtszwang beruht, der vor der Verfassung – den Grundrechten der Privatperson, dem Rechtsstaatsgebot – gerechtfertigt werden muss.

Jens Kersten

Teilverfasste Wirtschaft

I. Freiheit aushalten

Verfassungen sind die normativen Fragmente einer Gesellschaft.[1] Sie verfassen nicht die ganze soziale Welt, sondern konstituieren einen politischen Raum aus Rechten, Prinzipien, Organen und Kompetenzen. Der fragmentarische Charakter dieser Ordnung begründet individuelle und kollektive Freiheit: die individuelle Freiheit jedes Bürgers, dessen persönliche Selbstbestimmung durch die Grundrechte garantiert wird; die kollektive Freiheit aller Bürger, die in der demokratischen Selbstgesetzgebung liegt.[2] In der liberalen Ordnung entfaltet sich das Verhältnis von individueller und kollektiver Freiheit dialektisch: Jeder Bürger kann seine Freiheitsrechte in Anspruch nehmen, solange diese nicht durch ein Gesetz als Ausdruck kollektiver Freiheit beschränkt werden, wobei sich das Gesetz als Einschränkung individueller Freiheit verfassungsrechtlich rechtfertigen muss. Diese Vermittlung zwischen individueller und kollektiver Freiheit begründet die zentrale Stellung des Gesetzes in der Demokratie.[3] Aufgrund des fragmentarischen Charakters liberaler Verfassungen ist Gesetzgebung aber nicht schlicht Verfassungsvollzug, sondern in einem doppelten Sinn die „freie" Gestaltung sozialer, politischer und wirtschaftlicher Verhältnisse: Sie ist normativ frei, weil sie sich in den rechtlichen Vorgaben der Verfassung vollzieht, die die Gesetzgebung als legitimierte Rechtsetzung konstituiert; sie ist politisch frei, da die Verfassung aufgrund ihres fragmentarischen Charakters dem Gesetzgeber Raum lässt, seine rechtspolitischen Ziele zu verfolgen. Auf diese Weise sichert der Vorrang der – fragmentarischen – Verfassung als historisch gewachsene Errungenschaft des Verfassungsstaats nicht nur die Vermittlung von individueller und kollektiver Selbstbestimmung, sondern verbindet in der Gesetzgebung auch die rechtliche mit der politischen Freiheit.[4] Die liberale Verfassungsordnung hält die

---

[1] Vgl. hierzu und zum Folgenden *Grimm*, Ursprung und Wandel der Verfassung, in: Isensee/Kirchhof (Hrsg.), Handbuch des Staatsrechts, 1. Bd., 3. Aufl. 2003, § 1, Rn. 41 ff.

[2] Vgl. *Möllers*, Die drei Gewalten. Legitimation der Gewaltengliederung in Verfassungsstaat, Europäischer Integration und Internationalisierung, 2008, S. 57 ff., bes. 71 ff.; *ders.*, Demokratie – Zumutungen und Versprechen, 2008, S. 13 f., 18, 27 ff.

[3] Vgl. *Lepsius*, Steuerungsdiskussion, Systemtheorie und Parlamentarismuskritik, 1999, S. 10 ff., bes. S. 21 ff.; *Möllers*, Demokratie (Fn. 2), S. 57 ff.; *ders.*, Demokratie und Recht. Faktizität und Geltung (1992), in: Brunkhorst/Kreide/Lafont (Hrsg.), Habermas Handbuch, 2009, S. 254 (258).

[4] Vgl. zum Vorrang der Verfassung als evolutionäre Errungenschaft *Grimm* (Fn. 1), § 1, Rn. 26 ff., 37 ff.

Spannungsverhältnisse zwischen individueller und kollektiver sowie rechtlicher und politischer Freiheit aus: Der Bürger muss die demokratische Beschränkung seiner individuellen Freiheit akzeptieren, die kollektive Selbstbestimmung aller Bürger die Grundrechte als Maßstab des demokratischen Gesetzes anerkennen. Diese zentrale Herausforderung – Freiheit auszuhalten – prägt auch jedes liberale Verständnis „teilverfasster Wirtschaft".

II. Grundgesetz

Im Gegensatz zur Weimarer Reichsverfassung entwirft das Grundgesetz keine „Ordnung des Wirtschaftslebens" (Art. 151-Art. 165 WRV),[5] sondern beschränkt sich auf eine fragmentarische Regelung der Wirtschaft:[6] Das Grundgesetz garantiert die Freiheiten des Vertragsschlusses (Art. 2 Abs. 1 GG), der Koalitionen (Art. 9 Abs. 1 GG), der Tarifparteien (Art. 9 Abs. 3 GG), des Berufs (Art. 12 Abs. 1 GG) und des Eigentums (Art. 14 Abs. 1 GG). Es sieht die Möglichkeit der Vergesellschaftung vor (Art. 15 GG) und regelt die Kompetenzen der Überführung von Grund und Boden, von Naturschätzen und Produktionsmitteln in Gemeineigentum und in andere Formen der Gemeinwirtschaft (Art. 74 Abs. 1 Nr. 15 GG). Zugleich verdeutlicht es in der Kompetenzvorschrift zur Regelung des Rechts der Wirtschaft (Art. 74 Abs. 1 Nr. 11 GG), dass das Wirtschaftsleben der Bundesrepublik durch Bergbau, Industrie, Energiewirtschaft, Handwerk, Gewerbe, Handel, Banken, Börsen, Versicherungen, Geschäfte, Gaststätten, Spielhallen, Schaustellungen, Messen und Märkte belebt wird. Es ermächtigt bzw. verpflichtet[7] den Gesetzgeber, den Missbrauch wirtschaftlicher Machtstellung zu verhindern (Art. 74 Abs. 1 Nr. 16 GG). Es fordert, dass die Eisenbahnen des Bundes (Art. 87e Abs. 2 Satz 1 GG) sowie Post- und Telekommunikationsdienstleistungen (Art. 87f Abs. 2 Satz 1 GG) privatwirtschaftlich bzw. wettbewerblich erbracht werden. Es setzt der Bundesbank das Ziel, die Preisstabilität zu sichern (Art. 88 Satz 2 GG), und es gibt die konjunkturpolitische Devise aus, den Erfordernissen des gesamtwirtschaftlichen Gleichgewichts Rechnung zu tragen (Art. 109 Abs. 2 und Art. 115 Abs. 1 Satz 2 Halbsatz 2 GG).

Aus diesen Rechten, Prinzipien und Kompetenzen ergibt sich keine normativ geschlossene Wirtschaftsverfassung der Bundesrepublik Deutschland.[8] Und selbst

---

[5] Vgl. zum spannungsreichen Charakter der „Ordnung des Wirtschaftslebens" in Art. 151ff. WRV *Anschütz*, Die Verfassung des Deutschen Reichs vom 11. August 1919, 14. Aufl. 1933, S. 697f.

[6] Vgl. hierzu und zum Folgenden *Badura*, Wirtschaftsverfassung und Wirtschaftsverwaltung, 4. Aufl. 2011, Rn. 16ff.; *ders.*, Staatsrecht, 4. Aufl. 2010, C Rn. 80ff., D Rn. 38ff.; *R. Schmidt*, Staatliche Verantwortung für die Wirtschaft, in: Isensee/Kirchhof (Hrsg.), Handbuch des Staatsrechts, 4. Bd., 3. Aufl. 2006, § 92, Rn. 12ff.

[7] Vgl. zum materiellen Gehalt der Kompetenzvorschrift des Art. 76 Abs. 1 Nr. 16 GG BVerfG-K, GRUR 2001, S. 266 (267); BVerwGE 114, 160 (191); 118, 226 (240); *Scholz*, in: Maunz/Dürig, GG, 61. Aufl. 2011, Art. 12, Rn. 250.

[8] Vgl. *Möllers*, Das Grundgesetz. Geschichte und Inhalt, 2009, S. 108ff.

wenn man jenseits der positivistischen Oberfläche nach der historischen Bedingtheit und der politischen Bedeutung der zitierten Einzelregelungen fragt, mag sich eine wirtschaftsverfassungsrechtliche Entwicklungsperspektive ausmachen lassen, ohne jedoch deshalb die fragmentarischen Wirtschaftsregelungen zu einer verfassungsrechtlichen „Ordnung der Wirtschaft" abrunden zu können.

In der Vor- und Frühgeschichte der Bundesrepublik gab es den Versuch, diese wirtschaftlichen Verfassungsfragmente zur „sozialen Marktwirtschaft" als der Wirtschaftsverfassung des Grundgesetzes zu verdichten[9] und auf diese Weise den westdeutschen Gründungs- und Integrationsmythos verfassungsrechtlich zu reflektieren.[10] Doch dabei ist die wirtschaftspolitische Improvisation des Begriffs der „sozialen Marktwirtschaft" historisch nicht zu übersehen: *Konrad Adenauer* habe – so berichtet *Hans-Peter Schwarz*[11] – den Begriff der „sozialen Marktwirtschaft" aus einem Zwischenruf improvisiert: „Planwirtschaft oder Marktwirtschaft" sollte ursprünglich das Motto lauten, mit dem die CDU den ersten Bundestagswahlkampf bestreiten wollte. Als *Adenauer* diese polarisierende Alternative zwischen Markt und Plan auf einer Gremiensitzung der CDU im Februar 1949 erläuterte, habe ihn *Johannes Albers* – der erste Vorsitzende der CDU-Sozialausschüsse – mit dem Zwischenruf „soziale" unterbrochen. *Adenauer* habe daraufhin zur allgemeinen Heiterkeit formuliert: „sagen wir: bürokratische Planwirtschaft oder soziale Marktwirtschaft". Anders als in der späteren CDU-Geschichte gerne behauptet – so resümiert *Schwarz* –, wollte *Adenauer* das Substantiv „Marktwirtschaft" damals großgeschrieben sehen. Er habe das kleingeschriebene Adjektiv „sozial" nur aufgenommen, um den linken Parteiflügel der CDU zufriedenzustellen, der durch die liberale Wirtschaftspolitik *Ludwig Erhards* unter Druck geraten war. Das sei zwar Taktik gewesen, habe aber auch *Adenauers* wirtschafts- und sozialpolitischen Prioritäten in den Nachkriegs- und Anfangsjahren entsprochen: erst das Wirtschaftswunder, dann der Wohlfahrtsstaat. Der so improvisierte Begriff der „sozialen Marktwirtschaft" besaß in der frühen Bundesrepublik auch keine einheitliche wirtschafts- und sozialpolitische Kontur. Die ordoliberale Freiburger Schule grenzte ihn einerseits gegenüber einem laissez-faire-Kapitalismus, andererseits gegenüber okkasionalistischer Staatsintervention ab:[12] Alle wirtschaftslenkenden Maßnahmen des Staats sollten sich an der marktwirtschaftlichen Wettbewerbsfreiheit orientieren. Eine solche wettbewerbliche Marktwirtschaft wäre – so argumentierten *Walter Eucken* und *Wilhelm Röpke* – auch per se „sozial": Marktwirtschaftlicher Wettbewerb würde zu Wachstum füh-

---

[9] Vgl. *Nipperdey*, Soziale Marktwirtschaft und Grundgesetz, 3. Aufl. 1965, S. 24 ff.; zum Streit um „die" Wirtschaftsverfassung des Grundgesetzes *R. Schmidt* (Fn. 6), § 92, Rn. 18; *ders.*, Verfassungsrechtliche Grundlagen, in: ders./Vollmöller (Hrsg.), Kompendium Öffentliches Wirtschaftsrecht, 3. Aufl. 2007, § 2, Rn. 2 ff.; *Huber*, Öffentliches Wirtschaftsrecht, in: Schmidt-Aßmann/ Schoch (Hrsg.), Besonderes Verwaltungsrecht, 14. Aufl. 2008, 3. Kap., Rn. 18 ff.; *Ruffert*, AöR 134 (2009), S. 197 (199); jew. m. w. N.

[10] Vgl. *Kersten*, Mittelweg 36 18 (2009/6), S. 82 ff.

[11] Vgl. *Schwarz*, Anmerkungen zu Adenauer, 2004, S. 55 f.

[12] Vgl. hierzu und zum Folgenden *Kersten*, Mittelweg 36 18 (2009/6), S. 82 ff.

ren und bei sozial breit gestreuten Eigentumsverhältnissen den Lebensstandard der Arbeitnehmer steigern. Jenseits der Fürsorge für eine bedürftige Minderheit sei deshalb auch keine aktive Sozialpolitik erforderlich. So sah es auch – bei allen Differenzen zu *Eucken* und *Röpke* – der von der katholischen Soziallehre beeinflusste *Alfred Müller-Armack*: 1947 hatte er wohl als erster von „sozialer Marktwirtschaft" gesprochen, in der der Staat über den Wettbewerb zugleich dessen Sozialverträglichkeit sicherstellt. Diese politische Bedeutung der „sozialen Marktwirtschaft" lässt sich vor allem historisch mit der sozialpolitischen Integration der Nachkriegsgesellschaft, der wirtschaftspolitischen Abgrenzung der westintegrierten Bundesrepublik im Kalten Krieg und dem wissenschaftspolitischen Bedürfnis erklären, in das Grundgesetz als der neuen Verfassung eine „konkordante" Verbindung von Marktwirtschaft und Sozialstaat hineinzulesen.

Doch mit der sozialen, politischen und wirtschaftlichen Stabilität der Bundesrepublik hat sich vor allem in der Rechtsprechung des Bundesverfassungsgerichts die Auffassung der wirtschaftspolitischen Neutralität des Grundgesetzes durchgesetzt: „Das Grundgesetz garantiert" – so das Bundesverfassungsgericht in seiner Investitionshilfe-Entscheidung vom 20. Juli 1954 – „weder die wirtschaftspolitische Neutralität der Regierungs- und Gesetzgebungsgewalt noch eine nur mit marktkonformen Mitteln zu steuernde ‚soziale Marktwirtschaft'. Die ‚wirtschaftspolitische Neutralität' des Grundgesetzes besteht lediglich darin, daß sich der Verfassungsgeber nicht ausdrücklich für ein bestimmtes Wirtschaftssystem entschieden hat. Dies ermöglicht dem Gesetzgeber, die ihm jeweils sachgemäß erscheinende Wirtschaftspolitik zu verfolgen, sofern er dabei das Grundgesetz beachtet. Die gegenwärtige Wirtschafts- und Sozialordnung ist zwar eine nach dem Grundgesetz mögliche Ordnung, keineswegs aber die allein mögliche. Sie beruht auf einer vom Willen des Gesetzgebers getragenen wirtschafts- und sozialpolitischen Entscheidung, die durch eine andere Entscheidung ersetzt oder durchbrochen werden kann."[13] Ganz entsprechend diesem liberalen Verständnis wurden spätestens mit dem Apotheken-Urteil vom 11. Juni 1958 die einzelnen Grundrechte und insbesondere die Berufsfreiheit (Art. 12 Abs. 1 GG) zum zentralen verfassungsrechtlichen Prüfstein der vom Gesetzgeber verfolgten Wirtschaftspolitik.[14] Im Beschluss des Bundesverfassungsgerichts zur Werbung auf Grabsteinen vom 8. Februar 1972 blitzte freilich noch einmal ein institutionelles Ordnungsdenken auf: „Die bestehende Wirtschaftsverfassung enthält den grundsätzlich freien Wettbewerb der Anbieter und Nachfrager auf dem Markt als eines ihrer Grundprinzipien."[15] Doch in seinem Urteil zur Mitbestimmung vom 1. März 1979 stellt das Bundesverfassungsgericht sodann klar, dass die Grundrechte als Abwehrrechte den zentralen Bezugspunkt einer freien Gestaltung des Wirtschaftslebens durch den demokratisch legitimierten Gesetzgeber bilden.[16] Demge-

---

[13] BVerfGE 4, 7 (17 f.) – Investitionshilfe; vgl. auch BVerfGE 7, 377 (400) – Apotheken.
[14] Vgl. BVerfGE 7, 377 (400) – Apotheken.
[15] BVerfGE 32, 311 (317) – Werbung auf Grabsteinen; vgl. auch BVerfGE 46, 120 (137).
[16] Vgl. BVerfGE 50, 290 (336 ff.) – Mitbestimmung.

genüber ist die Verfassungsmäßigkeit wirtschaftsordnender Gesetze „nicht [die] Frage eines ‚institutionellen Zusammenhangs der Wirtschaftsverfassung', der durch verselbständigte, den individualrechtlichen Gehalt der Grundrechte überhöhende Objektivierungen begründet wird, oder eines mehr als seine grundgesetzlichen Elemente gewährleistenden ‚Ordnungs- und Schutzzusammenhangs der Grundrechte'."[17] Auch über die objektive Dimension der Grundrechte lässt sich demnach kein institutionelles Paradigma einer Wirtschaftsverfassung der Bundesrepublik herleiten.[18] Das Grundgesetz etabliert also nicht das Modell einer Teilverfassung des Wirtschaftssektors.[19] Es folgt vielmehr dem fragmentarischen Verfassungsverständnis einer teilverfassten Wirtschaft,[20] das auf einem abwehrrechtlichen Verständnis der Grundrechte und vor allem der in Art. 12 Abs. 1 GG garantierten Berufsfreiheit beruht, vor dem sich die wirtschafts- und sozialpolitische Gestaltungsmacht des demokratischen Gesetzgebers rechtfertigen muss und insofern der verfassungsgerichtlichen Kontrolle unterliegt.[21]

Dieses Modell einer teilverfassten Wirtschaft hat durch die staatsvertragliche Verankerung der sozialen Marktwirtschaft im Rahmen der deutschen Einheit[22] keine normativen Impulse erhalten,[23] wohl aber durch den Wandel der Rechtsprechung des Bundesverfassungsgerichts zu Art. 12 Abs. 1 GG. In seinem Glykol-Beschluss vom 26. Juni 2002, seinem Festbeträge-Urteil vom 17. Dezember 2002 sowie in seiner Tariftreue-Entscheidung vom 11. Juli 2006 sieht das Bundesverfassungsgericht die Reichweite des Schutzes der Berufsfreiheit durch die rechtlichen Regelungen mitbestimmt, „die den Wettbewerb ermöglichen und begrenzen."[24] Auf diese Weise wird

---

[17] BVerfGE 50, 290 (337 f.) – Mitbestimmung.

[18] Vgl. *R. Schmidt* (Fn. 6), § 92, Rn. 26, für eine klare Akzentuierung der Grundrechte als subjektive Abwehrrechte bei gleichzeitiger Zurückdrängung deren institutioneller und objektiver Dimension im Mitbestimmungs-Urteil des Bundesverfassungsgerichts; *ders.*, Verfassungsrechtliche Grundlagen (Fn. 9), § 2, Rn. 6.

[19] Vgl. zum Modell der Teilverfassung des Wirtschaftssektors *Scholz*, Die Koalitionsfreiheit als Verfassungsproblem, 1971, S. 158 ff.; *ders.*, Pressefreiheit und Arbeitsverfassung, 1978, S. 130 ff.; hierzu *Ruffert*, AöR 134 (2009), S. 197 (198).

[20] Vgl. oben I.

[21] Vgl. *R. Schmidt* (Fn. 6), § 92, Rn. 28 ff.; *Möllers* (Fn. 8), S. 108 f.

[22] Art. 1 Abs. 3 des Vertrages über die Schaffung einer Währungs-, Wirtschafts- und Sozialunion zwischen der Bundesrepublik Deutschland und der DDR (WWSU-Staatsvertrags) vom 9. Mai 1990 (BGBl. 1990 II 537) lautet: „Grundlage der Wirtschaftsunion ist die Soziale Marktwirtschaft als gemeinsame Wirtschaftsordnung beider Vertragsparteien. Sie wird insbesondere bestimmt durch Privateigentum, Leistungswettbewerb, freie Preisbildung und grundsätzlich volle Freizügigkeit von Arbeit, Kapital, Gütern und Dienstleistungen; hierdurch wird die gesetzliche Zulassung besonderer Eigentumsformen für die Beteiligung der öffentlichen Hand oder anderer Rechtsträger am Wirtschaftsverkehr nicht ausgeschlossen, soweit private Rechtsträger dadurch nicht diskriminiert werden. Sie trägt den Erfordernissen des Umweltschutzes Rechnung."; vgl. zur Diskussion *Häberle*, ZRP 1993, S. 383 ff.; *Schmidt-Preuß*, DVBl. 1993, S. 236 ff.

[23] Vgl. *R. Schmidt*, FS Stober, 2008, S. 19 (20 f.); *Ruffert*, AöR 134 (2009), S. 197 (199 Fn. 5).

[24] BVerfGE 106, 275 (298) – Festbeträge; vgl. auch BVerfGE 105, 252 (265) – Glykol; 116, 202 (221) – Tariftreue; zustimmend *Hoffmann-Riem*, Der Staat 43 (2004), S. 202 (217); *Jarass*, in: ders./ Pieroth, GG, 11. Aufl. 2011, Vorb. vor Art. 1, Rn. 34, Art. 12, Rn. 20.

die Berufsfreiheit von einem Recht der Marktteilnehmer, ihren Wettbewerb frei zu gestalten, in einen Anspruch verwandelt, am staatlich frei gestalteten Wettbewerb teilzuhaben.[25] Damit verlässt das Bundesverfassungsgericht im Hinblick auf den Wettbewerb als dem zentralen Kern des Wirtschaftslebens die Koordinaten eines liberalen Verständnisses teilverfasster Wirtschaft, das aus dem dialektischen Spannungsverhältnis zwischen individuellem Freiheitsrecht und kollektiver demokratischer Gestaltungsmacht lebt.[26] Nach diesem liberalen Verständnis ist der Wettbewerb nicht institutionell,[27] sondern als Produkt der individuellen Ausübung der grundrechtlich geschützten Wettbewerbsfreiheit gewährleistet.[28] Wenn der Gesetzgeber den Missbrauch wirtschaftlicher Machtstellung verbietet, schränkt er durch die marktoptimierenden Regelungen des Wettbewerbsrechts die Maximierung individueller Wettbewerbsfreiheit zum Schutz einer freien Marktteilnahme aller Wettbewerber ein,[29] um so das Konzept freien Wettbewerbs zu verwirklichen.[30] Dabei steht es im Ermessen des Gesetzgebers, die Summe der freiheitsoptimierenden Einzelsicherungen einfachgesetzlich als Institutionenschutz freien Wettbewerbs auszugestalten,[31] was jedoch an der beschriebenen freiheitlichen Grundkonzeption des Wettbewerbs nichts ändert. Dieses liberale Konzept wird mit dem Wandel der Rechtsprechung des Bundesverfassungsgerichts zur Berufsfreiheit zulasten der individuellen Freiheit des einzelnen Marktteilnehmers und zugunsten der Gestaltungsmacht des demokratischen Gesetzgebers verschoben: An die Stelle der spannungsreichen Vermittlung individueller und kollektiver Freiheit tritt die „wohlgeordnete Freiheit" des Gewährleistungsstaats, die ein neoetatistisches Staatsverständnis mit einem neoinstitutionellen Wettbewerbsbegriff verbindet, indem es die Berufs- und damit die Wettbewerbsfreiheit in ein normgeprägtes Grundrecht verwandelt.[32]

---

[25] Vgl. krit. *Höfling/Rixen*, RdA 2007, S. 360 (363 f.); *Ruffert*, AöR 134 (2009), 197 (226).

[26] Vgl. oben I.

[27] Vgl. *R. Schmidt*, Wirtschaftspolitik und Verfassung, 1971, S. 128 ff.; *ders.* (Fn. 6), § 92, Rn. 23, 27; *Huber*, FS Stober, 2008, S. 547 (552); *Schliesky*, Öffentliches Wettbewerbsrecht, 1997, S. 189 ff.; *Scholz*, in: Maunz/Dürig, GG (Fn. 7), Art. 12 GG, Rn. 76, 88; demgegenüber für eine institutionelle Garantie des freien Markts und des Leistungswettbewerbs durch das Grundgesetz *Di Fabio*, ZWeR 2007, S. 266 (272); *ders.*, in: Maunz/Dürig, ebd., Art. 2 Abs. 1 GG, Rn. 116.

[28] Vgl. *Höfling/Rixen* RdA 2007, S. 360 (363); *Rixen*, Sozialrecht als öffentliches Wirtschaftsrecht, 2005, S. 237 ff., 248 ff.; *Möschel*, JZ 2000, S. 61 (67); *Mestmäcker*, WuW 2008, S. 6 (22); *Schliesky* (Fn. 27), S. 191 f.; *Scholz*, in: Maunz/Dürig (Fn. 7), Art. 12 GG, Rn. 88.

[29] Vgl. zum Eingriffscharakter wettbewerbsoptimierender Regelungen BVerfG, Beschluss v. 12. 7. 1982–1 BvR 1239/81, WuW/E VG 293; BVerfG-K, GRUR 2001, S. 266 f.; hierzu *Cornils*, NJW 2001, S. 3758 ff.; *Mestmäcker*, WuW 2008, S. 6 (13); *Hecker*, Marktoptimierende Wirtschaftsaufsicht, 2007, S. 168 f., 174, 178, 187 ff., insbes. 206 ff.; grds. *Di Fabio*, in: Maunz/Dürig (Fn. 7), Art. 2 Abs. 1 GG, Rn. 117; differenzierend *Scholz*, in: Maunz/Dürig, ebd., Art. 12 GG, Rn. 396.

[30] Vgl. *Kersten*, VVDStRL 69 (2010), S. 288 (292 ff.).

[31] Vgl. *Scholz*, in: Maunz/Dürig (Fn. 7), Art. 12 GG, Rn. 88; *Schliesky* (Fn. 27), S. 192 f.

[32] Vgl. *Ruffert*, AöR 134 (2009), S. 197 (226), zur Verwandlung der Berufsfreiheit in ein normgeprägtes Grundrecht durch die neue Rechtsprechung des Bundesverfassungsgerichts zur Berufsfreiheit.

III. Europäische Verträge

Die Diskussion um die soziale Marktwirtschaft als Wirtschaftsverfassung „wiederholt" sich gegenwärtig auf der europäischen Ebene. Der Vertrag von Lissabon hat die primärrechtlichen Grundbegriffe des europäischen Wirtschafts- und Wettbewerbsrechts neu gemischt: Auf französische Initiative hin wurde die Gemeinschaftsaufgabe, ein System unverfälschten Wettbewerbs zu schaffen (Art. 3 Abs. 1 lit. g EG), „nur" noch auf der Protokollebene des Vertrags von Lissabon geregelt.[33] Im *Protokoll über den Binnenmarkt und den Wettbewerb*, das nach Art. 51 EUV Bestandteil der Verträge ist, kommen die Vertragsparteien überein, „dass der Binnenmarkt, wie er in Artikel 3 des Vertrags über die Europäische Union beschrieben wird, ein System umfasst, das den Wettbewerb vor Verfälschungen schützt."[34] Als neues Unionsziel wird neben der Verwirklichung des Binnenmarkts (Art. 3 Abs. 3 UAbs. 1 Satz 1 EUV; Art. 26 AEUV) eine „in hohem Maße wettbewerbsfähige soziale Marktwirtschaft, die auf Vollbeschäftigung und sozialen Fortschritt abzielt," primärrechtlich verankert (Art. 3 Abs. 3 UAbs. 1 Satz 2 Fall 2 EUV). Die Union erhält die ausschließliche Kompetenz, die „für das Funktionieren des Binnenmarkts erforderlichen Wettbewerbsregeln" festzulegen (Art. 3 Abs. 1 lit b AEUV). Zugleich bleiben der „Grundsatz einer offenen Marktwirtschaft mit freiem Wettbewerb" erhalten (Art. 119 Abs. 1 und 2 AEUV, Art. 127 Abs. 1 Satz 3 AEUV) und die Wettbewerbsregeln unverändert (Art. 101 ff. AEUV). Neben die Grundfreiheiten des Warenverkehrs (Art. 28 f. AEUV), der Freizügigkeit der Arbeitnehmer, der Niederlassung, der Dienstleistungen sowie des Kapital- und Zahlungsverkehrs (Art. 45 ff. AEUV) sind die Garantien der Charta der Grundrechte der Europäischen Union getreten (Art. 6 Abs. 1 EUV) und damit vor allem die Koalitions- (Art. 12 Abs. 1 CGR), die Berufs- (Art. 15 CGR), die unternehmerische (Art. 16 CGR) und die Eigentumsfreiheit (Art. 17 CGR).

Auch diese wirtschaftsbezogenen Regelungen des europäischen Primärrechts bleiben fragmentarisch.[35] Dies gilt ungeachtet der europäischen Selbstbeschreibung als „soziale Marktwirtschaft". Denn so wenig dieser Begriff der „sozialen Marktwirtschaft" in der Bundesrepublik je feste verfassungsrechtliche Konturen besaß,[36] so wenig erhält er sie durch das neue europäische Primärrecht: Die verfassungsrechtliche Kontur der neuen „sozialen Marktwirtschaft" in Europa folgt aus den soeben aufgezählten europäischen Programmsätzen, Kompetenzen, Wettbewerbsregeln sowie Grundfreiheiten und Grundrechten. Durch Ausfüllung dieser Programmsätze, Inanspruchnahme dieser Kompetenzen, Anwendung dieser Wettbewerbsregeln und

---

[33] Vgl. *Behrens*, EuZW 2008, S. 193; *Weitbrecht*, ECLR 2008, S. 81 (88); *Brinker*, in: Schwarze (Hrsg.), EU-Kommentar, 2. Aufl. 2009, Art. 81 EGV, Rn. 41; *Stürner*, Markt und Wettbewerb über alles?, 2007, S. 86, 173.

[34] Vgl. ABlEU 2007 Nr. C 306/156, ABlEU 2008 Nr. C 115/309; hierzu *Streinz*, Europarecht, 8. Aufl. 2008, Rn. 971a; krit. hinsichtlich der normativen Steuerungskraft *Lippert*, DVBl. 2008, S. 492 (499); *Meessen*, JZ 2009, S. 697 (702).

[35] Vgl. *Jungbluth*, EuR 2010, S. 471 (474).

[36] Vgl. oben II.

Respektierung dieser Grundfreiheiten und Grundrechte ergibt sich die europäische soziale Marktwirtschaft, nicht jedoch aus dem parakonstitutionellen Bild einer oder gar „der" sozialen Marktwirtschaft die europäische Wirtschaftsordnung. Der verfassungsrechtliche Gehalt des Begriffs der „sozialen Marktwirtschaft" i. S. des Art. 3 Abs. 3 UAbs. 1 Satz 2 Fall 2 EUV lässt sich also nur ganz allgemein formulieren: „Durch die Programmatik der ‚*sozialen Marktwirtschaft*'" – so *Peter Michael Huber* – „nehmen der Staat und die EU in Anspruch, die Bedingungen des unverfälschten Wettbewerbs zu gewährleisten und Fehlentwicklungen oder Mängel der marktwirtschaftlichen Allokation zu korrigieren."[37] Wegen dieses allgemeinen Gehalts der Unionszielbestimmung bleibt die Konkretisierung der europäischen Wirtschaftspolitik im primärrechtlichen Rahmen vor allem der Kommission vorbehalten, ohne dass diese wegen der Rezeption des Begriffs der „sozialen Marktwirtschaft" durch das europäische Primärrecht auf ein ordo-liberales Ordnungsverständnis im Sinn der Freiburger Schule festgelegt wäre.[38] Aufgrund der Offenheit der europäischen Wirtschaftsverfassung mag es möglich sein, dass die Betonung des „Sozialen" durch den Vertrag von Lissabon rhetorisch bleibt.[39] Es mag aber auch sein, dass insbesondere die Kommission die soziale Dimension des Wettbewerbs in ihrer Wettbewerbspolitik aktiv entfaltet.[40] Dabei muss sich die Kommission allerdings im Rahmen des geltenden Wettbewerbsprimärrechts halten (Art. 101 ff. AEUV), das auch nach dem Vertrag von Lissabon den Grundsatz des unverfälschten Wettbewerbs gewährleistet (*Protokoll über den Binnenmarkt und den Wettbewerb*).[41]

Der Test für diese neue wirtschaftspolitische Programmatik des Lissabon-Vertrags ist die Umsetzung des *more economic approach* der Kommission im europäischen Wettbewerbsrecht.[42] Der *more economic approach* zielt nicht nur auf eine ökono-

---

[37] *Huber* (Fn. 9), 3. Kap., Rn. 100 (Hervorhebung im Original).

[38] Vgl. oben II.

[39] Vgl. *Ruffert*, AöR 134 (2009), S. 197 (202).

[40] Vgl. offener hinsichtlich der künftigen Entwicklung *Weitbrecht*, ECLR 2008, S. 81 (88).

[41] Vgl. *Basedow*, EuZW 2008, S. 225; *Behrens*, EuZW 2008, S. 193; *Brinker*, in: Schwarze (Fn. 33), Art. 81 EGV, Rn. 41; *Huber* (Fn. 9), 3. Kap., Rn. 100; *Meessen* JZ 2009, S. 697 (702); *Gärditz*, AöR 135 (2010), S. 251 (264); *Künzler*, Effizienz oder Wettbewerbsfreiheit, 2008, S. 322; *Stürner* (Fn. 33), S. 173; *Streinz* (Fn. 34), Rn. 971a; *ders./Ohler/Hermann*, Der Vertrag von Lissabon zur Reform der EU, 2008, S. 67 f.

[42] Vgl. aus der kaum noch zu überblickenden Literatur einerseits für den *more economic approach Albers*, Der more economic approach bei Verdrängungsmissbräuchen: Zum Stand der Überlegungen der Europäischen Kommission, S. 1 ff. (http://ec.europa.eu/competition/antitrust/art82/albers.pdf [Abruf am 13. 8. 2009]); *Schmidtchen*, WuW 2006, S. 6 ff.; *Hildebrand*, WuW 2005, S. 513 ff.; *v.Weizäcker*, WuW 2007, S. 1078 ff.; *Heinemann*, GRUR 2008, S. 949 (954); andererseits krit. *I. Schmidt*, WuW 2005, S. 877; *Basedow* WuW 2007, S. 712 ff.; *Mestmäcker*, WuW 2008, S. 6 (14); *Rittner/Dreher*, Europäisches und deutsches Wettbewerbsrecht, 3. Aufl. 2008, § 14, Rn. 56; *Möschel* JZ 2009, S. 1040 ff.; *Ruffert*, AöR 134 (2009), S. 197 (209, 211); *ders.*, NJW 2009, S. 2093 (2297); *ders.*, VVDStRL 69 (2010), S. 348 f.; *Gärditz*, AöR 135 (2010), S. 251 (264 ff.); *Immenga*, EuZW 2010, S. 601; gelassen *Di Fabio*, ZWeR 2007, S. 266 (274); differenzierend *Zimmer*, WuW 2007, S. 1198 ff.; *A. Schmidt/Wohlgemuth*, Das Wettbewerbsparadigma aus Sicht der Wirtschaftswissenschaften, in: Blanke/Scherzberg/Wegner (Hrsg.), Dimensionen des Wettbewerbs, Tübingen 2010, S. 53 ff.; grds. *Frenz/Ehlenz*, EuR 2010, S. 490 ff.

mische Verfeinerung des kartellrechtlichen Instrumentariums,[43] sondern sieht auf der Grundlage eines ergebnisorientierten Wettbewerbsbegriffs den Schutzzweck europäischen Wettbewerbsrechts in der Konsumentenwohlfahrt und der effizienten Ressourcenallokation. Gerade mit Blick auf die Konsumentenwohlfahrt ist – wie *Wolfgang Kahl* festgestellt hat – der *more economic approach* also zugleich ein *more social approach*. Hinsichtlich der Umsetzung des *more economic approach* zeigen sich die Möglichkeiten und Grenzen der Neukonzeption der europäischen Wirtschaftsverfassung durch den Vertrag von Lissabon:[44] Die primärvertragliche Grenze dieser Umsteuerung des Wettbewerbsrechts durch die Verwaltung wird überschritten, wenn die Kommission den Gegenstand und Schutzzweck des europäischen Wettbewerbsrechts allein in der Konsumentenwohlfahrt und einer effizienten Ressourcenallokation sehen will.[45] Insbesondere das Verbot wettbewerbsbeschränkender Verhaltensweisen in Art. 101 AEUV zeigt, dass das europäische Primärrecht dem unverfälschten Wettbewerb in der Abwägung mit anderen Gemeinwohlbelangen wie der Konsumentenwohlfahrt oder einer effektiven Ressourcenallokation grundsätzlich verfassungsrechtlichen Vorrang einräumt: Art. 101 Abs. 3 AEUV erlaubt Ausnahmen vom grundsätzlichen Kartellverbot zu produktiven, technischen oder wirtschaftlichen Verbesserungen nur dann, wenn diese Wettbewerbsverzerrung den freien Wettbewerb nicht grundsätzlich in Frage stellt (Art. 101 Abs. 3 lit. b AEUV). Selbst in der Abwägung mit zentralen wohlfahrtsökonomischen Gemeinwohlbelangen garantiert also die europäische Verfassungsordnung den Wettbewerb als ergebnisoffenes „Entdeckungsverfahren"[46].[47] Eine Umstellung des Schutzgegenstands des europäischen Wettbewerbsrechts auf ein ergebnisorientiertes Effizienzkonzept der Konsumentenwohlfahrt kann daher nur durch eine Vertragsänderung erfolgen.[48] Ganz in diesem Sinn hat auch der Europäische Gerichtshof nach seinem noch ambivalenten *British Airways*-Urteil vom 15. März 2007[49] in seinen Entscheidungen *T-Mobi-*

---

[43] Vgl. *Albers* (Fn. 42), S. 3; darüber hinaus *Bueren*, WRP 2004, S. 567 (569 ff.); *Hildebrand*, WuW 2005, S. 513 ff.; *Heinemann* GRUR 2008, S. 949 (954); krit. *I. Schmidt*, WuW 2005, S. 877; *Bunte*, Kartellrecht mit neuem Vergaberecht, 2. Aufl. 2008, S. 162.

[44] Vgl. hierzu und zum Folgenden *Kersten*, VVDStRL 69 (2010), S. 288 (295 m. w. N.).

[45] Vgl. *Albers* (Fn. 42), S. 1 ff.; programmatisch Nr. 7 S. 1 Leitlinien für vertikale Beschränkungen – Vertikal-Leitlinien (2000/C 291/01, ABl. EU Nr. C 291, 1): „Der Schutz des Wettbewerbs zum Wohl der Verbraucher und zur effizienten Verteilung der Ressourcen ist das Hauptziel der EG-Wettbewerbspolitik."

[46] *v. Hayek*, Der Wettbewerb als Entdeckungsverfahren, in: *ders.*, Freiburger Studien. Gesammelte Aufsätze, 1969, S. 249 (256).

[47] Vgl. ausdrücklich zum europäischen Verständnis des Wettbewerbs als Entdeckungsverfahren *Hatje*, Wirtschaftsverfassung, in: v. Bogdandy (Hrsg.), Europäisches Verfassungsrecht, 2003, S. 683 (702); grds. auch *Immenga*, ZWeR 2006, S. 346 (356 f.); *Basedow*, WuW 2007, S. 712 (714); *Mestmäcker/Schweitzer*, Europäisches Wettbewerbsrecht, 2. Aufl. 2004, § 2, Rn. 92 ff.

[48] Vgl. *Immenga*, ZWeR 2006, S. 346 (365); *Zimmer*, WuW 2007, S. 1198 (1204); *Kersten*, VVDStRL 69 (2010), S. 288 (298 ff.).

[49] Vgl. EuGH, Rs. C-95/04, EuZW 2007, S. 306 (Rn. 69, 84 ff., bes. Rn. 86) – British Airways; hierzu *Zimmer*, WuW 2007, S. 1198 (1205 f.); *Kersten*, VVDStRL 69 (2010), S. 288 (301); krit. *Base-*

le Netherlands[50] vom 4. Juni 2009 und *GlaxoSmithKline*[51] vom 6. Oktober 2009 eine deutliche Distanz zur Konsumentenwohlfahrt und damit auch zum *more economic approach* erkennen lassen:[52] „Jedenfalls ist" – so der Europäische Gerichtshof in *T-Mobile Netherlands* und *GlaxoSmithKline* – „Art. 81 EG [Art. 101 AEUV], wie auch die übrigen Wettbewerbsregeln des Vertrags, nicht dazu bestimmt, die unmittelbaren Interessen einzelner Wettbewerber oder Verbraucher zu schützen, sondern die Struktur des Marktes und damit den Wettbewerb als solchen."[53] Auch das neue Unionsziel einer sozialen Marktwirtschaft im Vertrag von Lissabon trägt den Paradigmenwechsel im europäischen Wettbewerbsrecht nicht: Es fehlt dem europäischen Leitbild der sozialen Marktwirtschaft (Art. 3 Abs. 3 UAbs. 1 Satz 2 Fall 2 EUV) an der klaren verfassungsrechtlichen Kontur, um den Schutzzweck des auf der gleichen Normebene ausgestalteten Wettbewerbsrechts (Art. 101 ff. AEUV) austauschen zu können.

In diesem Streit um die europarechtlichen Möglichkeiten und Grenzen des *more economic approach* wird zugleich das Grundproblem der europäischen Wirtschaftsverfassung sichtbar: Die europäische Wirtschafts- und Wettbewerbsordnung wird bisher überwiegend institutionell verstanden.[54] Die Stellung des Bürgers bzw. der Unternehmen ist im „Europäischen Wettbewerbsnetz"[55], das durch die europäische Kartellverfahrensverordnung von 2002 (VO 1/2003) in Verbindung mit §§ 48 ff. GWB geschaffen wurde,[56] gerade auch angesichts des *more economic approach* grundrechtlich unterentwickelt.[57] Die Rolle der Wettbewerber im Europäischen Wettbewerbsnetz wird primär funktional über ihre institutionelle Leistung für das europäische Wettbewerbssystem bestimmt. Sie setzen über das Schadensersatzrecht das europäische Wettbewerbsrecht dezentral durch (§ 33 GWB).[58] Die Anerkennung der

---

dow WuW 2007, S. 712 (714 f.); *Weitbrecht/Mühle*, EuZW 2008, S. 551 (554 f.); *Künzler* (Fn. 41), S. 462 f.; *Immenga*, EuZW 2010, S. 601.

[50] Vgl. EuGH, Rs. C-8/08, EuZW 2009, S. 505 (Rn. 38) – T-Mobile Netherlands.

[51] Vgl. EuGH, Rs. C-501/06 P u. a., PharmR 2010, S. 103 (Rn. 63) – GlaxoSmithKline.

[52] Vgl. *Ruffert*, VVDStRL 69 (2010), S. 348; *Gärditz*, AöR 135 (2010), S. 251 (262); *Immenga*, EuZW 2010, S. 601; *Kersten*, VVDStRL 69 (2010), S. 288 (301).

[53] EuGH, Rs. C-8/08, EuZW 2009, S. 505 (Rn. 38 [Klammerzusatz durch den Verfasser]) – T-Mobile Netherlands; vgl. auch EuGH, Rs. C-501/06 P u. a., PharmR 2010, S. 103 (Rn. 63) – GlaxoSmithKline.

[54] Vgl. zum institutionellen Verständnis der europäischen Wirtschafts- und Wettbewerbsordnung *Kahl*, Europäische Grundlagen, in: R. Schmidt/Vollmöller (Fn. 9), § 1, Rn. 9; *ders.*, in: Calliess/Ruffert (Hrsg.) EUV/EGV, 3. Aufl. 2007, Art. 14 EGV, Rn. 24; *Huber*, FS Stober, 2008, S. 547 (552); *ders.* (Fn. 9), 3. Kap. Rn. 94, 98.

[55] Vgl. Nr. 1 S. 5 Bekanntmachung der Kommission über die Zusammenarbeit innerhalb des Netzes der Wettbewerbsbehörden – Bekanntmachung Europäisches Wettbewerbsnetz (2004/C 101/3, ABl. EU 2004, Nr. C 101, 43); vgl. bereits Kommission, Weissbuch über die Modernisierung der Vorschriften zur Anwendung der Artikel 85 und 86 EG-Vertrag, Arbeitsprogramm der Kommission Nr. 99/027 (1999/C 132/01, ABl. 1999, Nr. C 132, 1), Nr. 91; ferner *Kahl*, Die Verwaltung 42 (2009), S. 463 (466 f.); *Franzius*, VBlBW 2009, S. 121 (122).

[56] Vgl. *Kersten*, VVDStRL 69 (2010), S. 288 (303 ff. m. w. N.).

[57] Vgl. *Gärditz*, AöR 135 (2010), S. 251 (262); *Kersten*, VVDStRL 69 (2010), S. 288 (307 f.).

[58] Vgl. Erwägungsgrund 7 VO 1/2003; EuGH, Rs. C-453/99, Slg. 2001, I-6297 (Rn. 26 f.) – Cou-

individuellen Wettbewerbsfreiheit als grundrechtlicher Maßstab des Wettbewerbsrechts und des Wettbewerbsnetzes ist damit jedoch nicht verbunden.[59] Dies mochte halbwegs überzeugen, solange das europäische Wettbewerbsrecht die individuelle Wettbewerbsfreiheit durch seine marktoptimierenden Normen institutionell geschützt hat und die Unternehmen ihre wirtschaftliche Handlungsfreiheit im Wettbewerb zivilrechtlich einklagen und durchsetzen konnten.[60] Doch im Rahmen des durch den *more economic approach* geprägten europäischen Wettbewerbsrechts wird nicht mehr schlicht die unternehmerische Handlungsfreiheit der Wettbewerber voneinander abgegrenzt. Vielmehr findet eine Einzelfallabwägung zwischen dem freien Wettbewerb und der individuell maximierten Wettbewerbsfreiheit im Hinblick auf soziale, technische und wirtschaftliche Gemeinwohlbelange statt. Diese Abwägung lässt sich nicht mehr angemessen über ein allein institutionelles Wettbewerbsverständnis, sondern nur als Konflikt zwischen der subjektiven und objektiven Dimension der Wettbewerbsfreiheit als Grundrecht abbilden. Die normative Entfaltung der nun in Art. 16 CGR[61] garantierten Wettbewerbsfreiheit steht im europäischen Wettbewerbsnetz also noch aus.[62] Die eingangs aufgezeigte Vermittlung zwischen individueller und kollektiver Freiheit in einer teilverfassten Wirtschaft findet auf europäischer Ebene – bisher noch – nicht statt.[63]

IV. Fazit

Fasst man diese wirtschaftsverfassungsrechtlichen Entwicklungen zusammen, so herrscht gegenwärtig auf der nationalen wie der europäischen Ebene ein institutionelles Verständnis von Wirtschaft und Wettbewerb vor.[64] Fragt man vor dem Hintergrund dieses institutionellen Wirtschafts- und Wettbewerbsverständnisses wieder-

---

rage; Rs. C-295/04–298/04, Slg. 2001, I-6297 Rn. 59 f., 91 – Manfredi; *Nowak*, EuZW 2001, S. 717; *Brinker/Balssen*, FS Bechtold, 2006, S. 69 (75); *Weitbrecht*, ECLR 2008, S. 81 (88); *K. Schmidt*, ZEuP 2004, S. 881 (883 ff.); *Drexl*, Wettbewerbsverfassung – Europäisches Wettbewerbsrecht als materielles Verfassungsrecht –, in: v. Bogdandy (Fn. 47), S. 747 (765, 770, 772 f., 776, 782, 785); *Hecker* (Fn. 29), S. 93 ff.; grundlegend *Masing*, Die Mobilisierung des Bürgers für die Durchsetzung des Rechts, 1997, S. 19 ff.

[59] Vgl. zur offenen gelassenen Anerkennung der Wettbewerbsfreiheit als individuelles Grundrecht EuGH Rs. C-280/93, Slg. 1994, I-4973 (Rn. 64); Rs. C-200/96, Slg. 1998, I-1953 (Rn. 71).

[60] Vgl. zu diesem *remedy*-Ansatz *Drexl* (Fn. 58), S. 769 ff., bes. S. 776.

[61] Vgl. zur Garantie der Wettbewerbsfreiheit durch Art. 16 CGR *Schwarze*, EuZW 2001, S. 517 (518); *ders.*, EuZW 2004, S. 135 (139); *ders.*, in: ders. (Fn. 33), Art. 16 GRC, Rn. 3; *Kahl*, Europäische Grundlagen (Fn. 54), § 1, Rn. 39; *Ruffert*, in: Calliess/Ruffert (Fn. 54), Art. 16 GRCh, Rn. 2.

[62] Vgl. krit. zur Vernachlässigung der Wettbewerbsfreiheit als subjektives Recht für die normative Entfaltung des europäischen Wettbewerbsrechts *Di Fabio*, ZWeR 2007, S. 266 (275); *Dreher*, WuW 2008, S. 23 (24 f.); *Drexl* (Fn. 58), S. 779 ff.; *Schröter*, Das Wettbewerbskonzept des Verfassungsentwurfs, in: Schwarze (Hrsg.), Der Verfassungsentwurf des Europäischen Konvents, 2004, S. 233 (240).

[63] Vgl. oben I.

[64] Vgl. *Ruffert*, AöR 134 (2009), S. 197 (223 ff.).

um nach der Bedeutung des Grundgesetzes als Teilverfassung im nationalen, europäischen und internationalen Mehrebenensystem, so darf zunächst die Einführung der sozialen Marktwirtschaft als Ziel der Europäischen Union nicht zu dem vorschnellen Fehlschluss einer Kompatibilität grundgesetzlicher und europäischer Wirtschaftsverfassung führen: Die soziale Marktwirtschaft der Bundesrepublik und der Europäischen Union mögen sich auf der Ebene allgemeinster Programmatik im Sinn einer notwendigen Vermittlung von Wirtschaft und Gesellschaft treffen. Sie waren, sind und bleiben jedoch Kinder unterschiedlicher Zeiten und vor allem sehr unterschiedlicher sozialer, politischer und wirtschaftlicher Kontexte. Aus diesem Grund fallen die Konkretisierungen dieser Ordnungsvorstellungen auch auf der nationalen und europäischen Ebene sehr unterschiedlich aus. Welche institutionelle Konzeption sich im Mehrebenensystem durchsetzt, ist damit eine politische Macht- bzw. – verfassungsrechtlich gewendet – eine Kompetenzfrage. Zugleich bleibt die internationale Ebene von diesen institutionellen Wirtschaftskonzeptionen des Grundgesetzes und des Europarechts unberührt,[65] da die völkerrechtliche Ausdifferenzierung von WTO und IWF bisher zu keinem global kompatiblen Verständnis einer sozialen Marktwirtschaft gefunden hat und – aufgrund kultureller Differenz im globalen Verständnis des Verhältnisses von Wirtschaft und Gesellschaft – wohl auch nicht finden wird.[66]

Dies alles spricht umso mehr dafür, ein liberales Verständnis teilverfasster Wirtschaft zu verfolgen.[67] „Stärker" – so hat es *Matthias Ruffert* formuliert – „als durch die explizite Einführung der sozialen Marktwirtschaft in einen diffuser werdenden Text des Europäischen Verfassungsrechts lässt sich eine Balance [zwischen sozialer Sicherheit und sozialem Ausgleich einerseits sowie wirtschaftsverfassungsrechtlicher Stabilität andererseits] in konkreten Gewährleistungen von Grundrechten und Grundfreiheiten herstellen."[68] Dieser liberale Ansatz lässt sich im nationalen und europäischen Mehrebenensystem mit Anschluss an die internationale Ebene entfalten, weil er nicht in Ordnungen denkt, sondern auf strukturell-anschlussfähige Verfassungsfragmente setzt. Dies hat Folgen für das Verständnis des Grundgesetzes als Teil eines nationalen, europäischen und internationalen Verfassungssystems: Es kommt nicht darauf an, die institutionellen Vorstellungen einer Wirtschaftsordnung des Grundgesetzes im politischen Mehrebenensystem kompetenziell zur Geltung zu bringen, sondern rechtliche Anknüpfungspunkte für wirtschaftsverfassungsrechtliche Strukturentscheidungen im Mehrebenensystem zu finden und zu entwickeln. Nach der liberalen Konzeption teilverfasster Wirtschaft ist dafür die effektive Ge-

---

[65] Vgl. *Ruffert*, AöR 134 (2009), S. 197 (227).

[66] Vgl. zur Ausdifferenzierung der internationalen wirtschaftsrechtlichen Ebene *R. Schmidt* (Fn. 6), § 92, Rn. 32 f.; *ders.*, FS Stober, 2008, S. 19 (24 ff.); *ders./Lorenzmeier*, Public Economic Law as the Law of Market Regulation, in: Stelmach/R. Schmidt (Hrsg.), Wettbewerb der Staaten – Wettbewerb der Rechtsordnungen. Krakauer-Augsburger Rechtsstudien, 2010, S. 79 (90 ff.).

[67] Vgl. oben I.

[68] *Ruffert*, AöR 134 (2009), S. 197 (216 [Klammerzusatz durch den Verfasser]); vgl. auch *Di Fabio*, Wachsende Wirtschaft und steuernder Staat, 2010, S. 100 ff.

währleistung wirtschaftlicher Freiheitsrechte und die demokratische Legitimation des Gesetzgebers zur Regulierung von Wirtschaft und Wettbewerb erforderlich.[69] Auf nationaler Ebene ließe sich dieses Modell (wieder) verwirklichen, wenn sich das Bundesverfassungsgericht von seiner neuen Rechtsprechung zur Berufsfreiheit (*Glykol, Festbeträge, Tariftreue*) abwenden und seine zuvor verfolgte liberale Rechtsprechung zu Art. 12 Abs. 1 GG wieder aufnehmen würde.[70] Das damit verbundene Konzept der wirtschaftspolitischen Neutralität des Grundgesetzes ist insofern „aktueller denn je."[71] Auf der europäischen Ebene liegt das Problem komplizierter, da es gegenwärtig im europäischen Wirtschafts- und Wettbewerbsrecht sowohl an einer dogmatischen Entfaltung der grundrechtlichen als auch der demokratischen Strukturentscheidung für eine systematische Vermittlung individueller und kollektiver Freiheit fehlt: In individueller Hinsicht gilt es, die in Art. 16 CGR garantierte unternehmerische Freiheit als zentralen grundrechtlichen Maßstab des europäischen Wirtschafts- und Wettbewerbsrechts zu entfalten.[72] In kollektiver Hinsicht muss das europäische Wirtschaftsrecht und insbesondere die vernetzte europäische Wettbewerbsverwaltung ihre demokratische Legitimation unter Beweis stellen. Der verfassungsrechtliche Anknüpfungspunkt dafür lässt sich – jenseits der bisher nur bruchstückhaften Reflexionen des Europäischen Gerichtshofs zum europäischen Demokratieprinzip[73] – im Lissabon-Urteil des Bundesverfassungsgerichts vom 30. Juni 2009 finden, in dem der Zweite Senat neben der repräsentativen Demokratie[74] das „System verflochtener Demokratie"[75] als Möglichkeit demokratischer Legitimation entwirft.[76] Insofern besteht die dogmatische Herausforderung der teilverfassten Wirtschaft heute darin, deren individuelle *und* kollektive Freiheitsdimension systematisch zu entfalten.

---

[69] Vgl. oben I.

[70] Vgl. *Höfling*, FS Rüfner, Berlin 2003, S. 329 (337 f.); *Huber*, JZ 2003, S. 290 (292 f.); *ders.*, FS Stober, 2008, S. 547 (551 ff.); *Kahl*, Der Staat 43 (2004), S. 167 (201); *Möllers*, NJW 2005, S. 1973 (1975); *Rixen* (Fn. 28), S. 237, 240 ff.; *R. Schmidt* (Fn. 6), § 92, Rn. 28 f.; *Ruffert*, AöR 134 (2009), S. 197 (223 ff.); *Lenski*, Marktregulierung im Meinungskampf, in: Towfigh u. a. (Hrsg.), Recht und Markt, 2009, S. 97 (107 f.).

[71] *Jungbluth*, EuR 2010, S. 471 (489).

[72] Vgl. *Ruffert*, AöR 134 (2009), S. 197 (216, 233).

[73] Vgl. zu dogmatisch noch nicht hinreichend ausdifferenzierten Ansätzen für ein normatives europäisches Demokratieverständnis EuGH, Rs. C-518/07, EuZW 2010, 296 (Rn. 41 ff.) – Datenschutzbeauftragter; zu den Defiziten und Chancen dieser neuesten Rechtsprechung des Europäischen Gerichtshofs zum Demokratieprinzip *Gärditz*, AöR 135 (2010), S. 251 (280 ff.); *Bull*, EuZW 2010, S. 488 ff.; *Spiecker genannt Döhmann*, JZ 2010, S. 787 ff.; *Frenzel*, DÖV 2010, S. 925 ff.; dem EuGH zustimmend *Roßnagel*, EuZW 2010, S. 299 ff.

[74] Vgl. BVerfG, NJW 2009, S. 2267 (Rn. 208 ff., 273 f.) – Lissabon; hierzu *Schorkopf*, FAZ, Nr. 162, 16. 07. 2009, S. 6; *Gärditz/Hillgruber*, JZ 2009, S. 872 (872 f.); krit. *Möllers*, SZ, Nr. 191, 21. 08. 2009, S. 12; *Nettesheim*, NJW 2009, S. 2867 (2869); *Jestaedt*, Der Staat 48 (2009), S. 497 (503 ff.); *v. Bogdandy*, NJW 2010, S. 1 (2).

[75] Vgl. BVerfG, NJW 2009, S. 2267 (Rn. 277) – Lissabon.

[76] Vgl. zur normativen Entfaltung des „Systems verflochtener Demokratie" *Kersten*, UPR 2010, S. 201 (203 ff.); *ders.*, IzR 2010, S. 553 (559 f.).

Oliver Lepsius

Der Eigenwert der Verfassung im Wirtschaftsrecht

I. Grundentscheidungen des Grundgesetzes

1. Wirtschaftspolitische Neutralität

Das Grundgesetz enthält keine spezifisch wirtschaftsverfassungsrechtlichen Bestimmungen. Markant unterscheidet es sich von der Weimarer Reichsverfassung, die nicht wenige Bestimmungen zur Ordnung des Wirtschafts- und Soziallebens enthielt, vor allem im Fünften Abschnitt des Zweiten Hauptteils über die Grundrechte und Grundpflichten der Deutschen (Art. 151–165 WRV), der genauere Vorgaben für das Wirtschaftsleben machte. Als Grundgedanke statuierte Art. 151 Abs. 1 WRV, die Ordnung des Wirtschaftslebens müsse den Grundsätzen der Gerechtigkeit mit dem Ziel der Gewährleistung eines menschenwürdigen Daseins für alle entsprechen. In diesen Grenzen sei die wirtschaftliche Freiheit des einzelnen zu sichern.[1] Die WRV enthielt zahlreiche an die Adresse des Gesetzgebers gerichtete Aufträge zur Ausgestaltung grundrechtlich geschützter Positionen nach Maßgabe des einfachen Gesetzes sowie Programmsätze zur Förderung bestimmter Wirtschaftsinteressen sowie sozialstaatliche Verpflichtungen.[2] 1919 wollte man den liberalen Grundrechtskatalog zeitgenössisch ergänzen und eine Wirtschaftsdemokratie errichten.[3] Diese Neuorientierung im Bereich der Wirtschaftsordnung hat der Parlamentarische Rat für das Grundgesetz nicht übernommen[4] – im Gegensatz wiederum zu verschiedenen neuen Landesverfassungen, die in diesem Punkt in der Tradition der Weimarer Reichsverfassung stehen.[5]

---

[1] Vgl. *C. Gusy*, Die Weimarer Reichsverfassung, 1997, S. 272 ff., 342 ff.

[2] Dazu etwa *W. Apelt*, Geschichte der Weimarer Verfassung, 1946, S. 351 ff., 358 ff.

[3] *G. Anschütz*, Drei Leitgedanken der Weimarer Reichsverfassung, 1923, S. 26, spricht von einem „Klassenkompromiß"; vgl. aus der neueren Literatur *C. Gusy*, Die Grundrechte in der Weimarer Republik, ZNR 15 (1993), 163 (167, 171 f.); *ders.*, Weimarer Reichsverfassung (Fn. 1), S. 272 ff., 342 ff.; *H. Dreier*, Die Zwischenkriegszeit, in: Merten/Papier (Hrsg.), Handbuch der Grundrechte, Band I, 2004, § 4 Rn. 12 ff., 36 f.; *W. Pauly*, Grundrechtslaboratorium Weimar, 2004; *E. Wiederin*, Sozialstaatlichkeit im Spannungsfeld von Eigenverantwortung und Fürsorge, VVDStRL 64 (2005), 53 (63 ff.).

[4] Vgl. übergreifend *C. Gusy*, Die Weimarer Verfassung und ihre Wirkung auf das Grundgesetz, ZNR 32 (2010), 208 (210).

[5] Man denke etwa an Art. 27–47 Hessische Verfassung v. 1. 12. 1946 oder die Bayerische Verfassung v. 8. 12. 1946, die gleichermaßen einen zweiten Hauptteil „Grundrechte und Grundpflichten" (Art. 98 ff. BV) kennt sowie einen Hauptteil „Wirtschaft und Arbeit" (Art. 151–177 BV) mit einem

Nach dem 2. Weltkrieg zählte die Entscheidung über die Wirtschaftsordnung zu den umstrittensten politischen Fragen. Anfangs überwogen planwirtschaftliche Ideen; daß der Staat in Wirtschaftsprozesse lenkend eingreifen mußte, war unumstritten.[6] Über die Ausgestaltung im einzelnen bestand Dissens. Wirtschaftspolitik war ein zentrales politisches Streitfeld der Gründungsphase der Bundesrepublik und beherrschte die Wahlkämpfe.[7] Wenn das Grundgesetz gegenüber der Wirtschafts- und Sozialgesetzgebung keine expliziten verfassungsrechtlichen Vorgaben enthielt, so lag dem die Einsicht zugrunde, daß kaum ein Regelungsbereich größeren politischen Schwankungen unterworfen ist als die Wirtschaftspolitik. Es erschien unklug, bestimmte wirtschaftspolitische Überzeugungen auf der Ebene der Verfassung zu verankern und dergestalt die politische Kompromißbildung zu erschweren.[8]

Von Anbeginn wurde dem Grundgesetz daher eine offene Wirtschaftsordnung attestiert bzw. von seiner wirtschaftspolitischen Neutralität gesprochen.[9] Die Entscheidung für die Soziale Marktwirtschaft war politisch begründet, nicht verfassungsrechtlich. Ihre rechtliche Umsetzung erfolgte auf der Ebene des einfachen Rechts, nicht des Verfassungsrechts. Sie erlaubte im übrigen tiefe ordnungspolitische Lenkungsmaßnahmen (Investitionslenkung in der Korea-Krise) genauso wie Umverteilungen (Lastenausgleich) oder Kontingentierungen (Wohnraumbewirtschaf-

---

Unterabschnitt „Die Wirtschaftsordnung" (Art. 151–157 BV). Dieser 4. Hauptteil ist freilich inzwischen in der Praxis von „ganz untergeordneter Bedeutung", so *J. F. Lindner*, in: ders./M. Möstl/H. A. Wolff, Verfassung des Freistaates Bayern, 2009, Vor Art. 151 Rn. 2.

[6] Das galt nicht nur für die Politik, sondern auch für die Wissenschaft. Den Konsens in der Staatsrechtslehre umschreiben die „eingriffsfreundlichen" Referate von *H. P. Ipsen*, Enteignung und Sozialisierung, VVDStRL 10 (1953), 74 (74f., 85, 95), und *U. Scheuner*, Die staatliche Intervention im Bereich der Wirtschaft, VVDStRL 11 (1954), 1 (11 ff.).

[7] Vgl. *T. Eschenburg* (Hrsg.), Geschichte der Bundesrepublik Deutschland, Band 1: Jahre der Besatzung 1945–1949, 1983, S. 421 ff.; *H. Ehmke*, Wirtschaft und Verfassung, 1961, S. 16 ff., 22 f., 36 ff.; *H. F. Zacher*, Aufgaben einer Theorie der Wirtschaftsverfassung, FS Franz Böhm, 1965, S. 63 ff.; *J. Ipsen*, Der Staat der Mitte, 2009, S. 245 ff.; *R. Schmidt*, Staatliche Verantwortung für die Wirtschaft, in: Isensee/Kirchhof (Hrsg.), Handbuch des Staatsrechts, Band IV, 3. Aufl. 2006, § 92 Rn. 11 ff.

[8] Ähnlich *H. Ehmke*, Wirtschaft und Verfassung, 1961, S. 16; *H.-H. Hartwich*, Sozialstaatspostulat und gesellschaftlicher status quo, 1970, S. 101 ff.; *H.-J. Papier*, Wirtschaftsverfassung in der Wirtschaftsordnung der Gegenwart, FS Peter Selmer, 2004, S. 461 (469); *R. Scholz*, in: Maunz-Dürig, Grundgesetz, 47. Lfg. 2006, Art. 12 Rn. 85.

[9] H.M., vgl. etwa *P. Badura*, Wirtschaftsverfassung und Wirtschaftsverwaltung, 3. Aufl. 2008; ders., Die Rechtsprechung des Bundesverfassungsgerichts zu den verfassungsrechtlichen Grenzen wirtschaftspolitischer Gesetzgebung im sozialen Rechtsstaat, AöR 92 (1967), 382 ff.; *Scholz* (Fn. 8) Art. 12 Rn. 85, 145; *Schmidt* (Fn. 7), § 92 Rn. 24.; *Papier*, Wirtschaftsverfassung (Fn. 8), S. 461–463; *F. Ossenbühl*, Staat und Markt in der Verfassungsordnung, FS Helmut Quaritsch, 2000, S. 235 ff.; *K. W. Nörr*, Im Wechselbad der Interpretationen: der Begriff der Wirtschaftsverfassung im ersten Jahrzwölft der Bonner Republik, in: Acham u. a. (Hrsg.), Erkenntnisgewinne, Erkenntnisverluste, 1998, S. 356 ff.; *F. Kübler*, Wirtschaftsrecht in der Bundesrepublik, in: D. Simon (Hrsg.), Rechtswissenschaft in der Bonner Republik, 1994, S. 364 (372–375); *H. Ridder*, Die soziale Ordnung des Grundgesetzes, 1975, S. 98 f.; *Ehmke*, Wirtschaft und Verfassung (Fn. 8), S. 18 ff., 26 ff.; *Scheuner*, Intervention (Fn. 6) S. 19–22.

tung).[10] Von einem strikten marktwirtschaftlichen Wirtschaftsmodell konnte keine Rede sein, weder politisch noch verfassungsrechtlich.

2. Institutionelle Differenzierung statt materiellrechtliche Überwölbung

In Fragen der Wirtschaftsverfassung vertraut das Grundgesetz in erster Linie auf den Gestaltungsspielraum des Gesetzgebers (z. B. Art. 12 Abs. 1 Satz 2, 14 Abs. 1 Satz 2, 15 Satz 2, 74 Nr. 11, 105), in zweiter Linie auf Entscheidungen der Tarif- und Sozialpartner (Art. 9 Abs. 3 GG), in dritter Linie auf die Überantwortung bestimmter Entscheidungsspielräume an die sachbereichsspezifische Expertokratie (Geldpolitik, Art. 88 GG). Es ermöglicht außerdem, weite Bereiche des Wirtschaftslebens einfachgesetzlich den Körperschaften der funktionalen Selbstverwaltung (Handwerk, freie Berufe) zur Regelung zu überlassen.

Das Grundgesetz etabliert folglich unterschiedliche Organisationsformen zur Regelung des Wirtschaftslebens, die mit weitgehender materiellrechtlicher Delegation einhergehen, sei es an den politischen Kompromiß (Gesetzgeber), an intermediäre Verbände (Sozialpartner), an Experten (Bundesbank) oder an Selbstverwaltungskörperschaften. Hinzu kommt die 1951 erfolgte Vergemeinschaftung der Schwerindustrie durch eine kartellierte europäische Wirtschaftspolitik (EGKS) und sodann die Errichtung eines Gemeinsamen Marktes durch die EWG 1957. Weite Bereiche der Wirtschaftspolitik wurden daher bereits früh an supranationale Organisationen abgegeben. In der Währungspolitik trat eine Bindung zuerst durch das Bretton Woods Abkommen fester Wechselkurse ein, nach dessen Zusammenbruch 1973 durch das Europäische Währungssystem EWS 1979 bis zur Europäischen Währungsunion 1999. Auch die Landwirtschaft wurde vergemeinschaftet und ist bis heute in weiten Bereichen kontingentiert. Wie in vielen anderen Themenfeldern (völkerrechtliche Souveränität, deutsche Frage, Verteidigung) war die Bundesrepublik auch im Bereich der Wirtschafts- und Währungspolitik nie souverän und wollte es auch nie sein.

Die Übertragung weiter Felder der Wirtschaftspolitik an supranationale Organisationen sicherte die Abstinenz materiellrechtlicher Regelungen im Grundgesetz ab. Man brauchte keine inhaltlichen wirtschaftspolitischen Festlegungen zu treffen, da die Fragen einfachrechtlich geregelt oder durch Delegation gelöst wurden. Die entscheidenden Weichenstellungen über die Wirtschaftsordnung der Bundesrepublik sind politisch getroffen worden, nicht verfassungsrechtlich. Da das Grundgesetz daher nur geringe verfassungsrechtliche Festlegungen im Bereich der Wirtschaft kennt,

---

[10] Vgl. *W. Abelshauser*, Die langen fünfziger Jahre. Wirtschaft und Gesellschaft der Bundesrepublik Deutschland 1949–1966, 1987; *W. Glastetter/G. Högemann/R. Marquardt*, Die wirtschaftliche Entwicklung in der Bundesrepublik Deutschland 1950–1989, 1991; *K. W. Nörr* Die Republik der Wirtschaft, Band I, 1999; *N. Reich*, Markt und Recht, 1977, S. 78 ff.

Vgl. die verfassungsrechtliche Beurteilung (und Akzeptanz) der Wirtschaftslenkung durch *Ulrich Scheuner* (Fn. 6), S. 1, 14 ff., 26 ff.

kann man von einer Strategie der bewußten Nicht-Konstitutionalisierung bei gleichzeitiger Delegation an den politischen Prozeß (Gesetzgebung) oder andere Kompetenzträger (Sozialpartner, funktionale Selbstverwaltungskörperschaften, Bundesbank, supranationale Organisationen) sprechen.

Erst in späteren Jahren sind durch Verfassungsänderungen spezielle und sektorale
Regelungen hinzugekommen, z. B. Art. 109 Abs. 2–4 GG im Zusammenhang mit der
Idee von Globalsteuerung und Stabilitätsgesetz 1967, Art. 87e GG, 87f GG im Zusammenhang mit der Privatisierungswelle 1993/1994 oder Art. 115 Abs. 2 (Schuldenbremse) im Zusammenhang mit der Föderalismusreform II 2009. Neben dem Priva-
tisierungsfolgenregime im Bereich von Bahn, Telekommunikation und Post sind
weitere Wirtschaftssektoren heute vor allem europarechtlich überwölbt mit der Folge sektorspezifischer Anforderungen an die Wirtschaftspolitik (z. B. Landwirtschaft,
Lebensmittel, Energie, weitere Dienstleistungen, Verbraucherrecht, Vergaberecht,
Umweltschutz). Die europäische Wirtschaftspolitik hat sich gewandelt: An die einst
noch verallgemeinerungsfähige Tendenz des Primärrechts zu einer wettbewerbs-
freundlichen Marktöffnung und Harmonisierung sind inzwischen die sektorspezifischen Regelungsregime des Sekundärrechts getreten, mit denen ein Bündel wirt-
schafts-, umwelt- und sozialpolitischer Ziele verfolgt wird.[11] Ein einheitliches Bild
zeigt sich angesichts einer instrumentellen europäischen Rechtsetzung immer weniger.[12]

Gleichwohl kann man für den Textbefund des Grundgesetzes immer noch resü-
mieren, im Bereich der Sozial- und Wirtschaftspolitik bevorzuge die Verfassung institutionelle Lösungen gegenüber materiellen verfassungsrechtlichen Vorgaben.[13] Das
Grundgesetz ermächtigt bestimmte Kompetenzträger, die rechtlichen Regelungen
zu erlassen, und es engt sie bei der Wahrnehmung ihres Gestaltungsauftrages inhaltlich nur wenig ein. Die Wirtschaftsverfassung des Grundgesetzes kombiniert mate-
riellrechtliche Zurückhaltung mit weitgehender inhaltlicher Delegation, vertraut
also weniger auf substantielle als auf institutionelle Lösungen.[14]

---

[11] Aus der umfangreichen Literatur statt vieler nur *M. Ruffert*, Völkerrechtliche Impulse und
Rahmen des Europäischen Verfassungsrechts, in: M. Fehling/ders. (Hrsg.), Regulierungsrecht,
2010, § 3 Rn. 23 ff. m. w. N.; siehe auch *O. Lepsius*, Ziele der Regulierung, ebd., § 19 Rn. 9 ff., 32 ff.

[12] Zur „Sozialpolitisierung" der EU vgl. etwa *R. Grawert*, Die demokratische Gesellschaft der
Union. Zur Sozialdimension der europäischen Grundfreiheiten und Grundrechte, in: I. Appel/G.
Hermes (Hrsg.), Mensch – Staat – Umwelt, 2008, S. 11 ff.; *Papier* (Fn. 8), S. 460; *W. Kahl*, Freiheits-
prinzip und Sozialprinzip in der Europäischen Union, FS Reiner Schmidt, 2006, S. 75 (77); *W.
Schroeder*, Daseinsvorsorge durch öffentliche Unternehmen und der EG-Vertrag, in: ders./K. Weber
(Hrsg.), Daseinsvorsorge durch öffentliche Unternehmen und das Europäische Gemeinschaftsrecht, 2004, S. 13 ff.; *R. Schmidt*, Liberalisierung der Daseinsvorsorge, Der Staat 42 (2003), 225
(230 ff.); *ders.*, HStR IV (Fn. 7), § 92 Rn. 34 ff., 44; *T. Kingreen*, Grundfreiheiten, in: A. v. Bogdandy
(Hrsg.), Europäisches Verfassungsrecht, 2003, S. 631, 649 f.; *ders.*, Das Sozialstaatsprinzip im europäischen Verfassungsverbund, 2003; *R. Hrbek/M. Nettesheim* (Hrsg.), Europäische Union und mit-
gliedstaatliche Daseinsvorsorge, 2002.

[13] Vgl. dazu auch *O. Lepsius*, Verfassungsrechtlicher Rahmen der Regulierung, in: M. Fehling/
M. Ruffert (Hrsg.), Regulierungsrecht, 2010, § 4 Rn. 33, 43, 79–85.

[14] Das betont für die Sozialpolitik gleichermaßen *H. F. Zacher*, Grundlagen der Sozialpolitik in

3. Zurückhaltung des Bundesverfassungsgerichts

Die wirtschaftsverfassungsrechtliche Offenheit des Grundgesetzes und die hieraus folgende weite Gestaltungsmacht des Gesetzgebers wurden vom Bundesverfassungsgericht immer wieder hervorgehoben. Bereits 1954 hat das Gericht im Investitionshilfe-Urteil den Grundsatz der „wirtschaftspolitischen Neutralität" des Grundgesetzes deklamiert. Der Verfassungsgeber habe sich nicht ausdrücklich für ein bestimmtes Wirtschaftssystem entschieden. Die gegenwärtige Wirtschafts- und Sozialordnung sei zwar eine nach dem Grundgesetz mögliche Ordnung, keineswegs aber die allein mögliche. Sie beruhe auf einer vom Willen des Gesetzgebers getragenen wirtschafts- und sozialpolitischen Entscheidung, die durch eine andere Entscheidung ersetzt oder durchbrochen werden kann. Daher sei es verfassungsrechtlich ohne Bedeutung, ob das Investitionshilfegesetz im Einklang mit der bisherigen Wirtschafts- und Sozialordnung steht und ob das zur Wirtschaftslenkung verwandte Mittel „marktkonform" ist.[15] Diese Linie setzte das Bundesverfassungsgericht fort[16] und bekräftigte sie im Mitbestimmungsurteil von 1979. Erneut lesen wir, das Grundgesetz enthalte keine unmittelbare Festlegung und Gewährleistung einer bestimmten Wirtschaftsordnung. Das Grundgesetz überlasse die Ordnung der Wirtschaft vielmehr dem Gesetzgeber, der hierüber innerhalb der ihm durch das Grundgesetz gezogenen Grenzen frei zu entscheiden hat, ohne dazu einer weiteren als seiner allgemeinen demokratischen Legitimation zu bedürfen. Der Gesetzgeber dürfe jede ihm sachgemäß erscheinende Wirtschaftspolitik verfolgen, sofern er dabei das Grundgesetz, insbesondere die Grundrechte beachte. Ihm komme also eine weitgehende Gestaltungsfreiheit zu.[17] Im Zentrum des Wirtschaftsrechts steht daher weniger das Verfassungsrecht, sondern das einfache (Gesetzes-)Recht sowie das europäische Sekundärrecht.

Wenn wir nach „Teilverfassungen" fragen, so mag für den Bereich des Wirtschaftsrecht vornehmlich zu konstatieren sein, daß es eine „Wirtschaftsteilverfassung" nicht gibt, weil das Grundgesetz die inhaltliche Ausgestaltung nicht konstitutionalisiert, sondern institutionalisiert: durch Übertragung an die bereits genannten Kompetenzträger, die mit ihren jeweiligen Rechtserzeugungsmitteln zur Regelung der Wirtschaftsbeziehungen ermächtigt sind (Gesetzgeber, Sozialpartner, funktionale Selbstverwaltungskörperschaften, expertokratische Spezialbehörden, Europäische Institutionen mit den entsprechenden nationalen Umsetzungsakten). Von einer materiellen Teilverfassung kann man daher nicht sprechen. Es läge näher, die verfas-

---

der Bundesrepublik Deutschland, in: Bundesminister für Arbeit und Sozialordnung und Bundesarchiv (Hrsg.), Geschichte der Sozialpolitik in Deutschland seit 1945, Band 1: Grundlagen der Sozialpolitik, 2001, S. 391 ff., 405 ff., 417 ff., 433 f.

[15] BVerfGE 4, 7 (17 f.) – Investitionshilfe [1954].

[16] BVerfGE 7, 377 (400); 14, 19 (23); 30, 292 (315).

[17] BVerfGE 50, 290 (337 f.) – Mitbestimmung [1979].

sungsrechtliche Strukturierung des Wirtschaftslebens als ein kompetentielles Modell der institutionell differenzierten Entscheidungsdelegation zu begreifen.

II. Materielle Teilkompensation durch Grundrechtsorientierung

Angesichts der materiellen Enthaltsamkeit des Grundgesetzes in wirtschaftsverfassungsrechtlichen Fragen wird auf die Grundrechte zurückgreifen müssen, wer auf der konstitutionellen Seite nach materiellen Vorgaben sucht. Da die Grundrechte nicht nur subjektive Abwehrrechte des Bürgers gegen hoheitliches Handeln darstellen, sondern in der Grundrechtstradition des Grundgesetzes von Anbeginn auch als objektives Recht verstanden wurden[18] (Grundrechte als objektive Wertentscheidungen,[19] als Organisations-, Teilhabe- und Verfahrensrechte,[20] als Schutzpflichten[21]), konzentrierte sich die wirtschaftverfassungsrechtliche Auseinandersetzung auf die Interpretation der wirtschaftlich relevanten Grundrechte. Das war aus zwei Gründen naheliegend: Zum einen gab es keine alternativen verfassungstextlichen Anknüpfungspunkte, weil das Grundgesetz, wie bereits gesagt, wirtschaftsverfassungsrechtlich bewußt abstinent verfaßt worden war. Zum anderen ermöglichte die objektiv-rechtliche Dimension der Grundrechte Interpretationen, deren Zweck über den Schutz subjektiver Rechtspositionen hinausging und die Grundrechte zu objektiven Maßstäben und Systemgarantien fortentwickelte. Man mußte sich auf objektive Di-

---

[18] Aus der umfangreichen Literatur vor allem *R. Wahl*, Die objektiv-rechtliche Dimension der Grundrechte, in: D. Merten/H.-J. Papier (Hrsg.), Handbuch der Grundrechte, Band I, 2004, § 19, Rn. 5 ff., 12 ff.; *H. Dreier*, in: ders. (Hrsg.), Grundgesetz, Band I, 2. Aufl. 2004, Vorbemerkung Rn. 94–108; *J. F. Lindner*, Theorie der Grundrechtsdogmatik, 2005, S. 435–440; *H. D. Jarass*, Die Grundrechte: Abwehrrechte und objektive Grundsatznormen, in: P. Badura/H. Dreier (Hrsg.), FS 50 Jahre BVerfG, Band II, 2001, S. 35 (39 ff.); *H. Dreier*, Dimensionen der Grundrechte, 1993, S. 27 ff.; *J. Isensee*, Das Grundrecht als Abwehrrecht und als staatliche Schutzpflicht, in: P. Kirchhof/ders. (Hrsg.), Handbuch des Staatsrechts, Band V, 1992, § 111; *J. P. Müller*, Zur sog. subjektiv- und objektivrechtlichen Bedeutung der Grundrechte, Der Staat 29 (1990), 33 ff.; *E.-W. Böckenförde*, Grundrechte als Grundsatznormen, Der Staat 29 (1990), 1 ff., auch in: ders., Staat, Verfassung, Demokratie, 1991, S. 159 ff.; *K. Stern*, Staatsrecht, Band III/1, 1988, S. 908 ff.; *H. D. Jarass*, Grundrechte als Wertentscheidung bzw. objektiv-rechtliche Prinzipien in der Rechtsprechung des Bundesverfassungsgerichts, AöR 110 (1985), 363 ff.

[19] BVerfGE 7, 198 (208) – Lüth [1958]; 21, 362 [372] – Grundrechtssubjektivität von Sozialversicherungsträgern [1967]. Dazu statt vieler etwa *H. Goerlich*, Wertordnung und Grundgesetz, 1973; *E. Denninger*, Freiheitsordnung – Wertordnung – Pflichtordnung, JZ 1975, 545 ff.

[20] BVerfGE 33, 303 (330–334) – numerus clausus [1972]; 53, 30 (58–61) – Mülheim-Kärlich [1979]; 65, 1 (44, 49) – Volkszählung [1983]; 69, 315 (355) – Brokdorf [1985]. Dazu etwa *P. Häberle*, Grundrechte im Leistungsstaat, VVDStRL 30 (1972), 43 ff.; *H. Goerlich*, Grundrechte als Verfahrensgarantien, 1981; *H. Bethge*, Grundrechtsverwirklichung und Grundrechtssicherung durch Organisation und Verfahren, NJW 1982, 1; *K. Stern*, Staatsrecht, Band III/1, 1988, S. 953 ff.; *E. Schmidt-Aßmann*, Grundrechte als Organisations- und Verfahrensgarantien, in: D. Merten/H.-J. Papier (Hrsg.), Handbuch der Grundrechte, Band II, 2004, § 45.

[21] BVerfGE 39, 1 (41 f.) – Abtreibung I [1975]; 46, 160 (164 f.) – Schleyer [1977]. Dazu etwa *G. Hermes*, Das Grundrecht auf Schutz von Leben und Gesundheit, 1987, S. 62 ff.; *J. Isensee*, HStR V (Fn. 18), § 111 Rn. 77–85; *H. Dreier* (Fn. 18), S. 10 ff.; *R. Wahl*, HGrR I (Fn. 18), § 19 Rn. 5–11.

mensionen konzentrieren, um über den subjektiven Rechtskreis hinaus wirtschaftliche Aspekte verfassungsrechtlich thematisieren zu können. Die vom Parlamentarischen Rat bewußt offen gelassene Frage der „richtigen" Wirtschaftsordnung wurde zum grundrechtlichen Problem uminterpretiert. Damit konnte der materiellen Enthaltsamkeit der Verfassung doch eine inhaltlich-substantielle Position mit Verfassungsrang entgegengesetzt werden. Freilich wurde die verfassungsrechtliche Grundentscheidung, das Wirtschaftsverfassungsrecht nicht zu konstitutionalisieren, sondern als Sozial- und Wirtschaftsrecht auf einfachrechtlicher Ebene zu institutionalisieren, dadurch konterkariert.

1. Objektivierungstendenzen in der Literatur

In der Literatur setzte sich zuerst eine Ansicht durch, welche die wirtschaftsrechtlich relevanten Grundrechte dergestalt kumulierte, daß letztlich nur eine marktwirtschaftliche Ordnung mit der Verfassung vereinbar schien. Auch wenn das Grundgesetz keine Wirtschaftsverfassung kenne, so erlaube es doch keine nur von politischer Zweckmäßigkeit oder Programmatik bestimmte Ordnung oder Umgestaltung der Wirtschaft. Aus einer Reihe von Festlegungen, Garantien, Rechten und Freiheiten des Grundgesetzes ließen sich ordnungspolitische und wirtschaftsverfassungsrechtliche Grundsätze ableiten.[22] Dazu zählen vornehmlich die Berufsfreiheit (Art. 12 Abs. 1 GG), die Eigentumsgarantie (Art. 14 Abs. 1 GG), die Vereinigungsfreiheit (Art. 9 Abs. 1 GG) und subsidiär die allgemeine Handlungsfreiheit (Art. 2 Abs. 1 GG). Die vielfach totgesagte Auseinandersetzung um die Wirtschaftsverfassung kehre in gewandelter Form bei der Frage nach den besonderen grundrechtlichen Maßstäben für die Beurteilung wirtschaftspolitischer Gesetze wieder.[23] Diese Grundrechte enthielten nicht nur Abwehrrechte, sondern schlössen auch objektive Gewährleistungen, insbes. Institutsgarantien und Schutzpflichten ein, welche die Gestaltungsfreiheit des Gesetzgebers einengten. Hinzu kommen wirtschaftsverfassungsrechtlich erhebliche Staatszielbestimmungen (Sozialstaatsprinzip Art. 20 Abs. 1, 23 Abs. 1 Satz 1, 28 Abs. 1 Satz 1 GG), konjunkturpolitische Direktiven zur Wahrung des gesamtwirtschaftlichen Gleichgewichts (Art. 109 Abs. 2a GG, 104a Abs. 4 GG), zur Sicherung der Preisstabilität (Art. 88 Satz 2 GG), Gesetzgebungsaufträge (Art. 74 Abs. 1 Nr. 11, 16 GG) sowie die Infrastrukturaufträge der Art. 87e Abs. 4, 87f Abs. 1 GG. Hinzu kommen noch die europarechtlichen Regelungen, insbesondere die Verankerung eines Grundsatzes der „offenen Marktwirtschaft mit freiem Wettbewerb" (bislang Art. 4 Abs. 1 EG, jetzt Art. 119 Abs. 1 AEU) sowie die

---

[22] So *P. Badura*, Grundrechte und Wirtschaftsordnung, in: D. Merten/H.-J. Papier (Hrsg.), Handbuch der Grundrechte, Band II, 2006, § 29 Rn. 3 m. w. N.; ähnlich *F. Ossenbühl*, Staat und Markt in der Verfassungsordnung, in: FS Helmut Quaritsch, 2000, S. 235 ff. m. w. N.

[23] So *R. Schmidt* (Fn. 7), § 92 Rn. 26.

Verpflichtung auf die „wettbewerbsfähige soziale Marktwirtschaft" (Art. 3 Abs. 3 EU n. F.).[24]

Die Wirtschaftsverfassung des Grundgesetzes ergebe sich daher, so ließe sich die wohl h. M. in der Literatur zusammenfassen, aus dem Zusammenwirken unterschiedlicher verfassungsrechtlicher Normen (Europarecht, Grundrechte, Staatsziele, Gesetzgebungsaufträge), deren Gehalt nur im Hinblick auf einzelne gesetzgeberische Maßnahmen konkretisiert werden könne. Damit konzentrierte sich die Auseinandersetzung auf eine letztlich punktuelle Betrachtung politischer Einzelmaßnahmen. Eine systematische oder grundsätzliche Antwort auf die Frage der Wirtschaftsverfassung konnte nur in hoher Abstraktion gegeben werden, letztlich als Ausdruck individueller wirtschaftlicher Freiheitsentfaltung in einem näher auszugestaltenden sozialen und wettbewerblichen Kontext.

Freilich hat es immer wieder Versuche gegeben, über dieses punktuell konkretisierende Verfassungsverständnis hinauszugelangen. Hans Carl Nipperdey, Präsident des Bundesarbeitsgerichts, interpretierte bereits 1954 die Grundrechte zu Systemgarantien der Marktwirtschaft[25] und führte mit der unmittelbaren Drittwirkung der Grundrechte ihre objektiv-rechtliche Verwendung ein,[26] bevor das Bundesverfassungsgericht diese 1958 in der Lüth-Entscheidung postulierte.[27]

Eine zweite Welle der grundrechtlichen Objektivierung reagierte auf die Wirtschaftspolitik der sozialliberalen Koalition (Mitbestimmung). Seit den 1970er Jahren leitete man aus Art. 12 Abs. 1 GG und Art. 14 Abs. 1 GG i. V. m. Art. 1, 2 und 19 Abs. 3 GG einen Systemschutz der Marktwirtschaft ab.[28] Berufsfreiheit, Eigentumsgarantie, Privatautonomie und Wettbewerbsfreiheit sowie die Grundrechtsträgerschaft inländischer juristischer Personen schützten jeweils zentrale Aspekte eines wirtschaftlichen Verhaltens, das nur unter den Bedingungen der Marktwirtschaft

---

[24] Zur dadurch erreichten wirtschaftspolitischen Offenheit M. *Ruffert*, in: C. Calliess/ders. (Hrsg.), VerfEU, Art. I-3 Rn. 25, 37 (zur wortgleichen Korrespondenzvorschrift des VVE).

[25] H. C. *Nipperdey*, Soziale Marktwirtschaft und Grundgesetz, 3. Aufl. 1965, S. 21 ff., 39, 64: Dem Grundgesetz sei eine institutionelle Garantie der Marktwirtschaft zu entnehmen (1. Aufl. 1954 unter dem Titel: Die soziale Marktwirtschaft in der Verfassung der Bundesrepublik); siehe auch *ders.*, Grundrechte und Privatrecht, 1961, S. 10–12.

[26] BAGE 1, 185 (191 ff.) [1954]; 4, 274 (276 f.); 7, 256 (260) [1959]; 13, 168 (174 ff.) [1962]; 16, 95 (100); 28, 176 (183) [1976]; die Rspr. wurde aufgegeben durch BAGE 47, 363 [1986]. Vorbereitend L. *Enneccerus/H. C. Nipperdey*, Allgemeiner Teil des Bürgerlichen Rechts, 1. Band, 1. Halbband, 14. Aufl. 1952, § 15, wesentlich erweitert in der 15. Aufl. 1959. Nipperdey sprach von der „absoluten Wirkung" gewisser Grundrechte, vgl. etwa: Grundrechte und Privatrecht, 1961, S. 15.

[27] Vgl. T. *Hollstein*, Die Verfassung als „Allgemeiner Teil": Privatrechtsmethode und Privatrechtskonzeption bei Hans Carl Nipperdey, 2007, S. 192–214; *ders.*, Um der Freiheit willen – die Konzeption der Grundrechte bei Hans Carl Nipperdey, in: T. Henne/A. Riedlinger (Hrsg.), Das Lüth-Urteil aus (rechts-)historischer Sicht, 2005, S. 249 ff.; K. *Stern*, Staatsrecht III/1, 1988, S. 1518 f., 1532; J. *Hager*, Grundrechte im Privatrecht, JZ 1994, 373 (373); J. G. *Büddecker*, Die Rechtsprechung des BAG zum arbeitsrechtlichen Gleichbehandlungssatz unter dem Blickwinkel des Verfassungsrechts, 2002.

[28] Zusammenfassend etwa J. *Hecker*, Marktoptimierende Wirtschaftsaufsicht, 2007, S. 132 ff.; H. H. *Rupp*, Die Soziale Marktwirtschaft in ihrer Verfassungsbedeutung, in: J. Isensee/P. Kirchhof (Hrsg.), Handbuch des Staatsrechts, Band IX, 1997, § 203 Rn. 21 ff.

eine Verwirklichungchance besitze. In ihrer Zusammenschau bewirkten diese Grundrechte daher einen Systemschutz der Marktwirtschaft. Die Grundrechtsbestimmungen verdichteten sich zu einzelnen privat- und marktwirtschaftlichen Prinzipien im Sinne des freien Wettbewerbs und der Freiheit der wirtschaftlichen Betätigung, des unternehmerischen Handelns und des privatnützigen Eigentumsgebrauchs.[29] Zwar bestehe durch das GG keine unumstößliche Festlegung auf ein national-ökonomisches Wirtschaftsmodell, doch würde eine Abschaffung der Wettbewerbswirtschaft einen Verstoß gegen das aus der objektiven Grundrechtsdimension erwachsende Optimierungsgebot darstellen und wäre insofern verfassungswidrig.[30] Man argumentierte nicht mit individuell verletzten Einzelgrundrechten, sondern mit einem Ordnungs- und Schutzzusammenhang der Grundrechte, der für die Wirtschafts- und Arbeitsverfassung maßgeblich sei. Grundrechte seien „objektive Rechtsgrundsätze" und „funktionelle Garantien für die Gesellschaft". Die makroökonomische Systemfunktion der Grundrechte fordere eine Wirtschaftsordnung, die den realen Wirtschaftsablauf nach den Strukturgesetzen von Privatautonomie, tatsächlichem Wettbewerb und dezentralisierter Selbstregulierung gewährleiste. Es hieß nun, die Organisationsordnung sei für die Wirtschaftsverfassung keineswegs neutral; das Grundgesetz enthalte einen wirtschaftsverfassungsrechtlichen Systementwurf.[31] Andere sprachen von einem System der grundgesetzlichen Wirtschaftsverfassung. Die Hauptfunktion des Art. 12 GG sei die markt- und wettbewerbsmäßig organisierte Grundordnung.[32] Auch heute noch findet diese systemische Interpretation der Grundrechte Anhänger.[33]

Politisch steht die Neuinterpretation der Grundrechte als Systemgarantien der Marktwirtschaft im Zusammenhang mit der um 1970 aufgekommenen planenden Globalsteuerung sowie mit der kontroversen Diskussion um die Unternehmensmitbestimmung als wichtiges wirtschaftspolitisches Ziel der sozialliberalen Koalition. Angesichts veränderter politischer Mehrheiten sollte nun die wirtschaftspolitische Offenheit des Grundgesetzes zugunsten einer verfassungsrechtlichen Systementscheidung für die Marktwirtschaft konkretisiert werden. Dieser Argumentations-

---

[29] Vgl. *P. Badura/F. Rittner/B. Rüthers*, Mitbestimmungsgesetz 1976 und Grundgesetz, Gemeinschaftsgutachten („Kölner Gutachten"), 1977; insbes. S. 192 ff., 246 ff.; *H. H. Rupp*, Wirtschaftsverfassung und Grundgesetz, 1974.

[30] Vgl. *Rupp* (Fn. 28), § 203 Rn. 21 ff.

[31] *H.-J. Papier*, Unternehmen und Unternehmer in der verfassungsrechtlichen Ordnung der Wirtschaft, VVDStRL 35 (1977), S. 55, 71 m. w. N.

[32] *R. Scholz*, Paritätische Mitbestimmung und Grundgesetz, 1974, S. 31 ff.

[33] Vertreten etwa durch *O. Depenheuer*, Freiheit des Berufs und Grundfreiheiten der Arbeit, FS 50 Jahre BVerfG, Band II, 2001, S. 241, 242 m. w. N.; *ders.*, in: H. v. Mangoldt/F. Klein/C. Starck (Hrsg.), Kommentar zum Grundgesetz, 5. Aufl. 2005, Art. 14 Rn. 8 ff.; *C. Engel*, Die soziale Funktion des Eigentums, in: T. v. Danwitz u. a. (Hrsg.), Bericht zur Lage des Eigentums, 2002, S. 9, 36 ff., 47 ff.; *J. Dietlein*, in: K. Stern, Das Staatsrecht der Bundesrepublik Deutschland, Band IV/1, 2006, S. 2132 f. Kritische neuere Reflektion durch *W. Leisner*, Freiheitliche Wirtschaftsverfassung aus Grundrechten – oder Grundrechtsrelativierung durch soziale Verfassungssystematik?, FS-Schmidt, 2006, S. 363, 372 ff.

strang wird bis in die Gegenwart fortgesetzt. In jüngster Zeit bedient sich der Ansatz auch der Systemtheorie und wird als Beleg für eine systemtheoretische Weltsicht bewertet, die der Verfassungsdeutung zugrunde gelegt wird.[34] Wirtschaftspolitische und rechtstheoretische Überzeugungen stützen diese Grundrechtsinterpretation.[35]

2. Subjektivierungstendenzen in der Rechtsprechung

Das Bundesverfassungsgericht hat diesen Argumentationsstrang jedoch nicht aufgegriffen, sondern an der letztlich individuellen grundrechtlichen Überprüfung von Wirtschaftsgesetzen festgehalten.[36] 1979 heißt es diesbezüglich im Mitbestimmungsurteil, die Funktion der Grundrechte als objektiver Prinzipien bestehe in der prinzipiellen Verstärkung ihrer Geltungskraft und habe ihre Wurzel in dieser primären Bedeutung.[37] „Sie läßt sich deshalb nicht von dem eigentlichen Kern lösen und zu einem Gefüge objektiver Normen verselbständigen, in dem der ursprüngliche und bleibende Sinn der Grundrechte zurücktritt. Der unaufhebbare Zusammenhang, der sich daraus ergibt, ist für die Frage der Verfassungsmäßigkeit wirtschaftsordnender Gesetze von wesentlicher Bedeutung: Diese ist unter dem Gesichtspunkt der Grundrechte primär eine solche der Wahrung der Freiheit des einzelnen Bürgers, die der Gesetzgeber auch bei der Ordnung der Wirtschaft zu respektieren hat. Nicht ist sie Frage eines ‚institutionellen Zusammenhangs der Wirtschaftsverfassung‘, der durch verselbständigte, den individualrechtlichen Gehalt der Grundrechte überhöhende Objektivierungen begründet wird, oder eines mehr als seine grundgesetzlichen Elemente gewährleistenden ‚Ordnungszusammenhangs und Schutzzusammenhangs der Grundrechte‘."[38]

Weder aus einem institutionellen Zusammenhang der Wirtschaftsverfassung, noch aus einem Schutz- und Ordnungszusammenhang der Grundrechte folgt daher ein den Gesetzgeber einengender verfassungsrechtlicher Prüfungsmaßstab. Im Anschluß an das Mitbestimmungsurteil hat die Debatte um ökonomische Systemwirkungen objektiver Grundrechtsgehalte erheblich an Fahrt verloren. Jedem Anflug einer konstitutionellen Verfestigung marktwirtschaftlicher Ordnungsprinzipien war letztlich der Boden entzogen und zugleich die wirtschaftspolitische Gestaltungs-

---

[34] Vgl. *K.-H. Ladeur*, Negative Freiheitsrechte und gesellschaftliche Selbstorganisation, 2000, S. 81 ff., 112 ff., 171 ff.; zuletzt etwa *ders.*, Der Staat gegen die Gesellschaft, 2006, S. 256 ff.

[35] Wie wirtschaftspolitische Überzeugungen der Grundrechtsinterpretation zugrundegelegt werden und daß dieses politisch gefährlich sei, kritisierten seinerzeit etwa *M. Kriele*, Diskussionsbemerkung, VVDStRL 35 (1977), S. 117 f.; *Ridder* (Fn. 9), S. 96 ff.

[36] So wie BVerfGE 4, 7 – Investitionshilfe [1954] als Absage an die Idee einer marktwirtschaftlichen Institutsgarantie von Nipperdey (Fn. 25) verstanden werden darf, weist BVerfGE 50, 290 – Mitbestimmung [1979] den grundrechtlich extrapolierten Systemschutz zurück, den vor allem das Kölner Gutachten (Fn. 29) zu etablieren versucht hat.

[37] BVerfGE 50, 290, 337 f. – Mitbestimmung [1979].

[38] Ebd.

freiheit der politischen Gewalten außer jeden Zweifel gestellt.[39] Bei der grundrechtlichen Prüfung von Wirtschaftsgesetzen bleibt es daher bei einer individuellen Betrachtung. Entscheidend sind die konkreten Eingriffe in individuelle Freiheitsrechte. Daß aus dem Zusammentreffen verschiedener grundrechtlicher Schutzbereiche (der Eigentumsgarantie, der Berufsfreiheit, der Privatautonomie als Unterfall der allgemeinen Handlungsfreiheit) notwendig eine Verdichtung zugunsten des Schutzes marktwirtschaftlichen Handelns des Individuums folgt, darf nicht darüber hinwegtäuschen, daß weder der Markt noch der Wettbewerb als solcher in grundrechtliche Schutzbereiche einbezogen sind. Aus der Summe wirtschaftlicher Grundrechte ergibt sich zwar ein mittelbarer Schutz marktwirtschaftlichen Verhaltens, der freilich, will er verfassungsrechtlich justiziabel sein, immer einen individuellen grundrechtlichen Anknüpfungspunkt finden muß.[40] Aus der Tatsache, daß etwa alle Wirtschaftssubjekte in ihrer wirtschaftlichen Tätigkeit den Schutz bestimmter Grundrechte genießen, folgt kein entindividualiserter Schutz „des" Marktes, „des" Wettbewerbs oder der „Marktwirtschaft" als solchen. Die Grundrechte des Grundgesetzes lassen sich dergestalt weder personell noch sachlich summieren oder systemisch abstrahieren.

Da die Wirtschaftssubjekte in ihrer Tätigkeit als Grundrechtsträger geschützt sind, entsteht eine Schutzsphäre, die Märkte als solche zwar nicht umschließt, aber doch ermöglicht. Da der Markt gleichwohl nicht als solcher zum verfassungsrechtlichen Schutzgut wird, bildet sich der verfassungsrechtliche Schutz von Märkten jedoch nur als ein Rechtsreflex aus, der aus der wirtschaftlichen Betätigung der einzelnen abstrahlt. Wenn gleichwohl aus dem Zusammenwirken der Grundrechte bestimmte wirtschaftliche Systemwirkungen gefolgert werden, ist dies das Ergebnis eines gesellschaftlichen Reflexes geschützter Rechtspositionen. Dieser Reflex mag politisch erheblich sein; für den verfassungsrechtlichen Kontrollmaßstab wirtschaftsrelevanter Gesetze hat er jedoch keine Bedeutung. Anders gewendet: Das Grundgesetz verlangt keine grundrechtlich gebotene Reduzierung staatlicher Regelungen auf „marktkonforme" oder „wettbewerbsneutrale" Maßnahmen.[41] Die Grundrechte können nicht auf ökonomisch determiniertes oder ökonomisch rationales Reagieren reduziert werden.[42] Bei der Grundrechtsprüfung geht es um die Rechtfertigungsbedürftigkeit von individuellen Freiheitseingriffen, nicht indes um die Rechtfertigungsbedürftigkeit allgemeiner Markteingriffe, denn der Markt ist kein grundrechtlich geschütztes Rechtsgut.[43] Einer vom individuellen Freiheitsschutz abgelösten, funktionellen Interpretation der Grundrechte als entindividualisierte Systemgarantien schloß sich das Bundesverfassungsgericht nicht an. Objektiv-rechtliche Gehalte der Grundrechte können daher nicht abgelöst von der Behauptung ei-

---

[39] So zutreffend *J. Hecker* (Fn. 28), S. 139, vgl. auch S. 142 f.

[40] *R. Schmidt* (Fn. 7), § 92 Rn. 26.

[41] Vgl. *H.-J. Papier*, Wirtschaftsverfassung (Fn. 8), S. 462.

[42] So *H.-J. Papier* (Fn. 8), S. 469.

[43] So auch, freilich einengend, *R. Schmidt* (Fn. 7), § 92 Rn. 27.

ner individuellen Freiheitsbeeinträchtigung gerügt werden. Sie werden geltungsverstärkend für das subjektive Recht herangezogen,[44] setzen also eine individuelle Grundrechtsbetroffenheit voraus.

3. Staatsorganisationsrechtliche Effekte und Konsequenzen

Die „Vergrundrechtlichung" des Wirtschaftsrechts zeitigt kompetentielle Auswirkungen: Während die Zuständigkeit bei der grundgesetzlichen Strategie der inhaltlichen Delegation an spezielle Kompetenzträger immer beantwortet werden kann, bleibt sie bei einer objektiv-rechtlichen grundrechtlichen Überwölbung naturgemäß unklar. Da die Grundrechte alle Gewalten binden (Art. 1 Abs. 3 GG), muß eine objektiv-rechtliche Grundrechtsprechung neben den inhaltlichen Konkretisierungsleistungen immer auch die Kompetenzfrage beantworten: Wer wird in concreto wie durch die Grundrechte objektiv gebunden? Welches Niveau weisen Schutzpflichten jeweils auf, wenn sie sich an die Legislative, die Exekutive oder die Judikative richten?[45] Anders gesprochen: Objektiv-rechtliche Grundrechtslehren stehen nicht nur vor dem Problem, den Umfang der grundrechtlichen Gewährleistung konkretisieren zu müssen, sie sehen sich der zusätzlichen Schwierigkeit gegenüber, diese Gewährleistung kompetentiell einer Gewalt zuweisen zu müssen. Objektive Grundrechtslehren werfen daher nicht nur spezifisch grundrechtliche Fragen auf, sondern in besonderem Maße auch solche der Gewaltenteilung und Gewaltenzuordnung.[46] Sie greifen über den Bereich der Grundrechte ins Staatsorganisationsrecht hinaus. Die vom Bundesverfassungsgericht immer wieder bekräftigte Gesetzesmediatisierung der Schutzpflichten[47] mildert das Problem zwar, entschärft es aber nicht, denn die inhaltliche Konturierung der Schutzpflicht wird unweigerlich zu einer verfassungsrechtlichen Frage (und nicht bloß zu einer einfachrechtlichen Aufgabe nach Maßgabe gesetzgeberischer Opportunität), und damit ist notgedrungen der prinzipielle kompetentielle Zugriff der Verfassungsgerichtsbarkeit gegeben. Nicht zuletzt in dieser staatsorganisationsrechtlichen Dimension kontrastiert die grundrechtliche Behandlung des Wirtschaftsrechts durchaus radikal mit dem verfassungsrechtlichen Ansatz, für den sich der Parlamentarische Rat entschieden hatte: Nicht-Konstitutionalisierung bei gleichzeitiger Überantwortung an den politischen Prozeß durch inhaltliche Delegation an den Gesetzgeber und spezielle Kompetenzträger (Sozialpartner, funktionale Selbstverwaltung, Sonderbehörden wie die Bundesbank).

---

[44] BVerfGE 7, 198, 205 – Lüth [1958]; 50, 290, 336 – Mitbestimmung [1979]; 115, 320, 358 – Rasterfahndung [2006].

[45] Vgl. dazu BVerfGE 96, 56 (64) – Kenntnis der eigenen Abstammung [1997].

[46] Dazu *G. Hermes*, Verfassungsrecht und einfaches Recht, VVDStRL 61 (2002), S. 119 (127 f.); *C. Möllers*, Gewaltengliederung, 2005, S. 149, der im Hinblick auf die Schutzpflichten von einer „Umkehrung des zeitlichen Funktionszusammenhangs zwischen Legislative und Judikative" spricht.

[47] Dazu *H. Dreier*, in: ders. (Hrsg.), Grundgesetz, Band I, 2. Aufl. 2004, Vorbemerkung Rn. 102.

Mit dem dergestalt der Verfassungsgerichtsbarkeit interpretatorisch eingeräumten inhaltlichen Zugriff auf Themengebiete, die verfassungstextlich gerade der gesetzgeberischen und damit politischen Entscheidung überantwortet waren, geht eine weitere Kompetenzverschiebung Hand in Hand, nämlich die Selbstermächtigung der Wissenschaft: Über Verfassungsdogmatik gewinnt die Staatsrechtslehre einen Deutungsanspruch bei der Auslegung des materiellen Verfassungsrechts.[48] Dogmatiker sind „Teilnehmer am Rechtserzeugungsprozess".[49] Sie sind naturgemäß an der Anwendung objektiver Grundrechtslehren interessiert, und zwar aus Gründen der Ausdehnung der eigenen Gestaltungsmacht. Es ist, das sei nur am Rande vermerkt, daher nachvollziehbar, warum sich die Protagonisten der Schutzpflichten vor allem in den Reihen der staatsrechtlichen Literatur finden.[50] Schließlich eröffnen die Schutzpflichten auch der Wissenschaft einen dogmatischen Weg, politisch Wünschenswertes zum verfassungsrechtlich Zwingenden zu erheben.

Die staatsorganisationsrechtlichen Konsequenzen haben sich zu einer Hypothek objektiv-rechtlicher Grundrechtsverständnisse entwickelt.[51] In unterschiedlichen Varianten wird ihnen gegenüber der Vorwurf erhoben, sie griffen im Namen eines einheitlichen, wertgebundenen Verfassungsvollzugs in die Kompetenzordnung und durch sie übertragene Entscheidungsspielräume ein. Die Frage stellt sich etwa bei der Drittwirkung von Grundrechten im Privatrecht als Folge ihrer Erhebung zur objektiven Wertordnung, weil im Privatrecht neben Hoheitsträgern (Gesetzgeber, Gerichte) auch Bürger die Kompetenz zur Normsetzung besitzen (Vertragsautonomie).[52] Die Frage stellt sich bei Schutzpflichten, die auf unterschiedlicher Ebene der Normenhierarchie (Gesetz, Rechtsverordnung, Satzung, Einzelakt) umgesetzt werden können, so daß Fragen der Kompetenzabstufung und -verteilung zwischen Legislative und Exekutive virulent werden. In klassischer Form stellt sich die Frage schließlich beim drohenden Übergriff der Verfassungsgerichtsbarkeit auf den Gestaltungsraum der Politik, also als Gefahr eines grundrechtlich radizierten Jurisdiktionsstaats.[53] Solche staatsorganisationsrechtlichen Umsetzungsprobleme werden

---

[48] Zu diesem Problem näher *O. Lepsius*, Kritik der Dogmatik, demnächst in: G. Kirchhof/S. Magen/K. Schneider (Hrsg.), Was können wir über Rechtsdogmatik wissen?, 2011, bei I.3.; *ders.*, Hat die Europäisierung des Verwaltungsrechts Methode? In: P. Axer u. a. (Hrsg.), Das Europäische Verwaltungsrecht in der Konsolidierungsphase, 2010, S. 179 (194 ff., 201 ff.); siehe auch *M. Jestaedt*, Die Verfassung hinter der Verfassung, 2009, S. 29–40; *M. Morlok*, Was heißt und zu welchem Ende studiert man Verfassungstheorie?, 1988, S. 39 f.

[49] So *Jestaedt* (Fn. 48), S. 29.

[50] Nachweise bei *H. Dreier* in: ders. (Hrsg.), Grundgesetz, Band I, 2. Aufl. 2004, Vorbemerkung Rn. 102.

[51] Seit Sondervotum W. Rupp-v. Brünneck/H. Simon, BVerfGE 39, 68 (69–73) – Abtreibung I [1975].

[52] Erhellend *M. Jestaedt*, Diskriminierungsschutz und Privatautonomie, VVDStRL 64 (2005), 298 (330–333) m. w. N.

[53] *E.-W. Böckenförde*, Grundrechte als Grundsatznormen, Der Staat 29 (1990), 1 (24–28); *ders.*, Zur Lage der Grundrechtsdogmatik nach 40 Jahren Grundgesetz, 1990, S. 60–65; *R. Wahl*, HGrR I (Fn. 18), § 19 Rn. 11; skeptisch auch *M. Jestaedt*, Grundrechtsentfaltung im Gesetz, 1999, S. 108 ff.; *R. Poscher*, Grundrechte als Abwehrrechte, 2003, S. 380 ff.

seit langem als Schwachstelle der objektiv-rechtlichen Grundrechtsdimensionen, besonders der grundrechtlichen Schutzpflichten diskutiert,[54] insbesondere als potentieller Übergriff der Verfassungsgerichtsbarkeit in den politischen Gestaltungsraum der gesetzgebenden Gewalt.[55]

Das Bundesverfassungsgericht, das – anders als die oft auf materielle Rechtswirkungen konzentrierte Literatur – auf seine Stellung innerhalb des Gewaltengefüges bedacht sein und die tatsächliche Umsetzung materieller Aussagen im Blick haben muß, verwendet daher bei den objektiv-rechtlichen Grundrechtsdimensionen und hier wiederum besonders bei den Schutzpflichten Formeln institutioneller Zurückhaltung, mit denen judicial restraint bekundet und Kompetenzübergriffen vorgebeugt werden soll. Da sich die Schutzpflichten an den Staat richten, ist jeweils näher zu benennen, welcher Kompetenzträger im Konkreten gemeint ist: Legislative, Exekutive oder auch Judikative; Bund, Land oder Gemeinde. Grundsätzlich wird als Adressat der grundrechtlichen Schutzpflicht der Gesetzgeber angesehen,[56] der zu ihrer Umsetzung ein normatives Schutzkonzept aufstellen muß, das folglich auch das Tätigwerden nicht-legislativer Kompetenzträger implizieren kann.[57] Da sowohl beim Wie als auch beim Wer der Umsetzung eine erhebliche Bandbreite der legislatorischen Möglichkeiten besteht, hat das Bundesverfassungsgericht dem Gesetzgeber von Anbeginn einen weiten Einschätzungs-, Wertungs- und Gestaltungsspielraum zugebilligt: Wie die grundrechtliche Schutzpflicht zu erfüllen ist, sei von den staatlichen Organen in eigener Verantwortung zu entscheiden. Das Bundesverfassungsgericht könne den zuständigen Organen keine bestimmte Entschließung vorschreiben. Es liege in der Entscheidung der Organe, welche Maßnahmen zur Erfüllung der ihnen obliegenden Schutzpflicht zu ergreifen sind.[58]

---

[54] Vgl. aus der umfangreichen Literatur etwa *H. H. Klein*, Grundrechte im demokratischen Staat, 1974, S. 55 ff.; *E.-W. Böckenförde*, Grundrechtstheorie und Grundrechtsinterpretation, NJW 1974, 1529 ff.; *B. Schlink*, Freiheit durch Eingriffsabwehr – Rekonstruktion der klassischen Grundrechtsfunktion, EuGRZ 1984, 457 (463–467); *H. Dreier* (Fn. 18), S. 50–64; *W. Schmidt*, Grundrechte – Theorie und Dogmatik seit 1946 in Westdeutschland, in: D. Simon (Hrsg.), Rechtswissenschaft in der Bonner Republik, 1994, S. 188 (212 ff.); *M. Cornils*, Die Ausgestaltung der Grundrechte, 2005, S. 497 ff.; für die Entbehrlichkeit der objektiv-rechtlichen Dimension als unzweckmäßige grundrechtsdogmatische Kategorie *J. F. Lindner* (Fn. 18), S. 435–437.

[55] Vgl. etwa *W. Heun*, Funktionell-rechtliche Schranken der Verfassungsgerichtsbarkeit, 1992; *R. Poscher*, Grundrechte als Abwehrrechte, 2003, S. 380 ff., 398–400.

[56] BVerfGE 96, 56 (64) – Kenntnis der eigenen Abstammung [1997].

[57] Von einer „komplexen Konkretisierungsaufgabe" spricht *W. Höfling*, Vertragsfreiheit, 1991, S. 54; zum Problem auch *K. Stern*, Staatsrecht, Band III/1, 1988, S. 1576–1578, 1582–1586.

[58] So BVerfGE 46, 160 (164 f.) – Schleyer [1977]. Ähnlich BVerfGE 77, 170 (214); 85, 191 (212); 96, 56 (64); 121, 317 (356) stRspr. Anders zuvor noch BVerfGE 39, 1 (65 f.) – Abtreibung I [1975]: Dort kulminierte die Schutzpflicht in konkreter Strafbarkeit, obwohl eingangs (44) betont wurde, in welcher Form der Staat seine Verpflichtung zum effektiven Schutz zu erfüllen habe, sei in erster Linie vom Gesetzgeber zu entscheiden. Anders nun BVerfGE 88, 203 (251, 254, 264) – Abtreibung II [1993]: Art und Umfang des Schutzes im einzelnen zu bestimmen, sei Aufgabe des Gesetzgebers, der ein Untermaßverbot zu beachten habe.

Auch hat das Bundesverfassungsgericht die Schutzpflichtendimension der Grundrechte vor ausfernden Wirkungen und staatsorganisationsrechtlichen Folgen bewahrt, indem es sie grundsätzlich auf die Wahrung subjektiver Rechte bezog und in ihnen eine „geltungsverstärkende Wirkung" der klassischen subjektiven Grundrechtsfunktionen erkennt.[59] Schutzpflichten sind dann relevant, wenn die subjektive Durchsetzung der Grundrechte von den Grundrechtsträgern nicht beeinflußbare objektive Umstände bedingt:[60] etwa Verteilungsverfahren bei knappen Gütern, ein Mindestmaß an Medienpluralismus zur Wahrnehmung der Meinungsfreiheit, sichere Kommunikationswege zur Wahrnehmung der Kommunikationsgrundrechte oder einen Schutz vor Übervorteilung durch Sicherung fairer Umgangsregeln im Privatrechtsverkehr, um einige Aspekte zu nennen.[61] Individueller Freiheitsgebrauch ist von objektiven Zuständen abhängig, die eine individualistisch geprägte Grundrechtstheorie nicht ignorieren kann.

4. Funktionenabhängigkeit objektiv-rechtlicher Grundrechtsdimensionen

Die Bedeutung der objektiv-rechtlichen Grundrechtsdimension hängt vom korrespondierenden subjektiven Recht und seinen Wirkungsbedingungen ab. Die „geltungsverstärkende Wirkung" ist etwa im Bereich der Medien- und Kommunikationsgrundrechte (Art. 5, 8, 10 GG) größer, weil hier die effektive Inanspruchnahme eines subjektiven Rechts von der objektiven rechtlichen Ausgestaltung des Umfeldes abhängt, in dem der Freiheitsgebrauch des Einzelnen steht. Bei der Meinungs- oder Versammlungsfreiheit ermöglichen oder verstärken objektiv-rechtliche Dimensionen den Freiheitsgebrauch des Individuums, indem sie gesellschaftliche Kräfte zügeln oder tatsächliche Bedingungen schaffen helfen (z.B. Sicherung von Medienpluralismus als Voraussetzung für die Meinungsfreiheit; polizeilicher Schutz zur Durchführung der Versammlungsfreiheit).[62] In anderen Fällen hingegen flankieren objektiv-rechtliche Grundrechtsdimensionen nicht typischerweise den Freiheitsschutz des Einzelnen, sondern den des Kollektivs. Man denke etwa an grundrechtliche Schutzpflichten, die an Art. 2 Abs. 2 GG geknüpft sind (Schutz von Leben und körperlicher Unversehrtheit) oder an Grundrechtskollisionen. Hier können objek-

---

[59] BVerfGE 50, 290 (337) – Mitbestimmung [1979]; 115, 320 (358) – Rasterfahndung [2006].

[60] Vgl. dazu *D. Grimm*, Grundrechte und soziale Wirklichkeit, in: W. Hassemer u.a. (Hrsg.), Grundrechte und soziale Wirklichkeit, 1982, S. 39 ff.; *ders.*, Rückkehr zum liberalen Grundrechtsverständnis?, in: *ders.*, Die Zukunft der Verfassung, 1991, S. 221 (227 ff.); *P. Häberle*, Grundrechte im Leistungsstaat, VVDStRL 30 (1972), S. 43 (66 ff.); *P. Saladin*, Grundrechte im Wandel, 3. Aufl. 1982; *M. Cornils* (Fn. 54), S. 511 ff.

[61] Vgl. zu einigen dieser Fallgruppen etwa *C.-W. Canaris*, Grundrechte und Privatrecht, AcP 184 (1984), 201 ff.; *ders.*, Grundrechte und Privatrecht – eine Zwischenbilanz, 1999, S. 33 ff.; *W. Höfling*, Vertragsfreiheit. Eine grundrechtsdogmatische Studie, 1991, S. 48 ff.; *M. Ruffert*, Vorrang der Verfassung und Eigenständigkeit des Privatrechts, 2001, S. 61 ff., 287 ff.; *M. Cornils* (Fn. 54), S. 54 ff., 165 ff.

[62] BVerfGE 69, 315 (355) – Brokdorf [1985].

tiv-rechtliche Dimensionen den effektiven Freiheitsschutz nivellieren, indem sie eine Abwägung des subjektiven Rechts des Einzelnen mit objektivierten Rechten der Mehrheit ermöglichen, die naturgemäß dazu tendiert, daß subjektive gegenüber objektiven Rechten zurückstehen müssen.

Innerhalb der objektiv-rechtlichen Dimension der Grundrechte kann man daher zwischen einer vom subjektiven Recht verselbständigten und einer zum subjektiven Recht akzessorischen Funktion unterscheiden. Mal besitzen die objektiv-rechtlichen Gehalte der Grundrechte eine geltungsverstärkende Funktion für das subjektive Recht (akzessorische Funktion), mal sind sie von diesem gelöst und betreffen gesellschaftliche Kräfte und tatsächliche Umstände als solche (verselbständigte Funktion).

Man kann darin auch eine Bekräftigung von Charakteristika sehen, die der deutschen Rechtsordnung im Vergleich zu anderen Rechtsordnungen in der westlichen Welt eigen sind, nämlich die Bevorzugung subjektiven Rechtsschutzes vor objektivem (etwa im Kontrast zu Frankreich) sowie die Neigung, Rechtsbeziehungen tendenziell als materielle Rechtsfragen zu behandeln und nicht als kompetentielle (hier zeigt sich ein Kontrast vor allem zu den Vereinigten Staaten).[63] Auf die Spitze getrieben ließe sich auch von einer Umformung staatsorganisationsrechtlicher und staatstheoretischer Probleme zu grundrechtlichen sprechen. Dies läßt sich auch positiv ausdrücken, nämlich als Siegeszug der deutschen Grundrechtstheorie, der es gelang, sich zum allgemeinen verfassungsrechtlichen Prüfungsmaßstab zu entwickeln. Herrschaftsbegründende Fragestellungen werden auf diese Weise mit einem herrschaftsbegrenzenden Instrumentarium bewältigt.

Insgesamt führt diese Konzentration auf die Grundrechte freilich dazu, daß die Leistungsfähigkeit der Grundrechte bisweilen überspannt wird, weil man von ihnen materielle Lösungen in Bereichen erwartet, die mit der Individualzentrierung der Grundrechte nur noch schwer in Einklang zu bringen sind. Die objektiv-rechtliche Dimension dehnt den Wirkungsraum der Grundrechte aus und kann ihre subjektive Wirkung relativieren,[64] wenn es zu einer Abwägung individueller Rechte mit objektivierten kollektiven Schutzgütern kommt, bei der erstere tendenziell unterliegen werden. Insofern unterfallen die Grundrechte einer Interpretationsbreite, die sowohl die Stärkung ihrer klassischen subjektiven Abwehrfunktion als auch die Einbeziehung einer objektiven Gewährleistungsfunktion jeweils mit guten Gründen als ein Gebot der freiheitsdienlichen Effektuierung der Grundrechte ansehen kann. Dabei können objektive Grundrechtsfunktionen sowohl als notwendige Komplementärbedingung für einen effektiven Freiheitsschutz angesehen werden, der sich nicht im Negatorischen erschöpfen dürfe, als auch als über subjektive Verbürgungen hinausgehende Grundentscheidungen für die freiheitliche Organisation der Rechtsordnung

---

[63] Dazu auch O. *Lepsius*, Braucht das Verfassungsrecht eine Theorie des Staates?, EuGRZ 2004, 370 (380).

[64] R. *Poscher*, Grundrechte als Abwehrrechte, 2003, S. 95, 381 f., 409.

begriffen werden.[65] Inzwischen hat sich für diese Polarität die Formel vom „Doppel-charakter"[66] oder von der „Multifunktionalität der Grundrechte" eingebürgert.[67]

In der Rechtsprechung des Bundesverfassungsgerichts finden sich Belege für beide Ansätze. Es kommt auf die jeweilige Fallkonstellation an: Wodurch wird der Frei-heitsgebrauch beeinträchtigt? Liegt primär ein Eingriff in ein subjektives Recht vor, oder geht es um unfreiheitliche Effekte, welche die Wahrnehmung des Rechts jen-seits seiner Subjektivierung bedrohen? Auch die prozessuale Einkleidung mag den einen oder den anderen Fokus nahelegen: Bei einer Urteilsverfassungsbeschwerde steht die Verletzung subjektiver Rechte im Vordergrund. Normenkontrollen hinge-gen bezwecken die Überprüfung des Rechts in objektiver Hinsicht.

Aus einer Vogelperspektive auf die neuere Karlsruher Rechtsprechung wird man insgesamt eher den Eindruck gewinnen, daß das Bundesverfassungsgericht die ob-jektiv-rechtlichen Funktionen der Grundrechte an die Wahrnehmung subjektiver Rechte gebunden und die objektive Dimension als flankierende Funktion für den subjektiven Rechtsschutz verstanden hat.[68] Jedenfalls hat das Gericht immer wieder die geltungsverstärkende Funktion der objektiven Grundrechtslehren für das sub-jektive Recht akzentuiert und selbst in prominenten Fällen, die zu objektiv-recht-lichen Lösungen eingeladen hätten, von diesen Abstand genommen.[69] Man darf in-sofern von einer Resubjektivierung der objektiv-rechtlichen Grundrechtsgehalte sprechen,[70] nicht in dem Sinne, daß neue subjektive Verfassungsrechte kreiert wür-den,[71] sondern daß erst eine einschlägige subjektive Rechtsposition objektive Grund-rechtswirkungen akzessorisch („geltungsverstärkend") auslösen kann. Damit konn-te den in den objektiven Grundrechtsfunktionen liegenden strukturellen Gefahren für die Verfassungsordnung vorgebeugt werden ohne daß die gesellschaftliche Wir-kung subjektiver Rechte darunter gelitten hätte.

---

[65] In diesem Sinne etwa *P. Badura*, Grundrechte als Ordnung für Staat und Gesellschaft, in: D. Merten/H.-J. Papier (Hrsg.), Handbuch der Grundrechte, Band I, 2004, § 20 Rn. 18 f.

[66] *K. Hesse*, Grundzüge des Verfassungsrechts der Bundesrepublik Deutschland, 20. Aufl. 1995, Rn. 279 ff.; *J. Isensee*, Das Grundrecht als Abwehrrecht und als staatliche Schutzpflicht (Fn. 18), § 111 Rn. 113; *H. Dreier* (Fn. 18), S. 41; *W. Kahl*, Grundrechte, in: O. Depenheuer/C. Grabenwarter (Hrsg.), Verfassungstheorie, 2010, § 24 Rn. 30; vom „Doppelcharakter", „quer liegenden Funkti-onen" und einer „Funktionsausweitung" spricht *H. D. Jarass*, Funktionen und Dimensionen der Grundrechte, in: D. Merten/H.-J. Papier (Hrsg.), Handbuch der Grundrechte, Band II, 2004, § 38 Rn. 4 f., 10; siehe auch *ders.*, Die Grundrechte (Fn. 18), S. 36 f.

[67] *P. Badura*, Grundrechte als Ordnung für Staat und Gesellschaft (Fn. 65), § 20 Rn. 18; *P. Häber-le*, Verfassung als öffentlicher Prozeß, 2. Aufl. 1996, S. 584–588; von „funktionalem Pluralismus" spricht *R. Poscher*, Grundrechte als Abwehrrechte, 2003, S. 84–96; von „Polyzentrik" *J. F. Lindner* (Fn. 18), S. 430 ff.; im Hinblick auf ihre gesetzliche Ausgestaltung: *M. Jestaedt*, Grundrechtsentfal-tung im Gesetz, 1999, insbes. S. 72 ff., 135 ff., 206 ff.; *M. Cornils* (Fn. 54), S. 494 ff.

[68] Vgl. etwa BVerfGE 50, 290 (336 ff.) – Mitbestimmung [1979].

[69] Besonders etwa BVerfGE 115, 118 (152) – Luftsicherheit [2006].

[70] *W. Kahl*, Grundrechte, in: O. Depenheuer/C. Grabenwarter (Hrsg.), Verfassungstheorie, 2010, § 24 Rn. 12; anderer Ansicht *H. Bethge*, Die Grenzen grundrechtlicher Subjektivierung objek-tiven Verfassungsrechts, FS Josef Isensee, 2007, S. 613 ff.

[71] Dagegen zu Recht Bedenken erhebend *H. Dreier*, in: ders. (Hrsg.), Grundgesetz, Band I, 2. Aufl. 2004, Vorbemerkung Rn. 95.

5. Bereiche einer „geltungsverstärkenden Wirkung" im Wirtschaftsrecht

In dieser grundrechtstheoretischen Situation stellen die wirtschaftsrelevanten Grundrechte den Testfall für die Reichweite und die Grenzen der objektiv-rechtlichen Grundrechtslehren, insbesondere der Schutzpflichten, dar. Gerade weil es im Verfassungstext an wirtschaftsverfassungsrechtlichen Vorgaben fehlt, könnten die Grundrechte mittels ihrer objektiv-rechtlichen Gehalte an deren Stelle treten und die fehlenden Verfassungsaufträge substituieren.

Bei der Anwendung der objektiv-rechtlichen Grundrechtsdimensionen auf das Wirtschaftsrecht zeigt sich jedoch eine bemerkenswerte Zurückhaltung der Rechtsprechung. Die Aktivierung objektiv-rechtlicher Gehalte bei der Berufsfreiheit (Art. 12 Abs. 1 GG) oder der Eigentumsgarantie (Art. 14 Abs. 1 GG) hält sich in überschaubaren Grenzen und geht in aller Regel nicht über den Bereich der generellen Drittwirkung der Grundrechte hinaus. Die vieldiskutierte Erstreckung der Drittwirkung auf Vertragsbeziehungen von Privatrechtssubjekten[72] ist kein spezifisch wirtschaftsverfassungsrechtliches Thema, sondern betrifft die Frage, ob die Privatautonomie vorstaatlich denkbar ist oder nur im Rahmen der Gesetze besteht, der wiederum an die Grundrechte gebunden ist.[73] Im hier interessierenden engeren Bereich des Wirtschaftsverfassungsrechts (Berufsfreiheit, Eigentumsgarantie) halten sich die objektiv-rechtlichen Grundrechtsdimensionen in deutlichen Grenzen. Man kann zusammenfassend feststellen, daß die Verfassungsrechtsprechung im Bereich der Berufsfreiheit wie der Eigentumsgarantie einen subjektiv-rechtlichen Zugang zu den Grundrechten bewahrt und objektiv-rechtliche Dimensionen nur ausnahmsweise aktiviert hat.

So wurden nur für einen begrenzten Zeitraum (nämlich von ca. 1990 bis 2000) Schutzpflichten aus Art. 12 Abs. 1 GG abgeleitet.[74] Die Begründung fußte auf dem allgemeinen Charakter der Grundrechte, denen offenbar grundsätzlich eine Schutzpflichtendimension beigemessen wurde,[75] ohne näher zwischen Grundrechten zu differenzieren, bei denen eine Schutzpflicht verfassungstextlich hergeleitet werden kann (Art. 2 Abs. 2 GG i. V. m. Art. 1 Abs. 1 Satz 2 GG; Art. 6 GG) oder bei denen diese aus einer besonderen geltungsverstärkenden Funktion für die Wahrnehmung

---

[72] Dazu m. w. N. *M. Ruffert*, Vorrang der Verfassung und Eigenständigkeit des Privatrechts, 2001; grundlegend *C.-W. Canaris*, Grundrechte und Privatrecht, AcP 184 (1984), 201 ff.

[73] Im letzteren Sinne richtig BVerfGE 81, 242 (254) – Handelsvertreter [1990]; darauf aufbauend BVerfGE 89, 214 (232) – Bürgschaft [1993]; siehe dazu auch *G. Britz*, Diskriminierungsschutz und Privatautonomie, VVDStRL 64 (2005), S. 355 (365–367) m. w. N.; *W. Höfling*, Vertragsfreiheit, 1991, S. 21–24.

[74] BVerfGE 84, 133 (146) – Umgehung des Kündigungsschutzes durch Abwicklungsvorschriften im Einigungsvertrag [1991]; 85, 360 (372 f.) – Arbeitsverhältnisse der Akademie der Wissenschaften der DDR [1992]; 92, 26 (46) – Internationales Schiffahrtsregister [1995]; 97, 169 (175–177) – Kündigungsschutzgesetz [1998].

[75] Unbefriedigend insofern BVerfGE 92, 26 (46). Hier wird zu pauschal festgestellt, die Freiheitsgrundrechte verpflichteten den Staat, die Freiheitssphäre zu schützen, woraus wiederum eine Schutzpflicht aus Art. 12 Abs. 1 GG abgeleitet wird.

des Freiheitsrechts folgt (Art. 5 Abs. 1 Satz 2, Art. 8 Abs. 1 GG) und schließlich solchen Grundrechten, bei denen eine Schutzpflichtendimension ins Gegenteil, nämlich eine Ermächtigung zum Grundrechtseingriff umschlagen kann. Diese Rechtsprechung zu Art. 12 Abs. 1 GG, die seit 2000 keine Fortsetzung fand,[76] kann argumentativ nicht überzeugen.[77] Die vereinzelten Entscheidungen müssen als sachbereichsspezifische Sonderlösungen begriffen werden. Eine präjudizielle Wirkung trat nicht ein.

Nicht viel anders sieht es bei der Anwendung der Schutzpflichten auf die Eigentumsgarantie aus. Aus Art. 14 Abs. 1 GG hat das Bundesverfassungsgericht grundsätzlich keine Schutzpflichten abgeleitet. Schutzpflichten werden hier im Gegenteil herangezogen, um die Inhalts- und Schrankenbestimmung des Eigentumsrechts durch den Gesetzgeber über den bereits in Art. 14 Abs. 1 Satz 2 und Abs. 2 GG eröffneten weiten Spielraum zur Grundrechtsprägung durch eine aus dem Grundrecht auf Leben und körperliche Unversehrtheit folgende Schutzpflicht zusätzlich zu erweitern.[78] Diese Regel durchbrechen allerdings zwei versicherungsrechtliche Entscheidungen des Ersten Senats aus dem Jahr 2005,[79] in denen ohne nähere Herleitung behauptet wird, aus der Eigentumsgarantie folge eine Schutzpflicht. In der Sache ging es um Anwartschafts- und Leistungsrechte bei Lebensversicherungen, die aufgrund des erweiterten verfassungsrechtlichen Eigentumsbegriff als Eigentum i. S. v. Art. 14 Abs. 1 GG geschützt werden. Auch diese vereinzelt gebliebene Rechtsprechung darf daher entweder als branchenspezifisches Sonderrecht verstanden werden oder ist auf bestimmte wie verfassungsrechtliches Eigentum geschützte Rechtspositionen zu beschränken. Jedenfalls kann diesen Entscheidungen keine verallgemeinerungsfähige Schutzpflichtendimension der Eigentumsgarantie entnommen werden.

III. Grundrechte als individualisierbare Kontrollmaßstäbe im Wirtschaftsrecht

Bei der verfassungsrechtlichen Überprüfung von Wirtschaftsgesetzen kommt es folglich auf eine individuelle Betrachtung des jeweils in Rede stehenden konkreten Grundrechts an, nicht indes auf allgemein oder abstrakt gehaltene Schutzgüter, die noch nicht grundrechtlich individualisiert sind. Betrachten wir unter diesem Aspekt

---

[76] Deutlich insofern BVerfGE 121, 317 (356) – Nichtraucherschutz [2008].

[77] Unbefriedigend vor allem die nicht näher begründete Annahme einer aus der Berufsfreiheit folgenden Schutzpflicht in BVerfGE 84, 133 (146); 92, 26 (46); 97, 169 (177). Anders insofern BVerfGE 81, 242 (253, 256) – Handelsvertreter [1990]: Klassisches Drittwirkungsproblem bei ungleichgewichtiger Vertragsmacht, auch wenn das Gericht hier ausspricht, Art. 12 Abs. 1 GG könne dem Gesetzgeber im Zivilrecht gebieten, Vorkehrungen zum Schutz der Berufstätigkeit zu schaffen.

[78] Vgl. BVerfGE 102, 1 (18) – Zustandsverantwortlichkeit [2000].

[79] BVerfGE 114, 1 (42, 54) – Bestandsübertragung von Lebensversicherungen [2005]; 114, 73 (90, 103) – Überschußbeteiligung bei Lebensversicherungen [2005].

die Rechtsprechung zu den wirtschaftlich relevanten Grundrechten sowie zum Grundrechtsschutz juristischer Personen.

1. Berufsfreiheit, Art. 12 Abs. 1 GG

Die wichtigste Einzelbestimmung im System des Grundrechtsschutzes wirtschaftlicher Tätigkeit ist die Berufsfreiheit des Art. 12 Abs. 1 GG.[80] Bei der Freiheit zur Berufswahl des Art. 12 Abs. 1 Satz 1 GG und zur Berufsausübung nach Satz 2 GG handelt es sich um ein einheitliches Grundrecht. Der Gesetzesvorbehalt des Art. 12 Abs. 1 Satz 2 GG erstreckt sich auf das gesamte Grundrecht.[81]

a) Schutzbereich, insbes. Wettbewerbsfreiheit

Art. 12 Abs. 1 GG enthält einen umfassenden Schutz der Berufsfreiheit: von der Entscheidung für einen bestimmten Ausbildungsplatz über die Wahl eines Berufs, dessen Ausübung und Beibehaltung bis schließlich zur Entscheidung, einen bestimmten Beruf nicht mehr auszuüben.[82] Entsprechend kann die Berufsfreiheit in zahlreiche „Einzelfreiheiten" ausdifferenziert werden, etwa in die Freiheit unternehmerischer Betätigung als Recht auf Gründung und Führung eines Unternehmens jeder Größe,[83] in die Gewerbefreiheit,[84] das Recht auf freie Vertrags- und Preisgestaltung in der beruflichen Sphäre[85] (außerhalb dieser Sphäre ist die Vertragsfreiheit durch Art. 2 Abs. 1 GG geschützt),[86] in die Freiheit, für berufliche Zwecke zu werben,[87] in den Schutz von Betriebs- und Geschäftsgeheimnissen.[88]

Von der Berufsfreiheit umfaßt ist auch die Wettbewerbsfreiheit, also die Freiheit, sich in Konkurrenz zu anderen Anbietern bzw. Nachfragern auf einen Markt zu begeben.[89] Die Wettbewerbsfreiheit folgt als akzessorischer Reflex aus den individu-

---

[80] Die folgenden Ausführungen basieren auf *O. Lepsius*, Verfassungsrechtlicher Rahmen der Regulierung, in: M. Fehling/M. Ruffert (Hrsg.), Regulierungsrecht, 2010, § 4 Rn. 48 ff.

[81] BVerfGE 7, 377 (401 f.) – Apotheke [1958]; 33, 303 (329 f.) – numerus clausus [1972]; 92, 140 (151) [1995]; 101, 331 (347) [1999].

[82] BVerfGE 84, 133 (146) [1991]; 105, 252 (265) – Glykolwein [2002]; 115, 276 (300) – Sportwetten [2006]. Die früheren Leitentscheidungen waren BVerfGE 7, 377 (397) – Apotheke [1958]. Zum Problem des weiten Berufsbegriffs des BVerfG und dem Recht zur autonomen Berufsschöpfung *W. Höfling*, Offene Grundrechtsinterpretation, 1987, S. 148 ff.

[83] BVerfGE 50, 290 (363) [1979].

[84] *P. Badura* (Fn. 22), § 29 Rn. 19; *ders.*, Wirtschaftsverfassung und Wirtschaftsverwaltung, 3. Aufl. 2008, Rn. 313; *R. Schmidt*, Gewerberecht, in: D. Willoweit (Hrsg.), Rechtswissenschaft und Rechtsliteratur im 20. Jahrhundert, 2007, S. 1003, 1007 f.

[85] BVerfGE 88, 145 (159) [1993]; 97, 228 (262 f.) [1998]; BVerfG NJW 2007, 51, 54.

[86] BVerfGE 8, 274 (328) [1958]; 74, 129 (151 f.) [1987]; 95, 267, (303 f.) [1997]; 103, 197 (215) [2001].

[87] BVerfGE 9, 213 (221 f.) [1959]; 65, 237 (245 ff.) [1983]; 85, 248 (256) [1992]; 95, 173 (181) [1997].

[88] BVerfG NVwZ 2006, 1041, 1042.

[89] BVerfGE 32, 311 (317) [1972]; 46, 120 (137) [1977]; 53, 135 (143 f.) [1980]; 105, 252 (265) [2002];

ellen Wirtschaftsfreiheiten der einzelnen Teilnehmer am wirtschaftlichen Prozeß. Daher geht sie als subjektives Recht nicht über den Abwehrgehalt der Freiheit zur Berufswahl und Berufsausübung hinaus. Art. 12 Abs. 1 GG bietet daher keinen Konkurrenzschutz,[90] und keinen Schutz vor Einflüssen auf die wettbewerbsbestimmenden Faktoren.[91] Insbesondere umfaßt das Grundrecht keinen Anspruch auf Erfolg im Wettbewerb oder auf Sicherung künftiger Erwerbsmöglichkeiten.[92] In objektiver Gestalt besteht die Wettbewerbsfreiheit nur in den Grenzen der rechtlichen Regeln, die den Wettbewerb selbst ermöglichen und begrenzen.[93] Die Wettbewerbsfreiheit ist daher objektiv-rechtlich eine Freiheit nach Maßgabe des einfachen Rechts, subjektiv-rechtlich nach Maßgabe der individuellen Berufswahl und -ausübung. Beide Dimensionen sind auseinanderzuhalten und dürfen nicht kumuliert oder kombiniert werden.

Aus der Wettbewerbsfreiheit folgt weder ein grundrechtlich begründeter Anspruch auf die Überführung von Staatsmonopolen in eine private Wettbewerbsordnung noch ein Auftrag zur Privatisierung von Gewinnen, weil dies den individualisierbaren Schutzbereich von Berufswahl und Berufsausübung überschreitet. Wohl aber enthält das Grundrecht der freien Berufswahl ein Abwehrrecht gegenüber objektiv und subjektiv berufsbeschränkenden Regelungen, das zur individuellen Öffnung bestimmter Berufe führen kann, deren Zugang reglementiert ist.[94] Aus Art. 12 Abs. 1 GG folgt ein individuelles Recht auf Freiheit der Berufswahl, aber kein objektives Recht auf Überführung bestimmter Wirtschaftssektoren in privatrechtlich organisierte Wettbewerbsstrukturen. Eine von der individuellen Berufsfreiheit verselbständigte Institutsgarantie des Wettbewerbs enthält das Grundgesetz nicht.[95] Ob die Wettbewerbsfreiheit danach tatsächlich noch ein rechtlich verselbständigungswürdiges Element der Berufsfreiheit darstellt, mag man bezweifeln.

b) Eingriffsrechtfertigungen

Den Eingriff des berufsregelnden Gesetzgebers prüfte das Bundesverfassungsgericht zuerst am Maßstab der sogenannten Drei-Stufen-Theorie. Sie ist eine berufsspezifische Ausprägung der Verhältnismäßigkeitsprüfung und knüpft an die im Wortlaut des Art. 12 Abs. 1 GG angelegte Unterscheidung von Berufsausübung und Berufswahl an. Bei der Rechtfertigung eines Grundrechtseingriffs in die Berufsfreiheit steigen die Anforderungen des Verhältnismäßigkeitsgrundsatzes je nachdem ob es sich um eine Regelung der Berufsausübung, um subjektive oder gar objektive Berufs-

---

106, 275 (298 f.) [2002]. Aus der Literatur statt vieler: *J. F. Lindner* (Fn. 18), S. 256 ff.; *U. Di Fabio*, in: Maunz-Dürig, Grundgesetz, Lfg. 2001, Art. 2 Abs. 1 Rn. 116 ff.

[90] BVerfGE 34, 252 (256) [1973]; 55, 261 (269) [1980]; 93, 362 (370) [1995]; 94, 372 (395) [1996].

[91] BVerfGE 105, 252 (265) – Glykolwein [2002]; dazu auch *J. F. Lindner*, Zur grundrechtsdogmatischen Struktur der Wettbewerbsfreiheit, DÖV 2003, 185, 187 ff.

[92] BVerfGE 24, 236 (252) [1968]; 105, 252 (265) – Glykolwein [2002].

[93] BVerfGE 105, 252 (265) – Glykolwein [2002].

[94] BVerfGE 115, 276 (300 ff.) – Sportwette [2006].

[95] Statt vieler *Scholz* (Fn. 8), Art. 12 Rn. 76, 88.

wahlregelungen handelt.[96] Da zwischen den Eingriffsstufen meist nicht eindeutig getrennt werden kann, entstand ein gleitender Maßstab, nach dem mit zunehmender Eingriffsintensität auch zunehmende qualitative Anforderungen an den Zweck der Regelung gestellt werden.[97] Heute verlangt das Bundesverfassungsgericht zur Rechtfertigung, daß (1) die eingreifende Norm kompetenzgemäß erlassen wurde, (2) Gründe des Gemeinwohls vorliegen, die der Art der betroffenen Betätigung und der Intensität des jeweiligen Eingriffs Rechnung tragen und (3) schließlich dem Grundsatz der Verhältnismäßigkeit entsprochen wird.[98] Bei einer bloßen Berufsausübungsregelung, die jedoch einen schwerwiegenden Eingriff darstellt, kann es daher geboten sein,[99] daß die eingreifende Regelung ein überragend wichtiges Gemeinschaftsgut schützen bzw. ein besonders wichtiges Gemeinwohlziel verfolgen muß – was nach der ursprünglichen Drei-Stufen-Theorie nur bei objektiven Berufswahlregelungen erforderlich war. Die verfassungsrechtliche Rechtfertigung am Maßstab des Art. 12 Abs. 1 GG hängt demzufolge einerseits davon ab, für wie intensiv der Grundrechtseingriff gehalten wird, andererseits davon, welche Ziele die Regelung verfolgt und ob diese entsprechend wichtigen Schutzgütern dienen. Der Verhältnismäßigkeitsgrundsatz umfaßt sodann eine Zweck-Mittel-Kontrolle: Das Mittel muß im Verhältnis zum Zweck geeignet, erforderlich und angemessen sein.

Bei der Berufsfreiheit überwiegt ein personaler Grundzug als der eigentliche Kern der Grundrechtsgewährleistung.[100] Systemische Effekte der Marktwirtschaft werden nur als mittelbare Folgen des individuellen Grundrechtsgebrauchs erfaßt. Art. 12 Abs. 1 GG kann objektiv-rechtliche Reflexe auslösen, insbesondere wenn der Eingriff mittelbar die Berufschancen tangiert und objektive oder gar subjektive Berufszulassungsregelungen errichtet.[101] Leistungsrechtliche Dimensionen sind dann die geltungsverstärkenden Reflexe des individuellen Freiheitsrechts. Insgesamt erweist sich die Berufsfreiheit als schwaches Grundrecht, wenn sie auf systemische oder allgemeine wettbewerbliche Effekte bezogen wird. Mit zunehmender Individualorientierung kann sie sich zu einem starken Grundrecht entwickeln, insbesondere wenn Aspekte der Berufswahl tangiert sind. [102]

---

[96] BVerfGE 7, 377 (405 f.) – Apotheke [1958]; 61, 291 (312) [1982]; 93, 362 (369) [1995]; 106, 181 (192) [2002].

[97] Vgl. *A. Lorz*, Die Erhöhung der verfassungsrechtlichen Kontrolldichte gegenüber berufsrechtlichen Einschränkungen der Berufsfreiheit, NJW 2002, 169; *O. Depenheuer* (Fn. 33), S. 260 ff.; *P. M. Huber*, Zur verfassungsrechtlichen Kontrolle von Berufsausübungsregelungen, FS Martin Kriele, 1997, S. 389.

[98] BVerfGE 115, 276 (304) – Sportwetten [2006].

[99] So etwa BVerfGE 121, 317 (349 ff.) – Nichtrauchergesetz [2008].

[100] So *W. Höfling*, Offene Grundrechtsinterpretation, 1987, S. 149.

[101] Vgl. BVerfGE 33, 303 (330 ff.) – numerus clausus [1972]; 82, 209 (223, 229) – Bayerisches Krankenhausgesetz [1990]; 115, 276 (300) – Sportwette [2006].

[102] Diese individualistische Grundentscheidung ist schon angelegt in der frühen Leitentscheidung BVerfGE 7, 377 (397) – Apotheke [1958]: Art. 12 Abs. 1 GG schütze „die Freiheit des Bürgers, jede Tätigkeit, für die er sich geeignet glaubt, als Beruf zu ergreifen, d. h. zur Grundlage seiner Lebensführung zu machen und damit seinen Beitrag zur gesellschaftlichen Gesamtleistung selbst zu bestimmen."

Hinzu kommt: Da Wirtschaftsgesetze den Rahmen der wirtschaftlichen Betätigung erst konstruieren, können tradierte Verteilungsmuster einer vorstaatlichen
Wettbewerbsfreiheit, in die Gesetze eingreifen, nicht übernommen werden. Wirtschaftsgesetze lassen sich nicht prinzipiell als Eingriffe in die Berufsfreiheit klassifizieren. Was „Eingriff" in den Wettbewerb und was „Schaffung" oder „Ausgestaltung" des Wettbewerbs ist, läßt sich mitunter nur schwerlich sagen, wenn die subjektiven Rechte, in die eingegriffen wird, gesetzlich geschaffen und ausgestaltet worden
sind.[103] Das klassische Prüfungsmuster (Eingriff und Rechtfertigung) funktioniert
im Bereich der Wirtschaftsfreiheiten nur begrenzt, weil der Freiheitsbereich von der
gesetzlichen Regelung abhängt (Schaffung und Ausgestaltung von Wettbewerb) und
mit sozialpolitischen Zielen „belastet" entstanden ist.

2. Eigentumsgarantie, Art. 14 GG

a) Einfachrechtliche Prägung verfassungsrechtlich geschützter subjektiver Rechte

Auch die Eigentumsgarantie des Art. 14 GG vermag dem Wirtschaftsrecht kaum
strengere verfassungsrechtliche Grenzen zu ziehen. Typischerweise wird es sich bei
wirtschaftsrechtlichen Eingriffen um Inhalts- und Schrankenbestimmungen handeln, die am Maßstab des Art. 14 Abs. 1 Satz 2 GG zu beurteilen sind. Solange die
Verfügungsbefugnis nicht entzogen wird und die Privatnützigkeit des Eigentumsrechts nicht entfällt, sind die Rechtfertigungshürden für Inhalts- und Schrankenbestimmungen gering zu veranschlagen. Denn bei der Ausgestaltung der Eigentumsordnung muß der Gesetzgeber dem in Art. 14 Abs. 2 GG normierten Gebot einer
gemeinwohlorientierten Eigentumsordnung Rechnung tragen. Er muß deshalb die
schutzwürdigen Interessen des Eigentümers und der vom Eigentumsgebrauch Betroffenen in ein ausgewogenes Verhältnis bringen.[104] Wenn der Gesetzgeber subjektive Rechte als Eigentumsrechte ausgestaltet, muß er gleichermaßen den sozialen
Schutz und das Individualinteresse berücksichtigen.[105] Je nach dem sozialen und individuellen Bezug, den der Gegenstand hat, auf den sich das Eigentumsrecht erstreckt, verändert sich das verfassungsrechtliche Schutzniveau – mal mehr zugunsten der Sozialpflichtigkeit, mal mehr zugunsten des individuellen Freiheitsschutzes.
Je stärker der individuelle Bezug des Eigentumsrechts ist, je mehr es der individuellen Freiheit des Einzelnen dient und dem Einzelnen eine eigenverantwortliche Gestaltung seines Lebens ermöglicht, desto größer sein verfassungsrechtlicher Schutz.[106]
Umgekehrt gilt: Wenn der individuelle, freiheitliche Schutzzweck schwindet (etwa

---

[103] Die Diskussion zum Eingriffscharakter wirtschaftslenkender Normen wird zusammenge-
faßt durch *J. Hecker* (Fn. 28), S. 187 ff.

[104] Ständige Rspr., vgl. etwa BVerfGE 91, 294 (308) [1994].

[105] BVerfGE 102, 1 (15) [2000].

[106] Ständige Rspr. vgl. etwa BVerfGE 50, 290 (340) – Mitbestimmung [1979]; 102, 1 (15) – Zustandsverantwortlichkeit [2000].

beim Anteilseigentum oder bei Eigentumsrechten juristischer Personen) und zugleich der soziale Bezug steigt (die Eigentumsrechte betreffen Produktionsmittel, umweltrelevante Anlagen oder infrastrukturbezogene Netze), wird ein weitreichender Regelungsspielraum für den Gesetzgeber eröffnet.[107] Individuelles Fahrniseigentum genießt deshalb einen intensiveren Schutz als Grundeigentum (Situationsgebundenheit des Grundeigentums)[108] oder das Eigentum an Produktionsmitteln, weil letztere einen höheren sozialen Bezug aufweisen und stärkere Nutzungskonflikte auslösen als bewegliche Sachen. Rechtlich äußert sich dies in einer größeren Gestaltungsfreiheit des Gesetzgebers bei der Ausgestaltung der Rechte und Pflichten, die an der jeweiligen Eigentumsposition hängen, sowie in geringeren Anforderungen beim Verhältnismäßigkeitsgrundsatz.

Für die Beurteilung des verfassungsrechtlichen Schutzes kommt es daher nicht auf eine abstrakte, phänotypische Betrachtung „des" Eigentums an,[109] sondern auf die jeweilige Ausgestaltung des subjektiven Rechts, das verfassungsrechtlich unter Art. 14 GG geschützt wird. Die Ausgestaltung eines Eigentumsrechts i. S. v. Art. 14 Abs. 1 GG beruht nicht auf einer einzigen gesetzlichen Norm, etwa § 903 BGB,[110] sondern ergibt sich erst aus dem Zusammenwirken der mit einer subjektiven Rechtsposition verliehenen rechtlichen Befugnisse.[111] Die Rechtsstellung des Eigentums erweist sich daher immer als ein Bündel verschiedener Nutzungs- und Verfügungsrechte und korrespondierender Pflichten. Hierbei sind nicht selten Normen unterschiedlicher Gesetze in Betracht zu ziehen, die zugleich aus dem Privatrecht wie dem öffentlichen Recht stammen können. Eine Betrachtung, die der bürgerlich-rechtlichen Eigentumsordnung einen Vorrang gegenüber öffentlich-rechtlichen Vorschriften zubilligte, entspräche jedenfalls nicht dem Grundgesetz.[112] Dementsprechend schützt Art. 14 GG als Eigentum zahlreiche, bisweilen im einzelnen höchst unterschiedlich ausgestaltete Rechtspositionen, z. B. Verfügungs- und Nutzungsrechte, Besitzrechte, An-

---

[107] BVerfGE 50, 290 (322 ff.) – Mitbestimmung [1979].

[108] BVerfGE 100, 226 (242) – Denkmalschutz [1999]; BVerwGE 49, 365 (368); 67, 84 (87); 84, 361 (371); 94, 1 (4, 10, 14); *P. Badura*, in: E. Benda/W. Maihofer/H.-J. Vogel (Hrsg.), Handbuch des Verfassungsrechts, 2. Aufl. 1994, § 10 Rn. 76; *H.-J. Papier*, in: Maunz-Dürig, Grundgesetz, 40. Lfg. 2002, Rn. 385–397; *H. H. Seiler*, Staudingers Kommentar zum BGB, 13. Aufl. 1995, vor § 903 Rn. 28; *O. Lepsius*, Besitz und Sachherrschaft im öffentlichen Recht, 2002, S. 261–264.

[109] Vgl. *C. Bumke*, Eigentum – Paradigma für ein dem Gemeinwohl verpflichtetes Rechtsinstitut, in: H. Münkler/K. Fischer (Hrsg.), Gemeinwohl und Gemeinsinn im Recht, 2002, S. 179, 207, 212; erhellend immer noch *H. Rittstieg*, Eigentum als Verfassungsproblem, 1975, S. 286 ff., 308 ff.

[110] Vgl. BVerfGE 58, 300 (335) – Naßauskiesung [1981]. Zur Eigentumskonzeption des BVerfG vgl. vor allem *W. Böhmer*, Grundfragen der verfassungsrechtlichen Gewährleistung des Eigentums in der Rechtsprechung des BVerfG, NJW 1988, 2561; *ders.*, Eigentum aus verfassungsrechtlicher Sicht, in: F. Baur (Hrsg.), Das Eigentum, 1989, S. 39 ff.

[111] Vgl. *U. Di Fabio*, Der Ausstieg aus der wirtschaftlichen Nutzung der Kernenergie, 1999, S. 122.

[112] BVerfGE 58, 300 (335) – Naßauskiesung [1981]. Für das BGB-Eigentum als absolutes, dem Gesetzgeber vorausliegendes Recht hingegen: *O. Depenheuer*, FS Walter Leisner, 1999, S. 277, 284 f., 298; *ders.* (Fn. 33), Art. 14 Rn. 33, 37; *R. Wendt*, Eigentum und Gesetzgebung, 1985, S. 64 ff., 132 ff., 168 ff.

wartschaftsrechte, Anteilsrechte, Anliegerrechte, Erbbaurechte, Nießbrauch, Patent- und Urheber- und Warenzeichenrechte, subjektive öffentliche Rechte, Erbrecht.[113]

b) Privilegierung subjektiver Rechte als Eigentum

Bislang nicht restlos geklärt ist die Frage, wann ein gesetzlich ausgestaltetes subjektives Recht dem Schutz des Art. 14 GG unterfällt und wann es lediglich zur allgemeinen Handlungsfreiheit des Art. 2 Abs. 1 GG zählt. Die Abgrenzung ist rechtspolitisch in erster Linie wegen der unterschiedlichen Rechtsfolgen wichtig. Beide Grundrechte enthalten Abwehrrechte. Als einziges Grundrecht gewährt Art. 14 GG aber in den Fällen des Entzugs eines Eigentumsrechts (Enteignung)[114] einen Wertausgleich nach Art. 14 Abs. 3 GG. Mitunter wird der Schutzbereichs des Art. 14 Abs. 1 GG so extensiv ausgelegt, daß er jedwedem subjektiven Recht Heimat bietet. Dies ist nicht selten durch das Interesse motiviert, in den Genuß der Rechtsfolgen des Art. 14 Abs. 3 GG zu gelangen. Sinnvoll ist dies nicht, denn mit dem Trend, subjektive Rechte zu verfassungsrechtlich geschütztem Eigentum zu erheben, geht naturgemäß eine Inflationierung des Eigentumsschutzes einher. Es bedarf daher eines Qualifikationsmerkmals, wann ein subjektives Recht als Eigentum geschützt wird und wann es (lediglich) der allgemeinen Handlungsfreiheit unterfällt.

Die vom Bundesverfassungsgericht hierzu verwendete Formel, das verfassungsrechtliche Eigentum schütze einen „Freiheitsraum im vermögensrechtlichen Bereich" ist insofern wenig hilfreich, weil sie tendenziell dazu führt, alle subjektiven Rechte dem Schutzbereich des Art. 14 GG zuzuweisen. Im heutigen Wirtschaftsleben lassen sich nämlich nahezu alle subjektiven Rechte kommerzialisieren, auch Teilhabe- und Verfahrensrechte. Ein klares Distinktionsmerkmal, welche subjektiven Rechte den Schutz der Eigentumsgarantie verdienen und welche nicht, ist bislang nicht entwickelt worden. Man behilft sich mit einem spezifisch verfassungsrechtlichen Eigentumsbegriff, mit dem zugleich verhindert wird, Eigentum nur nach Maßgabe des einfachen Rechts zu schützen. Hier setzt sich erneut eine individualistische Betrachtung durch und keine, die über summierende Effekte oder systemische Reflexe zur Objektivierung neigt. Entscheidend ist der Schutzzweck, dem Einzelnen eine eigenverantwortliche Gestaltung zu ermöglichen und ihm zu diesem Zweck Rechte einzuräumen, die eine privatnützige Letztentscheidungsbefugnis verschaffen. Es geht also um die wirtschaftliche Unabhängigkeit des Menschen, um seine „Befreiung" von ökonomischen Zwängen und Abhängigkeiten, um seine Mündigkeit als Staatsbürger – und gerade nicht um eine entindividualisierte Instrumentali-

---

[113] Zum Schutzbereich näher *J. Wieland*, in: H. Dreier (Hrsg.), Grundgesetz Kommentar, Band I, 2. Aufl. 2004, Art. 14 Rn. 38–67.

[114] Zur Abgrenzung der Enteignung von den Eigentumsbeschränkungen BVerfGE 24, 367 (394) – Hamburgische Deichordnung [1968]; 58, 300 (330 f.) – Naßauskiesung [1981]; 100, 226 (240) – Denkmalschutz [1999]; 101, 239 (259) – Restitutionsausschluß [1999]; 102, 1 (15 f.) – Zustandsverantwortlichkeit [2000].

sierung des Eigentums als transpersonale Funktionsbedingung eines Wirtschafts-prozesses.

Der individual-freiheitliche Schutzzweck beherrscht auch die Kriterien, die für die Einbeziehung etwa des geistigen Eigentums (als Ausfluß des allgemeinen Persönlich-keitsrechts des Urhebers oder Erfinders) oder subjektiver öffentlicher Rechte (als Ausfluß der Eigenleistung) in den Schutz des Art. 14 GG entwickelt wurden.[115] Nicht unter die Eigentumsgarantie fallen dementsprechend Rechte, denen ein individuell freiheitlicher Bezug nur mittelbar eigen ist, etwa weil sie ihrerseits auf Eigentums-rechten beruhen und nicht selbst gesetzlich als Eigentum ausgestaltet sind. Das Bun-desverfassungsgericht hat daher dem im Zivilrecht richterrechtlich entwickelten Recht am eingerichteten und ausgeübten Gewerbebetrieb die Anerkennung als Ei-gentum i. S. v. Art. 14 GG versagt.[116] Grundsätzlich nicht als Eigentum im verfas-sungsrechtlichen Sinn anerkannt sind des weiteren öffentlich-rechtliche Erlaubnisse und Genehmigungen.[117] Weder das Vermögen als solches[118] noch der Tauschwert vermögenswerter Rechte unterfällt dem Schutzbereich der Eigentumsgarantie.[119] Art. 14 Abs. 1 GG schützt Rechte, nicht Werte.[120]

c) *Vergleichende Zwischenbetrachtung*

Faßt man den Grundrechtsschutz des Eigentums zusammen, so zeigen sich struktu-relle Parallelen zur Berufsfreiheit. Zum einen entpuppt sich Art. 14 Abs. 1 GG als ein vergleichsweise schwaches Abwehrrecht. Es eröffnet dem Gesetzgeber nicht nur ei-nen breiten Gestaltungsspielraum, sondern zwingt ihn, subjektive Rechte sozial ver-träglich auszugestalten. Zum anderen kann man auch bei der Eigentumsgarantie von einem graduellen Maßstab sprechen, der mit dem Sozialbezug ab- und mit dem Individualbezug des Eigentumsrechts zunimmt. Je geringer sich der soziale Bezug und je intensiver sich der individuell-freiheitliche Gehalt des Eigentumsrechts dar-stellt, desto mehr entfaltet sich die individuell-abwehrrechtliche Funktion der Eigen-tumsgarantie. Schließlich tritt die dominante individuell-freiheitliche Schutzrich-tung der Eigentumsgarantie zu Tage. Wie bei Art. 12 Abs. 1 GG (Berufswahl) steht auch bei Art. 14 Abs. 1 GG der Freiheitsschutz des Individuums im Zentrum. Wird das Grundrecht indes funktional verstanden, objektiviert oder auf soziale Umstände bezogen, so verflacht seine Schutzwirkung. Der letztlich individualistische Grund-charakter gerade der wirtschaftlich relevanten Grundrechte zeigt sich zudem, wenn man Art. 14 Abs. 3 GG heranzieht: Starken Schutz gewährt das Grundgesetz gegen-

---

[115] Vgl. *O. Lepsius* (Fn. 108), S. 45 ff.

[116] Ständige Rspr., vgl. BVerfGE 51, 193 (221) [1979]; 66, 116 (145) [1984]; 68, 193 (222) [1984]; 77, 84 (118) [1987]; 81, 208 (228) [1990]; 96, 375 (397) [1997]; 105, 252 (278) [2002]. Die Literatur nimmt zum Teil eine andere Meinung ein, vgl. *H.-J. Papier* (Fn. 108), Art. 14 Rn. 101 m. w. N.

[117] BVerfGE 17, 232 (247 f.) [1964]; *H.-J. Papier* (Fn. 108), Art. 14 Rn. 105; *J. Wieland* (Fn. 113), Art. 14 Rn. 64.

[118] *O. Depenheuer* (Fn. 33), Art. 14 Rn. 160.

[119] BVerfGE 105, 17 (30) – Steuersubvention [2002].

[120] BVerfGE 105, 252 (277 f.) – Glykolwein [2002].

über Enteignungen, weil in ihnen ein individuell-konkreter Eigentumsentzug liegt. Die innerhalb der Dogmatik zu Art. 14 GG wichtige Abgrenzung von Enteignungen und Inhalts- und Schrankenbestimmungen reflektiert die Grundentscheidung für einen Eigentumsschutz, der in der Sicherung der wirtschaftlich freien Entfaltung des Individuums liegt. Die Wirtschaftsgrundrechte (hier: Art. 12 Abs. 1 GG, Art. 14 Abs. 1 GG) dienen demzufolge primär dem individuellen Freiheitsschutz, nicht indes einem von individuellen Verhalten abstrahierten ökonomischen Systemschutz des Wettbewerbs, des Marktes, der Sozialen Marktwirtschaft oder von Gewinnchancen. Überprüfen wir diese Beobachtung im Folgenden anhand von zwei weiteren Verfassungsbestimmungen, die im Bereich des Wirtschaftsverfassungsrechts Bedeutung gewinnen: dem allgemeinen Gleichheitssatz (Art. 3 Abs. 1 GG) sowie dem Grundrechtsschutz juristischer Personen des Privatrechts (Art. 19 Abs. 3 GG).

3. Gleichheitssatz, Art. 3 Abs. 1 GG

Gesetze differenzieren zwischen Sachverhalten oder Vergleichsgruppen, die bei wirtschaftlicher Betrachtung als Ungleichbehandlungen empfunden werden können. Typischerweise werden daher gerade Wirtschaftsgesetze am allgemeinen Gleichheitssatz zu überprüfen sein. Bei der Rechtfertigung von Ungleichbehandlungen wendet das Bundesverfassungsgericht unterschiedliche Kontrollmaßstäbe an.[121] Ursprünglich galt ein bloßes Willkürverbot. Der Gleichheitssatz wird verletzt, wenn sich ein vernünftiger, aus der Natur der Sache sich ergebender oder sonstwie einleuchtender Grund für die gesetzliche Differenzierung nicht finden läßt, d.h. wenn die Regelung als willkürlich bezeichnet werden muß.[122] Am Maßstab des Willkürverbots werden Wirtschaftsgesetze daher nur in Ausnahmefällen scheitern. Märkte dürfen unterschiedlich behandelt werden, wenn sich der Gesetzgeber dabei von sachlichen Erwägungen leiten läßt,[123] etwa auf spezifische Wettbewerbsverzerrungen oder soziale Bedürfnisse reagiert, die in anderen Wirtschaftszweigen nicht bestehen. Im Wirtschaftsrecht werden sich rationale Differenzierungsgründe in aller Regel finden lassen, vorausgesetzt, sie beruhen auf einer nachvollziehbaren Erhebung der jeweiligen tatsächlichen ökonomischen und sozialen Faktoren. Das Willkürverbot bewirkt damit im Ergebnis einen zurückgenommenen Kontrollmaßstab, der punktuell zu scharfen Anforderungen führt, wenn Unterscheidungen auf ungenauer Tat-

---

[121] Vgl. *H. D. Jarass*, in: ders./B. Pieroth, Grundgesetz, 9. Aufl. 2007, Art. 3 Rn. 17–29; *J. F. Lindner* (Fn. 18), S. 412 ff.; *L. Osterloh*, Der verfassungsrechtliche Gleichheitssatz, EuGRZ 2002, 309; *J. Kokott*, Gleichheitssatz und Diskriminierungsverbote in der Rechtsprechung des BVerfG, FS 50 Jahre BVerfG, Band II, 2001, S. 127, 129 ff.; *C. Brüning*, Gleichheitsrechtliche Verhältnismäßigkeit, JZ 2001, 669; *U. Kischel*, Systembindung des Gesetzgebers und Gleichheitssatz, AöR 124 (1999), 174; *M. Sachs*, Die Maßstäbe des allgemeinen Gleichheitssatzes – Willkürverbot und neue Formel, JuS 1997, 124.

[122] BVerfGE 1, 14 (52) – Neugliederung Baden-Württemberg [1951]; 12, 341 (348) – Spinnweber-Zusatzsteuer [1961].

[123] Ein „Sachgerechtigkeitsparadigma" leitet daraus ab *J. F. Lindner* (Fn. 18), S. 416–423.

sachenbasis oder nicht nachvollziehbarer Tatsachenbewertung getroffen wurden. Mit dem Willkürverbot bleibt der wirtschaftspolitische Gestaltungsspielraum des Gesetzgebers erhalten, ohne daß ein Verlust an materieller Verfassungskontrolle zu beklagen wäre.

Später hat der Erste Senat des Bundesverfassungsgerichts mit der sog. „neuen Formel" strengere Rechtfertigungsanforderungen bei personenbezogenen Ungleichbehandlungen erhoben und die Rechtfertigungsprüfung von Ungleichbehandlungen strukturell jener bei den Freiheitsgrundrechten angenähert.[124] Das Gericht unterscheidet zwischen der un- bzw. mittelbaren Ungleichbehandlung von Personengruppen (strengere Bindung an den Gleichheitssatz) und verhaltensbezogenen Unterscheidungen. Bei letzteren hänge das Kontrollniveau davon ab, inwieweit die Betroffenen in der Lage sind, durch ihr Verhalten die Verwirklichung der Merkmale zu beeinflussen, nach denen unterschieden wird.[125] Überdies sind dem Gestaltungsspielraum des Gesetzgebers desto engere Grenzen gesetzt, je stärker sich die Ungleichbehandlung von Personen oder Sachverhalten auf die Ausübung grundrechtlich geschützter Freiheiten nachteilig auswirken kann.[126]

Der unterschiedlichen Weite des gesetzgeberischen Gestaltungsspielraums bei personenbezogenen, mittelbar personenbezogenen und nicht personenbezogenen Ungleichbehandlungen entspricht eine abgestufte Kontrolldichte bei der verfassungsgerichtlichen Prüfung. Kommt als Maßstab lediglich das Willkürverbot in Betracht, so kann ein Verstoß gegen Art. 3 Abs. 1 GG nur festgestellt werden, wenn die Unsachlichkeit der Differenzierung evident ist. Dagegen prüft das Bundesverfassungsgericht bei Regelungen, die Personengruppen verschieden behandeln oder sich auf die Wahrnehmung von Grundrechten nachteilig auswirken, im einzelnen nach, ob für die vorgesehene Differenzierung Gründe von solcher Art und solchem Gewicht bestehen, daß sie die ungleichen Rechtsfolgen rechtfertigen können.[127]

Dieser engere Prüfungsmaßstab wird im Wirtschaftsrecht nur ausnahmsweise zur Anwendung kommen,[128] weil die Wirtschaftsregulierung nicht zu personenbezogenen Differenzierungen führt. Falls dies doch der Fall sein sollte, liefert der allgemeine Gleichheitssatz wegen der Parallelisierung zum Freiheitsschutz in der „neuen Formel" jedenfalls kein intensiveres Schutzniveau als bei der Berufsfreiheit oder der Eigentumsgarantie – und dort ist der effektive grundrechtliche Schutz eher gering zu veranschlagen. Insofern deckt sich der wirtschaftliche Schutzumfang beim Gleich-

---

[124] BVerfGE 88, 87 (96) – Transsexuelle [1993]; 95, 267 (316) – LPG-Altschulden [1997]; 110, 274 (291) – Ökosteuer [2004]; 117, 1 (30) – Erbschaftsteuer [2006]; 121, 317 (369) – Nichtraucherschutz [2008].

[125] BVerfGE 55, 72 (88 f.) – ZPO-Vereinfachungsnovelle [1980]; 95, 267 (316) – LPG-Altschulden [1997].

[126] BVerfGE 95, 267 (316 f.) mit Verweis auf BVerfGE 60, 123 (134) – Transsexuelle [1982]; 82, 126 (146) – Kündigungsfristen für Arbeiter [1990].

[127] BVerfGE 55, 72 (90) [1980]; 88, 87 (96) [1993]; 95, 267 (317) [1997].

[128] Für Beispiele vgl. W. Kluth, Bundesverfassungsgericht und wirtschaftslenkende Gesetzgebung, ZHR 162 (1998), 657 (672 ff.).

heitssatz mit jenem bei den Freiheitsgrundrechten: Das Gericht bevorzugt eine institutionelle Lösung (Einschätzungsprärogative des Gesetzgebers) und setzt insofern die wirtschaftsverfassungsrechtliche Zurückhaltung des Parlamentarischen Rates fort, kann diese aber bei einer individuellen Bedrohung von Freiheit oder Gleichheit durch eine intensivierte Grundrechtsprüfung punktuell ersetzen.

4. Grundrechtsschutz juristischer Personen des Privatrechts, Art. 19 Abs. 3 GG

Der wirtschaftliche Grundrechtsschutz inländischer juristischer Personen des Privatrechts wird meistens dem Grundrechtsschutz natürlicher Personen gleichgestellt. Vergegenwärtigt man sich den bereits mehrfach betonten individuellen Freiheitsschutz der Grundrechte, ist die Gleichsetzung aller Privatrechtssubjekte als Grundrechtsträger nach Art. 19 Abs. 3 GG jedoch keine Selbstverständlichkeit.

a) Durchgriff auf das personelle Substrat

Das Bundesverfassungsgericht betont bei der Erstreckung der Grundrechtsträgerschaft auf juristische Personen den Zusammenhang mit dem individuellen Freiheitsschutz und verlangt einen Durchgriff auf die hinter den juristischen Personen stehenden natürlichen Personen.[129] Juristische Personen als Grundrechtsträger anzusehen, ist also nur geboten, wenn deren Bildung und Betätigung Ausdruck der freien Entfaltung der natürlichen Personen ist, insbesondere wenn der Durchgriff auf die hinter ihnen stehenden Menschen dies als sinnvoll und erforderlich erscheinen läßt.[130] Es kommt folglich nicht auf die Eigenart des Grundrechts oder den Umstand an, daß juristische Personen prinzipiell Grundrechtsträger sein können. Entscheidend ist die Eigenart der jeweiligen juristischen Person. Nur wenn im Einzelfall ein nach Sinn und Zweck des Freiheitsschutzes zu bestimmender Durchgriff auf die natürlichen Personen vorgenommen werden kann, genießt diese juristische Person den Schutz des jeweiligen Grundrechts.

Nimmt man die Durchgriffskriterien des Bundesverfassungsgerichts ernst, ist der Grundrechtsschutz juristischer Personen des Privatrechts also kein Automatismus.[131] Er steht insbesondere in Zweifel bei großen Kapitalgesellschaften, deren Anteilseigner wieder juristische Personen sind, so daß aufgrund der Kapitalverflechtung der Durchgriff auf den zu schützenden Freiheitsraum des Individuums nur noch in einer unübersehbar mittelbaren Form gewährleistet ist. Wenn der Individualrechtsschutz zu einem gedanklichen Konstrukt wird, weil angesichts der Kapitalverflechtung von

---

[129] BVerfGE 21, 362 (368 f.) [1967]; 61, 82 (101) [1982]; 68, 193 (205 f.) [1984]; 75, 192 (196) [1987]; 106, 28 (42 f.) [2002].

[130] BVerfGE 68, 193 (205 f.) [1984].

[131] Vgl. *W. Rupp-v. Brünneck*, Zur Grundrechtsfähigkeit juristischer Personen, FS Adolf Arndt, 1969, S. 349 ff.; anders wohl *H. D. Jarass*, in: ders./B. Pieroth, Grundgesetz, 9. Aufl. 2007, Art. 19 Rn. 16; *P. Tettinger*, Juristische Personen des Privatrechts als Grundrechtsträger, in: Merten/Papier (Hrsg.), Handbuch der Grundrechte, Band II, 2006, § 51 Rn. 25, 28, 77.

juristischen Personen oder bei Vermögensmassen, die als Stiftungen verselbständigt sind, kein personelles Substrat mehr erkennbar ist, liegen die Voraussetzungen eines Durchgriffs nicht vor.

Grundrechte schützen die Freiheit von Individuen, nicht das Handeln von Privatrechtssubjekten. Sind die hinter der juristischen Person stehenden Personen ihrerseits juristische Personen oder sind sie als natürliche Personen nicht selbst Grundrechtsträger (Deutschen-Grundrecht: Art. 12 GG), kann die juristische Person das betreffende Grundrecht, etwa die Berufsfreiheit oder die Eigentumsgarantie, nicht für sich in Anspruch nehmen.

Bei großen Kapitalgesellschaften, international verflochtenen Konzernen, Holdinggesellschaften oder Stiftungen hängt die Inanspruchnahme eines Grundrechts daher vom Nachweis eines Durchgriffs auf das personelle Substrat im Einzelfall ab.[132] Fehlt es an diesen Voraussetzungen, verbleibt es beim Grundrechtsschutz der konkret betroffenen natürlichen Personen. Schutzlücken im Sinne eines grundrechtlichen Systemschutzes der funktionalen Eigengesetzlichkeiten des Wirtschaftslebens entstehen dadurch nicht,[133] weil der „Systemschutz" grundrechtlich nur als Reflex individueller Rechtspositionen gewährleistet wird und an der Grundrechtsträgerschaft natürlicher Personen, deren Rechte diesen Systemreflex vermitteln, kein Zweifel besteht.

b) *Grundrechtstypische Gefährdungslage*

Um den Verlust der Grundrechtssubjektivität gerade mächtiger Privatrechtssubjekte (Kapitalgesellschaften) aufgrund fehlender Durchgriffe zu vermeiden, hat vor allem die Literatur das erheblich leichter zu erfüllende Kriterium der grundrechtstypischen Gefährdungslage entwickelt.[134] Sein Vorteil liegt in einer abstrakt-prinzipiellen Betrachtung, die auf die konkrete Stellung der natürlichen Personen in der jeweiligen juristischen Person keine Rücksicht nehmen muß. Dadurch wird der vom Bundesverfassungsgericht geforderte Zusammenhang mit dem individuellen Freiheitsschutz nicht mehr im Einzelfall geprüft, sondern prinzipiell unterstellt. Grundrechtsschutz juristischer Personen nach Maßgabe einer grundrechtstypischen Gefährdungslage konvergiert mit einer primär objektivrechtlichen Deutung der Grundrechte, die auf summierende Effekte oder systemische Reflexe abstellt – Deutungen, die gleichfalls in der Lehre entwickelt wurden. Diese Deutung ist vor dem Hintergrund des indivi-

---

[132] Vgl. *G. Dürig*, in: Maunz-Dürig, Grundgesetz, 1977, Art. 19 III Rn. 6: „kritische Prüfung im Einzelfall".

[133] Anders *H. Dreier*, in: ders. (Hrsg.), Grundgesetz Kommentar, Band I, 2. Aufl. 2004, Art. 19 III Rn. 21.

[134] Vgl. zur Kontroverse mit vermittelnder Meinung *P. M. Huber*, in: H. v. Mangoldt/F. Klein/C. Starck (Hrsg.), Kommentar zum Grundgesetz, 5. Aufl. 2005, Art. 19 Abs. 3, Rn. 219 ff.; *H. Dreier*, in: ders. (Hrsg.), Grundgesetz, Band I, 2. Aufl. 2004, Art. 19 III Rn. 21. Für weitgehenden Grundrechtsschutz von Organisationen und juristischen Personen insbes. *K.-H. Ladeur*, in: AK-GG, 3. Aufl., Art. 19 Abs. 3 Rn. 13 f.

duell-freiheitlichen Schutzzwecks der Grundrechte grundsätzlich kritisch zu betrachten. Das Bundesverfassungsgericht hat sich ihr nicht angeschlossen.[135]

c) Gradueller Grundrechtsschutz bei juristischen Personen des Privatrechts

Die Kontroverse zwischen einem subjektiven (Durchgriff) oder objektiven (Gefährdungslage) Grundverständnis des Art. 19 Abs. 3 GG ist indes nicht offen ausgetragen
worden. In den Zweifelsfällen (internationale Kapitalgesellschaft, Konzernverflech-
tung, verselbständigte Vermögen) vermeidet die Rechtsprechung die an sich gebotene eindeutige Bejahung oder Verneinung der Grundrechtssubjektivität und wendet
stattdessen schwächere materiell-rechtliche Maßstäbe an. Auf das jeweilige Grundrecht kann sich die juristische Person dann nur in einem geringeren Umfang als eine
natürliche Person berufen.[136] Entsprechende Abschwächungen des Schutzniveaus
werden in der Regel nicht beim Schutzbereich, sondern im Rahmen der Verhältnismäßigkeitsprüfung oder als Ausprägung einer erhöhten Sozialbindung angestellt.[137]
Probleme der Grundrechtsträgerschaft werden so zu Fragen des materiellen Rechts
umgestaltet. Erneut bestätigt sich das generelle Bild: Ein qualitativ geringerer Grundrechtsschutz juristischer Personen führt zu ähnlichen Ergebnissen wie bei Art. 14
GG (gesteigerte Sozialbindung des Anteilseigentums oder des Eigentums an Produktionsmitteln) oder bei Art. 12 GG (Gestaltungsspielraum des Gesetzgebers bei Berufsausübungsregelungen).

5. Fazit: Institutionelle Zurückhaltung und individueller Grundrechtsschutz

Insgesamt ziehen die Grundrechte im Wirtschaftsrecht eher individuelle und punktuelle Grenzen. Das Schutzniveau ist mit jenem im Kartellrecht vergleichbar,[138] dessen Eingriffe (Kartellverbot, Mißbrauchsaufsicht, Fusionskontrolle, Marktanteils-
grenzen, Entflechtungen) gleichfalls nur auf geringe grundrechtliche Hürden
stoßen.[139] Im Hinblick auf das effektive verfassungsrechtliche Schutzniveau unter-

---

[135] Es hat diese Argumentationsfigur nur bemüht, wenn es sich um Ausnahmen eines Grundrechtsschutzes juristischer Personen des öffentlichen Rechts handelt, hinter denen nicht in gleicher
Weise natürliche Personen stehen, vgl. BVerfGE 45, 63 (79) [1977]; 61, 82 (105 f.) [1982]. Das Vorliegen einer „grundrechtstypischen Gefährdungslage" wurde dabei verneint.

[136] BVerfGE 106, 28 (42 f.) [2002].

[137] Der Gedanke scheint bereits auf bei BVerfGE 50, 290 (339) ff. – Mitbestimmung [1979], auch
wenn dort dem Anteilseigentum das personelle Substrat unterstellt wurde. Für die Deutsche Bahn
AG etwa vertreten von *R. Uerpmann-Wittzack*, Verkehr, in: J. Isensee/P. Kirchhof (Hrsg.), Handbuch des Staatsrechts, Band IV, 3. Aufl. 2006, § 89 Rn. 47.

[138] Zum Kartellrecht als „Zwillingsschwester des Regulierungsrechts" *F. J. Säcker*, Das Regulierungsrecht im Spannungsfeld von öffentlichem und privatem Recht, AöR 130 (2005), 180 (183,
189).

[139] Überblick über die Diskussion bei *J. Hecker* (Fn. 28), S. 169 ff., 178 ff.; vgl. auch etwa *H.-J.
Papier* (Fn. 108), Art. 14 Rn. 506–508; *R. Scholz*, Konzentrationskontrolle und Grundgesetz, 1971;
ders., Entflechtung und Verfassung, 1981, S. 115–136; *P. Lerche*, Verfassungsfragen einer Neuord-

scheiden sich die einzelnen wirtschaftlich relevanten Grundrechte wenig. Im Wirtschaftsrecht schwankt das Kontrollprogramm daher zwischen der grundsätzlichen Akzeptanz von Einschätzungs- und Beurteilungsspielräumen und einer pragmatischen Endkontrolle im Einzelfall, folgt also prinzipiell institutioneller Zurückhaltung bei punktuell eingelöster materieller Einzelfallkontrolle. Diese Einzelfallkontrolle setzt individualisierbare Konfliktlagen voraus. Auf diese Weise läßt sich ein individuell-freiheitlicher Grundrechtsschutz mit wirtschaftspolitischer Neutralität verbinden. Diese Grundlinie greift die Konzeption des Parlamentarischen Rates auf, das Wirtschaftsverfassungsrecht nicht zu konstitutionalisieren, auch nicht auf dem Umweg über eine Grundrechtskontrolle.

Diese Zurückhaltung ist in der Sache richtig, weil die Wirtschaftspolitik raschem ökonomischen, sozialen und politischen Wandel unterliegt, ein primäres Handlungsfeld der demokratischen Tagespolitik ist und Grundrechtseingriffe typischerweise das Ergebnis einer Interessenabwägung sind, bei der viele unterschiedliche und konfligierende Belange zu berücksichtigen sind, so daß spezifische Eingriffe in die Rechte Einzelner, die individuelle Abwehrpositionen auslösen, seltener vorliegen werden als in anderen Politikbereichen.

Nicht zuletzt sind Grundrechte in einer demokratischen Verfassungsordnung vor allem zum Schutze von Minderheiten nötig, die keine Chance haben, ihre Interessen auf dem Wege der demokratischen Rechtspolitik durchzusetzen, während die Mehrheit keinen Grundrechtsschutz benötigt, solange sie ihren Gestaltungsdrang mit dem Mittel des Parlamentsgesetzes durchsetzen kann.[140] Im Bereich der Wirtschaftspolitik indes spielt die Dichotomie von Mehrheit und Minderheit nur eine geringe Rolle, weil angesichts der Zielkonflikte und Interessenvielfalt eindeutige Minderheiten, die mangels politischer Mehrheitschance spezifischen Grundrechtsschutz benötigen, selten auszumachen sind. In einer Demokratie ist es deshalb richtig, den Bereich der Wirtschaftspolitik einem insgesamt geringeren grundrechtlichen Schutz zu unterwerfen als andere Bereiche (etwa Medien, Meinung, Versammlung, Persönlichkeit).

Das Grundgesetz trägt dem Rechnung, indem es keine materiell-rechtliche „Wirtschaftsverfassung" etablierte und die wirtschaftlich relevanten Grundrechte nur einfachen Gesetzesvorbehalten unterwarf (Art. 12 Abs. 1 Satz 2 GG) oder den Gesetzgeber zur Regelung von Inhalt und Schranken ermächtigte (Art. 14 Abs. 1 Satz 2 GG). Schärfere Maßstäbe gelten erst bei spezifisch individualisierbaren Eingriffen (Berufswahl, Enteignung, personengebundene Differenzierung). Im Bereich des Wirtschaftsrechts fungiert der Gesetzesvorbehalt weniger als grundrechtliche Schranke, sondern als Ermächtigung zu demokratischer Wirtschaftspolitik.[141]

---

nung der Mißbrauchsaufsicht, 1979; *H. H. Rupp*, Verfassungsrecht und Kartelle, in: E. Mestmäcker (Hrsg.), Wettbewerb als Aufgabe nach zehn Jahren GWB, 1968, S. 187 ff.

[140] *O. Lepsius*, Die Religionsfreiheit als Minderheitenrecht in Deutschland, Frankreich und den USA, Leviathan 34 (2006), 321, 345 ff.

[141] *P. Badura* (Fn. 22), § 29 Rn. 5 f.

IV. Wirtschaftsverfassungsrecht als „Teilverfassung"

Welchen Eindruck gewinnt man nach diesen Schlaglichtern vom Wirtschaftsverfassungsrecht? Ließe sich von einer Teilverfassung sprechen und, wenn ja, was zeichnete sie aus? Die im Verlaufe der Untersuchung zu Tage getretenen wirtschaftsverfassungsrechtlichen Eigenheiten lassen sich in negativer oder in positiver Weise bündeln: Sie können zum einen als Negativsaldo dessen resümiert werden, was im Wirtschaftsverfassungsrecht im Vergleich zu anderen Teilverfassungsrechten, insbesondere im Vergleich zu anderen Grundrechten, fehlt und insofern als „Mangelerscheinung" auffällt. Sie können zum anderen in einer positiven Konnotation dessen beschrieben werden, was aus dem Wirtschaftsverfassungsrecht als „Teildogmatik" für eine verfassungsrechtliche Modellbildung ableitbar sein mag.

1. Was fehlt? (Negativsaldo)

a) Keine Meta-Ebenen

Beginnen wir mit dem Saldieren des Fehlenden. Dabei fällt zunächst auf, daß keine wirtschaftstheoretische oder wirtschaftspolitische Überformung des Wirtschaftsverfassungsrechts existiert. Die verschiedenen diesbezüglichen Versuche in der Literatur haben sich nicht durchsetzen können. Auch treffen wir im Wirtschaftsverfassungsrecht nicht auf ein funktionalistisches Leitthema, wie man es bei anderen Grundrechten vorfindet. Man denke alternativ etwa an Art. 5 GG, bei dem der Meinungsfreiheit eine für die freiheitlich-demokratische Staatsordnung schlechthin konstituierende Wirkung zugesprochen wird[142] oder dessen Rundfunkfreiheit kommunikationstheoretisch beeinflußt oder institutionell gedeutet wird. Das Wirtschaftsverfassungsrecht ist im übrigen kein besonders aussagekräftiges Referenzgebiet für objektive Grundrechtslehren; es dominiert vielmehr ein klassisch individualistischer Zugang.

b) Keine europäische Orientierung

Des weiteren zeigt die Dogmatik der Wirtschaftsgrundrechte erstaunlich nationale Beharrungskräfte. Weder die Berufsfreiheit, noch die Eigentumsgarantie, der Gleichheitssatz oder der Grundrechtsschutz juristischer Personen wurde im Lichte des Europarechts konkretisiert. Vor allem blieb mit der Differenzierung von Beruf und Eigentum, von Erwerb und Erworbenem, eine Besonderheit der deutschen Rechtsordnung aufrechterhalten, die spezifisch deutsche eigentumsphilosophische Hintergründe aufweist. Das deutsche Eigentumsverständnis steht in der Tradition der Okkupationstheorie Kants, hat folglich einen gegenständlichen Bezug und trennt daher den Erwerbsvorgang vom Erworbenen. Das Lockesche Eigentumsverständnis hinge-

---

[142] Seit BVerfGE 7, 198 (208) – Lüth [1958], stRspr.

gen knüpft an eigener Leistung an und braucht dementsprechend keinen besonderen Schutz des Erwerbsvorgangs mit Hilfe der Berufsfreiheit zu konstituieren.[143] Hier sind Erwerb und Erworbenes gleichartige Emanationen eigener Leistung, mit dem Effekt, daß ein spezieller Schutz der Berufsfreiheit als eines Schutzes des Erwerbs nicht ausgebildet werden braucht. Es nimmt daher kein Wunder, daß Grundrechtsordnungen, die der Lockeschen Eigentumstheorie verbunden sind, den Schutz des Berufs nicht gesondert ausgestaltet haben und Fallgruppen, die in der deutschen Dogmatik unter Art. 12 Abs. 1 GG geschützt werden, anderen Grundrechten zuweisen (Eigentumsgarantie, „due process", allgemeine Handlungsfreiheit o.dgl.).[144] Die Trennung von Bestands- und Erwerbsschutz und ihre Überführung in eine Trennung von Eigentumsrecht und Berufsfreiheit ist jedenfalls keine eherne grundrechtliche Aporie, sondern stellt eine Differenzierungsleistung des hier in kantischer Tradition stehenden deutschen Rechts dar.[145] Entsprechend kennt weder der Grundrechtskatalog der US-amerikanischen Bundesverfassung von 1787/1791 noch die französische Erklärung der Menschen- und Bürgerrechte von 1789 eine Berufsfreiheit, auch nicht die EMRK von 1950;[146] während die Grundrechte-Charta der EU, sich am Grundgesetz orientierend, die Berufsfreiheit in Art. 15 aufgenommen hat und man auch zuvor ein Unionsgrundrecht der Berufsfreiheit aus mitgliedstaatlichen Rechtsordnungen abgeleitet hatte.[147]

Auf solche Aspekte der vergleichenden Grundrechtstheorie oder alternativer philosophischer Begründungsstränge nahm die bundesdeutsche Grundrechtsinterpretation keine Rücksicht. Die bereits in der Tradition des 19. Jahrhunderts stehende Trennung eines Schutzbereichs des Erwerbs (Beruf) und des Erworbenen (Eigentum) blieb aufrechterhalten, so daß die Lockesche Arbeitstheorie, die vor allem im angelsächsischen Raum vorherrscht, nicht rezipiert wurde (mit einer Ausnahme, nämlich der Anerkennung öffentlich-rechtlicher Anwartschaftsrechte, die durch eigene Leistung erworben wurden[148]). Man kann daher sagen: Von europäischen, su-

---

[143] Aus der umfangreichen Literatur etwa *M. Kramer*, John Locke and the origins of private property, 1997; *S. Held*, Eigentum und Herrschaft bei John Locke und Immanuel Kant, 2006.

[144] In Frankreich etwa wird die liberté d'entreprendre dem Art. 4 der Erklärung von 1789 zugerechnet, also dem Recht, alles tun zu dürfen, was anderen nicht schadet; vgl. *N. Wunderlich*, Das Grundrecht der Berufsfreiheit im Europäischen Gemeinschaftsrecht, 2000, S. 52 ff. Vgl. zum Eigentumsschutz nach der EMRK, der über den Leistungsbegriff auch Erwerbsvorgänge einbezieht, die unter dem Grundgesetz unter die Berufsfreiheit fallen: *T. v. Danwitz*, Eigentumsschutz in Europa und im Wirtschaftsvölkerrecht, in: ders./O. Depenheuer/C. Engel, Bericht zur Lage des Eigentums, 2002, S. 215 ff. (237); enger gesehen von *B. Wegener*, Wirtschaftsgrundrechte, in: D. Ehlers (Hrsg.), Europäische Grundrechte und Grundfreiheiten, 3. Aufl. 2009, § 5 Rn. 10–18, 60 f.

[145] Entsprechend differenziert der EuGH daher nicht hinreichend zwischen Eigentumsschutz und Berufsfreiheit, vgl. EuGH, Slg. 1996, I-569 Rn. 30 – Duff; vgl. *T. v. Danwitz*, Eigentumsschutz (Fn. 144), S. 258 f., 280 f.; m. w. N. und Kritik *M. Ruffert*, Grundrecht der Berufsfreiheit, in: D. Ehlers (Hrsg.), Europäische Grundrechte und Grundfreiheiten, 3. Aufl. 2009, § 16.3 Rn. 14.

[146] *J. A. Frowein*, in: ders./W. Peukert, EMRK-Kommentar, 3. Aufl. 2009, Art. 4 Rn. 1.

[147] Näher *M. Ruffert*, Berufsfreiheit (Fn. 145), Rn. 5–7.

[148] BVerfGE 53, 257 (291) [1980]; 58, 81 (112) [1981]; 69, 272 (303) [1985]; 116, 96 (122) [2006]; zur Schutzwürdigkeit subjektiv-öffentlicher Rechte als Äquivalent eigener Leistung bereits BVerf-

pranationalen oder rechtsvergleichenden Perspektiven blieb die Interpretation der Wirtschaftsgrundrechte verschont. Weder „Kooperationsverhältnis" zu anderen Gerichten noch „dialogue des juges" hinterließen hier Spuren.

c) Geringe Konstitutionalisierung

Auffällig ist schließlich die geringe Konstitutionalisierung des einfachen Wirtschaftsrechts. Weder die Berufsfreiheit noch die Eigentumsgarantie sind klassische Felder für Drittwirkungslehren geworden. Anwendungsfelder liegen im Bereich der zur allgemeinen Handlungsfreiheit zählenden Privatautonomie bzw. Vertragsfreiheit und betreffen die Waffengleichheit im Privatrechtsverkehr,[149] also nur im weiteren Sinne spezifisch wirtschaftsrechtliche Fragen. Auch für die verfassungskonforme Auslegung boten die wirtschaftlichen Grundrechte wenig Anwendungsfelder. Man ziehe die Abhängigkeit anderer Rechtsgebiete vom Verfassungsrecht vergleichend heran: Medienrecht, Steuerrecht, Versammlungs- und Sicherheitsrecht, Wissenschaftsrecht, Datenschutzrecht, um einige zu nennen, sind sehr viel stärker konstitutionalisierte Rechtsgebiete als das Wirtschaftsrecht. Die Normenhierarchie erweist sich hier nicht nur als intakt, sondern als resistent.

d) Geringe Interdisziplinarität

Auch in interdisziplinärer Perspektive erweist sich das Wirtschaftsverfassungsrecht als eine „heile", nämlich autarke juristische Welt. Da keine wirtschaftstheoretischen Kontroversen ausgetragen werden, bestehen keine Probleme der Interdisziplinarität bei der Rechtsanwendung (etwa der inhaltlichen Delegation an Wirtschaftswissenschaften, was die Wettbewerbspolitik oder Funktionsbedingungen der Marktwirtschaft betrifft). Eine ökonomische Analyse findet im Wirtschaftsverfassungsrecht nicht statt.[150] Ebenso wenig wurden wirtschaftspolitische Kontroversen im Wirtschaftsverfassungsrecht ausgetragen, weil das Diktum der „wirtschaftspolitischen Neutralität des Grundgesetzes" ernst genommen wurde. Der Neoliberalismus hat vielleicht die Wirtschaftspolitik, nicht aber das Wirtschaftsverfassungsrecht ergriffen. In welchem Ausmaß das Wirtschaftsverfassungsrecht juristisch autark blieb,

---

GE 14, 288 (293 f.); 16, 94 (111 f.); 18, 392 (397); 24, 220 (226); kritisiert durch abweichende Meinung *W. Rupp-v. Brünneck* BVerfGE 32, 129 (142). Zum Eigentumsschutz subjektiv-öffentlicher Rechte *H.-J. Papier*, in: Maunz-Dürig, Grundgesetz, 40. Lfg. 2002, Art. 14 Rn. 136–141; *A. v. Brünneck*, Eigentumsschutz der Renten – Eine Bilanz nach zehn Jahren, JZ 1990, 992; *F. Ossenbühl*, Der Eigentumsschutz sozialrechtlicher Positionen in der Rechtsprechung des Bundesverfassungsgerichts, FS Wolfgang Zeidler, Band I, 1987, S. 625 (631 f., 635 f.); *O. Lepsius*, Besitz (Fn. 108), S. 49–52.

[149] BVerfGE 81, 242 (254) – Handelsvertreter [1990]; 89, 214 (232) – Bürgschaft [1993]; 115, 51 (69) – Generalklauseln [2002].

[150] Dafür gibt es gute Gründe, vgl. *C. Engel/M. Morlok*, Das Öffentliche Recht als Gegenstand ökonomischer Forschung, 1998; *O. Lepsius*, Der Einfluss des ökonomischen Denkens auf die Rechtsvergleichung, ZVglRWiss 109 (2010), 327 (327–332); Versuche etwa bei *C. Engel*, Arbeitsmarkt und staatliche Lenkung, VVDStRL 59 (2000), S. 56 ff.; *A. v. Aaken*, How to do constitutional law and economics, in: FS Hans-Bernd Schäfer, 2008, S. 651–665.

erstaunt. Als Kontrast sei nur auf die Epoche des economic due process in der Rechtsprechung des U. S. Supreme Court verwiesen,[151] oder auf die Durchsetzung des Binnenmarktes durch den EuGH. Es ist jedenfalls bemerkenswert, daß gerade im Bereich des Wirtschaftsverfassungsrechts interdisziplinäre Erträge eine geringe Rolle spielen: weder kam es zur Diskussion oder Rezeption der ökonomischen Analyse des Rechts noch zu sozialtheoretischen oder eigentumsphilosophischen Überlegungen. Auch dafür mag die letztlich individuell-freiheitliche Grundorientierung verantwortlich sein, die es auch ermöglicht, auftretende Probleme mit genuin juristischen Lösungsansätzen ohne Rückgriff auf die Erträge der Nachbarwissenschaften zu bewältigen. In anderen Rechtsgebieten dürfte der intrerdisziplinäre Einfluß anders zu gewichten sein.

2. Was bleibt? (Positivsaldo)

Fragen wir umgekehrt, was das Wirtschaftsverfassungsrecht und sein Grundrechtsverständnis positiv auszeichnet, so lassen sich resümierend drei Einsichten formulieren:

a) Individualorientierung

Im Wirtschaftsverfassungsrecht herrscht eine Grundrechtstheorie vor, die individualistisch denkt und nicht kollektivistisch oder ordnungspolitisch oder systembezogen. In höherem Maße sind individuelle Freiheitssphären die Bezugspunkte als bei anderen grundrechtlichen Schutzbereichen, in denen individuelle Freiheitsansprüche auch pars pro toto für einen Systemschutz der Freiheitsansprüche oder pars pro toto für einen Systemschutz der Freiheit insgesamt angesehen werden (etwa Rundfunk- und Meinungsfreiheit, Versammlungsfreiheit aber auch Religionsfreiheit i. S. eines kulturellen Minderheitenschutzes).

b) Kompetenzorientierung

Wir treffen des weiteren auf eine Grundrechtstheorie, die nicht nur materiell oder substantiell denkt, sondern kompetentielle Überlegungen einbezieht. Mehr als in anderen grundrechtlichen Sphären wird im Wirtschaftsverfassungsrecht der eigenständige Gestaltungsspielraum des Gesetzgebers betont.[152] Das Bundesverfassungsgericht hat sich hier stärker zurückgenommen als in anderen Bereichen. Es akzeptiert die weitgehende materielle Entscheidungsdelegation an den Gesetzgeber (Eigentumsnutzung, Berufsausübung, Wettbewerbsbedingungen), auch weil im Wirt-

---

[151] Umfassend dazu *H. Ehmke*, Wirtschaft und Verfassung (Fn. 8); positiv gesehen etwa von *B. Siegan*, Economic Liberties and the Constitution, 1980, 2. Aufl. 2005.

[152] Vgl. etwa *G. Britz*, Diskriminierungsschutz (Fn. 73), S. 360, die insofern vergleichbar von der „Indifferenz des höherrangigen Rechts gegenüber privatrechtlichen Diskriminierungsverboten" spricht.

schaftsrecht zu viele divergierende Grundrechtspositionen in einen Ausgleich gebracht werden müssen und das Gericht dazu sachlich nicht in der Lage ist (Überführung wirtschaftlicher Interessen in Rechtspositionen, politische Wertentscheidungen, Abwägungskonflikte). Zugleich aber droht kein Grundrechtsschutz nach Maßgabe des einfachen Rechts, sondern es bleibt der punktuelle individuelle Schutz der Grundrechte gewahrt (Enteignungen, ausgleichspflichtige Inhalts- und Schrankenbestimmungen, Berufszulassungsregeln, „neue Formel" mit erhöhter Kontrolldichte bei persönlichkeitsrelevanten Berufsausübungsregelungen). Der Vorrang der Verfassung wirkt hier punktuell und individualistisch, also im Sinne des konkreten und subjektiven Freiheitsschutzes, nicht flächendeckend konstitutionalisierend, also nicht im Sinne eines abstrakten, objektiven Funktionsschutzes. Innerhalb der Staatsgewalt wird das Handeln der Exekutive und der Judikative einer intensiveren Grundrechtskontrolle unterzogen als gesetzgeberisches Handeln, weil diesem der Individualbezug typischerweise noch fehlt. Es steht dann zu vermuten, daß aufgrund des Individualbezugs im Wirtschaftsrecht Urteilsverfassungsbeschwerden erfolgreicher sind als Normenkontrollen.

c) Hoher Eigenwert der Verfassung wie des einfachen Rechts

Die geringe Konstitutionalisierung und das institutionengeleitete (und weniger substantiell ausgerichtete) Verständnis der Wirtschaftsgrundrechte zeigen sich auch im Konkurrenzverhältnis des BVerfG zum BGH bei der Eigentumsgarantie. Beiden Gerichten ist es gelungen, eigenständige Eigentumsbegriffe aufrechtzuerhalten. Das verfassungsrechtlich geschützte Eigentum umfaßt Rechtspositionen, die einfachrechtlich nicht wie Eigentum geschützt werden (etwa Forderungen oder Anwartschaftsrechte), und das einfachrechtliche Eigentum schützt Rechte, denen die Anerkennung als verfassungsrechtliches Eigentum versagt blieb (etwa Recht am eingerichteten und ausgeübten Gewerbebetrieb). Mit anderen Worten: Der Eigenwert des Verfassungsrechts ist hoch und zugleich bleibt die Eigenständigkeit des einfachen Rechts gewahrt. Dies ist nicht zuletzt auch die Folge der geringen Rolle, die objektive Grundrechtslehren im Wirtschaftsverfassungsrecht spielen; ihre konstitutionalisierende Wirkung auf das einfache Recht bleibt aus. Perhorreszierende Ängste vor einer Konstitutionalisierung der Rechtsordnung finden im Wirtschaftsverfassungsrecht nur geringe Nahrung. Eine Voraussetzung dafür ist die Hinwendung zur kompetentiellen und institutionengeleiteten Deutung der Grundrechte und die Abkehr von flächendeckenden substantiellen Deutungen. BVerfG und BGH dürfen unterschiedliche Eigentumskonzeptionen verfolgen, und das gefährdet weder den Vorrang der Verfassung noch die Einheit der Rechtsordnung. Man kann daraus auch allgemein die Lehre ziehen, daß die Ausbildung kompetentiell verselbständigter rechtlicher Geltungssphären den Eigenwert des Verfassungsrechts nicht schwächt. Eher das Gegenteil ist der Fall. Insofern kann der institutionelle Konflikt zwischen BGH und BVerfG auch dazu dienen, momentan aufkommende Sorgen vor einem Grundrechtspluralismus zwischen BVerfG, EuGH und EGMR zu beschwichtigen. Solchen Sorgen vermag begegnen, wer substantielle Verfassungsinterpretationen durch institutionell ausgerichtete ersetzt.

d) Teilverfassung?

Soll man aus alledem den Schluß ziehen, im Wirtschaftsverfassungsrecht sei „nichts los"? Ich würde eher von einer geglückten Arbeitsteilung sprechen zwischen einem objektiven Auftrag zur Gestaltung der Wirtschaftsordnung – eine Aufgabe, die dem Gesetzgeber zusteht – und einer subjektivrechtlichen Kontrolle der Wirtschaftsgrundrechte – eine Aufgabe, die dem Bundesverfassungsgericht zukommt. Insofern ist das Wirtschaftsverfassungsrecht kein gutes Beispiel für eine „Teilverfassung"; es dient eher als Beleg für die Normallage des individuell-freiheitlichen Grundrechtsverständnisses in einer parlamentarischen Demokratie.

Ino Augsberg

Wissenschaftsverfassungsrecht

I. Einleitung

„Das Wissenschaftssystem ist durch eine besondere Geschlossenheit gekennzeichnet, die nach überkommenem Verständnis in Art. 5 Abs. 3 GG als Eigengesetzlichkeit der Wissenschaft normativ abgesichert wird."[1] Diese Betonung einer spezifischen, sowohl tatsächlich gegebenen wie normativ verbürgten Eigenständigkeit der Wissenschaft ist, auch in der Verwendung terminologischer Versatzstücke aus der Systemtheorie, typisch für jüngere juristische Thematisierungen des Wissenschaftsrechts.[2] Die systembezogene, an der Idee funktionaler Differenzierung der Gesamtgesellschaft orientierte Perspektive löst damit die frühere ontologische Sichtweise ab, die Wissenschaft noch als „rechtsexogene Seinsgegebenheit", die eigenen Gesetzen folge, beschrieb.[3] Sie gipfelt in der Verleihung der höchsten Würden, die das öffentliche Recht zu vergeben hat, in der Zuschreibung des Verfassungsbegriffs: „Systematisch in den Ordnungsrahmen des öffentlichen Rechts gestellt, erscheinen Wissenschaft und Forschung selbst als ein (Teil-)System von Gesellschaft und Staat, das rechtlich als Wirkungsgefüge einer *Wissenschaftsverfassung* zu deuten ist."[4] Wenngleich bei dieser Beschreibung die faktische Bedeutungskomponente des Verfassungskonzepts im Vordergrund steht, schwingt doch die normative Semantik zumindest mit.[5] Die Aufgabe eines „wissenschaftsadäquaten

---

[1] *Eberhard Schmidt-Aßmann*, Das allgemeine Verwaltungsrecht als Ordnungsidee. Grundlagen und Aufgabe der verwaltungsrechtlichen Systembildung, Berlin, 2. Aufl. 2004, S. 131.

[2] Vgl. v. a. *Hans-Heinrich Trute*, Die Forschung zwischen grundrechtlicher Freiheit und staatlicher Institutionalisierung. Das Wissenschaftsrecht als Recht kooperativer Verwaltungsvorgänge, Tübingen 1994, passim, v. a. S. 76 ff.; kritisch dazu *Wolfgang Löwer*, Vom Beruf des Staates zur Wissenschaft. Anmerkungen zu Hans-Heinrich Trutes „Die Forschung zwischen grundrechtlicher Freiheit und staatlicher Institutionalisierung", WissenschaftsR 32 (1999), 250 (257). Früh schon *Bernhard Schlink*, Das Grundgesetz und die Wissenschaftsfreiheit, Der Staat 10 (1971), 244 (v. a. 255 ff.). Deutlich auch *Martin Schulte*, Grund und Grenzen der Wissenschaftsfreiheit, VVDStRL 65 (2005), S. 110; *Dieter Grimm*, Wissenschaftsfreiheit vor neuen Grenzen?, Göttingen 2007, S. 6 ff.; *Peter M. Huber*, Staat und Wissenschaft, Paderborn 2008, S. 11 ff.

[3] So *Hans-Heinrich Rupp*, Die Stellung der Studenten in der Universität, VVDStRL 27 (1969), S. 113 (119).

[4] *Eberhard Schmidt-Aßmann*, Wissenschaftsrecht im Ordnungsrahmen des öffentlichen Rechts, JZ 1989, 205 (211).

[5] Vgl. zu dieser doppelten Semantik und ihrer historischen Entkopplung *Dieter Grimm*, Der Verfassungsbegriff in historischer Entwicklung, in: *ders.*, Die Zukunft der Verfassung, Frankfurt/ M., 2. Aufl. 1994, S. 101 ff.

Wissenschaftsrechts"[6] besteht danach darin, die Wissenschaft in ihrer spezifischen Verfassung mit juristischen Mitteln abzustützen, also ihre „Eigengesetzlichkeit"[7] vor systemexternen Normierungsversuchen zu schützen. Mit Blick auf den Grundrechtsbezug des Bereichs deckt sich das wiederum mit dem allgemeinen systemtheoretischen Befund, demzufolge es die Funktion der Grundrechte sein soll, die soziale Differenzierung der Gesellschaft zu erhalten, indem Kolonisierungstendenzen einzelner Subsysteme entgegengewirkt wird.[8] Wissenschaftsspezifisch ist allerdings der Grundkonflikt, wonach die Grundrechtsgewährleistung nicht allein durch staatliche Eingriffsvermeidung erfolgen kann. Vielmehr ist die Wissenschaft zumal auf staatliche (vor allem: finanzielle) Förderung angewiesen. Anders als im klassisch abwehrrechtlichen Bereich erleichtert in diesem Sinne ein Rückzug des Staates die Grundrechtsverwirklichung nicht, sondern stellt auch eine eigene Gefährdung für sie dar. Etwas näher präzisiert besteht die Aufgabe des Wissenschaftsrechts also in der wissenschaftsadäquaten Ausbalancierung der Doppelstellung von Wissenschaft „zwischen grundrechtlicher Freiheit und staatlicher Institutionalisierung"[9].

Vor dem Hintergrund dieser besonderen Eigengesetzlichkeit der Wissenschaft erscheint das Wissenschaftsrecht als ein geradezu idealer Kandidat für die Beschreibung einer sich innerhalb des Rechtssystems herausbildenden Teilverfassung, die eigenen Regeln folgt.[10] Das adäquate Recht der Wissenschaftsverfassung firmierte demnach als Wissenschaftsverfassungsrecht.

Der Kandidat hat allerdings einen Schönheitsfehler: Eine in jüngerer Zeit zu beobachtende Bewegung innerhalb der Wissenschaft steht offenbar quer zu der üblichen Betonung der wissenschaftlichen Eigenständigkeit, der das Wissenschaftsverfassungsrecht Rechnung zu tragen hat. Diese als Übergang vom „Modus 1" zum neuen

---

[6] Vgl. *Thomas Groß*, Wissenschaftsadäquates Wissenschaftsrecht, WissenschaftsR 35 (2002), 313, mit Verweis auf *Eberhard Schmidt-Aßmann*, Aufgaben wissenschaftlicher Forschung und ihre Sicherung durch die Rechtsordnung, in: Peter-Christian Müller-Graff/Herbert Roth (Hrsg.), Recht und Rechtswissenschaft. Ringvorlesung der Juristischen Fakultät der Universität Heidelberg, Heidelberg 2000, S. 371 (373).

[7] So die wiederholte Terminologie des Bundesverfassungsgerichts; vgl. etwa BVerfGE 35, 79 (112 f.); 43, 242 (247); 57, 70 (96). Zuerst gebraucht wurde die Formulierung wohl von Smend in seinem Staatsrechtslehrerreferat 1927; vgl. *Rudolf Smend*, Das Recht der freien Meinungsäußerung, in: *ders.*, Staatsrechtliche Abhandlungen, Berlin, 2., erw. Aufl. 1968, S. 89 (106). Zur analogen „Eigengesetzlichkeit der Kunst" ferner BVerfGE 30, 173 (190).

[8] Vgl. *Niklas Luhmann*, Grundrechte als Institution. Ein Beitrag zur politischen Soziologie, 2. Aufl., Berlin 1975; daran anschließend etwa *Gunther Teubner*, Globale Zivilverfassungen. Alternativen zur staatszentrierten Verfassungstheorie, ZaöRV 63 (2003), 1; *Karl-Heinz Ladeur/Ino Augsberg*, Die Funktion der Menschenwürde im Verfassungsstaat. Humangenetik – Neurowissenschaft – Medien, Tübingen 2008. Ausdrücklich mit Blick auf die Wissenschaftsfreiheit auch *Hans-Heinrich Trute*, Comment from a Legal Perspective, in: *Helga Nowotny et al.*, The Public Nature of Science under Assault. Politics, Markets, Science and the Law, Berlin/Heidelberg 2005, S. 53 (55 f.).

[9] So der Titel der Habilitationsschrift von *Hans-Heinrich Trute*, s. dazu oben, Fn. 2.

[10] Vgl. zu dieser Konzeption von Teilverfassungen *Teubner*, Globale Zivilverfassungen (Fn. 8), dort auch ausdrücklich mit Bezug auf die Wissenschaftsverfassung (allerdings mit dem Fokus auf den globalen Kontext); ferner auch die Einführung der Herausgeber i. d. Bd., S. 1 ff.

„Modus 2" der Wissenschaft bezeichnete Bewegung[11] lässt sich grob als Entdifferenzierungstendenz charakterisieren.[12] "Over time, knowledge production moves increasingly away from traditional disciplinary activity into new societal contexts."[13] Demnach werden die scheinbar klaren Grenzen zwischen der Wissenschaft und den anderen sozialen Subsystemen zunehmend brüchig: "science and society become more intertwined."[14]

Welche Konsequenzen hätte eine derartige Entwicklung für die Ausarbeitung eines Wissenschaftsverfassungsrechts? Die Frage lässt sich in mehrere Schritte unterteilen. Zu fragen ist zunächst in einer rechtswissenschaftsinternen Perspektive nach möglichen Gründen für die starke Betonung der Eigengesetzlichkeit der Wissenschaft gerade im juristischen Schrifttum (II.). Im Anschluss hieran kann mit einem Blick auf aktuelle wissenschaftssoziologische Analysen die Plausibilität und mögliche Reichweite der Entdifferenzierungsthese beleuchtet werden. Das besagt im einzelnen, dass nicht nur wissenschaftsinterne Entwicklungen näher analysiert werden müssen, sondern insbesondere das Verhältnis des Wissenschaftsbetriebs zu Politik, Moral und Wirtschaft zu untersuchen ist. In Frage stehen vor allem die wissenschaftliche Politikberatung und ihre Rückkopplungseffekte einerseits, Ethisierung und Ökonomisierung der Wissenschaft andererseits (III.). Vor dem Hintergrund dieser Analysen kann die normative Frage nach den verbleibenden Aufgaben des Rechts gestellt werden. Dieses muss zum einen den tatsächlichen Entwicklungen Rechnung tragen. Es darf zum anderen aber nicht die Möglichkeit oder gar Notwendigkeit aus den Augen verlieren, durch eigene Steuerungsimpulse etwaigen als gesamtgesellschaftlich dysfunktional erkannten Tendenzen entgegenzutreten (IV.). Fraglich ist dabei dann aber auch, wie diese etwaige Aufgabenstellung gewissermaßen technisch umgesetzt werden, das heißt wie sich das Recht konkret im Dickicht der vielfältig verflochtenen Selbst- und Fremdreferenzen zurechtfinden kann. Wie lässt sich juristisch ein dem Recht doch zugleich notwendig fremd und unzugänglich bleibender Bereich sinnvoll regeln? Ich möchte eine solche mögliche Strategie an zwei Beispielskonstellationen etwas näher erläutern (V.), ehe abschließend ein knappes Fazit zum Eigenwert[15] eines „Wissenschaftsverfassungsrechts" gezogen werden kann (VI.).

---

[11] Vgl. *Michael Gibbons et al.*, The New Production of Knowledge. The Dynamics of Science and Research in Contemporary Society, London u. a. 1994.

[12] Vgl. *Peter Weingart*, Wissenschaftssoziologie, Bielefeld 2004, S. 136 ff.

[13] *Gibbons et al.*, The New Production of Knowledge (Fn. 11), S. 6.

[14] *Helga Nowotny*, The Changing Nature of Public Science, in: *dies. et al.*, The Public Nature of Science under Assault (Fn. 8), S. 1 (10); vgl. näher dazu auch *dies./Peter Scott/Michael Gibbons*, Re-Thinking Science. Knowledge and the Public in an Age of Uncertainty, Cambridge 2001.

[15] Vgl. zum Begriff des Eigenwerts näher *Fabian Steinhauer*, Zeitgenössische Verfassungstheorie, i. d. Bd., S. 41 (64 ff.).

II. Die Eigenständigkeit der Wissenschaft als juristischer Erkenntnisgegenstand

Wissenschaftsrecht als selbständiges juristisches Forschungsgebiet ist ein verhältnismäßig junges Phänomen. Die gleichnamige Zeitschrift wurde erst 1968 gegründet und bezog sich ihrem Selbstverständnis nach zunächst primär auf die Thematisierung von Problemen aus dem praktischen Alltag.[16] Diese Praxis wiederum war traditionell stark institutionell geprägt, Wissenschaftsrecht firmierte zumeist als Hochschulrecht.[17] Inhaltlich wurde zwar die enge Anbindung an die Grundrechtsverbürgung des Art. 5 Abs. 3 GG gesehen, diese ihrerseits allerdings sowohl in ihrer individualisierten wie kollektiven Form primär innerhalb des institutionellen Arrangements Universität verortet. Zum Hochschulrecht gesellte sich das „Professorengrundrecht"[18]. Charakteristisch für diese traditionelle Inblicknahme des Themenfeldes war zudem die Wendung gegen eine ideologische Besetzung der Wissenschaft. Die Autonomie der Wissenschaft wurde insbesondere gegen marxistische Konzepte einer Politisierung der Wissenschaft qua behaupteter Verwissenschaftlichung der Politik in Stellung gebracht. In ideengeschichtlicher Perspektive lässt sich dieser Ansatz historisch kontextualisieren; die autonomieorientierte Perspektive erscheint so selbst als Ausdruck einer spezifischen politischen Konstellation – nicht zuletzt wohl als Reflex des Kalten Krieges.[19] Exemplarisch abzulesen ist diese traditionelle Blickrichtung etwa an der Kommentierung des Art. 5 Abs. 3 GG im Maunz/Dürig durch Rupert Scholz: Wissenschaftsfreiheit figuriert hier als individuelle Freiheitsgarantie, die zugleich auf die Hochschulorganisation durchschlägt und in diesem Kontext insbesondere zur Kritik der Einführung der „Gruppenuniversität" genutzt wird. Scholz kritisiert an dieser vor allem ihre Begründung mittels eines allgemeinen Demokratisierungsgedankens, der ihm als wissenschaftsfern und deshalb problematisch erscheint.[20] Universitätsexterne Wissenschaft kommt dagegen eher beiläufig und in steter Parallele zum Paradigma Hochschule zur Sprache.

---

[16] Der ursprüngliche Name „Wissenschaftsrecht, Wissenschaftsverwaltung, Wissenschaftsförderung" gibt darauf bereits einen Hinweis; vgl. ferner das Geleitwort der Herausgeber zur ersten Ausgabe, Wissenschaftsrecht 1 (1968), 1 ff.

[17] Vgl. *Claus Dieter Classen*, Wissenschaftsfreiheit außerhalb der Hochschule. Zur Bedeutung von Artikel 5 Absatz 3 Grundgesetz für außeruniversitäre Forschung und Forschungsförderung, Tübingen 1994, S. 8 ff. Frühe Kritik an dem institutionellen Ansatz bei *Gerd Roellecke*, Wissenschaftsfreiheit als institutionelle Garantie?, JZ 1969, 726, kritisch dazu *Schlink*, Das Grundgesetz und die Wissenschaftsfreiheit (Fn. 2).

[18] Teilweise wird Art. 5 Abs. 3 GG sogar als „Grundrecht der deutschen Universität" betitelt, vgl. zu dieser üblicherweise auf Smends Staatsrechtslehrerreferat (das seinerseits auf Friedrich Paulsen als Urheber des Ausdrucks verweist) zurückgeführten Bezeichnung näher etwa *Ute Mager*, Freiheit von Forschung und Lehre, in: Josef Isensee/Paul Kirchhof (Hrsg.), HStR VII: Freiheitsrechte, Heidelberg, 3. Aufl. 2009, § 166 Rn. 37 ff.

[19] Vgl. *Weingart*, Wissenschaftssoziologie (Fn. 12), S. 53 ff.

[20] Vgl. *Rupert Scholz*, in: Maunz/Dürig, GG (Stand: 2009), Art. 5 Abs. 3, zur Gruppenuniversität insbes. Rn. 151 ff.

Mit Beginn der neunziger Jahre des zwanzigsten Jahrhunderts änderte sich diese überkommene Problemfassung jedoch. In expliziter Abkehr von der Hochschulfixierung, dafür in Anlehnung an systemtheoretische Figuren, soll das Wissenschaftsrecht nun als Recht eines „funktionsspezifischen Handlungs- und Kommunikationszusammenhangs"[21] in den Blick genommen und dabei zugleich als Referenzgebiet für die Fortentwicklung des Verwaltungsrechts fruchtbar gemacht werden.[22] Formulierungen wie die von der „Wissenschaftsfreiheit außerhalb der Hochschule"[23] oder die allgemeine Rede von den „außeruniversitären Forschungseinrichtungen" zeigen zugleich aber auch, inwieweit sich die vorgenommene Perspektiverweiterung immer noch in einer antithetischen Fixierung bewegt. Der institutionelle Zugang zur Wissenschaft und die Analyse des Art. 5 Abs. 3 als „Organisationsgrundrecht"[24] bleiben prägend.[25] „Organisation wird so zum Medium der Vermittlung staatlicher Verantwortung und grundrechtlicher Freiheit, nicht zum Instrument der Umsetzung materieller Entscheidungsprogramme durch eine staatliche Exekutive."[26] Die institutionell und organisationszentrierte Sichtweise wird nunmehr aber als typisches Phänomen der spezifischen Operationsweise insbesondere der modernen Forschung bestimmt, die sich in vielfältigen Kooperationsprozessen, Vernetzungen, arbeitsteiligen Organisationen, kurz der notwendigen Einbindung des einzelnen in einen komplexen operativen Zusammenhang ausbilde und vollziehe.[27]

Erstaunlich daran ist weniger die grundsätzlich sicher zutreffende Bestimmung der wissenschaftsinternen Strukturen. Bemerkenswert erscheint jedoch die Betonung der Wissenschaftsspezifik, die suggeriert, es gebe Vergleichbares nicht ebenso in anderen sozialen Subsystemen, etwa der Religion oder der Wirtschaft.[28] Der „funktionsspezifische Handlungs- und Kommunikationszusammenhang" droht seine *differentia specifica*, den konkreten Funktionsbezug, zu verlieren.[29] Entgegen

---

[21] Vgl. *Trute*, Die Forschung zwischen grundrechtlicher Freiheit und staatlicher Institutionalisierung (Fn. 2), S. 9. Trute begreift in diesem Sinne seinen eigenen Ansatz, der über den bei Luhmann entscheidenden Kommunikationsbezug hinausgeht, als eine Sichtweise, die „die systemtheoretische Perspektive um einen handlungsbezogenen Ansatz ergänzt" (a.a.O., S. 80).

[22] Vgl. *Schmidt-Aßmann*, Das allgemeine Verwaltungsrecht als Ordnungsidee (Fn. 1), S. 130 ff.

[23] Vgl. *Classen*, Wissenschaftsfreiheit außerhalb der Hochschule (Fn. 17).

[24] Vgl. *Eberhard Schmidt-Aßmann*, Die Wissenschaftsfreiheit nach Art. 5 Abs. 3 GG als Organisationsgrundrecht, in: FS Thieme, Köln u. a. 1993, 697.

[25] Vgl. *Trute*, Die Forschung zwischen grundrechtlicher Freiheit und staatlicher Institutionalisierung (Fn. 2), v. a. S. 64 ff.

[26] *Hans-Heinrich Trute*, Ungleichzeitigkeiten in der Dogmatik: Das Wissenschaftsrecht, DV 27 (1994), 301 (309).

[27] Vgl. *Groß*, Wissenschaftsadäquates Wissenschaftsrecht (Fn. 6), S. 316.

[28] Vgl. die Diskussionsbemerkung von *Christoph Engel*, in: VVDStRL 65 (2005), S. 220. Ausdrücklich gegen eine solche systemische Perspektive im Bereich der Berufs- und Eigentumsfreiheit wendet sich *Oliver Lepsius*, Der Eigenwert der Verfassung im Wirtschaftsrecht, i. d. Bd., S. 149 ff.

[29] Vgl. *Schmidt-Aßmann*, Die Wissenschaftsfreiheit nach Art. 5 Abs. 3 GG als Organisationsgrundrecht (Fn. 24), S. 698, wo nur noch von „Freiheit eines Kommunikations- und Handlungszusammenhangs" die Rede ist.

allem expliziten Widerstand gegen räumliche Metaphern[30] scheint hier die traditionelle institutionelle Vorprägung auf das emphatische Verständnis der abgegrenzten Sozialsphäre Wissenschaft durchzuschlagen. Die Vorstellung einer besonderen, gegenüber anderen Sozialbereichen offenbar noch einmal verstärkten Eigengesetzlichkeit dürfte demnach durch das institutionelle Arrangement und die damit zusammenhängenden tatsächlichen räumlichen Abgrenzungen des Wissenschaftsbetriebs begünstigt sein. Zu kurz greift demgegenüber eine individualpsychologische Deutung, die diese Vorstellung der Wissenschaft als narzisstischen Reflex der um die Verteidigung ihrer eigenen Statusrechte bemühten Wissenschaftler diskreditiert.

III. Entdifferenzierungstendenzen der Wissenschaft?

Dieser Befund zur Genese des derzeit dominanten Wissenschaftsrechtsmodells besagt allerdings nichts darüber, ob der funktional differenzierende Zugang zur Wissenschaft nicht dennoch dem Phänomenbereich gegenüber adäquat ist. Insofern ist eine rechtswissenschaftsexterne, wissenschaftssoziologische Perspektive von Relevanz. Aus dieser Warte wird in jüngerer Zeit eine „Hybridisierung der Forschung"[31] konstatiert, die nicht allein durch zunehmende institutionelle Verflechtungen, sondern darüber hinausgehend auch durch vermehrte Überschreitungen der scheinbar feststehenden funktional bestimmten Systemgrenzen charakterisiert sein soll. In drei Stichwörtern genannt, handelt es sich um die Problemfelder Ökonomisierung, Ethisierung und Politisierung der Wissenschaft.

1. Ökonomisierung der Wissenschaft

Diese Überschneidungen betreffen zunächst die Kontakte von Wissenschaft und Wirtschaft, also eine mögliche Ökonomisierung der Wissenschaft. „Was aus der Sicht der Ökonomie zählt, ist der volkswirtschaftliche Ertrag, der gesellschaftliche Nutzen und die Fähigkeit der Universitäten, Humankapital zu produzieren."[32] Speziell mit Blick auf die Forschung gesprochen artikuliert diese Sichtweise gegenüber der Wissenschaft die Forderung, bei den wissenschaftlichen Verfahren stets bereits

---

[30] Vgl. *Trute*, Die Forschung zwischen grundrechtlicher Freiheit und staatlicher Institutionalisierung (Fn. 2), S. 9. Allg. zur Kritik an einer „Metaphorik des Raums" hinsichtlich der Systemtheorie, die darin einen „Mißbrauch" sieht, *Peter Fuchs*, Die Metapher des Systems. Studien zu der allgemein leitenden Frage, wie sich der Tänzer vom Tanz unterscheiden lasse, Weilerswist 2001, S. 244. Kritisch wiederum zu dieser Form des Metapherngebrauchs *Susanne Lüdemann*, Metaphern der Gesellschaft. Studien zum soziologischen und politischen Imaginären, München 2004, S 30ff.

[31] *Friedhelm Neidhardt et al.*, Wissensproduktion und Wissenstransfer. Zur Einleitung, in: dies. (Hrsg.), Wissensproduktion und Wissenstransfer. Wissen im Spannungsfeld von Wissenschaft, Politik und Öffentlichkeit, Bielefeld 2008, S. 19 (33).

[32] *Christian Bumke*, Universitäten im Wettbewerb, VVDStRL 69 (2009), S. 407 (412).

ihren möglichen ökonomisch verwertbaren Anwendungsbezug zu beachten.[33] Diese für erforderlich erachtete enge Relation zwischen Forschung und Wirtschaft nimmt auch institutionelle Züge an, wenn etwa von seiten der klassischen staatlichen Forschungsstätten aus verstärkt „Ausgründungen" erfolgen, die wissenschaftliche Grundlagenerkenntnisse in marktfähige Produkte transformieren sollen.[34] Impulse empfängt diese Funktionalisierung der Wissenschaft insbesondere auch aus der Europäisierung der Wissenschaftspolitik: Im Kontext der intendierten Schaffung eines „europäischen Forschungsraumes" wird „Forschungspolitik [...] ganz deutlich funktional auf ökonomische Zwecksetzung fokussiert und reduziert."[35] In der Folge verändert sich der Umgang mit wissenschaftlichen Erkenntnissen. Zu beobachten ist eine zunehmende *propertization* szientifischen Wissens: Was zuvor allgemein zugänglich gemacht wurde, wird nun verstärkt in Kategorien des geistigen Eigentums verbucht und möglichst weitgehend gegen gratis erfolgenden fremden Zugriff abgeschottet. Entsprechend führt die Entwicklung für die Wissenschaft zu einer veränderten, gesteigerten Bedeutung der *intellectual property rights*.[36]

In anderer Weise wird die ökonomische Blickweise bezüglich der klassisch so bedeutsamen Hochschulorganisation relevant. Unter dem Druck begrenzter finanzieller Ressourcen werden Einsparpotentiale an den staatlichen Wissenschaftseinrichtungen durch eine konsequenter am ökonomischen Effizienzdenken orientierte, Wirtschaftsunternehmen als neues Leitbild begreifende Hochschulverwaltung gesehen. Die als Ergebnis dieses Prozesses sich durchsetzende „Management-Universität"[37] zeigt als Charakteristikum eine Zentralisierungstendenz, der gemäß Entscheidungskompetenzen verstärkt nicht mehr zerstreut auf die einzelnen Universitätsmitglieder und -einrichtungen, sondern gebündelt bei den Hochschulleitungen angesiedelt werden.[38] Genauer betrachtet verschränken sich damit drei Systeme, in-

---

[33] Vgl. zu diesem Trend einer zunehmenden „Kommerzialisierung der Universitäten" nur *Bumke*, Universitäten im Wettbewerb (Fn. 32), S. 417 f.

[34] Vgl. *Andreas Knie et al.*, Entrepreneurial Science? Typen akademischer Ausgründungen, in: Neidhardt et al., (Hrsg.), Wissensproduktion und Wissenstransfer (Fn. 31), S. 293 ff.

[35] *Josef Franz Lindner*, Die Europäisierung des Wissenschaftsrechts, Tübingen 2009, S. 11.

[36] Vgl. nur *Nowotny*, The Changing Nature of Public Science (Fn. 14), S. 20 ff. Allg. zur komplexen Funktion des Rechtsinstituts des (geistigen) Eigentums für die Wissensgenerierung in modernen Gesellschaften *Dan Wielsch*, Zugangsregeln. Die Rechtsverfassung der Wissensteilung, Tübingen 2008.

[37] Vgl. *Groß*, Wissenschaftsadäquates Wissenschaftsrecht (Fn. 6), S. 317 f. Zur Entwicklung auch *Hans-Heinrich Trute/Arne Pilniok*, Von der Ordinarien- über die Gremien- zur Managementuniversität? Veränderte Governance-Strukturen der universitären Forschung und ihre normativen Konsequenzen, in: Dorothea Jansen (Hrsg.), Neue Governance für die Forschung, Baden-Baden 2009, S. 21 ff.

[38] Vgl. BVerfGE 111, 333 (334): danach sind die Hochschulreformen der jüngeren Vergangenheit „vor allem durch eine Stärkung der Leitungsorgane charakterisiert". Zu den Reformen allg. *Georg Sandberger*, Organisationsreformen und Autonomie – Bewertung der Reformen in den Ländern, WissenschR 35 (2002), 125; kritisch *Ino Augsberg*, Selbstreferenz als Gesetzgebungsprogramm? Zu einigen neueren Entwicklungen im Recht des Hochschul- und Justizwesens, KritV 89 (2007), 236 (241 ff.). Prägnanter Überblick zu den Hauptmerkmalen der Umgestaltung bei *Bumke*, Universitäten im Wettbewerb (Fn. 32), S. 428 f.; zu ihren verfassungsrechtlichen Problemen ebd., S. 437 ff.

dem die politische Steuerung der Wissenschaft sich einer ökonomischen Rationalität bedient.[39] Zweifelhaft erscheint allerdings, ob mit diesem Arrangement nicht eine Kollision unterschiedlicher Handlungslogiken[40] in Kauf genommen wird, deren negative Effekte sich auf längere Sicht als auch ökonomisch problematisch erweisen könnten.[41]

2. Ethisierung der Wissenschaft

Verflechtungen von in klassischer Sicht getrennten Sozialsystemen lassen sich ferner in Gestalt einer Ethisierung der Wissenschaft ausmachen. „Bestand die Befreiung moderner Wissenschaft gerade in einer dezidierten ‚Ent-Moralisierung', so ist seit geraumer Zeit eine ‚Re-Moralisierung' der Forschung unverkennbar."[42] Problematisch sind im Kontext der etwaigen Entdifferenzierung von Wissenschaft nicht politische, in Rechtsform erfolgende Handlungsgebote oder -verbote, die sich an die Wissenschaft richten. Derartige Befehle mögen im Einzelfall die Wissenschaftsfreiheit verletzen, sie bewahren aber gerade als eindeutig von außen erfolgende Verletzungshandlungen die allgemeinen Systemgrenzen. Ebenso relativ unproblematisch sind aus Sicht der Wissenschaftsfreiheit politische Indienstnahmen spezifisch wissenschaftlicher Ethikexpertise für gesellschaftlich besonders umstrittene Fragen; hier erscheint eher die Autonomie des politischen Betriebs bedroht.[43] Komplizierter ist die Sachlage dagegen, wenn die Grenzüberschreitung aus der Wissenschaft selbst heraus vorgenommen wird, also wenn eine ethische Bewertung (typischerweise: natur-)wissenschaftlicher Forschung nicht aufgrund einer zwingend vorgeschriebenen Rechtspflicht, sondern aus einem internen Impuls erfolgt. Vor besondere Probleme stellt die Mischform beider Varianten, nämlich die rechtlich gebotene interne ethische Reflexion des wissenschaftlichen Verfahrens.[44]

---

[39] Vgl. *Schulte*, Grund und Grenzen der Wissenschaftsfreiheit (Fn. 2), S. 126.

[40] Vgl. allg. zum Problem *Gunther Teubner*, Ein Fall von struktureller Korruption? Die Familienbürgschaft in der Kollision unverträglicher Handlungslogiken, KritV 83 (2000), 388.

[41] Vgl. *Augsberg*, Selbstreferenz als Gesetzgebungsprogramm? (Fn. 38), S. 242 ff. Grundsätzlich zweifelnd bezüglich der Verträglichkeit juristischer und ökonomischer Rationalität *Martin Morlok*, Vom Reiz und vom Nutzen, von den Schwierigkeiten und den Gefahren der Ökonomischen Theorie für das Öffentliche Recht, in: Christoph Engel/ders. (Hrsg.), Öffentliches Recht als Gegenstand ökonomischer Forschung, Tübingen 1996, S. 1 (19 f.).

[42] *Schulte*, Grund und Grenzen der Wissenschaftsfreiheit (Fn. 2), S. 138.

[43] Vgl. *Alexander Bogner/Wolfgang Menz/Wilhelm Schumm*, Ethikexpertise in Wertkonflikten. Zur Produktion und politischen Verwendung von Kommissionsethik in Deutschland und Österreich, in: Neidhardt et al. (Hrsg.), Wissensproduktion und Wissenstransfer (Fn. 31), S. 243 ff.

[44] Vgl. zum Gesamtproblem *Christof Gramm*, Ethikkommissionen: Sicherung oder Begrenzung der Wissenschaftsfreiheit?, WissenschaftsR 32 (1999), 209.

3. Politisierung der Wissenschaft

Schließlich ist die zunehmende Überlagerung von Wissenschaft und Politik festzustellen. Je komplexer die gesellschaftsweit vorhandenen Wissensbestände sind, desto weniger kann die Politik sich der für ihre Entscheidungen benötigten Erkenntnisse noch eigenständig vergewissern. Die Ausdifferenzierung der Wissenschaft und die mit ihr einhergehenden enormen Wissenszuwächse bedingen damit selbst den politischen Rückgriff auf die spezifisch wissenschaftlichen Kompetenzen. „Wissenschaftliche Fundierung ist zum Charakteristikum zentraler Entscheidungen in Politik und Gesellschaft geworden."[45] Diese Tendenz lässt sich zwar auch im Sinne einer Verwissenschaftlichung der Politik und damit im Sinne einer Bedeutungssteigerung der Wissenschaft lesen. Demgegenüber wird jedoch zugleich konstatiert, dass die Wissenschaft für ihre unleugbare Bedeutungssteigerung einen bedenklichen Preis zahle, nämlich eine ihrer eigenen Funktion nicht zuträgliche erhöhte Abhängigkeit von anderen Systemen.[46] Diese Abhängigkeit ist bereits traditionell vor allem finanzieller Art: „Unter den Bedingungen einer personal- und ressourcenintensiven Forschung ist die Finanzierung der Wissenschaft der neuralgische Punkt ihrer Freiheit."[47] Die eigentliche Gefahr für die Wissenschaftsfreiheit besteht dabei darin, dass über die zunächst scheinbar äußerliche Frage der Finanzierung auch forschungsinterne Prozesse, etwa bezüglich der Auswahl potentieller Erkenntnisziele, beeinflusst werden. Je komplexer die Forschungen werden, desto größer der Finanzbedarf, desto größer damit aber auch die Abhängigkeit von den finanzierenden Institutionen. Für die Analyse der Gesamtentwicklung der Wissenschaft ist aber die Frage einer möglichen Hierarchisierung der Einflussnahmen von sekundärer Relevanz. Entscheidend ist die zunehmende Interdependenz beider Sphären. Entsprechendes gilt dann auch für Verflechtungen zwischen Politisierung und Ökonomisierung der Wissenschaft, wenn nämlich die Lobbyarbeit der Industrie gegenüber der zunehmend wissenschaftlich beratenen Politik ihrerseits auf wissenschaftliche Argumente setzt und die Verbände zu diesem Zweck eigene Institute gründen, in der Hoffnung, auf diese Weise „in den Auseinandersetzungen um ‚wahres Wissen' ein Partner auf gleicher Augenhöhe sein zu können und ihren Argumentationen Respektabilität zu verleihen, gleichzeitig aber auch die Kontrolle über die Expertise zu behalten."[48]

---

[45] *Schmidt-Aßmann*, Wissenschaftsrecht im Ordnungsrahmen des öffentlichen Rechts (Fn. 4), 207.

[46] Vgl. *Grimm*, Wissenschaftsfreiheit vor neuen Grenzen? (Fn. 2), S. 5.

[47] *Eberhard Schmidt-Aßmann*, Wissenschaftsplanung im Wandel, in: FS Werner Hoppe, München 2000, S. 649 (657).

[48] *Peter Weingart*, Die Wissenschaft der Öffentlichkeit, Weilerswist, 2. Aufl. 2006, S. 67 f.

4. *Entdifferenzierung oder strukturelle Kopplung?*

Bezüglich aller drei Problemfelder – Ökonomisierung, Ethisierung, Politisierung; weitere, wie Demokratisierung[49] oder Medialisierung[50] der Wissenschaft ließen sich ergänzen – ist allerdings umstritten, ob darin tatsächlich Grenzverschiebungen im Sinne von Entdifferenzierungen zu erkennen sind[51] oder ob nicht vielmehr umgekehrt eine auf allen Seiten erfolgende, auch systemintern weiter voranschreitende Ausdifferenzierung lediglich zu einer Zunahme von strukturellen Kopplungen treibt.[52] Letztere Auffassung erscheint dabei insofern plausibel, als die spezifischen Eigenleistungen gerade der Wissenschaft für die anderen Systeme offenbar nur dadurch erbracht werden können, dass ihr auch weiterhin ein spezifisch nobilitiertes, nämlich als wissenschaftlich ausgewiesenes Wissen zugeschrieben werden kann. Die damit verbundene besondere Kompetenz können die anderen Gesellschaftsbereiche zwar in Richtung ihrer jeweiligen Eigenrationalitäten beeinflussen, aber nicht mit den eigenen Mitteln vollständig ersetzen. Exemplarisch zeigt sich das wiederum an der wissenschaftlich gestützten Lobbyarbeit von Industrieverbänden: „Wenn das Lobbying der Industrie in die Verpackung der Wissenschaft gehüllt wird, um sie vor dem Vorwurf der eigeninteressierten Voreingenommenheit zu schützen, bindet das zugleich an bestimmte Regeln der Wissenschaft."[53]

Ob diese Eigenleistung der Wissenschaft noch trägt und, falls ja, wie lange dies noch der Fall sein wird, ist indes umstritten.[54] Umgekehrt lässt sich der derzeitigen Problemlage damit auch nicht entnehmen, dass der Fortbestand der bisherigen funktional definierten Systemunterschiede als gesichert anzusehen ist. Die verstärkten kommunikativen Interferenzen zwischen den Teilsystemen könnten vielmehr Rückkopplungseffekte auf die einzelnen Systemoperationen haben, die langfristig zu

---

[49] Vgl. dazu näher *Peter Weingart/Martin Carrier/Wolfgang Krohn*, Nachrichten aus der Wissensgesellschaft. Analysen zur Veränderung der Wissenschaft, Weilerswist 2007, S. 305 ff.

[50] Vgl. *Weingart*, Die Wissenschaft der Öffentlichkeit (Fn. 48), S. 12: Mit diesem Ausdruck der Medialisierung „wird auf Korrumpierungen verwiesen, die sich daraus ergeben, dass diese Systeme [insbesondere die Wissenschaft] sich an den Medien orientieren, die nahezu ausschließlich den Zugang zu der massendemokratischen Öffentlichkeit vermitteln. Sie geraten damit in den Sog der Organisationslogiken der Medien, die unverträglich mit ihren eigenen sind."

[51] In diese Richtung argumentieren *Nowotny/Scott/Gibbons*, Re-Thinking Science (Fn. 14).

[52] Dafür *Weingart*, Wissenschaftssoziologie (Fn. 12), S. 141.

[53] *Weingart*, Die Wissenschaft der Öffentlichkeit (Fn. 48), S. 69.

[54] Vgl. skeptisch etwa *Helmut Willke*, Dystopia. Studien zur Krisis des Wissens in der modernen Gesellschaft, Frankfurt/M. 2002, S. 58: „Die Prätention des Wissenschaftssystems und seiner Universitäten, über ‚geltendes' Wissen zu entscheiden, bricht in sich zusammen, wenn *jeder* spezifische und spezialisierte Erfahrungskontext spezifisches und spezialisiertes Wissen erzeugt. Nun wird deutlich, dass die Besonderheit des Wissenschaftssystems nur noch darin liegt, seine Praxis als eine Praxis der Theorie zu kultivieren und damit zu rechnen, dass ‚Theorie' nicht nur der Selbstthematisierung dient, sondern auch gesellschaftliche Abnehmer findet. Das tut sie zwar durchaus noch, aber unter stark veränderten Bedingungen der Konkurrenz. Auch andere Systeme außerhalb des klassischen Wissenschaftssystems haben gelernt, Theorie als nützliches Instrument der Wissensproduktion einzusetzen."

einer Umstellung erst einiger interner Strukturen, dann möglicherweise zu einer schrittweisen funktionalen Neuorientierung und damit schließlich zu einer Änderung des Gesamtsystems führen. Gewisse Anzeichen dafür gibt es. Immerhin wird für bestimmte Randbereiche der Politikberatung, die so genannten *Think tanks*,[55] bereits eine eigenständige Epistemologie ausgemacht, die weder genuin wissenschaftlich noch spezifisch politisch sein soll, sondern sich durch besondere Methoden, teils unter gezieltem Einsatz spielerischer Szenarien, in einer eigenen Denkweise, dem „thinking the unthinkable", übe.[56] Als dessen Ergebnis wird weder eine politische Entscheidung noch eine wissenschaftliche Erkenntnis, sondern eine Handlungsalternative, an die bislang niemand gedacht hat, erwartet.

IV. Wissenschaftsrecht als Aufgabe

Der soziologische Befund bezüglich des gegenwärtigen Standes der Wissenschaftsentwicklung ist damit unklar. Paradoxerweise lässt sich aber gerade anhand dieser Unklarheit die gegenwärtige und künftige Aufgabe des Rechts näher in den Blick nehmen. Die Instabilität wissenschaftlichen Wissens, auch des wissenschaftlichen Wissens über die Wissenschaft selbst, ist aus der wissenschaftsinternen Perspektive betrachtet kein Manko, sondern der Motor, der den wissenschaftlichen Prozess in Bewegung hält. Sie kennzeichnet zugleich die allgemeine gesellschaftliche Funktion, die der Wissenschaft zugeschrieben werden kann. Diese besteht „nicht in der Feststellung überprüfbaren Wissens […], sondern in einer kontrollierten Form von Ungewissheitssteigerung, die es erlaubt, immer wieder neue Fragen so aufzuwerfen, dass neue Probleme gestellt werden können."[57] Die Beziehung zur Gesamtgesellschaft besteht darin, dass die Gesellschaft genau die Wissenschaft braucht, die sie nicht braucht, das heißt die Form von Wissenschaft, die nicht nur auf bereits bestehende Problemkontexte reagiert, sondern selbst neue Möglichkeiten schafft.[58] Diese Funktionsbeschreibung ist keine Spezialität einer paradoxieverliebten systemtheoretischen Esoterik, sondern bildet laut Bundesverfassungsgericht den Grundgedanken der Wissenschaftsfreiheit des Grundgesetzes: Die Wissenschaftsfreiheit basiert danach auf der Erwägung, dass „eine von gesellschaftlichen Nützlichkeits- und politischen Zweckmäßigkeitsvorstellungen freie Wissenschaft Staat und Gesellschaft im

---

[55] Vgl. zu ihrer Entstehungsgeschichte in den USA *Donald E. Abelson*, Think Tanks in the United States, in: Diane Stone et al. (Hrsg.), Think Tanks Across Nations: A Comparative Approach, Manchester 1998, S. 107 ff.

[56] Vgl. *Thomas Brandstetter/Claus Pias/Sebastian Vehlken*, Think-Tank-Denken. Zur Epistemologie der Beratung, in: dies. (Hrsg.), Think Tanks. Die Beratung der Gesellschaft, Zürich-Berlin 2010, S. 17 ff. Zur Unterscheidung der Wissensarten auch *Weingart/Carrier/Krohn*, Nachrichten aus der Wissensgesellschaft (Fn. 49), S. 40.

[57] *Dirk Baecker*, Die nächste Universität, in: *ders.*, Studien zur nächsten Gesellschaft, Frankfurt/M. 2007, S. 98 (101 f.).

[58] Vgl. *Weingart*, Die Wissenschaft der Öffentlichkeit (Fn. 48), S. 9.

Ergebnis am Besten dient."[59] Funktionalität und Dysfunktionalität der Wissenschaft werden so auf charakteristische Weise miteinander verschränkt.[60] Mit der Kunst hat die Wissenschaftsfreiheit insofern nicht nur die spezifische Selbstreferenz gemeinsam, den eigenen Begriff zum Beschäftigungsgegenstand zu haben.[61] Vor allem charakterisiert diese beiden Freiheitsrechte gegenüber den sonstigen grundrechtlichen Verbürgungen, dass sie nicht lediglich bestehende Sprach- und Verhaltensroutinen absichern, sondern neue Handlungsmöglichkeiten denkbar machen und damit allererst als solche erschließen.[62]

Damit ist die gesellschaftliche Relevanz der Wissenschaft aber erst zur Hälfte beschrieben. „Eine wesentliche Voraussetzung und Bedingung des Erfolgs" der (Natur-)Wissenschaft im neunzehnten Jahrhundert war „die Trennung von der Gesellschaft: Dies stellte die gesellschaftliche Folgenlosigkeit des Experimentierens sicher."[63] Eben diese Vorbedingung lässt sich mit der Fortentwicklung der Wissenschaften nicht mehr halten. „Außerhalb der Labore", im Anwendungskontext, kann die Ungewissheit vielmehr auch zu gesellschaftlich nicht akzeptablen Risiken führen. Mit der Veränderung des Schwerpunkts wissenschaftlicher Forschung von einer primär erkenntnissuchenden geisteswissenschaftlichen Reflexion zu einer stärker handlungsorientierten Naturwissenschaft hat sich diese Problematik potenziert. „Technologische Forschung entdeckt nicht die Wahrheit, sondern gestaltet die Wirklichkeit."[64]

Die Aufgabe des Rechts ist damit eine doppelte: Zum einen geht es um die Strukturierung von Abwägungsprozessen bei der Einschätzung von Risiken einzelner Forschungsvorhaben und ihren denkbaren Konsequenzen. Dabei ist dem Entscheidungszwang in Recht und Politik Rechnung zu tragen. Die Unsicherheit, die die wissenschaftliche Diskussion kennzeichnet, können weder Recht noch Politik übernehmen. Das zeigt im Umkehrschluss, weshalb eine Übertragung der politischen Aufgabe auf die Wissenschaft nicht möglich ist: Die Entscheidung über konkrete Maßnahmen muss politisch getroffen werden. Die Übertragung auf wissenschaftliche Beratung kann die Entscheidungsqualität des politischen Handelns nur vorverlagern – typischerweise geschieht das durch die Auswahl der als geeignet erscheinenden Berater –, aber nicht beseitigen. Politisch wie rechtlich käme es insofern darauf an, den Prozess der eigenen Entscheidungsfindung nicht durch scheinbare

---

[59] BVerfGE 111, 333 (354).

[60] Vgl. zu dieser Begründungslinie von Wissenschaft auch *Matthias Ruffert*, Grund und Grenzen der Wissenschaftsfreiheit, VVDStRL 65 (2005), S. 146 (169 ff.).

[61] Vgl. dazu, zudem mit Bezug auf die insofern vergleichbar strukturierte Religionsfreiheit, *Ino Augsberg*, Noli me tangere. Funktionale Aspekte der Religionsfreiheit, Der Staat 48 (2009), 239 (242 ff.).

[62] Vgl. *Werner Hamacher*, Freistätte. Zum Recht auf Forschung und Bildung, in: Johanna-Charlotte Horst u.a. (Hrsg.), Unbedingte Universitäten. Was passiert? Stellungnahmen zur Lage der Universität, Zürich 2010, S. 217 (243 ff.).

[63] *Weingart*, Wissenschaftssoziologie (Fn. 12), S. 68.

[64] *Ruffert*, Grund und Grenzen der Wissenschaftsfreiheit (Fn. 60), S. 157.

Kompetenzdelegationen zu kaschieren, sondern zu reflektieren. „Entgegen allen Entdifferenzierungsvermutungen und trotz aller Hoffnungen auf Verantwortungsentlastungen der Politik durch ‚Politikberatung‘ bleibt im Wesentlichen das Wissenschaftliche wissenschaftlich und das Politische politisch."[65] Und das Juristische juristisch.

Zum anderen muss die rechtliche Regelung dafür Sorge tragen, dass die die spezifische Bewegung des Wissenschaftssystems gewährleistende interne Unsicherheit nicht durch Einflussnahmen aus anderen Sozialsystemen negativ beeinflusst wird. Weil es dem Wissenschaftsrecht um den Schutz der Eigendynamik der Wissenschaft geht, muss es nicht nur politischen oder ökonomischen Versuchen einer Indienstnahme der Wissenschaft Grenzen setzen, sondern unter Umständen sogar die Wissenschaft auch vor den Wissenschaftlern, im Sinne einer unkontrollierten Unterwerfung unter fremdsystemische Handlungsrationalitäten, schützen.[66] Aufgabe des Rechts ist damit nicht nur der Erhalt einer gesellschaftsweiten Funktionenvielfalt, sondern auch des wissenschaftsinternen Pluralismus. Das spricht nicht nur gegen ständig erweiterte interne Evaluationsverpflichtungen,[67] sondern zumal für Maßnahmen gegen „Bewertungs- und Zitierkartelle", die sicherstellen, dass „auch alternative und ungewöhnliche Dinge gefördert werden"[68]. In diesem Kontext kann die Vorgabe klarer rechtlicher Grenzen nicht als bloße Restriktion der Wissenschaftsfreiheit gesehen werden. Gegenüber Internalisierungsgeboten wie etwa einer als verbindlich postulierten wissenschaftsinternen Reflexion im Sinne von „Folgenverantwortung" können rechtliche Regularien vielmehr auch entlastenden Charakter aufweisen, indem sie das System auf seine Kernkompetenzen zurückführen.[69] Wissenschaft forscht, sie reguliert sich nicht selbst – jedenfalls nicht zugunsten von rechtlichen, ökonomischen oder moralischen Zwecksetzungen, die außerhalb ihrer eigenen Erkenntnisprozesse liegen.[70] Von der Psychoanalyse wäre zu lernen, dass die Internalisierung einer zunächst externen Autoritätsfigur keinen individuellen Freiheitsgewinn bedeuten muss – im Gegenteil.[71] Die Konzeption „regulierte Selbstregu-

---

[65] *Neidhardt et al.*, Wissensproduktion und Wissenstransfer (Fn. 31), S. 37.

[66] Vgl. *Grimm*, Wissenschaftsfreiheit vor neuen Grenzen? (Fn. 2), S. 25 ff.

[67] Vgl. zum Problem *Augsberg*, Selbstreferenz als Gesetzgebungsprogramm? (Fn. 38), S. 246 ff.

[68] *Rudolf Streinz*, Diskussionsbemerkung, in: VVDStRL 65 (2005), S. 226.

[69] Vgl. zu einer solchen rechtlich aufgegebenen wissenschaftsinternen Reflexion die Kontroverse um § 6 des Hessischen Universitätsgesetzes, dazu BVerfGE 47, 327. Zu Recht kritisch dazu *Scholz*, in: Maunz/Dürig, GG (Stand: 2009), Art. 5 Abs. 3, Rn. 99. Zum Ganzen auch *Grimm*, Wissenschaftsfreiheit vor neuen Grenzen? (Fn. 2), S. 18 ff.

[70] In der Tendenz anders als hier *Trute*, Ungleichzeitigkeiten in der Dogmatik (Fn. 26), S. 323: „Das Augenmerk wird […] auf Mechanismen zu richten sein, die die Reflexion der Wissenschaft über sich selbst, die Formulierung von wissenschaftseigenen Grenzen und Regelungen ermöglichen, bevor externe Regelungen notwendig werden. Lösungen werden häufig über die Verantwortung der Wissenschaftler oder aber unter dem Stichwort einer Wissenschaftsethik gesucht." Ob diese Ethik noch zum wissenschaftseigenen Verfahren gehört, erscheint durchaus fraglich.

[71] Vgl. klassisch *Sigmund Freud*, Totem und Tabu, in: *ders.*, Gesammelte Werke Bd. IX, Frankfurt/M. 1961, S. 173: „Der Tote [d. i. der von den Söhnen erschlagene Vater] wurde nun stärker, als der Lebende gewesen war […]. Was er früher durch seine Existenz verhindert hatte, das verboten sie

lierung" dürfte damit weniger systemtheoretisch fundiert[72] als vielmehr einem handlungstheoretisch-institutionellen Ansatz verpflichtet sein,[73] bei dem die Identität der regulierenden und regulierten Institutionen oder Personen, nicht dagegen die der betroffenen Funktionslogiken zugrunde gelegt wird.[74] Das schließt die Möglichkeit einer systeminternen Reflexion systemexterner Forderungen nicht aus. Diese sind aber als strategische Anpassungen an bestimmte Umweltirritationen, nicht als Hybridphänomene im Sinne etwa einer „Wissenschaftsethik" zu verstehen.

Juristisch geboten ist damit eine Reflexivität zweiter Potenz, die die Selbstreferenz der Wissenschaft als *black box* akzeptiert und noch in ihren Hybridisierungstendenzen normativ absichert, zugleich aber einer Verwischung der Systemgrenzen selbst bestimmte, im Einzelfall auszutarierende Grenzen setzt.[75] Aufgabe des Rechts ist die Stabilisierung der epistemologischen Differenz zwischen dem Wissen der Wissenschaft, der Politik und des Rechts selbst.

V. Juristischer Umgang mit Fremdwissen

Die damit bezeichnete Aufgabe ist offenkundig von hoher Komplexität. Es geht um die juristische Bewältigung eines selbst zunehmend an den Rändern ausfransenden oder zumindest Kopplungen neuer Art initiierenden Wissenschaftsbetriebs und dessen sich möglicherweise modifizierender Eigenlogik. Mit Blick auf zwei Beispielskonstellationen lässt sich allerdings verdeutlichen, dass das gegenwärtige Rechtssystem auf diese Perspektive durchaus schon eingestellt ist und insofern keine gänzliche Neukonstruktion, sondern allenfalls eine Feinjustierung seiner Mechanismen benötigt. Beide Beispiele betreffen die juristische Verarbeitung systemexternen Wissens bei wissenschaftsbezogenen Steuerungsversuchen.

---

sich jetzt selbst in der psychischen Situation des uns aus den Psychoanalysen so wohlbekannten ‚nachträglichen Gehorsams'". Allg. zur Bedeutung der Psychoanalyse für das Recht *Stefan Häußler*, Psychoanalytische Rechtstheorien, in: Sonja Buckel/Ralph Christensen/Andreas Fischer-Lescano (Hrsg.), Neue Theorien des Rechts, Stuttgart 2006, S. 305 ff.

[72] So aber *Schulte*, Grund und Grenzen der Wissenschaftsfreiheit (Fn. 2), passim, der in diesem Sinne etwa „rechtliche Institutionalisierungen von Selbstreflexionsprozessen der Wissenschaft" befürwortet (a.a.O., S. 136).

[73] Konsequent daher die Perspektiverweiterung bei *Trute*, vgl. oben, Fn. 21.

[74] Vgl. etwa *Niklas Luhmann*, Die soziologische Beobachtung des Rechts, Frankfurt/M. 1986, S. 13: Danach „kann kein Funktionssystem ein anderes ersetzen oder auch nur in seiner Funktion entlasten: Weder kann die Politik anstelle der Wirtschaft handeln noch die Wirtschaft anstelle der Wissenschaft forschen. Weder kann die Wissenschaft für das Recht einspringen noch das Recht für die Religion – und so fort in allen Intersystembeziehungen. Gerade dieser Verzicht auf Multifunktionalität, auf Mehrfachsicherung der Funktionen, findet in der Autonomie der Funktionssysteme Ausdruck."

[75] Vgl. ähnlich *Grimm*, Wissenschaftsfreiheit vor neuen Grenzen? (Fn. 2), S. 28.

1. „Ethische Vertretbarkeit" von Tierversuchen

Es geht zum einen um die Frage, wann Tierversuche zu wissenschaftlichen Erkenntniszwecken zulässig sind. Rechtsgrundlage hierfür ist § 7 Abs. 3 TierSchG: Danach ist ein Versuch an Wirbeltieren nur erlaubt, wenn die zu erwartenden Schmerzen, Leiden oder Schäden für das Tier mit Blick auf den Versuchszweck „ethisch vertretbar" sind. Damit wird eine gesetzliche Grenze der Wissenschaftsfreiheit gezogen, die materiell durch das Tierwohl bestimmt ist. Fraglich ist insofern nicht die (jedenfalls nach Einführung von Art. 20 a GG) unzweifelhafte Zulässigkeit einer solch allgemeinen Grenzsetzung, sondern die Konkretisierung der Norm im Anwendungsbezug, insbesondere bezüglich der Auslegung des Begriffs „ethisch vertretbar": „Verweist er auf außerrechtliche, dann notwendig subjektiv gefärbte Wertungsentscheidungen der Tierethik, die einen ganzen Strauß unterschiedlicher moralischer Direktiven zum Umgang mit Tieren kennt? Oder handelt es sich um einen spezifisch rechtlichen Begriff, der – in etwas pathetischer Form – eine Verhältnismäßigkeits- oder Angemessenheitsprüfung verlangt?"[76] Die Frage verlangt nach einer Klärung des Verhältnisses der unterschiedlichen Sozialsysteme zueinander, nämlich danach, inwieweit moralisches Wissen in rechtliche Operationen eingespeist werden darf, die ihrerseits zur Regulierung der Wissenschaft dienen. Aus juristisch-dogmatischer Perspektive ist diese Frage rechtlich zu beantworten, das heißt anhand insbesondere der verfassungsrechtlichen Maßgaben. Der Blick auf diese traditionelle Dogmatik zeigt zugleich, wie die Eigengesetzlichkeit der Wissenschaft in die juridischen Prozeduren hineingespiegelt und damit operabel gestaltet wird.

Die dogmatische Problemlösung betrifft zum einen die Frage, wer grundsätzlich über die ethische Vertretbarkeit zu entscheiden hat. Vor dem Hintergrund der systemischen Eigenständigkeit der Wissenschaft wäre insofern zu fordern, dass der Wissenschaft keine ihrer Eigenlogik zuwiderlaufende ethische Bewertung der eigenen Verfahren aufgezwungen werden darf. Die Entscheidung darüber ist ein Eingriff in die Wissenschaftsfreiheit, die nicht durch die Annahme einer vorgeblich internen Diskussion kaschiert werden sollte. Dogmatisch gesehen kommen hierbei zwei Figuren ins Spiel, die gemeinsam die hinreichend trennscharfe Grenzziehung zwischen den Systemfunktionen gewährleisten. Zunächst ist vor dem Hintergrund der Wesentlichkeitslehre festzuhalten, dass die Abwägungsentscheidung ebenso wenig der Wissenschaft selbst übertragen wie auch nicht an sowohl rechts- wie wissenschaftsexterne „Ethikkommissionen" delegiert werden kann. Sie muss vielmehr durch das Recht selbst getroffen werden.[77] Für eine solche Entscheidung durch Gesetz spricht

---

[76] *Josef Franz Lindner*, Wissenschaftsfreiheit und Tierversuch – zur Auslegung der §§ 7, 8 TierSchG, NordOeR 2009, 329 (331).

[77] Vgl. *Gramm*, Ethikkommissionen (Fn. 44); *Lindner*, Wissenschaftsfreiheit und Tierversuch (Fn. 76), S. 329. Allg. gegen eine Ersetzung rechtlicher Entscheidungsprozesse durch den Einsatz von Ethikkommissionen auch *Katharina Sobota*, Die Ethik-Kommission – Ein neues Institut des Verwaltungsrechts?, AöR 121 (1996), 229.

ferner das verfassungssystematisch eingeordnete Verständnis des mit der Wissenschaftsfreiheit konkurrierenden Rechtsgutes: Als Staatsstrukturprinzip ist der „Tierschutz" im Sinne des Art. 20 a GG auf eine Konkretisierung durch den Gesetzgeber hin angelegt.[78]

Ist damit die allgemeine Zuständigkeit des Rechts geklärt, muss die dogmatische Problemlösung zum anderen auch die Mittel zur Verfügung stellen, damit das Recht im Einzelfall seine ihm aufgegebene Auslegungsarbeit bezüglich des Tatbestandsmerkmals „ethisch vertretbar" leisten kann, ohne dabei die Eigengesetzlichkeit der Wissenschaft zu verkennen. Insofern geht es nicht mehr nur um die allgemeine Grenzziehung, sondern um die Gewährleistung der spezifischen Interaktion der Sphären, die dabei dennoch getrennt bleiben. Der hierzu in Anschlag gebrachte, auch aus anderen, parallelen Problemkonstellationen bekannte Mechanismus heißt „Selbstverständnis als Rechtskriterium"[79]. Die juristisch zu achtende Eigengesetzlichkeit der Wissenschaft meint demnach auch und sogar primär, dass die grundlegende Frage, was Wissenschaft im Sinne des Art. 5 Abs. 3 GG ist, von der Wissenschaft selbst geklärt werden muss. Der Streit um die Wissenschaftlichkeit eines Vorhabens ist typischerweise selbst wissenschaftlicher Art. Rechtlich findet insofern nur eine Plausibilitätskontrolle statt, die mit Hilfe formaler Kriterien wie „Ernsthaftigkeit", „Methodik" etc. Wissenschaft gegen offensichtliche Scharlatanerie abgrenzt. Diese restriktive Sicht des Rechts betrifft nicht nur das Gesamtgebiet, sondern auch die einzelnen Operationen, die Auswahl der Erkenntnisziele, der für ihre Erreichung eingesetzten Methoden etc.

Die in die rechtliche Entscheidung über die „ethische Vertretbarkeit" einzustellenden Faktoren, wie etwa die besondere Bedeutung des Vorhabens, müssen damit unter primärer Berücksichtigung der wissenschaftsinternen Perspektive konstruiert werden. Dem Wissenschaftler kommt in dieser Hinsicht ein Einschätzungsspielraum zu. „Es bedarf insofern nicht eines Nachweises […], sondern lediglich der wissenschaftlich begründeten Darlegung durch den Antragsteller. Die Überprüfungskompetenz der Behörde ist damit zwangsläufig auf eine (qualifizierte) Plausibilitätskontrolle dahingehend reduziert, ob eine nachvollziehbare wissenschaftliche Begründung vorliegt."[80] Das Selbstverständnis des Wissenschaftlers erhält so fallentscheidende Relevanz.

---

[78] Vgl. *Lindner*, Wissenschaftsfreiheit und Tierversuch (Fn. 76), S. 333.

[79] Vgl. grundlegend *Martin Morlok*, Selbstverständnis als Rechtskriterium, Tübingen 1993, dort mit Bezug auf die Wissenschaft v. a. S. 92 ff.; ferner *Trute*, Die Forschung zwischen grundrechtlicher Freiheit und staatlicher Institutionalisierung (Fn. 2), S. 56 ff. Zur Parallelproblematik mit Bezug auf das Religionssystem *Augsberg*, Noli me tangere (Fn. 61).

[80] *Lindner*, Wissenschaftsfreiheit und Tierversuch (Fn. 76), S. 328.

2. Hochschulorganisationsrecht

Das zweite hier anzuführende Beispiel betrifft einen offenbar konträren Fall, in dem dem Selbstverständnis der betroffenen Wissenschaftler keine juristische Bedeutung zugemessen wurde. In seinem die Verfassungskonformität des Brandenburgischen Hochschulgesetzes bestätigenden Urteil führte das Bundesverfassungsgericht aus: „Solange der Gesetzgeber ein [...] hinreichendes Maß an organisatorischer Selbstbestimmung der Grundrechtsträger sicherstellt, ist er frei, den Wissenschaftsbetrieb nach seinem Ermessen zu regeln, um die unterschiedlichen Aufgaben der Wissenschaftseinrichtungen und die Interessen aller daran Beteiligten in Wahrnehmung seiner gesamtgesellschaftlichen Verantwortung in angemessenen Ausgleich zu bringen. [...] Für diese Aufgabe ist der parlamentarische Gesetzgeber besser geeignet als die an speziellen Interessen orientierten Träger der Wissenschaftsfreiheit. [...] Der Gesetzgeber darf nicht nur neue Modelle und Steuerungstechniken entwickeln und erproben [...], vielmehr ist er sogar verpflichtet, bisherige Organisationsformen kritisch zu beobachten und zeitgemäß zu reformieren [...]. Ihm stehen dabei gerade hinsichtlich der Eignung neuer Organisationsformen eine Einschätzungsprärogative und ein Prognosespielraum zu."[81] Das Verfassungsgericht nimmt damit eine gegenüber seiner früheren Rechtsprechung signifikante Verschiebung des eigenen Prüfprogramms bei der Kontrolle gesetzgeberischer Entscheidungen im Hochschulbereich vor: „Aus der positiven Pflicht, eine wissenschaftsadäquate Organisation zu schaffen, ist negativ das Verbot geworden, eine Organisation zu schaffen, die Wissenschaft ‚strukturell' beeinträchtigt."[82] Im vorliegenden Kontext interessiert vor allem die ebenfalls veränderte Relevanz des Selbstverständnisgedankens. Die Perspektive der Wissenschaftler wird nunmehr eher entlang der Logik des Befangenheitsarguments denn einer spezifischen, aus der Eigengesetzlichkeit des Regelungsbereichs resultierenden Sachkompetenz bewertet.[83] Daran ist sicher zutreffend, dass die Entscheidung über das institutionelle *setting* der Wissenschaft, das auf die Bedürfnisse der anderen Systeme und künftige Herausforderungen zugeschnitten werden muss, selbst keine rein wissenschaftlich zu beantwortende Frage darstellt, sondern eine Entscheidung, die aufgrund ihres weitgehend experimentellen Charakters politisch getroffen und verantwortet werden muss. Fraglich wäre in diesem Zusammenhang allerdings gewesen, ob nicht die Tragweite des Experiments den Eintritt auch politisch irreversibler Folgen befürchten ließ und daher eine stärkere Zurückhaltung geboten gewesen wäre.[84] Zudem hätte die wissenschaftsinterne Sicht kaum allein

---

[81] BVerfGE 111, 333 (355f.); vgl. dazu auch *Michael Fehling*, Neue Herausforderungen an die Selbstverwaltung in Hochschule und Wissenschaft, Verw 35 (2002), 399 (417f.); *Wolfgang Kahl*, Hochschulräte – Demokratieprinzip – Selbstverwaltung, AöR 130 (2005), 225 (248).

[82] *Mager*, Freiheit von Forschung und Lehre (Fn. 18), Rn. 40.

[83] Vgl. demgegenüber aus der früheren Rspr. BVerfGE 35, 79 (126ff.), wo noch die spezifische Sachnähe der Wissenschaftler als Argument zugunsten der Wissenschaftsfreiheit verwendet wird.

[84] Vgl. *Karl-Heinz Ladeur*, Die Wissenschaftsfreiheit der „entfesselten Hochschule" – Umgestaltung der Hochschulen nach Ermessen des Staates?, DÖV 2005, 753; *Ino Augsberg/Steffen Augsberg*,

durch den Hinweis auf die spezielle Interessenbindung der Wissenschaft beiseite gewischt werden dürfen; vielmehr hätte diese gerade in ihrer spezifischen Optik Beachtung finden müssen.

VI. Fazit: Wissenschaftsverfassungsrecht

Zusammenfassend lässt sich damit ein knappes Fazit ziehen. Die gegenwärtige rechtswissenschaftliche Betrachtung des Wissenschaftsrechts nutzt vielfach, angeregt vielleicht auch durch die traditionell institutionell geprägte Sichtweise, ein systemtheoretisches Analyseraster. Die damit einhergehende starke Betonung der Eigenständigkeit des Sachgebiets Wissenschaft darf allerdings nicht dazu führen, aktuelle Tendenzen zunehmender Verschaltungen mit anderen sozialen Subsystemen zu ignorieren. Vielmehr ist die juristische Problembearbeitung gerade unter Beachtung dieser Tendenzen auf ihre Funktion der angemessenen Grenzziehung und Grenzwahrung zwischen den Systembereichen neu einzustellen.

Die so bezeichnete Aufgabe stellt vor eigenartige Schwierigkeiten. Die ihrer historischen Entstehung nach auf objektive Erkenntnisverfahren geeichte Wissenschaft tut sich nach wie vor schwer mit selbstreferenziellen Bezügen und performativen Effekten. Typisch ist immer noch eher die „Problemfassung ‚Vermeidung der Selbstreferenz‘"[85]. An dem rechtswissenschaftlichen Umgang mit dem Untersuchungsgegenstand Wissenschaftsrecht lässt sich das exemplarisch studieren. Eine Diskussion über die Beziehung von Beobachter und Beobachtetem wird weitgehend vermieden.[86] Wenn es aber die juristische Aufgabe ist, ein „wissenschaftsadäquates Wissenschaftsrecht" zu konstituieren, dann muss dieses nicht nur den Eigendynamiken des Gegenstandsbereichs, das heißt dessen Selbstreferenzialität ebenso wie den mit dieser und mit den Irritationen durch andere Systeme verbundenen Rückkopplungseffekten, Rechnung tragen, sondern zumal reflektieren, welchen Entwicklungen die eigene Analyse unterliegt. Damit ist ein Problem bezeichnet, das nicht nur die (Rechts-)Wissenschaft betrifft. „Auf allen Feldern tauchen Grenzphänomene und -konflikte auf, die eine Grauzone zwischen systemdeterminierten Abläufen schaffen und offenbar nur durch *improvisierte* Anwendung verschiedener Codes, durch Mischlösungen, durch narrative und interpretative ‚Tricks‘ zu handhaben sind. Ökonomisch-kulturelle, moralisch-rechtliche oder etwa ästhetisch-politische Hybride lassen sich nicht einfach als Randerscheinungen, Überfremdungen oder Fehlformen reiner Systemabläufe abtun. Die permanenten Durchbrechungen selbstreferentieller

---

Prognostische Elemente in der Rechtsprechung des Bundesverfassungsgerichts, VerwArch 2007, 290 (293 ff.).

[85] *Niklas Luhmann*, Die Ausdifferenzierung von Erkenntnisgewinnen. Zur Genese von Wissenschaft, in: *ders.*, Ideenevolution. Beiträge zur Wissenssoziologie, Frankfurt/M. 2008, S. 132 (133).

[86] Vgl. etwa versteckt in einer Anmerkung *Ruffert*, Grund und Grenzen der Wissenschaftsfreiheit (Fn. 60) S. 151, Anm. 17.

Funktionsroutinen, seien sie nun politischer, juristischer, wirtschaftlicher oder künstlerischer Herkunft, erfordern eine eigene Beschreibung."[87] Mit zu bedenken wäre nicht nur, wovon, sondern ebenso, von wo her gesprochen wird.[88] Künftige Thematisierungen des Wissenschaftsrechts müssten demnach stärker mit Bemühungen um eine Wissenschaftstheorie des (öffentlichen) Rechts, die gegenwärtig zunehmend Interesse findet,[89] verbunden werden; und diese Theorie müsste ihrerseits, umgekehrt, die Grenzkonflikte, d. h. die Problematik einer „unreinen" Kommunikation, die sich vorgegebenen Schemata nicht ohne weiteres fügt,[90] zu einem grundlegenden Teil des eigenen Themas machen.[91]

Zudem müsste die verstärkte Beachtung der Selbstreferenzialität des Wissenschaftsbereichs auch die klassische Lehrfreiheit[92] erfassen. Denn die universitäre Bildung ist primär intransitiv zu verstehen, als reflexives Sich-bilden, nicht als Gebildetwerden. „Erziehung ist an der Universität in noch strengerem Sinne Selbsterziehung als an anderen Schulen. Man muss nicht nur lernen und lehren, ohne zu wissen, wie das geht, sondern man muss sich auch noch dabei beobachten, was das heißt, etwas zu lernen und zu lehren, ohne zu wissen, wie das geht. Denn präzise in der Lücke zwischen Lehren und Lernen findet statt, was als wissenschaftliches Fragen Bestand haben kann."[93] Wissenschaftliche Lehre kann damit nicht in Fachdidaktik aufgehen.[94] Angemessen begriffen vollzieht sie sich vielmehr als Vermittlung der Selbstreflexion auf den erreichten Stand der eigenen Kunst – und auf dessen Grenzen.

---

[87] *Albrecht Koschorke/Cornelia Vismann*, Einleitung, in: dies. (Hrsg.), Widerstände der Systemtheorie. Kulturtheoretische Analysen zum Werk von Niklas Luhmann, Berlin 1999, S. 9 (10 f.).

[88] Vgl. zu dieser Unterscheidung *Jacques Derrida*, „Gerecht sein gegenüber Freud". Die Geschichte des Wahnsinns im Zeitalter der Psychoanalyse, in: *ders.*, Vergessen wir nicht – die Psychoanalyse!, Frankfurt/M. 1998, S. 59 (67).

[89] Vgl. die Beiträge in den Sammelbänden von Helmuth Schulze-Fielitz (Hrsg.), Staatsrechtslehre als Wissenschaft (DV Beiheft 7), Berlin 2007; Christoph Engel/Wolfgang Schön (Hrsg.), Das Proprium der Rechtswissenschaft, Tübingen 2007; Matthias Jestaedt/Oliver Lepsius (Hrsg.), Rechtswissenschaftstheorie, Tübingen 2008; Andreas Funke/Jörn Lüdemann (Hrsg.), Öffentliches Recht und Wissenschaftstheorie, Tübingen 2009.

[90] Vgl. *Karl-Heinz Ladeur*, „Finding our text …". Der Aufstieg des Abwägungsdenkens als ein Phänomen der ‚sekundären Oralität' und die Wiedergewinnung der Textualität des Rechts in der Postmoderne, in: Ino Augsberg/Sophie-Charlotte Lenski (Hrsg.), Die Innenwelt der Außenwelt der Innenwelt des Rechts. Annäherungen zwischen Rechts- und Literaturwissenschaft, 2011 (i. E.), mit Verweis auf *Urs Stäheli*, Sinnzusammenbrüche. Eine dekonstruktive Lektüre von Niklas Luhmanns Systemtheorie, Weilerswist 2000.

[91] Vgl. zu dieser Perspektive im Sinne einer „Versäumung" des Rechts *Fabian Steinhauer*, Zeitgenössische Verfassungstheorie, i. d. Bd., S. 41 (52). Zur entsprechenden Kritik an einer immer noch vorwiegend an Kelsen orientierten „Rechtswissenschaftstheorie" *Thomas Vesting*, Die Medien des Rechts: Sprache, Weilerswist 2011, S. 38 ff.

[92] Vgl. dazu umfassend *Ann-Katrin Kaufhold*, Die Lehrfreiheit – ein verlorenes Grundrecht? Zu Eigenständigkeit und Gehalt der Gewährleistung freier Lehre in Art. 5 Abs. 3 GG, Berlin 2006.

[93] *Dirk Baecker*, Erziehung zur Wissenschaft, in: *ders.*, Studien zur nächsten Gesellschaft (Fn. 57), S. 116 (116).

[94] Was nicht ausschließt, dass hier noch vielfach Verbesserungsbedarf besteht: vgl. dazu mit Blick auf die Jurisprudenz etwa die Beiträge in Judith Brockmann/Jan-Hendrik Dietrich/Arne Pil-

Bei dem Versuch, diesen vielfältigen Perspektivverflechtungen gerecht zu werden, bietet es sich an, auf den juristischen Begriff zurückzugreifen, der selbst bereits reflexiv konstruiert ist. Das Konzept „Verfassung" besagt, dass in einem normativen Konstrukt bereits strukturelle Vorkehrungen für Selbständerungen des dadurch konstituierten Bereichs getroffen werden.[95] Der „Mehrwert des Verfassungsrechts" besteht in dieser Sichtweise weniger in der stets prekär bleibenden Differenz zum einfachen Recht als vielmehr „in einer ‚relativierten Negativität' des Rechts und in der selbstreflexiven Möglichkeit, Recht beobachten zu können, als ob es keines sei."[96] Verfassungsrecht ist Recht, das den Umgang mit den eigenen Grenzen gelernt und reflexiv gewendet hat.[97] In diesem Sinne könnte sich das Konzept eines „Wissenschaftsverfassungsrechts" als der geeignetere Kandidat zur Bewältigung der wissenschaftsinternen Eigendynamiken erweisen als das bereits kursierende Alternativkonzept einer „governance of science".[98]

---

niok (Hrsg.), Exzellente Lehre im juristischen Studium. Auf dem Weg zu einer rechtswissenschaftlichen Fachdidaktik, Baden-Baden 2011.

[95] Vgl. *Teubner*, Globale Zivilverfassungen (Fn. 8).

[96] *Fabian Steinhauer*, Bildregeln. Studien zum juristischen Bilderstreit, München 2009, S. 247. Vgl. auch *ders.*, Zeitgenössische Verfassungstheorie, i. d. Bd., S. 41 ff.

[97] Vgl. mit Bezug auf die Menschenwürde *Ladeur/Augsberg*, Die Funktion der Menschenwürde im Verfassungsstaat (Fn. 8), S. 8 ff.; mit Bezug auf das Verhältnis von Recht und Religion *Ino Augsberg*, Vom Staatskirchenrecht zum Religionsverfassungsrecht – Ein Beitrag zur Begriffsdiskussion, in: Thomas Holzner/Hannes Ludyga (Hrsg.), Vom Staatskirchenrecht des 19. zum Religionsverfassungsrecht des 21. Jahrhunderts, 2011 (i. E.).

[98] Vgl. zur Governance-Perspektive allg. die Beiträge in Gunnar Folke Schuppert/Andreas Voßkuhle (Hrsg.), Governance von und durch Wissen, Baden-Baden 2008; Jansen (Hrsg.), Neue Governance für die Forschung (Fn. 37).

Stefan Korioth

Finanzverfassung

Ausdruck separierter „Finanzfunktion", Rahmenordnung
der zentralen staatlichen Steuerungsressource oder Sammlung
politischer Kompromisse?

I. Einleitung

Wir sollten uns darüber im Klaren sein, daß der Eigenwert des Verfassungsrechts
beständig prekär war, seitdem es geschriebene Verfassungen gibt. Unsere Frage am
Beginn des 21. Jahrhunderts, was nationales Verfassungsrecht jetzt und in Zukunft
leisten kann, beruht auf besonderen gegenwärtigen Entwicklungen, ist aber als juristische Grundfrage nicht neu. Was seit dem Ende des 18. Jahrhunderts wechselt, sind
die Gründe und Absichten, wenn der Selbststand des Verfassungsrechts in Zweifel
gezogen wird. Und: Für jede Infragestellung gab und gibt es Gegengründe. Dafür nur
einige kurze Erinnerungen. Als Paul Laband das Verfassungsrecht des Kaiserreiches
systematisch darstellte, lautete seine Prämisse: „Die Verfassung ist keine mystische
Gewalt, welche über dem Staat schwebt, sondern gleich jedem anderen Gesetz ein
Willensakt des Staates [...]."[1] Diese Gleichstellung von Gesetz und Verfassung erlaubte einerseits ihre volle Einbindung in alle Teile des damaligen deutschen rechtswissenschaftlichen Diskurses, negierte andererseits aber eine der Besonderheiten,
mit der die geschriebenen Verfassungen außerhalb Deutschlands im 18. Jahrhundert
entstanden waren: die Zweiteilung des staatlichen Rechts in eine vorrangige Verfassung, die Herrschaft begründete und legitimierte, und die übrige Rechtsordnung.[2]
Der Eigenwert der Verfassung bei fehlender Volkssouveränität resultierte aus ihrer

---

[1] *Paul Laband*, Das Staatsrecht des Deutschen Reiches, Bd. II, 5. Auflage 1911, S. 39. *Georg Mey-
er/Gerhard Anschütz*, Lehrbuch des Deutschen Staatsrechts, 7. Auflage 1919, S. 743: Die Verfassung
erscheine „nicht als Ausdruck eines von der Legislative verschiedenen, ihr übergeordneten staatlichen Organwillens, sondern sie ist und gilt als Akt der Legislative selbst. [...] Die Verfassung ist für
die gesetzanwendenden Instanzen, auch für die Gerichte, nicht mehr und nichts anderes als ein
einfaches formelles Gesetz."

[2] Dazu *Dieter Grimm*, Die Zukunft der Verfassung, 3. Auflage 2002, insbes. S. 31 ff.; *ders.*, Deutsche Verfassungsgeschichte, 3. Auflage 1995, S. 10 ff.; *Christoph Möllers*, Verfassungsgebende Gewalt
– Verfassung – Konstitutionalisierung, in: A. von Bogdandy/J. Bast (Hrsg.), Europäisches Verfassungsrecht: Theoretische und dogmatische Grundzüge, 2009, S. 228 ff., 230 ff.; *Thomas Vesting*, Politische Verfassung? Der moderne (liberale) Verfassungsbegriff und seine systemtheoretische Rekonstruktion, in: FS Gunther Teubner, 2009, S. 609 ff., 611 f.

Einbeziehung in die vorhandene Rechtsordnung, eingeschlossen deren Dynamik, Entwicklungsoffenheit und Ablösung von Naturrecht und anderen Überhöhungen. Ganz anders die zwanziger Jahre. Jetzt erschien die Verfassung bei den antipositivistischen Neuerern als etwas Besonderes, als Summe der Grundentscheidungen über die Gestalt einer politischen Einheit im Unterschied zum Verfassungsgesetz[3] oder als zwischen Norm und Wirklichkeit oszillierende, wert- oder naturrechtsgeprägte Integrationsordnung für den politischen Prozeß, die in jeder Hinsicht von der übrigen Rechtsordnung zu unterscheiden sei.[4] Auffallend war allerdings, daß solche Begründungen des Selbstands der Verfassung durch Unterscheidung von der übrigen Rechtsordnung in der Weimarer Zeit eingesetzt werden konnten, um das demokratisch-rechtsstaatliche Legalitätssystem zu relativieren.[5] Diejenigen Verfassungsjuristen, die am nüchternen Charakter der Verfassung als Gesetz festhielten, waren diejenigen, die der Weimarer Verfassung positiv gegenüberstanden.[6] Wieder anders fielen die Infragestellungen der Verfassung in der frühen Bundesrepublik aus. „Der Stern der kodifizierten Verfassung", so heißt es bei Forsthoff in immer wieder variierten Formeln zwischen 1950 und 1970, „ist im Sinken"[7]. Zielte dies auf den Charakter der Bundesrepublik als schwachen Teilstaat, als Staat der technischen und sozialen Realisation, der einerseits – in den Kategorien Carl Schmitts – unfähig zur Verfassung sei, andererseits das Verfassungsgesetz umbildete, entstand zugleich aber auch das Verständnis der Verfassung als normative Grund- oder Rahmenordnung für den politischen und gesellschaftlichen Prozeß, als Kristallisationspunkt politischer und kultureller Selbstvergewisserung einer Gesellschaft.[8] Und, viel stärker noch: Insgesamt hatte das Verfassungsrecht nach 1949 einen enormen Bedeutungsgewinn zu verzeichnen.[9]

---

[3] *Carl Schmitt*, Verfassungslehre, 1928, S. 20–36 (positiver Verfassungsbegriff).

[4] *Rudolf Smend*, Verfassung und Verfassungsrecht (1928), in: *ders.*, Staatsrechtliche Abhandlungen und andere Aufsätze, 2. Auflage 1968, S. 119 ff., 189: „Die Verfassung ist die Rechtsordnung des Staates, genauer des Lebens, in dem der Staat seine Lebenswirklichkeit hat, nämlich seines Integrationsprozesses. Der Sinn dieses Prozesses ist die immer neue Herstellung der Lebenstotalität des Staates, und die Verfassung ist die gesetzliche Normierung einzelner Seiten dieses Prozesses."

[5] Zu Schmitts Unterscheidung von Verfassung und Verfassungsgesetz und den damit verbundenen Folgen, etwa der Grenze der Verfassungsänderung, z. B. *Michael Stolleis*, Geschichte des öffentlichen Rechts, Bd. III, 1999, S. 114: „quasinaturrechtliche Aushebelung des positiven Rechts".

[6] Zur Kritik am materialen Verfassungsdenken etwa *Richard Thoma*, Die juristische Bedeutung der grundrechtlichen Sätze der deutschen Reichsverfassung im allgemeinen (1929), in: *ders.*, Rechtsstaat – Demokratie – Grundrechte (hrsg. von Horst Dreier), 2008, S. 173 ff., 178: „Wenn es die Aufgabe einer Verfassungsurkunde wäre, die für den erreichten Zustand der Rechtskultur der Nation charakteristischen Rechtsprinzipien und Rechtsinstitute zu verzeichnen und zu verbriefen, so hätte die Weimarer Verfassung diese Aufgabe schlecht gelöst."

[7] *Ernst Forsthoff*, Von der Staatsrechtswissenschaft zur Rechtsstaatswissenschaft, in: *ders.*, Rechtsstaat im Wandel, 2. Auflage 1976, S. 188 ff., 201.

[8] *Konrad Hesse*, Das Grundgesetz in der Entwicklung der Bundesrepublik Deutschland, Aufgabe und Funktion der Verfassung, in: Ernst Benda u. a. (Hrsg.), Handbuch des Verfassungsrechts der Bundesrepublik Deutschland, 1983, S. 3 ff., 15; *ders.*, Grundzüge des Verfassungsrechts der Bundesrepublik Deutschland, 20. Auflage 1999, Rdnr. 16 ff.

[9] Ganz selbstverständlich verlangt daher *Horst Dreier*, Der freiheitliche Verfassungsstaat als ris-

Und heute? Viele halten die nationalstaatliche Verfassung für ein Auslaufmodell oder zumindest gekennzeichnet von durchgreifendem Bedeutungsverlust, relativiert zur (politischen) Teilverfassung in einem supranationalen (und zunehmend auch internationalen) Mehrebenensystem oder Verfassungsraum und degradiert zu einem Haltepunkt unter vielen im Pluriversum nationaler und transnationaler rechtlicher Netzwerke.[10] Wie in der Vergangenheit und dort in ganz anderem Umfeld lautet aber dennoch die Frage: Was bleibt und welche gegenläufigen Entwicklungen, neuen Aufgaben und Funktionen der nationalstaatlichen Verfassung gibt es? Mein Blick gilt einem Teilbereich der Verfassung, den Verfassungstheoretiker herkömmlicherweise nicht beachten oder nicht kennen, dem Finanzverfassungsrecht. Wodurch ist dieser Teilbereich der Verfassung gekennzeichnet (II.), wie hat sich sein Verständnis seit 1949 entwickelt (III.) und wie gehen wir zur Zeit mit ihm um (IV.)? Das Fazit wird bedenklich stimmen: Die Finanzverfassung entzieht sich – von Ausnahmen abgesehen – der supra-, inter- und transnationalen Relativierung, dennoch finden Prozesse ihrer (Selbst-)Degradierung statt, für die es Erklärungen, aber keine Notwendigkeit gibt.

II. Die Eigenart des Finanzverfassungsrechts

Das Finanzverfassungsrecht umfaßt diejenigen Bestimmungen, die sich auf das Geldwesen und die Erzielung, Verwaltung und Verwendung öffentlicher Einnahmen beziehen. Dazu gehören die bundesstaatliche Finanzverfassung (Art. 104a–108 GG), das Haushaltsverfassungsrecht (Art. 109–115 GG), das Geld- und Währungsrecht (insbes. Art. 88 GG), die verfassungsrechtlichen Grundlagen der Erhebung von Abgaben, das Sozialfinanzverfassungsrecht, schließlich das Subventions- und Staatsvermögensrecht.[11]

---

kante Ordnung, in: Rechtswissenschaft (RW) 2010, S. 11 ff., 16, eine „Stabilisierungs- und Fundierungsfunktion" der Verfassung mit dem Anspruch, „die Grundlagen, den Rahmen, das Ruhende und Feste der jeweiligen politischen Ordnung zu bilden".

[10] *Gunther Teubner,* Globale Zivilverfassungen: Alternativen zur staatszentrierten Verfassungstheorie, in: ZaöRV 63 (2003), S. 1 ff.; *Armin von Bogdandy,* Constitutionalism in International Law, in: Harvard International Law Journal 47 (2006), S. 223 ff.; Christian Calliess (Hrsg.), Verfassungswandel im europäischen Staaten- und Verfassungsverbund, 2007; *Stefan Kadelbach* und *Christian Tietje,* Autonomie und Bindung der Rechtsetzung in gestuften Rechtsordnungen, in: VVDStRL 66 (2007), S. 7 ff. und S. 45 ff.; *Peter Häberle,* Europäische Verfassungslehre, 4. Auflage 2006, S. 221 ff.; *Christoph Schönberger,* Die Europäische Union als Bund, in: AöR 129 (2004), S. 81 ff.; *Robert Uerpmann,* Internationales Verfassungsrecht, in: JZ 2001, S. 565 ff. Kritisch *Rainer Wahl,* In Defence of ‚Constitution', in: Petra Dobner/Martin Loughlin (Hrsg.), The Twilight of Constitutionalism? 2010, S. 220, 223 ff.

[11] Diese Gegenstände sind unstreitig, die Definitionen variieren. Vgl. *Klaus Vogel/Christian Waldhoff,* Grundlagen des Finanzverfassungsrechts, 1999, Rdnr. 1: „Finanzverfassungsrecht' sind diejenigen Vorschriften des Verfassungsrechts, die sich auf die öffentlichen Finanzen beziehen." *Karl-Maria Hettlage,* Finanzverfassung und Finanzverwaltung, in: Staatslexikon der Görres-Ge-

Auffallend ist die sehr unterschiedliche verfassungsrechtliche Normierungsdichte der einzelnen Bereiche. Sehr detailliert werden die bundesstaatliche Finanzverfassung und das Haushaltsrecht einschließlich der Kreditaufnahme im X. Abschnitt des Grundgesetzes geregelt – dem einzigen, der sich überhaupt mit einem speziellen Sachbereich befaßt. Alle anderen finanzrelevanten Bereiche finden allenfalls rudimentäre Erwähnung. Die Finanzverfassung der Sozialversicherung beschränkt sich[12] auf die Anordnung der Zuschußpflicht des Bundes zur Sozialversicherung (Art. 120 Abs. 1 S. 4 GG), obwohl inzwischen das Volumen des Sozialbudgets das der Haushalte der Gebietskörperschaften überschreitet. Die Beitragsfinanzierung der Sozialversicherung stützt sich auf die sachbezogenen Kompetenznormen der Art. 74 Abs. 1 Nr. 12 und Art. 87 Abs. 2 GG. Die verfassungsrechtlichen Grundlagen der Abgabenerhebung sind sogar (weitgehend) ungeschriebenes Finanzrecht[13] – sie leiten sich aus Grundrechten und Kompetenznormen ab, die, ausgenommen Art. 105 GG, nicht speziell Finanzen betreffen.

Noch andere Unterschiede weist die Materie Finanzrecht danach auf, wie weit die historische Verwurzelung der Einzelbereiche als Thema der Verfassung reicht. Das Haushaltsrecht weist die längste Tradition auf. Die Art. 110 ff. GG entsprechen weitgehend den einschlägigen Normen der Preußischen Verfassung von 1850 und gelten auch deshalb als „Traditionskompanie Preußens im Grundgesetz"[14]. Mehr noch: Unter den Bedingungen des Semikonstitutionalismus im 19. Jahrhundert bildete das Haushaltsrecht sogar den Bereich von Staatspraxis, Verfassungsrecht und Rechtslehre, in dem kontroverse und nachhaltige Dogmen zum Gesetzesbegriff, zur Rechtsquellenlehre und zum Verhältnis von Legislative und (monarchischer) Exekutive entwickelt und erprobt wurden.[15]

Der zweitälteste Bereich ist der bundesstaatliche Finanzausgleich, der allerdings noch in der Weimarer Verfassung nur indirekt angesprochen wurde und weitgehend der – damals, ähnlich wie heute im kommunalen Finanzausgleich – fast jährlich wechselnden Gestaltung des Gesetzgebers überlassen blieb.[16] Die Hochzonung in die Verfassung ist eine Neuerfindung des Grundgesetzes. Gefordert von Art. 1 Abs. 3,

---

sellschaft, Bd. 2, 7. Auflage 1986, Sp. 605: „Die Finanzverfassung eines Staates ist der Teil seiner Gesamtverfassung, der die Grundlagen für die Ordnung der Staatsfinanzen regelt."

[12] Vgl. BVerfGE 113, 167 (200); *Werner Heun*, Die Sozialversicherung und das System der Finanzverfassung, in: FS Peter Selmer, 2004, S. 657 ff.; *Thomas Gössel*, Die Finanzverfassung der Sozialversicherung, 1992.

[13] *Klaus Vogel*, Das ungeschriebene Finanzrecht des Grundgesetzes, in: Gedächtnisschrift für Wolfgang Martens, 1987, S. 265 ff.

[14] *Karl-Maria Hettlage*, Die Finanzverfassung im Rahmen der Staatsverfassung, in: VVDStRL 14 (1956) S. 1 ff.

[15] *Karl Heinrich Friauf*, Der Staatshaushaltsplan im Spannungsfeld zwischen Parlament und Regierung, Bd. I, 1968; *Horst Dreier*, Der Kampf um das Budgetrecht als Kampf um die staatliche Steuerungsherrschaft – Zur Entwicklung des modernen Haushaltsrechts, in: Wolfgang Hoffmann-Riem/Eberhard Schmidt-Aßmann (Hrsg.), Effizienz als Herausforderung an das Verwaltungsrecht, 1998, S. 59 ff., 69 ff.

[16] Vgl. Art. 8 WRV: „Das Reich hat ferner die Gesetzgebung über die Abgaben und sonstigen Einnahmen, soweit sie ganz oder teilweise für seine Zwecke in Anspruch genommen werden.

Art. 20 Abs. 3 GG war die unter dem Grundgesetz gänzlich neue Entwicklung verfassungsrechtlicher Grundlagen der Abgabenerhebung und der Subventionen.[17] In der Steuerverfassung gilt inzwischen: „Alle grundlegenden Entscheidungen über Anlage und Ausgestaltung des einfachrechtlichen Steuerrechts sind Verfassungsentscheidungen."[18]

Die eher zögernde Entdeckung der öffentlichen Finanzen als Gegenstand des Verfassungsrechts hat es mit sich gebracht, daß die Staatsrechtslehre lange Zeit „finanzblind"[19] war. Das hat sich erst seit Ende der 1970er Jahre geändert. Einerseits gewannen angesichts sich ausdehnender kostenintensiver Staatstätigkeit die (wirtschaftlichen und) rechtlichen Grenzen der Abgabenerhebung und die Grundsätze der Ausgabenpolitik erheblich an Bedeutung; zugleich wurde die Krise der öffentlichen Finanzen unübersehbar. Andererseits entdeckte die Staatsrechtslehre, inspiriert durch Wirtschaftswissenschaften und Ökonomik,[20] daß Finanzen nicht nur der Selbstausstattung des Staates dienen, sondern auch effektives Mittel zur Steuerung des Verhaltens von Institutionen und Individuen sein können.[21] Eine Ironie der Geschichte stellte es dar, daß die rechtliche Bewältigung der Finanzknappheit und der Einsatz der Finanzen als Steuerungsinstrument nicht miteinander zu vereinbaren sind: Steuern durch Finanzen setzt Verfügungsmacht über Geld voraus, die aber wegen des hohen Bedarfs schon bei der Selbstausstattung des Staates immer prekärer wird.

III. Übergreifende Interpretationsansätze

In der Entwicklung seit 1949 lassen sich verschiedene Interpretationsansätze aufweisen, die Finanzverfassung insgesamt oder Teilbereiche betreffen, die keine Parallelen in anderen Verfassungsbereichen finden. Ganz zu Beginn der Geltung des Grundgesetzes, als man in anderen Bereichen bereits daran ging, die konstitutionalisierende Wirkung der neuen Verfassung für alle Bereiche des Rechts auszuloten,[22] gab es die

---

Nimmt des Reich Abgaben oder sonstige Einnahmen in Anspruch, die bisher den Ländern zustanden, so hat es auf die Erhaltung der Lebensfähigkeit der Länder Rücksicht zu nehmen."

[17] Art. 134 WRV normierte allerdings das Leistungsfähigkeitsprinzip bei der Besteuerung, worauf das Grundgesetz verzichtete.

[18] *Klaus Vogel*, Verfassungsrechtsprechung zum Steuerrecht, 1999, S. 5.

[19] *Josef Isensee*, Steuerstaat als Staatsform, in: FS H.P. Ipsen, 1977, S. 409ff., 412; *Konrad Littmann*, Über einige Untiefen der Finanzverfassung, in: Staatswissenschaften und Staatspraxis 2 (1991), S. 31ff., 31: Eine „gewisse akademische Enthaltsamkeit gegenüber finanzverfassungsrechtlichen Problemen" bilde „kein ganz ungewöhnliches Ereignis".

[20] Die Ökonomie analysiert wirtschaftliche Beziehungen, „Ökonomik ist der Versuch, menschliches Verhalten dadurch zu erklären, dass man unterstellt, dass sich die einzelnen Individuen rational verhalten", *Gebhard Kirchgässner*, Homo Oeconomicus, 3. Auflage 2008, S. 2.

[21] *Peter Selmer*, Steuerinterventionismus und Verfassungsrecht, 1972; *Rainer Wernsmann*, Verhaltenslenkung in einem rationalen Steuersystem, 2005; *Hanno Kube*, Finanzgewalt in der Kompetenzordnung, 2004, S. 216ff.

[22] *Christoph Schönberger*, „Verwaltungsrechts als konkretisiertes Verfassungsrecht". Die Entste-

bemerkenswerte These, der X. Abschnitt begründe eine besondere „Finanzfunktion neben Gesetzgebung, Verwaltung und Rechtsprechung"[23]. Deren besondere Aufgaben lägen in der Mittelbeschaffung, „meßbar am formellen Maßstab des Geldes"[24]. Die Finanzfunktion sei zwar bedingt durch die drei klassischen Staatsgewalten, liege aber auf einer „anderen Ebene"[25]: „Die Finanzverfassung, von der man gesondert sprechen kann, steht jetzt, materiell wie formell, geschlossen neben der allgemeinen Staatsverfassung"[26]. Folgerungen daraus klangen bei Hettlage an: Die Finanzverfassung sei „weithin Ausnahmerecht von der allgemeinen Verfassungsregel", zum Schutz von Finanzen und Währung bedürfe es „nicht selten autoritärer Abweichungen von den demokratischen Verfassungsgrundsätzen"[27].

Das läßt sich heute nur mit historischem Interesse lesen, auch wenn die Ereignisse des Mai 2010 in der Euro-Zone, vor allem die Rettungsschirme, den Eindruck erwecken könnten, als geschähe in der Finanzpraxis in schwierigen Situationen genau das, was Hettlage 1955 sogar normativ für selbstverständlich hielt. Einzelne Finanzrechtler hatten offenbar die grundrechtliche Konturierung der Abgabenerhebung,[28] die bundesstaatliche Disziplinierung des Finanzausgleichs und die rechtsstaatlich-demokratische Rolle des Haushaltsrechts noch nicht einmal als Aufgabenstellung des damals neuen Verfassungsrechts erkannt. Vielleicht klangen auch vordemokratisch und exekutiv geprägte Denkmuster mit. Zumindest mußte das Finanzrecht erst einmal als Teil des Verfassungsrechts entdeckt und verarbeitet werden, während andere Abschnitte der Verfassung (Grundrechte, materielle bundesstaatliche Ordnung) diesen Status von Beginn an unbestritten hatten. 1955 sagte Hettlage: „Die deutsche Finanzverfassung ist seit der Verabschiedung des Grundgesetzes eine offene Frage."[29] Das wurde schnell überwunden. Seit 1955 ist die Interpretation der Finanzverfassung darauf angelegt, sie in den Gesamtzusammenhang des Grundgesetzes einzubetten und „strukturelle Homogenität"[30] herzustellen. Dies kulminierte in der von

---

hung eines grundgesetzabhänigen Verwaltungsrechts in der frühen Bundesrepublik, in: Michael Stolleis (Hrsg.), Das Bonner Grundgesetz. Altes Recht und neue Verfassung in den ersten Jahrzehnten der Bundesrepublik Deutschland (1949–1969), 2006, S. 53.

[23] *Gerhard Wacke*, Das Finanzwesen der Bundesrepublik, 1950, S. 13.

[24] *Gerhard Wacke*, ebenda.

[25] *Gerhard Wacke*, ebenda, S. 12.

[26] *Gerhard Wacke*, ebenda, S. 11. Damit ging es nicht um die Idee einer „Teilverfassung", die Einzelnormen und Prinzipien zu einer Teilrechtsordnung verbindet, die mehr als die Einzelheiten aussagen soll, sondern um eine Sonderbehandlung im Sinne einer Verfassungsexklave.

[27] *Karl-Maria Hettlage*, Die Finanzverfassung im Rahmen der Staatsverfassung, in: VVDStRL 14 (1956), S. 8.

[28] Dazu paßt die lange Zeit vom Bundesverfassungsgericht vertretene These, die Abgabenerhebung sei bis zur Grenze der „erdrosselnden" Wirkung kein Eingriff in Art. 14 Abs. 1 GG, vgl. BVerfGE 14, 221 (241) bis BVerfGE 95, 267 (300); anders BVerfGE 93, 121 (137 f.); 115, 97 (112 f.). Aufschlußreich der frühe Satz des Gerichts (BVerfGE 13, 318 [328]), das Steuerrecht lebe aus dem „Diktum des Gesetzgebers".

[29] *Karl-Maria Hettlage*, (Anm. 27), S. 2.

[30] *Karl Heinrich Friauf*, Öffentlicher Haushalt und Wirtschaft, in: VVDStRL 27 (1969), S. 6.

Ferdinand Kirchhof geprägten Formel der Finanzverfassung als „Folgeverfassung"[31]. Finanzrecht dient der Mittelbeschaffung und Mittelverteilung, es ist „nervus rerum des Föderalismus"[32], weil es alle Gebietskörperschaften mit aufgabenangemessenen Mitteln ausstatten muß,[33] und es unterliegt insgesamt besonderer Formenstrenge und Formenklarheit.[34] Die Finanzverfassung ist „integrierender Bestandteil der Staatsverfassung"[35]. Die Geschichte der grundgesetzlichen Finanzverfassung ist also die Geschichte der Erschließung des Finanzrechts als Verfassungsrecht.

Das gilt auch in einer anderen Hinsicht. Die Finanzverfassung ist der einzige Bereich des Grundgesetzes, der sich, vor allem beim Länderfinanzausgleich nach Art. 107 Abs. 2 GG, die These gefallen lassen mußte, es handele sich um „soft law", Recht minderer Verbindlichkeit und hoher Offenheit, das der Politik bis zur Willkürgrenze weitgehend freien Raum lasse. Danach sollte etwa der Auftrag des Art. 107 Abs. 2 GG zum angemessenen Ausgleich der Finanzkraft der Länder keine inhaltlichen „Maßstäbe" vorgeben. Diese Vorgabe deute „nur die Zielrichtung und Tendenz an"[36]. Diese im Zusammenhang der ersten großen Finanzverteilungsstreitigkeiten der Länder in den 1980er Jahren entwickelte These hat das Bundesverfassungsgericht entschieden zurückgewiesen: Die „Ordnungsfunktion" der Finanzverfassung schließe es aus, „ihre Regelungen – sei es insgesamt, sei es in Teilen – als Recht von minderer Geltungskraft anzusehen, das etwa bis zur Willkürgrenze abweichenden Kompromissen und Handhabungen zugänglich ist, sofern nur ein vertretbares Ergebnis erreicht wird. Ebensowenig sind die Normen der Finanzverfassung mit minder verbindlichen Regelungen im Bereich des Völkerrechts (soft law) vergleichbar. Dem bundesstaatlichen Verfassungsverhältnis würde auf diese Weise in einem zentralen Punkt seine Stabilität und Sicherheit, die Freiheit verbürgt, genommen."[37] Damit war eine Selbstverständlichkeit erreicht; in der Geltungskraft unterscheiden sich Finanznormen nicht von anderen Regelungsgruppen des Grund-

---

[31] *Ferdinand Kirchhof*, Grundsätze der Finanzverfassung des vereinten Deutschlands, in: VVDStRL 52 (1993), S. 80; *Friedrich Schoch/Joachim Wieland*, Finanzierungsverantwortung für gesetzgeberisch veranlaßte kommunale Aufgaben, 1995, S. 69, 92 f. Kritisch allerdings *Werner Heun*, Die Zusammenführung der Aufgaben- und Ausgabenverantwortung von Bund, Ländern und Gemeinden als Aufgabe einer Reform der Finanzverfassung, in: DVBl. 1996, S. 1020 ff.; *Jens-Peter Schneider*, Bundesstaatliche Finanzbeziehungen im Wandel, in: Der Staat 40 (2001), S. 272 ff., 277.

[32] *Josef Isensee*, Idee und Gestalt des Föderalismus im Grundgesetz, in: Josef Isensee/Paul Kirchhof (Hrsg.), Handbuch des Staatsrechts der Bundesrepublik Deutschland, Bd. IV, 1. Auflage 1990, § 98 Rdnr. 209.

[33] BVerfGE 72, 330 (383); 86, 148 (214); zuvor BVerfGE 55, 274 (300).

[34] BVerfGE 55, 274 (300).

[35] *Georg Strickrodt*, Die Finanzverfassung des Bundes als politisches Problem, 1951, S. 8.

[36] *Fritz Ossenbühl*, Zur Justitiabilität der Finanzverfassung, in: FS Karl Carstens, 1984, S. 743 ff., 744 f., 750, 752 f.; *ders.*, Verfassungsrechtliche Grundfragen des Länderfinanzausgleichs gemäß Art. 107 II GG, 1984, S. 62.

[37] BVerfGE 72, 330 (388 f.). Zur „Begrenzungs- und Schutzfunktion der Finanzverfassung" ferner BVerfGE 108, 1 (17); zuvor auch BVerfGE 55, 274 (300, 302); 67, 256 (290). In der Literatur bereits zuvor *Peter Selmer*, Finanzordnung und Grundgesetz, in: AöR 101 (1976), S. 238 ff., 240.

gesetzes.[38] Bestrebungen zur „Immunisierung"[39], Relativierung und Separierung, die in anderen Teilen der Verfassung zunehmend an Boden gewonnen haben, sind im Finanzrecht erfolglos geblieben. Die Finanzverfassung gehörte stattdessen zu den Regelungsteilen des Grundgesetzes, bei denen der Rahmencharakter der Verfassung am deutlichsten betont wurde. In der Rechtsprechung der 1980er Jahre war durchgehend davon die Rede, die Verfassung bilde hier eine in sich geschlossene „Rahmen- und Verfahrensordnung"; lediglich „innerhalb dieses Rahmens ist der politische Prozeß frei und vermag sich nach seinen eigenen Regeln und Bedingungen zu entfalten"[40].

Eine weitere Besonderheit des Finanzrechts besteht darin, daß in ihm die Verhältnisbestimmung zur Nachbarwissenschaft Ökonomie wegen der Aufnahme ökonomischer Begriffe in den Verfassungstext unausweichlich ist. Die Finanzreform 1967/1969 hat, insbesondere bei den außerfiskalischen Funktionen des Haushalts (Art. 109, 115 GG in der bis Ende 2010 geltenden Fassung) ökonomische Thesen zur Globalsteuerung und zur Erhaltung des gesamtwirtschaftlichen Gleichgewichts rezipiert und – mit zeitlicher Verzögerung – in der Rechtslehre Diskussionen darüber ausgelöst, wie das Recht damit umzugehen hat. Die neuen, stückweise ab 2011 geltenden Kreditgrenzen setzen solche Rezeptionen fort, wenngleich mit neuen ökonomischen Bezugspunkten, teilweise auch unklar und in sich widersprüchlich.[41] Das Ausführungsgesetz zum neuen Art. 115 GG möchte sogar ein ökonomisch komplett strukturiertes (wenngleich in der Ökonomie umstrittenes und mit vielen Wertungsmöglichkeiten versehenes) Verfahren zur Bestimmung konjunkturbedingter Verschuldung anordnen.[42] Auch die Interpretation des Finanzausgleichs, dessen Normen (Art. 105–107 GG) von solchen unmittelbaren Anleihen frei sind, stehen unter

---

[38] *Ferdinand Kirchhof*, Grundsätze der Finanzverfassung des vereinten Deutschlands, in: VVDStRL 52 (1993), S. 70, 76; *Wolfram Höfling*, Haushaltsverfassungsrecht als Recht minderer Normativität?, in: DVBl. 2006, S. 934; früher bereits *Klaus Vogel*, Finanzverfassung und politisches Ermessen, 1972, S. 8 ff.

[39] *Gunnar Folke Schuppert*, Verfassungsrechtliche Prüfungsmaßstäbe bei der verfassungsgerichtlichen Überprüfung von Steuergesetzen, in: FS Wolfgang Zeidler, 1987, S. 691 ff., 691.

[40] BVerfGE 67, 256 (288 f.).

[41] Art. 109 Abs. 3 GG n. F. folgt dem Prinzip ausgeglichener Haushalte mit Ausnahmeklauseln, u. a. einer Konjunkturklausel. Das negiert die Möglichkeit steuernder Einflußnahme des Haushalts auf die Konjunktur, während der abstrakte Grundsatz des Art. 109 Abs. 2 GG nach wie vor die öffentlichen Haushalte auf die Wahrung des gesamtwirtschaftlichen Gleichgewichts verpflichtet. Dazu *Stefan Korioth*, Das neue Staatsschuldenrecht – zur zweiten Stufe der Föderalismusreform, in: JZ 2009, S. 729 ff., 730, 732.

[42] § 5 des Gesetzes zu Art. 115 GG: „(1) Die Höhe der zu veranschlagenden konjunkturell bedingten Einnahmen aus Krediten oder der Haushaltsüberschüsse nach § 2 Abs. 2 wird aus der Abweichung der erwarteten wirtschaftlichen Entwicklung von der konjunkturellen Normallage abgeleitet. (2) Eine Abweichung der wirtschaftlichen Entwicklung von der konjunkturellen Normallage liegt vor, wenn eine Unter- oder Überauslastung der gesamtwirtschaftlichen Produktionskapazitäten erwartet wird (Produktionslücke). Das ist der Fall, wenn das auf der Grundlage eines Konjunkturbereinigungsverfahrens zu schätzende Produktionspotenzial vom erwarteten Bruttoinlandsprodukt für das Haushaltsjahr, für das der Haushalt aufgestellt wird, abweicht. (3) Die Konjunkturkomponente ergibt sich als Produkt aus der Produktionslücke und der Budgetsensitivität,

dem Druck ökonomischer Finanzverteilungsmodelle, so etwa, wenn unter dem Stichwort des Wettbewerbsföderalismus über das Verhältnis distributiver und anreizbezogener Verteilungselemente diskutiert wird.[43] Hier hat die Rechtswissenschaft in erstaunlich klarer Weise ihre Eigenständigkeit behauptet. Zunächst, mit Inkrafttreten der Finanzreform 1967/69, wurden Herausforderungen der Finanzverfassungsdogmatik durch die Ökonomie noch gar nicht umfassend wahrgenommen: Ökonomische Begriffe galten als unbestimmte Rechtsbegriffe und sollten die damit verbundenen Klassifizierungen aufrufen.[44] Der Aufstieg der Ökonomie und der Ökonomik zur – nach ihrem Verständnis – maßgeblichen Sozialwissenschaft, die als normative Disziplin aussagen könne, wie Entscheidungen getroffen werden sollen,[45] warf dann aber unausweichlich die Frage auf, ob sich das Recht der Ökonomie als neuer Referenzwissenschaft zu unterwerfen habe. Das ist – im Finanzverfassungsrecht – erstaunlich einhellig zurückgewiesen worden. Nach dem Selbstverständnis der Finanzverfassungsrechtler müssen wirtschaftswissenschaftliche Begriffe und Modelle durch den Gebrauch von „Filter[n] normativer Konkretisierungsraster"[46] verrechtlicht werden. Thesen der Wirtschaftswissenschaften sind Auslegungshilfen und Hilfen für die Rechtspolitik, um die Wirkungsweisen geplanter Normen einzuschätzen, aber keine imperialen Vorgaben. Erleichtert hat diese Selbstbehauptung die weitgehende Übereinstimmung des Gegenstandes der Finanzwissenschaft und der Finanzverfassungsrechtslehre. Ökonomische Thesen zur rationalen Besteuerung, zum optimalen Budget und zur fiskalischen Äquivalenz bei der föderalen Zuordnung von Finanzmacht erlauben die Bestimmung von Gemeinsamkeiten und Unterschieden im Verhältnis zum geltenden Finanzverfassungsrecht und gestatten die Heranziehung ökonomischer Thesen im Rahmen der Interpretationsspielräume und -methoden.

---

die angibt, wie sich die Einnahmen und Ausgaben des Bundes bei einer Veränderung der gesamtwirtschaftlichen Aktivität verändern. [...]".

[43] Etwa *Edzard Schmidt-Jortzig*, Herausforderungen für den Bundesstaat in Deutschland, in: DÖV 1998, S. 746 ff., 749.; *Adrian Ottnad/Edith Linnartz*, Föderaler Wettbewerb statt Verteilungsstreit, 1997, S. 164 ff.; *Veith Mehde*, Wettbewerb zwischen Staaten, 2005, S. 47 ff.

[44] Vgl. etwa *Theodor Maunz*, in: Maunz/Dürig, Grundgesetzkommentar, Art. 109 Rdnr. 38 (Stand 1979): „Das gesamtwirtschaftliche Gleichgewicht ist [...] ein unbestimmter Rechtsbegriff. Dieser unbestimmte Rechtsbegriff läßt einen weiteren Beurteilungsspielraum offen, der rechtlich nicht nachprüfbar ist, sondern durch wirtschaftspolitische Wertungen ausgefüllt werden muß. Verfassungsrechtlich ist nur nachprüfbar, ob dabei der Begriff des gesamtwirtschaftlichen Gleichgewichts im Prinzip zutreffend ausgelegt worden ist und der durch den Begriff bezeichnete allgemeine Rahmen eingehalten worden ist."

[45] *Hans Albert*, Marktsoziologie und Entscheidungslogik, 2. Auflage 1998, S. 28 ff.

[46] *Wolfram Höfling*, Ökonomische Theorie der Staatsverschuldung in rechtswissenschaftlicher Perspektive, in: Christoph Engel/Martin Morlok (Hrsg.), Öffentliches Recht als Gegenstand ökonomischer Forschung, 1998, S. 85 ff., 85; *Martin Morlok*, Vom Reiz und Nutzen, von den Schwierigkeiten und den Gefahren der ökonomischen Theorie für das Öffentliche Recht, ebenda, S. 1 ff., 25; *Oliver Lepsius*, Die Ökonomik als neue Referenzwissenschaft für die Staatsrechtslehre, in: Die Verwaltung 32 (1999), S. 429 ff.; *Stefan Korioth*, Der Finanzausgleich zwischen Bund und Ländern, 1997, S. 251 ff.

Eine letzte Besonderheit mag heute das Finanzverfassungsrecht am deutlichsten charakterisieren: die erstaunlich weitgehende Freiheit von inter- und supranationalen Einflüssen, Überlagerungen und Bindungen. Finanzierungs- und Finanzverwendungsfragen sind in besonderem Maße auf demokratische Legitimation angewiesen; sie spiegeln die je besondere staatliche Binnenorganisation wider und stellen noch heute geschützte und verteidigte nationalstaatliche Residuen dar. Natürlich gibt es Ausnahmen. So unterliegt die Ausgestaltung indirekter Steuern besonderen Diskriminierungsverboten und Harmonisierungsgeboten des Unionsrechts (Art. 110 ff., 113 AEUV), die Geldverfassung, mit Auswirkungen auf das nationale Haushalts- und Staatsschuldenrecht, ist auf die Europäische Union übergegangen. Art. 126 AEUV kennt Defizitvorgaben und -verfahren. Selbstverständlich steht der nationale Steuerstaat, der auf das Belastungsobjekt jeweils einer Volkswirtschaft bezogen ist, im internationalen Steuerwettbewerb.[47] Recht und Wirklichkeit des europäischen Binnenmarktes prägen den Steuergegenstand.[48] Die Kernbereiche des Finanzverfassungs- und Finanzrechts aber sind nationalstaatlich geordnet. Die Finanzverfassung erlaubt also die heute fast ungewöhnliche Frage, was Verfassungsrecht leistet, wenn es internationalisierungs- und globalisierungsfrei ist. Was fangen wir damit im 21. Jahrhundert an?

IV. Selbstgefährdung des Verfassungsrechts

Zunächst ist zu konstatieren, daß Verfassungsrechtsprechung und Verfassungsrechtslehre gerade in den letzten zehn Jahren einen zwar nicht eindeutigen, aber doch deutlich erkennbaren Hauptstrom aufweisen. Sie setzen die Verfassungsrechtlichung der öffentlichen Finanzen über das hinaus fort, was Ende der 1980er Jahre mit der Verbindung von Rahmenordnung und Gestaltungsspielraum des Gesetzgebers erreicht war. Ein erster wichtiger Bereich war die (weitere) Vertiefung der Verfassungsvorgaben für die Besteuerung und Abgabenerhebung, insbesondere der Besteuerung von Familien, der Steuerfreiheit des Existenzminimums[49] und bei den Sonderabgaben.[50] Zum zweiten ist das Maßstäbe-Urteil des Bundesverfassungsgerichts zum bundesstaatlichen Finanzausgleich zu nennen, das (insbesondere) den Verfassungsauftrag des Art. 107 Abs. 2 GG in freier Rechtsschöpfung so weiterbildete, daß der Regelungsvorbehalt in zwei aufeinanderfolgenden Gesetzen unter-

---

[47] *Lars P. Feld*, Steuerwettbewerb und seine Auswirkungen auf Allokation und Distribution, 2000.

[48] *Ulrich Hufeld*, Steuerstaat als Staatsform in Europa, in: FS Josef Isensee, 2007, S. 857 ff.

[49] BVerfGE 99, 216; 99, 246; *Moris Lehner*, Einkommensteuerrecht und Sozialhilferecht, 1993, S. 304 ff.; *ders.*, Freiheitsrechtliche Vorgaben für die Sicherung des familiären Existenzminimums durch Erwerbs- und Sozialeinkommen, in: FS Badura, 2004, S. 331 ff.

[50] BVerfGE 108, 186; 110, 370; dazu *Jens Wahlhäuser*, Wird die „heimliche Steuer unheimlich"?, in: NVwZ 2005, S. 1389 ff.

schiedlicher Konkretisierungsstufen, dem Maßstäbe- und dem Finanzausgleichsge-setz, auszuführen sei.[51]

Die Gründe für die Verfassungsrechtlichung lagen auf der Hand. Die Finanzaus-gleichsgesetzgebung neigte und neigt noch immer dazu, Finanzverteilungsfragen als offenen Verhandlungsprozeß aller Mitentscheidungsberechtigten zu behandeln; das Gesetz protokolliert die außerhalb des förmlichen Gesetzgebungsverfahrens gefun-denen Ergebnisse. Dem setzten die verfassungsgerichtlichen Erfindungen und For-derungen, insbesondere die Idee des Maßstäbegesetzes, die sehnsüchtige Forderung nach Rationalität und Transparenz entgegen.[52] Mit Nachdruck, und mit einiger Ver-spätung gegenüber anderen Verfassungsbereichen, verwandelte sich das Finanzver-fassungsrecht vom dürren Organisationsrecht zur materialen Rahmenordnung der Gesetzgebung. Die Politik hat auf ihre Weise reagiert: Die Vorgaben zur Familienbe-steuerung hat sie nur zögernd, den Maßstabauftrag nur formal umgesetzt, durch ein Maßstäbegesetz, das sich in ergebnisbezogenen Leerformeln erschöpft und für die Gestalt des Finanzausgleichs keinerlei Bedeutung hat.[53] Die Konstitutionalisierung des Finanzrechts blieb – wiederum im Vergleich zu anderen Rechtsgebieten – er-staunlich erfolglos. Das ließ sich erklären. Die weitgehende Ignorierung der verfas-sungsgerichtlichen Regelungsaufträge erhielt der Politik Handlungsspielräume, die vor der Rechtsprechung des Gerichts aus den 1980/90er Jahren noch selbstverständ-lich gewesen waren.

Die Jahre nach 2000 haben dann, insbesondere in den Verfassungsänderungen der Föderalismusreform I und II, noch zu einer anderen Entdeckung seitens der Politik geführt: Der Verfassungsrechtlichung durch der Politik lästige gerichtliche Verfas-sungsinterpretation wird jetzt die Verfassungsrechtlichung durch überbordende Verfassungsänderungen entgegengesetzt. Die neuen finanzbezogenen Verfassungs-normen, insbesondere Art. 109 und 115 GG, folgen nicht dem klassischen Muster, Grundentscheidungen zu treffen und diese im Sinne einer Arbeitsteilung zwischen den Normschichten[54] mit gezielten Ausgestaltungsaufträgen an den Gesetzgeber zu

---

[51] BVerfGE 101, 158.

[52] BVerfGE 101, 158 (215, 217): Der Gesetzgeber sei verpflichtet, das „verfassungsrechtlich nur in unbestimmten (Rechts-)Begriffen festgelegte Steuerverteilungs- und Ausgleichssystem entspre-chend den vorgefundenen finanzwirtschaftlichen Verhältnissen und finanzwissenschaftlichen Er-kenntnissen durch anwendbare, allgemeine, ihn selbst bindende Maßstäbe gesetzlich zu konkreti-sieren und zu ergänzen." Verlangt sei „eine gesetzliche Maßstabgebung, die den rechtsstaatlichen Auftrag des Vorgriffs in die Zukunft […] in der Weise erfüllt, dass die Maßstäbe der Steuerzutei-lung und des Finanzausgleichs bereits gebildet sind, bevor deren spätere Wirkungen konkret be-kannt werden."

[53] Gesetz über verfassungskonkretisierende allgemeine Maßstäbe für die Verteilung des Um-satzsteueraufkommens, für den Finanzausgleich unter den Ländern sowie für die Gewährung von Bundesergänzungszuweisungen (Maßstäbegesetz) vom 9. September 2001 (BGBl. I S. 2302, zuletzt geändert durch Gesetz vom 29. Mai 2009, BGBl. I S. 1170). Vgl. etwa § 6 MaßstG: „Der Finanz-ausgleich unter den Ländern dient der Annäherung ihrer Finanzkraft. Dabei sind die Eigenstaatlich-keit der Länder einerseits und ihre Einbindung in die bundesstaatliche Solidargemeinschaft ande-rerseits zu berücksichtigen. […]".

[54] *Matthias Jestaedt*, Grundrechtsentfaltung im Gesetz, 1999, S. 298–306.

verbinden. Die Verfassung regelt statt dessen – häufig sprachlich, systematisch und konzeptionell wenig durchdacht oder mißglückt – alle Einzelheiten selbst, scheut sich sogar nicht, in manchen Details den Duktus der Verwaltungsvorschrift anzunehmen.[55] Solche Verfassungsnormen zähmen dann vielleicht eine vorpreschende Verfassungsrechtsprechung, sie sind aber keine Rahmenvorgabe für die Politik mehr, sondern Handlungs- und Gestaltungsobjekt der Politik selbst. Das steht „für ein in diesem Ausmaß neues Fehlverständnis der Verfassung und ihrer Funktion"[56]. Die gubernative Politisierung der Verfassung beeinträchtigt den unverzichtbaren Vorrang der Verfassung. Die „Differenz zwischen den Grundsätzen für die Herstellung politischer Entscheidungen und den politischen Entscheidungen selbst"[57] vermindert sich. Statt durch Verfassungsrecht legitimiert zu werden, schafft die Politik gleich selbst die Legitimation. Die Spielregel wird zum Spielfeld. Und: Werden nicht verfassungswürdige Regelungen zu Verfassungsnormen, können sie nur noch erschwert verändert und allein an Art. 79 Abs. 3 GG gemessen werden[58]. Die Detailversessenheit der Verfassung erschwert die rechtliche Verarbeitung neuer Entwicklungen und schließt sich selbst ein. Bei diesen neuesten Verfassungsänderungen läßt sich auch nicht ins Feld führen, die Politik müsse auf diese Weise jetzt ihre Handlungsspielräume gegenüber dem Verfassungsgericht absichern. Nehmen wir das Beispiel der Schuldenregeln. Das Bundesverfassungsgericht war – auf der Grundlage der Art. 109, 115 GG (1969) – in zwei Urteilen zu maßvollen Interpretationen gelangt, die auf die Notwendigkeit verwiesen, grundsätzlich die öffentlichen Haushalte ohne Neuverschuldung auszugleichen. Zu genau diesem Ziel bekennt sich auch die Finanzpolitik seit einigen Jahren. Folglich gibt es keine Divergenzen, die durch Verfassungsänderungen hätten gelöst werden müssen. Die neuen Verfassungsnormen haben eher symbolische Funktion: Sie sollen das Ziel verdeutlichen (keine weitere Verschuldung), zugleich aber Jahr für Jahr Abweichungen von diesem Ziel ermöglichen. Die symbolische Funktion des neuen Verfassungsrechts aber ist es, die besonders fragwürdig und für die Normativität des Grundgesetzes besonders gefährlich ist.

Die Redeweise von der „verfassungszentrierten politischen Kultur"[59] Deutschlands erhält neuen und gefährlichen Sinn. In diesen Zusammenhang gehört ein weiterer Aspekt des gegenwärtigen Umgangs mit der Verfassung. Häufig klaffen Anspruch und Wirklichkeit der neuen Verfassungsnormen, von den politischen Ak-

---

[55] *Peter Selmer*, Die Föderalismusreform II – Ein verfassungsrechtliches monstrum simile, in: NVwZ 2009, S. 1255 ff., 1259; *Stefan Korioth*, Das neue Staatsschuldenrecht – zur zweiten Stufe der Föderalismusreform, in: JZ 2009, S. 729 ff., 735 ff. Eingehend jetzt *Hilde Neidhardt*, Staatsverschuldung und Verfassung, 2010, S. 355 ff.

[56] *Peter Selmer* (Anm. 55), S. 1259.

[57] *Dieter Grimm*, Die Verfassung und die Politik 2001, S. 21.

[58] Dazu entwickelt sich dann – anhand der neuen Art. 109 u. 115 GG bereits deutlich feststellbar – eine rege Diskussion. Das hier enthaltene und ab 2020 geltende grundsätzliche Verschuldungsverbot für die Länder hält für verfassungswidrig *Bardo Fassbender*, Eigenstaatlichkeit und Verschuldungsfähigkeit der Länder, in: NVwZ 2009, S. 737 ff., 738 ff.

[59] Etwa *Gunnar Folke Schuppert*, Verfassung und Verfassungsstaatlichkeit in multidisziplinärer Perspektive, in: FS Peter Badura, 2004, S. 529 ff., 529.

teuren gewollt, auseinander. So behauptete die Föderalismusreform I des Jahres 2006, die Unabhängigkeit und Selbständigkeit des Bundes und der Länder durch Entflechtung und Dezentralisierung zu stärken.[60] Die Auswirkungen der neuen Verfassungsnormen sind tatsächlich aber andere:[61] Es verstärken sich die Elemente der exekutivischen Kooperation unter zentraler Steuerung. Die neuesten Mischfinanzierungen zeigen das am deutlichsten. Während die Föderalismusreform eine Einschränkung der Bund-Länder-Mischfinanzierungen beabsichtigte, entstand zugleich, im Verfahren der Verfassungsänderung 2005/2006 völlig unerwähnt, mit der Grundsicherung für Arbeitsuchende (SGB II) die größte und bedeutsamste Mischfinanzierung in der Geschichte des Grundgesetzes. Für das 2009 verabschiedete Zukunftsinvestitionsgesetz paßte nicht einmal die bestehende Verfassungsgrundlage im 2006 neugefaßten Art. 104b GG, so daß dieser Artikel in der Föderalismusreform II im Jahre 2009 für das Gesetz passend gemacht werden mußte. Das Gesetz, das im Kern Finanzhilfen des Bundes für die Kommunen von 10 Mrd. Euro vorsieht, verband das mit in diesem Ausmaß unbekannten Ingerenzrechten des Bundes in die Sphäre der Länder und sogar der Kommunen. Das zeigt: Verfassungsnormen, die tagespolitisch Programme und Vorstellungen umsetzen, laufen Gefahr, simulierte oder symbolische Verfassungsnormen zu sein. Jedenfalls verfehlen sie den Anspruch, „die Grundlagen, den Rahmen, das Ruhende und Feste der jeweiligen politischen Ordnung zu bilden".[62]

Wenn sich aber die Bedeutung der Verfassung verschiebt, dann muß sich notwendigerweise die „verfassungszentrierte politische Kultur" ändern. Mit diesem Fazit fügt sich die Finanzverfassung in die Gesamtentwicklung der Verfassung ein. Was sonst aber auf den Funktionsverlust der Verfassung im Mehrebenensystem und im transnationalen Netzwerk vielfältiger Rechtsquellen zurückgeführt wird, kann die Veränderung des Finanzverfassungsrechts nicht erklären. Offenbar ist die klassische Ordnungsaufgabe im hierarchischen Aufbau der Rechtsquellen und ihrer Funktionen, Niederschlag der grundlegenden Selbstverständigung einer Gesellschaft zu sein,[63] in all ihren Bestandteilen gefährdet, mal exogen, mal endogen verursacht. Originär juristische Gegenmittel gibt es nicht. Vielleicht mit einer Ausnahme: Es läßt sich erwägen, die Verfassungsänderung zu erschweren, indem der überkommene Weg der qualifizierten Gesetzgebung mit den Erfordernissen des Art. 79 Abs. 1 und Abs. 2 GG mit weiteren und erschwerenden Voraussetzungen, etwa Plebisziten, verbunden wird. Die durchaus nicht niedrige Hürde der Zwei-Drittel-Mehrheiten in Bundestag und Bundesrat erweist sich in Zeiten permanenter, Bund und Länder übergreifender informaler großer Koalitionen, die Kompromisse gern gleich in der

---

[60] Vgl. BT-Drs. 16/813, S. 7; *Ulrich Häde*, Zur Föderalismusreform in Deutschland, in: JZ 2006, S. 930 ff., 931.

[61] *Stefan Korioth*, Neuordnung der Bund-Länder-Finanzbeziehungen?, in: ZG 2007, S. 1 ff.

[62] *Horst Dreier* (Anm. 9), S. 17.

[63] So eine neue politologische Formulierung eines Gedankens der Smendschen Integrationslehre: *Hans Vorländer*, Verfassung und politische Kultur, in: Jürgen Gebhardt (Hrsg.), Verfassung und politische Kultur, 1999, S. 75 ff.

Verfassung niederlegen, als leicht überwindbar.[64] Ansonsten bleibt nur, die Verfassung als das „juristische Weltenei"[65] zu akzeptieren, das Forsthoff vor vierzig Jahren bereits verspottete – während es damals aber um die Imprägnierung der Verfassung mit ausstrahlenden Werten ging, handelt es sich heute um ein Weltenei mit geringer Haltbarkeit, eine Art von Textsammlung mit laufenden updates. Vielleicht lautet die Aufgabe, die Relativierung der Verfassung zu akzeptieren und Verfassungsrecht als Ergebnis kontinuierlicher und permanenter Rechtsetzung und Rechtsanpassung hinzunehmen.

---

[64] Zur Kritik etwa *Brun-Otto Bryde*, Verfassungsentwicklung, 1982, S. 54; *Horst Dreier*, Verfassungsänderung leicht gemacht, in: Zeitschrift für Staats- und Europawissenschaften 6 (2008), S. 399 ff.

[65] *Ernst Forsthoff*, Der Staat der Industriegesellschaft, 1971, S. 144.

Hans Michael Heinig

Eigenwert des Religionsverfassungsrechts

I. Einleitung

Zum Verfassungsrecht gehören seit jeher Bestimmungen zu Religion und Kirche. Zugespitzt könnte man sogar sagen: am Anfang des Verfassungsrechts stand die Religion. Das gilt jedenfalls inhaltlich für einen wesentlichen Teil des Verfassungsrechts, die Grundrechte: die These *Georg Jellineks*, dass die Religionsfreiheit eine Art Urgrundrecht war,[1] ist, wiewohl in den Details umstritten, im Kern richtig.[2] Die Sicherung religiöser Freiheit war stets ein wesentliches Anliegen moderner (nationalstaatlicher) Konstitutionalisierungsbewegungen.

Doch auch in den Tiefenstrukturen der Verfassungsentwicklung ist die Religion eingezeichnet. Denn die Genese des Verfassungsstaates ist eingebettet in den vielschichtigen Prozess des Auseinandertretens von Religion und Politik, der sich selbst wiederum im modernen Verfassungsrecht abbildet.[3] Das säkulare Religionsverfassungsrecht ist, mit anderen Worten, Produkt reflexiver Säkularisierung. Religion ist deshalb in vielerlei Hinsicht ein wesentliches Thema des Verfassungsrechts.

II. Religionsverfassungsrecht: Sonderdisziplin oder typischer Teilverfassungsdiskurs?

Wenn im Folgenden im Kontext eines Gesamtbandes zum „Eigenwert des Verfassungsrechts" nach dem Eigenwert des Religionsverfassungsrechts gefragt wird, soll damit nicht die Sonderheit, gar hermetische Abgeschlossenheit einer Teilverfassung herausgestellt werden. Vielmehr geht es darum, im Lichte einer breit geführten Diskussion über die zukünftige Struktur und Relevanz von Verfassungsrecht am Beispiel eines bestimmten Normmaterials die Frage nach Funktionen und Wandel, nach

---

[1] *G. Jellinek*, Die Erklärung der Menschen- und Bürgerrechte (1895), in: R. Schnur (Hrsg.), Zur Geschichte der Erklärung der Menschenrechte, 1964, S. 39 ff.

[2] Vgl. *G. Haverkate*, Verfassungslehre, 1992, S. 198 ff.

[3] So lässt sich der moderne Staat, selbst historisch (genauer: nur historisch!) eine Verfassungsvoraussetzung (vgl. *D. Grimm*, Verfassung, in: *ders.*, Die Zukunft der Verfassung, 1991, S. 11 ff.), in einer (von mehreren möglichen) Meistererzählungen als Produkt der Säkularisierung rekonstruieren; vgl. *E.-W. Böckenförde*, Die Entstehung des Staates als Vorgang der Säkularisation, in: *ders.*, Recht, Staat, Freiheit, 1991, S. 92 ff.; unmittelbare Ausgangsbedingung für den Verfassungsprozess ist zudem die Erosion religiös-traditionaler Herrschaftsbegründung; vgl. *D. Grimm*, ebenda, S. 12.

Bedeutungsgewinnen und -verlusten näher zu beleuchten. So verstanden, stellt das Thema des Eigenwertes einer „Teilverfassung" die „Einheit der Verfassung"[4] nicht in Frage, sondern setzt diese geradezu voraus. Das Grundgesetz weist das verfassungstypische Charakteristikum einer umfassenden Grundordnung auf[5] und fällt nicht in unterschiedliche, beziehungslose Teilregime auseinander. Die Kategorie der „Teilverfassung", für das Grundgesetz sachgemäß herangezogen, impliziert deshalb keine Segmentierung und Fragmentierung des Verfassungsrechts.

Auch die Wissenschaft vom Religionsverfassungsrecht stellt entgegen entsprechender zuweilen ausgesprochener Verdächtigungen keine Sonderdisziplin dar – gleichsam betrieben von einer eingeschworenen, in sich abgeschlossenen und ideologisch eingefärbten „Fachbruderschaft", die sich abgelöst hat von den allgemeinen Regeln wissenschaftlicher Rechtsauslegung und Rechtsanwendung.[6] Bei solchen Urteilen dürfte es sich teils um rhetorische Strategien der argumentationsfreien Nobilitierung des eigenen wissenschaftlichen Ansatzes, teils um Versuche denunziatorischer Delegitimierung des normativen Status quo handeln. Einer genaueren Betrachtung halten sie, so pauschal gesprochen, kaum stand. Eine Wissenschaftsgeschichte des Staatskirchenrechts nach 1945, die bisher als Forschungswerk, vergleichbar den Wissenschaftsgeschichten des Öffentlichen Rechts,[7] noch aussteht,[8] würde wohl zeigen, dass die Teildisziplin die Arbeits- und Denkweisen der jeweiligen Staatsrechtslehrer ihrer Zeit recht gut widerspiegelt. Ideologisierungsgrad, Methodenbewusstsein, Reflexionsniveau, Theorievermögen und Anwendungsorientierungen dürften (innerhalb gewisser Schwankungsbreiten) so ziemlich dem entsprechen, was jeweils üblich war. Wie auch in anderen Rechtsgebieten hat sich mit gewisser Regelmäßigkeit eine neue Wissenschaftlergeneration von der vorhergehenden durch die Ausrufung eines Paradigmenwechsels abgegrenzt und dies durch Verweis auf veränderte soziale und kulturelle Umstände sowie neue in der Rechtswissenschaft rezipierte sozial- und politiktheoretische Großentwürfe plausibel zu machen gesucht. Gelang die Plausibilisierung, folgten auch die Arrivierten der Zunft. Der Abschied von der Koordinationslehre[9] vollzog sich auf diese Weise und ebenso die Neudeu-

---

[4] Zum Topos etwa *H. Ehmke*, Prinzipien der Verfassungsinterpretation, in: VVDStRL 20 (1963), S. 53 ff.

[5] Zu diesem Charakteristikum *D. Grimm*, Entstehungs- und Wirkungsbedingungen des modernen Konstitutionalismus, in: *ders.*, Die Zukunft der Verfassung, 1991, S. 31 (34 f.).

[6] Religionsrecht „ist nicht selten ein Bekenntnis von ‚Fachbrüdern'", so *C. Möllers*, Religiöse Freiheit als Gefahr, in: VVDStRL 68 (2009), S. 47 (49 Fn. 4), dort mit weit. Nachw. zum beschriebenen Verdacht.

[7] Vgl. etwa *M. Stolleis*, Geschichte des öffentlichen Rechts, 3 Bde., 1988 ff.

[8] Vgl. im Überblick zur Entwicklung *C. Link*, Kirchliche Rechtsgeschichte, 2. Aufl. 2010, S. 221 ff., insb. 228 ff.; aufschlussreich auch *M. Stolleis*, Fünfzig Bände „Zeitschrift für evangelisches Kirchenrecht", in: ZevKR 50 (2005), 165 ff.

[9] Dazu *C. Link*, Kirchliche Rechtsgeschichte, 2. Aufl. 2010, S. 229; *S. Korioth*, in: Maunz/Dürig, Art. 140 Rn. 10 (42. Lfg.) jeweils mit weit. Nachw.

tung des herkömmlichen Staatskirchenrechts als ein den Bedingungen religiös-welt-anschaulicher Pluralität entsprechendes „Religionsverfassungsrecht".[10]

Als „Vater" des religionsverfassungsrechtlichen Ansatzes gilt *Peter Häberle*. Er hat den Begriff 1976 mit seinem Aufsatz „Staatskirchenrecht' als Religionsrecht der verfaßten Gesellschaft" im Sprachgebrauch etabliert.[11] Häberle konnte dabei in der Sache an Arbeiten von seinem akademischen Lehrer *Konrad Hesse*,[12] aber auch an die beiden Staatsrechtlehrerreferate von *Martin Heckel* und *Alexander Hollerbach* anknüpfen.[13] Unmittelbarer Anlass für seine Überlegungen war jedoch die Besprechung der „Religionsrechtlichen Schriften" von *Paul Mikat*.[14]

In der Rückschau erscheint Häberles Beitrag als eine bemerkenswerte Mischung aus Analyse der damaligen Diskussionsstränge und programmatischer Neukonzeption. Damit setzte er Standards, formulierte er Ansprüche an die Wissenschaft vom Religionsverfassungsrecht, denen sich die Disziplin bis heute verpflichtet weiß.

Häberle zeigt, dass der Teil der Verfassung, der Religion und Religionsgemeinschaften betrifft, integraler Bestandteil des freiheitlichen Verfassungsrechts ist und aus wissenschaftlicher Sicht auch sein muss. Nur so könne es exemplarisches Recht sein, ein Rechtsgebiet, in dem immer wieder die „Grundsatzfragen von freiheitlich-demokratischen Gemeinwesen" gleichsam stellvertretend „durchgespielt" werden.[15] Als Teilgebiet des Verfassungsrechts fordere das Religionsrecht „immer wieder zu verfassungstheoretischen Grundsatzdiskussionen" heraus.[16] Zugleich komme die Wandelbarkeit des Verfassungsrechts im Religionsrecht auf eigensinnige Weise zum Ausdruck, da die immer wieder durchscheinende historische Prägung zugleich das geschichtlich Gewordene relativiere, so Häberle.[17] Wie andere Teilverfassungen sei auch das Staatskirchenrecht auf Anschluss- und Verallgemeinerungsfähigkeit angewiesen. Es müsse sich immer wieder neu aus den Grundprinzipien der Verfassung heraus bewähren und zur Gewinnung solcher Prinzipien beitragen.

Die wesentlichen Arbeiten zum Religionsverfassungsrecht der letzten dreißig Jahre mühten sich erkennbar, dieser von Häberle formulierten Wissenschaftskonzeption und den daraus resultierenden Ansprüchen zu genügen. Zwar haben sich seit den

---

[10] Dazu etwa *H. M. Heinig/C. Walter* (Hrsg.), Staatskirchenrecht oder Religionsverfassungsrecht?, 2007; *C. Walter*, Religionsverfassungsrecht, 2008; *P. Unruh*, Religionsverfassungsrecht, 2009, S. 21 ff., jeweils mit weit. Nachw.

[11] *P. Häberle*, „Staatskirchenrecht" als Religionsrecht der verfaßten Gesellschaft, in: DÖV 1976, 73 ff. = Verfassung als öffentlicher Prozeß, 3. Aufl. 1998, S. 329 ff.

[12] *K. Hesse*, Freie Kirche im demokratischen Gemeinwesen, in: ZevKR 11 (1964/1965), 337 ff.

[13] *M. Heckel*, Die Kirchen unter dem Grundgesetz, in: VVDStRL 26 (1968), S. 5 ff.; *A. Hollerbach*, Die Kirchen unter dem Grundgesetz, ebenda, S. 57 ff.

[14] *P. Mikat*, Religionsrechtliche Schriften, 2 Bde., 1974.

[15] *P. Häberle*, „Staatskirchenrecht" als Religionsrecht der verfaßten Gesellschaft, in: DÖV 1976, 73 ff. = Verfassung als öffentlicher Prozeß, 3. Aufl. 1998, S. 329 (330).

[16] *P. Häberle*, „Staatskirchenrecht" als Religionsrecht der verfaßten Gesellschaft, in: DÖV 1976, 73 ff. = Verfassung als öffentlicher Prozeß, 3. Aufl. 1998, S. 329 (330).

[17] *P. Häberle*, „Staatskirchenrecht" als Religionsrecht der verfaßten Gesellschaft, in: DÖV 1976, 73 ff. = Verfassung als öffentlicher Prozeß, 3. Aufl. 1998, S. 329 (334).

1970er Jahren die Referenzparadigmen der verfassungsrechtswissenschaftlichen Generaldebatten gewandelt: neben die leistungsstaatliche Grundrechtstheorie, für die Häberle steht, traten andere Fragen der Grundrechtstheorie, z. B. die Selbstverständnisberücksichtigung,[18] die Prinzipientheorie[19] oder Konzeptionen der „Vergrundrechtlichung" des vormals institutionell verstandenen Staatskirchenrechts,[20] die Befassung mit den vom supranationalen Recht ausgehenden Transformationswirkungen oder die Rechtsvergleichung.[21] Doch was über die Zeit hinweg bleibt, ist die Verpflichtung, die aus dem verfassungsrechtlichen Charakteristikum des konstitutionellen Religionsrechts folgt: Teil eines übergreifenden Wissenschaftsdiskurses über Verfassungsrecht und (nur) in diesem Sinne Disziplin einer „Teilverfassung" zu sein.

III. Charakteristika und Funktionen des heutigen Religionsverfassungsrechts

1. Eigenheiten des modernen Verfassungsrechts

Die Ausbildung moderner Verfassungsstaatlichkeit ist bekanntlich ein überaus langwieriger und voraussetzungsvoller Prozess, ein komplexes Ineinandergreifen von etablierten Herrschaftsformationen, unterschiedlichen ökonomischen und politischen Dynamiken, veränderten Selbstbeschreibungen der Gesellschaft und normativen Leitvorstellungen.[22] In diesem Prozess hat das moderne Verfassungsrecht Charakteristika und Funktionen ausgebildet, die das Verfassungsrecht von anderen Rechtsnormen unterscheiden und den Eigenwert des Verfassungsrechts prägen.[23]

Wesentliche *Funktionen* sind die Legitimation, die Rationalisierung und die Begrenzung politischer Herrschaft. In diesem Sinne dient die Verfassung der Verrechtlichung der Politik und der Politisierung des (vom Gesetzgeber positiv bestimmten) Rechts.[24] *Charakteristikum* der Verfassung schlechthin ist ihr Vor-

---

[18] Vgl. *M. Morlok*, Selbstverständnis als Rechtskriterium, 1993; *S. Muckel*, Religiöse Freiheit und staatliche Letztentscheidung, 1997.

[19] Erkennbare Prägung bei *M. Borowski*, Die Glaubens- und Gewissensfreiheit des Grundgesetzes, 2006 (insb. S. 195 ff.).

[20] Zur Debatte *H. M. Heinig/C. Walter* (Hrsg.), Staatskirchenrecht oder Religionsverfassungsrecht?, 2007.

[21] Vgl. *S. Mückl*, Europäisierung des Staatskirchenrechts, 2005; *C. Walter*, Religionsverfassungsrecht, 2008; *A. von Ungern-Sternberg*, Religionsfreiheit in Europa, 2008.

[22] Vgl. etwa *D. Grimm*, Entstehungs- und Wirkungsbedingungen des modernen Konstitutionalismus, in: *ders.*, Die Zukunft der Verfassung, 1991, S. 31 (37 ff.).

[23] Im Überblick *M. Morlok*, Art. Verfassung, in: Ev. Staatslexikon, Neuausgabe 2006, Sp. 2556 (2557 ff.); näher auch Grundlagenbeiträge in diesem Band.

[24] *C. Möllers*, Verfassungsgebende Gewalt – Verfassung – Konstitutionalisierung, in: A. von Bogdandy/J. Bast (Hrsg.), Europäisches Verfassungsrecht, 2. Aufl. 2009, S. 227 (229 ff.) im Anschluss an *N. Luhmann*, Verfassung als evolutionäre Errungenschaft, in: Rechtshistorisches Journal 9 (1990), 176 ff.

rang.[25] Die Verfassung bildet die oberste Ebene einer Rechtsordnung. Diese hierarchische Stellung bringt weitere Eigenarten mit sich:

– Eine oberste Rechtsebene kann nicht heteronom begründet werden. Es bedarf eines Willens zur Verfassung, eines Verfassungskonsenses.

– Verfassungen weisen als oberste Rechtsebene generell eine große sachliche, personelle und zeitliche Reichweite auf, dadurch bedingt, einen hohen Generalisierungsgrad, was wiederum zu einem abstrakten Normierungsstil und einer relativen Unbestimmtheit führt.

– Zugleich sind Verfassungen als oberste Rechtsebene nur unter erschwerten Bedingungen abänderbar: Sie sind Produkt der Positivität modernen Rechts und versuchen zugleich – gerade deshalb – der Kontingenz des Rechts für einen Teil des Rechts entgegenzuwirken. Denn Verfassungen entpolitisieren Grundentscheidungen durch den Vorrang vor anderem Recht. Diese Grundentscheidungen sind zunächst nicht Gegenstand, sondern Prämisse und Verfahren der politischen Selbstverständigung einer Gesellschaft.

– Im Konsens einmal gefunden bewirken Verfassungen eine Prolongierung des ursprünglichen verfassungsschaffenden Konsenses abstrahiert vom spezifischen zeitgeschichtlichen Kontext und den konkreten Intentionen der Akteure. Zugleich sind Verfassungen auf fortlaufende Akzeptanz angewiesen. Sie zeichnen sich also gleichermaßen durch Konsensstabilisierung und Konsensbedarf aus.

Verfassungsnormen wirken zugleich als Projektionsfläche für extrajuridische Gerechtigkeitsvorstellungen, die an das Recht herangetragen werden. Verfassungsrecht bildet unter den Bedingungen positiven Rechts als innerjuristische Gerechtigkeitsreserve eine Art Naturrechtssurrogat, das gegen das gesetzte Recht gerichtsförmig aktiviert werden kann.[26]

Konsensbezug, normhierarchische Stellung und die Funktion als Gerechtigkeitsreserve bedingen die Offenheit der Verfassung gegenüber neuen gesellschaftlichen Entwicklungen, also ein dynamisches Verfassungsverständnis.[27]

Verfassungen sind aber auch eine Erscheinung jenseits der Rechtstechné: sie stiften und speichern politischen Sinn, sind Imaginationen des Politischen,[28] haben eine affektive Dimension, ja sie sind Gegenstand einer spezifischen Form des Patriotismus.[29]

---

[25] Vgl. *R. Wahl*, Vorrang der Verfassung, in: *ders.*, Verfassungsstaat, Europäisierung, Konstitutionalisierung, 2003, S. 121 ff.

[26] *M. Morlok*, Art. Verfassung, in: Ev. Staatslexikon, Neuausgabe 2006, Sp. 2556 (2560 f.).

[27] *M. Morlok*, Art. Verfassung, in: Ev. Staatslexikon, Neuausgabe 2006, Sp. 2556 (2560 f.).

[28] Zum Begriff etwa *U. Haltern*, Europarecht und das Politische, 2005, S. 17 ff.

[29] Vgl. *J.-W. Müller*, Verfassungspatriotismus, 2010.

2. Herrschaftsbindung als Movens für die Aufnahme religionsrechtlicher Bestimmungen in die Verfassung

Die beschriebenen Eigenheiten des Verfassungsrechts haben das heutige Religionsverfassungsrecht des Grundgesetzes in seiner Herausbildung und weiterer Entwicklung maßgeblich geprägt. Das gilt zunächst für die Teile, die durch Inkorporation von der Weimarer Reichsverfassung übernommen wurden, aber auch für das originäre Bonner Staatskirchenrecht. In beiden Fällen wurden neben der Garantie der Religionsfreiheit und des Verbots religiöser Diskriminierung weitere, recht ausführliche Bestimmungen zum Verhältnis von Staat und Religionsgemeinschaften in die Verfassung aufgenommen. Jeweils ging es um die Aktivierung oben beschriebener wesentlicher Verfassungsfunktionen, vor allem um die Begrenzung und Bindung politischer Herrschaft durch den Vorrang der Verfassung. Durch die Konstitutionalisierung wichtiger Teile des Religionsrechts wurden religionspolitische Grundsatzentscheidungen in erhöhtem Maße konsensabhängig; dies führte zu Mäßigung und Ausgleich bei der Formulierung solcher Grundentscheidungen im Prozess der Verfassunggebung und zur Beständigkeit eines einmal erzielten Kompromisses infolge der erschwerten Abänderbarkeit der Verfassung. Die verdichtete Politisierung in der Verfassungsentstehung brachte eine Entpolitisierung im demokratischen Routinegeschäft mit sich.

a) Doppelter Kulturkompromiss

Sowohl in der Weimarer Nationalversammlung als auch im Parlamentarischen Rat gab es in Fragen von Religion, Weltanschauung, Familie und schulischer Erziehung erhebliche Differenzen (wenngleich diese 1949 weniger scharf ausfielen als 1919). In Weimar wurden die ideologischen Unterschiede, die insbesondere auch die Weimarer Koalition der republiktreuen Parteien auszeichneten, mittels eines „Kulturkompromisses" überwunden, an den die Bonner Republik dreißig Jahre später wieder anknüpfen sollte. Komponenten dieses Kompromisses für den Bereich von Religion und Kirche waren insbesondere die Abschaffung der Staatskirche (Art. 137 Abs. 1 WRV), die Garantie freier Selbstordnung und -verwaltung von Religionsgemeinschaften in den Schranken des für alle geltenden Gesetzes (Art. 137 Abs. 3 WRV), der Erhalt des öffentlich-rechtlichen Körperschaftsstatus für Religionsgesellschaften nebst deren Recht zur Besteuerung ihrer Mitglieder sowie ein Verleihungsanspruch für bisher nicht korporierte Religionsgesellschaften (Art. 137 Abs. 5 und 6 WRV), die Kirchengutsgarantie (Art. 138 Abs. 2 WRV), der Auftrag zur Ablösung von Staatsleistungen gegen Entschädigung (Art. 138 Abs. 1 WRV), die Garantien der Anstaltsseelsorge (Art. 141 WRV), die Beibehaltung des Religionsunterrichts als ordentliches Unterrichtsfach in den öffentlichen Schulen (Art. 149 WRV bzw. Art. 7 Abs. 3 GG) sowie schließlich die Gleichstellung von Religions- und Weltanschauungsgesellschaften (Art. 137 Abs. 7 WRV). Die aus den Zeiten von Staatskirchentum und staatlicher cura religionis stammenden Privilegierungen der beiden großen christlichen Kirchen sollten entfallen, zugleich aber Religion als Faktor des öffentlichen Lebens durch die Verfassung gewürdigt und ihre Trägerorganisationen geschützt und gefördert werden. Staat und Kirche sollten voneinander getrennt, das landesherrliche Kirchenregiment aufgegeben werden. Die Trennung sollte jedoch „schiedlich-friedlich" ohne säkularistisch-kulturkämpferischen Eifer erfolgen, die öffentliche Wirkmächtigkeit und finanzielle Lebensfähigkeit der Kirchen sollten bewusst nicht beschnitten werden. Leitbild des freiheitlich-demokratischen Verfassungsrechts in Deutschland wurden weder die Prolongierung von Staatskirchentum und christlicher Staatlichkeit noch die laizistische „Herabstufung" der Kirchen und Verdrängung der Religion aus dem staatlich verfassten öffentlichen Raum, sondern die neutralitäts- und freiheitskonforme Gleichberechtigung aller Religionen und Weltanschauungen im Rahmen eines Arrangements wohlwollender Kooperation.[30]

b) Schutzfunktion des Religionsverfassungsrechts vor dem Hintergrund revolutionärer Erfahrungen

Im Vorfeld der Weimarer Verfassungsberatungen war es keineswegs ausgemacht, dass die Reichsverfassung einen umfangreicheren Katalog an Religionsbestimmungen erhält.[31] Der der verfassungsgebenden Nationalversammlung durch das Reichsinnenministerium vorgelegte Verfassungsentwurf beschränkte sich noch auf die Gewährleistung der Glaubens- und Gewissensfreiheit, der religiösen Vereinigungsfreiheit sowie das Verbot von Ungleichbehandlungen aus Gründen der Religion oder Weltanschauung.[32] Unter dem Eindruck rigoristisch kirchenfeindlicher Tendenzen in einigen Ländern unmittelbar nach dem republikanischen Umbruch 1918 bestanden die Mitte-/Rechtsparteien jedoch darauf, reichsverfassungsrechtliche Grundsätze für das Religionsrecht zu formulieren. Der Vorgang, der diesen Forderungen zugrundelag, war in der Tat bemerkenswert:[33] Die linken Revolutionsregierungen der ersten Stunde rückten in vielen Ländern in die monarchische Stellung des landesherrlichen Kirchenregiments bzw. des zum ius circa sacra berufenen Landesherrn ein und nutzten diese Position, wiewohl eigentlich einem streng laizistischen Pro-

---

[30] Vgl. etwa *H.M. Heinig*, Öffentlich-rechtliche Religionsgesellschaften, 2003, S. 92 ff.; *S. Korioth*, Die Entwicklung des Staatskirchenrechts in Deutschland seit der Reformation, in: H.M. Heinig/C. Walter (Hrsg.), Staatskirchenrecht oder Religionsverfassungsrecht?, 2007, S. 39 ff.; *ders.*, Die Entwicklung der Rechtsformen von Religionsgemeinschaften in Deutschland im 19. und 20. Jahrhundert, in: H.G. Kippenberg/G.F. Schuppert (Hrsg.), Die verrechtlichte Religion, 2005, S. 109 (122 ff.).

[31] Zu den Beratungen etwa *L. Richter*, Kirche und Schule in den Beratungen der Weimarer Nationalversammlung, 1995; *F. Giese*, Staat und Kirche im neuen Deutschland, in: JöR XIII (1925), 249 ff.; *C. Israel*, Geschichte des Reichsstaatskirchenrechts, 1922; *K.-H. Kästner*, in: Bonner Kommentar zum GG, Art. 140 Rn. 1 ff. (Drittbearbeitung 144. Aktualisierung).

[32] *H.M. Heinig*, Öffentlich-rechtliche Religionsgesellschaften, 2003, S. 94.

[33] Siehe *E.R. Huber/W. Huber*, Staat und Kirche im 19. und 20. Jahrhundert, Bd. 4, 1988, S. 8 ff.; 42 ff.; *C. Link*, Kirchliche Rechtsgeschichte, 2009, S. 168 ff.

gramm verpflichtet, weidlich aus. Innerhalb des linken Lagers nahmen die Sozialde-
mokraten von der Durchsetzung einer marxistisch inspirierten religionsfeindlichen
Programmatik zwar ihrerseits schnell Abstand. Sie distanzierten sich von den erkennbar gewordenen Ansätzen eines mit den Instrumenten des autoritären Obrig-
keitsstaates ausgefochtenen Kulturkampfes. Die Erfahrungen unmittelbar nach 1918
ließen es wesentlichen politischen Kräften in der Weimarer Nationalversammlung
gleichwohl angeraten erscheinen, in die neue Verfassung auch einen religionsverfassungsrechtlichen Teil aufzunehmen, der gewisse religionspolitische Grundsätze
reichseinheitlich festschreibt.

Aus den Spezifika der Verfassung (hoher Konsensbedarf als Reflex der im Vorrang
der Verfassung begründeten gesteigerten Bindungskraft) resultierte dann, dass im
Laufe der Verfassunggebung nicht nur Regelungen zur Ausgestaltung der 1918 anstehenden Trennung von Staat und Kirche getroffen wurden, sondern gleichsam bei
Gelegenheit ein vielgestaltiges Religionsverfassungsrecht auf der Grundlage freiheit-
lich-paritätischer Offenheit des Staates für die Religionen und Weltanschauungen
seiner Bürger.

c) Wiederaufnahme der Schutzfunktion im Parlamentarischen Rat

In der Gründungsphase der Bundesrepublik finden sich für das Religionsverfassungsrecht bemerkenswerte Parallelen zu Weimar: Der Verfassungsentwurf von
Herrenchiemsee sah (wie weiland der Preußsche Vorentwurf für die WRV) keine
besonderen Bestimmungen zu Religion und Weltanschauung vor.[34] Im Laufe der Beratungen des Parlamentarischen Rates setzten sich dann die Kräfte durch, die die
Aufnahme bundesverfassungsrechtlicher Grundsätze befürworteten.[35] Im Hintergrund standen sowohl die Erfahrungen der Revolutionszeit von 1918/1919 als auch
die massiven Eingriffe der Nationalsozialisten in innerkirchliche Angelegenheiten
und die Verfolgungs- und Vernichtungspolitik des Dritten Reiches gegen Juden,
Zeugen Jehovas und andere religiös-weltanschauliche Gruppierungen. Die SPD hatte
zunächst Vorbehalte gegen staatskirchenrechtliche Regelungen, sollte sich nach ihren Vorstellungen das Grundgesetz als provisorische Verfassung doch insgesamt speziellen Regeln zu Fragen der Lebens- und Gemeinschaftsordnung enthalten. Eine
Einigung gelang dann durch Inkorporation des 1919 bereits gefundenen Kompromisses in das Grundgesetz.

---

[34] *M. Morlok*, in: H. Dreier, GG, Bd. 3, 2. Aufl. 2008, Art. 140 Rn. 12; *S. Korioth*, in: Maunz/Dü-
rig, GG, Art. 140 Rn. 6 (42. Lfg.).

[35] *K.-H. Kästner*, in: Bonner Kommentar zum GG, Art. 140 Rn. 24 ff. (Drittbearbeitung 144. Aktualisierung); *S. Korioth*, in: Maunz-Dürig, GG, Art. 140 Rn. 7 (42. Lfg.) ; vgl. auch die Dokumentation in: JöR n. F. Bd. 1 (1951), S. 899 ff.

3. *Normenhierarchie und institutionalisierte Durchsetzung: zur Bedeutung der Verfassungsgerichtsbarkeit*

Die harte Probe der verfassungsrechtlichen Abwehr totalitaristischer Übergriffe auf religiöse Freiheits- und Gleichheitsrechte blieb dem Religionsverfassungsrecht der Bundesrepublik erspart. Domestizierung von Herrschaft als Begrenzung, Orientierung und Rationalisierung leistet das Verfassungsrecht jedoch auch im Alltag einer freiheitlich-parlamentarischen Demokratie. Hierbei kam der Institutionalisierung einer eigenständigen Verfassungsgerichtsbarkeit durch das Grundgesetz wesentliche Bedeutung zu. Denn das Bundesverfassungsgericht aktivierte den normhierarchischen Vorrang des Religionsverfassungsrechts in extensiver Weise: materiellrechtlich durch eine weite Auslegung der einschlägigen Normen[36] und den Rückgriff auf objektive Grundrechtsdimensionen (mittelbare Drittwirkung, Ausstrahlungswirkung),[37] prozessrechtlich durch Eröffnung des Zugangs zum Gericht in Fragen des Staatskirchenrechts unter Rückgriff auf Art. 4 Abs. 1 und 2 GG.[38]

In der Sache nahm das Gericht einerseits das Anliegen des Parlamentarischen Rates auf, einen nachhaltigen Freiheitsschutz für Religionen und Weltanschauungen zu schaffen: Der Schutzbereich der Religionsfreiheit wurde vom Bundesverfassungsgericht (nach anfänglichen Unsicherheiten in der Frage) stets weit verstanden,[39] und die gesetzlichen Einschränkungsmöglichkeiten wurden deutlich begrenzt, da nach der Lesart des Gerichts die Religionsfreiheit keinen Gesetzesvorbehalt kennt, Eingriffe in die Religionsfreiheit deshalb der Rechtfertigung durch ein kollidierendes Verfassungsrechtsgut bedürfen, also nicht der politischen Beliebigkeit anheimgestellt sind.[40] Andererseits wurden die aus der Weimarer Reichsverfassung übernommenen Bestimmungen als Flankierung eines effektiven religionsfreiheitlichen Schutzes in Stellung gebracht und das Weimarer Staatskirchenrecht so in den Gesamtzusammenhang des Grundgesetzes eingepflegt.[41]

Für Gesetzgebung wie Rechtsprechung lässt sich insgesamt zeigen, dass die autoritativen Entscheidungen über die Auslegung des einschlägigen Normmaterials durch eine eigenständige Verfassungsgerichtsbarkeit zentral waren für die Durchsetzung des normativen Anspruchs des Religionsverfassungsrechts und seine praktische Handhabung.

---

[36] Für die Religionsfreiheit etwa BVerfGE 24, 236 (245 f.); 32, 98 (106); 44, 37 (49); 83, 341 (354); 108, 282 (296).

[37] Zur objektiv-rechtlichen Wirkung z. B. BVerfGE 23, 127 (134); 32, 98 (110 f.); BVerfG, NJW 2003, 2815 ff.

[38] BVerfGE 99, 110 (119); 102, 370 (384), st. Rspr.

[39] Vgl. etwa BVerfGE 24, 236 (246); *M. Morlok*, in: H. Dreier, GG, Bd. 1, 2. Aufl. 2004, Art. 4 Rn. 41 ff.

[40] BVerfGE 32, 98 (107); 93, 1 (21); 108, 282 (297).

[41] BVerfGE 102, 370 ff.; 99, 100 ff.; 125, 39 ff.

4. Offenheit, Konsensbezug und Imaginationskraft der Religionsverfassung

a) Offenheit und Akzeptanz

Die im Verfassungsvorrang wurzelnde Herrschaftsbindung durch das Grundgesetz realisierte sich mit gewandelten gesellschaftlichen Verhältnissen in unterschiedlichen Konfliktkonstellationen. Daraus ergab sich ein nicht unerheblicher Anpassungsbedarf für das Religionsverfassungsrecht. Es musste sich als wandlungsfähig erweisen. Die Art und Weise, wie dies bisher gelang, zeigt eine verfassungstypische *Offenheit* des Religionsverfassungsrechts.

Lange Zeit dominierten zwei Konfliktaufstellungen: Zum einen suchten Angehörige der nichtchristlichen Minderheit Schutz gegenüber der bis in die 1970er Jahre volkskirchlich dominant geprägten christlichen Mehrheit der Gesellschaft, die auch in staatlichen Einrichtungen und Praktiken Ausdruck fand. Gerichtliche Auseinandersetzungen wie die über Kirchensteuerfragen,[42] christliche Gemeinschaftsschulen[43] oder das Kreuz in Gerichtssaal[44] und bayerischen Volksschulen[45] sind klassische Erscheinungsformen eines Minderheitenschutzes durch im Verfassungsvorrang wurzelnde Herrschaftsbindung. Zum anderen ging es in einer Fülle an Verfahren um die Reichweite des über Art. 4 Abs. 1 und 2 GG sowie Art. 140 GG i. V. m. Art. 137 Abs. 3 WRV vermittelten Freiheitsschutzes der beiden großen Volkskirchen gegenüber dem Staat.[46]

In neuerer Zeit treten hingegen, markanter Ausdruck zunehmender religiöser Pluralisierung, Konstellationen hervor, in denen religiöse Minoritäten gerichtsförmig die Berücksichtigung besonderer religiöser Interessen geltend machen oder in denen der genaue Zuschnitt der von der Verfassung ausgesprochenen Gleichberechtigung aller Religionen und Weltanschauungen verhandelt wird. Beispielhaft sei verwiesen auf Verfahren zum islamischen Schächten,[47] zum Kopftuch muslimischer Lehrerinnen[48] und sonstiger Arbeitnehmerinnen[49] oder zur Verleihung des Körperschaftsstatus der Zeugen Jehovas.[50]

Die unterschiedlichen Fallgestaltungen zeigen, dass sich das Religionsverfassungsrecht durch adaptive Offenheit auszeichnet. Es vermag den sozialen Formwandel der Religion zu begleiten.

Mit dem Wandel des gesellschaftlichen Kontextes gingen auch Verschiebungen in den interpretationsleitenden Hintergrundannahmen und Leitparadigmen einher. Die Rechtsprechung nahm dabei jeweils Impulse aus der Wissenschaft auf und ver-

---

[42] BVerfGE 19, 206 ff.; 1, 226 ff.; 1, 253 ff.; 19, 268 ff.
[43] BVerfGE 41, 29 ff.; 41, 65 ff.; 41, 88 ff.
[44] BVerfGE 35, 366 ff.
[45] BVerfGE 93, 1 ff.
[46] BVerfGE 24, 236 ff.; 43, 73 ff.; 53, 366 ff.; 57, 220 ff.; 66, 1 ff.; 70, 138 ff.
[47] BVerfGE 104, 337 ff.
[48] BVerfGE 108, 282 ff.
[49] BVerfG, NJW 2003, 2815 ff.
[50] BVerfGE 102, 370 ff.

stärkte diese nachhaltig. Dominierte zunächst die sog. Koordinationslehre, die Staat und Kirche als gleichberechtigte Ordnungsmächte begriff,[51] wurde diese in den 1960er Jahren von der Einsicht einer freiheitsrechtlich eingehegten Eingliederung der Kirchen in die staatliche Rechtsordnung abgelöst ("Kirchen unter dem Grundgesetz").[52] Zugleich wurden die emanzipativ-partizipativen Impulse der Zeit in die Deutungspotenzen des Religionsverfassungsrechts aufgenommen. Ab Mitte der 1990er Jahre schließlich wurde das ehemals primär als institutionelles Arrangement begriffene Staatskirchenrecht einer Relektüre im Lichte der Religionsfreiheit unterzogen ("Vergrundrechtlichung") und zugleich das Potential des Normmaterials zur Bewältigung forcierter religiös-weltanschaulicher Pluralität herausgestrichen (Staatskirchenrecht als Religionsverfassungsrecht).[53]

Die in der Deutungsdynamik zum Ausdruck kommende "flexible Kontinuität"[54] des Staatskirchenrechts ist in einer Vielzahl an Publikationen hervorgehoben worden. Aus verfassungstheoretischer Perspektive stellt sie freilich weder Stärke noch Schwäche des Religionsverfassungsrechts dar, sondern erweist sich schlicht als charakteristisch für die auf Konsensbezug und hoher Respezifizierungsbedürftigkeit beruhenden Offenheit des Verfassungsrechts gegenüber veränderten sozialen und kulturellen Bedingungen, in die hinein das Verfassungsrecht seine Bindungskraft entfalten soll. Verfassungsrecht bewährt sich eben nur in einer prekären Balance zwischen Statik und Dynamik, kontrafaktischer Erwartungsstabilisierung und adaptiver Anpassung.

b) Akzeptanz und Legitimationsleistung

Konsenserhaltung durch Offenheit steht in engem Zusammenhang mit den konstitutionellen *Legitimationsfunktionen*. Legitimation und Limitation politischer Herrschaft sind gleichrangige Aufgaben des modernen Verfassungsrechts. Die beiden Aspekte treten je nach Rechtsmaterie jedoch unterschiedlich stark hervor. Das Religionsverfassungsrecht weist einen größeren Bezug zur Verrechtlichung der Politik als zur Politisierung des Rechts auf. Gleichwohl eignet auch dem Staatskirchenrecht eine Legitimationsfunktion, insoweit es individuelle, kollektive und korporative Selbstbestimmung ermöglicht und daraus eine eigene Rechtfertigungsleistung politischer Ordnung erwächst.[55]

---

[51] Oben Fn. 9.

[52] Oben Fn. 11–13.

[53] Oben Fn. 20.

[54] A. *Hense*, Flexible Kontinuität, in: Herder-Korrespondenz 51 (1997), 136 ff.

[55] Zu entsprechenden Legitimationsleistungen durch den Schutz individueller Selbstbestimmung (auch im Verbund mit anderen) C. *Möllers*, Gewaltengliederung, 2005, S. 27 ff.; *ders.*, Die drei Gewalten, 2008, S. 57 ff., insb. S. 71 ff.

c) Prägekraft der Freiheit: Christentum und Islam

Zugleich entfaltete das freiheitliche Religionsverfassungsrecht eine beachtliche *formative Kraft*. Die vom Grundgesetz ausgesprochene Einladung zum öffentlichen Wirken, die kirchlicherseits auch als Anerkennung ihrer gesellschaftlichen Relevanz verstanden wurde, stimulierte sozialproduktive und verfassungsaffine Elemente in den Religionskulturen des institutionalisierten Christentums. Nach 1945 bildete das Grundgesetz auch für die Religionsgemeinschaften eine starke Kontrasterfahrung zum Nationalsozialismus. Das in die Verfassung eingeschriebene Trauma der nationalsozialistischen Schreckensherrschaft trug erheblich dazu bei, dass die christlichen Kirchen in Deutschland ihre lange Zeit gepflegte Distanz zur liberalen Demokratie[56] überwanden.[57]

Ob das Religionsverfassungsrecht eine vergleichbare integrative und religionstransformierende Wirkung auch gegenüber dem Islam in Deutschland entfaltet, darf gegenwärtig als offene Frage gelten. Gleichwohl besteht kein Grund für überverfassungsrechtlich begründete Exklusionen, wie sie Vertreter eines sog. „Kulturvorbehalts" verfechten.[58] Denn die der Verfassung eigene transnormative Imaginationskraft des Politischen lebt in hohem Maße von der Normativität der Verfassung. Die Attraktivität einer Ordnung der Freiheit steigt für vom Herkommen kulturkreisfremde Religionskulturen, wenn die politische Praxis das vom Grundgesetz ausgesprochene Versprechen gleicher Freiheit und gleichberechtigter Teilhabe ernst nimmt und dieses im Alltag erlebbar wird. Das Verfassungsrecht hält, aufruhend auf dem Axiom reziproker Anerkennung der Bürger als Gleiche und Freie, zur Formalität und Prozeduralität der demokratischen Konstitutionalität des Politischen an. Postulate

---

[56] Für die erste Hälfte des 20. Jahrhunderts vgl. etwa *K. Tanner*, Protestantische Demokratiekritik in der Weimarer Republik, in: R. Ziegert (Hrsg.), Die Kirchen und die Weimarer Republik, 1994, S. 23 ff.; *K. Nowak*, Evangelische Kirche und Weimarer Republik. Zum politischen Weg des deutschen Protestantismus zwischen 1918 und 1932, 2. Aufl. 1988; *M. J. Inacker*, Zwischen Transzendenz, Totalitarismus und Demokratie. Die Entwicklung des kirchlichen Demokratieverständnisses von der Weimarer Republik bis zu den Anfängen der Bundesrepublik (1918–1959), 1994.

[57] Siehe für die evangelische Kirche etwa Kirchenamt im Auftrag des Rates der EKD (Hrsg.), Evangelische Kirche und freiheitliche Demokratie. Der Staat des Grundgesetzes als Angebot und Aufgabe. Eine Denkschrift der EKD, 4. Aufl. 1990.

[58] Unterschiedliche Ansätze dazu bei *P. Kirchhof*, Die Freiheit der Religionen und ihr unterschiedlicher Beitrag zu einem freien Gemeinwesen, in: Essener Gespräche zum Thema Staat und Kirche 39 (2005), S. 105 ff.; *ders.*, Der Beitrag der Kirchen zur Verfassungskultur der Freiheit, in: FS Heckel, 1999, S. 775 ff.; *A. Uhle*, Staat – Kirche – Kultur, 2004; *ders.*, Freiheitlicher Verfassungsstaat und kulturelle Identität, 2004; *ders.*, Die Integration des Islam in das Staatskirchenrecht der Gegenwart, in: H. M. Heinig/C. Walter (Hrsg.), Staatskirchenrecht oder Religionsverfassungsrecht?, 2007, S. 299 ff.; *ders.*, Ein „rätselhafter" Ehrentitel? Der Körperschaftsstatus für Kirchen und Religionsgemeinschaften, in: FS Isensee, 2007, S. 1033 ff.; *K.-H. Ladeur/I. Augsberg*, Toleranz – Religion – Recht, 2007; *dies.*, Der Mythos vom neutralen Staat, in: JZ 2007, 12 ff. Davon abzugrenzen sind berechtigte Fragen nach einem „wehrhaften" Religionsrecht. Das freiheitliche Religionsrecht setzt seinen Gegnern Grenzen. Grundregeln sind einzuhalten – gerade auch in Kooperationsbeziehungen mit dem Staat. Dazu näher etwa *H. M. Heinig*, Das Religionsrecht zwischen der Sicherung freiheitlicher Vielfalt und der Abwehr fundamentalistischer Bedrohungen, in: G. Besier/H. Lübbe (Hrsg.), Politische Religion und Religionspolitik, 2005, S. 197 ff.

eines „Kulturvorbehaltes" ohne hinreichende Rückbindung an die axiomatischen Grundlagen moderner Verfassungsstaatlichkeit stehen damit im Widerspruch.[59] Kulturvorbehalte bewirken vorschnelle Exklusionen; sie desintegrieren. Sie verkehren die Einladung des Grundgesetzes an alle Religions- und Weltanschauungsgemeinschaften, am öffentlichen Leben auf der Grundlage der wechselseitig zugestandenen Gleichberechtigung in der bürgerlichen und politischen Sphäre teilzunehmen, Verantwortung für das gesellschaftliche Miteinander zu übernehmen und darin vom sich selbst säkular verstehenden Staat gefördert zu werden, ins Gegenteil.

Auch die Genese des freiheitlichen Verfassungsstaates trägt nicht zur Begründung von metaverfassungsrechtlichen Exklusionen bei. Die Entwicklungsgeschichte des konstitutionellen Denkens ist bekanntlich vielschichtig. Viele Einflussfaktoren wären zu nennen. Auch das Christentum hat ideengeschichtliche Bedeutung für die Ausbildung von Demokratie und Menschenrechten entfaltet.[60] Gerade wer aus Gründen intellektueller Redlichkeit und/oder kirchlich-institutioneller Eigeninteressen fordert, die Bedeutung des Christentums für die politische und rechtliche Kultur „des Westens"[61] anzuerkennen, wird aber zugleich zugestehen müssen, dass der moderne Verfassungsstaat auch auf die Religionskulturen und die kirchliche Praxis zurückwirkte und diese veränderte.[62] Um solche Transformationswirkungen zu stimulieren und zu stabilisieren, garantiert das deutsche Religionsverfassungsrecht den Religionen und Weltanschauungen Entfaltung im staatlich verfassten öffentlichen Raum.[63] Religion und Weltanschauung wurden in der Vergangenheit auf diese Weise unter Wahrung der Säkularität der politischen und rechtlichen Ordnung Teil der von der Verfassung ausgehenden Imagination des Politischen. Nach den bisherigen Erfahrungen spricht viel dafür, dass diese formative Kraft des Religionsverfassungsrechts sich auch gegenüber in Deutschland lange Zeit nicht beheimateten Religionen entfalten wird.

5. *Prospektiv: vier Konstellationen der Herrschaftsbindung durch Verfassungsvorrang*

Rechtliche Bindung politischer Herrschaft war, wie gesehen, ein wesentliches Motiv für die Ausbildung des Religionsverfassungsrechts. Verrechtlichung der Politik durch

---

[59] Vgl. *H. M. Heinig*, Verschärfung der oder Abschied von der Neutralität?, in: JZ 2009, 1136 (1139 ff.); *C. Waldhoff*, Neue Religionskonflikte und staatliche Neutralität, Gutachten D zum 68. DJT, 2010, S. D 48 f.

[60] *W. Huber*, Kirche und Verfassungsordnung, in: Essener Gespräche zum Thema Staat und Kirche 42 (2008), S. 7 (10 ff.); *ders.*, Menschenrechte/Menschenwürde, in: TRE, Bd. 22, 2000, S. 577 ff.

[61] Im Sinne von *H. A. Winkler*, Der lange Weg nach Westen. 2 Bde., 2002.

[62] *T. Rendtorff*, Religionsfreiheit – Krise des Christentums? Zum grundrechtlichen Status der Menschenrechte in christentumstheoretischer Perspektive, in: F. Nüssel (Hrsg.), Theologische Ethik der Gegenwart, 2009, S. 207 (218 ff.); *H. M. Heinig*, Konfessionelle Voraussetzungen und konfessionelle Elemente in der Rechtsordnung – die evangelische Sicht, in: C. Waldhoff (Hrsg.), Konfession und Recht, 2011, i.E.

[63] *H. M. Heinig*, Ordnung der Freiheit, in: ZevKR 53 (2008), 235 (246 ff.).

Verfassungsrecht wird aber auch zukünftig von zentraler Bedeutung und damit maßgeblich für den Eigenwert des Religionsverfassungsrechts sein. Vier relevante Konstellationen zeichnen sich ab.

a) Schutz religiöser Minderheiten

Zum einen geht es weiterhin um den spezifischen *Schutz religiöser Minderheiten* in ihren berechtigten religiösen Interessen auf freie Entfaltung und gleichberechtigte Teilhabe. Mit der fortschreitenden Pluralisierung der Gesellschaft wird diese Aufgabe des Religionsverfassungsrechts weiter an Relevanz gewinnen. Das Verfassungsrecht kann eine politische Kultur der Anerkennung weder garantieren noch ersetzen. Doch es kann infolge der Vorrangfunktion grundlegende Regeln der Achtung des Anderen und des fairen Umgangs in einer Gesellschaft gegenüber den jeweiligen politischen Mehrheitsbildungen durchsetzen.

Eine Fülle an Gerichtsverfahren, in denen Muslime mit Erfolg von der Mehrheitsgesellschaft abweichende religiös motivierte Verhaltensformen als verfassungsrechtlich geschützt durchgesetzt haben, zeigen die anhaltende Bedeutung des Minderheitenschutzes durch Verfassungsrecht. Bislang standen dabei Fragen individueller Religionsfreiheit im Vordergrund. Doch auch dem auf Religionskorporative zugeschnittenen Recht eignet eine minderheitenschützende Dimension, die bisher für die Muslime in Deutschland noch nicht voll zum Tragen kam, weil sich diese nur zögerlich in Religionsgemeinschaften verkorporieren.[64] Diese Dimension wird eo ipso kenntlicher, wie sich der Organisationsgrad gemäß den (für sich durchaus legitimen) verfassungsrechtlichen Anforderungen ändert.

b) Schutz nichtreligiöser Minderheiten

Um den Minderheitenschutz geht es auch in der zweiten Konstellation: dem Schutz dezidiert nichtreligiöser Minderheiten. Ungefähr ein Viertel der Deutschen versteht sich inzwischen als konfessionsfrei im empathischen Sinne. Minderheitenschutz wird durch Areligiöse vor allem in Form der negativen Religionsfreiheit gesucht. Über das Grundrecht der Religionsfreiheit lässt sich nach der Rechtsprechung des Bundesverfassungsgerichts zudem das verfassungsrechtliche Gebot der religiös-weltanschaulichen Neutralität aktivieren. So schützt die Religionsfreiheit etwa vor einer seitens des Staates zu verantwortenden unausweichlichen Konfrontation mit religiösen Symbolen in öffentlichen Schulen oder Gerichtsgebäuden.[65]

---

[64] Zum Problem etwa BVerwGE 123, 49 ff.; *C. Waldhoff*, Neue Religionskonflikte und staatliche Neutralität, Gutachten D zum 68. DJT, 2010, S. D 74 ff. mit weit. Nachw.

[65] BVerfGE 93, 1 ff.

c) Schutz vor der laizistischen Option

Das Neutralitätsgebot des Grundgesetzes reflektiert gleichermaßen das Verbot der Staatskirche, die Egalität der Religionsfreiheit als Freiheit, eine Religion zu haben und zu leben wie diese abzulehnen, sowie schließlich die im Grundgesetz angelegte Offenheit des Staates für die Religionen und Weltanschauungen seiner Bürger.[66] In dieser Vielgliedrigkeit angelegt, meint religiös-weltanschauliche Neutralität gerade nicht Laizität, wie sie in Frankreich praktiziert wird. Der säkulare Staat ist kein säkularistischer Staat. Er hat weder Staatsreligion noch Staatsweltanschauung. Nach dem Grundgesetz zielt er gerade nicht auf eine Verdrängung der Religion aus dem staatlich verfassten öffentlichen Raum. Religion (wie Weltanschauung) ist Sache der Bürger, die sie zu einer öffentlichen Sache machen können, was wiederum der Staat zur Kenntnis nehmen und worauf er sich einrichten darf.

Diese Grundkonzeption des Religionsverfassungsrechts gerät zunehmend unter Druck, wenn ein beachtlicher Teil der Bevölkerung sich selbst, mit *Max Weber* gesprochen, als religiös unmusikalisch begreift. Wer keiner Religions- oder Weltanschauungsgemeinschaft angehört, sieht keinen unmittelbaren Nutzen in einem leistungsstaatlich angereicherten und auf positive Berücksichtigung religiöser und weltanschaulicher Anliegen ausgerichteten Religionsrecht. Es erscheint aus Sicht derjenigen, die keiner Religions- und Weltanschauungsgemeinschaft angehören, bloß fremdnützig – ohne Nutzen für sie. Daraus resultieren in einer Demokratie fast zwangsläufig politische Konflikte um die zukünftige Ausgestaltung der religionsrechtlichen Ordnung.[67] Doch die bewusste Entscheidung des Verfassungsgebers gegen den Laizismus kann nur durch Verfassungsänderung aufgehoben werden. Bis dahin sind der laizistischen Option in der Religionspolitik durch das geltende Religionsverfassungsrecht Grenzen gesetzt.

d) Schutz der beiden großen Kirchen

Schließlich bleibt auch der Schutz der beiden großen Kirchen als historisch gewachsene Größen von Bedeutung.[68] Er kommt etwa in Art. 138 Abs. 1 WRV zum Ausdruck, der eine entschädigungslose Einstellung der Staatsleistungen verhindert.[69] Die der Norm zur Ablösung von Staatsleistungen eigene Schutzfunktion wurde im Sommer 2009 wieder in Erinnerung gerufen, als im Zuge von Sparanstrengungen

---

[66] Zum Neutralitätsprinzip etwa kontrovers *H. M. Heinig*, Verschärfung der oder Abschied von der Neutralität?, in: JZ 2009, 1136 ff.; *S. Huster*, Neutralität ohne Inhalt?, JZ 2010, 354 ff.; *H. M. Heinig*, Verschleierte Neutralität, in: JZ 2010, 357 ff.

[67] Vgl. *H. M. Heinig*, „Säkularismus" und „Laizismus" als Anfragen an das säkulare Religionsrecht in Deutschland, in: L. Häberle/J. Hattler (Hrsg.) Islam – Säkularismus – Religionsrecht, 2011, i.E.

[68] Zum Bestandsschutzprinzip etwa *M. Morlok*, in: H. Dreier, GG, Bd. 3, 2. Aufl. 2008, Art. 140 Rn. 45 ff.

[69] Näher *M. Droege*, Staatsleistungen an Religionsgemeinschaften im säkularen Kultur- und Sozialstaat, 2004, S. 177 ff.; *M. Morlok*, in: H. Dreier, GG, Bd. 3, 2. Aufl. 2008, Art. 138 WRV Rn. 20.

der öffentlichen Hand der Fraktionsvorsitzende der FDP im schleswig-holsteinischen Landtag forderte, die Leistungen deutlich zu reduzieren: Die Verfassung verlangt vom Gesetzgeber Ablösung, d. h. Einstellung der wiederkehrenden Zahlungen bei gleichzeitiger Schadlosstellung der Kirchen. Bis dahin ist die Bedienung der Staatsleistungen keine Frage politischer Opportunität, sondern verfassungsrechtliche Verpflichtung.

IV. Bedeutungsverlust des Verfassungsrechts?

Verfassungstheorie lebt wie politische Theorie von Fortschritts- und Verfallsgeschichten. Letztere sind gemeinhin dramatischer und deshalb interessanter. Mit der Etablierung des modernen Staates wurde zugleich schon sein Tod beschworen.[70] Ähnlich erging es der Verfassung. Beide, Staat und Verfassung, erweisen sich jedoch als langlebiger als mancher dachte. Deshalb dürfte es wenig hilfreich sein, ein goldenes Zeitalter des Konstitutionalismus zu konstruieren, vor dessen Folie dann jede weitere Entwicklung des Verfassungsrechts nur als Schwundstufe erscheint. Wandel ist die Regel für Gesellschaften. Soziale Rahmenbedingungen ändern sich und damit politische Herrschaftsformen, was zu Verschiebungen im Staats- und Verfassungsverständnis führt. In der Folge variiert etwa der Modus der Verfassungsbindungen: Freiheitssicherung nach dem Ideal der bürgerlichen Gesellschaft gegenüber dem absolutistischen Herrschaftsanspruch des Monarchen funktioniert anders als Freiheitssicherung im modernen Wohlfahrtsstaat, der in vielfältiger Weise Infrastruktur und materielles Substrat für die effektiven Möglichkeiten der Freiheitsentfaltung sicherstellt und doch zugleich individuelle Freiheit durch paternalistische Wohlfahrtsbürokratie und als Abgabenstaat stets bedroht; der technische Fortschritt und das damit einhergehende staatliche Risikomanagement bringt ebenso neue Herausforderungen für das Verfassungsrecht mit sich wie tiefgreifende Veränderungen der Art des Wirtschaftens (Globalisierung).[71] Ob mit solchen generellen gesellschaftlichen Veränderungen aber auch ein Bedeutungsverlust des Verfassungsrechts einhergeht, darüber lässt sich trefflich streiten. Den Eigenwert des Religionsverfassungsrechts berühren solche Entwicklungen jedenfalls allenfalls mittelbar, indem es am Wert und an der Bedeutung des Verfassungsrechts insgesamt Anteil hat.

Im Rahmen dieses Beitrags sei deshalb auf zwei andere Aspekte des Themas „Bedeutungsverlust" näher eingegangen: Zum einen wird in der Verfassungsrechtswissenschaft regelmäßig die Frage aufgeworfen, ob das Verfassungsrecht nicht Gefahr läuft, seinen Anspruch auf Prägung der Rechts- und Gesellschaftsordnung zu überdehnen, weshalb eine Selbstbescheidung des Verfassungsrechts nötig sei – mit Konsequenzen auch für das Religionsverfassungsrecht. Und zum anderen lassen sich für

---

[70] *C. Möllers*, Art. Staat (J), in: EvStL, Neuausgabe 2006, Sp. 2272 (2275).
[71] Vgl. dazu etwa *D. Grimm*, Die Zukunft der Verfassung, in: *ders.*, Die Zukunft der Verfassung, 1991, S. 399 ff.

das Recht Prozesse der Europäisierung und Internationalisierung beschreiben, die die Frage nach den Auswirkungen auf das Religionsverfassungsrecht aufwerfen.

1. Überdehnung des Verfassungsrechts – Rückbau der Religionsfreiheit?

Herrschaftsbindung als wesentliche Funktion des Verfassungsrechts kann mehr oder weniger extensiv ausfallen. In der Staatsrechtslehre wird wiederkehrend vor einer Überdehnung des verfassungsrechtlichen Direktivanspruchs gewarnt und demgegenüber der Eigenwert des „einfachen" Rechts hervorgehoben. Mahnungen wider eine Überdehnung des Verfassungsrechts werden teils demokratietheoretisch begründet, teils mit Blick auf die Gewaltenteilung institutionentheoretisch und sind in beiden Spielarten letztlich motiviert durch die Sorge vor dem Machtpotential einer eigenständigen Verfassungsgerichtsbarkeit.

Auf dieser Linie scheint im Religionsverfassungsrecht dann die Forderung zu liegen, das Grundrecht der Religionsfreiheit zu beschränken:[72] Der Schutzbereich müsse klar konturiert werden.[73] Das Selbstverständnis des Grundrechtsträgers dürfe für die Normauslegung keine (wesentliche) Rolle spielen. Die Freiheit zur Religionsausübung meine Kultusfreiheit, nicht religiöse Handlungsfreiheit. Zudem bestünde angesichts des mit der Pluralisierung gewachsenen gesellschaftlichen Konfliktpotentials ein erheblicher Bedarf für gesetzliche Regulierung der Religion, ergo an einem Gesetzesvorbehalt, der sich über Art. 140 GG i. V. m. Art. 136 Abs. 1 WRV konstruieren ließe.[74]

Anfang der 1990er Jahre fanden solche Forderungen nach Beschränkung der Religionsfreiheit in der Literatur einigen Zuspruch. 2008 widmete sich die Staatsrechtslehrervereinigung gar der reißerischen Fragestellung, ob die Religionsfreiheit selbst eine Gefahr darstelle. Die Themenstellung stieß auf erhebliche Kritik;[75] die aufgeworfene Frage erfuhr seitens der Berichterstatter nüchtern-kluge Bescheidung.[76] Das

---

[72] Zur Diskussion mit weit. Nachw. etwa *H. M. Heinig/M. Morlok*, Von Schafen und Kopftüchern, in: JZ 2003, 777 ff.; *C. Waldhoff*, Die Zukunft des Staatskirchenrechts, in: Essener Gespräche zum Thema Staat und Kirche 42 (2008), S. 55 (68 ff.).

[73] Siehe etwa *K.-H. Kästner*, Hypertrophie des Grundrechts auf Religionsfreiheit?, in: JZ 1998, 974 ff.; *J. Hellermann*, Multikulturalität und Grundrechte – am Beispiel der Religionsfreiheit, in: C. Grabenwarter u. a. (Hrsg.), Allgemeinheit der Grundrechte und Vielfalt der Gesellschaft, 1994, S. 129 (137 f.); *S. Huster*, Die ethische Neutralität des Staates, 2002, S. 381 f.; *N. Janz/S. Rademacher*, Islam und Religionsfreiheit, in: NVwZ 1999, 706 (710).

[74] *C. Starck*, in: von Mangoldt/Klein/Starck, GG I, 5. Aufl. 2005, Art. 4 Rdnr. 87 ff.; *D. Ehlers*, in: Sachs, GG, 4. Aufl. 2007, Art. 140 Rn. 4; *M. Heckel*, Religionsfreiheit und Staatskirchenrecht in der Rechtsprechung des Bundesverfassungsgerichts, in: FS 50 Jahre Bundesverfassungsgericht, 2001, Bd. 2, S. 379, 408 Fußn. 102; *S. Muckel*, Religiöse Freiheit und staatliche Letztentscheidung, 1997, S. 224 ff.; *W. Bock*, Die Religionsfreiheit zwischen Skylla und Charybdis, in: AöR 123 (1998) S. 444 (469 f.); *F. Schoch*, Die Grundrechtsdogmatik vor den Herausforderungen einer multikonfessionellen Gesellschaft, in: FS A. Hollerbach, 2001, S. 149 (163 ff.).

[75] *C. Walter*, Religionsfreiheit als Gefahr? Eine Gegenrede; in: DVBl. 2008, 1073 ff.

[76] *U. Sacksofsky* Religiöse Freiheit als Gefahr?, in: VVDStRL 68 (2009), S. 7 ff.; *C. Möllers*, ebenda, S. 47 ff.

Bundesverfassungsgericht hielt jedenfalls, unterstützt von einem Großteil des Schrifttums, ungeachtet Schwankungen im Detail,[77] an der Konzeption eines einheitlichen und weit zu verstehenden Grundrechts der Religionsfreiheit fest, das nicht unter Gesetzesvorbehalt steht, mithin nicht nach Maßgabe politischer Opportunität beschränkt werden kann.[78] In der Diskussion über den Zuschnitt der Religionsfreiheit setzte sich nicht zuletzt die Erkenntnis durch, dass zunehmende religiös-weltanschauliche Vielfältigkeit immer auch Ausdruck der Freiheitlichkeit einer Verfassungsordnung ist und deshalb die allgemeine Kujonierung religiöser Freiheit eine inopportune Reaktion auf die religiös-weltanschauliche Pluralisierung darstellt.

Zudem korreliert die Sorge vor einer Überdehnung des Verfassungsrechts nicht notwendig mit einem bestimmten dogmatischen Modell der Religionsfreiheit. Verwaltungsrecht ist zwar konkretisiertes Verfassungsrecht, zugleich aber stellt der Konkretisierungsprozess eine anspruchsvolle und unverzichtbare Eigenleistung von Gesetzgebung und Verwaltung dar. Gerade bei Zugrundelegung eines extensiven Verständnisses der Religionsfreiheit wird man die Bedeutung von Legislative und Exekutive für die problem- und fallbezogene Kleinarbeit verfassungsrechtlicher Vorgaben herauszustreichen haben. So zeigte etwa die Entscheidung des Bundesverfassungsgerichts zum Kopftuch muslimischer Lehrerinnen in öffentlichen Schulen sehr weitreichende Gestaltungsmöglichkeiten des Gesetzgebers auf, dem durch das Gericht die zentrale Handlungskompetenz zugewiesen wird. Andere (fach)gerichtliche Entscheidungen, z.B. zur Befreiung vom Schulunterricht aus religiösen Gründen,[79] dokumentieren eindrücklich, dass wegen des Verhältnismäßigkeitsgrundsatzes exekutiver Gesetzesvollzug im grundrechtssensitiven Bereich einzelfallbezogen erfolgen muss, mithin Verwaltungsentscheidungen mit Relevanz für die Religionsfreiheit nie einfach aus der Verfassung abgeleitet werden können, sie zugleich aber eben auch nicht unter Absehung verfassungsrechtlicher Grundentscheidungen getroffen werden können. Eine Überdehnung des Religionsverfassungsrechts ist darin ebenso wenig zu erkennen wie in dessen Gefolge ein drohender Bedeutungsverlust.

2. Europäisierung des Rechts und der Eigenwert des Religionsverfassungsrechts

a) Die europäische Integration als Herausforderung für das mitgliedstaatliche Religionsrecht

Das Religionsverfassungsrecht galt lange als Domäne des Nationalstaates. Innerhalb der Europäischen Union gehört die Zuständigkeit für die Religions- und Kirchenpo-

---

[77] BVerfGE 105, 279 (293 ff.).

[78] Vgl. etwa BVerfGE 108, 282 (297); BVerfG, KirchE 48, 398 ff.; BVerfG, KirchE 48, 209 ff.

[79] Vgl. BVerwGE 94, 82 ff.; BVerwG, DVBl. 1994, 168 ff.; VG Hamburg, NVwZ-RR 2006, 121 ff.; OVG Münster, NWVBl. 2009, 394 ff.; im Überblick C. Waldhoff, Neue Religionskonflikte und staatliche Neutralität, 2010, S. D 109.

litik zu den Kompetenzreservaten der Mitgliedstaaten.[80] Das Bundesverfassungsgericht hat in seiner Entscheidung zum Vertrag von Lissabon das Staatskirchenrecht zu den integrationsfesten Essentialia deutscher Staatlichkeit nach dem Grundgesetz gezählt.[81] Folgerichtig heißt es in Art. 17 des Vertrags über die Arbeitsweise der Europäischen Union: „Die Union achtet den Status, den Kirchen und religiöse Vereinigungen oder Gemeinschaften in den Mitgliedstaaten nach deren Rechtsvorschriften genießen und beeinträchtigt ihn nicht."

Und doch bleiben Europäisierung und Internationalisierung des Rechts nicht folgenlos für die rechtliche Stellung der Kirchen und Religionsgemeinschaften.[82] Die Europäische Union ist auch – vielleicht zuvorderst – eine Rechtsunion. Staatenverbund meint Rechtsverbund – oder mit einem Begriff aus der Politikwissenschaft: Mehrebenenrecht.[83] Das Wirken der Kirche ist tief in das gesellschaftliche Leben der Staaten eingelassen und wird deshalb durch eine Fülle von allgemeinen, d. h. religionsunspezifischen Bestimmungen erfasst. Soweit solche generellen Regelungen von der Europäischen Union erlassen werden, erfassen sie selbstverständlich auch die religiösen Organisationen.[84] Man spricht von mittelbaren Folgewirkungen des Europarechts. Solche Folgewirkungen zeitigt etwa das europäische Arbeitsrecht, wenn es um Arbeitszeitbestimmungen geht,[85] aber ebenso das europäische Wettbewerbsrecht, das im Grundsatz auch bestimmte Tätigkeitsfelder von Diakonie und Caritas erfasst.[86] Ganz unmittelbar sind Religionsgesellschaften zudem vom europäischen Antidiskriminierungsrecht betroffen.[87]

Die eigentliche Herausforderung besteht dann darin, wie das politisch Allgemeine – das Regelungsanliegen der res publica – mit den Besonderheiten des Religiösen in Vermittlung tritt. Auf der Ebene des nationalen Verfassungsrechts sorgen Bestimmungen zur korporativen Religionsfreiheit und zur Selbstbestimmung von Religionsgesellschaften für einen solchen Ausgleich. Auf der Ebene des Europarechts zeiti-

---

[80] *H. M. Heinig*, Öffentlich-rechtliche Religionsgesellschaften, 2003, S. 380 ff.; *ders.*, Das deutsche Staatskirchen- und Religionsrecht im europäischen Rechtsverbund, Theologische Literaturzeitung 132 (2007), 123 ff.; *S. Mückl*, Europäisierung des Staatskirchenrechts, 2005, S. 409 ff.; *C. Walter*, Religionsverfassungsrecht, 2006, S. 403 ff.

[81] BVerfGE 123, 267 (359, 363).

[82] Vgl. *M. Söbbeke-Krajewski*, Der religionsrechtliche Acquis Communautaire der Europäischen Union, 2006.

[83] Zum Begriff etwa *H. Aden*, Nationale und internationale Verrechtlichung in wechselseitiger Abhängigkeit – Mehrebenenrecht und Machtverschiebung zur Exekutive, in: Politik und Recht, Sonderheft 36 (2006), S. 357 ff.

[84] *H. M. Heinig*, Öffentlich-rechtliche Religionsgesellschaften, 2003, S. 468 ff.; *S. Mückl*, Europäisierung des Staatskirchenrechts, 2005, S. 478 ff.; *C. Walter*, Religionsverfassungsrecht, 2006, S. 425 ff.

[85] *H. M. Heinig*, Öffentlich-rechtliche Religionsgesellschaften, 2003, S. 469 ff.

[86] *C. Walter*, Religionsverfassungsrecht, 2006, S. 433 ff.

[87] Vgl. *M. Germann/H. de Wall*, Kirchliche Dienstgemeinschaft und Europarecht, in: Gedächtnisschrift W. Blomeyer, 2004, S. 549 ff.; *H. M. Heinig*, Das deutsche Staatskirchen- und Religionsrecht im europäischen Rechtsverbund, in: Theologische Literaturzeitschrift 132 (2007), 123 (131) mit weit. Nachw.

gen Pflichten zur Rücksichtnahme auf die unterschiedlichen religionsrechtlichen Traditionen der Mitgliedstaaten und die Garantie der Religionsfreiheit ähnliche Effekte. Doch sind die Wirkungen nicht deckungsgleich. Die Rechtssetzung durch die Europäische Union stellt deshalb das deutsche Religions(verfassungs)recht in den Details immer wieder in Frage.

b) Das deutsche Religionsrecht und die Europäische Menschenrechtskonvention

Die Europäisierung der Rechtsordnung beschränkt sich bekanntlich nicht auf das Europarecht im engeren Sinne. Dem EU-Recht treten weitere Schichten europäischen Rechts zur Seite – insbesondere das System des europäischen Menschenrechtsschutzes in Gestalt der Europäischen Menschenrechtskonvention und ihrer Zusatzprotokolle. Im Zuge der Verflechtung des wirtschaftlichen, politischen und kulturellen Lebens über Staatsgrenzen hinweg haben transnationale Teilrechtsregime wie die Konvention erheblich an Bedeutung gewonnen. Das gilt auch für das Religionsverfassungsrecht der europäischen Staaten. Die Europäische Menschenrechtskonvention kennt kein ausgeprägtes Staatskirchenrecht, sondern beschränkt sich auf den Schutz der Religionsfreiheit und das Verbot religiöser Diskriminierungen.[88] Gerade deshalb aber droht sie bei extensiver Handhabung die religionsverfassungsrechtlichen Besonderheiten in den Signatarstaaten zu unterspülen. Das war von den Staaten, die die Europäische Menschenrechtskonvention ratifiziert haben, ersichtlich nicht gewollt.[89] Dänemark wollte bei der Verabschiedung der Europäischen Menschenrechtskonvention die verfassungsrechtliche Privilegierung der Volkskirche ebenso wenig in Frage gestellt wissen wie Frankreich sein System der Laizität.

Vor diesem Hintergrund ist ein verständiger Umgang mit der Konvention erforderlich, der das ihr eigene Gleichgewicht zwischen einheitlichem Mindestschutz und signatarstaatlicher Varianz in Fragen des Religionsrechts unangetastet lässt. Daran orientierte sich lange Jahre auch der Europäische Gerichtshof für Menschenrechte. In letzter Zeit schien Straßburg dagegen zunehmend (nicht nur in Fragen des Staatskirchenrechts) für sich in Anspruch zu nehmen, nicht nur Mindeststandards durchzusetzen, sondern vielfältige Abwägungsentscheidungen bis in detaillierte Verästelungen hinein für ganz Europa treffen zu können. Hiervon zeugen etwa die im September 2009 ergangenen Entscheidungen zu Obliegenheiten der Lebensführung

---

[88] Näher etwa *A. von Ungern-Sternberg*, Religionsfreiheit in Europa, 2008, S. 43 ff.; *C. Walter*, Religionsverfassungsrecht, 2006, S. 332 ff.; *ders.*, Religions- und Gewissensfreiheit, in: R. Grote/T. Marauhn (Hrsg.), EMRK/GG Konkordanzkommentar zum europäischen und deutschen Grundrechtsschutz, 2006, S. 817 ff.

[89] *C. Walter*, Der Schutz religiöser Minderheiten im Recht der Europäischen Gemeinschaft und nach der Europäischen Konvention zum Schutze der Menschenrechte und Grundfreiheiten (EMRK), in: D. Fauth/E. Satter (Hrsg.), Staat und Kirche im werdenden Europa, 2003, S. 93 (117); *G. Gonzalez*, La Convention européenne des droits de l'homme et la liberté des religions, 1997, S. 155 ff.

nach dem kirchlichen Arbeitsrecht in Deutschland.[90] In der Sache vermögen die in diesen beiden Entscheidungen gefundenen Ergebnisse zwar durchaus zu überzeugen. Doch die Rechtsprechung des EGMR hat sich nicht nur am Maßstab der Sachgerechtigkeit, sondern auch an dem der funktionalen Richtigkeit und demokratischen Akzeptanz messen zu lassen. Insoweit wird man sehr genau beobachten müssen, ob der EGMR gewillt ist, einen stärkeren Homogenisierungsdruck als bisher in Fragen des Religionsrechts zu erzeugen.[91]

Wenn der EGMR mittelfristig eine solche Agenda verfolgen sollte, stünde das Grundgesetz dem nicht generell entgegen. Der Konvention kommt zwar kein innerstaatlicher Vorrang zu. Die EMRK gilt in Deutschland nur im Rang eines einfachen Bundesgesetzes. Sie ist aber über den Grundsatz der Völkerrechtsfreundlichkeit des Grundgesetzes und die Bindung von Verwaltung und Rechtsprechung an Recht und Gesetz gleichsam konstitutionell veredelt.[92] Bei Konflikten zwischen Grundgesetz und EMRK ist deshalb im Grundsatz eine konventionskonforme Auslegung der innerstaatlichen Verfassungsnormen geboten.[93] Die im Grundgesetz ausgesprochene Öffnung des Staates für die internationale Rechtsordnung stößt nur im Ausnahmefall auf durch die Verfassung selbst markierte Souveränitätsgrenzen.[94]

c) Internationales Religionsverfassungsrecht?

Die Europäisierung des Rechts hat also das Potential, erhebliche Auswirkungen auf das nationalstaatliche Religionsverfassungsrecht zu entfalten. Freilich ist damit noch nicht gesagt, dass der Eigenwert des Verfassungsrechts dadurch tangiert wird. Hinsichtlich der Internationalisierung des Rechts sprechen nicht wenige von Konstitutionalisierungsprozessen jenseits des Staates.[95] Für das europäische Primärrecht hat sich der Verfassungsbegriff fest etabliert,[96] nationales Verfassungsrecht und europä-

---

[90] EGMR, Beschluss v. 23. 09. 2010, Az. 425/03 (Obst) = EuGRZ 2010, 571 ff.; EGMR, Beschluss v. 23. 09. 2010, Az.1620/03 (Schüth) = EuGRZ 2010, 560 ff.

[91] Anzeichen dafür etwa in Entscheidung der kleinen Kammer zu Schulkreuzen EGMR, Urteil vom 03. 11. 2009, Az. 30814/06 (Lautsi); mit deutlich anderer Tonlage hingegen die Entscheidung der großen Kammer, EGMR, Urteil vom 18. 03. 2011; bedenklich auch Äußerungen der ausgeschiedenen deutschen Richterin am EGMR, Renate Jäger, gegenüber der Presse; dazu *H. M. Heinig*, Religionsfreiheit in Europa, in: Rechtswissenschaft 1 (2010), 433 ff.

[92] Vgl. BVerfGE 111, 307 (322 f.).

[93] BVerfGE 74, 358 (370); 111, 307 (317); 120, 180 (200 f.).

[94] BVerfGE 111, 307 (318 f.).

[95] Für einen Überblick vgl. *I. Ley*, Kant versus Locke: Europarechtlicher und völkerrechtlicher Konstitutionalismus im Vergleich, in: ZaöRV 69 (2009), 317 ff.; *S. Kadelbach/T. Kleinlein*, Überstaatliches Verfassungsrecht, in: AVR 44 (2006), 235 ff.; *A. von Bogdandy/J. Bast* (Hrsg.), Europäisches Verfassungsrecht, 2. Aufl. 2009; kritische Würdigung bei *U. Haltern*, Internationales Verfassungsrecht, in: AöR 128 (2003), 252 ff. Siehe auch den Beitrag von *R. Wahl* in diesem Band.

[96] So fest, dass das Scheitern des Verfassungsvertrages keine größeren Irritationen erzeugte. Hierzu kritisch *H. M. Heinig*, Europäisches Verfassungsrecht ohne Verfassung(svertrag), in: JZ 2007, 905 ff.

isches Primärrecht werden als „Verfassungsverbund" verstanden,[97] und auch die Europäische Menschenrechtskonvention wird zuweilen als überstaatliches Verfassungsrecht begriffen.[98] Der gewachsene Einfluss des europäischen Rechts ließe sich so gesehen auch als Verschiebung der Bedeutung zwischen unterschiedlichen Ebenen des Verfassungsrechts beschreiben, der den Eigenwert des Verfassungsrechts insgesamt unberührt lässt. Gegen die These vom „Nullsummenspiel" spricht freilich, dass zwischen nationalen Verfassungen, dem europäischen Primärrecht und völkerrechtlichen Regimen gewichtige Unterschiede bestehen, die in der Rede vom internationalen Verfassungsrecht nicht hinreichend abgebildet werden. So hat sich etwa der Rückschluss von verfassungsartigen Funktionen bestimmter Schichten des europäischen Rechts und Völkerrechts (insb. die Funktion der Herrschaftsbindung) auf deren Verfassungsqualität als Kurzschluss erwiesen, da Verfassungen nicht in Verfassungsfunktionen aufgehen, sondern ein komplexes freiheits-, demokratie- und kulturtheoretisch codiertes Sinnensemble bilden.[99] Wer von Verfassungsrecht jenseits des Staates spricht, meint deshalb womöglich etwas anderes als traditionell mit dem Begriff verbunden wird. Oder er will gerade mehr beschreiben, als (schon) vorhanden ist. Beides spricht nicht zwingend gegen einen solchen Sprachgebrauch. Doch tut Aufklärung über Sinn und Intention der jeweiligen Begriffswahl not.

Die Rede vom transnationalen Religionsverfassungsrecht ist deshalb, erfolgt sie ohne hinreichende Sensibilität für die Spezifika und Vielschichtigkeit von Verfassungen, verfassungstheoretisch angreifbar, erfolgt sie hingegen mit dem hier eingeforderten Sinn, wenig prägnant. In beiden Varianten vermag sie zur Problematik des Eigenwerts des Religionsverfassungsrechts nur wenig beizutragen.

V. Resümee

Als Ergebnis kann festgehalten werden:

1. Das Religionsrecht ist Teil des Verfassungsrechts und hat an seinem Eigenwert Anteil.

2. Vorherrschende Funktion des Religionsverfassungsrechts ist die Verrechtlichung politischer Herrschaft in Fragen der Religion und Weltanschauung.

3. Dieser Funktion treten weitere verfassungstypische Funktionen und Charakteristika zur Seite.

---

[97] Etwa *I. Pernice*, Europäisches und deutsches Verfassungsrecht, in: VVDStRL 60 (2001), S. 148 ff.

[98] Vgl. *C. Walter*, Die Europäische Menschenrechtskonvention als Konstitutionalisierungsprozeß, in: ZaöRV 59 (1999), 961 ff.

[99] Vgl. etwa *C. Möllers*, Verfassungsgebende Gewalt – Verfassung – Konstitutionalisierung, in: A. von Bogdandy/J. Bast (Hrsg.), Europäisches Verfassungsrecht, 2. Aufl. 2009, S. 227 ff.; *H. M. Heinig*, Offene Staatlichkeit oder Abschied vom Staat? Staats- und verfassungstheoretische Perspektiven, in: Philosophische Rundschau 52 (2005), 191 ff.

4. Ein extensives Verständnis der einzelnen Normen des Religionsverfassungsrechts führt nicht (notwendig) zur Gefahr einer Überdehnung des Verfassungsrechts. Restriktionen gegenüber dem Status quo sind nicht angezeigt.

5. Die Europäisierung der Rechtsordnung überlagert und verändert auch das überkommene Religionsverfassungsrecht. Zweifelhaft erscheint, ob man solche Transformationen mit der Kategorie der Konstitutionalisierung adäquat erfasst.

Ralf Poscher

Sicherheitsverfassungsrecht im Wandel

Das Sicherheitsverfassungsrecht ist im Wandel begriffen.[1] Dabei wird der Wandel des Sicherheitsverfassungsrechts von zwei unterschiedlichen Kräften getrieben: zum einen sind es sicherheitspolitische Einflüsse, die gleichsam von außen auf das Sicherheitsverfassungsrecht einwirken, zum anderen sind es Entwicklungen in der Dogmatik des Sicherheitsverfassungsrechts, die gleichsam intern diesen Wandel vorantreiben. Die beiden Entwicklungen stehen nicht unverbunden nebeneinander, sondern beeinflussen sich gegenseitig: die sicherheitspolitischen Entwicklungen stellen die Dogmatik des Verfassungsrechts vor Herausforderungen und die Reaktionen der Verfassungsrechtsdogmatik wirken auf die Sicherheitspolitik zurück. Im Folgenden sollen daher zunächst die verschiedenen Tendenzen der Sicherheitspolitik vorgestellt werden, die auf das Sicherheitsverfassungsrecht einwirken. Im Anschluss werden die Herausforderungen skizziert, vor die die sicherheitspolitischen Entwicklungen die Dogmatik des Verfassungsrechts stellen, um dann die Reaktionen besonders der Verfassungsrechtsprechung zu systematisieren, die dem Sicherheitsverfassungsrecht eine dogmatische Struktur geben. Der Durchgang durch diese Entwicklungen wird gleichzeitig eine Antwort auf die Frage geben, ob es ein Sicherheitsverfassungsrecht als eine Teilverfassung nicht nur in dem Sinn gibt, dass die allgemeinen kompetenziellen und materiellen Vorgaben der Verfassung sich auch auf das Sicherheitsrecht auswirken, sondern auch in dem Sinn, dass das Verfassungsrecht besondere Strukturen für das Sicherheitsrecht entwickelt hat.

I. Sicherheitspolitische Tendenzen

Die neuen Formen des internationalen Terrorismus und der organisierten Kriminalität stellen den Schutz der inneren Sicherheit vor neue und gewaltige Aufgaben. Diese Herausforderung wird in der innenpolitischen Diskussion immer wieder betont

---

[1] Besonders auch zum Wandel und neuen Konzepten der Sicherheitstheorie *T. Würtenberger*, Sicherheitsarchitektur im Wandel, in: D. Kugelmann (Hrsg.), Polizei unter dem Grundgesetz, 2010, 73 ff.; s. a. *O. Lepsius*, Freiheit, Sicherheit und Terror, Leviathan 2004, 64 ff.; *ders.*, Sicherheit und Freiheit – ein zunehmend asymmetrisches Verhältnis, in: G. F. Schuppert/W. Merkel/G. Nolte/M. Zürn (Hrsg.), Der Rechtsstaat unter Bewährungsdruck, 2010, 23 ff.; *C. Gusy*, Vom neuen Sicherheitsbegriff zur neuen Sicherheitsarchitektur, VerwArch 2010, 309 ff.

und zur Rechtfertigung des Umbaus der Sicherheitsarchitektur herangezogen. Grob gegliedert lassen sich insoweit fünf Tendenzen ausmachen.

1. Internationalisierung

Nur kurz erwähnt sei die Internationalisierung des Rechts der inneren Sicherheit. Zunehmend wirken auch internationale und unionsrechtliche Regulierungen[2] auf das Recht der inneren Sicherheit ein. International sei hier besonders auf die Resolutionen des Sicherheitsrats der Vereinten Nationen zur Terrorismusbekämpfung[3] hingewiesen, die erstmals in einem Akt weltweiter Gesetzgebung die Mitgliedstaaten zum Erlass bestimmter Antiterrorregelungen verpflichtet haben.[4] Vermittelt über das europäische Recht[5] haben sie auch Spuren im deutschen Sicherheitsrecht hinterlassen. So haben etwa die Vorgaben zum Vorgehen gegen Vorbereitungshandlungen zu einer Verlagerung präventiver Hafttatbestände in das Strafrecht geführt,[6] wodurch dem Strafrecht eine neue präventive Dimension zugewachsen ist. Ein verfassungsgerichtliches Urteil über die Grenzen einer entsprechenden Funktionsverschiebung steht noch aus.[7]

Zu gerichtlichen Entscheidungen haben bereits die vom Sicherheitsrat beschlossenen Listing-Verfahren geführt.[8] Im Sicherheitsverfassungsrecht hat sich insoweit ein bemerkenswerter Rezeptionszirkel ergeben. In sachlicher Anlehnung an die Solange-Rechtsprechung des Bundesverfassungsgerichts hat der Europäische Gerichtshof eine Kontrollbefugnis gegenüber der Umsetzung der Sicherheitsratsbeschlüsse in Anspruch genommen, soweit sie gegen allgemeine Grundsätze des Gemeinschaftsrechts verstoßen.[9] Dabei dürfte auch eine Rolle gespielt haben, dass eine systematische Versagung jeglichen Rechtsschutzes für die Betroffenen nach den Solange II-

---

[2] Zum unionsrechtlichen Rahmen eingehend *H. Busch/T. Tohidipur*, Mehr als die Summe der Einzelteile. Europäische Union als sicherheitspolitischer Akteur, KJ 2011, 50 ff.

[3] Vgl. insb. S/RES/1333 v. 19. 12. 2000 (Situation in Afghanistan) und S/RES/1373 v. 21. 1. 2001 (Bedrohungen für den Frieden und die internationale Sicherheit durch terroristische Akte).

[4] Dazu eingehend *K. Scheppele*, The Post-9/11 Globalization of Public Law and the International State of Emergency, in: S. Choudhry (Hrsg.), The Migration of Constitutional Ideas, 2006, 347 ff.

[5] Vgl. Art 1 Abs. 3 des „Gemeinsamen Standpunktes des Rates vom 27. 12. 2001 über die Anwendung besonderer Maßnahmen zur Bekämpfung des Terrorismus" (2001/931/GASP) sowie Art. 1 Nr. 4 der „Verordnung des Rates vom 27. 12. 2001 über spezifische, gegen bestimmte Personen und Organisationen gerichtete restriktive Maßnahmen zur Bekämpfung des Terrorismus" (EU-VO Nr. 2580/2001).

[6] §§ 89a, 89b StGB.

[7] Zum Ganzen etwa *U. Sieber*, Legitimation und Grenzen von Gefährdungsdelikten im Vorfeld terroristischer Gewalt, NStZ 2009, 353 ff.; zu den grundsätzlichen dogmatische Herausforderungen im Spannungsfeld zwischen Europarecht und nationalem Verfassungsrecht siehe auch *R. Wahl*, Die Rolle staatlicher Verfassungen angesichts der Europäisierung und der Internationalisierung, i. d. Bd.

[8] Dazu eingehend *W. Kaleck*, Terrorismuslisten: Definitionsmacht und politische Gewalt der Exekutive, KJ 2011, 62 ff.

[9] Dazu EuGH, Rs. C-402/05P u. C-415/05P, Kadi und Al Barakaat, Slg. 2008 I-6351, Rn. 326.

Kriterien eine Reaktion durch das Bundesverfassungsgericht auf die gemeinschafts-
rechtlichen Umsetzungsakte heraufbeschworen hätte.[10] Auf die Entscheidung des
Europäischen Gerichtshofs haben dann wiederum die Vereinten Nationen reagiert,
indem sie das Listing-Verfahren um eine Ombudsstelle ergänzt haben, die Betroffenen zwar keinen Rechtsschutz einräumt, ihnen aber die Einreichung eines Strei-
chungsantrags erlaubt.[11] Gerade im Sicherheitsrecht zeigt sich damit, wie eine lose
Koppelung, in die auch das nationale Sicherheitsverfassungsrecht eingebunden ist,
auf den unterschiedlichen Regelungsebenen Wirkungen entfaltet.[12] Eine weitere Vol-
te schlug die Rezeption dann im Lissabon-Urteil, in dem das Bundesverfassungsgericht wiederum die Kadi-Entscheidung des Europäischen Gerichtshofs heranzog,
um seine Reservekontrollbefugnisse gegenüber dem Unionsrecht zu bestätigen.[13]

Unionsrechtlich tragen ferner einzelne Sicherheitsmaßnahmen wie besonders
prominent die Richtlinie zur Vorratsdatenspeicherung[14] oder ganze sicherheitsrechtliche Systeme wie die Regelungen der Schengen-Abkommen[15] und des Vertrages von
Prüm[16] zur Veränderung der Sicherheitsarchitektur bei, die dann auch über die Europäische Union hinausgreifen können, wie sich dies nun etwa mit dem bilateralen
Abkommen zwischen Deutschland und den Vereinigten Staaten zeigt,[17] das die Re-
gelungsstruktur des Prümer Vertrages adaptiert.[18] Mit dem Vertrag von Lissabon
wird zudem auch die polizeiliche Zusammenarbeit in das allgemeine System des
Unionsrechts eingebunden.[19] Zur Entwicklung der unionsrechtlichen Dimension
des Sicherheitsrechts gehört insoweit jedoch auch, dass das Bundesverfassungsge-

---

[10] Darauf, dass ein anderer Ausgang des Verfahrens vor dem Europäischen Gerichtshof für das
Bundesverfassungsgericht die Kontrollfrage aufgeworfen hätte, wies etwa der scheidende Präsident
des Bundesverfassungsgerichts, H.-J. *Papier*, in seiner Abschiedsrede hin.

[11] S/RES/1904 v. 17.12. 2009; vgl. zuvor bereits S/RES/1822 v. 30.6. 2008 (Einführung einer
Begründungs- und Mitteilungspflicht) und S/RES/1730 v. 16.12. 2006 (Einführung des Focal-
Point-Verfahrens); zum Ombudsverfahren *C.A. Feinäugle*, Individualrechtsschutz gegen Terroris-
tenlistungen?, ZRP 2010, 188 ff.

[12] Hierzu *R. Poscher*, Das Verfassungsrecht vor den Herausforderungen der Globalisierung,
VVDStRL 67 (2008), 163/169 ff., 195 f.

[13] BVerfGE 123, 267/401.

[14] Dazu BVerfG, NJW 2010, 833 ff.

[15] S. dazu etwa *H. Winkelmann*, 25 Jahre Schengen: Der Schengen-Acquis als integraler Bestandteil des Europarechts – Bedeutung und Auswirkung auf die Einreise- und Aufenthaltsrechte (Teile
I+II), ZAR 2010, 213 ff. und 270 ff.

[16] BGBl. I 2006, 1458; s. dazu etwa *W. Hummer*, Der Vertrag von Prüm – „Schengen III"?, EuR
2007, 517 ff.

[17] „Gesetz zu dem Abkommen zwischen der Regierung der Bundesrepublik Deutschland und
der Regierung der Vereinigten Staaten von Amerika vom 1.10. 2008 über die Vertiefung der Zusammenarbeit bei der Verhinderung und Bekämpfung schwerwiegender Kriminalität" vom 1.9. 2009
(BGBl. II, 1010); siehe auch zur Anlehnung an den Prümer Vertrag BT-Drucks. 16/9534 S. 4; *R.
Bellanova*, Prüm: A Model ‚Prêt-à-Exporter'?; CEPS Challenge Paper N° 13, 12.3. 2009.

[18] Zu den durch diese Zusammenarbeit aufgeworfenen Rechtsfragen, die vorrangig den Daten-
austausch betreffen, *T. Würtenberger*, Entwicklungslinien eines transnationalen informationellen
Polizeirechts, in: G. Manssen/M. Jachmann/C. Gröpl (Hrsg.), Nach geltendem Verfassungsrecht,
Festschrift für Udo Steiner zum 70. Geburtstag, 2009, 949 ff.

[19] Art. 87 ff. AEUV.

richt im Lissabon-Urteil die polizeiliche und militärische Ausübung des Gewaltmonopols als einen für die demokratische Selbstgestaltungsfähigkeit und damit für die verfassungsrechtlichen Integrationsgrenzen besonders sensiblen Bereich ausgewiesen hat.[20]

2. *Zentralisierung*

Auf der nationalen Ebene zeigt sich zunächst eine deutliche Tendenz zur Zentralisierung polizeilicher Aufgaben auf Bundesebene. Die Umbenennung des Bundesgrenzschutzes in Bundespolizei ist nur die semantische Konsequenz der zunehmenden Kompetenzbündelung bei dieser auch personell mittlerweile zweitstärksten Vollzugspolizei.[21] Eine weitere Zentralisierung ist nunmehr auch einfach-rechtlich mit dem Ausbau des Bundeskriminalamts zu einer echten Vollzugpolizeibehörde zur Abwehr des internationalen Terrorismus vollzogen,[22] nachdem im Rahmen der Föderalismusreform durch eine Grundgesetzänderung der Weg hierfür frei gemacht worden war.[23] Der von seinem Amtsvorgänger in Aussicht genommenen Zusammenlegung beider Institutionen hat der neue Bundesinnenminister hingegen – vorerst – eine Absage erteilt.[24]

Weitere Zentralisierungstendenzen werden durch die technische Entwicklung befördert. Jüngst wurden etwa dem Bundesamt für Sicherheit in der Informationstechnik des Bundes umfangreiche neue Überwachungsbefugnisse für die elektronische Kommunikation im Netz des Bundes verliehen.[25] Ein entsprechender Schutz der elektronischen Infrastruktur der Bundesverwaltung ist angesichts sich häufender, gezielter elektronischer Angriffe auch für die Bundesrepublik ein Gebot sicherheitspolitischer Vernunft. Dieselben informationstechnischen Sicherheitsfragen stellen sich auch in den Ländern. Technisch und personell sind die Schutzmechanismen allerdings relativ aufwendig. Zudem könnten sich durch einheitliche elektronische Sicherheitsstandards in Bund und Ländern erhebliche Synergie-Effekte ergeben. Es liegt daher nahe, dass das Bundesamt auch Aufgaben bei der Sicherung der Länderverwaltungen übernimmt. Durch die zweite Föderalismusreform wurde durch

---

[20] BVerfGE 123, 267/359.

[21] Die Bundespolizei umfasst 40.000 Bedienstete (http://www.bundespolizei.de/cln_109/nn_499128/DE/Home/02__Aufgaben/aufgaben__node.html?__nnn=true), in NRW sind es 50.000 (http://www.polizei-nrw.de/im/Wir_ueber_uns/Organisation/), in Baden-Württemberg 31.000 (http://www.polizei-bw.de/ueberuns/polbw/Seiten/default.aspx) und in Bayern nach dem Haushaltsplan 2007/2008, S. 366, 37.500 Bedienstete, (http://www.stmf.bayern.de/haushalt/staatshaushalt_2007/haushaltsplan/epl03a.pdf).

[22] Vgl. das „Gesetz zur Abwehr von Gefahren des internationalen Terrorismus durch das Bundeskriminalamt" vom 25. 12. 2008 (BGBl. I, 3083).

[23] Art. 73 I Nr. 10c GG.

[24] http://www.zeit.de/politik/deutschland/2011–03/polizei-reform-bka.

[25] Vgl. das „Gesetz zur Stärkung der Sicherheit in der Informationstechnik des Bundes" vom 14. 8. 2009 (BGBl. I, 2821).

Art. 91c GG eine entsprechende neue Gemeinschaftsaufgabe geschaffen. Besonders soweit der Bund im Rahmen der nach Art. 91c GG vorgesehenen Vereinbarungen die Kostenlast nach Art. 91 Abs. 2 S. 4 GG übernimmt, werden sich die Länder einer weitergehenden Zentralisierung im Bereich der IT-Sicherheit kaum entziehen.

Während der Schutz vor elektronischen Angriffen die defensive Seite der Medaille zeigt, betrifft die seit gut zwei Jahren in Kraft gesetzte Zentralisierung der technischen Überwachungsmaßnahmen der Polizeien des Bundes beim Bundesverwaltungsamt die offensive Seite der elektronischen Sicherheitspolitik.[26] Auch diese Zentralisierung hat technische Ursachen. Mussten einst nur durch den Staat selbst verwaltete Telefonleitungen durch ein staatliches Telekommunikationsunternehmen angezapft oder durch eine staatliche Behörde transportierte Briefe geöffnet werden, ist die neue Welt der elektronischen Kommunikation ungleich komplexer. Dies betrifft nicht nur die Kommunikationsmedien – E-Mail, Chat, Voice-over-IP, Funk- und Satellitentelefonie –, sondern auch die Anbieterstruktur und die Abwehrstrategien, die etwa durch elektronische Kryptographieverfahren eröffnet werden. So erfordert beispielsweise das Abhören eines kryptographierten Funktelefonats über einen bulgarischen Mobilfunkbetreiber in einem arabischen Dialekt erhebliche technische und personelle Ressourcen. Es wundert daher nicht, dass darüber nachgedacht wird, die Dienste des Bundesverwaltungsamts in Zukunft auch den Ländern anzubieten.[27] Damit würde dann die gesamte Telekommunikationsüberwachung bei einer Bundesbehörde zentralisiert.

Eine Zentralisierung der technischen Überwachungsmaßnahmen außerhalb der Sicherheitsdienste kann – je nach Ausgestaltung – datenschutzrechtlich auch Chancen bieten. Die Trennung von datenerhebender und datenverarbeitender Behörde ist eine alte Forderung des systemischen Datenschutzes.[28] Auch dann ginge sie jedoch mit einem Abbau einer föderalen Sicherung vor übermächtigen zentralen Sicherheitsstrukturen einher.

3. Relativierung der Trennung von Polizei und Geheimdiensten

Eine dritte Strukturverschiebung zeigt sich hinsichtlich der Trennung von polizeilicher und geheimdienstlicher Arbeit. Durch das Gemeinsame-Dateien-Gesetz[29] kommt es erstmals zu einer institutionellen Verknüpfung von Geheimdiensten und

---

[26] Vgl. wdr.de vom 5. 8. 2009 (http://www.wdr.de/themen/panorama/26/abhoerzentrale/index. jhtml); SpiegelOnline vom 6. 2. 2010 (http://www.spiegel.de/politik/deutschland/0,1518,676332,00. html).

[27] Vgl. taz vom 29. 8. 2009 (siehe auch http://www.taz.de/1/archiv/print-archiv/printressorts/ digi-artikel/?ressort=sw&dig=2009%2F08%2F29%2Fa0175); Badische Zeitung vom 8. 8. 2009 (siehe auch http://www.badische-zeitung.de/nachrichten/deutschland/neue-abhoerzentrale-arbeitet-schon–18113196.html).

[28] *A. Podlech*, Datenschutz im Bereich der öffentlichen Verwaltung, 1973, 38, 68 f.

[29] Gesetz zur Errichtung gemeinsamer Dateien von Polizeibehörden und Nachrichtendiensten des Bundes und der Länder vom 22. 12. 2006 (BGBl I, 3409).

Polizei. Schon immer hat es einen Datenaustausch zwischen Geheimdiensten und Polizeibehörden gegeben – ihre Trennung ist sogar darauf angelegt. Doch nun gibt es erstmals ein von allen Sicherheitsbehörden gemeinsam betriebenes Informations-system und damit die erste institutionelle Verbindung der Behörden. Eine weitere institutionelle Zusammenführung deutet sich beim Bundesverwaltungsamt an. Es ist nicht fernliegend, dass das Bundesverwaltungsamt seine neuen Überwachungs-aufgaben im Bereich der Telekommunikation in Zukunft nicht nur für die Polizeien des Bundes, sondern auch für die Geheimdienste übernehmen soll. Auch für die Ge-heimdienste wird es zunehmend schwerer, mit den technischen Entwicklungen Schritt zu halten, auch sie werden die sich beim Bundesverwaltungsamt aufbauende Expertise nutzen wollen. Ein entsprechendes Gesetzgebungsvorhaben wurde nach Presseberichten bereits im Bundesinnenministerium diskutiert.[30] Neben diesen ins-titutionellen Entwicklungen wird die Trennung geheimdienstlicher und polizeilicher Arbeit materiell dadurch weiter verschoben, dass die Polizeien immer weitergehende Kompetenzen im Bereich der Gefahrenvorbeugung und -vorsorge erhalten und mit typisch geheimdienstlichen Befugnissen der verdeckten Datenerhebung ausgestattet werden. Spiegelbildlich werden jedenfalls in einigen Ländern Geheimdienste mit Aufgaben der Kriminalitätsbekämpfung betraut.[31]

4. Relativierung der Trennung von Polizei und Militärgewalt

Eine vierte strukturelle Verschiebung – die Aufgabe der Trennung zwischen Polizei- und Militärgewalt – steht noch aus. Die in der großen Koalition diskutierten Ände-rungen des Grundgesetzes zur Erweiterung des Aufgabenkreises der Bundeswehr wurden von der neuen Regierung bislang nicht weiter verfolgt. Doch die Diskussion um eine extensive Auslegung von Art. 35 Abs. 2, 3 GG ist noch nicht abgeschlossen.[32] Der Zweite Senat des Bundesverfassungsgerichts hat sie in einem noch anhängigen Verfahren wieder aufgegriffen und tendiert wohl zu einer Abweichung von der res-triktiven Interpretation der Unglücks- und Katastrophenhilferegelung durch den Ersten Senat, der den Einsatz militärischer Mittel von deren Anwendungsbereich ausschloss.[33] Es wird dann zu einer Entscheidung des Plenums des Gerichts kom-men.[34]

---

[30] Die dahingehenden Überlegungen von Bundesinnenminister Schäuble, vgl. taz vom 29. 8. 2009, hat sein Nachfolger allerdings zunächst nicht aufgegriffen, vgl. SpiegelOnline vom 6. 2. 2010. (http://www.spiegel.de/politik/deutschland/0,1518,676332,00.html).

[31] Vgl. Art. 3 I Nr. 5 bayVSG; § 2 II Nr. 5 hessVerfSchutzG; § 2 I Nr. 5 thürVSG; §§ 1, 3 I Nr. 4 saarlVerfSchG.

[32] Vgl. Pressemitteilung des Bundesverfassungsgerichts (http://www.bundesverfassungsgericht. de/pressemitteilungen/bvg09–140.html).

[33] BVerfGE 115, 118/146 ff.

[34] So der Präsident des Bundesverfassungsgerichts im Interview mit der Süddeutschen Zeitung, SZ v. 18. 10. 2010, S. 5.

Jenseits des Bundesgebiets nimmt die Bundeswehr bereits jetzt – etwa bei der Bekämpfung der Piraterie – in größerem Umfang polizeiliche Aufgaben wahr.[35] Die verfassungsrechtliche Grundlage dieser Einsätze liegt alles andere als auf der Hand. Soweit in der Literatur darauf abgestellt wird, dass die im Rahmen der Europäischen Union[36] stattfindenden Einsätze ihre Grundlage in Art. 24 GG finden sollen,[37] ist darauf hinzuweisen, dass jedenfalls das Bundesverfassungsgericht in der Europäischen Union noch kein System kollektiver Sicherheit im Sinne des Grundgesetzes sieht.[38] Auch hier kann die verfassungsrechtliche Entwicklung noch nicht als abgeschlossen gelten.

Mit einer Relativierung der Trennung von Polizei- und Militärgewalt ginge eine weitere Zentralisierung der Gefahrenabwehr auf Bundesebene einher.

5. Ausweitung der sicherheitsrechtlichen Befugnisse

Schließlich wird der Abbau föderaler und funktionaler Sicherungen gegen übermächtige Sicherheitsbehörden von einer Ausweitung ihrer Befugnisse begleitet. Hierbei ragen besonders neuartige Befugnisse zur Datenerhebung und -verarbeitung heraus, die sich aus veränderten technischen Möglichkeiten der Sicherheitsbehörden ergeben. Genannt seien etwa der Große Lauschangriff,[39] die Online-Durchsuchung,[40] die Quellentelekommunikationsüberwachung, die Vorratsdatenspeicherung,[41] die satellitengestützte GPS-Ortung,[42] der so genannte IMSI-Catcher,[43] mit dem der Aufenthaltsort einer Person mittels Mobilfunkortung festgestellt werden kann, die automatische Kfz-Kennzeichenerfassung,[44] die Videoüberwachung[45] sowie die schon etwas älteren Instrumente der Schleier- und Rasterfahndung.[46]

Die vollzogenen und anstehenden Veränderungen des Sicherheitsrechts sind keinesfalls alle alternativlos und durch die geänderte sicherheitspolitische Situation zwingend geboten. Anders als dies in der politischen Diskussion häufig dargestellt

---

[35] *K. Braun/T. Plate*, Rechtsfragen der Bekämpfung der Piraterie im Golf von Aden durch die Bundesmarine, DÖV 2010, 203/203 ff.; zu weiteren polizeilichen Einsätzen der Bundeswehr siehe auch *M. Baldus*, Braucht Deutschland eine neue Wehrverfassung?, NZWehrR 2007, 133 ff.

[36] Rechtsgrundlage des Einsatzes ist ein Mandat des Rates im Rahmen der Europäischen Sicherheits- und Verteidigungspolitik, Gemeinsame Aktion 2008/851/GASP v. 10. 11. 2008 (ABl. EU L 301/33), die wiederum auf S/RES/1816 v. 2. 6. 2008 sowie auf S/RES/1838 v. 7. 10. 2008, Resolutionen des Sicherheitsrats der Vereinten Nationen, fußt.

[37] So *K. Braun/T. Plate* (Fn. 35), 203 ff.

[38] BVerfGE 123, 267/361, 425.

[39] Dazu BVerfGE 109, 279 ff.

[40] Dazu BVerfG, NJW 2008, 822 ff.

[41] Dazu BVerfG, NJW 2010, 833 ff.

[42] Dazu BVerfGE 112, 304 ff.

[43] Dazu BVerfG, NJW 2007, 351 ff.

[44] Dazu BVerfG, NJW 2008, 1505 ff.

[45] Dazu BVerfG, NVwZ 2007, 688 ff.

[46] Zur Schleierfahndung BayVerfGH, NVwZ 2003, 1375 ff. u. NVwZ 2006, 1284 ff.; MVVerfGH, LKV 2000, 149 ff.; SächsVerfGH, SächsVBl 2003, 247 ff.; zur Rasterfahndung BVerfGE 115, 320 ff.

wurde, ist etwa eine starke Zentralisierung von polizeilichen Kompetenzen nicht zwingend. Den Vorteilen klarer Hierarchien in einem zentralistischen Modell stehen die allgemeinen Effizienzprobleme großer zentraler Bürokratien, ihre mangelnde regionale Einbindung und ihre leichtere politische Manipulierbarkeit gegenüber. So entwickelt etwa das amerikanische Militär dezentrale, netzwerkartige Strategien und Strukturen, um so einem dezentralen und netzwerkartig strukturierten Gegner besser Herr werden zu können. Das Programm der Network-Centric-Warfare plant einen weitgehenden Umbau der technologischen, organisatorischen und operativen Ausrichtung des amerikanischen Militärs zugunsten dezentraler, netzwerkartiger Strukturen.[47] Carl Schmitts Diktum, nach dem „der Feind unsere Frage als Gestalt" ist,[48] lässt sich auch im Hinblick auf seine Abwehr lesen.[49] Eine zentralistische Abwehr von Gefahren des internationalen Terrorismus ist also nicht alternativlos, vielmehr sprächen auch für eine – gegebenenfalls zu optimierende – föderale Wahrnehmung dieser Aufgabe beachtliche Gründe.

Nach der Änderung des Grundgesetzes sind die Weichen nun aber anders gestellt. Doch trotz der strukturellen Alternativen und berechtigter Kritik an einigen Maßnahmen im Einzelnen muss anerkannt werden, dass sich die Gefahrenlage geändert hat. Die Sicherheitsbehörden müssen mit Kompetenzen, technischen und personellen Mitteln ausgestattet werden, die es ihnen erlauben, auf die neuen Gefahren angemessen zu reagieren. Wenn sich der internationale Terrorismus und die organisierte Kriminalität moderner Datenverarbeitungstechniken und elektronischer Netzwerke bedienen, müssen die Sicherheitsdienste auch Zugriff auf diese Systeme erhalten, wenn sie diese Gefahren weiterhin effektiv steuern sollen. Dem wird eine grundsätzlich ablehnende Kritik aller sicherheitspolitischen Anstrengungen nicht gerecht. Kein geringerer als der erste Bundesdatenschutzbeauftragte, Hans Peter Bull, hat jüngst vor einer der Realität nicht angemessenen Fundamentalkritik in der Sicherheitspolitik gewarnt. Das schlichte „Nein!" und der Hinweis auf eine bessere Sozial-, Außen- und Entwicklungspolitik seien allein kein konstruktiver Vorschlag, der der neuen Gefahrenlage angemessen wäre. Die Hinweise blieben die Antwort darauf schuldig, wie auf aktuelle Gefahren reagiert werden solle, die sich trotz der Sozial-, Außen- und Entwicklungspolitik – oder jedenfalls bis zu deren Erfüllung – einstellen.[50]

---

[47] *S. Kaufmann*, Network Centric Warfare. Den Krieg netzwerktechnisch denken, in: D. Gethmann/M. Stauff (Hrsg.), Politiken der Medien, 2004, 245.

[48] *C. Schmitt*, Theorie des Partisanen, 2006, 87.

[49] *E. Horn*, Der Feind als Netzwerk und Schwarm, in: C. Pias (Hrsg.), Abwehr, 2008, 41.

[50] *H. P. Bull*, Verfassungsrechtliche Bedenkensammlung oder politische Wegweisung?, Neue Gesellschaft Frankfurter Hefte, 2008, 46/48.

II. Die dogmatische Herausforderung

Die Aufgabe des Verfassungsrechts in dieser Lage ist es nicht, ein kategorisches „Nein!" auszusprechen. Die Aufgabe des Verfassungsrechts besteht vielmehr darin, Maßstäbe für die Sicherheitspolitik bereitzustellen, die gewährleisten, dass trotz der Handlungsnotwendigkeiten ein grundrechtlicher Freiraum und eine rechtsstaatliche sowie demokratische Kontrolle der Sicherheitsapparate gewährleistet bleiben. Doch diese Aufgabe des Verfassungsrechts ist keine einfache. Die traditionellen Eingriffs- und Kontrollmaßstäbe des Verfassungsrechts werden nicht zuletzt durch das extreme Ausmaß der Gefährdungen auf die Probe gestellt.

Dies zeigt sich etwa an der klassischen rechtsstaatlichen Eingriffsschwelle der konkreten Gefahr. Gegenüber Gefährdungen, wie sie vom internationalen Terrorismus ausgehen, kann die polizeiliche Arbeit nicht erst einsetzen, wenn sie sich bereits so wie Alltagsgefahren konkretisiert haben, auf die das traditionelle Polizeirecht zugeschnitten war. Um das Entstehen entsprechender konkreter Gefahren zu verhüten, sie rechtzeitig zu entdecken, um sie effektiv abwehren zu können, sind die Sicherheitsbehörden auf Aufklärungsinstrumente angewiesen, die bereits im Vorfeld der Gefahr einsetzen. Welche Schwelle soll aber an die Stelle der konkreten Gefahr treten? Sollen abstrakte Gefahren, Gefahrenlagen, Gefahrenvermutungen ausreichen? Das Vorfeld der konkreten Gefahr ist ein weites. Wie sollen die Eingriffsschwellen aus dem Verfassungsrecht entwickelt werden?

Auch der Grundsatz der Verhältnismäßigkeit – die zentrale Strebe der Grundrechtsdogmatik – gerät in den Strudel rechtsstaatlicher Erosion.[51] Anders als die Abwehr bereits konkreter Gefahren oder die Verfolgung bereits begangener Straftaten, entfaltet die Gefahrenvorsorge eine Dynamik, der der Verhältnismäßigkeitsgrundsatz kaum etwas entgegenzusetzen hat.[52] Für eine möglichst effektive Vorsorge sind möglichst viele Informationen nicht nur geeignet, sondern zur Effektivitätssteigerung auch erforderlich – und wie sollte die bloße Erhebung, Speicherung und Verarbeitung von Informationen unangemessen sein, wenn es darum geht, Anschläge wie die vom 11. September, von Madrid und London oder noch schlimmere zu verhindern?[53] Die Dynamik des Vorsorgedankens, die den Verhältnismäßigkeitsgrundsatz zu unterlaufen scheint, hat bereits zu der Forderung geführt, nicht nur die Verhältnismäßigkeit, sondern auch ihre Operationalisierbarkeit zum verfassungsrechtlichen

---

[51] *H.-H. Trute*, Die Erosion des klassischen Polizeirechts durch die polizeiliche Informationsvorsorge, in: W. Erbguth/F. Müller/V. Neumann (Hrsg.), Rechtstheorie und Rechtsdogmatik im Austausch, Gedächtnisschrift für Bernd Jeand'Heur, 1999, 408 ff.; *C. Enders*, Sozialstaatlichkeit im Spannungsfeld von Eigenverantwortung und Fürsorge, VVDStRL 64 (2005), 7/46 ff.; allgemein zur Bedeutung des Übermaßverbots im Rahmen der Prävention *D. Neumann*, Vorsorge und Verhältnismäßigkeit, 1994.

[52] *U. Volkmann*, Urteilsanmerkung zu BVerfG, Beschluss vom 04.04.2006, 1 BvR 518/02 (Rasterfahndung), JZ 2006, 918/919; *O. Lepsius*, Die Grenzen der präventivpolizeilichen Telefonüberwachung, Jura 2006, 929/931.

[53] Dazu auch *Lepsius* (Fn. 1), Leviathan 2004, 78 ff., und *ders.* (Fn. 1), in: Rechtsstaat, 23 ff.

Maßstab zu erheben. Vorsorgemaßnahmen sind danach „verfassungswidrig, nicht weil sie unverhältnismäßig, sondern weil sie stets verhältnismäßig sind"[54]. In einer historischen Perspektive hat es tragische Züge, dass der Verhältnismäßigkeitsgrundsatz gerade im Sicherheitsrecht Auflösungserscheinungen zeigt, wurde er doch durch das preußische Oberverwaltungsrecht im Polizeirecht entwickelt[55] und hat von dort aus seine Karriere im Verwaltungsrecht und dann mit dem Apothekenurteil des Bundesverfassungsgerichts[56] auch im Verfassungsrecht angetreten.

Für das Verfassungsrecht und die Verfassungsrechtsdogmatik ist es alles andere als eine triviale Aufgabe, gegenüber entsprechenden Auflösungserscheinungen angemessene dogmatische Strukturen zu entwickeln, die einerseits den neuen Gefährdungsphänomenen Rechnung tragen, andererseits aber den Anspruch rechtsstaatlicher Begrenzung, Steuerung und Strukturierung nicht aufgeben.

III. Die Reaktion des Bundesverfassungsgerichts

Das Bundesverfassungsgericht hat auf diese Herausforderung mit einer beeindruckenden Reihe von mittlerweile mehr als einem Dutzend Entscheidungen zu fast allen neuen sicherheitsrechtlichen Instrumenten reagiert, und weitere Verfahren etwa zu den neuen Befugnissen des Bundeskriminalamts zur Terrorismusbekämpfung sind noch anhängig. In seinen bisherigen Entscheidungen hat das Gericht einen verfassungsrechtlichen Rahmen entwickelt, in den sich auch die Maßnahmen einfügen müssen, die der Verhütung und Abwehr selbst der denkbar größten Gefahren dienen sollen. Die Grundstruktur des von dem Gericht entwickelten dogmatischen Rahmens zeigt im Wesentlichen drei Elemente: verfahrensrechtliche Sicherungen, relative und absolute Eingriffsschranken.

1. Verfahrensrechtliche Sicherungen

Zum einen hat das Gericht – ganz im Einklang mit vielen Stimmen in der Literatur –[57] auf das Wegbrechen der materiellen Maßstäbe mit einer Kompensation[58] durch verfahrensrechtliche Anforderungen reagiert.

---

[54] *C. Enders* (Fn. 51), S. 47; vgl. auch ebd., S. 46: „Konsequente Für- und Vorsorge kennt also keine festen Grenzen.".

[55] *B. Remmert*, Verfassungs- und verwaltungsrechtsgeschichtliche Grundlagen des Übermaßverbotes, 1995, 143 ff.

[56] BVerfGE 7, 377/407.

[57] *H.-H. Trute* (Fn. 51), S. 418–427; *M. Albers*, Die Determination polizeilicher Tätigkeit in den Bereichen der Straftatenverhütung und der Verfolgungsvorsorge, 2001, 246 ff., 335 ff.; *M. Kutscha*, Rechtsschutzdefizite bei Grundrechtseingriffen von Sicherheitsbehörden, NVwZ 2003, 1296/1297 ff.; *F. Schoch*, Abschied vom Polizeirecht des liberalen Rechtsstaats?, Der Staat 43 (2004), 347/367 f.; *S. Middel*, Innere Sicherheit und präventive Terrorismusbekämpfung, 2006, 356 ff.

[58] Allgemein zum Kompensationsgedanken im Recht *A. Voßkuhle*, Das Kompensationsprinzip, 1999.

Für besonders intensive Grundrechtseingriffe der Sicherheitsbehörden hat es Richtervorbehalte gefordert,[59] bei den heimlichen Maßnahmen Mitteilungspflichten verlangt,[60] zum Schutz des Kernbereichs der privaten Lebensgestaltung zum Teil detaillierte Vorgaben für das operative Vorgehen gemacht[61] und parlamentarische Berichtspflichten, die der Gesetzgeber eingeführt hat, verfassungsrechtlich gewürdigt.[62] Gerade auch die demokratische Kontrolle der Sicherheitsbehörden ist bei der Vielzahl der verdeckt und heimlich erfolgenden Eingriffe aus strukturellen Gründen nicht leicht zu gewährleisten. Verdeckte Maßnahmen wirken sich regelmäßig auch auf die faktischen Rechtsschutzmöglichkeiten des Betroffenen aus: gegen Maßnahmen, von denen man nicht weiß, kann man sich auch nicht gerichtlich wehren. Die durch die Betroffenen angestrengten gerichtlichen Verfahren bewirken aber über ihre Öffentlichkeit neben dem individuellen Rechtsschutz auch eine öffentliche Kontrolle der Sicherheitsbehörden, die bei heimlichen Maßnahmen ausfällt.

Dass der Gesetzgeber hier zum Teil auch neue Wege gegangen ist, um den Ausfall an demokratischer Kontrolle zu kompensieren, verdient hervorgehoben zu werden. Hingewiesen sei etwa auf § 100b Abs. 5 und 6 StPO. Danach berichten die Länder und der Generalbundesanwalt dem Bundesamt für Justiz in Bonn kalenderjährlich über in ihrem Zuständigkeitsbereich angeordnete Telekommunikationsüberwachungen. Das Bundesamt erstellt daraus eine Übersicht zu den bundesweit angeordneten Maßnahmen und veröffentlicht diese im Internet. Ebenso haben die Geheimdienste über die Nutzung der ihnen durch die Antiterrorgesetze eingeräumten Befugnisse öffentlich dem Parlament zu berichten.[63] Entsprechende Veröffentlichungen zu verdeckten und geheimen Maßnahmen können auch zu einer realistischeren Einschätzung der Befugnisse führen. So waren viele Beobachter etwa von der geringen Anzahl der Maßnahmen auf der Grundlage der Antiterrorgesetze überrascht, die der erste Bericht aufführte. Sie lagen weit unterhalb der von Kritikern zum Teil befürchteten Überwachungsszenarien.[64] Dennoch erlauben entsprechende Berichte den diachronen und synchronen Vergleich. Auf diese Weise kann ein erheblicher Anstieg entsprechender Maßnahmen oder ein im Vergleich zu anderen Ländern großzügigerer Umgang mit den Befugnissen politische Rechtfertigungslasten auslösen. So hat die Veröffentlichung der Abhörstatistiken durch das Bundesamt für Justiz erhebliche Diskrepanzen zwischen einzelnen Bundesländern deutlich gemacht.[65]

Durch den verfassungsändernden und den einfachen Gesetzgeber wurden auch die Rechte der parlamentarischen Kontrollkommission gestärkt. Sie wurde in Art. 45d GG verfassungsrechtlich verankert und durch das Gesetz über die parla-

---

[59] BVerfG, NJW 2008, 822, Rn. 259; BVerfGE 103, 21/34.

[60] BVerfGE 100, 313/361.

[61] BVerfGE 109, 279/318, 324; 113, 348/391 f.; BVerfG, NJW 2009, 2431, Rn. 90.

[62] BVerfGE 109, 279/340.

[63] §§ 8a VI 2, 9 IV 7 BVerfSchG, §§ 2a, 3 BNDG; §§ 4a, 5 MADG.

[64] BT-Drucks. 16/5982, S. 9 ff., 14 f.

[65] *D. Brössler*, Der Staat hört mit, SZ v. 23. 9. 2009, auch unter http://www.sueddeutsche.de/politik/159/488554/text/.

mentarische Kontrolle nachrichtendienstlicher Tätigkeiten des Bundes[66] neu ausgestaltet.[67] Forderungen im Gesetzgebungsverfahren, die Kontrollrechte auf heimliche
Maßnahmen der Polizeien des Bundes auszudehnen, haben sich jedoch nicht durchgesetzt, obwohl die grundrechtliche und demokratische Gefährdungslage bei heimlichen Maßnahmen der Polizei wegen des faktisch meist nicht durchsetzbaren
Rechtsschutzes mit der bei geheimdienstlichen Maßnahmen vergleichbar ist.

2. *Relative materielle Eingriffsschranken*

Das Bundesverfassungsgericht hat sich jedoch nicht auf die Einforderung und Würdigung verfahrensrechtlicher Kompensationen beschränkt, sondern auch relative
und absolute materielle Schranken für sicherheitspolitische Maßnahmen statuiert.

Die wohl spektakulärste dogmatische Innovation ist die Entwicklung des Rechts
auf Integrität des persönlichen Informationssystems in der Entscheidung zur Online-Durchsuchung, mit der das Gericht einen gänzlich neuen materiellen verfassungsrechtlichen Maßstab entwickelt hat. Es hat sich dafür entschieden, neben dem
Recht auf informationelle Selbstbestimmung eine weitere Ausprägung des allgemeinen Persönlichkeitsrechts unter einen besonderen verfahrensrechtlichen und materiellen Schutz zu stellen. Das „neue Grundrecht" soll Gefährdungen Rechnung tragen, die gerade dadurch entstehen, dass Sicherheitsbehörden nicht nur Daten erheben, sondern persönliche Informationssysteme manipulieren. Die Notwendigkeit
dieser Innovation ist umstritten.[68] Doch die urheberrechtlich motivierte Entscheidung der Geschäftsleitung des Online-Buchhändlers Amazon, Bücher auf den Lese-
geräten seiner Kunden unter Nutzung des elektronischen Zugangs zu löschen, gibt
eine Ahnung davon, welche Manipulationsmöglichkeiten sich mit der zunehmenden
Elektronisierung der Lebenswelt noch ergeben werden, die jedenfalls über klassische
Eingriffe in das Recht auf informationelle Selbstbestimmung hinausgehen. Dass es
sich bei dem ersten gelöschten Titel um „1984" von George Orwell handelte, gab dem
Vorfall eine ironisch mahnende Note.[69]

Relative Schranken ergeben sich ferner aus den unterschiedlichen Eingriffsschwellen, die das Gericht für Grundrechtseingriffe unterschiedlicher Intensität vorgese-

---

[66] BGBl. I 2009, 2346.

[67] Zu der Neuregelung s. etwa *F. Shirvani*, Reform der parlamentarischen Kontrolle der Nach-
richtendienste – Die Novellen zum Grundgesetz und zum Kontrollgremiumgesetz, VBlBW 2010,
99 ff.

[68] *M. Eifert*, Informationelle Selbstbestimmung im Internet, NVwZ 2008, 521/521 f.; *U. Volkmann*, Verfassungsmäßigkeit der Vorschriften des Verfassungsschutzgesetzes von Nordrhein-Westfalen zur Online-Durchsuchung und zur Internet-Aufklärung, DVBl. 2008, 590/591.

[69] Vgl. *B. Stone*, Amazon erases Orwell books from Kindle, New York Times v. 17. 7. 2009 (http://
www.nytimes.com/2009/07/18/technology/companies/18amazon.html?_r=2); *C. Stöcker*, Amazon
löscht digitale Exemplare von „1984", SpiegelOnline v. 20. 7. 2009 (http://www.spiegel.de/netzwelt/
web/0,1518,637076,00.html).

hen hat.[70] So hat es zwar nicht allgemein an der klassischen rechtsstaatlichen Schwelle der konkreten Gefahr festgehalten, diese Schwelle aber weiterhin für besonders eingriffsintensive Maßnahmen[71] oder besonders weit ausgreifende Grundrechtseingriffe verlangt,[72] die aufgrund ihrer potentiellen Einschüchterungswirkung die Bereitschaft zur Grundrechtsausübung beeinträchtigen können.[73] Die Entscheidung zur Online-Durchsuchung kann hier als Beispiel für den ersten,[74] die zur Vorratsdatenspeicherung[75] und die zur automatischen Kraftfahrzeugkennzeichenerkennung[76] als Beispiel für den zweiten Fall genannt werden. Auch in der Entscheidung zur Rasterfahndung hat das Gericht an dem Erfordernis einer konkreten Gefahr festgehalten. Eine allgemeine, aber unspezifische Gefahrenlage soll – auch nach Anschlägen wie denen vom 11. September – nicht dazu berechtigen, die gesamte Bevölkerung auf bestimmte Merkmale hin zu rastern. Gefordert ist vielmehr ein konkretes Wahrscheinlichkeitsurteil auf der Grundlage tatsächlicher Anhaltspunkte, wobei – anders als dies Gegner der Entscheidung zum Teil nahelegen – diese nicht so detailliert sein müssen, dass das Instrument der Rasterfahndung ad absurdum geführt wird. In einem disjunktiven Sinn sollten konkrete Anhaltspunkte zur zeitlichen, örtlichen oder personellen Seite des Schadens oder zum Störer ausreichen.

3. Absolute materielle Eingriffsschranken

Schließlich hat das Gericht auch einige absolute Grenzen gezogen, die in keinem Einzelfall – auch nicht durch den verfassungsändernden Gesetzgeber – überschritten werden dürfen. Dabei hat das Gericht jeweils auf die Menschenwürdegarantie zurückgegriffen.

Die spektakulärste Entscheidung war insoweit wohl die Entscheidung zum Luftsicherheitsgesetz, in der das Abschießen von Passagiermaschinen auch dann für unzulässig erachtet wurde, wenn diese wie bei den Terroranschlägen vom 11. September als fliegende Bomben eingesetzt werden sollen. Für das Gericht schließt die Menschenwürdegarantie eine Verrechnung der Lebensspanne der todgeweihten Passagiere mit der Lebensspanne der potentiellen Opfer am Boden aus.[77] Der kantianische Rigor der Entscheidung hat dem damaligen Bundesinnenminister großes Kopfzerbrechen bereitet und den früheren Bundesverteidigungsminister nah an die Auffor-

---

[70] Zur Systematik der Eingriffsschwellen *R. Poscher*, Eingriffsschwellen im Recht der inneren Sicherheit, Die Verwaltung 2008, 345/352 ff.

[71] BVerfGE 113, 348/386; BVerfGE 115, 320/360 f.

[72] BVerfG, NJW 2010, 833, Rn. 231.

[73] BVerfGE 65, 1/42 f.; BVerfG, NJW 2008, 1505, Rn. 78; BVerfGE 113, 29/46.

[74] BVerfG, NJW 2008, 822, Rn. 242 ff.

[75] BVerfG, NJW 2010, 833, Rn. 231.

[76] BVerfG, NJW 2008, 1505, Rn. 174.

[77] BVerfGE 115, 118/158; kritisch etwa *F. Hase*, Das Luftsicherheitsgesetz: Abschuss von Flugzeugen als „Hilfe bei einem Unglücksfall"?, DÖV 2006, 213/218; *C. Hillgruber*, Der Staat des Grundgesetzes – nur bedingt abwehrbereit?, JZ 2007, 209/216 f.

derung zum Verfassungsbruch gebracht.[78] Doch unabhängig von der Frage, ob in den Fällen des Luftsicherheitsgesetzes ein Abschuss die Menschenwürde der todgeweihten Passagiere tatsächlich verletzt, hat die Entscheidung eines deutlich gemacht: eine Menschenwürdeverletzung findet auch in Fällen größter Not keine Anerkennung durch das Grundgesetz. Einer Rechtfertigung von eindeutigen Fällen der Menschenwürdeverletzung ist auf der Grundlage der Entscheidung zum Luftsicherheitsgesetz auch in noch so zwingend scheinenden Ticking-Bomb-Szenarien der Boden entzogen. Die Strafgerichte hatten das Bestehen auf der Absolutheit des Menschenwürdeschutzes im Fall Daschner auch für präventive Maßnahmen der Sicherheitsbehörden bereits antizipiert. Trotz der damaligen Diskussionslage, in der gerade auch international der Einsatz von Folter in Ausnahmesituationen wieder diskutiert wurde, haben die Strafgerichte die absolute Geltung des Folterverbots bestätigt und den Vizepolizeipräsidenten für seine Folterdrohung verurteilt.[79]

In seiner Entscheidung zum Großen Lauschangriff hat das Bundeverfassungsgericht einen absolut geschützten Kernbereich der privaten Lebensgestaltung als weitere Schranke staatlicher Maßnahmen aus Art. 1 Abs. 1 GG abgeleitet. „Zur Entfaltung der Persönlichkeit im Kernbereich privater Lebensgestaltung gehört die Möglichkeit, innere Vorgänge wie Empfindungen und Gefühle sowie Überlegungen, Ansichten und Erlebnisse höchstpersönlicher Art zum Ausdruck zu bringen, und zwar ohne Angst, dass staatliche Stellen dies überwachen. Vom Schutz umfasst sind auch Gefühlsäußerungen, Äußerungen des unbewussten Erlebens sowie Ausdrucksformen der Sexualität."[80] Nicht zum Kernbereich gehören Inhalte, die einen nicht mehr nur höchstpersönlichen Sozialbezug aufweisen.[81] Bereits in seiner Rechtsprechung zum Schutz von Tagebüchern hatte das Gericht daher Angaben zu konkreten Straftaten, die nicht nur innere Gefühle und Eindrücke wiedergeben, vom Kernbereichsschutz ausgeschlossen.[82] Ein Eingriff des Staates in den so bestimmten Kernbereich der privaten Lebensgestaltung ist nach Ansicht des Bundesverfassungsgerichts nicht nur im Grundsatz, sondern immer unzulässig. Das Gericht betont dabei ausdrücklich, dass, soweit der Kernbereich betroffen ist, auch kein Raum für eine Abwägung mit anderen Interessen besteht. „Dieser Schutz darf nicht durch Abwägung … nach Maßgabe des Verhältnismäßigkeitsgrundsatzes relativiert werden … Zwar wird es stets Formen von besonders gravierender Kriminalität … geben, die die Effektivität der Strafrechtspflege … manchem gewichtiger erscheinen lässt als die Wahrung der menschlichen Würde des Beschuldigten. Eine solche Wertung ist dem Staat jedoch … verwehrt."[83]

---

[78] Vgl. *B. Schlink*, Spiegel Online v. 19.9. 2007 (http://www.spiegel.de/politik/deutschland/0,1518,506562,00.html).

[79] LG Frankfurt, NJW 2005, 692 ff.; dazu auch EGMR, NJW 2010, 3145 ff. sowie LG Frankfurt, 2-04 O 521/05, Urt. v. 4.8. 2011.

[80] BVerfGE 109, 279/313.

[81] BVerfG, NJW 2009, 2431/2436 Rn. 90.

[82] BVerfGE 80, 367/375; daran anknüpfend dann BVerfGE 109, 279/319.

[83] BVerfGE 109, 279/314; s. bereits BVerfGE 34, 238/245; 75, 369/380; 93, 266/293 zur Abwä-

Aus dem absoluten Schutz des Kernbereichs entwickelt das Gericht eine Reihe von Vorgaben für Überwachungsmaßnahmen, die ihrer Natur nach geeignet sind, in den Kernbereich einzudringen. Vordringlich sind Überwachungen zu unterlassen, wenn zu erwarten ist, dass der Kernbereich durch die Maßnahme verletzt würde.[84] Dies gilt etwa für die akustische Überwachung von Gesprächen in Privatwohnungen mit Vertrauenspersonen, soweit keine Hinweise dafür vorliegen, dass sie sich auf konkrete Straftaten beziehen.[85] Soweit eine Überwachung nicht ausgeschlossen ist, sind Überwachungen zwar grundsätzlich zulässig, jedoch ist dann durch geeignete Maßnahmen sicherzustellen, dass die größtmögliche Zurückhaltung gewahrt bleibt. Bei der Überwachung von Privatwohnungen kann es daher erforderlich sein, auf eine automatische Überwachung zu verzichten, um eine jederzeitige Unterbrechung der Überwachung zu ermöglichen, sobald der Kernbereich betroffen wird.[86] Werden durch eine Maßnahme trotz der größtmöglichen Zurückhaltung Sachverhalte aus dem absolut geschützten Kernbereich privater Lebensgestaltung erfasst, müssen Aufzeichnungen umgehend vernichtet werden. Jede Verwertung solcher Informationen ist ausgeschlossen.[87] Zudem muss die Einhaltung der Löschungspflichten und Verwertungsverbote dadurch sichergestellt werden, dass eine unabhängige Stelle über die Verwertbarkeit der erhobenen Daten entscheidet.[88] Richtig verstanden verwirklicht sich der Menschenwürdeschutz gerade auch durch den Umgang mit Situationen, in denen Kernbereichsdaten unweigerlich mit erhoben werden können.

Die Verletzung der Menschenwürdegarantie liegt nicht bereits darin, dass überhaupt Kernbereichsdaten erhoben werden. Die Achtung vor der Menschenwürde verlangt jedoch bei Eingriffen, bei denen ein Eindringen in den Kernbereich „praktisch unvermeidbar" ist, dass das nicht-intendierte Eindringen soweit als möglich vermieden wird, trotz der Bemühungen erfolgende nicht-intendierte Kenntnisnahmen umgehend unterbrochen werden, anfallende Kernbereichsdaten sofort vernichtet und in keinerlei Weise verwendet werden. Zudem verlangt die Achtung vor der Würde der Betroffenen eine Kontrolle besonders der Verwertungsverbote durch eine unabhängige Stelle.[89] Bei nicht-intendierten Folgen von Eingriffsmaßnahmen kann die Achtung gegenüber den Betroffenen gerade durch die Ernsthaftigkeit der Anstrengungen zum Ausdruck gebracht werden, die nicht-intendierten Folgen zu vermeiden und in den dennoch auftretenden Fällen die Beeinträchtigungen des Betroffenen soweit als möglich zu begrenzen. Bei Datenerhebungen aus dem Kernbereich der privaten Lebensgestaltung bedeutet dies besonders den effektiven Ausschluss jeglicher Verwertung entsprechender Daten.

---

gungsfestigkeit des Menschenwürdekerns des allgemeinen Persönlichkeitsrechts; zum Kernbereichsschutz allgemein *R. Poscher*, Menschenwürde und Kernbereichsschutz, JZ 2009, 269 ff.

[84] BVerfGE 109, 279/320.
[85] BVerfGE 109, 279/320.
[86] BVerfGE 109, 279/323, 328.
[87] BVerfGE 109, 279/323, 328, 332 f.; BVerfG, NJW 2008, 822/834; BVerfGE 113, 348/392.
[88] BVerfGE 109, 279/333.
[89] BVerfGE 109, 279/333.

IV. Resümee

Das Sicherheitsverfassungsrecht befindet sich in einem noch nicht abgeschlossenen Wandel. Der Wandel reagiert auf veränderte Bedrohungslagen und wird zum Teil durch kontingente sicherheitspolitische Grundannahmen, zum Teil aber auch durch technische Entwicklungen bestimmt, die etwa bei der Tendenz zur Zentralisierung polizeilicher Aufgaben auf der Bundesebene zusammenspielen. Auf das Ganze gesehen ist die Entwicklung einerseits von einem Abbau kompetenzrechtlicher Sicherungen vor rechtsstaatlich und demokratisch schwer kontrollierbaren Sicherheitsbehörden gekennzeichnet. Sowohl föderale als auch funktionale Aufgabentrennungen wurden gelockert. Erst in Ansätzen sind neue Mechanismen erkennbar, die etwa in Form von Berichts- und Veröffentlichungspflichten dazu beitragen können, besonders die Möglichkeiten einer demokratischen Kontrolle der Sicherheitsbehörden zu erweitern. Andererseits hat die Verfassungsrechtsdogmatik auf die neuen Entwicklungen im Bereich ihrer materiellen Vorgaben besonders im Bereich der Grundrechtsdogmatik mit überraschender Deutlichkeit reagiert.

Die neuen Bedrohungskonstellationen sind nicht nur eine Herausforderung für die Sicherheitspolitik, sondern auch für die verfassungsrechtliche Dogmatik. Dass das Verfassungsrecht vor dem Ausmaß der Bedrohungen nicht kapitulieren muss, ist das Ergebnis dogmatischer Anstrengungen und Kreativität. Die dogmatische Entwicklung des Verfassungsrechts hat dafür gesorgt, dass es sich nicht aus der sicherheitsrechtlichen Diskussion verabschiedet, sondern einen wichtigen Beitrag zur Entwicklung des Rechts der inneren Sicherheit leistet. In der Rechtsprechung des Bundesverfassungsgerichts lässt sich ein System verfahrensrechtlicher Anforderungen sowie relativer und absoluter Grenzen für Sicherheitsmaßnahmen erkennen. Bei allen Kritikpunkten im Einzelnen kann dem Gericht jedenfalls nicht der Vorwurf gemacht werden, sich nicht als einer der Akteure in die sicherheitsrechtliche Diskussion eingebracht zu haben. Mit den verfassungsrechtlichen Vorgaben hat das Gericht auch zu einer stärkeren Strukturierung der sicherheitsrechtlichen Gesetzgebung und Rechtsanwendung beigetragen. Dabei ist nicht ersichtlich, dass die Arbeit der Sicherheitsbehörden unter dieser verfassungsrechtlichen Strukturierung und Zusammenarbeit gelitten hätte. Vielmehr können die deutschen Sicherheitsbehörden bemerkenswerte Aufklärungserfolge verzeichnen und genießen – soweit ersichtlich – auch international einen guten Ruf. Die rechtsstaatliche Formung und Begrenzung sicherheitsrechtlicher Befugnisse muss demnach nicht in einem Gegensatz zur Effektivität der Sicherheitsgewährleistung stehen, sondern kann durch ihre Strukturierungsleistung auch zu deren Effektivität beitragen.

Zeigt sich im Wandel des Sicherheitsverfassungsrechts nun ein Teilverfassungsrecht im anspruchsvollen Sinn? Hat das Sicherheitsverfassungsrecht Strukturen und Gehalte, die es von anderen Bereichen des Verfassungsrechts abheben? Auch vor dem Hintergrund dieser Frage zeigt die Entwicklung gegenläufige Tendenzen. Unter dem Einfluss der Alliierten enthielt das Grundgesetz zunächst eine sicherheitsrechtliche

Kompetenzstruktur, die mit der Betonung föderaler und auch funktionaler Trennungen Besonderheiten des Sicherheitsrechts markierte. Diese Besonderheiten sind nicht aufgegeben, unterliegen jedoch der Erosion und erscheinen zunehmend wie die Kompetenzordnung in anderen Bereichen fungibel und dem unmittelbaren Sicherheitszweck der Teilverfassung verfügbar. Insoweit zeigt sich eine Normalisierung des Sicherheitsverfassungsrechts.

Unter dem Druck der dogmatischen Herausforderungen durch die neue Sicherheitslage wurden jedoch die Eigenheiten besonders der grundrechtlichen und rechtsstaatlichen Vorgaben deutlicher konturiert. In keinem anderen Rechtsbereich wurde etwa der Bestimmtheitsgrundsatz so prominent in Stellung gebracht.[90] Auch die Ausdifferenzierung – mehr oder weniger – bestimmter Eingriffsschwellen für Eingriffe unterschiedlicher Eingriffsintensität findet sich in keinem anderen sachlichen Teilbereich des Verfassungsrechts ähnlich ausgebildet. Die Eingriffsintensität spielt zwar auch sonst eine Rolle, aber zu einer entsprechenden Typisierung kommt es sonst allenfalls in Ansätzen.[91] Den Eigenheiten des Sachbereichs ist auch die besondere Prominenz absoluter verfassungsrechtlicher Schranken geschuldet. In kaum einem anderen Bereich der Staatsgewalt werden ähnlich intensive Grundrechtseingriffe thematisch. Der Gedanke verfahrensrechtlicher Kompensation materiellrechtlicher Standards ist zwar eine auch in anderen Sachbereichen, besonders im Umwelt- und Planungsrecht, verbreitete Figur, die bereits lange vor ihrer Rezeption im Sicherheitsverfassungsrecht unter dem Begriff des Grundrechtsschutzes durch Verfahren[92] in die allgemeine Grundrechtsdogmatik eingegangen ist. Doch im Sicherheitsverfassungsrecht hat sie mit der Betonung rechtsstaatlicher und demokratischer Kontrollmechanismen – im Unterschied zu partizipativen Elementen wie etwa im Planungsrecht – eine eigene Ausgestaltung gefunden. Man kann also von einem Sicherheitsverfassungsrecht als einer Teilverfassungsrechtsordnung in einem anspruchsvolleren Sinn sprechen, auch wenn sich die Gewichte des Eigenstands verschieben. Die Verschiebung von institutionellen zu materiellen und verfahrensrechtlichen Elementen könnte das Sicherheitsverfassungsrecht stärker gegenüber den eingangs beschriebenen Internationalisierungsprozessen profilieren, die selten unmittelbar nationale institutionelle Arrangements betreffen. Sollte sich die These von der

---

[90] BVerfGE 113, 29/51; 348/375; 115, 166/191; 120, 274/317 f.; BVerfGE 125, 260/325 f., 327 f.

[91] Vgl. etwa im – freilich dem Sicherheitsrecht jedenfalls nahestehenden – Versammlungsrecht die Schwelle der gegenwärtigen Gefahr BVerfGE 69, 315/362. Vergleichbar ist sonst noch die Drei-Stufen-Doktrin zu Art. 12 GG, die aber lediglich nach Schutzgütern differenziert und im Ergebnis kaum die Wirkung gezeigt hat wie die Eingriffsschwellen in der neueren Verfassungsrechtsprechung zum Sicherheitsrecht.

[92] Hierzu eingehend *H. Goerlich*, Grundrechte als Verfahrensgarantien, 1981; *F. Ossenbühl*, Grundrechtsschutz im und durch Verfahrensrecht, in: G. Müller/R. A. Rhinow/G. Schmid/L. Wildhaber (Hrsg.), Staatsorganisation und Staatsfunktionen im Wandel, Festschrift für Kurt Eichenberger zum 60. Geburtstag, 1982, 183 ff.; *E. Schmidt-Aßmann*, Grundrechtsschutz durch Verfahrensgestaltung, in: W. Krebs (Hrsg.), Liber amicorum Hans-Uwe Erichsen, 2004, 207 ff.; *W. Kahl*, Grundrechtsschutz durch Verfahren in Deutschland und in der EU, VerwArch 2004, 1 ff.

losen Kopplung des nationalen Verfassungsrechts mit dem supra- und internationalen Recht als zutreffend erweisen, müsste das Sicherheitsverfassungsrecht seinen Eigenstand auch ihm gegenüber zur Geltung bringen.

Indra Spiecker gen. Döhmann[*]

Teil-Verfassungsordnung Datenschutz

I. Einleitung

Datenschutz als Teilverfassungsgebiet: Ein solches Thema als Ausschnitt des Gesamtthemas dieses Bandes und der zugrundeliegenden Tagung verlangt ein Fragezeichen nachgestellt. Ist das Datenschutzrecht überhaupt ein Gebiet, auf dem die nationale Rechtsordnung, genauer: die nationale Verfassungsordnung ein eigenständiges Gewicht aufweist, womöglich gar Impulse setzt? Ist es ein Gebiet, das die nationale Rechtsordnung bestimmt, das an einer Europäisierung und Globalisierung des Rechts vorbei agiert, das womöglich einen Restbereich nationaler (Verfassungs-)Identität bereithält? Gerade letzteres könnte man aus der Perspektive mancher aktueller Datenschutzdiskussion folgern, in denen immer wieder gerne geäußert wird, nur die Deutschen sähen (datenschutzrechtliche) Probleme neuer Informationsservices, während andere Nationen auf die neuen Möglichkeiten begeistert reagierten.[1] Oder wäre eine solche Sicht auf das Datenschutzrecht als ein Teilverfassungsrecht nur eine längt widerlegte Hypothese – ist das Datenschutzrecht möglicherweise längst doch ein europäisiertes und womöglich auch globalisiertes Rechtsgebiet, in dem die nationalen Verfassungsimpulse zwangsläufig zunehmend geringer werden müssen?

Um der grundlegenden Frage nach einem Teilverfassungsrecht Datenschutz nachzugehen, wird sich dieser Beitrag zunächst den Grundstrukturen des geltenden Datenschutzregimes widmen. Was ist unter Datenschutzrecht als Teilverfassungsrecht überhaupt zu verstehen (B. I., II. und III.)? Was macht dieses in seinem Kern, in seinen Grundprinzipien und Eckpfeilern aus? In einer solchen Analyse ist das Datenschutzrecht – jenseits eines engeren Verständnisses als Recht des Schutzes personenbezogener Daten – auch als Teilbereich eines größeren Rechtsgebiets zu sehen, des Informations- und des Informationsschutzrechts (B. IV.). Eine reine Bestandsaufnahme genügt aber nicht, um die Ausgangsfrage einer Antwort zuzuführen. Daher setzt der folgende Teil sich damit auseinander, was das Datenschutzrecht in seiner

---

[*] Dank für weiterführende Überlegungen an PD Dr. Peter Collin, MPI für Rechtsgeschichte, Frankfurt; Dank für hilfreiche Recherche an meine Mitarbeiterin *Johanna Küpper*. Internet-Verweise sind auf dem Stand vom 30. 08. 2011.
[1] tagesschau.de, 10. 08. 2010, http://www.tagesschau.de/ausland/streetviewausland100.html; ZEIT-online, 10. 08. 2010, http://www.zeit.de/digital/datenschutz/2010–08/street-view-startet?page=all.

gegenwärtigen Ausprägung und der zu erwartenden weiteren Entwicklung zu einem besonderen Rechtsgebiet machen und seine noch hypothetische Einordnung als eigenständiges Teilverfassungsrecht rechtfertigen könnte (C.). Der Schwerpunkt liegt hier auf der Identifikation einiger Charakteristika für die Annahme eines Teilverfassungsrechts und daraus folgenden Schlüssen auf ein Informationsrecht, ohne dass diese Überlegungen mehr als einen Hinweischarakter beanspruchten. Abschließend folgen Fazit und Ausblick (D.).

II. *Datenschutzrecht* als Teilverfassungsgebiet

1. Datenschutzrecht

Vor inhaltlichen Aussagen hat zunächst eine Begriffsklärung zu erfolgen. Was ist überhaupt „das Datenschutzrecht"? Was wird davon erfasst?

In der einschlägigen Literatur finden sich Formulierungen wie Datenschutz diene der Absicherung der „informationellen Selbstbestimmung"[2], Datenschutz bezwecke den Schutz vor der Beeinträchtigung von Persönlichkeitsrechten geschützt durch Regelung des „Umgangs" durch andere mit seinen personenbezogenen Daten,[3] oder es erfasse den Schutz des Einzelnen davor, dass er beobachtet wird, dass Dritte sich ein fremdgesteuertes Bild von ihm machen und ggfs. verbreiten und er dadurch Nachteile erleide[4].

Als Gemeinsamkeit lässt sich diesen und ähnlichen Formulierungen entnehmen, dass Datenschutz offenbar aus einer individualrechtlichen Perspektive verstanden werden muss:[5] Subjekt des Datenschutzrechts ist ein individualisierter Betroffener, in dessen Recht („Befugnis") eingegriffen werden kann. Geschützt werden bestimmte Objekte, nämlich Informationen, (fälschlich)[6] bezeichnet als Daten. Datenschutz regelt in diesem Verständnis nur den Schutz ausgewählter Informationen, denn es schützt nach herkömmlichem Verständnis nur personenbezogene Informationen.[7] Sämtliche sonstigen Informationen, insbesondere geschäfts-, betriebs- und sachbezogene Informationen, sind vom Datenschutz nicht erfasst. Ihr Schutz erfolgt im Wesentlichen über das Eigentumsrecht in der Form von Urheberrechten, oder über einen selektiven Konglomeratsschutz aus Art. 12 Abs. 1 GG i. V. m. Art. 14 Abs. 1 GG

---

[2] *Roßnagel*, Handbuch Datenschutzrecht, 2003, 1. Einleitung, Rdnr. 4.

[3] Vgl. *Gola/Schomerus*, BDSG-Kommentar, 10. Auflage 2010, § 1 Rdnr. 2.

[4] *Eberle*, MMR 2008, S. 508, 509.

[5] So schon das BVerfGE im Volkszählungsurteil, BVerfGE 65, 1, 43: „Das Recht *des Einzelnen …*" (Betonung durch die Verfasserin).

[6] Siehe zur Unterscheidung zwischen Daten und Information z. B. *Spiecker gen. Döhmann*, Rechtswissenschaft 2010, S. 247, 250 ff. m. w. N.

[7] Vgl. § 3 Abs. 1 BDSG als einfachgesetzliche Regelung; Art. 1 und 3 für die DS-RL; BVerfGE 65, 1, 42; 115, 320, 342; 120, 378, 399.

für Betriebs- und Geschäftsgeheimnisse.[8] Ein wesentlicher Teil von Informationen bleibt damit rechtlich ungeschützt. Das ist zumindest angesichts der Terminologie nicht selbstverständlich, denn der Begriff des Datums erfasst in der üblichen Verwendung des Wortes nicht zwangsläufig nur personenbezogene Informationen.[9]

Im Folgenden wird dieser traditionelle Begriff des Datenschutzes zugrundegelegt, der den Schutz personenbezogener Informationen zum Inhalt hat. Solche Informationen betreffen direkt oder indirekt ein oder mehrere Individuen,[10] denen dann das Recht auf informationelle Selbstbestimmung als datenschutzrechtliches Freiheitsrecht zugeordnet ist.

2. Geschichte und Entwicklung

a) Normenhintergrund

Um die heutige Ausgestaltung des Datenschutzrechts zu verstehen und daraus nachfolgend Schlüsse auf seine mögliche Bedeutung als Teilverfassungsrecht ziehen zu können, ist ein Blick in die Geschichte hilfreich. Das Datenschutzrecht in Deutschland findet seine – allerdings rein verwaltungsrechtlichen und damit zunächst auf das Verhältnis Bürger-Staat beschränkten – Ursprünge bereits in den 1960er Jahren; 1970 erließ das Land Hessen schließlich das erste deutsche und damit sogar das erste weltweite Datenschutzgesetz überhaupt, 1977 folgte ein erstes Bundesdatenschutzgesetz.[11] Eine fundamentale Qualitätssteigerung durch die Erhebung zum Grundrecht erhielt der Datenschutz mit der Entscheidung des Bundesverfassungsgerichts zum Volkszählungsgesetz im Jahr 1983.[12] Abgeleitet aus dem allgemeinen Persönlichkeitsrecht, Art. 2 Abs. 1 GG, und dem Würdeprinzip, Art. 1 Abs. 1 GG, entwickelte das Gericht als eigenständiges Grundrecht das „Recht auf informationelle Selbstbestimmung", als dessen Schutzbereich es die Selbstbestimmung des Einzelnen zur Erhebung und Verwendung seiner personenbezogenen Daten in Datenverarbeitungsanlagen ausgestaltete.[13] Die Entscheidung war in zweifacher Hinsicht wegweisend. Nicht nur erhob das Gericht den Schutz von personenbezogenen Daten zum

---

[8] Siehe nur Maunz/Dürig-*Papier*, GG-Kommentar, Art. 12 Rdnr. 133; *Berg*, GewArch 1996, S. 177, 178; *Schröder*, UPR 1985, S. 394, 396 f.; *Bullinger*, NJW 1978, S. 2173, 2178; *von Danwitz*, DVBl. 2005, S. 597; *Spiecker gen. Döhmann*, in: Seifert/Krämer (Hrsg.), International Workshop on Communication Regulation in the Age of Digital Convergence: Legal and Economic Perspectives, 2009, S. 29.

[9] Daher bietet es sich an, für den Schutz von Informationen allgemein von einem Informationsschutzrecht oder Datenschutzrecht i. w. S. zu sprechen.

[10] Vgl. die Definition in § 3 Abs. 1 BDSG: „Personenbezogene Daten sind Einzelangaben über persönliche oder sachliche Verhältnisse einer bestimmten oder bestimmbaren natürlichen Person".

[11] *Simitis*, in: Simitis (Hrsg.), DSchR-Kommentar, Einleitung Rdnr. 1.

[12] BVerfGE 65, 1.

[13] BVerfGE 65, 1, 41 ff.

eigenständigen Grundrecht mit allen Konsequenzen für dessen Dogmatik.[14] Vor
allem erließ es dezidierte Vorgaben, wie ein verfassungskonformes, einfachgesetzliches Datenschutzrecht auszusehen habe und gestaltete damit die Anforderungen
an einen staatlichen und prozeduralen Schutz dieses neu geschaffenen Grundrechts
auch in erheblicher Weise für den nicht öffentlichen Umgang mit Daten.[15] Darauf
wird gleich noch genauer einzugehen sein. Innerhalb weniger Jahre wurden in der
Folge Bundes- und Landesdatenschutzgesetze erlassen, die diesen Forderungen
Rechnung trugen.[16] Der Begriff vom Verwaltungsrecht als konkretisiertem Verfassungsrecht,[17] und zwar als gelebter nationaler Verfassung, war hier besonders zutreffend.

Als reines Personenschutzrecht ist das Datenschutzrecht seit geraumer Zeit dennoch kein vorwiegend nationales Recht mehr. Vielmehr ist eine prägende – wenn
auch möglicherweise nicht die treibende – Kraft nunmehr das Europarecht. Dies ist
im Bewusstsein der deutschen Rechtsöffentlichkeit oftmals nicht recht verankert. So
wurde bspw. in der medialen Berichterstattung über die Entscheidung des Bundesverfassungsgerichts zur Verfassungsgemäßheit der Vorschriften zur sog. Vorratsdatenspeicherung fast nur der nationale Aspekt wiedergegeben, und auch in der Fach-
öffentlichkeit findet sich der europarechtliche Kontext, in den diese Entscheidung
einzubinden ist, nur selten thematisiert.[18] Dies ist z. T. auch auf die Begründung des
Gerichts selbst zurückzuführen, die ersichtlich die den nationalen Vorschriften zugrundeliegende europäische Vorratsdatenspeicherungs-Richtlinie nicht zum Anlass
einer Überprüfung der grundlegenden Rechtsprechung zum Verhältnis zwischen
Europarecht und nationalem Verfassungsrecht[19] nehmen wollte und sich daher fast
gänzlich auf Ausführungen zum deutschen Datenschutzrechtsstandard hinsichtlich
der verbleibenden Spielräume in der Umsetzung beschränkt.[20]

Basis der europäischen Einflüsse auf das nationale Datenschutzrecht ist vor allem
die Datenschutzrichtlinie von 1995.[21] Mit dem Erlass dieser Richtlinie erhielt der Datenschutz auch international erstmalig ein erhebliches, weil bindendes, Gewicht.[22]

---

[14] BVerfGE 65, 1, 41 ff.

[15] BVerfGE 65, 1, 45 ff.

[16] Nach der Wiedervereinigung wurden auch in den neuen Bundesländern innerhalb weniger
Jahre Datenschutzgesetze verabschiedet. Siehe nur den zeitlichen Ablauf bei *Simitis* in: Simitis
(Hrsg.), DSchR-Kommentar, Einleitung Rdnr. 1 ff.

[17] *Maurer*, Allgemeines Verwaltungsrecht, § 4 Rdnr. 31; *Ossenbühl* in: Erichsen/Ehlers (Hrsg.),
Allgemeines Verwaltungsrecht, § 6 Rdnr. 2.

[18] Vgl. nur aus der datenschutzrechtlichen Literatur *Eckhardt/Schütze*, CR 2010, S. 225; *Hor-
nung/Schnabel*, DVBl. 2010, S. 824; *Petri*, RDV 2010, S. 197; *Westphal*, EuZW 2010, S. 494.

[19] Zuletzt Lissabon-Urteil BVerfGE 123, 267; *Schwarze*, EuR 2010, S. 108; *Schorkopf*, EuZW 2009,
S. 718; *Wolff*, DÖV 2010, S. 49.

[20] Prüfungsmaßstab ist dabei vor allem das Telekommunikationsgrundrecht, Art. 10 GG.

[21] Richtlinie 95/46/EG des Europäischen Parlaments und des Rates vom 24. Oktober 1995 zum
Schutz natürlicher Personen bei der Verarbeitung personenbezogener Daten und zum freien Daten-
verkehr.

[22] Es gab zu diesem Zeitpunkt zwar bereits eine Reihe von völkerrechtlichen Vereinbarungen
wie z. B. die „UN Guidelines Concerning Computerized Personal Data Files" von 1990, (http://ec.

Die Richtlinie macht dezidierte Vorgaben für den Umgang mit personenbezogenen Daten von öffentlichen und nicht-öffentlichen Stellen, die z. T. über das seinerzeit bestehende deutsche Recht hinausgingen. So waren hier etwa Schadensersatzregelungen vorgesehen,[23] die das nationale Recht bis dahin nicht vorgesehen hatte und erst mit der Novellierung 2001 aufnahm.

Trotz dieser Überformung des nationalen Datenschutzrechts kann man damit nicht von vorneherein dem Gedanken an ein „Teilverfassungsrecht Datenschutz" eine Absage erteilen. Die Datenschutz-Richtlinie erging nämlich nicht, wie es ihr Name verheißt, als eine Kodifikation, die spezifisch und gezielt den Schutz vor dem Umgang mit personenbezogenen Daten regeln wollte. Vielmehr basiert sie mangels anderweitiger Kompetenz auf der Binnenmarkt-Zuständigkeit der EG aus Art. 114 AEUV.[24] Somit war (und ist) sie vor allem darauf ausgerichtet, Handelshemmnisse durch unterschiedliche Datenschutzstandards abzubauen.[25] Der Schutzaspekt wurde zwar von vorneherein auch gesehen,[26] stand jedoch nicht allein im Vordergrund.[27] Die nationalrechtliche Fundierung des Datenschutzes vorrangig als Schutzrecht, wie sie vor allem das Verfassungsrecht prägt, ist damit also nur teilweise beeinflusst.

Bezeichnend für das Verhältnis zwischen europäischem Sekundärrecht und nationalem Umsetzungsrecht ist zudem, dass in der Reaktion auf die Vorgaben der Datenschutz-Richtlinie nur vergleichsweise geringe Anpassungen des nationalen Rechts zu erfolgen hatten. Zudem führten diese Anpassungsanforderungen kaum zu Widersprüchen oder fundamentalen Ergänzungen des bestehenden Rechts.[28] Dies ist u. a. darauf zurückzuführen, dass Deutschland als einer der Wegbereiter der Richtlinie seine Vorstellungen, die zu diesem Zeitpunkt bereits weit entwickelt waren und zu denen es langjährige Erfahrungen gab, in weiten Teilen in der Richtlinie zu verankern imstande war, während eine Reihe anderer europäischer Staaten z. T. noch überhaupt kein oder jedenfalls kein so präzisiertes Datenschutzrecht kannten.[29] Darauf wird noch gleich zurückzukommen sein. Zu einer Überarbeitung der Richtlinie, durch die neue Impulse auch auf das deutsche Datenschutzrecht hätten einwirken können, ist es indes seit 1995 nicht mehr gekommen.[30] Eine letzte große, im europä-

---

europa.eu/justice/policies/privacy/instruments/un_en.htm) oder die Leitlinien („guidelines") zum Datenschutz von Sept. 1980 der OECD (OECD Guidelines on the Protection of Privacy and Transborder Flows of Personal Data, http://www.oecd.org/document/18/0,3343,en_2649_34255_1815186_1_1_1_1,00.html), die aber nicht verbindlich sind.

[23] Art. 23.

[24] Seinerzeit Art. 100a EGV, dann Art. 95 EGV, jetzt Art. 114 AEUV.

[25] Vgl. Erwägungsgründe 7, 8.

[26] Vgl. Erwägungsgründe 23, 46, 65.

[27] Vgl. nur mit Ausblick für geltende Datenschutz-Neuregelungen *Brühann*, EuZW 2009, S. 639, 641.

[28] *Gola/Schomerus*, BDSG-Kommentar, Einleitung, Rdnr. 10. A.A. *Simitis*, in: Simitis (Hrsg.), DSchR-Kommentar, Einleitung, Rdnr. 101 f.

[29] Siehe z. B. *Simitis*, in: Simitis (Hrsg.), DSchR-Kommentar, Einleitung, Rdnr. 96.

[30] Allerdings ist seit dem Antritt der neuen Kommission Bewegung in den Datenschutz gekommen, u. a. erarbeitet die Kommissarin Viviane Reding derzeit eine grundlegende Überarbeitung, vgl. http://europa.eu/rapid/pressReleasesAction.do?reference=IP/10/1462&format= HTML&aged

ischen Recht verankerte Weiterung erfuhr das Datenschutzrecht lediglich 2002, als mit der Datenschutz-RL für elektronische Kommunikation im Bereich des Telekommunikations- und Telemedienrechts bereichsspezifische Neuregelungen für den Telemedienbereich in das deutsche Recht eingeführt wurden.[31] Wenn überhaupt, so gingen in der jüngeren Vergangenheit vom europäischen Recht eher Impulse wider den Datenschutz aus, wenn informationsrechtliche Regelungen personenbezogene Daten zugänglich machen sollen, etwa durch das SWIFT-Abkommen.[32] Dies ist insbesondere im Bereich der Terrorprävention zu beobachten. Von den diesbezüglichen Regelungen[33] dürfte jedenfalls im nationalen Kontext die sog. Vorratsdatenspeicherungs-RL von 2006[34] die bekannteste sein. Insofern hat sich die weitere Entwicklung des nationalen Datenschutzrechts zwar im Schatten, aber doch mit erheblicher nationaler Eigenständigkeit vollzogen.[35]

b) *Richterrechtliche Prägung*

Das Datenschutzrecht hat seine praktische Bedeutung sowohl national- als auch europarechtlich insgesamt weniger durch Gesetzeswerke und Normierungen erfahren; Überarbeitungen der Datenschutz-Richtlinie und des BDSG sind weitgehend ausgeblieben. Umso mehr gewinnt das Richterrecht in der Konkretisierung der – auch verfassungsrechtlichen – Anforderungen an Bedeutung. Insbesondere im nationalen Kontext ist eine höchstrichterrechtliche Prägung auffällig, die sich größtenteils im Gefolge politisch sehr umstrittener Gesetzesregelungen insbesondere aus dem Bereich der Strafverfolgung und Prävention ergibt, wie etwa die nationalen Leitentscheidungen der letzten Jahre zur Zulässigkeit des genetischen Fingerabdrucks,[36] Rasterfahndung,[37] Kfz-Kennzeichenerfassung,[38] Videoaufzeichnung,[39] Online-

---

=0&language=DE&guiLanguage=en, http://www.bmi.bund.de/DE/Themen/ Europa/Sonstiges/ Datenschutz/datenschutz.html?nn=303936.

[31] Neu war z. B. die Unterscheidung nach bestimmten Bestands-, Nutzungs- und Standortdaten in §§ 14, 15 TMG, § 98 TKG oder die Einführung der elektronischen Einwilligung in § 13 Abs. 2 TMG.

[32] Abkommen zwischen der Europäischen Union und den Vereinigten Staaten von Amerika über die Verarbeitung von Zahlungsverkehrsdaten und deren Übermittlung für die Zwecke des Programms der USA zum Aufspüren der Finanzierung des Terrorismus, http://register.consilium. europa.eu/pdf/de/10/st11/st11222-re01.de10.pdf.

[33] Z.B. Fluggastdaten EuGH Slg 2006, I-4722–4834; Rasterfahndung BVerfGE 115, 320; Online-Durchsuchung BVerfGE 120, 274.

[34] http://eur-lex.europa.eu/LexUriServ/LexUriServ.do?uri=OJ:L:2006:105:0054:0063:DE: PDF.

[35] Dies geht soweit, dass z.T. bezweifelt wird, dass die jüngeren Reformen noch mit der DS-RL vereinbar sind, vgl. *Brühann*, EuZW 2009, S. 639.

[36] BVerfGE 103, 21.

[37] BVerfGE 115, 320.

[38] BVerfGE 120, 378.

[39] BVerfG, NJW 2009, S. 3293.

Durchsuchung[40] oder zuletzt die Vorratsdatenspeicherungsentscheidung.[41] In diesen (und weiteren) Entscheidungen konkretisierte das Bundesverfassungsgericht die Anforderungen an datenschutzrelevante Gesetzesvorgaben; der Datenschutz mitsamt flankierenden bzw. spezielleren Grundrechten[42] begrenzte staatliche Informationseingriffe. Dies hat diesem Rechtsgebiet immer wieder den Ruf eines lästigen „Bremsers" von Entwicklung eingetragen.[43] Dies wird auch als Argument im wirtschaftsrechtlichen Bereich immer wieder angeführt,[44] obwohl gerade diese großen Grundsatzentscheidungen sämtlich gegen staatliche Eingriffe ergingen, das private Datenschutzrecht also nur mittelbar betrafen,[45] und obwohl eine Reihe von Entscheidungen die gesetzgeberischen Vorgaben als verfassungsgemäß absegnete.[46] Prägend ist aber offenbar die Wahrnehmung gewesen, das (deutsche) Verständnis von Datenschutz stelle sich Weiterentwicklungen ganz grundsätzlich entgegen.[47]

Im Übrigen aber fällt die sonstige richterrechtliche Durchsetzung des Datenschutzrechts, insbesondere im nicht-öffentlichen Bereich, eher knapp aus.[48] Große Auseinandersetzungen der Untergerichte fehlen weitgehend oder erörtern den Datenschutz nur am Rande. Datenschutz wird vorwiegend durch die höchsten Gerichte in den Mittelpunkt gestellt und durchgesetzt, und hierbei mit einem besonderen Fokus auf der Beschränkung des Zugriffs durch den Staat.

---

[40] BVerfGE 120, 274.

[41] BVerfG, NJW 2010, S. 833.

[42] Z. T. wurde die Telekommunikationsfreiheit in Ausprägungen herangezogen, die parallel zum Recht auf informationelle Selbstbestimmung verlaufen, vgl. Online-Durchsuchung, BVerfGE 120, 274, und Vorratsdatenspeicherung, BVerfG, NJW 2010, S. 833.

[43] Siehe z. B. Süddeutsche Zeitung vom 25. 11. 2010, http://www.sueddeutsche.de/digital/interview-mit-bitkom-praesident-scheer-ess-wurden-voellig-irrationale-aengste-geschuert-1.1028428 (Interview mit Bitkom-Präsident Scheer, „Die Politik sollte aufhören, permanent vor den Risiken des Internets zu warnen und die Chancen auszublenden").

[44] Vgl. *Roßnagel*, Handbuch Datenschutzrecht, 2003, 1. Einleitung, Rdnr. 13: „Die Verwendung personenbezogener Daten ist für die wirtschaftliche Betätigung von zentraler Bedeutung. Datenschutz eröffnet oder verschließt bestimmte wirtschaftliche Chancen."

[45] Insbesondere für die Bestimmung der Eingriffsintensität und damit für die Beurteilung der Interessenabwägungen waren diese Entscheidungen aber auch für den privaten Sektor wegweisend, vgl. konkret *Dreier/Spiecker gen. Döhmann*, Die systematische Aufnahme des Straßenbildes, 2010, S. 88 ff.

[46] So etwa beim genetischen Fingerabdruck, BVerfGE 103, 21.

[47] Dass diese Wahrnehmung gerade im europäischen Vergleich nur begrenzt zutrifft, zeigt z. B. ein Vergleich des Umgangs mit dem Online-Dienst Google Street View: Hier haben andere europäische Länder, z. B. Griechenland und Österreich oder im außereuropäischen Ausland Japan teilweise kategorische Verbote ausgesprochen, während die deutschen Datenschutzbehörden stets auf eine ausgleichende Beschränkung des Dienstes ausgerichtet waren, vgl. die Darstellung bei *Dreier/Spiecker gen. Döhmann*, Die systematische Aufnahme des Straßenbildes, 2010, S. 109 ff.

[48] Siehe nur zuletzt die Entscheidung des BGH zur Veröffentlichung von Lehrer-Bewertungen in Online-Meinungsportalen. Der Konflikt zwischen Meinungsfreiheit und Datenschutzrecht wurde hier nicht hinreichend aufgearbeitet, vgl. *Feldmann*, in: Brandi-Dohrn/Heckmann (Hrsg.), Informationstechnik und Recht, Band 18, Jahrbuch 2008, S. 104.

Auf europäischer Ebene ist insgesamt eine hohe richterliche Zurückhaltung zu konstatieren, dem Datenschutz überhaupt ein inhaltliches Gewicht beizumessen.[49] Angesichts fehlender grundrechtlicher Bestimmungen in den EG-Verträgen hätte eine solche Schutzausrichtung allein über die Anwendung der EGMR nahegelegen. Erst in den letzten zwei Jahren hat der EuGH seine Selbstbeschränkung etwas zurückgenommen und auch zu datenschutzrechtlichen Problemen materiell Stellung bezogen, etwa in der Fluggastdatenentscheidung,[50] zum Einstellen von Inhalten ins Internet, Lindqvist,[51] oder zuletzt die Konkretisierung des Medienprivilegs bei Online-Diensten, Satamedia.[52] Zudem hat in einigen urheberrechtlichen Fragestellungen der Datenschutz eine Rolle gespielt, ohne allerdings die vorgelegten Fälle entscheidend zu prägen.[53] Selbst in den Fällen wie der Vorratsdatenspeicherung, deren erhebliche datenschutzrechtliche Bedeutung sich förmlich aufdrängte, konzentrierte sich der EuGH auf die Präzisierung kompetenzieller Fragen. So hat er bspw. in der Vorratsdatenspeicherungsentscheidung allein die Frage angesprochen, ob es sich um eine sicherheitspolitische Maßnahme handelte, die damit der dritten Säule der EU und deren speziellen Verfahrensanforderungen zuzuordnen gewesen wäre, oder ob der Richtlinie eine Harmonisierungsintention zugrundelag,[54] die nach den Verfahrensanforderungen für Entscheidungen der ersten Säule verabschiedet werden musste. Selbst von einem obiter dictum, in dem datenschutzrechtliche Grundanforderungen formuliert oder Hinweise auf eine mögliche Auslegung gegeben worden wären, hat das Gericht Abstand genommen. Dies war zwar nach dem Prüfungsmaßstab des Gerichtsverfahrens – als Nichtigkeitsklage von Irland eingeleitet – nicht zu beanstanden. Allerdings hat der EuGH in vielen anderen Bereichen weitaus weniger Zurückhaltung im Hinblick auf ihm zustehende Prüfungskompetenzen geübt.

Selbst wenn der EuGH die Datenschutz-Richtlinie inhaltlich prüft – z.B. in den privatrechtlichen Datenschutzfällen wie Satamedia oder den Abwägungen mit dem Urheberrecht –, beschränkte er sich zumeist auf allgemeine Hinweise, was der Richtlinie nicht entgegenstehe, und überließ die nähere Ausgestaltung in weitem Maße dem nationalen Recht. So verwies er in Promusicae und LSG jeweils darauf, dass die Regelungen des nationalen Rechts datenschutzrechtlich nicht zu beanstanden seien, aber andererseits auch nicht zwingend geboten gewesen seien,[55] und in Satamedia stellte der EuGH zwar einige allgemeine Positionen zum Medienprivileg bei Inter-

---

[49] Siehe dazu auch *Spiecker gen. Döhmann/Eisenbarth*, JZ 2011, S. 169.

[50] EuGH Slg. 2006, I-4722.

[51] EuGH Slg. 2003, I-12971.

[52] EuGH Slg. 2008, I-9831.

[53] Promusicae, EuGH Slg. 2008, I-271–348; LSG-Gesellschaft zur Wahrnehmung von Leistungsschutzrechten, EuGH Slg. 2009, I-1227.

[54] Dies war angesichts der Vorgeschichte der Richtlinie und ihres Anstoßes durch die Terroranschläge durch Madrid und London sehr fraglich, vgl. *Alvaro*, DANA 2006, S. 52.

[55] So z.B. in Satamedia, EuGH Slg. 2008, I-9831, oder auch in den beiden Urheberrechtsabwägungsfällen, Promusicae, EuGH Slg. 2008, I-271–348; LSG-Gesellschaft zur Wahrnehmung von Leistungsschutzrechten, EuGH Slg. 2009, I-1227.

netveröffentlichungen dar, hielt aber auch hier das nationale Recht für letztlich bestimmend.[56] Im Endeffekt verbleibt die Ausgestaltung des Datenschutzrechts damit nicht nur bezüglich der Umsetzung, sondern auch bezüglich der Kontrolle in erheblicher Weise in den Händen der nationalen Rechtsordnungen. Eine nähere verbindliche Ausgestaltung auf der europäischen Ebene findet eher durch legislative Akte statt, wenn Richtlinien datenschutzrechtsrelevante Teilbereiche regeln und der EuGH dies ohne inhaltliche Beschränkung passieren lässt.

3. Zentrale Inhalte des Datenschutzrechts

Das nationale Datenschutzrecht ist – wie kaum ein anderes Rechtsgebiet – von einer Reihe grundlegender Prinzipien durchsetzt, die ihre Konkretisierung in verschiedenen Einzelregelungen der Datenschutzgesetze, vorrangig des BDSG und der Landesdatenschutzgesetze, finden. Zur Untersuchung, ob diese sich eher als eigenständiger verfassungsrechtlicher Ansatz einordnen lassen oder ob sie durch europarechtliche Vorgaben in das deutsche Recht integriert worden sind und wie sie sich in das nationale Verfassungsrecht integrieren, ist wenigstens eine grundlegende Darstellung dieser Prinzipien erforderlich.

a) Eingriffsvorbehalt

Ausgangspunkt ist dabei der vom Bundesverfassungsgericht bereits in der Volkszählungsentscheidung formulierte Eingriffsvorbehalt: Der Umgang mit personenbezogenen Daten ist grundsätzlich verboten und nur ausnahmsweise erlaubt.[57] Jeglicher Umgang mit personenbezogenen Daten steht unter dem Vorbehalt, dass entweder eine gesetzliche Grundlage dies erlaubt oder eine (vorherige) Einwilligung des Betroffenen eingeholt worden ist.[58] Damit ist grundsätzlich die Möglichkeit des Grundrechtsverzichts gegeben und gleichzeitig eine Allgemeinwohleinschränkung vorgesehen. Dieses Konzept ist auch in die europäische Datenschutzrichtlinie eingebracht worden, so dass europäisches und nationales Datenschutzrecht hier parallel strukturiert sind.[59]

Dieses Fundamentalprinzip erstreckt sich nicht nur auf das Verhältnis Bürger-Staat, sondern auch auf das Verhältnis zwischen Privaten. Private sind faktisch ähnlich weitgehend gebunden wie der Staat.[60] Dies ist nicht zuletzt auch auf die DS-RL,

---

[56] EuGH Slg. 2008, I-9831.
[57] *Gola/Schomerus*, BDSG-Kommentar, § 4 Rdnr. 3; *Walz*, in: Simitis (Hrsg.), DSchR-Kommentar, § 4 Rdnr. 2 f.
[58] § 4 BDSG bzw. BVerfGE 65, 1, 44.
[59] Vgl. Art. 7 DS-RL.
[60] Der letzte bestehende Unterschied im nationalen Recht – Erstreckung der Regelungen des BDSG für den öffentlichen Bereich auch auf Verarbeitung und Nutzung personenbezogener Daten außerhalb von nicht automatisierten Dateien i. S. d. § 27 II BDSG – ist praktisch vernachlässigbar.

die ja auf die Harmonisierung des Binnenmarkts abzielt,[61] zurückzuführen.[62] Allerdings hat das Bundesverfassungsgericht im Volkszählungsurteil auch die Schutzpflichten-Dimension des Staates betont,[63] wenngleich die Vorgaben keinen hohen Detaillierungsgrad erreichen. Auf die zentrale diesbezügliche Vorgabe – Ausgestaltung von Informationsrechten der Betroffenen sowie Institutionalisierung von Aufsichtseinrichtungen – wird gleich noch etwas näher einzugehen sein.

b) Grundsatz der Zweckbestimmtheit

Weiteres zentrales Prinzip des Datenschutzrechts ist der Grundsatz der Zweckbestimmtheit. Er verlangt sowohl vom Gesetzgeber, der eine allgemeine Eingriffsermächtigung formuliert, als auch vom konkreten Datenverwender, der verantwortlichen Stelle, den Verwendungszweck für die Daten klar, eindeutig und eng umgrenzt zu fassen.[64] Eine spätere Zweckänderung ist wegen der Bindung an den ursprünglichen Zweck nur mit eigenständiger neuer Rechtfertigung möglich.[65] Eine ausufernde Vorratsdatenhaltung soll damit grundsätzlich nicht möglich sein.[66] Im Rahmen des Volkszählungsurteils hat schon das Bundesverfassungsgericht diesen Grundsatz der Zweckbestimmtheit besonders betont, da er als zentrales Element den Datenumgang beschränke.[67] In ähnlicher Weise sieht aber auch der Datenschutz-Richtlinie dieses Prinzip vor:[68] Zweckbestimmtheit ist aus nationaler wie europäischer Sicht das Fundamentalprinzip im Umgang mit Daten.[69]

c) Grundsatz der Datensparsamkeit

Aus dem Zweckbestimmtheitsgrundsatz lässt sich als weiterer Grundsatz das Prinzip der Datensparsamkeit folgern.[70] Danach sind möglichst wenige Daten zu erheben und zu verwenden.[71] Wegen des abstrakten Gefährdungspotentials im Umgang mit Daten soll bereits die Ausgestaltung der Datenerhebung und -verwendung restriktiv erfolgen. In der Konsequenz dürfen Daten auch nur so lange aufbewahrt werden, wie sie noch für den ursprünglichen Zweck benötigt werden.[72]

---

[61] Siehe Erwägungsgründe 7 und 8 der DS-RL.

[62] Vgl. Art. 2 DS-RL; siehe die Regelungen §§ 27 ff. BDSG.

[63] BVerfGE 65, 1, 42.

[64] § 14 Abs. 1 BDSG.

[65] § 14 Abs. 2 Nr. 1–9 BDSG.

[66] Dem widerspricht auch nicht die Entscheidung des BVerfGs zur Vorratsdatenspeicherung, da das Gericht hier dezidierte Grundlagen für eine Ausnahme formuliert hat, vgl. BVerfG NJW 2010, S. 833, 840 ff.

[67] BVerfGE 65, 1, 46.

[68] Art. 6 Abs. 1 b DS-RL..

[69] *Gola/Schomerus*, BDSG-Kommentar, § 14 Rdnr. 9.

[70] Vgl. auch § 3a BDSG.

[71] Näher dazu *Bizer*, in: Simitis (Hrsg.), DSchR-Kommentar, § 3a, Rdnr. 50 ff.

[72] *Bizer*, in: Simitis (Hrsg.), DSchR-Kommentar, § 3a, Rdnr. 54.

d) Prinzip der Verantwortlichkeit der datenverarbeitenden Stelle

Daneben gilt ferner das Prinzip der Verantwortlichkeit der datenverarbeitenden Stelle.[73] Hiermit wird ein allgemeiner Rechts- und Organisationsgedanke auch in das Datenschutzrecht übertragen: Arbeitsteilung darf nicht zur rechtlichen Pflichtenentlastung führen; die Leitung der verantwortlichen Stelle hat sich und die für sie Tätigen so zu organisieren, dass die Datenschutz-Vorschriften eingehalten werden.[74] Dieses Prinzip ist faktisch die Umkehrung der Subjektsbezogenheit des Datenschutzes, indem hier Ausführungen zum Adressaten festgeschrieben werden.

e) Prinzip der Einzelentscheidung

Zu nennen ist schließlich noch das Prinzip der sog. Einzelentscheidung: Belastende Entscheidungen dürfen nicht ausschließlich auf das Ergebnis einer automatisierten Verarbeitung gestützt werden, sondern bedürfen stets jedenfalls der Möglichkeit einer individuellen Entscheidung und damit einer potentiellen Korrektur des automatisierten Entscheidungsergebnisses.[75] Rechtlich relevante Entscheidungen, die allein auf statistischer Information beruhen, sind damit untersagt.

f) Konkrete Anforderungen an Eingriffe; Bestimmung der Eingriffstiefe

Schließlich hat die langjährige Rechtsprechung des Bundesverfassungsgerichts zum Recht auf informationelle Selbstbestimmung eine Reihe von Kriterien ermittelt, wie die Eingriffstiefe beurteilt und damit die Verhältnismäßigkeit eines Eingriffs und seiner Rechtfertigung konkret bestimmt werden kann: So werden etwa Heimlichkeit des Vorgehens,[76] große Streubreite[77] oder Anlasslosigkeit[78] als besonders intensive[79] Eingriffe beurteilt, die entsprechend hohe Rechtfertigungshürden zu nehmen haben.

4. Grundlegende Prinzipien als neuartige dogmatische Strukturen im Verfassungsrecht?

a) Konkretisierungen bekannter Verfassungsrechtsstrukturen

Diese den Datenschutz bestimmenden Prinzipien haben ihren Ursprung im Wesentlichen im Volkszählungsurteil und in der Europäischen Datenschutz-Richtlinie. Be-

---

[73] Vgl. § 3 Abs. 7 BDSG.

[74] *Bizer*, in: Simitis (Hrsg.), DSchR-Kommentar, § 3a, Rdnr. 227.

[75] Vgl. § 6a BDSG.

[76] Vgl. BVerfGE 115, 320, 353.

[77] Vgl. BVerfGE 115, 320, 354 f.

[78] Vgl. BVerfGE 120, 378, 402.

[79] Eine konkrete Anwendung der Vielzahl an Bestimmungen der Eingriffstiefe findet sich bei *Dreier/Spiecker gen. Döhmann*, Die systematische Aufnahme des Straßenbildes, 2010, S. 92 ff.

züglich ihrer Einordnung in die nationale Dogmatik lassen sich die genannten Prinzipien in aller Regel als besondere Ausprägungen übergeordneter, dem nationalen Verfassungsrecht bereits bekannter allgemeiner Grundrechts-Grundsätze fassen.

So ist der Grundsatz der Zweckbestimmtheit eine besondere Formulierung des Bestimmtheitsgrundsatzes: Auch dieser fordert eine klare und bestimmte Ermächtigungsgrundlage.[80]

Der Grundsatz der Datensparsamkeit beschreibt eine Konkretisierung der Erforderlichkeit in der Verhältnismäßigkeitsprüfung: Ein Eingriff ist nur so lange gerechtfertigt, wie es kein milderes Mittel gibt. Ist der Zweck bereits erreicht, entfällt die Erforderlichkeit. Daher sind Datenerhebungen und -speicherungen strikt an der weiterhin bestehenden Erforderlichkeit zu messen.

Das Prinzip der Verantwortlichkeit entspricht den organisationellen Grundanforderungen staatlicher Entscheidungen. Das Prinzip der Einzelentscheidung ist als konkretisierende Ausprägung des Würdeprinzips zu begreifen: Da das Individuum nicht zum Objekt staatlichen Handels gemacht werden darf, muss die Möglichkeit einer nicht-automatisierten Entscheidung gegeben sein. Und auch die Kriterien des Bundesverfassungsgerichts sind bei genauerem Hinsehen Kriterien für die Bestimmung der Eingriffstiefe. Sie erlauben eine dezidierte Beurteilung der Angemessenheitsprüfung.

b) Neue Verfassungsstrukturen durch den Datenschutz

Daneben lassen sich aber auch einige Elemente der Ausgestaltung des Rechts auf informationelle Selbstbestimmung identifizieren, die Eigenständigkeit und Entwicklung verfassungsrechtlicher, speziell grundrechtsdogmatischer Überlegungen bedeuten.

aa) Grundsatz der Datensicherheit

Dazu gehört zum einen der Grundsatz der Datensicherheit[81]: Dieser verlangt von der verarbeitenden Stelle eine Gesamtheit von organisatorischen und technischen Maßnahmen, um einen unzulässigen Umgang mit personenbezogenen Daten zu verhindern.[82] Damit sollen die Integrität sowie die Verfügbarkeit der Daten und die zu ihrer Verarbeitung eingesetzten technischen Einrichtungen erhalten werden.[83] Daten sind so aufzubewahren, dass sie nicht von Unbefugten verwendet werden können.[84] Das mit der Entscheidung zur Online-Durchsuchung formulierte neue Grundrecht auf

---

[80] Vgl. *Schulze-Fielitz*, in: Dreier (Hrsg.), GG, Art. 20 R, Rdnr. 128; *Hofmann*, in: Schmidt-Bleibtreu/Hofmann/Hopfauf (Hrsg.), GG, Art. 20, Rdnr. 85.

[81] Einfachgesetzlich normiert in § 9 BDSG. Vgl. auch dazu aus jüngerer Zeit zur Verpflichtung zu Online-Steuererklärungen *Niedersächs. Finanzgericht* vom 20. 10. 2009, Az. 5 K 149/05, EFG 2010, S. 277 – DStRE 2010, S. 670; *Heckmann*, MMR 2006, S. 3 ff.

[82] *Ernestus*, in: Simitis (Hrsg.), DSchR-Kommentar, § 9, Rdnr. 2.

[83] *Gola/Schomerus*, BDSG-Kommentar, § 9, Rdnr. 2.

[84] *Ernestus*, in: Roßnagel (Hrsg.), Handbuch Datenschutzrecht, 2003, 3.2 Konzept der Datensicherung, Rdnr. 3.

Vertraulichkeit und Integrität informationstechnischer Systeme[85] erweitert diesen aus dem Recht auf informationelle Selbstbestimmung bekannten Grundsatz auch auf die nicht personenbezogenen Daten.

Der Grundsatz enthält darüber hinaus eine zweite Komponente, nämlich das Gebot, Vorsorge zu treffen, dass Daten nicht inhaltlich verfälscht werden können. Damit werden Authentizität, d. h. die beiden Elemente Urheberschaft und Wahrhaftigkeit, geschützt. Ohne Kenntnis des Urhebers verliert eine Information an Bedeutung, ist damit doch gleichzeitig auch eine Aussage über die Verlässlichkeit getroffen. So ist beispielsweise staatliche Information immer noch von besonderer Authentizität erfasst.[86] Dem korrespondiert das Recht der Betroffenen auf Berichtigung,[87] falls Daten fehlerhaft und inhaltlich unrichtig abgespeichert sind.

bb) Verfahrensrecht zur Grundrechtssicherung

Von besonderer Bedeutung für eine Eigenständigkeit des verfassungsrechtlichen Gehaltes des Datenschutzes ist eine Ausprägung, die das Bundesverfassungsgericht bereits in der Volkszählungsentscheidung für das Recht auf informationelle Selbstbestimmung als unverzichtbar erklärt hat: Dem Grundrecht ist von vorneherein eine verfahrensrechtliche Absicherung durch mehrere Elemente beigegeben worden.[88] Hintergrund ist das Verständnis, dass der Datenschutz nur dann verwirklicht werden kann, wenn er auch wirkungsvoll durchgesetzt werden kann.[89] Unabhängig von den umweltrechtlichen Debatten der 1980er Jahre um das Vollzugs- und Vollstreckungsdefizit[90] hat das Verfassungsgericht bereits 1983 für den Datenschutz erkannt, dass ein Grundrecht nur so gut geschützt ist, wie verfahrensrechtliche Absicherungen zu seiner Kontrolle und seiner Durchsetzung bestehen. Was für andere Grundrechte als Schutz durch Verfahren erst allmählich entwickelt wird und immer noch weitgehend als subsidiär gegenüber einem materiellen Schutz verstanden wird,[91] ist dem Recht auf informationelle Selbstbestimmung also durch das Verfassungsgericht von vorneherein als konstituierend beigemessen worden.

Diese verfahrensrechtliche Komponente hat zwei Ausprägungen: Zum einen richtet sie sich darauf, was das Verfassungsgericht auch deutlich gemacht hat,[92] dass der Betroffene ausreichend Kenntnis von Eingriffen in sein Recht erhält, so dass er sich

---

[85] BVerfGE 120,274.

[86] Vgl. *Schoch*, § 37: Entformalisierung staatlichen Handelns, in: Isensee/Kirchhof (Hrsg), Handbuch des Staatsrechts, Bd. 3, 3. Aufl. 2005, Rdnr. 56.

[87] Einfachgesetzlich in § 20 Abs. 1 und § 35 Abs. 1 BDSG.

[88] BVerfGE 65, 1, 46 u. 48 ff.

[89] BVerfGE 65, 1, 46.

[90] Ausgang im Wesentlichen durch Mayntz/Derlien/Bohne/Hesse/Hucke/Müller (Hrsg.), Vollzugsprobleme der Umweltpolitik. Empirische Untersuchung der Implementation von Gesetzen im Bereich der Luftreinhaltung und des Gewässerschutzes, Stuttgart et al. 1978.

[91] Vgl. *Starck*, § 33: Grundrechtliche und demokratische Freiheitsidee, in: Isensee/Kirchhof (Hrsg.), Handbuch des Staatsrechts, Bd. 3, 3. Aufl. 2005, Rdnr. 19; *Kannengießer*, in: Schmidt-Bleibtreu/Hofmann/Hopfauf (Hrsg.), GG, Vorb. v. Art. 1, Rdnr. 25 ff.

[92] BVerfGE 65, 1, 69.

dagegen auch wehren kann. Hiermit wird der Besonderheit von Informationsein-
griffen Rechnung getragen. Ihre Relevanz wird zumeist erst durch spätere, durch die
Informationseingriffe möglich gewordene Konsequenzen spürbar – wenn aber eine
Gegenwehr gegen den Informationseingriff meist nicht mehr möglich ist. Ein Rechtssystem, das die Durchsetzung von subjektiv-öffentlichen Rechten in die Hand des
Individuums gibt, muss dem Betroffenen aber auch eine effektive Rechtsschutzmög-
lichkeit einräumen – dazu gehört bereits die Kenntnis von dem Eingriff. Auch deshalb gilt das Prinzip der Direkterhebung: Informationseingriffe haben sich grundsätzlich direkt an den Betroffenen zu richten und mit seiner Kenntnis zu erfolgen.[93]
Wenn eines dieser Elemente nicht gewährleistet ist – also entweder bei einem Dritten
personenbezogene Daten über den Betroffenen erhoben werden oder aber ein heim-
licher Informationseingriff beim Betroffenen selbst erfolgt –, dann ist der Betroffene
nachträglich zu unterrichten, dass und warum ein solcher Eingriff stattgefunden
hat.[94] Darüber hinaus sind dem Betroffenen auch Rechte gegenüber der verantwortlichen Stelle einzuräumen, um zu erfahren, ob und welche Daten über ihn warum
dort vorliegen, da er nur so überprüfen kann, ob diese Daten zu Recht erhoben, verwendet und gespeichert werden. Auskunftsrechte und Benachrichtigungspflichten
sind daher elementar.

Insoweit ist die verfahrensrechtliche Komponente vergleichbar mit dem Recht auf
angemessenen Rechtsschutz: Nur wer um die Verletzung seiner Rechte weiß und angemessene Rechtsmittel zur Verfügung hat, kann diese Rechte wirkungsvoll schützen.

Zum anderen wird ein Zwang des Gesetzgebers etabliert, Schutzinstanzen für
dieses Recht einzusetzen, und zwar sowohl im Verhältnis Bürger-Staat als auch im
Verhältnis Bürger-Bürger. Die objektive Wertordnung, die durch die Grundrechte
etabliert wird,[95] verlangt demnach im Bereich der informationellen Selbstbestimmung ein aktives Tätigwerden, dessen Mindeststandard vom Gericht dezidiert ausgestaltet wird. Konkret fordert das Verfassungsgericht die Einrichtung von behörd-
lichen und privaten Datenschutzbeauftragten einerseits zur internen Kontrolle sowie
von unabhängigen Aufsichtsbehörden zur externen Kontrolle des privaten Datenumgangs ein.[96] Die europäische Datenschutz-Richtlinie sieht diese Möglichkeit zur
Einrichtung von Aufsichtsbehörden mit der Möglichkeit zur Ahndung von Verstö-
ßen gegen Datenschutzrecht durchaus vor.[97] Aber sie erlaubt auch gänzlich andere

---

[93] § 4 Abs. 2 S. 1 BDSG; *Gola/Schomerus*, BDSG-Kommentar, § 4, Rdnr. 21.
[94] § 4 Abs. 3 S. 1 BDSG; *Sokol*, in: Simitis (Hrsg.), DSchR-Kommentar, § 4, Rdnr. 39 ff. Vgl. auch
BVerfGE 115, 320, 353 (Rasterfahndung).
[95] *Sachs*, in: Sachs (Hrsg.), Grundgesetz-Kommentar, Vor Art. 1, Rdnr. 66.
[96] BVerfGE 65, 1, 46.
[97] Wenngleich die jüngste Entscheidung des EuGH zur fehlenden Unabhängigkeit der Aufsichtsbehörden noch eine Umstrukturierung in Deutschland erforderlich machen wird, EuGH NJW
2010, S. 1265, mit Besprechungen dazu u. a. von *Spiecker gen. Döhmann*, JZ 2010, S. 787; *Bull*, EuZW
2010, S. 488; *Roßnagel*, EuZW 2010, S. 299; *Taeger*, K&R 2010, S. 330; *Petri/Tinnefeld*, MMR 2010,
S. 355.

Verfahren, wie sie etwa in Frankreich umgesetzt worden sind.[98] Das deutsche Recht hat eine intensive Aufsicht eingeführt und auch unter den Vorgaben der DS-RL aufrechterhalten und verstärkt.[99] Hier lässt sich die Rechtsprechung des Bundesverfassungsgerichts mit seinen verfassungsrechtlichen Anforderungen weiterhin auch als unabhängig von der europäischen Regelung identifizieren.

Die Besonderheit dieses Teils der verfahrensrechtlichen Komponente ist gerade unter dem Blickwinkel des Anliegens dieses Bandes nicht zu unterschätzen. Zum einen wird – was mittlerweile durch eine Vielzahl von Beauftragten in Unternehmen zum Standard geworden ist – der Datenschutz als zu beachtende Interessen-, Rechts- und Verhandlungsposition im Unternehmen etabliert. Der direkte Zugang des Datenschutzbeauftragten zum Vorstand[100] ermöglicht ihm trotz vergleichsweise geringen arbeitsrechtlichen und deshalb zu kritisierenden Schutzes der Person,[101] das Thema Datenschutz in der Unternehmenspolitik zu verankern. Zum anderen aber wird eine Aufsichtsbehörde als externer und von der verarbeitenden Stelle unabhängiger Kontrolleur institutionalisiert. Die Einhaltung der datenschutzrechtlichen Vorschriften wird also nicht den Betroffenen alleine überlassen, sondern verstärkt um eine neutrale Einheit, die Aufsichtsmaßnahmen ergreifen kann. Sanktionen sind also nicht allein vom Betroffenen zu fürchten – oder eben nicht[102] –, sondern auch von dazu berufenen Instanzen.[103]

Die institutionellen Absicherungen sind auch deshalb besonders, weil mit ihrer Einrichtung nicht etwa eine Monopolisierung des Staates als Durchsetzungsinstanz einhergeht, wie es in der klassischen Wirtschaftsregulierung der Fall ist. Objektivierter Schutz und individuelle Rechtsverfolgung gehen vielmehr Hand-in-Hand; sie ergänzen sich allenfalls insoweit, als der Betroffene die Aufsichtsbehörden in Kenntnis setzen kann von vermeintlichen Datenschutzverstößen, ohne aber ein Vorgehen der Aufsichtsbehörde erzwingen zu können.[104]

Im Hinblick auf eigenständige Verfassungsstrukturen ist das Recht auf informationelle Selbstbestimmung daher gleichfalls als auffallend im Gefüge des nationalen – und im Übrigen auch internationalen/europäischen – Grundrechtsschutzes zu nennen. Was im Umweltrecht mühsam etabliert wurde und immer noch – je nach Sichtweise – als Neuerung gefeiert oder Bruch mit fundamentalen Rechtsprinzipien

---

[98] *Brühann*, in: Grabitz/Hilf (Hrsg.), Das Recht der Europäischen Union, Art. 28, Rdnr. 5 f. u. Fn. 5; zur Umsetzung der DS-RL in Frankreich *Grewe*, DÖV 2002, S. 1022.

[99] So jüngst die Datenschutznovelle vom 3. Juli 2009, BT-Drs. 16/12011 und 16/13657) in Bezug auf die Eingriffsmöglichkeiten.

[100] So ausgestaltet in § 4 f Abs. 3 BDSG – das BVerfG hat dazu keine Vorgaben gemacht.

[101] Vgl. *Wank*, in: Erfurter Kommentar zum Arbeitsrecht, BDSG § 4 f, Rdnr. 5; *Roßnagel*, Handbuch Datenschutzrecht, 5.5 Rdnr. 127 m. w. N.

[102] Da das Schadensersatzrecht den Grundprinzipien des allgemeinen (zivilrechtlichen) Schadensersatzes folgt, ist der Ersatz für einen einzelnen rechtswidrigen Eingriff regelmäßig ohne Abschreckungswirkung für den Datenverwender.

[103] Da diese grundsätzlich über die Möglichkeit zur (schadensunabhängigen) Verhängung von Bußgeldern verfügen, liegt hierin ein deutlich griffigerer Anreiz gegenüber dem Datenverwender.

[104] So jedenfalls die einfachgesetzliche Ausgestaltung, vgl. § 21 BDSG.

kritisiert wird,[105] nämlich der Schutz von Rechtsgütern durch unabhängige Verbände, ist im Datenschutz schon seit nunmehr fast 30 Jahren Standard. Bemerkenswert ist allenfalls, dass diese Parallele und damit der erhebliche Erfahrungsvorsprung eines unabhängig durchgesetzten Datenschutzes in der Diskussion um Verbandsklagerechte nicht gesehen worden ist.

cc) Objektiv-rechtliche Komponente

Schließlich lässt sich als nationale Besonderheit eine grundrechtsdogmatische Einordnung fruchtbar machen. Es ist seit Jahren im nationalen Verfassungsrecht umstritten, wie weit eine objektiv-rechtliche Komponente bei einzelnen Grundrechten reicht.[106] Für die Ebene des einfachen Datenschutzrechts ist diese Frage zumindest faktisch beantwortet. Mit geringen Ausnahmen werden öffentliches und privates Datenschutzrecht in Anwendungsbereich, Wertungen und Intentionen parallel geführt. Die Verschiedenheit der konkreten Regelungen trägt lediglich andersartigen Grundwertungen der beteiligten Akteure (insbesondere die Bindung des Staates versus Handlungs-/Wirtschaftsfreiheit des Privaten) und der verschiedenartigen historisch bedingten Entwicklung Rechnung. Erörterungen zu den Vorschriften des privaten Datenschutzrechts werden parallel zur Prüfungsstruktur öffentlich-rechtlicher Vorschriften durchgeführt. So wird auch für privaten Datenumgang vom Erfordernis einer Erlaubnisnorm gesprochen, vergleichbar einer Ermächtigungsgrundlage.[107]

Dies ist zumindest insoweit bemerkenswert, als insbesondere das private Wirtschafts- und Verbraucherrecht von einer Diskussion über staatlichen Paternalismus durchzogen wird,[108] an die aber im Bereich des Datenschutzes terminologisch und inhaltlich kaum angeknüpft wird.[109] Die Erkenntnis, dass Private ähnlich gewichtig wie der Staat, mittlerweile vielleicht sogar gewichtiger, in Rechte Betroffener eingreifen können, wird jedenfalls für das Recht auf informationelle Selbstbestimmung schon jetzt durch die einfachgesetzliche Regelung weitgehend vorausgesetzt.

Allerdings ist dies nicht in besonderer Weise auf die Rechtsprechung des Bundesverfassungsgerichts zurückzuführen, das sich im Wesentlichen in seinen datenschutzrechtlichen Leitentscheidungen mit dem Bürger-Staat-Verhältnis auseinandergesetzt hat, sondern vielmehr in letzter Konsequenz auf die Vorgaben der EG-RL, die aufgrund ihrer Regelung über die Binnenmarktkompetenz des Art. 95 EGV[110]

---

[105] *Koch*, NVwZ 2007, S. 369; *Seelig/Günding*, NVwZ 2002, S. 1033; *Calliess*, NJW 2003, S. 97; *Alleweldt*, DÖV 2006, S. 621.

[106] *von Münch*, in: von Münch/Kunig (Hrsg.), GG, Vorb. Art. 1–19, Rdnr. 22 ff.; *Sachs*, in: Sachs (Hrsg.), Vor Art. 1, Rdnr. 27 ff.

[107] Z. B. *Gola/Klug*, Grundzüge des Datenschutzrechts, 2003, S. 96 f.

[108] Vgl. nur *Englerth*, in: Engel/Englerth/Lüdemann/Spiecker gen. Döhmann (Hrsg.), Recht und Verhalten, 2007, S. 231 m. w. N.

[109] Alleinfalls in der (überwiegend arbeitsrechtlichen) Literatur zur Neufassung des § 32 BDSG, etwa *Franzen*, RdA 2010, S. 257, 260.

[110] Jetzt Art. 114 AEUV.

eine parallele Anwendung der Prinzipien für das private wie das öffentliche Datenschutzrecht vorsieht. Wenn Bedingungsangleichung zur Förderung des Binnenmarkts Hauptziel ist, muss zwangsläufig auch der private Sektor mitgeregelt werden. Lediglich die dogmatische Begründung im System des Verfassungsrechts lässt hier Besonderheiten der nationalen Verfassungsordnung erkennen.

dd) Abwehrrichtung des Datenschutzes

Neben solchen unmittelbar aus den verfassungsgerichtlichen Entscheidungen ableitbaren Prinzipien macht das Datenschutzrecht aber noch in anderer Hinsicht durch Besonderheiten auf sich aufmerksam, die eine Einordnung als „Teilverfassungsrecht" stützen könnten.

Anders als andere Grundrechte ist das Recht auf informationelle Selbstbestimmung fast ausschließlich auf Abwehr ausgerichtet. Die gestalterischen Möglichkeiten durch Datenumgang treten dahinter fast völlig in den Hintergrund.[111] Während etwa der Meinungsfreiheit auch eine gestaltende, positive Funktion beigemessen wird, die durch die Grundrechtsgewährleistung des Einzelnen ermöglicht wird – nämlich Teilnahme am Diskurs, Entwicklung der politischen Mündigkeit, individueller Kern der demokratischen Grundordnung[112] –, wurzelt das Recht auf informationelle Selbstbestimmung schon traditionell im Schutz einer individuellen „Privatheit".[113] Der Gewinn der Privatheit für die Gemeinschaft und damit eine positive Grundbedingung für das Funktionieren des Staatswesens ist bisher kaum herausgearbeitet, obwohl sich durchaus begründen lässt, dass ein soziales Gemeinwesen gerade erst aus der Spannung zwischen Individualität und Gemeinwohl heraus existieren kann.[114] Schutz personenbezogener Informationen könnte also auch eine gemeinwohlstärkende Funktion ausüben. Das Volkszählungsurteil – und auch keine der nachfolgenden Entscheidungen – wählt diesen Weg nicht, wenn es darauf abstellt, dass die Verwirklichung anderer Grundrechte des Individuums gefährdet sein könnte, wenn Beobachtung durch den Staat zu fürchten ist.[115] Es stellt in seiner Begründung der Notwendigkeit eines grundrechtlichen Schutzes personenbezogener Daten vor allem auf die Verbindung mit den politischen Grundrechten ab: Der Einzelne werde diese nicht mehr betätigen, wenn er sich beobachtet glaube.

---

[111] Alleinfalls spielen sie unter dem Aspekt der „Selbstbestimmung" eine Rolle.

[112] *Bethge*, in: Sachs (Hrsg.), Grundgesetz-Kommentar, Art. 5, Rdnr. 22 f.

[113] Zum Schutz von Privatheit vor allem durch den Datenschutz vgl. die Beiträge von *Nettesheim* und *Digelmann*, VVDStRL 70 (2011) i.E.

[114] Die ökonomische und verhaltenswissenschaftliche Theorie vermag hier mit der Altruismus-Forschung wertvolle Hinweise zu geben, vgl. z.B. *Axelrod/Hamilton*, Science 211 (1981), S. 1390; *Fehr/Fischbacher/Gächter*, Human Nature – an Interdisciplinary Biosocial Perspective 13 (2002), S. 1; auch noch mit neurobiologischen Ansätzen *Fehr/Rockenbach*, Current Opinion in Neurobiology 14 (2004), S. 784 ff.

[115] BVerfGE 65, 1, 43.

ee) Prognostischer Gehalt des Datenschutzes

Eine weitere Besonderheit des verfassungsrechtlich ausgestalteten Datenschutzrechts liegt in seiner präventiven Funktion: Datenschutz ist von vorneherein darauf angelegt, potentielle abstrakte Gefahren abzuwehren. Dies folgt schon daraus, dass der Eingriff nicht erst in einer tatsächlichen Fehlverwendung von Informationen gesehen wird, sondern er bereits in der Erhebung als dem Wechsel der Information aus der Sphäre des Betroffenen in eine weitere Sphäre durch die Datenerhebung liegt.[116] Die Intensität eines Eingriffs in den Schutzbereich bestimmt sich also, anders als bei den meisten Grundrechten, nicht aus der gegenwärtigen bzw. unmittelbar bevorstehenden Wirkung, sondern bedarf einer Prognose der zukünftigen möglichen Konsequenzen. Das Bundesverfassungsgericht geht soweit, dass es eine Gefährdungslage bereits im Vorfeld einer konkreten Bedrohung von Rechtsgütern grundsätzlich als Eingriff akzeptiert.[117] Wenn das Bundesverfassungsgericht konstatiert, dass es unter den Bedingungen der Datenverarbeitung kein belangloses Datum mehr gebe, wird damit ein informationstechnisches Vorsorgeprinzip als Kern des Datenschutzgrundrechts formuliert: Grundsätzlich ist jeder mögliche Datenumgang für die Selbstbestimmung ein Risiko, und sei die Wahrscheinlichkeit der Schadensverwirklichung noch so entlegen, und rechtfertigt damit grundsätzlich Schutzanstrengungen. Datenschutzrecht ist damit seit jeher risikotheoretisch angelegt. Es lässt sich sogar als ein technisches Risikorecht begreifen, denn der Ausgangspunkt des Volkszählungsurteils sind die besonderen, nicht beherrschbaren Gefahren der Datenverarbeitung.[118]

Das Gewicht des Datenschutzes in einer Abwägung ist also grundsätzlich nur prognostisch zu bestimmen. Aussagen über einen Eingriff sind zwangsläufig von Unsicherheit und Unschärfe umfasst, weil sie von Zukunftsbestimmungen abhängen, die nicht bewiesen werden können. Zudem hängen sie von der normativen Deutung der Zukunft in positiver – grundrechtsschützender – oder negativer – grundrechtsverletzender – Weise ab. Die Konzentration auf einen präventiven Schutz wird besonders dann bedeutsam, wenn eine Abwägung mit entgegenstehenden Interessen zu erfolgen hat, z. B. aus Meinungsfreiheit, Informationsfreiheit oder aus Berufs- und Eigentumsfreiheit. Diese Abwägung mit dem Recht auf informationelle Selbstbestimmung wird schwierig, weil auf Seiten entgegenstehender Rechte konkrete positive Rechtspositionen in die Abwägung eingestellt werden, zugunsten des Rechts auf informationelle Selbstbestimmung aber lediglich potentielle negative Aussagen angeführt werden können.

Dieses Problem ist kein nationales Problem, es ist der Konstruktion eines Informationsschutzes grundsätzlich geschuldet, weil eben Informationseingriffe als immaterielle Eingriffe anders festzustellen und zu bewerten sind als Substanzeingriffe.

---

[116] Vgl. schon BVerfGE 65, 1, 43: Schutz vor Preisgabe und Verwendung.
[117] BVerfG 120, 378, 397 (Kfz-Kennzeichenerfassung).
[118] Vgl. BVerfGE 65, 1, 42.

Auch der europäische und internationale Datenschutz muss diesen Schwierigkeiten in den Vorgaben für die zwangsläufig notwendige Abwägung begegnen. Aber angesichts bisher fehlender grundrechtlicher Ausgestaltung des Datenschutzes, nur allgemeiner Vorgaben dazu in der DS-RL und der großen Zurückhaltung des EuGH, inhaltliche Aussagen zum Datenschutz zu treffen, gibt es bisher auf der europäischen Ebene kaum Leitlinien zur Lösung dieses Spannungsfeldes. Die im nationalen Recht geltenden Weichenstellungen, wie mit der Konfliktlage zwischen Datenschutz und anderen Rechten und noch dazu zwischen prognostischer Gefährdung versus eindeutige Rechtseinschränkung zu verfahren ist, stammen vom deutschen Gesetzgeber – jüngst etwa mit Festlegungen zu vorweggenommenen bzw. vor-strukturierten Abwägungen in §§ 28, 31, 32 BDSG – sowie von der deutschen Rechtsprechung, allen voran vom Bundesverfassungsgericht.

c) Datenschutzrecht als Teil eines Informationsrechts

Datenschutzrecht steht aber nicht alleine als eigenständiges Rechtsgebiet im Raum und in dieser Eigenschaft nicht alleine als Teilverfassungsrecht zur Erörterung. Vielmehr lässt es sich begreifen als Teil eines viel größeren Rechtsgebiets, des Informationsrechts. Dieses ist ein Querschnittsgebiet, das nicht allein das Öffentliche Recht umfasst, sondern gleichwertig als echtes Querschnittsgebiet auch das Privatrecht betrifft. Strafrechtliche Normen sichern Rechtspositionen aus dem Öffentlichen und dem Privatrecht zusätzlich ab. Das Datenschutzrecht ist innerhalb dieses Rechtsgebiets als dasjenige Recht zu begreifen, das einer echten gesamtheitlichen Umsetzung am ehesten gerecht wird.

Im Mittelpunkt des Rechtsgebietes Informationsrecht steht die „Information" – ein Wissensbaustein, der sich dadurch auszeichnet, dass er flexibel eingesetzt werden kann. Information durchläuft einen Lebenszyklus; Informationsrecht lässt sich anhand dieses Zyklus' näher beschreiben. Staatliche Intervention kann an allen diesen Stadien des Zyklus' stattfinden.[119]

Zu Beginn des Zyklus liegt naturgemäß die Entstehung der Information. Den Entstehungsprozess von Information können staatliche und private Institutionen fördern – z.B. durch gezielte Innovationsanreize, Forschungsprogramme, institutionelle Förderung wie die Einrichtung von Forschungsinstitutionen, rechtliche Verfügungsregeln wie Patent- und Urheberrecht, um nur einige zu nennen. Die weiteren Schritte der Information sind dann ihr Gebrauch, ihr Transfer, ihre Verarbeitung, ihre Lagerung und schließlich ihre Vernichtung. Auch hier können staatliche und private Regelungen Einfluss auf die weitere Ausgestaltung und den weiteren Ablauf nehmen.

Datenschutzrecht ist in allen diesen Stadien von Relevanz; schwerpunktmäßig aber findet es seinen Einsatz beim Transfer und bei der Verarbeitung von Information. Denn die datenschutzrechtlichen Normen setzen zumeist die Existenz einer In-

---

[119] Vgl. dazu und zum Folgenden *Spiecker gen. Döhmann*, Rechtswissenschaft 2010, S. 247.

formation voraus; es geht darum, den Übergang von einem Informationsträger auf einen anderen zu regeln. Dass sie dabei gleichzeitig auch Anreize setzen, Informationen herzustellen – weil ein Schutz von Informationen besteht –, diese Anreize sich nur an bestimmte ausgewählte Personen richten – nämlich diejenigen, der die personenbezogene Information zugeordnet wird –[120] und zudem darauf Einfluss nehmen, wie Information verarbeitet und verstanden wird – weil sie Vorgaben zur Verwertbarkeit machen –, ist demgegenüber für die Zwecke dieses Beitrags nachrangig.

Als Teil der Materie Informationsrecht genießt das Datenschutzrecht einen weiteren Sonderstatus im rechtlichen Gefüge. Es ist also nicht nur – jedenfalls zum Teil, wie gesehen – Ausprägung eines besonderen Individualgrundrechts. Es ist außerdem Kernbereich des Informationsrechts, das sich als eigenständiges Rechtsgebiet erst seit einigen Jahren etabliert. Dieses wird nicht allein durch einfachgesetzliche Normen geprägt, sondern wurzelt seinerseits – neben dem Recht auf informationelle Selbstbestimmung – in einer Vielzahl verfassungsrechtlicher Vorschriften, angefangen bei Meinungs-, Telekommunikations-, Rundfunk- und Pressefreiheit bis hin zur Informationsfreiheit. Das Informationsrecht weist – weil es über Regeln für die Verfügbarkeit und die Verfügung über Informationen nachdenkt – zudem von jeher starke eigentumsrechtliche Bezüge auf.[121] Diese grundrechtlichen Bestimmungen als Eckpfeiler einer gesamtgesellschaftlichen Informationsordnung zu verstehen, ist aber erst eine neuere Entwicklung.[122] Diese hat auch das Recht auf informationelle Selbstbestimmung – und damit das Datenschutzrecht – mit einer neuen Ausrichtung versehen. Es handelt sich nicht länger um ein alleinstehendes Rechtsgebiet, das seine eigenen Interessen- und Problemlagen abarbeitet, sondern um einen Teil eines größeren Ganzen, in das sich die Grundüberlegungen des Schutzes personenbezogener Daten einfügen müssen, auch wenn dessen Prinzipien und Strukturelemente z. T. erst noch herausgearbeitet werden und sich im Bewusstsein verankern müssen. Diese Integrationsleistung bindet das Datenschutzrecht zwar möglicherweise mehr,[123] weist ihm aber gleichzeitig auch eine Vorreiterrolle zu, weil es solche Prinzipien und Strukturelemente bereits aufweist und sie erprobt hat.

Ein solchermaßen verstandenes Datenschutzrecht als Ausprägung eines Teilbereichs des Informationsrechts bewegt sich in einer wesentlich national bestimmten Denk- und Bearbeitungsstruktur. Denn die dogmatische Grundleistung ergibt sich in erster Linie aus dem Zusammenspiel der verschiedenen bestehenden Regelungen auf einfachgesetzlicher und verfassungsrechtlicher Ebene. Europarechtliche und in-

---

[120] Dies ist unter Informationsgewinnungsaspekten durchaus als fragwürdig einzuschätzen.

[121] Dieser Eindruck verstärkt sich noch, wenn man die historischen Entstehungskontexte betrachtet.

[122] Diese ist nicht zuletzt auch auf die neuen Informationstechnologien zurückzuführen. Vgl. nur den Streit um die Einordnung einer „Internetfreiheit", siehe *Koreng*, Zensur im Internet, 2010, S. 58 Fn. 101 m. w. N.

[123] U.a. deshalb, weil weitere Aspekte in der Grenzziehung berücksichtigt werden müssen, wie z. B. Auswirkungen auf Innovation, oder weil weitere Differenzierungen hinzutreten, z. B. nach der Art der Übermittlung und dem Einsatz des Mediums.

ternationale Einflüsse sind vielfach nur mittelbar, weil sie über den Umweg von Richtlinien Spielräume für die Einpassung in das dogmatische Gefüge überlassen. Zudem sind eine Reihe von Konflikten um den Umgang mit Informationen aus dem Bereich des Sicherheitsrechts hervorgegangen, das europäisch kaum überformt ist. Gefundene Lösungen sind zwar nicht frei von europarechtlichen Vorgaben, aber sie regeln doch mangels vergleichbarer Strukturen im Europarecht in erster Linie auf der nationalen Ebene.

III. Datenschutzrecht als *Teilverfassungsgebiet*

Diese grundsätzlichen Ausführungen zur Geltung, Herkunft und Bedeutung des nationalen Datenschutzrechts führen zu spezifischen Anstößen zur Gesamtfrage der Tagung und des Sammelbandes: Welche Gründe können angeführt werden, um Datenschutzrecht als Teilverfassungsgebiet zu begreifen? Dies ist nur beantwortbar, wenn dabei potentielle Kriterien für eine solche Zuordnung herausgearbeitet werden, sofern sie gerade über die besonderen Umstände des Datenschutzes erkennbar werden. Notwendigerweise sind solche Überlegungen in diesem Rahmen nur kursorisch und äußerst knapp, indem sie erste Anregungen geben. Diese beziehen sich dabei zum einen auf das Verhältnis zwischen (nationaler) verfassungsrechtlicher und (europäischer) sonstiger Regelung, zum anderen aber auch um die Gestaltungsmacht innerhalb des nationalen Regelungsrahmens, inwieweit hier markante Impulse vom Verfassungsrecht ausgehen.

1. Historische, verwaltungswissenschaftliche und politikwissenschaftliche Ansätze

Identifikationsmerkmale für ein Teil-Verfassungsrecht können sich aus einer Reihe von außerrechtlichen, der Rechtswissenschaft aber eng verbundenen Wissenschaften bestimmen lassen. Dazu gehören vor allem die Rechtsgeschichte, die Politikwissenschaft sowie die Verwaltungswissenschaft.

Die Bedeutung der Rechtsgeschichte als der Wissenschaft von der Geschichte und damit von der Entwicklung eines Rechtsgebiets und einzelner Normen für die Identifikation von Teilverfassungselementen ist nicht zu unterschätzen. Rechtsinstitutionen oder rechtlich normierte Prinzipien der Gestaltung des Gemeinwesens können zu einem Teil der kollektiven Identität werden. Die (rechts-)historisch zu verfolgende Ausgestaltung der Rechtsinstitutionen und die Beobachtung ihrer Entwicklung können diesen Prozess und seine Analyse befördern.[124]

Gerade im Datenschutzrecht lässt sich beobachten, dass die fest im deutschen (Rechts-)Bewusstsein verankerte Existenz eines deutschen Datenschutzrechts vor

---

[124] Siehe die Beiträge in Lampe (Hrsg.), Zur Entwicklung von Rechtsbewusstsein, 1997, insb. *Döbert/Gericke*, ebenda, S. 465 ff.

Aufkommen einer europäischen Regelung eine solche Wirkung haben könnte. Die europäischen Vorgaben haben vielfach deutsche Vorstellungen aufgegriffen,[125] ohne im Widerspruch zu den bestehenden Rechtsregeln zu stehen oder diese in besonderer Weise herauszufordern. Während in den meisten anderen europäischen Ländern seinerzeit das Datenschutzrecht nicht sehr ausgeprägt war, gab es in Deutschland bereits seit 25 Jahren eine normenorientierte Entwicklung mit Erfahrungswerten. Auf diese wurde in nicht unwesentlicher Weise strukturell und inhaltlich zurückgegriffen. Das liegt auch daran, dass Deutschland seinerzeit einer der Initiatoren der DS-RL war: Deutschland konnte seine ohnehin ausgeprägten Vorstellungen als Initiator und Motor in besonderer Weise in den politischen Prozess einführen. Deutsches Recht wurde also durch europäisches Recht hier nicht stark verändert und beeinflusst, sondern ergänzt und ausgebaut.

Dies führt möglicherweise zu einer Gemeinsamkeit stiftenden Bedeutung des Datenschutzes in der kulturellen Wahrnehmung, wie sie in der Verwaltungs- und Politikwissenschaft beschrieben wird: Seit den Anfängen des Datenschutzes in Deutschland gibt es eine nicht unbeachtliche Identifikation mit datenschutzrechtlichen Überlegungen. Der Widerstand gegen die Volkszählung, der letztlich zum fundamentalen Grundrechtsschutz führte, bestand über alle sozialen Breiten hinweg und verdient die Bezeichnung als Volksbewegung. Hier könnte das sog. „kulturelle Gedächtnis" wirkmächtig sein: Dabei handelt es sich „um die Tradition in uns, die über Generationen, in […] langer Wiederholung gehärteten Texte, Bilder und Riten, die unser Zeit- und Geschichtsbewusstsein, unser Selbst- und Weltbild prägen."[126] Als Teil eines kulturellen Gedächtnisses dient der Datenschutz möglicherweise als Kulturwert zur nationalen Identitätsschaffung. Aber andererseits beeinflusst ihn diese Identität möglicherweise auch in einer Wechselwirkung, die ihm nämlich deshalb eine besondere Stellung auch im rechtlichen Kontext beimisst und somit zu dem erheblichen Differenzierungspotential in Auslegung und Anwendung der europäischen Normen beiträgt.

Über solche außerrechtlichen Faktoren können Geschichts-, Politik- und Verwaltungswissenschaft mehr aussagen; die Rezeption und Übertragung ihrer Erkenntnisse ist in diesem Rahmen verwehrt. Es verbleibt jedenfalls die Hypothese, warum es zur Herausbildung von eigenständigen Teilverfassungsordnungen kommt, dass eine hohe rechtliche Durchdringung einer Materie durch das nationale Recht vor deren Regelung durch die EU einerseits sowie eine starke Rolle bei der Regelung einer Materie im Sinne bereits bestehender nationaler Vorschriften die weiterhin eigenständige Bearbeitung in der nationalen Rechtsordnung fördern.

---

[125] *Gola/Schomerus*, BDSG-Kommentar, Einleitung, Rdnr. 10.
[126] Siehe nur *Assmann*, in: ders./Hölscher (Hrsg.), Kultur und Gedächtnis, 1988, S. 9 ff.; *ders.*, Das kulturelle Gedächtnis, 7. Aufl. 2007; *ders.*, Thomas Mann und Ägypten, 2006, S. 70.

2. Rechtsbezogene Ansätze

Diese Ansätze lassen sich auch mit einer rechtlichen Sicht vereinbaren. Recht ist geprägt von seinem jeweiligen Umfeld und prägt dieses seinerseits. Nicht nur die Entstehungsgeschichte ist von Relevanz, sondern auch die besondere Wirkungsdichte europäischer Vorgaben und damit der verbleibende Raum für nationale Eigenständigkeit. Die eingeschränkte Regelungskompetenz auf der EG-Ebene führte zu einer uneinheitlichen Regelung des Datenschutzes, weil sie weite Spielräume bei den Nationalstaaten beließ. Diese wurden von der deutschen Seite auch insoweit genutzt, als Brüche mit dem bisherigen System weitgehend vermieden werden konnten und vor allem die bestehende Rechtslage verändert wurde, anstatt eine völlige Neu-Kodifikation zu schaffen. Damit wurde eine bestehende Rechtstradition aufrecht erhalten und bestätigt; ein auch nach außen hin erkennbarer, europäisch motivierter Neustart erfolgte gerade nicht.[127]

Dazu gehört auch die Aufrechterhaltung des Datenumgangsrechts als ein Schutzrecht und weniger als ein wirtschaftsregulierendes Recht, wie es der Datenschutz-Richtlinie jedenfalls aufgrund der beschränkten Kompetenzen zur Verabschiedung durch die EG auch innewohnt. Das nationale Datenschutzrecht versteht sich weiterhin vor allem als ein Abwehrrecht gegen den Umgang mit personenbezogenen Daten; aus europäischer Perspektive ist es dagegen eher als ein Umgangsregulierungsrecht gedacht. Da – aufgrund der sehr weiten Spielräume – in den Einzelstaaten erhebliche Interpretationsspielräume in der Umsetzung genutzt wurden, hat sich zudem im europäischen Kontext kein einheitliches Verständnis herausgebildet; trotz einiger Ansätze für Institutionen zur Vereinheitlichung der Datenschutz-Richtlinie[128] fehlt es an einem übergreifenden, einigenden Verständnis. Die Europäisierung hat sich also nicht in der Weise ausgewirkt, dass eine Vereinheitlichung der nationalen Rechte eingetreten wäre, so dass auch das deutsche Datenschutzrecht seine Besonderheiten im Wesentlichen bewahren konnte. Damit lassen sich sowohl die Abfassung der Richtlinie selbst mit großen Spielräumen als auch die Umsetzung, die diese Spielräume zu Gunsten einer Erhaltung bestehenden Rechts nutzt, als Faktoren der Herausbildung eines Teilverfassungsrechts identifizieren.

Eine Zuordnung des Datenschutzrechts als Teil-*Verfassungs*recht ist zudem unter dem Aspekt möglich, dass in Deutschland die Entwicklung nach dem Volkszählungsurteil weiterhin im Wesentlichen durch Impulse des Bundesverfassungsgerichts vorangetrieben wird. Immer noch gibt es nur wenige untergerichtliche Entscheidungen, die den datenschutzrechtlichen Belang in den Vordergrund rücken. Inso-

---

[127] Beleg dafür ist beispielsweise die Beibehaltung der alten Terminologie, die derjenigen der Datenschutz-Richtlinie nicht entspricht: Letztere versteht unter Verarbeitung den Oberbegriff des Datenumgangs, Art. 2b), das BDSG hält weiterhin, § 3 Abs. 4, an Verarbeitung als einer Unterform der Datenverwendung fest.

[128] Z. B. die sog. Art. 29 Gruppe, eine regelmäßige Zusammenkunft der Datenschutzbeauftragten der Mitgliedstaaten.

fern ist weiterhin die verfassungsrechtliche Instanz, und zwar auf der nationalen Ebene, ausschlaggebend. Dies führt zu einer hohen Systembildungskraft: In Ermangelung von Entscheidungen untergerichtlicher Ebenen bzw. deren Wahrnehmung besteht ein weitgehend vom Verfassungsgericht entwickeltes, von Systembrüchen weitgehend freies Rechtsgebiet.

Eine ganz besondere Eigenständigkeit besteht schließlich innerhalb der nationalen Ordnung auch deshalb, weil der private und der öffentliche Sektor parallel und ähnlich geregelt werden; subjektive und objektive Elemente einer Grundrechtsordnung werden miteinander verzahnt in einem einheitlichen Gesetzeswerk. Dies ist Ausdruck der Eigenschaft von Datenschutz als Querschnittsgebiet,[129] bedingt aber gleichzeitig auch eine besondere Dichte, die als abgeschlossenes Teilrechts- und Teilverfassungsgebiet wahrgenommen werden kann.

IV. Fazit und Ausblick

Ist das Datenschutzrecht also ein Teil-Verfassungsrecht? Stellt man darauf ab, dass der Datenschutz in Deutschland in erheblicher Weise von der Rechtsprechung des Bundesverfassungsgerichts geprägt ist, dann lässt sich die Frage nur mit einem deutlichen „Ja" beantworten. Dies gilt erst recht, wenn man die individuellen Ausprägungen des Datenschutzes in der allgemeinen Grundrechtsdogmatik betrachtet.

Aber eine solche Antwort wäre vorschnell. Denn es ist nicht zu übersehen, dass der deutsche Datenschutz – und das gilt auch für die verfassungsrechtliche Entwicklung des nationalen Datenschutzes – eingebettet ist in das europäische Hierarchiegefüge. Und mit der DS-RL von 1995 sowie der DS-RL für elektronische Kommunikation von 2002 gibt es gewichtige und weitreichende europäische Regelungen, denen sich der deutsche Datenschutz nicht entziehen kann und auch nicht entzieht. Hier würde also das Fazit viel eher in die Gegenrichtung ausfallen.

Dass aber die Annahme eines Teilverfassungsrechts zwar nicht in der Deutlichkeit ausfällt, wie der Blick allein auf die Prägung durch Richterrecht dies nahelegt, dennoch aber eine nationale Besonderheit zu konstatieren ist, hat wohl zentral zwei Ursachen: Zum einen sieht das europäische Recht erhebliche Spielräume vor, von denen die deutsche Umsetzung in verfassungskonformer Weise Gebrauch gemacht hat. Europarechtliche Impulse haben also nicht bestehendes deutsches Recht entgegen bisher vorherrschenden Verständnisses verändert, sondern haben weitgehend im Sinne des bereits bestehenden Rechts erweitert und ergänzt. Deshalb ist das europäische Datenschutzkonzept für das nationale Selbst- und Rechtsverständnis wenig störend und entsprechend wenig überhaupt ins Bewusstsein gerückt; deshalb vermag sich tatsächlich ein Teil-Verfassungsrecht zu erhalten. Damit ist auch schon die zweite zentrale Ursache angesprochen: Mangels Prägung auf der europarechtlichen Ebene

---

[129] Vgl. *Vahle*, DVP 2010, S. 134; *Gola/Klug*, NJW 2010, S. 2483.

ist die nachdrückliche Weiterentwicklung wie etwa die Reaktion auf neue Medien wie das Internet bei den Nationalstaaten belassen. Hier ist in der Tat ein „deutscher" Gehalt zu konstatieren, wie sich auch an den Unterschieden zum Verständnis in anderen europäischen Nationen zeigen lässt.[130]

Fraglich bleibt aber, ob es sich dabei tatsächlich um ein Teil-„Verfassungsrecht" handelt. Auch hier lässt sich eine eindeutige Antwort kaum geben. Die Entscheidungen des Bundesverfassungsgerichts betonen das verfassungsrechtliche Element. Allerdings ist der Datenschutz des Alltags ein privater bzw. behördlicher Datenschutz, der sich an den Normen des BDSG orientiert. Und dieses wiederum ist nicht allein von der Rechtsprechung des Bundesverfassungsgerichts beeinflusst – sondern nur zum Teil –, und dann auch von den Vorgaben der europäischen Richtlinien.

Im Sinne eines Ausblicks ist aber auch zu fragen: Wenn man sich der Analyse anschließt, dass es sich um Teilverfassungsrecht handelt – bleibt dies dann so? Und hier ist durch den Vertrag von Lissabon eine erhebliche Veränderung eingetreten. Nicht nur ist über die Grundrechte-Charta nunmehr ein Recht auf Datenschutz und Privatheit als individual-rechtliche Beschränkung europäischen Rechts vorgesehen. Darüber hinaus enthält auch der Ausführungsvertrag entsprechende Bestimmungen. Die Rolle des Datenschutzes im europäischen Gefüge wird sich damit erheblich verändern: War bisher vom europäischen Datenschutzrecht der Widerstreit zwischen der vom EG-Vertrag verlangten niedergeschriebenen Beseitigung von Handelshemmnissen einerseits und ungeschriebenen Schutzgedanken andererseits auszuhalten und verhinderte dies weitere Regelungen eines mühsam errungenen Konsenses, so ist nunmehr der Schutzgedanke durch die GR-Charta erheblich aufgewertet worden. Dies gibt dem EuGH neue Möglichkeiten, eine Grundrechts-Dogmatik zu entwickeln und damit das Primat des nationalen Daten*schutzes* seinerseits inhaltlich stärker zu betonen.[131] Damit dürfte der Einflussbereich nationalen Verfassungsrechts als nationaler Grundrechtsschutz insgesamt abnehmen und sich das Teilverfassungsrecht Datenschutz weiter verengen.

---

[130] Siehe nur für den Umgang mit systematischen Straßenaufnahmen in den verschiedenen europäischen Ländern bei an sich gleichem datenschutzrechtlichen Standard durch die DS-RL *Dreier/Spiecker gen. Döhmann*, Die systematische Aufnahme des Straßenbildes, 2010, S. 109 ff.

[131] Siehe ausführlich *Spiecker gen. Döhmann/Eisenbarth*, JZ 2011, S. 169.

Ivo Appel

Eigenwert der Verfassung im Umweltrecht

I. Vorbemerkung

Im Umweltrecht zeigt das Öffentliche Recht weithin sichtbar seine Doppelgestalt als Verwaltungs- und Verfassungsrecht.[1] Wird die Frage nach dem Eigenwert der Verfassung auf den verfassungsrechtlichen Anteil am Umweltrecht bezogen, scheint die Antwort daher klar zu sein: Die Verfassungsgeprägtheit ist für das Umweltrecht zur Selbstverständlichkeit geworden. Grundrechtsprobleme sind sowohl in der Abwehr- als auch in der Schutzdimension nahezu durchgängig präsent. Die umweltspezifischen Inhalte einzelner Verfassungsprinzipien wie der Staatszielbestimmung des Art. 20 a GG sind zwar Dauergegenstand umweltrechtlicher Diskussion, werden aber im Grundsatz nicht in Frage gestellt.

Umgekehrt ist die Ernüchterung oft groß, wenn das Verfassungsrecht in Form grundrechtlicher Schutzpflichten oder der Staatszielbestimmung des Art. 20 a GG tatsächlich in Anschlag gebracht wird. Denn die auf diese Weise erzielten Ergebnisse bleiben regelmäßig weit hinter den Erwartungen zurück, die sowohl von den Verfechtern eines weitreichenden staatlichen Umweltschutzes als auch den Betroffenen hoheitlicher Umweltmaßnahmen unter Rückgriff auf die Verfassung in den Raum gestellt werden. Trotz ihrer nahezu durchgängigen Präsenz ist der Ertrag verfassungsrechtlicher Begründungslinien im Umweltrecht in vielen Fällen äußerst gering. Insofern besteht aller Anlass, sich des Eigenwerts der Verfassung im Bereich des Umweltschutzes zu vergewissern. Zugleich drängt sich die Frage auf, ob und inwieweit das Modell eines nationalen Umweltverfassungsrechts in Zeiten der Globalisierung noch greift oder eventueller Korrekturen bedarf.

Das Thema setzt in einem ersten Schritt voraus, dass es eine Bedeutung des Verfassungsrechts für das Umweltrecht gibt bzw. gegeben hat. Die Frage nach dem verfassungsrechtlichen Mehrwert im Umweltrecht ist keineswegs rhetorischer Natur und der Beitrag wird sich, bezogen auf das nationale Verfassungsrecht, zunächst ihr widmen. Dabei wird sich zeigen, dass die Bedeutung des Grundgesetzes für das Umweltrecht vergleichsweise gering ist – geringer jedenfalls, als es die Rede von einem eigenen Umweltverfassungsrecht nahe legt (unten II.). In einem zweiten Schritt wird der Beitrag nach Gründen für die vergleichsweise geringe verfassungsrechtliche

---

[1] Dazu nur *R. Wahl*, Herausforderungen und Antworten: Das Öffentliche Recht der letzten fünf Jahrzehnte, 2006, S. 67.

Durchschlagskraft im Umweltrecht (unten III.) und auch danach fragen, ob die Grenzen des verfassungsrechtlichen Einflusses zwangsläufig und alternativlos sind (unten IV.1.) oder ob es Möglichkeiten einer Schärfung des umweltverfassungsrecht-lichen Profils gibt (unten IV.2.). In der Frage nach dem Eigenwert der Verfassung angelegt ist aber nicht nur die Möglichkeit einer Gefährdung des Verfassungsmodells von innen, sondern auch eine etwaige Veränderung der Verfassung durch Außenein-flüsse übergeordneter Ebenen, die sich im Begriff der Globalisierung bündeln lassen. Die Vermutung starker Außeneinflüsse auf den verfassungsrechtlichen Bereich liegt für das neuere Umweltrecht besonders nahe, das nach vorsichtigen Schätzungen zu mehr als 70 Prozent europarechtlich[2] und zu einem weiteren beträchtlichen Teil völ-kerrechtlich vorgeprägt ist. Der Beitrag wird daher in einem abschließenden Schritt fragen, ob im Umweltrecht auf europäischer und internationaler Ebene etwas Ver-fassungsrelevantes geschieht und welche Rückwirkungen sich dadurch für das natio-nale Verfassungsrecht, insbesondere das Verhältnis von europäischem und interna-tionalem Recht, nationalem Verfassungsrecht und einfachem Umweltrecht ergeben (unten IV.3.).

II. Verfassungsrechtliche Anteile am Umweltrecht

Bedeutung und Eigenständigkeit der verfassungsrechtlichen Anteile am Umwelt-recht werden regelmäßig dadurch hervorgehoben, dass von einem eigenen, an der Spitze der nationalen Normenhierarchie liegenden Umweltverfassungsrecht die Rede ist,[3] das in vielfacher Weise auf das einfache Recht einwirken soll. Die Rede von einem Umweltverfassungsrecht darf allerdings nicht den Blick darauf verstellen, dass das Ziel des Umweltschutzes stets mit anderen Verfassungsaussagen zum Ausgleich gebracht werden muss.[4] Wenn es um den Anteil der Verfassung am und die Bedeu-tung der Verfassung für das Umweltrecht geht, gilt es zudem in Rechnung zu stellen, dass das Umweltrecht fast immer mehrpolig angelegt ist. Verfassungsrechtliche An-knüpfungspunkte können einerseits für den Schutz vor Umweltbelastungen (unten 1.), andererseits für die rechtlichen Grenzen staatlicher Umweltschutzmaßnahmen gefunden und geltend gemacht werden (unten 2.).

1. Verfassungsrechtlicher Schutz vor Umweltbelastungen

Was den verfassungsrechtlichen Schutz vor Umweltbelastungen anbetrifft, hat es in den siebziger Jahren des zwanzigsten Jahrhunderts zaghafte Ansätze zur Entwick-

---

[2] Zu diesen Schätzungen nur *M. Kloepfer*, Umweltschutzrecht, 2008, § 7 Rn. 2.
[3] Vgl. aus der Vielzahl der einschlägigen Lehrbücher nur *Sparwasser/Engel/Voßkuhle*, Umwelt-recht, 5. Aufl. 2003, § 1 Rn. 147; *Schmidt/Kahl*, Umweltrecht, 8. Aufl. 2010, § 2.
[4] *Sparwasser/Engel/Voßkuhle*, Umweltrecht, 5. Aufl. 2003, § 1 Rn. 147.

lung eines Abwehrrechts auf Umwelteingriffe gegeben, die sich auf die geistig-seeli-
sche Sphäre menschlicher Existenz negativ auswirken und auf diese Weise die freie
Persönlichkeitsentfaltung beeinträchtigen.[5] Diese Ansätze sind jedoch nicht weiter
verfolgt worden. Da Umweltbeeinträchtigungen regelmäßig nicht vom Staat, sondern von Privaten ausgehen, hat sich die Diskussion bald auf die objektive Seite und
dort in den Bereich staatlicher Schutzpflichten, die verfahrensrechtliche Dimension
der Grundrechte und die Staatszielbestimmung Umwelt verlagert. Die zugrundeliegenden dogmatischen Begründungsmuster lassen in der Tendenz erkennen, dass das
Grundgesetz – allem Gerede von einer Umweltverfassung zum Trotz – hinsichtlich
des Schutzes vor Umweltbelastungen nur eine sehr geringe Aussagekraft besitzt.

a) Staatliche Schutzpflichten

Mit der Anerkennung von Schutzpflichten aus den objektiv-rechtlichen Gehalten der
Grundrechte ist die Grundrechtsdogmatik zwar mittelbar zu einem Teil der Staatsaufgabenlehre geworden, mit der auch Handlungspflichten verbunden sein können.
Wie bei der Staatsaufgabenlehre lässt sich aber auch im Bereich der Schutzpflichten
nicht darüber hinwegtäuschen, dass die Ableitung eines Handlungs- und Steue-
rungsbedarfs das kleinere Problem darstellt, die Frage der Problemlösungskapazität,
der Reichweite des Schutzes und der konkreten Umsetzung hingegen die ausschlaggebende Schwierigkeit ist.[6] Der aus der Schutzpflichtdogmatik folgende Ableitungs-
duktus verleitet dazu, Aufgaben als eine Pflicht des Staates auszugeben, ohne die
nötigen Konsequenzen für die konkrete Umsetzung zu ziehen, ziehen zu wollen oder
ziehen zu können.[7] Das damit verbundene Dilemma hat sich besonders anschaulich
in der Rechtsprechung des Bundesverfassungsgerichts niedergeschlagen. Um zu verhindern, dass die schutzpflichtbedingte Ableitungslogik eine zu große Eigendynamik entwickelt und die Gefahr weit reichender Handlungspflichten heraufbeschwört,
hat das Bundesverfassungsgericht von zwei möglichen Entwicklungslinien der

---

[5] *OVG Berlin*, NJW 1977, 2283 (2285), dagegen wohl *BayVerfGH*, NJW 1986, 633 (allerdings auf
Art. 141 II, III BV abstellend). Der *VGH München* verneint in seinem Urteil vom 11. 6. 1975 (DVBl
1975, 665) ein derartiges Abwehrrecht und leitet Bedenken insbesondere aus der Nichtabgrenzbar-
keit des betroffenen Personenkreises her. Abschließend meint das Gericht allerdings (*VGH München*, DVBl. 1975, 665 [671]), ein Abwehranspruch unmittelbar aus Art. 2 I GG könne allenfalls gegen Eingriffe bestehen, welche die Existenzgrundlagen der menschlichen Persönlichkeit in ihrer
Substanz bedrohten; ähnlich: *Schmidt/Kahl*, Umweltrecht, 8. Aufl. 2010, § 2 Rn. 3 a. E.

[6] Näher dazu und zum Folgenden bereits *Wahl/Appel*, Prävention und Vorsorge, 1995, S. 69 ff.;
I. Appel, Staatliche Zukunfts- und Entwicklungsvorsorge, 2005, S. 97 f. mit zahlr. weit. Nachw.

[7] Auf diese Weise läuft das Grundgesetz Gefahr, zum ständig unerfüllten Grundgesetz zu werden, da die interpretatorische Auffüllung in der Staatspraxis nicht – jedenfalls nicht ohne weiteres
– durch die nötigen Mittel abgesichert wird; zu dieser Problematik *Wahl/Masing*, Schutz durch
Eingriff, JZ 1990, S. 554 (558 f.); kritisch zur verfassungsrechtlichen Schutzpflichtdogmatik und für
eine generelle Verlagerung des Verhältnisses von subjektiven Rechten und Pflichten auf die Ebene
des einfachen Gesetzes O. *Lepsius*, Besitz und Sachherrschaft im öffentlichen Recht, 2002, S. 394 ff.,
397 f.; aus grundrechtstheoretischer Sicht M. *Jestaedt*, Grundrechtsentfaltung im Gesetz, 1999,
S. 282 f.

Schutzpflichtdogmatik jene gewählt, die einen beträchtlichen Gestaltungsspielraum des Gesetzgebers betont.[8] Abzuleiten ist aus der objektiven Dimension der Grundrechte dann im Wesentlichen nur das Bestehen der Schutzpflicht und mit ihr das „Ob" des staatlichen Handelns. Bei allen Fragen des „Wie", des Grades und des Inhalts der Schutzpflichterfüllung tritt demgegenüber die Konkretisierungsbedürftigkeit durch den Gesetzgeber hervor. Seit ihrer Begründung ist die Rechtsprechung des Bundesverfassungsgerichts zur Schutzpflicht – von den Besonderheiten der zweiten Entscheidung zum Schwangerschaftsabbruch abgesehen – im Wesentlichen auf diesem Stand stehen geblieben.[9] Solange sich das Bundesverfassungsgericht auf die Formeln seiner bisherigen Rechtsprechung zurückzieht, enden die gerade im Umweltbereich mitunter hohen Erwartungen an die Schutzpflichtargumentation regelmäßig in dem pauschal angenommenen „weiten Einschätzungs-, Wertungs- und Gestaltungsbereich"[10] des Gesetzgebers,[11] der im Bereich des Umwelt- und Gesundheitsschutzes insbesondere auch nicht an bereits bestehende Grenzwerte gebunden sein soll. Ein ökologisches Existenzminimum als „Untermaß",[12] das konkrete Belastungsschwellen im Sinne untolerierbarer Umweltbeeinträchtigungen festlegen würde, lässt sich praktisch nicht bestimmen.[13] Daher kann es auch nicht überraschen, dass die verfassungsgerichtliche Rechtsprechung bislang in keinem einschlägigen

---

[8] BVerfGE 39, 1 (44); 46, 160 (164); 56, 54 (82); 77, 170 (214 f.); 79, 174 (202); BVerfG NJW 1998, 975 f. sowie NVwZ 2007, 805. Eine mögliche Alternative läge darin, die mit der objektiven Dimension der Grundrechte verbundenen staatlichen Handlungspflichten in allen einschlägigen Sachbereichen bis in alle Einzelheiten aus der Verfassung abzuleiten. In dieser Entwicklung wird jedoch von Teilen des Schrifttums und wohl auch der Rechtsprechung die Gefahr eines gleitenden Übergangs vom parlamentarischen Gesetzgebungs- zum verfassungsgerichtlichen Jurisdiktionsstaat gesehen (vgl. *E.-W. Böckenförde*, Grundrechte als Grundsatznormen, Der Staat 29 [1990], S. 1, 25), da in diesem Fall nicht mehr der Gesetzgeber, sondern das Bundesverfassungsgericht in jedem Einzelfall über die (Reichweite der) notwendigen (Schutz-)Regelungen entscheiden müsste. Zur berechtigten Frage, ob das Bundesverfassungsgericht die skizzierte Grenze insbesondere mit seiner zweiten Entscheidung zum Schwangerschaftsabbruch (BVerfGE 88, 203 ff.) nicht bereits überschritten hat, *Hermes/Walther*, Schwangerschaftsabbruch zwischen Recht und Unrecht, NJW 1993, S. 2337 ff.

[9] Kritisch dazu – auf der Grundlage der Verfassungsgerichtsrechtsprechung zum Umweltschutz – *D. Murswiek*, Umweltrecht und Grundgesetz, Die Verwaltung 33 (2000), S. 240 (244 ff., 262 f. mit zahlr. Nachw.).

[10] BVerfGE 77, 170 (214); 79, 175 (202).

[11] Zu diesem Befund bereits *Wahl/Appel*, Prävention und Vorsorge, 1995, S. 69 ff.; *I. Appel*, Verfassung und Strafe, 1998, S. 71. Die Rechtsprechung des Bundesverfassungsgerichts hat gerade bei den umweltbezogenen Schutzpflichten erheblich dazu beigetragen, dass der Gestaltungsspielraum des Gesetzgebers pauschal ausgedehnt und die Effektivität des Schutzes nicht näher konkretisiert worden ist.

[12] BVerfGE 88, 203 (254); zum Untermaßverbot in der umweltrechtsrelevanten Literatur *Sparwasser/Engel/Voßkuhle*, Umweltrecht, 5. Aufl. 2003, § 1 Rn. 158 f.; *K. Waechter*, Umweltschutz als Staatsziel, NuR 1996, S. 321 (325); *W. Hoffmann-Riem*, Vom Staatsziel Umweltschutz zum Gesellschaftsziel Umweltschutz, Die Verwaltung 28 (1995), S. 425 (426); *O. Klein*, Das Untermaßverbot – Über die Justiziabilität grundrechtlicher Schutzpflichterfüllung, JuS 2006, S. 960 ff.

[13] Keine Bindung des Gesetzgebers an bestehende Grenzwerte, vgl. *Sparwasser/Engel/Voßkuhle*, Umweltrecht, 5. Aufl. 2003, § 1 Rn. 161 mit weit. Nachw. aus der Rechtsprechung des Bundesverfassungsgerichts.

Fall eine pflichtwidrige Verletzung der gesetzgeberischen Schutzpflicht angenommen hat.[14] Im Ergebnis lässt die Schutzpflichtdimension der Grundrechte die Umwelt im Wesentlichen „schutzlos".[15]

b) Staatsziel Umweltschutz

Was die Bedeutung der Staatszielbestimmung Umwelt anbetrifft, soll sie als Appell vor allem, aber nicht allein, an den Gesetzgeber wirken.[16] Sie soll durch die verfassungsrechtliche Erhöhung integrierend wirken, notwendiger materiell-rechtlicher Ausdruck eines Grundkonsenses der demokratisch verfassten Gesellschaft[17] sein, sie soll Vorrang vor (nur) politischen Zielsetzungen haben, im Falle von Zielkonflikten im Rahmen der erforderlichen Abwägungs- und Optimierungsprozesse zwingend zu berücksichtigen sein, Handlungsaufträge für die Verwaltung sowie Auslegungs- und Gewichtungshinweise für Verwaltung und Rechtsprechung enthalten.[18] Trotz dieser zahlreichen, ihr zugeschriebenen Funktionen ist die praktische Wirkung der Staatszielbestimmung „Umwelt" denkbar gering. Ein Grund mag darin liegen, dass ihre Wirkungen stärker als bei anderen Verfassungsbestimmungen ungewiss und davon abhängig sind, dass sie vom Gesetzgeber aufgegriffen und in gesetzliche Regelungen umgesetzt werden. Der Gesetzgeber ist aber weitestgehend frei, ohne eine enge verfassungsrechtliche Bindung über das jeweilige Maß an Umweltschutz zu entscheiden.[19] Die Staatszielbestimmung begründet keinerlei Rechte Einzelner – insbesondere auch kein „ökologisches Existenzminimum"[20] – und gewährt keinen Zugang zu den Gerichten. Aus der offenbar gewollt missglückten Formulierung[21] wird geschlossen, dass Art. 20 a GG ein noch breiteres gesetzgeberisches Ermessen vorsieht

---

[14] Vgl. nur BVerfGE 49, 89 (140 ff.); 53, 30 (57 ff.); 56, 54 (73 ff.); 79, 174 (201 ff.); BVerfG NJW 1996, 651; NJW 1996, 1297 f.; NJW 1997, 2509; DÖV 2002, 521 f.

[15] *A. Epiney*, in v. Mangoldt/Klein/Starck, GG-Kommentar, 5. Aufl. 2005, Art. 20a Rn. 12; anders *D. Cansier*, Gefahrenabwehr und Risikovorsorge im Umweltschutz und der Spielraum für ökonomische Instrumente, NVwZ 1994, S. 642 ff.

[16] *K.-P. Sommermann*, in: v. Münch/Kunig (Hrsg.), GG II, 5. Aufl. 2001, Art. 20a Rn. 10; *A. Epiney*, in: v. Mangoldt/Klein/Starck (Hrsg.), GG II, 5. Aufl. 2005, Art. 20a Rn. 32; *H. Schulze-Fielitz*, in: Dreier (Hrsg.), GG II, 2. Aufl. 2006, Art. 20a Rn. 14 ff.; *C. Calliess*, Rechtsstaat und Umweltstaat, 2001, S. 104 ff.; *I. Appel*, Staatliche Zukunfts- und Entwicklungsvorsorge, 2005, S. 119 ff.

[17] *A. Epiney*, in: dies./Siegwart/Cottier/Refaeil, Schweizerische Verfassung und Europäische Union, 1998, S. 119 ff. m. w. N.

[18] Hinzu kommt, dass Staatszielbestimmungen in dem Maß, in dem sie bindend sind, auch die Funktionen der Verfassungsgerichtsbarkeit erweitern, die namentlich in Verfahren der konkreten und abstrakten Normenkontrolle die Einhaltung dieser Bindungen kontrolliert.

[19] *H. Schulze-Fielitz*, in: Dreier (Hrsg.), GG-Kommentar, 2. Aufl. 2006, Art. 20a Rn. 58; zum Vergleich mit den Umweltschutzbestimmungen in den Verfassungen der übrigen EU-Mitgliedstaaten, *D. Thym*, Umweltschutz in den Verfassungen der EU-Mitgliedstaaten, NuR 2000, S. 557 ff.; *E. Orth*, Umweltschutz in den Verfassungen der EU-Mitgliedstaaten, NuR 2007, S. 229 ff.

[20] *A. Epiney*, in v. Mangoldt/Klein/Starck, GG-Kommentar, 5. Aufl. 2005, Art. 20a Rn. 39.

[21] Kritik bei *D. Murswiek*, Staatsziel Umweltschutz (Art 20a GG). Bedeutung für Rechtsetzung und Rechtsanwendung, NVwZ 1996, S. 222 ff.; *Schmidt/Kahl*, Umweltrecht, 8. Aufl. 2010, § 2 Rn. 2; weit. Nachw. bei *A. Epiney*, in v. Mangoldt/Klein/Starck, GG-Kommentar, 5. Aufl. 2005, Art. 20a Fn. 30.

als andere Staatszielbestimmungen.[22] Er gibt weder ein präzises Ziel vor noch werden Mittel zur Erreichung von Umweltschutz vorgezeichnet. Die Offenheit besteht im Vergleich mit anderen Staatszielbestimmungen umso mehr, als die Umwelt und die sie beeinflussenden Faktoren sich ständig und vergleichsweise dynamisch fortentwickeln, so dass auch der Konkretisierungsauftrag ein permanenter ist.[23]

Im Ergebnis unterscheiden sich Schutzpflichten und Staatszielbestimmung, was die Schutzperspektive, den Schutzinhalt und die notwendige Reichweite des Schutzkonzepts anbetrifft, trotz des unterschiedlichen Ansatzpunktes im Umweltbereich kaum voneinander,[24] wenn man davon absieht, dass sich die grundrechtlichen Schutzpflichten auf ökologische Gefahren für Leben, Gesundheit und Eigentum beziehen, die natürlichen Lebensgrundlagen also nur insoweit erfasst sind, als die betreffenden Rechtsgüter tangiert werden. In beiden Fällen ist die Rechtfertigungs- bzw. Legitimationsfunktion für gesetzgeberisches Handeln durchaus gegeben. In beiden Fällen enden die Überlegungen aber regelmäßig bei einem weiten gesetzgeberischen Konkretisierungs- und Gestaltungsspielraum, dem sich kaum greifbare Maßstäbe entnehmen lassen.

c) Grundrechtsschutz durch Verfahren

Da zahlreiche umweltrechtliche Vorschriften über das behördliche und gerichtliche Verfahren nicht nur öffentlichen Interessen an einer ordnungsgemäßen Verfahrensabwicklung, sondern dezidiert auch dem Schutz von Leben und Gesundheit vor den Gefahren umweltbeeinträchtigender Tätigkeiten dienen, wirken Grundrechte anerkanntermaßen auch auf die Verfahrenshandhabung ein. Das Bundesverfassungsgericht hat in mehreren Entscheidungen eine Lanze für den Grundrechtsschutz durch Verfahren gebrochen,[25] die im Schrifttum dankbar aufgegriffen worden ist.[26] Die aus der staatlichen Schutzpflicht hergeleiteten verfahrensrechtlichen Sicherungen sollen namentlich eine Ausgestaltung der Genehmigungsverfahren von Industrieanlagen erfordern, die der Gefahr einer Entwertung materieller Grundrechtspositionen der durch die Anlage Betroffenen begegnet. Allerdings ist der Grundrechtsschutz durch Verfahren bislang nicht konsequent ausgeformt worden und hat in der Folge keine maßgebende Bedeutung gewinnen können, auch wenn er verbal immer wieder hoch gehalten wird. Den traditionellen Argumentationslinien zur

---

[22] *H. Schulze-Fielitz*, in: Dreier (Hrsg.), GG-Kommentar, 2. Aufl. 2006, Art. 20 a Rn. 58; *N. Berns-dorff*, Positivierung des Umweltschutzes im Grundgesetz (Art. 20 a GG), NuR 1997, S. 328 (332 f.).

[23] *R. Scholz*, in: Maunz/Dürig, GG, Art. 20a Rn. 35, spricht von einer weitgehend offenen Verfassungsgewährleistung.

[24] Unterschiede verbleiben im Hinblick auf die normative Bindungswirkung und die Begründung individueller Rechte.

[25] BVerfGE 49, 220 (225); 53, 30 (65 ff.); 73, 280 (296); 77, 381 (405 ff.); 83, 130 (153); BVerfG NVwZ 2009, 519.

[26] Vgl. nur *Sparwasser/Engel/Voßkuhle*, Umweltrecht, 5. Aufl. 2003, § 1 Rn. 163; *Schmidt/Kahl*, Umweltrecht, 8. Aufl. 2010, § 2 Rn. 25 f.; *C. Starck*, in: v. Mangold/Klein/Starck (Hrsg.), GG I, 5. Aufl. 2005, Art. 1 Abs. 3 Rn. 199 ff.

verfassungsrechtlichen Schutzpflicht entsprechend soll ein verfahrensbedingter Grundrechtsverstoß nur vorliegen können, wenn die Genehmigungsbehörde eine Verfahrensvorschrift außer Acht lässt, die der Staat in Erfüllung seiner Pflicht zum Schutz bestimmter grundrechtlich gefasster Rechtsgüter erlassen hat.[27] Welche grundrechtlichen (Mindest-)Anforderungen an das Verfahren zu stellen sind und wie insbesondere das grundrechtlich geforderte Verfahrensminimum näher bestimmt werden kann, bleibt hingegen weitgehend offen.

2. Verfassungsrechtliche Grenzen des Umweltschutzes

Neben jenen Verfassungspositionen, die tendenziell für einen (verstärkten) Umwelt- und Gesundheitsschutz streiten, setzen die Grundrechte als bürgerliche Freiheitsrechte staatlichen Umweltschutzmaßnahmen auch Schranken. Auf den ersten Blick scheint die Verfassung bei den Grenzen, die staatlichen Umweltschutzmaßnahmen gezogen werden, einen vergleichsweise größeren Eigenwert aufzuweisen. Als bürgerliche Freiheitsrechte können die Grundrechte klassisch abwehrrechtlich in Anschlag gebracht werden, so dass prinzipiell alle rechtsstaatlichen Vorkehrungen zur Minimierung staatlicher Eingriffe zur Anwendung kommen können und insbesondere auch die Verhältnismäßigkeit hoheitlicher Nutzungsbeschränkungen eingefordert werden kann.

a) Freiheitsrechtliche Schranken

Werden Grundrechte in Anspruch genommen, um die hoheitliche Auferlegung einschränkender und unter Umständen kostenträchtiger Umweltschutzpflichten zu verhindern oder zurückzudrängen, setzt dies allerdings voraus, dass umweltgefährdendes Handeln Einzelner überhaupt in den Schutzbereich einschlägiger Grundrechte fallen kann. Dogmatische Ansätze, die Nutzung von Umweltressourcen wie Luft, Wasser und Natur von vornherein vom Schutzbereich der Freiheitsrechte auszunehmen,[28] haben sich bislang nicht durchsetzen können. Nach weithin übereinstimmender Ansicht in Rechtsprechung und Schrifttum wird auch umweltschädigendes Verhalten von den Freiheitsgrundrechten und der Eigentumsgarantie umfasst.[29] Hoheitliche Nutzungsbeschränkungen werden daher den allgemeinen

---

[27] BVerfGE 53, 30 (65).

[28] *D. Murswiek*, Privater Nutzen und Gemeinwohl im Umweltrecht, DVBl. 1994, S. 77 (79 f.); *ders.*, Die Ressourcennutzungsgebühr, NuR 1994, S. 170 (175 f.); *ders.*, Grundrechte als Teilhaberechte, soziale Grundrechte, in: Isensee/Kirchhof (Hrsg.), HStR Bd. V, § 112 Rn. 83; in eine ähnliche Richtung zuvor bereits *H. Sendler*, Wer gefährdet wen: Eigentum und Bestandsschutz den Umweltschutz – oder umgekehrt?, UPR 1983, S. 33 (41 f.); *J. Wieland*, Konzessionen und Konzessionsabgaben im Wirtschaftsverwaltungs- und Umweltrecht, WUR 1991, S. 128 (134); *D. Lorenz*, Wissenschaft darf nicht alles! Zur Bedeutung der Rechte anderer als Grenze grundrechtlicher Gewährleistung, in: FS für P. Lerche, 1993, S. 267 (275 ff.).

[29] *Sparwasser/Engel/Voßkuhle*, Umweltrecht, 5. Aufl. 2003, § 1 Rn. 166 f.

rechtsstaatlichen Anforderungen unterworfen und müssen insbesondere den Grundsatz der Verhältnismäßigkeit wahren. Bei näherer Betrachtung zeigt sich, dass die allgemeinen verfassungsrechtlichen Anforderungen bei der Prüfung staatlicher Umweltmaßnahmen nicht bereichsspezifisch verändert oder anderweitig konkretisiert, sondern – weil vielfach nicht durchsetzbar – einfach partiell zurückgenommen werden.

aa) Gesetzesvorbehalt

Bei der Problematik des Gesetzesvorbehalts wird zwar in Anknüpfung an die traditionelle Dogmatik die Frage nach der Wesentlichkeit gestellt und an umweltrechtliche Regelungen herangetragen. Daher soll nicht nur die Beschränkung grundrechtlich geschützter Umweltnutzungen durch Ge- und Verbote, sondern prinzipiell jede umweltrelevante Grundentscheidung einer Entscheidung des parlamentarischen Gesetzgebers bedürfen. In Aushöhlung dieses Grundsatzes „delegiert" der Gesetzgeber jedoch seit jeher die Entscheidung über Art und Ausmaß des Umweltschutzes in ganz erheblichem Umfang auf die Verwaltung, die Rechtsprechung und private Normungsverbände.[30] Begründet wird dies mit der Dynamik des Regelungsgegenstandes „Umwelt" im Hinblick auf veränderte Rahmenbedingungen sowie neue technische und wissenschaftliche Erkenntnisse, die weit gefasste Verordnungsermächtigungen und die Verwendung von Generalklauseln mit weitgehend offen formulierten unbestimmten Gesetzesbegriffen nötig machen sollen. Die erforderlichen Konkretisierungen werden dem Rechtsanwender überantwortet. Die auf diese Weise im Umweltrecht ermöglichte „Delegation" auch wesentlicher Entscheidungen an die Verwaltung, die Rechtsprechung und/oder private Normungsverbände wird praktisch nicht begrenzt, so dass in der Sache auch von einer „umgekehrten Wesentlichkeitstheorie" die Rede ist:[31] Was wesentlich ist – nämlich die genaue Grenzziehung zwischen Umwelt- und Gesundheitsschutz einerseits und den damit verbundenen Freiheitseinschränkungen andererseits – findet sich regelmäßig nicht im Gesetz, sondern auf untergesetzlicher Ebene, häufig in einer als normkonkretisierend ausgegebenen Verwaltungsvorschrift. Abgesehen davon, dass diese Praxis unter demokratischen und rechtsstaatlichen Gesichtspunkten bedenklich ist,[32] erweist sich auch die zugrunde liegende Begründung als wenig tragfähig. Gerade die Schaffung und Änderung von Verwaltungsvorschriften hat sich in der Vergangenheit – nicht zuletzt im Vergleich mit dem Gesetzgebungsverfahren – als ebenso langwierig wie kompliziert gezeigt und nährt den Verdacht, dass sich der Gesetzgeber seiner politischen Verant-

---

[30] *Sparwasser/Engel/Voßkuhle*, Umweltrecht, 5. Aufl. 2003, § 1 Rn. 180, 197 ff.

[31] Zusammenfassend *Sparwasser/Engel/Voßkuhle*, Umweltrecht, 5. Aufl. 2003, § 1 Rn. 180.

[32] *D. Grimm*, Das Grundgesetz nach vierzig Jahren, NJW 1989, S. 1305 (1309); *R. Wahl*, Risikobewertung der Exekutive und richterliche Kontrolldichte – Auswirkungen auf das Verwaltungs- und das gerichtliche Verfahren, NVwZ 1991, S. 409 ff.

wortung in sensiblen Bereichen bewusst entzieht, um die Entscheidungen öffentlichkeitsferneren Expertenzirkeln zu überlassen.[33]

bb) *Bestimmtheitsgrundsatz*

Was die ohnehin schwachen verfassungsrechtlichen Anforderungen an die Bestimmtheit umweltrechtlicher Regelungen anbetrifft, werden diese aufgrund der tatsächlichen oder unterstellten Besonderheiten des Umweltrechts so stark zurückgenommen, dass praktisch kein nennenswerter verfassungsrechtlicher Gehalt mehr verbleibt. Da die sachlichen Anforderungen des Umweltrechts an den sich stetig fortentwickelnden Erkenntnissen von Wissenschaft und Technik ausgerichtet werden und der spezifischen Dynamik Rechnung tragen müssen, verwendet der Gesetzgeber in hohem Maße unbestimmte Rechtsbegriffe in Form von Technikklauseln, die erst auf nachfolgenden Stufen durch verschiedene Formen von Umweltstandards konkretisiert werden.[34] Gerade bei der Verwendung von Technikklauseln wie den „Allgemein anerkannten Regeln der Technik" oder dem „Stand der Technik" ist dem Gesetzgeber regelmäßig bewusst, dass die maßgebenden Vorgaben nicht nur durch Verwaltungsvorschriften, sondern vielfach auch durch die Normierungstätigkeit privater Normungsinstitute getroffen werden.[35] Auch wenn der Staat nach außen die volle inhaltliche Verantwortung für den rezipierten Standard übernimmt, kann er seine inhaltliche Richtigkeit doch regelmäßig nicht überprüfen.[36] Die damit verbundenen Probleme liegen auf der Hand und betreffen neben dem Aspekt der demokratischen Legitimation[37] gerade auch die Bestimmtheitsanforderungen und die Frage, inwieweit ihre Abschwächung durch Vorgabe organisatorisch-verfahrensrechtlicher Regelungen für die Normierungstätigkeit aufgefangen werden kann.[38] Befriedigende Antworten stehen auch hier aus.

---

[33] Zu dieser vielfach geäußerten Vermutung bereits *Sparwasser/Engel/Voßkuhle*, Umweltrecht, 5. Aufl. 2003, § 1 Rn. 180.

[34] *M. Führ*, Technische Normen in demokratischer Gesellschaft. Zur Steuerung der Technikanwendung durch private Normen, ZUR 1993, S. 99 (100); *Marburger/Gebhard*, Gesellschaftliche Umweltnormierungen, in: Endres/Marburger (Hrsg.), Umweltschutz durch gesellschaftliche Selbststeuerung, 1993, S. 1 (39 f.); *K. Vieweg*, Produktbezogener Umweltschutz und technische Normung, UTR 27 (1994), S. 509 (524 ff.); *C. Gusy*, Probleme der Verrechtlichung technischer Standards, NVwZ 1995, S. 105; *Kloepfer/Elsner*, Selbstregulierung im Umwelt- und Technikrecht, DVBl. 1996, S. 964 (966); *Furrer/Bölscher*, Technische Normen im Spannungsfeld zwischen Umweltschutz und freien Binnenmarkt, ZUR 1998, S. 3 ff.; *R. Hendler*, Umweltrechtliche Grenzwerte in der Gerichts- und Verwaltungspraxis, DÖV 1998, S. 481 ff.; *S. Paetow*, Rechtsformen der untergesetzlichen Konkretisierung von Umweltanforderungen, NuR 1999, S. 199 ff.

[35] Zur Problematik *M. Führ*, Technische Normen in demokratischer Gesellschaft. Zur Steuerung der Technikanwendung durch private Normen, ZUR 1993, S. 99 ff.; *A. Voßkuhle*, Gesetzgeberische Regelungsstrategien der Verantwortungsteilung zwischen öffentlichem und privatem Sektor, in G. F. Schuppert (Hrsg.), Jenseits von Privatisierung und schlankem Staat, 1999, S. 47 (69 f.).

[36] *G. Lübbe-Wolff*, Verfassungsrechtliche Fragen der Normsetzung und Normkonkretisierung im Umweltrecht, ZG 1991, S. 219 (233).

[37] Zu dieser Frage – freilich ohne klare Antwort – BVerfG NJW 1993, 2599 (2600) sowie BVerwGE 77, 285 (291 f.) zu DIN-Normen.

[38] Zu entsprechenden Forderungen *E. Denninger*, Verfassungsrechtliche Anforderungen an die

cc) *Verhältnismäßigkeit*

Der verfassungsrechtliche Grundsatz der Verhältnismäßigkeit wird zwar regelmäßig als Anforderung auch an freiheitsbeschränkende umweltrechtliche Maßnahmen herangetragen. Der Grundsatz wird im Umweltrecht aber typischer Weise in mehrpoligen Verhältnissen relevant, oft sogar in mehrpoligen Verhältnissen, in denen Entscheidungen unter Bedingungen der Unsicherheit getroffen werden müssen. Ist bereits die Verhältnismäßigkeit in mehrpoligen Verhältnissen nicht einfach zu prüfen,[39] erweist sich eine gehaltvolle Verhältnismäßigkeitsprüfung unter Unsicherheitsbedingungen auf der Grundlage der herkömmlichen Dogmatik als nahezu unmöglich. Denn zählt es zu den Grundfunktionen der umweltrechtlichen Vorsorgedogmatik, freiheitseinschränkende Maßnahmen auch unter Bedingungen der Ungewissheit treffen zu können, muss die Prüfung der Verhältnismäßigkeit diese Ungewissheit auf allen Prüfungsstufen in Rechnung stellen. Bereits die Prüfung der Geeignetheit einer umweltrechtlichen Vorsorgemaßnahme ist aber erheblichen Schwierigkeiten ausgesetzt, da die zugrundeliegende Prognose entsprechend dem Grad der Ungewissheit kaum ernsthaft überprüft werden kann. Noch weitaus mehr gilt dies für die Prüfung der Erforderlichkeit, wenn angesichts weithin unklarer Ursachenzusammenhänge keine klaren Abstufungen der Eingriffsintensitäten verschiedener rechtlicher Instrumente mit Blick auf die Effektivität der Zielerreichung vorgenommen werden können.[40] In diesen Fällen erschöpft sich die Verhältnismäßigkeitsprüfung weitgehend im Verweis auf die Einschätzungs-, Wertungs- und Beurteilungsprärogative des Gesetzgebers.

b) *Gleichmäßige Heranziehung von Verursachergruppen*

Auch wenn sich umweltrechtliche Maßnahmen auf eine verhältnismäßige Minderung des Gesamtrisikos und eine staatliche Umweltpolitik richten, die ihre Prioritäten an der Bedeutung der jeweiligen Umweltprobleme ausrichtet, kann es dazu kommen, dass einzelne Risikobereiche und Verursachergruppen zur Reduzierung einer Gesamtproblematik herangezogen werden, andere hingegen nicht oder lediglich in geringem Maße. Die jeweils ausgemachten „aktuellen" Risiko- und Verursachergruppen werden mit einschneidenden Maßnahmen belegt, andere hingegen vernachlässigt oder aus Gründen politischer Opportunität völlig verschont. Die unterschiedliche Behandlung industrieller Betriebe und des Straßenverkehrs, von Strahlenrisiken und Risiken im Umgang mit Chemikalien, von Gentechnik und Nanotechnologie, aber auch von Risiken aus der Belastung der Außen- und der In-

---

Normsetzung im Umwelt- und Technikrecht, 1990, S. 27; *C. Gusy*, Probleme der Verrechtlichung technischer Standards, NVwZ 1995, S. 105 ff.

[39] Näher dazu *C. Calliess*, Rechtsstaat und Umweltstaat, 2001, S. 566 ff.

[40] Vgl. aus neuerer Zeit nur BVerfG, Urt. v. 24. 10. 2010 (1 BvF 2/05 – Gentechnikgesetz), Rn. 142, 183.

nenraumluft verdeutlichen, dass staatliche Umweltregulierung inkonsequent und unausgewogen sein kann.[41]

Umweltrechtliche Maßnahmen können auf Dauer nur angemessenen Erfolg haben, wenn sie ein bestimmtes Risikopotential in seiner Gesamtheit erfassen und nicht Bereiche mit gleichem oder höherem Risikopotential von vornherein ausklammern. Da die erhoffte Rationalität im politischen Tages- und Kompromissgeschäft auf der Strecke bleiben kann, drängt sich die Frage nach verfassungsrechtlichen Maßstäben auf, die eine inhaltliche Ausgewogenheit staatlicher Umweltpolitik sichern könnten. Maßgebende Anlaufpunkte für die verfassungsrechtliche Beurteilung sind der Grundsatz der Verhältnismäßigkeit und der Gleichheitssatz. Aus beiden lässt sich ein Grundsatz ausgewogener Umweltregulierung aber nach gängiger Dogmatik nicht eindeutig entnehmen. Der Gleichheitsgrundsatz ist nur verletzt, wenn durch Gesetz oder aufgrund Gesetzes gleiche Tatbestände ungleich behandelt werden und für die unterschiedliche Inanspruchnahme kein sachlicher Grund von hinreichendem Gewicht vorhanden ist. Tatsächlich zielt die Frage, ob alle Verursacher herangezogen werden oder nur einige wenige, ob sie in gleichem oder unterschiedlichem Maße in Anspruch genommen werden etc., bereits im Ansatz darauf ab, dass gleiche Tatbestände ungleich behandelt werden.[42] Letztlich lassen sich jedoch in den meisten Fällen Gründe für eine Differenzierung anführen, wenn nur auf die Besonderheiten der einzelnen Risikogruppen, der jeweiligen Situationen und räumlichen Gegebenheiten abgestellt wird. Eine Ungleichbehandlung kann zwar unter bestimmten Umständen in einen Verstoß gegen das Verhältnismäßigkeitsprinzip umschlagen.[43] Doch richtet sich auch der Verhältnismäßigkeitsgrundsatz nicht auf die zu optimierende Ausgewogenheit staatlicher Maßnahmen, sondern auf ihre Beschränkung aus der Sicht der von den Eingriffen Betroffenen. Ob und inwieweit der Staat Prioritäten setzt und welche Risikogruppen er dazu in Anspruch nimmt, unterliegt im Rahmen dieser Grenzen seinem Einschätzungsspielraum. Umweltrechtliche Maßnahmen sind nach herrschender Dogmatik nicht per se ungeeignet oder nicht erforderlich, weil der Staat gegen andere Verursachergruppen nicht vorgeht, sofern nur die getroffenen (Teil-)Maßnahmen für sich gesehen zur Risiko-

---

[41] Zu dieser Problematik und zur folgenden Einordnung bereits *Wahl/Appel*, Prävention und Vorsorge, 1995, S. 205 ff.; vgl. auch *E. Rehbinder*, Festlegung von Umweltzielen – Begründung, Begrenzung, instrumentelle Umsetzung, in: Gesellschaft für Umweltrecht, Dokumentation der 20. wissenschaftlichen Fachtagung, 1996, S. 40 (74 f.) sowie *ders.*, Festlegung von Umweltzielen, NuR 1997, S. 313 (317 ff.). Zur wieder erstarkten Diskussion um die Systemstimmigkeit als Verfassungsprinzip zusammenfassend auch *U. Kischel*, Systembindung des Gesetzgebers und Gleichheitssatzes, AöR 124 (1999), S. 174 ff.; *M. Kohl*, Das Prinzip der widerspruchsfreien Normgebung, 2007; *S. Bulla*, Freiheit der Berufswahl, 2009, S. 308 ff.

[42] BVerfGE 49, 148 (165); 76, 256 (329); 78, 249 (287). Für das Wasserrecht *J. Salzwedel*, Vorsorge- und Bewirtschaftungskonzepte als Entscheidungsmaßstab für den wasserrechtlichen Vollzug – Prioritäten und Verhältnismäßigkeitsprinzip, Das Recht der Wasserwirtschaft 23 (1988), 11 (16). Zur Bedeutung des Gleichheitssatzes im Umweltrecht auch *Schmidt/Kahl*, Umweltrecht, 8. Aufl. 2010, § 2 Rn. 36.

[43] BVerfGE 30, 292 (316); 55, 72 (88); 82, 60 (86); 94, 241 (260).

minderung geeignet und in sich verhältnismäßig sind.[44] Auch unter diesem Blickwinkel erweisen sich die verfassungsrechtlichen Vorgaben in weitem Maße als unbefriedigend.

3. Begrenzte Reichweite der Umweltverfassung

Als vorläufiges Fazit und Ausgangspunkt für die weiteren Überlegungen kann festgehalten werden, dass der viel beschriebene Prozess der Konstitutionalisierung[45] – sowohl in der Variante der Aufnahme einfachrechtlicher Impulse im Verfassungsrecht als auch jener der Ausstrahlung des Verfassungsrechts auf das einfache Recht – im Umweltbereich weniger stark ausgeprägt ist als in anderen Bereichen wie etwa dem Wirtschafts- oder Informationsrecht. Die verfassungsrechtliche Durchdringung des Umweltrechts ist trotz der Rede von einem Umweltverfassungsrecht vergleichsweise gering. Es dominiert der Eindruck weit gefasster und verfassungsrechtlich nur sehr begrenzt fassbarer staatlicher Einschätzung-, Wertungs- und Beurteilungsspielräume.

III. Selbstwertprobleme der Verfassung im Umweltrecht

Vor diesem Hintergrund ist die Tendenz zur Ausbildung sektorspezifischer Teilverfassungen, die mit der wachsenden Verschleifung von einfachgesetzlichem Recht und Verfassungsrecht einherzugehen scheint,[46] im Bereich des Umweltrechts durchaus zwiespältig. Zwar haben sich im Umweltrecht gerade auch durch den Rückgriff auf verfassungsrechtliche Argumentationslinien eigene Kommunikationsstrukturen ausgebildet, die es rechtfertigen, den verfassungsrechtlichen Anteil am Umweltrecht als Umweltverfassungsrecht auszuweisen. Die tatsächliche Leistungsfähigkeit und Durchschlagskraft des Umweltverfassungsrechts ist jedoch nicht nur dadurch in weitem Maße geschmälert, dass sie sich überwiegend auf einzelfallbezogene Abwägungen beschränkt. Hinzu kommt, dass sich die Argumentationen angesichts der spezifischen Rahmenbedingungen im Umweltrecht vielfach in der Berufung auf einen weit gefassten gesetzgeberischen Einschätzungs-, Wertungs- und Beurteilungsspielraum erschöpfen. Da juristisch konstruktive Argumentationen im Umweltverfassungsrecht eher die Ausnahme als die Regel sind[47] und der Rückgriff auf die ver-

---

[44] BVerfGE 48, 346; 71, 206.

[45] Eingehend dazu *Schuppert/Bumke*, Die Konstitutionalisierung der Rechtsordnung, 2000, S. 9 ff.; *R. Wahl*, Konstitutionalisierung – Leitbegriff oder Allerweltsbegriff, in: FS für W. Brohm, 2002, S. 191 ff.

[46] Zu dieser Tendenz *Korioth/Vesting*, Einführung, in diesem Band, S. 1 ff.

[47] Zu beachtlichen Ausnahmen zählen nicht zuletzt Arbeiten von *H. Sendler* (Wer gefährdet wen: Eigentum und Bestandsschutz den Umweltschutz – oder umgekehrt?, UPR 1983, S. 33 ff.) und *D. Murswiek* (u. a. Privater Nutzen und Gemeinwohl im Umweltrecht, DVBl. 1994, S. 77 ff.; *ders.*,

fassungsgerichtliche Rechtsprechung dominiert, ist ein nennenswerter Selbstwert der Verfassung im Umweltrecht nur schwer erkennbar.

1. *Gründe für die geringe Durchschlagskraft des umweltbezogenen Verfassungsrechts*

Wenn der Befund zutrifft, dass die verfassungsrechtliche Durchdringung des Umweltrechts vergleichsweise gering ist, stellt sich die Frage nach Ursachen und Gründen für den schwachen Selbstwert der Verfassung im Umweltrecht. Diese Gründe sind vielschichtig und nicht immer eindeutig, lassen sich jedoch zu einigen Tendenzaussagen bündeln:

– Ein erster Grund für die geringe Durchschlagskraft des umweltbezogenen Verfassungsrechts dürfte in der Entstehungsgeschichte des Grundgesetzes liegen. Das Grundgesetz und die Grundrechtsdogmatik stammen im Wesentlichen aus einer Zeit, in der die Eigentums-, Gewerbe- und Berufsfreiheit tendenziell über den Schutz vor Umweltbeeinträchtigungen gestellt waren. Verunreinigungen von Luft, Wasser, Boden und Natur wurden kaum oder allenfalls mittelbar als Freiheitsbeschränkungen wahrgenommen und begriffen. Ungeachtet der Tatsache, dass das Umweltrecht in der Sache zahlreiche ältere Rechtsmaterien zusammenfasste, hat es sich mit einem eigenem Selbstverständnis als neues Rechtsgebiet erst sukzessive seit Ende der sechziger Jahre des vorigen Jahrhunderts herausgebildet. Anders als in anderen Rechtsgebieten – etwa mit Blick auf die Vertragsfreiheit oder die strafrechtlichen Grundprinzipien – sind die Besonderheiten des Umweltrechts als Rechtsgebiet verfassungsrechtlich zunächst nicht erfasst, sondern eigenständig formuliert und ausgeformt worden. Elementare Prinzipien des Umweltrechts sind nach wie vor keine Verfassungsprinzipien. Vor allem das Vorsorgeprinzip, das nach Ansicht vieler Umweltrechtler das Umweltrecht als Rechtsgebiet überhaupt erst konstituiert und zu einem eigenen Rechtsgebiet gemacht hat,[48] findet sich im Grundgesetz nicht ausdrücklich normiert wieder.[49]

– Damit einhergehend sind die verfassungsrechtlichen Anknüpfungspunkte, die für das Umweltrecht fruchtbar gemacht werden könnten, trotz der Aufnahme des Staatsziels Umweltschutz in das Grundgesetz deutlich begrenzter als in anderen Rechtsbereichen. Der umweltrelevante Normenbestand des Grundgesetzes ist nach

---

Die Ressourcennutzungsgebühr, NuR 1994, S. 170 ff.; *ders.*, Umweltrecht und Grundgesetz, Die Verwaltung 33 [2000], S. 241 ff.).

[48] *W. Hoppe*, Staatsaufgabe Umweltschutz, VVDStRL 38 (1979), S. 211 (228 f.); *E. Rehbinder*, Prinzipien des Umweltrechts in der Rechtsprechung des Bundesverwaltungsgerichts: Das Vorsorgeprinzip als Beispiel, in: FS für H. Sendler, 1991, S. 269 ff.; *H. Steiger*, Umweltrecht – ein eigenständiges Rechtsgebiet, AöR 117 (1992), S. 100 ff.; *Wahl/Appel*, Prävention und Vorsorge, 1995, S. 72; *M. Kloepfer*, Umweltschutzrecht, 2008, § 3 Rn. 5.

[49] Dass das Vorsorgeprinzip in Art. 16 Abs. 1 Satz 2 Staatsvertrag und Art. 34 Abs. 1 Einigungsvertrag festgehalten ist, ändert nichts an dem Befund, dass es trotz wiederholt gegebener Möglichkeit – anders als auf europäischer Ebene und in anderen modernen Verfassungen – nicht ausdrücklich in das Grundgesetz aufgenommen wurde.

wie vor vergleichsweise gering. Insgesamt hat sich das Umweltrecht als Teilrechtsgebiet ohne intensiven Verfassungsrechtseinfluss entwickelt. Die damit verbundene Pfadabhängigkeit führt dazu, dass die Verfassung etwa im Vergleich zum europarechtlichen Einfluss deutlich geringere Durchschlagskraft entfaltet. Hinzu kommt, dass sich der Sachbereich Umweltschutz – jedenfalls in den klassischen Grenzen des Verfassungsrechts – nur begrenzt für eine verfassungsrechtliche Normierung eignet. Der in der Sache (auch) geforderte Umweltsystemschutz ist mit den traditionellen verfassungsrechtlichen Mitteln kaum zu erreichen. Die Grundrechte beziehen sich auf das Verhältnis des Menschen zum Staat und zu anderen Menschen, nicht aber des Menschen zu seiner Umwelt. Das Staatsziel in Art. 20 a GG ist zwar genuin auf die Umwelt bezogen, trägt jedoch bereits im Ansatz maßgebende Relativierungen in sich.

– Hinzu kommt, dass sich die Schutzziele des Umweltrechts in aller Regel nicht – jedenfalls nicht ohne große Verluste – versubjektivieren lassen. Im Bereich der Umwelt geht es in aller Regel um entindividualisierte Schutzgüter, für deren Schutz eine Vielzahl von Belangen zu berücksichtigen sind, eine Gesamtperspektive eingenommen werden muss und strategische Überlegungen angestellt werden müssen. Die Ausgangslage ist damit, wenn man es vereinfachend formulieren wollte, weitaus weniger grundrechtsfreundlich als in anderen Rechtsgebieten wie etwa dem Wirtschafts- oder Datenschutzrecht.

– Ein weiterer Faktor liegt darin, dass die umweltrechtlichen Schutzgüter in aller Regel nicht – jedenfalls nicht primär – durch den Staat, sondern durch andere Private gefährdet und beeinträchtigt werden. Damit fehlt regelmäßig eine grundsätzliche und unmittelbare Wirkung oder auch nur Drittwirkung der Grundrechte – anders als beispielsweise im Datenschutzrecht, in dem nicht nur Private, sondern auch der Staat in die Freiheit des Einzelnen eingreift. Dagegen ist der Staat im Umweltrecht regelmäßig nur Kontrollinstanz für private Umweltnutzer bzw. Umweltverschmutzer, von denen die Grundrechte in ihrer abwehrrechtlichen Dimension in Anspruch genommen werden. Im Übrigen können Umweltbelange allenfalls über die deutlich schwächer ausgeprägte Schutzpflichtdimension oder das Staatsziel Umweltschutz in Anschlag gebracht werden. Offenbar sieht sich das Bundesverfassungsgericht in solchen Konstellationen nicht in dem gleichen Maße dazu berufen, dem Staat Grenzen zu setzen.

– Schließlich ist das Umweltrecht in hohem Maße von wissenschaftlich-technischem Sachverstand abhängig. Die damit verbundene Problematik der Interdisziplinarität würde bei einer rechtlichen „Hochzonung" mit allen ihren Folgeproblemen in das Verfassungsrecht hineingetragen.[50] Allein Gründe des verfassungsrechtlichen und vor allem auch verfassungsgerichtlichen Selbstschutzes scheinen dafür zu sprechen, diese Problematik der Ebene des einfachen Rechts zu überlassen und nicht zu stark in das Verfassungsrecht hinein zu transportieren.

---

[50] Vgl. zur Problematik der Interdisziplinarität auch unten bei Fn. 61.

2. Schwache nachholende Konstitutionalisierung

Bezeichnend ist, dass die bereits entstehungsgeschichtlich vergleichsweise schwache Stellung des Umweltverfassungsrechts im deutschen Recht auch durch eine nachholende Konstitutionalisierung kaum ausgeglichen wurde. Anders als in manchen anderen europäischen Verfassungen und auch auf europäischer Ebene sind zentrale Strukturprinzipien des Umweltrechts trotz wiederholt gegebener Möglichkeit nicht oder nur sehr partiell ausdrücklich zu Verfassungsprinzipien erhoben worden. Die lange diskutierte und umkämpfte Aufnahme des Art. 20 a in das Grundgesetz ist zwar insofern von Bedeutung, als sie den Umweltschutz ausdrücklich zu einem Verfassungsthema gemacht hat. Das in den Verfassungstext aufgenommene Staatsziel ist aber eher eine nachträgliche Erhebung der im einfachen Umweltrecht zum Ausdruck kommenden Schutzziele und der grundsätzlichen staatlichen Verantwortung für die Umwelt,[51] nicht hingegen eine konstruktive Grundlegung zentraler umweltverfassungsrechtlicher Prinzipien. Auch die nach wie vor stark entstehungsgeschichtlich geprägte Auslegung der Staatszielbestimmung wirkt eigentümlich defensiv und vermag dem Umweltschutz auf Verfassungsebene keine klaren Konturen zu geben. Weder der Verfassungsrechtsprechung noch der Verfassungsrechtswissenschaft ist es bislang gelungen, eine umweltfreundliche(re) Verfassungsdogmatik auszuformen und zu etablieren, die den Besonderheiten des Umweltschutzes auch auf Verfassungsebene angemessen Rechnung trägt. Vereinzelte Ansätze, die dazu verfolgt wurden,[52] sind von der Rechtsprechung und vom überwiegenden Schrifttum nicht konstruktiv aufgegriffen worden.

3. Umweltrechtliche Teilverfassung außerhalb des Grundgesetzes

Auf den ersten Blick konnte und kann das Umweltrecht die vergleichsweise geringere verfassungsrechtliche Durchschlagskraft scheinbar gut verkraften, da systemprägende umweltrechtliche Vorgaben wie etwa die umweltrechtlichen Prinzipien neben der bzw. ohne große Bezüge zur Verfassung ausgeformt und fortentwickelt worden

---

[51] *R. Wahl*, Herausforderungen und Antworten: Das Öffentliche Recht der letzten fünf Jahrzehnte, 2006, S. 67; vgl. zur Entstehungsgeschichte und zu den Interpretationsproblemen von Art. 20 a GG nur *K.-P. Sommermann*, in: v. Münch/Kunig (Hrsg.), GG II, 5. Aufl. 2001, Art. 20a Rn. 10; *A. Epiney*, in: v. Mangoldt/Klein/Starck (Hrsg.), GG II, 5. Aufl. 2005, Art. 20a Rn. 32; *H. Schulze-Fielitz*, in: Dreier (Hrsg.), GG II, 2. Aufl. 2006, Art. 20a Rn. 14ff.; *C. Calliess*, Rechtsstaat und Umweltstaat, 2001, S. 104ff.; *I. Appel*, Staatliche Zukunfts- und Entwicklungsvorsorge, 2005, S. 119ff. je mit zahlr. weit. Nachw.

[52] Vgl. *D. Murswiek*, Privater Nutzen und Gemeinwohl im Umweltrecht, DVBl. 1994, S. 77ff.; *ders.*, Die Ressourcennutzungsgebühr, NuR 1994, S. 170ff.; *ders.*, Umweltrecht und Grundgesetz, Die Verwaltung 33 (2000), S. 241ff.; *ders.*, Grundrechte als Teilhaberechte, soziale Grundrechte, in: Isensee/Kirchhof (Hrsg.), HStR Bd. V, § 112 Rn. 83; *H. Sendler*, Wer gefährdet wen: Eigentum und Bestandsschutz den Umweltschutz – oder umgekehrt?, UPR 1983, S. 33ff.; *J. Wieland*, Konzessionen und Konzessionsabgaben im Wirtschaftsverwaltungs- und Umweltrecht, WUR 1991, S. 128ff.

sind. Sie fungieren als allgemeine Rechtsgrundsätze und teilweise auch als Maßstabs-
normen für das übrige Umweltrecht, obwohl sie sich verfassungsrechtlich nicht niedergeschlagen haben und auch kaum verfassungsrechtlich aufgeladen sind. Auf diese
Weise hat das Umweltrecht – vom Vorsorgegrundsatz über das Verursacherprinzip
bis hin zum Grundkonzept der Umweltverträglichkeitsprüfung, um nur einige zentrale Elemente zu benennen – eine Zwischenebene ausgebildet, die durchaus Maß-
stabs- und Vorrangwirkung für das übrige Umweltrecht entfaltet. Sie wirft die Frage
auf, ob über die Herausbildung einfachrechtlicher Grundstrukturen des Umweltrechts nicht eine Art umweltrechtliche Teilverfassung entstanden ist, die zwischen
dem Grundgesetz und dem einfachen Recht anzusiedeln ist und mit einem Konzept
übergreifender Gesetzmäßigkeit, einem längerfristig haltbaren rechtlichen Fundament und der Bindung von Ungewissheit wesentliche Aufgaben einer Umweltverfassung übernimmt.

Stärker noch als auf nationaler Ebene lassen sich die europarechtlichen Einflussfaktoren als außerkonstitutionelle umweltrechtliche Teilverfassung lesen. Denn
strukturelle und konzeptuelle Grundlagen des Umweltrechts, die europarechtlich
bindend vorgegeben sind, haben das Umweltrecht als eigenständiges Rechtsgebiet in
den vergangenen drei Jahrzehnten maßgebend geprägt und die Grenzen zwischen
europäischem Umweltrecht, nationalem Umweltverfassungsrecht und einfachem
Umweltrecht partiell überformt. Zu den grundlegenden Systemansätzen des europäischen Umweltrechts, denen interner Maßstabscharakter für das Umweltrecht zugeschrieben werden kann, zählen insbesondere:[53]
– die in den europäischen Verträgen enthaltenen Umweltprinzipien
– die UVP nach einem ganzheitlichen Ansatz
– der integrierte Umweltschutz und insbesondere der integrierte Ansatz bei Genehmigungsverfahren und Genehmigungsvoraussetzungen
– die Offenheit gegenüber Ermessenstatbeständen und das tendenzielle Absehen
  von gebundenen Ansprüchen
– eine stark ausgeprägte Verfahrensorientiertheit
– der grundsätzlich freie Zugang zu Umweltinformationen
– eine breite Öffentlichkeitsbeteiligung zur Effektivierung des Vollzugs
– die Stärkung des Gedankens eines Umweltschutzes durch Organisation
– eine wissenschaftliche bzw. wissenschaftlichere Fundierung des Vorsorgeprinzips
– die stärkere Berücksichtigung von Wirtschaftlichkeitserwägungen beim Umgang
  mit Risiken.

---

[53] Eine Liste „neuer" Systemansätze des europäischen Umweltrechts, an die hier angeknüpft
wird, findet sich – mit teilweise anderer Schwerpunktsetzung – in R. *Wahl*, Das deutsche Genehmi-
gungs- und Umweltrecht unter Anpassungsdruck, in: FS Gesellschaft für Umweltrecht „Umweltrecht im Wandel", 2001, S. 237 (245 f.); eingehend dargelegt werden die Grundstrukturen des europäischen Umweltrechts in K. *Meßerschmidt*, Europäisches Umweltrecht, 2011, S. 261 ff.

Diese europarechtlichen Vorgaben haben auf nationaler Ebene nicht alle Verfassungsrelevanz. Insbesondere darf man nicht dem Fehler erliegen, aus dem Vorrang des Unionsrechts unmittelbar auf eine verfassungsrechtliche Bedeutung im nationalen Zusammenhang zu schließen. Der Vorrang des Unionsrechts gegenüber dem Recht der Mitgliedstaaten ist für sich genommen kein Phänomen der Verfassungssphäre.[54] Dennoch haben eine Reihe dieser Vorgaben klare verfassungsrechtliche Bedeutung: Zum einen sind sie teilweise – wie etwa die umweltrechtlichen Prinzipien – Teil des europäischen Verfassungsrechts; sie sollen auch die europäischen Instanzen binden und der einfachrechtlichen Disposition entzogen sein. Zum anderen kann sich die Bindung der Mitgliedstaaten an das übergeordnete Recht wie eine Selbstbindung an die eigene Verfassung auswirken, wenn es dabei auf nationaler Ebene um materielle Verfassungsthemen geht.

IV. Perspektiven der Selbstwertsteigerung im Umweltverfassungsrecht

Das umweltbezogene Verfassungsrecht ist letztlich einer Zangenbewegung ausgesetzt, auf deren beiden Seiten Bedeutungsverlust droht. Auf der einen Seite ist das Umweltverfassungsrecht im Innern von Bedeutungsverlust bedroht, weil es trotz vielfacher Berufung auf das Verfassungsrecht im Ergebnis vergleichsweise wenig Durchschlagskraft besitzt. Wesentliche Fragen des Umweltrechts werden auf der Ebene des einfachen Rechts behandelt, das partiell Aufgaben einer Umweltverfassung übernimmt. Auf der anderen Seite werden grundlegende und maßgebende Einflussfaktoren für das Umweltrecht auf europäischer und internationaler Ebene verbindlich vorgegeben und zu einer umweltrechtlichen Teilverfassung verdichtet. Die europäischen und internationalen Vorgaben werden, auch wenn sie grundlegenden Charakter haben, im nationalen Verfassungsrecht nicht oder allenfalls rudimentär aufgegriffen.

1. Frage nach der verbleibenden Bedeutung der Verfassung im Umweltrecht

Damit drängt sich die Frage nach der verbleibenden Bedeutung der Verfassung im Umweltrecht auf. Fehlt den verfassungsrechtlichen Vorgaben die nötige Durchschlagskraft, verliert die Verfassung insgesamt an Bedeutung. Hinzu kommt, dass die nationale Verfassung und der mit ihr verbundene Vorrang der Verfassung ihren Beitrag bislang nur leisten können, soweit sie auf den Staat bezogen werden. In dem Maße, in dem Außeneinflüsse wirken, ohne vom Grundgesetz aufgegriffen zu werden und dem Verfassungsvorrang zu unterliegen, büßt die nationale Verfassung nicht nur an Einfluss ein, sie verliert auch ihre grundlegende Funktion als Speicher

---

[54] Dazu bereits *R. Wahl*, Konstitutionalisierung – Leitbegriff oder Allerweltsbegriff, in: FS für W. Brohm, 2002, S. 191 (197).

für Langfristsensibilitäten.[55] Geht der Nimbus der Verfassung verloren, wird ihn in
der Folge auch das Bundesverfassungsgericht mehr oder weniger weitgehend verlieren.

Wird die Verfassung als Teil eines Kommunikationsprozesses begriffen, steht sie
in Begründungszusammenhängen für rechtliche Entscheidungen. Bei der Beantwortung der Frage, ob und inwieweit für eine bestimmte rechtliche Entscheidung als
Begründung die Verfassungsebene benötigt wird, steht die Verfassung in Konkurrenz zu anderen staatlichen und überstaatlichen Ordnungen, die einen Begrün-
dungszusammenhang liefern können. Wenn die zugrunde liegenden anderen Begründungen ihre Funktion erfüllen, drängt sich die Frage auf, ob und inwieweit es
für die Herstellung eines Begründungszusammenhangs auf die Verortung eines
Textes gerade in der Verfassung ankommt. Sofern es um Vorrang und (Selbst-)Bin-
dung als wesentliche Elemente des Verfassungsrechts geht, kommt der nationalen
Verfassung nicht zuletzt angesichts der Konstitutionalisierungstendenzen auf europäischer und internationaler Ebene kein Alleinstellungsmerkmal mehr zu. Gleichwohl hat das deutsche Öffentliche Recht durch die starke Verfassungs- und insbesondere Grundrechtsprägung des einfachen Rechts eine dauerhaft und flächendeckend
präsente zweite Ebene geschaffen, deren allgemeine Maßstabs- und Korrektivwir-
kung nicht vorschnell aufgegeben, sondern im Gegenteil nach Möglichkeit an die
neuen Herausforderungen angepasst werden sollte. Dass das einfache Recht in einem
ständigen Ableitungs-, Rechtfertigungs- und Kontrollzusammenhang zur Verfassung steht, mag im Einzelfall Anlass zu Kritik geben, hat sich im Grundsatz aber als
ebenso heilsame wie tragfähige Grundlage für staatliches Handeln erwiesen. Was
den verfassungsrechtlichen Anteil am Umweltrecht und seine künftige Bedeutung
anbetrifft, kommt dabei dem Einfluss des europäischen Rechts entscheidende Bedeutung zu. Gerade im Umweltrecht hat das europäische Recht eine ausgeprägte eigene Gestalt gewonnen, die sich in eigenen Prinzipien, Leitvorstellungen und Insti-
tuten niederschlägt. In der Summe ergibt sich das Gesamtbild einer anspruchsvollen,
immer stärker ausgeprägten Rechtsordnung, die mit Vorrang versehen ist. Konzept-
und Systemstimmigkeit werden für das deutsche Umweltrecht nur erhalten werden
können, wenn das nationale Recht wichtige Prinzipien übernimmt, sie sich zu eigen
und zur Grundlage der eigenen Systembildung macht.[56] Die entscheidende Herausforderung besteht darin, die neuen Leitlinien und Prinzipien in die bestehende deutsche Rechtsordnung einzubauen. Zu dieser Rechtsordnung zählt aber auch und gerade die mit spezifischer Vorrangwirkung und Bindungskraft ausgestattete nationale
Verfassung. Es besteht aller Anlass, die mit großen Herausforderungen verbundene
Aufgabe, die „System- und Entwicklungsfähigkeit einer nationalen Rechtsordnung
unter den Bedingungen der Begegnung mit einer vorrangigen Rechtsordnung zu er-

---

[55] Die Formulierung knüpft an einen Diskussionsbeitrag von *H. Rossen-Stadtfeld* an.
[56] Allgemein für das Verhältnis von europäischem und nationalem Recht *R. Wahl*, Herausforderungen und Antworten: Das Öffentliche Recht der letzten fünf Jahrzehnte, 2006, S. 101.

möglichen"[57], nicht an der nationalen Verfassung vorbei zu betreiben, sondern im Gegenteil die Erfahrungs- und Wissensbestände des nationalen Staats- und Verfassungsrechts in die Entwicklung einzubeziehen. Gerade für den Bereich des Umweltrechts sollte der durch die europäischen und internationalen Einflussfaktoren bedingte Änderungsdruck auch auf Verfassungsebene konstruktiv genutzt werden, um auf diese Weise das umweltverfassungsrechtliche Profil zu stärken und die Durchschlagskraft des Umweltverfassungsrechts zu erhöhen. Je mehr das Umweltverfassungsrecht an Konturen gewinnt, umso mehr kann es umgekehrt auch als Ausgangspunkt und Plattform genutzt werden, um nationale Rechtspositionen aktiv und mit entsprechendem Gewicht in die europäischen und internationalen Rechtsbildungsprozesse einzubringen.[58]

2. *Schärfung des umweltverfassungsrechtlichen Profils*

Soll das umweltverfassungsrechtliche Profil geschärft werden, muss die juristisch konstruktive Argumentation im Vordergrund stehen. Die Verfassungsrechtswissenschaft kann sich nicht allein oder auch nur überwiegend am Richterrecht ausrichten und die Rechtsprechung kommentierend begleiten, sondern muss „Rechtswissenschaft nach eigenen Aufmerksamkeitskriterien und eigengearteter Dogmatik und Systematik"[59] betreiben. Entscheidend ist die richtige Balance zwischen Rezeption der Rechtsprechung und eigener dogmatischer Fortentwicklung. Einige Elemente, die über einen Nachvollzug der Verfassungsrechtsprechung hinausgehend zu einem gesteigerten Selbstwert des Umweltverfassungsrechts und mittelbar des Verfassungsrechts insgesamt beitragen könnten, lassen sich beispielhaft skizzieren:
– *Normative Umhegung von (Rechtserzeugungs-)Spielräumen:* Eine Schärfung des umweltverfassungsrechtlichen Profils kann darin liegen, die von der Verfassungsrechtsprechung umfangreich zugestandenen Spielräume zur Konkretisierung und Erzeugung von Umweltrecht stärker normativ zu umhegen. Letzten Endes geht es darum, die Nutzung dieser Spielräume – Einschätzungs-, Beurteilungs- und Wertungsspielräume – durch Verfahrensanforderungen, Anhörungs- und Beteiligungsrechte sowie Begründungspflichten normativ in einer Weise vorzuprägen, die transparentere und nachvollziehbarere Entscheidungen ermöglicht.[60] Zwar lässt sich mit

---

[57] Ebd.
[58] Näher dazu unten IV.3. und V.
[59] *R. Wahl*, Herausforderungen und Antworten: Das Öffentliche Recht der letzten fünf Jahrzehnte, 2006, S. 55; dort finden sich auch allgemeine Bemerkungen zur Bedeutung des Richterrechts in Deutschland und die Rolle der Rechtswissenschaft.
[60] Im Hinblick auf die Ergebnisrichtigkeit von Rechtssetzungsakten wäre eine normative Umhegung von Rechtssetzungsräumen insbesondere des Gesetzgebers sinnvoll. Allgemeinere Tendenzen in diese Richtung lassen sich beispielsweise bei der Frage der verfassungsgerichtlich etablierten Begründungspflicht hinsichtlich der Hartz IV-Regelsätze oder bei der Diskussion um die Verfahrensrechte der Länder und Kommunen beim jeweiligen Finanzausgleich erkennen. Zu dieser Entwicklung *Mehde/Hanke*, Gesetzgeberische Begründungspflichten und -obliegenheiten, ZG

einiger Berechtigung fragen, ob der Gesetzgeber angesichts seiner unmittelbaren demokratischen Legitimation einer solchen Umhegung überhaupt bedarf und wegen der im demokratischen System notwendigen Aushandlungsprozesse nicht ein Mehr an formeller Freiheit benötigt als die Verwaltung, bei der die stärkere normative Einfassung nicht zuletzt auch der demokratischen Rückkopplung bei offeneren materiellrechtlichen Vorgaben dient. Dies gilt aber jedenfalls nicht in den Fällen, in denen sich – wie bei der Festlegung eines bestimmten Niveaus des Umweltschutzes oder der Entscheidung über die Hinnahme bestimmter Risiken – materielle Vorgaben für das verfassungsgemäße Maß nur schwer finden und begründen lassen. In diesen Fällen muss der Gesetzgeber prozeduralen Anforderungen an Ermittlung, Bewertung und Abgewogenheit unterworfen werden, um nachvollziehbare und damit auch kontrollierbare Entscheidungen zu gewährleisten.

– *Aufwertung des Verfahrens und Schärfung der Schutzpflichtdogmatik:* Daran anknüpfend und damit einhergehend kann das Umweltverfassungsrecht nicht zuletzt durch eine Schärfung der Schutzpflichtdogmatik an Selbstwert und Profil gewinnen. Denn die Gründe für die vergleichsweise geringe verfassungsrechtliche Durchschlagskraft beziehen sich überwiegend auf die Schwierigkeit, materielle Vorgaben für das richtige, das verfassungsgemäße Maß des Umweltschutzes zu treffen. Diese Schwierigkeit ist Teil des allgemeineren Problems, ob und inwieweit sich Schutz-, Leistungs- und Verteilungsaspekte in der Sache überhaupt sinnvoll verfassungsrechtlich normieren lassen. Dies gilt aber nicht für den Weg hin zu Sachentscheidungen im Umweltrecht, für das Verfahren. Hier weist das Umweltrecht tatsächlich Besonderheiten auf, die auch verfassungsrechtlich bedeutsam sind. Nicht nur alle Erfahrung im Umweltbereich, sondern auch die europarechtlichen Vorgaben und das Völker(gewohnheits)recht deuten darauf hin, dass wirksamer Umweltschutz in hohem Maße davon abhängt, ob und ggf. wie Umweltbelange in rechtlichen Verfahren thematisiert werden. Nicht von ungefähr hat sich die Umweltverträglichkeitsprüfung zu einem der effektivsten rechtlichen Mittel entwickelt, die Umweltfolgen von Entscheidungen – und damit das, was für die Umwelt auf dem Spiel steht – zu benennen und eine Auseinandersetzung mit diesen Folgen zu erzwingen. Anders als in anderen Rechtsbereichen ist diese Verfahrenskomponente nicht beliebig und auch nicht nur dienend, sondern für die Effektivität des Umweltschutzes und das zu erreichende Schutzniveau konstitutiv. Insofern ist es für den Bereich des Umweltschutzes plausibel und nachvollziehbar, wenn im Schrifttum sowohl im Hinblick auf die Schutzpflicht als auch für die Effektivität von Staatszielbestimmungen gefordert wird, dass auch der ausgestaltende Gesetzgeber – ungeachtet seiner Bewertungs- und Entscheidungsprärogative in der Sache – wesentlichen prozeduralen Anforderungen im Hinblick auf Ermittlung, Bewertung und Abwägung unterworfen wird, um begründete, nachvollziehbare und damit auch kontrollierbare Ent-

---

2010, S. 381 ff.; speziell zum Umweltrecht *R. Steinberg,* Der ökologische Verfassungsstaat, 1998, S. 145 f.; *D. Murswiek,* Umweltrecht und Grundgesetz, Die Verwaltung 33 (2000), S. 240 (245 ff.).

scheidungen zu gewährleisten.[61] Vor diesem Hintergrund wäre es nicht zuletzt auch angezeigt, die europäischen Vorgaben offensiv aufzugreifen und die gesteigerte Bedeutung des Verfahrens als grundlegendes Strukturmerkmal des Umweltrechts anzuerkennen.

– *Umgang mit Unsicherheiten und Ungewissheiten:* An Profil gewinnen könnte das Umweltverfassungsrecht, wenn es ihm gelänge, den Umgang mit Unsicherheiten und Ungewissheiten – in Fällen, in denen die zu regelnden Sachverhalte nicht bekannt sind oder nicht vollständig ermittelt werden können – besser und nachvollziehbarer zu gestalten. Zwar lässt sich der Umgang mit Risiken und Unsicherheiten durch verfassungsrechtliche Großformeln, deren Regelungsdichte mit Blick auf die Wahrung eines einheitlichen Ordnungsrahmens nicht zu hoch geraten darf, nur bedingt abbilden. Gleichwohl kann sich das Verfassungsrecht nicht damit zufrieden geben, dass bestimmte verfassungsrechtliche Institute wie der Verhältnismäßigkeitsgrundsatz angesichts von Unsicherheitslagen im Umweltrecht praktisch nicht greifen. Gerade wegen dieser spezifischen Unsicherheiten ist es Aufgabe der Verfassungsrechtsprechung und -wissenschaft, ein Leerlaufen der Verhältnismäßigkeitsprüfung durch Schaffung flankierender prozeduraler Anforderungen an die Wissensgenerierung und insbesondere an die zu benennenden Tatsachen, die Art und Weise der Einbeziehung von Sachverstand etc. zu kompensieren.

– *Einbeziehung externen Sachverstands und Methodik der Interdisziplinarität:* Das Umweltrecht ist seit seiner Entstehung als eigenständiges Rechtsgebiet einer starken Szientifizierung ausgesetzt, die sich vor allem in der regelmäßigen und verstärkten Einbeziehung von Sachverstand zeigt.[62] Um mit Unsicherheiten und Ungewissheiten angemessen umgehen zu können, muss der Anteil des über das Alltagswissen hinausgehenden und nur wissenschaftlich zu analysierenden Fachwissens sowie der darauf gestützten Untersuchungen und Prognosen breit gehalten werden. Auf diese Weise ist das Umwelt- und Technikrecht zu einem Bereich avanciert, in dem die Sachverständigenproblematik besonders virulent ist. In vielen Teilbereichen sind die Sachprobleme so komplex und die Reaktionsweisen so unsicher, dass die Heranziehung wissenschaftlichen und/oder technischen Sachverstandes zum rechtlichen Alltag zählt. Die Einbeziehung des Sachverstandes führt dazu, dass das Umweltrecht ansatzbedingt interdisziplinär angelegt ist.[63] Diese Interdisziplinarität kann zu schwierigen Zuordnungs- und Verantwortungsproblemen im Verhältnis von Ent-

---

[61] M. *Böhm*, Der Normmensch, 1996, S. 102 f.; R. *Steinberg*, Der ökologische Verfassungsstaat, 1998, S. 145 f.; in diesem Sinne auch Bundesminister des Innern/Bundesminister der Justiz (Hrsg.), Bericht der Sachverständigenkommission „Staatszielbestimmungen/Gesetzgebungsaufträge", 1983, Rn. 161; D. *Murswiek*, Staatsziel Umweltschutz (Art. 20 a GG), NVwZ 1996, S. 222, 228; *ders.*, Umweltrecht und Grundgesetz, Die Verwaltung 33 (2000), S. 240 (244 ff.); A. *Schink*, Umweltschutz als Staatsziel, DÖV 1997, S. 221 (227).

[62] R. *Wahl*, Herausforderungen und Antworten: Das Öffentliche Recht der letzten fünf Jahrzehnte, 2006, S. 66.

[63] R. *Wahl*, Herausforderungen und Antworten: Das Öffentliche Recht der letzten fünf Jahrzehnte, 2006, S. 66 f.

scheidungsträgern und entscheidungsprägendem technischen Sachverstand führen. Das Umweltverfassungsrecht könnte sich in diesem Bereich profilieren, wenn es ein stärkeres Problembewusstsein dafür entwickeln würde, wie und zu welchen Bedingungen das Verfassungsrecht Erkenntnisse anderer Disziplinen aufnehmen kann und darf, um einerseits effektives staatliches Handeln zu ermöglichen, andererseits aber auch die Legitimierbarkeit dieser durch maßgebenden Sachverstand geprägten Entscheidungen zu gewährleisten.[64]

– *Lernen aus Referenzgebieten:* Zu einer Schärfung des (umwelt-)verfassungsrechtlichen Profils kann schließlich auch das – aus dem Verhältnis von Allgemeinem und Besonderem Verwaltungsrecht geläufige – Lernen aus Referenzbereichen beitragen. Zwar kennt das Verfassungsrecht anders als das Verwaltungsrecht keine klare Einteilung in ein Allgemeines und ein Besonderes Verfassungsrecht. Zudem muss das Verfassungsrecht dafür Sorge tragen, dass sich kein völlig eigenständiges Sonderverfassungsrecht für einzelne Bereiche ausbildet, wenn das Verfassungsrecht nicht seine Funktion als einheitlicher Ordnungsrahmen verlieren soll. Umgekehrt lässt sich aber nicht von der Hand weisen, dass auch das Verfassungsrecht – beispielsweise mit dem Finanz-, Wirtschafts-, Kommunikations-, Regulierungs-, Umweltverfassungsrecht etc. – Ausdifferenzierungen kennt, die besonders gearteten Sachbereichen mit spezifischen Mitteln zu begegnen suchen. Sind Referenzgebiete solche Teilgebiete des Rechts, die einen exemplarischen Problem- und Problemlösungbestand aufweisen, der grundsätzliche Orientierungspunkte für die allgemeine dogmatische Weiterentwicklung liefert bzw. liefern kann,[65] drängt sich die Frage auf, ob nicht auch das Verfassungsrecht aus seinen ausdifferenzierten Teilbereichen lernen kann und lernen sollte. Dabei kann es nicht darum gehen, Teilverfassungen auszubilden und die Bedeutung der Verfassung als eines einheitlichen Ordnungsrahmens zu relativieren.

---

[64] So lässt sich mit guten Gründen fragen, ob das Verfassungsrecht dem Gesetzgeber im Rahmen seiner Einschätzungsprärogative ohne Weiteres zugestehen darf, ein weitreichendes „Basisrisiko" für den gesamten Bereich der Gentechnik anzunehmen (so BVerfG, Urt. v. 24. 10. 2010 [1 BvF 2/05 – Gentechnikgesetz], Rn. 142). Mag die nicht weiter begründete Annahme eines solchen Basisrisikos in der Anfangsphase der rechtlichen Beurteilung der Gentechnik vertretbar gewesen sein, ohne wissenschaftlich-empirische Nachweise einzelner Gefährdungspotentiale zu fordern, stellt sich mit zunehmendem Kenntnisstand zumindest die Frage, ob die verfassungsrechtliche Beurteilung darüber hinwegsehen darf, dass die naturwissenschaftliche Beurteilung mittlerweile differenzierter ausfällt als bei Einführung des Begriffs „Basisrisiko" Mitte der neunziger Jahre des vergangenen Jahrhunderts. Konkret stellt sich die Frage, ob das Verfassungsrecht dem Gesetzgeber unter Berufung auf seinen weiten Einschätzungs- und Wertungsspielraum zugestehen darf, der Gentechnik insgesamt ein generelles „Basisrisiko" zu unterstellen, ohne sich auf den jeweils aktuellen Wissensstand in den Naturwissenschaften zu beziehen.

[65] *U. Di Fabio,* Risikoentscheidungen im Rechtsstaat, 1994, S. 4. Zum Begriff des „Referenzgebiets" als prägendem Beispielsbereich des Verwaltungsrechts *E. Schmidt-Aßmann,* Zur Reform des Allgemeinen Verwaltungsrechts – Reformbedarf und Reformansätze, in: Hoffmann-Riem/Schmidt-Aßmann/Schuppert (Hrsg.), Reform des Allgemeinen Verwaltungsrechts, 1993, S. 11 (14ff., 26f.); *ders.,* Zur Funktion des allgemeinen Verwaltungsrechts, Die Verwaltung 27 (1994), S. 137 (148ff.); *ders.,* Das allgemeine Verwaltungsrecht als Ordnungsidee, 1998, S. 8ff.; *W. Hoffmann-Riem,* Verwaltungsrechtsreform, in: Hoffmann-Riem/Schmidt-Aßmann/Schuppert (Hrsg.), a.a.O., S. 115 (116f.).

Ziel muss es sein, das Verfassungsrecht und die Verfassungsdogmatik von den einzelnen Referenzgebieten aus zu hinterfragen und anzureichern. Aus der Perspektive des Umweltverfassungsrechts könnten nicht zuletzt die allgemeine Schutzpflichtdogmatik, das verfassungsrechtliche Verfahrensverständnis und die Dogmatik der Verhältnismäßigkeit unter Unsicherheitsbedingungen problematisiert werden, um auf diese Weise Elemente einer erneuerten übergreifenden Systembildung anzustoßen und die nötige Anpassungsfähigkeit der allgemeinen Rechtsinstitute und Grundsätze an neuere Entwicklungen zu gewährleisten.

3. *Vermittlungs- und Transferfunktion für europäische und internationale Einflüsse*

Zu den Besonderheiten des Umweltrechts zählt, dass es praktisch von Beginn seiner Verselbständigung im nationalen Recht an unter dem Einfluss des europäischen und internationalen Rechts stand. Weite Teile des Umweltrechts haben sich im Verbund von europäischem, internationalem und nationalem Recht entwickelt. Das rasche und weite Ausgreifen des europäischen Umweltrechts hat dazu geführt, dass das „deutsche Umweltrecht in hohem Maße zu einem Umsetzungsrecht und der deutsche Gesetzgeber zu einem Umsetzungsgesetzgeber geworden" ist.[66] Dabei haben sich die europäischen Vorgaben insofern verändert, als sie sukzessive eigene gesetzgeberische Konzepte und Systemansätze verfolgt haben, deren Einfügen in das nationale Recht gesteigerte Herausforderungen mit sich brachte und bringt.

Eine der größten Herausforderungen und zugleich eines der größten Probleme der Zukunft wird darin bestehen, wie das nationale Recht eine in sich geordnete, schlüssige und systematische Ordnung aufrecht erhalten kann, wenn ständig Außeneinwirkungen vom Europa- und Völkerrecht zu erwarten sind, die im nationalen Recht aufgegriffen und verarbeitet werden müssen.[67] Diese Problematik hat gerade im Umweltrecht insofern auch eine verfassungsrechtliche Dimension, als das Umweltrecht auf europäischer und internationaler Ebene durchaus verfassungsrelevante Fragen betrifft und Rückwirkungen für das nationale Verfassungsrecht, insbesondere das Verhältnis von europäischem und internationalem Recht, nationalem Verfassungsrecht und einfachem Umweltrecht nahelegt. Wenn es stimmt, dass das heutige Umweltrecht zu mehr als 70 Prozent europarechtlich bedingt ist[68] und darüber hinaus umfangreiche völkerrechtliche Bindungen bestehen, stellt sich die Frage, ob nicht wesentliche Prägungen des Umweltrechts in einer Weise von außen kommen, die auf die nationale Verfassung zurückwirkt und Folgen für das nationale Verfassungsrechtsverständnis mit sich bringt.

---

[66] *R. Wahl*, Herausforderungen und Antworten: Das Öffentliche Recht der letzten fünf Jahrzehnte, 2006, S. 69.

[67] *R. Wahl*, Herausforderungen und Antworten: Das Öffentliche Recht der letzten fünf Jahrzehnte, 2006, S. 100.

[68] Vgl. oben Fn. 2.

Hält man sich die verfassungsrelevanten Vorgaben im Europarecht vor Augen, überrascht in einem ersten Zugriff, dass Deutschland – mit den umweltrechtlichen Grundprinzipien, dem integrierten Umweltschutz, aber auch dem erst jüngst mit dem Lissabonner Vertrag in das europäische Primärrecht aufgenommenen Klimaschutz – rasch und zeitgemäß grundlegende Entscheidungen im europäischen Umweltverfassungsrecht mit trifft, ohne dass diese in gleicher Weise im nationalen Verfassungsrecht aufgegriffen werden. Insgesamt dominiert der Eindruck, dass grundlegende umweltverfassungsrechtliche Regelungen auf europäischer Ebene verfolgt und mitgetragen werden, ohne dass sie im nationalen Verfassungsrecht als Verfassungsfragen aufgeworfen und/oder diskutiert werden. Umso stärker drängt sich in einem zweiten Zugriff die Frage auf, ob die nationale Verfassung nicht an (Eigen-) Wert verliert, wenn die wesentlichen Züge eines Rechtsgebiets auf übergeordneten Ebenen festgelegt werden und auf der Ebene des nationalen Verfassungsrechts nicht als Verfassungsfragen reflektiert, beeinflusst, geschweige denn mitgesteuert und, was im Umweltbereich möglich wäre, unter Umständen sogar mit einem höheren Schutzniveau als auf der übergeordneten Ebene versehen werden. Und es stellt sich nicht zuletzt die Frage, welche Aufgabe und welche Funktion die nationale Verfassung in einem solchen Prozess einnimmt.

a) Überbetonung der Kompetenzwahrungs- und Wächterfunktion

Was das Verhältnis des Verfassungsrechts zur übergeordneten europäischen und internationalen Ebene anbetrifft, ist bislang vor allem die Kompetenzwahrungs- und Wächterfunktion der Verfassung beim Vorgang der Übertragung von Rechten auf die übergeordneten Ebenen betont – und tendenziell überbetont[69] – worden. Eine solche defensive Strategie ist einem eher statischen Verfassungsverständnis verhaftet: Die Ordnungsfunktion des verfassungsrechtlichen status quo wird dem nach oben geöffneten Staat entgegengestellt. Er soll darüber wachen, dass möglichst nichts an Kompetenzen und inhaltlichen Mindeststandards preisgegeben wird, die die Verfassung gewährleisten soll.

Ein eher prozessbezogenes Verfassungsverständnis muss darauf achten, dass die nationale Verfassung auch eine Funktion als Vermittler für europäische und internationale Vorgaben mit Verfassungscharakter erfüllt. Ein solches Verständnis, das für andere Rechtsgebiete gilt, muss auch für das Verfassungsrecht eingefordert werden. Es geht nicht nur um den Transfer europäischen Verfassungsrechts ins nationale Recht, sondern um den konstruktiven Umgang mit europäischen Vorgaben, die auf das nationale Verfassungsrecht einwirken. Insofern wäre es produktiv, die nationale Verfassung auch als Transfer- und Vermittlungsebene zu begreifen und diese Funktion in das Verfassungsverständnis zu integrieren.

---

[69] Zumindest verbal sind starke Abschottungstendenzen nicht von der Hand zu weisen.

b) Vermittlungs- und Transferfunktion der Verfassung im Mehrebenensystem

Der Eigenwert der Verfassung im Umweltrecht wird mittel- und langfristig nur gesichert werden können, wenn Verfassung, Verfassungsrechtsprechung, Verfassungsrechtswissenschaft und Verfassungsdogmatik Anschluss an den relevanten Normenbestand auf den übergeordneten Ebenen halten. Das Verfassungsrecht hat insofern auch eine Vermittlungs- und Transferfunktion ähnlich der Mittlerrolle, die das Allgemeine Verwaltungsrecht im nationalen Zusammenhang zwischen dem Verfassungsrecht und den verschiedenen Bereichen des Verwaltungsrechts einnimmt. Unter diesem Gesichtspunkt kann das Verfassungsrecht vom Verwaltungsrecht durchaus lernen. Sowohl bei der Beeinflussung des Verfassungsrechts durch das Verwaltungsrecht als auch umgekehrt bei der verfassungsrechtlichen Durchdringung des Verwaltungsrechts nach 1949 hat das Allgemeine Verwaltungsrecht eine maßgebende Rolle gespielt. Das Allgemeine Verwaltungsrecht hat sich dabei als Transformations- und Umschaltstelle sowohl für die Einflüsse des Verwaltungsrechts auf das Verfassungsrecht als auch für die Vermittlung der verfassungsrechtlichen Anforderungen in die einzelnen Gebiete des Besonderen Verwaltungsrechts erwiesen. Im Gesamtaufbau des deutschen Öffentlichen Rechts bildet das Allgemeine Verwaltungsrecht die Mitte und zugleich den Mittler zwischen dem Verfassungsrecht und den einzelnen Bereichen des Verwaltungsrechts.[70]

Wenn das Verfassungsrecht nicht sukzessive an Bedeutung verlieren soll, muss es eine vergleichbare Vermittlungs- und Transferfunktion zwischen den völker- und europarechtlichen Anforderungen und dem nationalen einfachen Recht annehmen, soweit es um verfassungsrechtliche Themen geht. Das nationale Verfassungsrecht kann im Prozess der Europäisierung und Internationalisierung eine Scharnierfunktion übernehmen, wenn es eine Transformationsebene und -plattform bietet, um völker- und europarechtliche Einflüsse aufzunehmen und konstruktiv zu verarbeiten, sofern sich dies für die Ebene der Verfassung nahelegt. Diese Vermittlungs- und Transformationsfunktion sollte nicht zuletzt auch mit dem Ziel übernommen werden, trotz der ständig präsenten Einflüsse der europäischen und internationalen Ebene Systematik und Stimmigkeit der nationalen Rechtsordnung sowie ihre Entwicklungs- und Konzeptfähigkeit aufrecht zu erhalten. Damit ist nicht gesagt, dass alle oder auch nur zahlreiche europarechtliche Vorgaben Aufnahme im nationalen Verfassungsrecht finden sollen oder gar müssen. Aus dem Vorrang des Unionsrechts kann nicht auf die verfassungsrechtliche Bedeutung im nationalen Zusammenhang

---

[70] Vgl. zu dieser Mittlerfunktion des Allgemeinen Verwaltungsrechts *R. Wahl*, Die Aufgabenabhängigkeit von Verwaltung und Verwaltungsrecht, in: Hoffmann-Riem/Schmidt-Aßmann/Schuppert (Hrsg.), Reform des Allgemeinen Verwaltungsrechts, 1993, S. 177 ff.; *ders.*, Herausforderungen und Antworten: Das Öffentliche Recht der letzten fünf Jahrzehnte, 2006, S. 38 f.; zu einer eigenen Konzeption des „allgemeinen Verwaltungsrechts als Ordnungsidee" *E. Schmidt-Aßmann*, Das allgemeine Verwaltungsrecht als Ordnungsidee, 1982 sowie *ders.*, Das allgemeine Verwaltungsrecht als Ordnungsidee – Grundlagen und Aufgaben der verwaltungsrechtlichen Systembildung, 1. Aufl. 1998, 2. Aufl. 2004.

geschlossen werden. Die Vermittlungs- und Transformationsfunktion richtet sich an die gesamte Rechtsordnung und alle betroffenen Rechtsgebiete. Das Verfassungsrecht ist davon aber nicht ausgenommen. Denn einige der europäischen Vorgaben – wie das Öffentlichkeitsprinzip, die Bedeutung des Verfahrens, das Vorsorgeprinzip oder die Umweltverträglichkeit – haben verfassungsrechtliche Bedeutung. In diesem Fall muss das nationale Verfassungsrecht eine Mittlerrolle übernehmen, müssen Verfassungsrechtswissenschaft, Verfassungsdogmatik, Verfassungsrechtsprechung und ggf. auch der verfassungsändernde Gesetzgeber eine Vermittlungs- und Transferfunktion erfüllen.

Einige wenige Beispiele, in welchen für das Umweltrecht verfassungsrelevanten Bereichen eine solche Leistung sinnvoll sein könnte, lassen sich abschließend nennen:

– Im Umweltrecht gilt die europarechtlich vorgegebene Grundentscheidung für einen integrierten Umweltschutz. Das nationale Verfassungsrecht wirkt kontraproduktiv, wenn es – Föderalismusreform hin oder her – auf umweltrechtlichen Einzelkompetenzen beharrt, ohne die Möglichkeit eines integrierten Umweltschutzes überhaupt nur zu erwähnen oder in Erwägung zu ziehen.

– Für das Umweltrecht zentral ist eine verstärkte Berücksichtigung der Verfahrenskomponente. Gerade das europäische Verfahrensverständnis, das jedenfalls im Umweltbereich auf europäischer Ebene Verfassungscharakter hat, sollte auch im nationalen Verfassungsrecht zu Reaktionen führen und konstruktiv genutzt werden.

– Im Bereich der Schutzpflichten könnte das der Umweltverträglichkeitsprüfung zugrunde liegende europäische Verfahrensverständnis dazu führen, dass der Einstieg in den Ausstieg von der Evidenztheorie gefunden und konkretere prozedurale Anforderungen auch an den Gesetzgeber formuliert werden. Eine gemäßigte Fortentwicklung der verfassungsrechtlichen Schutzpflichtdogmatik im Umweltbereich muss keineswegs zur Folge haben, dass das Bundesverfassungsgericht an Stelle des Gesetzgebers in jedem Einzelfall über die notwendigen Schutzregelungen entscheidet. Sie könnte im Gegenteil zu abgestuften, nicht zuletzt prozeduralen Anforderungen an den Gesetzgeber als wesentliches Element des Schutzpflichtkonzepts führen.[71] Die Anerkennung umfassender, sachbereichsspezifisch konkretisierter Ermittlungs-, Bewertungs- und Abwägungspflichten würde der vom Gesetzgeber zu leistenden Aktualisierung der grundrechtlichen Schutzpflichten deutlichere Konturen verleihen und könnte deren weitgehendes Leerlaufen im Umweltrecht verhindern, ohne zugleich die gesetzgeberische Bewertungs- und Entscheidungsprärogative aufzuheben.[72]

– Ein weiterer Punkt ist die nicht nur, aber auch verfassungsrechtliche Konkretisierung des Vorsorgeprinzips. Auf europäischer Ebene werden in absehbarer Zeit Diskussionen über die Präzisierung des Vorsorgeprinzips geführt werden, die vor

---

[71] Vgl. dazu bereits oben bei Fn. 59. Grundlegend *R. Steinberg*, Der ökologische Verfassungsstaat, 1998, S. 145 f.; *D. Murswiek*, Umweltrecht und Grundgesetz, Die Verwaltung 2000, S. 241 (262 f.).

[72] In diese Richtung allgemein *R. Steinberg*, Der ökologische Verfassungsstaat, 1998, S. 146.

allem zwei Punkte betreffen: Zum einen die Frage nach Umfang und Reichweite der wissenschaftlichen Fundierung und Evidenz, die für die Rechtmäßigkeit von Vorsorgemaßnahmen und Entscheidungen unter Unsicherheit zu fordern sind. Zum anderen die Frage nach der Berücksichtigung von Wirtschaftlichkeitserwägungen bereits bei der Bestimmung eines Vorsorgeanlasses und damit bei der Entscheidung darüber, ob überhaupt ein Anlass für staatliches Handeln besteht und nicht erst bei der Frage des „Wie" des Handelns. Beide Fragen werden auf europäischer Ebene als umweltverfassungsrechtliche Fragen diskutiert werden. Wenn sich das nationale Verfassungsrecht der Problematik nicht annimmt und die Diskussion nicht auch als verfassungsrechtliche führt, wird nicht nur dem deutschen Umweltrecht, sondern auch dem deutschen Verfassungsrecht eine Lösung von europäischer Seite aufgedrängt werden, die im Zweifel eine auf stärkere wissenschaftliche Fundierung und einen vergleichsweise stärkeren Einfluss von Wirtschaftlichkeitserwägungen hinaus laufen und nachhaltige verfassungsrechtliche Auswirkungen haben wird.

Ohne eine Aufnahme der europarechtlichen und internationalen Impulse läuft das deutsche Verfassungsrecht Gefahr, sich von den damit verbundenen relevanten Diskussionslinien abzukoppeln. Wird umgekehrt das Ziel verfolgt, eben dies zu verhindern, gewinnen das nationale Verfassungsrecht, die Verfassungsrechtsprechung und die Verfassungsrechtswissenschaft eine zusätzliche spezifische Bedeutung und Funktion.

V. Fazit

Letztlich wird mit dem Umweltrecht der einzelnen Staaten auch der verfassungsrechtliche Anteil am Umweltrecht auf Dauer immer nachhaltiger und alternativenloser vom europäischen und internationalen Recht erfasst werden. Dabei geht es für jedes nationale Verfassungsrecht mit Blick in die Zukunft auch darum, an den künftigen Rechtsentwicklungen auf europäischer und internationaler Ebene mitzuwirken. Jedes nationale Verfassungsrecht hat seine Chancen in diesem Prozess.[73] Die Chance ist um so größer, je mehr ein nationales Recht seine Binnenorientierung verlässt, sich bewusst dem (Verfassungs-)Rechtsdenken der anderen Staaten und insbesondere der Europäischen Union öffnet, an den europäischen und internationalen Rechtsbildungsprozessen aktiv teilnimmt, dabei auch den eigenen Standpunkt über ein inhaltlich richtiges Verfassungsrecht darlegt, hinterfragt und Impulse der übergeordneten Ebenen konstruktiv aufgreift. Neuen Selbstwert wird das nationale Ver-

---

[73] Allgemein zu diesem Prozess der europarechtlich geforderten Mitwirkung an der Fortentwicklung des Rechts *R. Wahl,* Das Verhältnis von Verwaltungsverfahren und Verwaltungsprozessrecht in europäischer Sicht, DVBl. 2003, S. 1285 (1293). Dort findet sich auch der Hinweis, dass sich ein Wettbewerb auf europäischer Ebene vor allem um die Frage nach dem inhaltlich richtigen Recht drehen muss. Dass das europäische Recht vorrangig ist, erübrigt nicht die Frage nach dem inhaltlich „richtigen" Recht, schon gar nicht in der wissenschaftlichen und der rechtspolitischen Perspektive.

fassungsrecht nicht durch eine Abwehr- und Abschirmhaltung gewinnen, sondern durch Teilnahme an einem offenen Entwicklungsprozess,[74] an dem man allerdings auch teilnehmen wollen muss.

---

[74] Zu dieser Forderung nur *F. Schoch*, Europäisierung der Verwaltungsrechtsordnung, VBlBW. 1999, S. 241 (250); *R. Wahl*, Das Verhältnis von Verwaltungsverfahren und Verwaltungsprozessrecht in europäischer Sicht, DVBl. 2003, S. 1285 (1293).

Matthias Jestaedt

Zur Kopplung von Politik und Recht in der Verfassungsgerichtsbarkeit[1]

I. Verfassungsrecht als „politisches Recht": „Politik" als Institutionen- und als Maßstabsfrage

Die Festreden aus Anlass der Feierlichkeiten zum 60. Geburtstag des Grundgesetzes lesen sich – wie jene zu den Grundgesetz-Jubiläen zuvor auch – zumeist als spezifisch deutsche Variationen des Themas: Wer Verfassungsrecht sät, wird Verfassungsrechtsprechung ernten. Damit ist schon eine erste wichtige, freilich noch zu entfaltende Aussage getroffen zur Kopplung von Politik und Recht in der Verfassungsgerichtsbarkeit.

Aus dem großen Bedeutungsspektrum von „Politik" und „politisch"[2] will ich im Folgenden nur zwei herausgreifen: „Die Politik" bezeichnet danach einerseits in einem institutionell-funktionellen Verständnis die Gesamtheit der Staatsleitungs- und Staatswillensbildungsprozesse und -organe im Gegensatz zu den den Staatswillen vollziehenden, also den rechtsanwendenden Gewalten. Staatswillensbildung ist danach „Politik", Staatswillensvollziehung nicht. In diesem Sinne bildet „die Politik" den wesentlichen Regelungsgegenstand des in der Verfassung niedergelegten Staatsorganisationsrechts. Und andererseits zielt „Politik" oder „politisch" auf die Maßstabsebene: „Politik" steht dann, wie im Titel meines Vortrages, dem Recht gegenüber, ist der vom Recht nicht determinierte Bereich staatlicher Machtausübung.

II. Mehr als nur eine historische Reminiszenz: Die Kontroverse um den „Hüter der Verfassung" zwischen *Carl Schmitt* und *Hans Kelsen*

1. Zwischen Politisierung der Justiz und Juridifizierung der Politik

Die deutschen Eigentümlichkeiten der Kopplung von Politik und Recht in der Verfassungsgerichtsbarkeit treten, so meine ich, besonders markant hervor, wenn man

---

[1] Die Vortragsform wurde beibehalten.

[2] Zu den unterschiedlichen Konnotationen von „politisch" in Bezug auf das (Verfassungs-) Recht: *Josef Isensee*, Verfassungsrecht als „politisches Recht", in: ders./Paul Kirchhof (Hrsg.), Handbuch des Staatsrechts der Bundesrepublik Deutschland, Bd. VII, 1. Aufl., Heidelberg 1992, § 162 Rn. 5–28.

sich ihnen mit einem Blick zurück nach vorne nähert. Hier – wie auch sonst so oft – richtet sich unser Blick ins verfassungsstaatliche Labor von Weimar. Denn die prototypische Auseinandersetzung zur Kopplung von Politik und Recht in der Verfassungsgerichtsbarkeit markiert die zwischen *Carl Schmitt* und *Hans Kelsen* im Jahr 1931 ausgetragene Kontroverse um den „Hüter der Verfassung".[3] Der Weg zum Ziel scheint zwischen der Scylla der Juridifizierung der Politik auf der einen und der Charybdis der Politisierung der Justiz auf der anderen Seite hindurch zu führen.

2. Carl Schmitts Votum gegen die Verfassungsgerichtsbarkeit

Schmitts und *Kelsens* Ausgangspunkte und Ableitungen könnten unterschiedlicher kaum sein.

Der Theoretiker der Ausnahmelage begreift die Verfassung von ihrer Sonderstellung her. Für *Schmitt* zeigt sich die Singularität der obersten Rechtsschicht in ihrem Doppelcharakter – einerseits als Verfassung im positiven Sinne, andererseits als Verfassung im positivrechtlichen Sinne; letztere, das Verfassungsgesetz, steht in Legalität wie Legitimität in Abhängigkeit von der Verfassung im positiven Sinne, die nach *Schmitt* die der Normativität vorausliegende, sie allererst begründende „Gesamtentscheidung über Art und Form der politischen Einheit"[4] verkörpert.

Die nach Konzeption und Normativität, Auslegung und Handhabung singuläre (Doppel-)Verfassung rückt *Schmitt* in scharfen Kontrast zum traditionell gedeuteten Gesetz und dessen Anwendung. Während das Gesetz Ausdruck der Rechtsetzung sei, markiere das richterliche Urteil in exemplarischer Weise die Rechtsvollziehung, leite der Richter doch „seine Entscheidung inhaltlich aus einer anderen, meßbar und berechenbar im Gesetz bereits enthaltenen Entscheidung"[5] ab.[6] Die in der substanziellen Gegenüberstellung von Rechtsetzung und Rechtsvollziehung wurzelnde „sachliche Verschiedenheit von Gesetz und Richterspruch"[7] bedinge, dass das Gesetz immer nur als Maßstab, niemals aber als Gegenstand des Urteils betrachtet werden dürfe. „Die Anwendung einer Norm auf eine Norm ist etwas qualitativ anderes als die Anwendung einer Norm auf einen Sachverhalt, und die Subsumtion eines Ge-

---

[3] Dazu: *Matthias Jestaedt*, Der „Hüter der Verfassung" als Frage des Rechtsgewinnungsverständnisses – Ein etwas anderer Blick auf die Schriften von Carl Schmitt und Hans Kelsen, in: Olivier Beaud/Pasquale Pasquino (Hrsg.), La controverse sur „le gardien de la Constitution" et la justice constitutionnelle. Kelsen contre Schmitt/Der Weimarer Streit um den Hüter der Verfassung und die Verfassungsgerichtsbarkeit. Kelsen gegen Schmitt, Paris 2007, S. 155–175.

[4] Grundlegend: *Carl Schmitt*, Verfassungslehre, 1. Aufl., München und Leipzig 1928, S. 20 ff.

[5] *Carl Schmitt*, Der Hüter der Verfassung, 1. Aufl., Tübingen 1931, S. 38 – ohne die Hervorhebung im Original.

[6] Diese Ausführungen muten einigermaßen kurios an, stellt man in Rechnung, was derselbe Autor noch nicht einmal zwei Jahrzehnte zuvor – damals noch unter dem deutlichen Einfluss der deduktions- und bindungsskeptischen Freirechtsbewegung – in seiner Monographie „Gesetz und Urteil. Eine Untersuchung zum Problem der Rechtspraxis" (Berlin 1912) zur Eigenart des richterlichen Urteils – Stichwort: Dezision statt Deduktion – geäußert hatte.

[7] *Schmitt*, Hüter (o. Anm. 5), S. 38 Anm. 2.

setzes unter ein anderes Gesetz (wenn sie überhaupt denkbar ist) etwas wesentlich anderes als die Subsumtion eines geregelten Sachverhaltes unter seine Regelung."[8] Die Konsequenz für die „Hüter"-Frage ist schnell gezogen: „Wäre Verfassungsjustiz eine Justiz des Verfassungsgesetzes über das einfache Gesetz, so wäre das Justiz einer Norm als solcher über eine andere Norm als solche. Es gibt aber keine Justiz einer Norm über eine Norm".[9] *Carl Schmitt* zieht also mit einer Zangenbewegung gegen die Verfassungsgerichtsbarkeit zu Felde: Er reißt die größtmögliche Kluft zwischen Verfassung und Justiz dadurch auf, dass er auf der einen Seite das Verfassungsgesetz seines rechtlichen Selbstandes entkleidet und in Abhängigkeit stellt von der mit den Kategorien des positiven Rechts nicht zu fassenden Verfassung als einer politischen (Gesamt-)Entscheidung und dass er auf der anderen Seite Rechtsprechung als rein deduktive Subsumtionstätigkeit entpolitisiert und dadurch in ihrer Rechtskonkretisierungsfunktion bagatellisiert. Die „hochpolitischen Befugnisse" zur Entscheidung von Verfassungsstreitigkeiten – Schmitt spricht zuspitzend vom „Verfassungsgesetzgeber in hochpolitischer Funktion"[10] – könnten allein dem pouvoir neutre des demokratischen Ersatzkaisers in Gestalt des Reichspräsidenten zukommen.

3. Hans Kelsens Plädoyer für die Verfassungsgerichtsbarkeit

Kelsen tritt dem auf der ganzen Linie entgegen: In dynamischer Betrachtung stelle sich die Rechtsordnung als Rechtserzeugungszusammenhang dar, in welchem die Verfassung zwar die erste, aber durch keinerlei modale oder strukturelle Besonderheiten herausgehobene Rechtsschicht sei. Eine Verfassungsnorm sei in ihrer Setzung wie in ihrer Handhabung eine Norm wie andere auch. Ungeachtet ihres Vorrangs komme der Verfassung aber keine andersgeartete Normativität, keine von sonstigen Gesetzen abweichende Geltungsqualität zu und verdiene sie infolgedessen auch weder ein rechtstheoretisches noch ein rechtspraktisches Sonderregime.[11]

Widerspreche damit die Übersteigerung der Rolle der Verfassung der Erkenntnis vom durchgängigen Rechtskonkretisierungs- und -individualisierungsprozess, so breche sich daran umgekehrt die bei *Schmitt* – freilich im Einklang mit der zeitgenössischen Rechtslehre – anzutreffende Unterschätzung der Rolle des Richters bei der Rechtskonkretisierung. „Allein diese Vorstellung ist darum falsch, weil sie voraussetzt, daß der Prozeß der Machtausübung im Verfahren der Legislative abgeschlossen ist. Man sieht nicht oder will nicht sehen, daß er in der Gerichtsbarkeit nicht minder als in dem anderen Zweige der Exekutive, der Verwaltung, seine sehr wesentliche Fortsetzung (...) nimmt. Erblickt man das ‚Politische' in der Entschei-

---

[8] *Schmitt*, Hüter (o. Anm. 5), S. 42.

[9] *Schmitt*, Hüter (o. Anm. 5), S. 41.

[10] *Schmitt*, Hüter (o. Anm. 5), S. 48.

[11] Prägnant zusammengefasst: *Hans Kelsen*, Reine Rechtslehre. Einleitung in die rechtswissenschaftliche Problematik (1934), Studienausgabe der 1. Auflage 1934, hrsgg. von Matthias Jestaedt, Tübingen 2008, S. 84–86 (im Originaldruck: 73–76).

dung von Interessenkonflikten (…), dann steckt in jedem richterlichen Urteil bald mehr bald weniger ein Dezisionselement, ein Element der Machtausübung. Der politische Charakter der Justiz ist um so stärker, je weiter das freie Ermessen ist, das die ihrem Wesen nach generelle Gesetzgebung der Justiz notwendigerweise belassen muß. Die Meinung, daß nur die Gesetzgebung, nicht aber die ,echte' Justiz politisch sei, ist ebenso falsch wie die, daß nur die Gesetzgebung produktive Rechtserzeugung, die Gerichtsbarkeit aber nur reproduktive Rechtsanwendung sei. (…) Indem der Gesetzgeber den Richter ermächtigt, innerhalb gewisser Grenzen gegensätzliche Interessen gegeneinander abzuwägen und Konflikte zugunsten des einen oder des anderen zu entscheiden, überträgt er ihm eine Befugnis zur Rechtschöpfung und damit eine Macht, die der richterlichen Funktion denselben ,politischen' Charakter gibt, den die Gesetzgebung – wenn auch in höherem Maße – hat. Zwischen dem politischen Charakter der Gesetzgebung und dem der Justiz besteht nur eine quantitative, keine qualitative Differenz."[12]

Die von *Schmitt* als justizfremd apostrophierte Normenkontrolle stellt sich für *Kelsen* als das übliche, mit *jedem* Richterspruch betriebene Geschäft (je)des Richters dar. Denn es bestehe kein rechtswesenhafter Unterschied, ob eine abstrakt-generelle Norm wie ein Gesetz an den für es geltenden Rechtserzeugungsvoraussetzungen aus der Verfassung gemessen werde oder ob eine konkret-individuelle Norm wie ein bürgerlichrechtlicher Vertrag oder auch ein Verwaltungsakt jeweils auf ihre Rechtserzeugungsvoraussetzungsgemäßheit, sprich: auf ihre Gesetzmäßigkeit hin untersucht würden. In beiden Fällen betreibe der Richter die Kontrolle einer Norm an einer anderen Norm; dass es sich im einen Fall bei der zu kontrollierenden Norm um eine (konkret-)individuelle und im anderen um eine (abstrakt-)generelle handele bzw. dass im einen Falle als Maßstab die Verfassung und im anderen „lediglich" ein Gesetz fungiere, zeitige keinen qualitativ-kategorialen Unterschied.

4. Die Doppel-Antwort des Grundgesetzes auf die Hüter-Frage

Das Grundgesetz verwirft die *Schmittschen* Einwände und optiert, freilich ohne dass der ins US-amerikanische Exil getriebene *Kelsen* während oder nach den Verfassungsberatungen auch nur einer einzigen Erwähnung für wert gehalten worden wäre, im Grundsatz für das *Kelsensche* Modell und installiert ein Verfassungsgericht. Es folgt sogar insoweit dem österreichischen Modell einer isolierten, d. h. fachlich spezialisierten Verfassungsgerichtsbarkeit, geht indes beim Umfang der Normen-

---

[12] Zitat: *Hans Kelsen*, Wer soll der Hüter der Verfassung sein?, Berlin-Charlottenburg 1931, S. 15, s. ergänzend S. 21 (wiederabgedruckt in: *Hans Kelsen*, Wer soll der Hüter der Verfassung sein? Abhandlungen zur Theorie der Verfassungsgerichtsbarkeit in der pluralistischen, parlamentarischen Demokratie, hrsgg. von Robert Chr. van Ooyen, Tübingen 2008, S. 58–105 [67, s. ergänzend 72 f.]); nahezu wortidentisch bereits in: *Hans Kelsen*, Wesen und Entwicklung der Staatsgerichtsbarkeit, in: VVDStRL 5 (1929), S. 30–88 (70).

kontrollkompetenzen – Stichwort: Urteilsverfassungsbeschwerde – deutlich über das Exempel des österreichischen Bundes-Verfassungsgesetzes von 1920 hinaus.

Und in einem entscheidenden Punkt geht es auch über *Kelsens* Warnungen vor den Gefahren einer „von der Verfassung nicht intendierten und politisch höchst unangebrachten Machtverschiebung vom Parlament"[13] zum Verfassungsgericht hinweg; *Kelsen* hatte darauf hingewiesen, dass – so der Verfassungsgesetzgeber den „politischen Charakter"[14] der Verfassungsgerichtsbarkeit in Grenzen zu halten wünsche – er gut beraten sei, die von jenem anzuwendenden Verfassungsbestimmungen, „insbesondere jene, mit denen der Inhalt künftiger Gesetze bestimmt wird, wie die Bestimmungen über die Grundrechte", nicht zu allgemein zu fassen und „nicht mit vagen Schlagworten wie ‚Freiheit', ‚Gleichheit', ‚Gerechtigkeit' usw."[15] zu operieren.

Mit der das Erfolgsgeheimnis des Grundgesetzes mitbefördernden Kombination von Vorrang der Verfassung, Grundrechtsbindung aller staatlichen Gewalt, Kodifikation eines Katalogs klassischer Grundrechte und Etablierung umfassenden und institutionell spezialisierten gerichtlichen Verfassungsrechtsschutzes erfährt das Verfassungsgesetz einen gewaltigen Schub in puncto rechtspraktischer Wirksamkeit. Die „Hüter"-Frage – und damit jene nach der Kopplung von Politik und Recht in der Verfassungsgerichtsbarkeit – gewinnt damit eine ganz neue Dimension.

III. Die Verwissenschaftlichung der Verfassungsjudikatur und ihre Folgen für das Verhältnis von Recht und Politik

Doch allein mit der Änderung der Verfassungsrechtslage anno 1949 lässt sich die für das Grundgesetz typische Inbezugsetzung von Recht und Politik nicht hinreichend erfassen. Neben weiteren Faktoren, die im Folgenden aus Gründen thematischer Beschränkung ausgeblendet seien, sind es vor allem Art und Weise der Verfassungshandhabung durch das Bundesverfassungsgericht, welche die Eigentümlichkeiten der mit dem Grundgesetz ausgelösten Juridifizierung, besser vielleicht: Justizialisierung des Politischen zu erklären imstande sind. Will man diese mit einem einzigen Begriff charakterisieren, so böte sich vielleicht jener einer verwissenschaftlichten Verfassungshandhabung im justiziellen Gewande an, deren Kommunikations- und Reflexionsrahmen von jenem Format abgesteckt wird, das des deutschen Juristen Liebstes markiert: die Rechtsdogmatik.

---

[13] *Kelsen*, Hüter (o. Anm. 12), S. 24 f. (im Wiederabdruck: S. 76) – ohne die Hervorhebung im Original.

[14] *Kelsen*, Hüter (o. Anm. 12), S. 24 (im Wiederabdruck: S. 76).

[15] *Kelsen*, Hüter (o. Anm. 12), S. 24 (im Wiederabdruck: S. 76).

1. Dogmatik als Kommunikationsformat zwischen Rechtspraxis und Rechtswissenschaft

Im internationalen Vergleich, namentlich im Vergleich mit den Vereinigten Staaten pflegt in Deutschland die professionalisierte Rechtspraxis – sprich: die Rechtsprechung – mit der Rechtswissenschaft im Allgemeinen sowie die Verfassungsrechtsprechung mit der Staatsrechtslehre im Besonderen ein eigentümliches, um nicht zu sagen: quasi-symbiotisches Näheverhältnis. In möglicherweise keinem anderen Land ist die Kongruenz des Reflexions- und Kommunikationsrahmens zwischen Praktikern und Theoretikern des (Verfassungs-)Rechts größer als in Deutschland. Kaum ein Verfassungsgericht dürfte – nicht zuletzt dank seiner personellen Zusammensetzung – in Aufbau, Stil und Duktus seiner Entscheidungen wissenschaftsaffiner vorgehen als das Bundesverfassungsgericht, kaum eine Verfassungsrechtswissenschaft stärker der Verfassungsjudikatur zugewandt und auf Praxiskompatibilität ihrer Ergebnisse bedacht sein als die deutsche Staatsrechtslehre.[16] Das wichtigste Bindemittel dürfte der in der Dogmatik zu erblickende gemeinsame Sprach- und Denkstil – und damit der gemeinsame Referenzrahmen – sein. Justizialisierung ist folgeweise zu erheblichen Teilen gleichbedeutend mit Verrechtswissenschaftlichung des Umgangs mit Politik.

Als juridische Gebrauchswissenschaft besitzt die Dogmatik den hybriden Charakter einer Disziplin, die auf Anwendungsbezug setzt und Verfügungswissen generiert.[17] Der Rechtsdogmatik geht es zuvörderst um Rationalisierung und, damit zusammenhängend, Standardisierung von Rechtsanwendung. Die beiden Hauptinstrumente, die die Dogmatik zu diesem Behufe einsetzt, sind Dekontextualisierung und Systematisierung. Dogmatisieren bedeutet zum einen dekontextualisieren: Eine Rechtsfigur wird sowohl aus ihrem Fall- als auch aus ihrem konkreten Normbezug gelöst und als wiederverwertbarer Speicher- und Orientierungsbegriff zu einer allgemeinen Kategorie juristischer Konstruktion erhoben. Zum anderen heißt dogmatisieren systematisieren: Die Applikation dogmatischer Figuren auf eine konkrete Normaussage hegt letztere systematisch ein, bemisst sie nach ihrer Stellung im dogmatischen System. Beide – nur analytisch trennbaren – Operationen stehen, wie gesagt, unter dem Regime des Anwendungsbezuges, im Dienste von Standardisierung und Rationalisierung der Rechtsanwendung. Sowohl der Intention wie dem Effekt nach befördert dogmatisches Denken eine materiale Konsistenzialisierung des Rechtsstoffes.

---

[16] Näher entfaltet bei *Matthias Jestaedt*, Verfassungsinterpretation in Deutschland, in: Georg Lienbacher (Hrsg.), Verfassungsinterpretation in Europa. Heinz Schäffer Gedächtnissymposion, Wien 2011, S. 5 (20 ff.).

[17] Dazu und zum Folgenden Näheres bei *Matthias Jestaedt*, Verfassungstheorie als Disziplin, in: Otto Depenheuer/Christoph Grabenwarter (Hrsg.), Verfassungstheorie, Tübingen 2010, § 1 Rn. 20 f., 22–27.

Markantester Ausdruck gleichermaßen des „dogmatic approach" wie der „Wissenschaftslastigkeit" der Rechtsprechung des Bundesverfassungsgerichts ist das von beiden Senaten nahezu ausnahmslos verwendete Präsentationsschema: Die Begründetheitserwägungen von Senatsentscheidungen zerfallen nahezu ausnahmslos in zwei Teile.[18] Während im ersten Teil, dem – von *Oliver Lepsius* treffend so genannten – Maßstäbeteil, die grundgesetzlichen Maßstäbe mehr oder minder ohne Fallbezug herauspräpariert und in ihrem systematischen Kontext analysiert und auf ihren regulierenden „impact" hin reflektiert werden, folgt im zweiten, dem Subsumtionsteil, die Applikation der Maßstäbe auf den konkreten Sachverhalt. Der Maßstäbeteil ist von einer entsprechenden wissenschaftlichen Abhandlung – etwa der Kommentarliteratur – weder in Aufbau noch in Duktus oder Stil ohne weiteres zu unterscheiden und fungiert, wie leicht zu erkennen, als das dogmatische Herzstück der Entscheidung, können hier doch die beiden dogmatischen Hauptoperationen – das Dekontextualisieren und das Systematisieren – in voller Reinheit zur Entfaltung gelangen. Dass es sich dabei überdies um den auch aus Sicht der Judikatur wichtigsten Entscheidungsbestandteil, sozusagen die vor die Klammer des Falles gezogene allgemeine Interpretations- und Applikationsessenz handelt, erhellt daraus, dass judikaturstabilisierende Selbstzitate nahezu ausschließlich aus den Maßstäbeteilen früherer Erkenntnisse stammen.

2. „Politik" – keine Kategorie der Dogmatik

Gepaart mit dem Regelungszugriff des Grundgesetzes führt der „dogmatic approach" dazu, dass im Verfassungsrechtssystem des Grundgesetzes für „die Politik" kein als solcher bezeichneter, eigener gegenständlicher Bezirk bleibt. „Politik" taucht auf der Landkarte der Verfassungsdogmatik eben nicht auf. Für das deutsche Verfassungsrechtsdenken verbietet es sich daher, Politik als rechtskontrollexemten Sach- und Fragenbereich zu konzipieren, wie das etwa die US-amerikanische „political question doctrine" tut. Auch die von *Ronald Dworkin* für das angloamerikanische „legal reasoning" propagierte Unterscheidung von „principles", die dem Individualinteresse zu dienen bestimmt sind und von den Gerichten autoritativ konkretisiert werden können, einerseits und „policies", die Kollektivinteressen rechtlich verfestigen und allein von den politischen Gewalten, allen voran dem Gesetzgeber, formuliert werden dürfen,[19] andererseits hat für das Verfassungsrechtsdenken unter dem Grundgesetz keinen relevanten Erklärungswert.

---

[18] Dazu richtungweisend *Oliver Lepsius*, Zur Bindungswirkung von Bundesverfassungsgerichtsentscheidungen, in: Rupert Scholz/Dieter Lorenz/Christian Pestalozza/Michael Kloepfer/Hans D. Jarass/Christoph Degenhart/Oliver Lepsius (Hrsg.), Realitätsprägung durch Verfassungsrecht, Berlin 2008, S. 103 (111–113, ergänzend 114–117).

[19] Dazu *Ronald Dworkin*, Taking Rights Seriously, Cambridge/MA 1977, S. 22 ff., insb. 90 ff.; *ders.*, Law's Empire, Cambridge/MA 1986, S. 221 ff., 243 f., 310 ff., 338 f.

Folge dieser dogmatischen Pfadabhängigkeit, dieser (Selbst-)Verpflichtung auf Dogmatik ist es, dass „Politik" und „politisch" in dogmatische Kategorien übersetzt, d. h. in dogmatischen Konzeptionen reformuliert werden sowie in ihnen ihre Wirksamkeit entfalten müssen.

3. Abwägung, Einschätzung und Prognose als Orte des Politischen

In diesem Sinne können – ohne jeden Anspruch auf auch nur ansatzweise Vollständigkeit – einige typische Orte des Politischen in der Verfassungsdogmatik lokalisiert werden. Wo das Grundgesetz – durch die Brille der Dogmatik – Politik nicht nur in Recht transformiert oder auch limitiert, sondern als nicht-rechtlich Determiniertes stimuliert und umhegt, spricht man regelmäßig von Einschätzungs-, Prognose- und Gestaltungsspielräumen. Derartige Entscheidungsfreiräume tauchen stets – jedoch nicht nur – bei kollisionslösenden Abwägungen im Rahmen des Verhältnismäßigkeitsgrundsatzes, bei Übermaß- wie Untermaßverbot auf. Einen Einschätzungsspielraum der an sich kontrollunterworfenen politischen Gewalten sieht das Bundesverfassungsgericht etwa auch bei der Konkretisierung dessen, was Parlamentsautonomie im Einzelnen bedeute und erheische, oder bei der Frage, ob eine materielle Auflösungslage dergestalt vorliege, dass „die Handlungsfähigkeit einer parlamentarisch verankerten Bundesregierung verloren gegangen ist".[20]

Einschätzungs-, Prognose- und Gestaltungsspielräume stehen zwar – man denke an grundrechtsbeschränkende oder grundrechtsausgestaltende Gesetze – zunächst einmal dem Gesetzgeber, also: „der Politik", zu. Doch Abwägungsentscheidungen, die mehr oder minder ausnahmslos Räume rechtlich nicht determinierten Ermessens entbinden, sind keineswegs exklusiv legislative Phänomene, sondern tauchen in gleicher Häufigkeit und Struktur bei exekutiven und judikativen Entscheidungen auf.[21] Und wo in Bezug auf den Gesetzgeber von Gestaltungsspielraum die Rede ist, spricht man in Bezug auf die Verwaltung (und mit Einschränkungen auch die Rechtsprechung) von Beurteilungs- und Ermessensspielraum sowie von planerischer Gestaltungsfreiheit. Das heißt: Die dogmatischen Figuren, in denen „die Politik" sich unter grundgesetzlichem Regime zum Ausdruck bringt, sind ganz überwiegend keine auf „die Politik" gemünzten Exklusivkategorien.

---

[20] BVerfGE 114, 121 (121 f. [Leitsatz 2]).
[21] Am Beispiel der Administrative: *Matthias Jestaedt*, Maßstäbe des Verwaltungshandelns, in: Hans-Uwe Erichsen/Dirk Ehlers (Hrsg.), Allgemeines Verwaltungsrecht, 14. Aufl., Berlin und New York 2010, § 11 Rn. 7–9 und passim.

IV. Verdrängte Politik: Verfassungsdogmatik im Horizont „objektiver" Auslegungslehren

Mit der dogmatischen Pfadabhängigkeit ist zwar, so denke ich, eine wesentliche Determinante der Kopplung von Politik und Recht in der Verfassungsgerichtsbarkeit bezeichnet. Da und soweit das Konzept der (Verfassungs-)Dogmatik aber unterschiedlich ausgefüllt und eingesetzt werden kann und die jeweilige Konkretisierung und Operationalisierung Einfluss auf die von uns in Augenschein genommene Kopplungsbeziehung hat, möchte ich mit Ihnen noch einen – notgedrungen kurzen und zugegebenermaßen mit äußerst holzschnittartigen Unterscheidungen operierenden – Blick auf die Implementationsoptionen werfen.

Dogmatik erhält als rechtsanwendungsbezogene Gebrauchsdisziplin ihr eigentümliches Kolorit nicht zuletzt durch zwei Faktoren, nämlich erstens das Verständnis von Rechtsanwendung – vielleicht sollte man noch neutraler von Rechtsgewinnung sprechen[22] –, das ihr zugrunde liegt, und zweitens durch die Auslegungslehre, mit der sie eine Verbindung eingeht. Diese beiden Faktoren stehen ihrerseits untereinander in enger – aber auch hier: nicht als zwingend behaupteter – Wechselbeziehung. So sind einem einaktig-integrativen Rechtsgewinnungsverständnis sämtliche Spielarten der sich selbst „objektiv" nennenden Auslegungslehren kongenial, indes Auslegungslehren, die den Normsetzer in den Mittelpunkt des Auslegungsgeschehens rücken und daher als „subjektiv" charakterisiert werden, typischerweise zu einem dynamisch-dichotomen Rechtsgewinnungsverständnis tendieren. Das sei im Folgenden just im Hinblick auf die Kopplung von Politik und Recht stichwortartig zu erläutern versucht.

1. „Objektive" Auslegungslehren und integrales Rechtsgewinnungsverständnis

„Objektiv" legt nach verbreitetem Verständnis eine Norm aus, wer eine Emanzipation der Norm gegenüber ihrem Schöpfer und damit ein Eigenleben derselben annimmt.[23] Die Norm „lebt" dann, ist ein „living instrument",[24] folglich kann sie auch altern oder sich im Laufe der Zeit wandeln. Für unsere Zwecke ist es dabei gleichgültig, ob dieses Eigenleben der Norm mit der Metapher des „objektivierten" – man könnte auch formulieren: des subjektlosen – Gesetzgebers zu erfassen gesucht wird

---

[22] Mit „Rechtsgewinnung" kann nämlich zum einen sowohl die Setzung als auch die Anwendung von Recht und zum anderen sowohl die Erkenntnis als auch die Erzeugung von Recht gemeint sein.

[23] Mit *Uwe Volkmann* mag man hier anschaulich von „Prozessverständnis" sprechen (Diskussionsäußerung).

[24] Zu der in der Rechtsprechung des EGMR prominent vertretenen Metapher (?) von der EMRK als „living instrument": EGMR, Urteil vom 25. 4. 1978, Tyrer, Serie A 26, Z. 31; Urteil vom 13. 6. 1979, Marckx, Serie A 31, Z. 41; Urteil vom 9. 10. 1979, Airey, Serie A 32, Z. 26; Urteil vom 29. 4. 2002, Pretty, RJD 2002-III, Z. 54; dazu *Christoph Grabenwarter*, Europäische Menschenrechtskonvention, 4. Aufl., München und Wien 2009, § 5 Rn. 12 ff.

oder unter Zuhilfenahme des Aktualisierungskonzepts der Philosophischen Hermeneutik[25] oder unter Rekurs auf Erkenntnisse des linguistic turn oder auf sonstige
Weise.

Das Paradigma der Rechtsgewinnung ist dabei – ganz in den tradierten Bahnen –
die als unpolitisch gedachte Gesetzesanwendung durch den Richter; dazu in mehr
oder minder scharfen Kontrast gesetzt wird politische Rechtsgewinnung qua Rechtsetzung, d. i. der Erlass von Gesetzen im materiellen Sinne, im weitesten Sinne also
die Gesetzgebung. Rechtsproduktion, so formuliert es *Ralf Poscher*, gibt es danach in
den zwei Spielarten: als rechtsdogmatische und als rechtspolitische. Erstere ist
Rechtsanwendung, letztere Rechtsetzung.[26]

Nach sämtlichen Deutungsmustern fallen Auslegung und Anwendung einer
Norm, fallen deren Interpretation und deren Aktualisierung tendenziell zusammen.
Das Schöpferisch-Produktive der Rechtsanwendung geht, so scheint es, in der als
Konkretisierung bezeichneten integralen Auslegungs-Anwendung auf. Für die soge-
nannte Rechtsetzung gilt dies – zumindest im klassischen Modell – nicht.

2. Dogmatizität als Politikverdrängung

Der integrale Rechtsgewinnungs-Prozess wird durch Dogmatik aufbereitet, begleitet
und gesteuert. Er unterliegt damit grundsätzlich dem umfassenden Rationalitäts-
und Systemanspruch der Rechtsdogmatik. An die Stelle der Rechtsgewinnung qua
Rechtsanwendung tritt Rechtsgewinnung qua Dogmatik. Diese Form der Dogmati-
sierung führt in der Tendenz zu umfassender Verwissenschaftlichung der Rechtsgewinnung. Rechtsanwendung wird folgerichtig als Sonderfall des rationalen Diskurses
eingestuft.[27]

In dem Maße freilich, in dem der Vorrang der Verfassung sich etabliert und namentlich die Grundrechte und die Kompetenzbestimmungen den Prozess der Rechtsetzung, also der Gesetzgebung, dirigieren und determinieren, werden die ursprünglich für die – wie gesagt: grundsätzlich unpolitische – Rechtsanwendung entwickelten
Kategorien auf die Rechtsetzung übertragen. Für das Irrationale, Unwissenschaft-
liche von „Politik" ist in diesem Konzept schwerlich Raum. Sie erscheint primär als
Störenfried verfassungsdogmatischer Rationalität. Störenfriede aber gehören – je
nach Einstellung – pazifiziert, exkludiert oder neutralisiert. Wissenschaftsaffinität
liest sich insoweit als Politikaversität.

---

[25] Den beeindruckendsten Versuch unternehmen *Friedrich Müller/Ralph Christensen*, Juristische Methodik, Bd. 1: Grundlegung für die Arbeitsmethoden der Rechtspraxis, 10. Aufl., Berlin
2009, insb. S. 178 ff., 259 ff.

[26] *Ralf Poscher*, Rechtsprechung und Verfassungsrecht, in: Wilfried Erbguth/Johannes Masing
(Hrsg.), Die Bedeutung der Rechtsprechung im System der Rechtsquellen: Europarecht und nationales Recht. XIII. Deutsch-Polnisches Verwaltungskolloquium 2003, Stuttgart, München, Hanno-
ver, Berlin, Weimar und Dresden 2005, S. 127 (130 ff.).

[27] Paradigmatisch: *Robert Alexy*, Theorie der juristischen Argumentation. Die Theorie des rationalen Diskurses als Theorie der juristischen Begründung, 1. Aufl., Frankfurt a. M. 1978.

Diese – wohl immer noch ganz herrschende – Lesart von Dogmatik, hier in Gestalt der Verfassungsdogmatik, tut sich schwer, Räume oder Aspekte des Politischen, die nicht dem Rationalitäts- und Systemanspruch der Dogmatik – mit leichter Akzentverschiebung mag man anstelle von „Dogmatik" auch „Rechtswissenschaft" sagen[28] – unterliegen, anzuerkennen. Das mag anhand von fünf Schlagworten illustriert werden.

- Die verbreitete Deutung der Grundrechte als Prinzipien in Gestalt von Optimierungsgeboten ist – wie grundsätzlich jeder Prinzipialisierungsansatz – der Tendenz nach ein Konzept der Vollverrechtlichung. Für Politik, für verfassungsrechtlich Ungebundenes, welches freier demokratischer Entscheidung bedürfte, ist darin nur widerstrebend Platz. So muss denn auch deren bedeutendster Protagonist, *Robert Alexy*, allerlei argumentative Kniffe anwenden, um mit seiner Prinzipientheorie nicht in die Falle der no-discretion-thesis zu tappen.[29]
- Der politikaverse Expansionsdrang systemorientierter Dogmatik zeigt sich besonders deutlich im Funktionslogik- und Effektuierungsdenken der herrschenden Grundrechtsdogmatik: Auf der Grundlage echter oder angeblicher immanenter Funktionslogiken grundrechtlicher Gewährleistungen werden systematische Ableitungszusammenhänge konstruiert, die eine immense Ausweitung des Gewährleistungsbereichs des (Verfassungs-)Rechts auf die tatsächlichen Funktionsvoraussetzungen (die sogenannten Grundrechtsvoraussetzungen) und/oder die mit den Grundrechten intendierten Freiheitswirkungen (die sogenannten Grundrechtserwartungen) entbinden. Die Argumentation verläuft dann in etwa nach folgendem Vier-Schritt-Schema: Die Verfassung schützt und gewährt Selbstbestimmung in puncto X (Schritt 1). Die Verfassung „will", dass die Freiheit X nicht nur auf dem Papier steht, sondern auch tatsächlich effektiv wird (Schritt 2). Eine in der sozialen Realität effektive Inanspruchnahme der Freiheit X setzt indes voraus, dass die tatsächlichen (insbesondere sozio-ökonomischen) Voraussetzungen als Realfaktoren der Freiheitsausübung gegeben sind (Schritt 3). Folglich muss sich die Gewährleistung von X mit Rücksicht auf das mit ihr verbundene Wirksamkeitsversprechen auch auf die Realfaktoren erstrecken und ihre Gegebenheit verfassungskräftig garantieren (Schritt 4). Ergänzen ließe sich dann noch Schritt 5: Allen voran der Gesetzgeber hat darauf zu achten, dass die Realfaktoren gegeben sind, und notfalls für deren Existenz zu sorgen. In diesem – wie gesagt: ganz typischen – Ableitungszusammenhang-Denken sind Mechanismen und Strukturen am Werke, wie sie just die dafür (nicht zu Unrecht) gescholtene Begriffs- und Konstruktionsjurisprudenz kennzeichneten.

---

[28] Die Dogmatik tritt nur allzu gerne mit universalrechtswissenschaftlichem Anspruch auf: Rechtswissenschaft, die praxisrelevant sein möchte (oder auch aus wissenschaftspolitischen Gründen gut daran tut, ihre Praxisrelevanz wie ihre Gesellschaftsdienlichkeit herauszukehren), fokussiert die Perspektive der Gebrauchsdisziplin, eben: der Dogmatik.

[29] Vgl. zum Modell einer Spielraumtheorie: *Robert Alexy*, Verfassungsrecht und einfaches Recht – Verfassungsgerichtsbarkeit und Fachgerichtsbarkeit, in: VVDStRL 61 (2002), S. 7–33 (15 ff.).

– Politikverdrängend ist der Tendenz nach auch eine kraftvoll gehandhabte Schutz-
pflichtenlehre, bei der Grundrechte nicht nur in Gesetzgebungsaufträge – was ir-
gendwie nach „Verfassungsvollzugsaufträge" klingt – umschlagen, sondern bei
der „Politik" schon mal leicht zwischen Übermaß- und Untermaßverbot zerrie-
ben wird.[30]

– Neuerdings hat das Bundesverfassungsgericht Gefallen daran gefunden, das gesetzgeberische Produkt an dem „Regelungs-" oder „Schutzkonzept" des Gesetzgebers zu messen;[31] dessen Schwester ist der Grundsatz der „Folgerichtigkeit" oder
auch „Systemgerechtigkeit",[32] dessen Halbbruder die Vorstellung, der Gesetzgeber
sei in bestimmten Lagen verfassungsrechtlich dazu verpflichtet, sein künftiges
Handeln an einem eigens dafür zu erlassenden Maßstäbegesetz zu orientieren.[33]
Alle drei Konzepte misstrauen dem Gesetzgeber, „der Politik"; deswegen stra-
pazieren sie die verfassungsrechtlichen Bestimmungen, um ihnen ebenso vage
wie verfassungsgerichtlicher Konkretisierung zugängliche Rationalisierungspro-
gramme zu entlocken.

– Ein letztes Stichwort gilt dem auch den Gesetzgeber bindenden Verhältnismäßigkeitsgrundsatz. Zwar kann dieser, wie oben angedeutet, gerade auch dem Politischen als dem (verfassungs)rechtlich nicht Determinierten zu seinem Recht
verhelfen. Aber hier und da fragt man sich – zuletzt angesichts der ausufernd konkreten Entscheidung zur Vorratsdatenspeicherung[34] –, ob das Bundesverfassungsgericht dem Grundgesetz nicht politik(betriebs)blinde Verhältnismäßigkeitsan-
forderungen entnimmt. Denn kann es richtig sein, dass das Gericht – zudem noch
post festum und nach langer eigener Überlegungs- und Beratungszeit – äußerst
detaillierte grundgesetzliche Aufklärungs-, Beobachtungs-, Berücksichtigungs-,
Abwägungs-, Begründungs-, Bewertungs- und Nachbesserungsvorgaben für einen Gesetzgeber formuliert, der, erstens, nicht aus *einem* Organ, sondern aus zwei
tendenziell interessenantagonistischen Organen besteht (Bundestag und Bundesrat), der, zweitens, unter dem medial vermittelten Druck der Öffentlichkeit berät,
der, drittens, unter dem Gesetz parteipolitischer Konkurrenz agiert und taktiert
und bei dem, viertens, Entscheidungen regelmäßig das Produkt mehr oder minder
komplexer, interessenausgleichender Kompromisssuche sind? Vor lauter Grund-
rechtsrationalität – vulgo: Grundrechtsdogmatik – verbleibt der demokratisch zu
organisierenden und zu verantwortenden Politik kaum mehr Raum. Gewiss
kommt dem Bundesverfassungsgericht als dem obersten Hüter der Rechtlichkeit
des Politikbetriebes eine Art Unterbrecherfunktion zu: das Politische hat sich dem

---

[30] Dazu stellvertretend *Christian Calliess*, Schutzpflichten, in: Detlef Merten/Hans-Jürgen Papier (Hrsg.), Handbuch der Grundrechte in Deutschland und Europa, Bd. II, Heidelberg 2006, § 44;
Detlef Merten, Verhältnismäßigkeitsgrundsatz, ebenda, Bd. III, Heidelberg 2009, § 68 Rn. 81 ff.

[31] Vgl. BVerfGE 121, 317 ff., bes. 360 ff. Im Rahmen der Schutzpflichtendogmatik ist dies bereits
seit längerem gang und gäbe: BVerfGE 88, 203 (261 ff.).

[32] Vgl. BVerfGE 104, 74 (87); 122, 210 (231) m. w. N.

[33] Vgl. insb. BVerfGE 101, 158 (214 ff.).

[34] BVerfGE 125, 260 (Maßstäbeteil: 316–324 sowie 325–347; Subsumtionsteil: 351–358).

Primat des (Verfassungs-)Rechts zu beugen. Doch vielleicht täte das Gericht gut daran, die Eigenrationalitäten – oder sollte man hier besser formulieren: den Eigen*irr*ationalitäten? – des ja auch vom Grundgesetz gewollten und geschützten demokratischen Prozesses stärker grundrechtsdogmatisch „einzupreisen".

V. Bringing Politics Back in: Die Verdopplung der Dogmatik auf dem Boden einer zweiaktigen Rechtsgewinnungslehre

Dass der „dogmatic approach" der Verfassungsrechtsprechung sich nicht notwendigerweise in der Tendenz politikeliminierend auswirken muss, ist bereits angedeutet worden. „Bringing politics back in" könnte man die Wirkweise der alternativen Implementation des Konzepts von Verfassungsdogmatik überschreiben.

1. Disjunktion von Rechtserkenntnis und Rechtserzeugung, Dichotomie von Fremdprogrammierung und Selbstprogrammierung

Welches Verständnis von Rechtsgewinnung einer politikaffineren Dogmatikkonzeption zugrunde zu legen wäre, kann in den wesentlichen Elementen den bereits zitierten Aussagen *Kelsens* im „Hüter"-Streit entnommen werden. Sie seien noch einmal in Erinnerung gerufen und für unsere Frage zugeschärft:[35]

– Erstens: Rechtserzeugung oder, was dasselbe ist, Rechtsetzung findet nicht nur auf der Ebene der Gesetzgebung statt. Jeder Rechtsanwendungsakt ist zugleich ein Akt der Rechtsetzung auf der nächstniederen Rechtserzeugungsstufe. Umgekehrt kann auch jeder Rechtsetzungsakt als Akt der Anwendung von Normen höherer Rechtserzeugungsstufe gedeutet werden; der Gesetzgeber etwa wendet die Verfassung an.
– Zweitens: Auf grundsätzlich jeder Stufe vollzieht sich Rechtsgewinnung als Setzung neuen Rechts (nachfolgender Stufe) in Bindung an altes Recht (vorangehender Stufe).
– Drittens: Betrachtet man Normerzeugung als Programmierungsleistung, so setzt sie sich aus Sicht des Normerzeugers grundsätzlich auf jeder Stufe zusammen aus Fremd- und aus Eigenprogrammierungsanteilen. Erstere sind ihm von Rechts wegen – heteronom – vorgegeben, letztere fügt er kraft eigenen (politischen) Willens – autonom – hinzu. Von Stufe zu Stufe unterschiedlich ist *nicht* das Ob, sondern „lediglich" das konkrete Wie, d. h. das Mischungsverhältnis von Fremd- und Eigenprogrammierungsanteilen.

---

[35] Dazu *Matthias Jestaedt*, Grundrechtsentfaltung im Gesetz. Studien zur Interdependenz von Grundrechtsdogmatik und Rechtsgewinnungstheorie, Tübingen 1999, S. 262 ff., 279 ff., 328 ff., 359 ff.; ergänzend und zusammenfassend: *ders.*, Maßstäbe (o. Anm. 21), § 11 Rn. 7–9.

– Viertens: „Politisches" als das rechtlich nicht Gebundene – jetzt können wir auch formulieren: als das nicht Fremdprogrammierte, also als das Eigenprogrammierte – ist nach alledem kein specificum der Gesetzgebung, sondern es taucht auf allen Ebenen der Rechtskonkretisierung und -individualisierung auf. Und das nicht bloß als irreguläre Ausnahme, sondern als grundsätzlich ausnahmslose Regel. Unsere Überlegungen zu der auf allen Rechtsgewinnungsstufen stattfindenden Abwägung hatten diese Erkenntnis bereits nahegelegt.

– Fünftens: Schließlich markieren die politischen Elemente der Rechtsgewinnung – trotz der in mancherlei Hinsicht ja berechtigten Warnung vor einer Politisierung der Justiz – keinen defizienten Modus der Rechtlichkeit, sondern sind Ausdruck der – nota bene: positivrechtlich freigesetzten und gesteuerten – Offenheit und Arbeitsteiligkeit, Anpassungs- und Lernfähigkeit der Rechtsordnung.

2. Folgewirkungen für Verfassungsinterpretation und Verfassungsdogmatik

Ein derartiges, an der Selbstorganisation des Rechts abgelesenes Verständnis von Rechtsgewinnung strahlt auf Wahl und Design sowohl der Interpretationslehre als auch der Dogmatik aus. Das sei hier nurmehr angedeutet:

Zu einem Rechtsgewinnungskonzept, welches die positivrechtlich verfügte Arbeitsteilung im Prozess der Konkretisierung und Individualisierung von Recht abzubilden bemüht ist, passt am ehesten – und wie zu ergänzen wäre: freilich keineswegs ausschließlich – eine Rechtserkenntnis- oder Interpretationslehre, die den willensgetragenen, „politischen" Beitrag des jeweiligen positivrechtlich mit Rechtserzeugungsmacht Ausgestatteten – allen nicht zu leugnenden erkenntnistheoretischen Schwierigkeiten zum Trotz – für bare Münze nimmt. Unter den am Markt vertretenen Interpretationslehren dürfte am ehesten die als subjektiv-historisch bezeichnete Auslegungskonzeption dieses Anforderungsprofil erfüllen.[36] Zur Vermeidung eines naheliegenden Missverständnisses: Wer subjektiv-historisch auslegt, geht gewiss von einem durch reale menschliche Kommunikationsakte in der Kontingenz des Historischen fixierten, insofern kontingent-„statischen" Inhalt der Norm aus. Doch damit ist nicht die Rechtsordnung als solche als statische, als in Ruhelage befindliche gedeutet. Der Statik- oder auch Versteinerungs-Vorwurf an die Adresse einer subjektiv-historischen Interpretation wäre nur dann berechtigt, wenn diese Rechtserkenntnis und Rechtserzeugung nicht scheiden würde. Just diese Disjunktion zum Ausdruck zu bringen, wird die subjektiv-historische Auslegungslehre hier jedoch eingesetzt. Pointiert: Den statischen Elementen der Rechtsgewinnung widmet sich die Recht*serkenntnis*- oder auch Interpretationslehre, indes die dynamischen Elemente Gegenstand einer eigenen, davon zu unterscheidenden Recht*serzeugungs*lehre sind. Darüber hinaus wird eine lege artis durchgeführte subjektiv-historische

---

[36] Noch einmal (vgl. o. Anm. 23) mit *Uwe Volkmann* könnte man diese Konzeption als „Ordnungsverständnis" bezeichnen (Diskussionsbeitrag).

Interpretation nahezu ausnahmslos eine geringere Dichte der Fremdprogrammierung – also normativer Vorgaben, an die der Rechtserzeuger gebunden ist – ausweisen als eine als „objektiv" bezeichnete. Der reale Normsetzer[37] der sog. subjektiven Auslegungslehre „sieht", „will" und regelt eben nicht so viel, nicht so umfassend und nicht so umsichtig wie der ideal(isiert)e Normsetzer der sog. objektiven Auslegungslehre. Der Raum der Eigenprogrammierung, d. i. der Raum für politische Eigenwertungen des jeweiligen Rechtserzeugers, fällt auf der Grundlage eines subjektiv-historischen Interpretationsansatzes damit entsprechend größer aus. Dieser positivrechtlich determinierte Raum oder Rahmen der Eigenprogrammierung aber ist der vom Recht selbst bestimmte und begrenzte Ort der Lernfähigkeit und Dynamik im System und des Systems. Lernfähigkeit und Dynamik sind insofern nicht bloß und zuvörderst von außen an das positive Recht herangetragene Maßstäbe. Vielmehr handelt es sich auch und gerade um Maßstäbe, die das positive Recht durch die Komplexität und Qualität seiner Erzeugungs-, Vernichtungs- und Änderungsstrukturen selbst kalibriert. Der moderne Rechtsordnungen auszeichnende arbeitsteilige Prozess der Erzeugung und Veränderung des Rechts ist ja, bei Lichte besehen, nichts anderes als die Organisation der Lern- und Anpassungsfähigkeit des Rechts selbst.

Damit deutet sich auch bereits die zentrale Folgewirkung für die Konzeptionalisierung von Dogmatik an: Während die überkommene Rechtsdogmatik der Rechts*erzeugung* – und damit dem politischen Element der Rechtsgewinnung – keinen rechten Platz zuweisen kann[38] und, zumindest stillschweigend, Interpretation und Anwendung der Norm gleichsetzt, müsste eine Politik wie Recht in ihrem Eigenwert ernst nehmende Gebrauchsdisziplin danach unterscheiden, ob die dogmatisch generierten Kategorien und Begriffe solche einer recht*erkenntnis*bezogenen Dogmatik oder solche einer recht*erzeugungs*bezogenen Dogmatik sind. Der Horizont der ersteren ist durch den Positivierungsnachweis abgesteckt: Was nicht als positiviert erkannt und nachgewiesen werden kann, hat in einer der lex lata geltenden Dogmatik nichts zu suchen. Letztere hingegen zielt auf die jeweilige lex ferenda und erfüllt ganz andere Aufgaben, die man als solche einer wissenschaftlichen Rechtspolitik bezeichnen könnte.[39] Der Verbindlichkeitsanspruch beider ist natürlich unterschiedlich. Darin spiegelt sich die unterschiedliche Verbindlichkeit rechtlicher und bloß politischer Argumente.

Dass mit einer derartigen dogmatischen Zwei-Reiche-Lehre nicht alle (Grenzziehungs-, Zuordnungs- und erst recht Methoden-)Probleme reinlich und rückstands-

---

[37] Die Problematik, dass es sich um vielschichtige Interaktionen einer großen Anzahl von Menschen – und damit nicht um die Willensbildung und -äußerung eines Individuums – handelt, sei hier vernachlässigt, aber wenigstens vermerkt.

[38] Nach wie vor exemplarisch: *Karl Larenz/Claus-Wilhelm Canaris*, Methodenlehre der Rechtswissenschaft, 3. Aufl., Berlin, Heidelberg, New York u. a. 1995.

[39] Wie unter wissenschaftlichen Auspizien hier gerade die Verfassungs*theorie* als disziplinärer counter part der Verfassungs*dogmatik* eingesetzt werden kann, habe ich versucht, in anderem Kontext zu erläutern: *Jestaedt*, Verfassungstheorie (o. Anm. 17), § 1 passim, insb. Rn. 10 ff., 13 ff., 53 ff., 76 ff.

frei gelöst sind, versteht sich von selbst. Aber das dürfte kaum gegen einen Ansatz ins Feld geführt werden können, der ein weitaus größeres Differenzierungspotenzial und damit wohl auch eine größere Problemlösungskapazität aufweist als die herkömmlich objektiv-integralen beziehungsweise -integrativen Ansätze, die dazu neigen, in einem hegelianischen Sinne Politik in Dogmatik aufgehoben zu sehen.

VI. Schluss

Was zu zeigen ich mich in diesen wenigen Zeilen bemüht habe, war ein Doppeltes: Erstens, dass weniger die Einrichtung einer umfassenden Verfassungsgerichtsbarkeit als vielmehr der diese in spezieller Weise prononcierende und wirkungsverstärkende „dogmatic approach" in Bezug auf die Kopplung von Politik und (Verfassungs-) Recht als „typisch deutsch" gelten darf. Und zweitens, dass sich erst in Ansehung namentlich des konkreten Rechtsgewinnungsverständnisses entscheidet, ob die dogmatischen Pfadabhängigkeiten sich im Ergebnis als politikverdrängend oder eher politikeinhegend auswirken. Damit wäre – spätestens jetzt – eine Diskussion über das (Selbst-)Verständnis der Verfassungsrechtswissenschaft fällig. Die Frage nach dem Eigenwert der Verfassung ist damit – wenig überraschend – aufs engste mit jener nach dem Eigenwert und Selbstverständnis der Verfassungsrechtswissenschaft verknüpft. Wer eine Antwort auf jene sucht, wird (zunächst?) eine Antwort auf diese zu geben haben.

Martin Morlok

Politische Parteien

I. Die Bedeutung des Parteienrechts

1. Parteien als Spezialorganisationen zur Nutzung der institutionellen Einflusskanäle der Demokratie

Demokratie heißt Beeinflussbarkeit. Die institutionelle Ordnung einer verfassten Demokratie stellt Mechanismen bereit, um im Zeichen der Volkssouveränität die verbindliche Entscheidungssetzung durch die Bürger beeinflussen zu lassen. Die wesentlichen dieser *Inputstrukturen* sind die Wahlen zu den Parlamenten und die Parlamente selbst mit ihren Rechten. Politische Parteien sind Spezialorganisationen zur Nutzung dieser Inputstrukturen. Zwar versuchen auch viele andere Organisationen, also die verschiedensten Interessenverbände, Einfluss auf die politische Entscheidungsfindung zu nehmen. In Abgrenzung zu den politischen Parteien haben sie sich aber nicht darauf spezialisiert, gerade den Weg über die Parlamente zu wählen. Diese Spezialisierung auf die *parlamentarischen* Inputstrukturen ist übrigens das entscheidende Kriterium in der einfachgesetzlichen Legaldefinition des § 2 PartG, das kommt sowohl in Absatz 1 wie in Absatz 2 zum Ausdruck.

Nach aller Erfahrung brauchen demokratisch regierte moderne Gesellschaften intermediäre Organisationen, auch in der besonderen Ausprägung von politischen Parteien. Die vielfältigen gesellschaftlichen Interessen und Überzeugungen müssen gesammelt, aggregiert und in den politischen Entscheidungsgang hinein vermittelt werden. Ein ausdifferenziertes politisches System braucht weiter Akteure, die das politische Geschäft selbst betreiben, die also Ziele und Entscheidungsalternativen formulieren, den politischen Widersacher beobachten, in politischen Angelegenheiten zur öffentlichen Meinung beitragen und sie nach Möglichkeit im eigenen Sinn beeinflussen. Für die Erreichung ihrer Ziele ist ein wesentlicher Aspekt die Besetzung von Entscheidungspositionen mit eigenen Anhängern.

Die Parteien nehmen diese Aufgaben wahr, sie sind also spezialisierte Organisationen der politischen Einflussnahme und des politischen Betriebes[1].

---

[1] Dazu *M. Morlok*, Lob der Parteien, in: Jahrbuch der Juristischen Gesellschaft Bremen, 2001, S. 53 (S. 56 ff.); *ders.*, Handlungsfelder politischer Parteien, in: *D. Gehne/U. von Alemann* (Hrsg.), Krise oder Wandel der Parteiendemokratie?, 2010, S. 53 ff.

2. Aufgaben des Parteienrechts

Diese demokratiewesentlichen Organisationen unterliegen in aller Regel einer rechtlichen Regulierung. Anderes gilt in alterprobten und bewährten Demokratien wie
den Niederlanden oder dem Vereinigten Königreich, die mit dem Instrument des
normalen Vereinsrechts auskommen – aber auch dies mit deutlich abnehmender
Tendenz im Sinne eines Aufwuchses von spezifischem Parteienrecht. Die rechtliche
Regulierung der Parteien gilt ihrer Organisation und ihren Handlungsmöglichkeiten, es gibt eigene Rechte der Parteien und spezifische Pflichten.

Insbesondere die *Freiheit* der Parteien bedarf des Schutzes gegen staatliche Einflussnahme – damit die Parteien ihre zentrale Aufgabe, die staatliche Entscheidungsfindung beeinflussen zu können, wahrnehmen können.

Die zweite Hauptaufgabe des Rechts ist die möglichste Gewährleistung der *Gleichheit* der Chancen zur politischen Einflussnahme. Die verfasste Demokratie ist eine
egalitäre Veranstaltung. Deswegen gilt es auch über die Gleichheit des Wahlrechts
hinaus Sicherungen der demokratischen Politik vorzusehen: gegen das ungebremste
Durchschlagen der gesellschaftlichen Ungleichheit. Diesem Ziel dienen besonders
die Regeln zur Politikfinanzierung, etwa über die Begrenzung von Parteispenden
oder über deren steuerliche Absetzbarkeit.

Zur guten Erfüllung der demokratischen Funktion der Parteien ist es auch notwendig, dass ihr interner Willensprozess selbst demokratisch abläuft. Von daher gibt
es Verpflichtungen der Parteien auf die *innerparteiliche Demokratie*, bei uns in
Deutschland siehe Art. 21 I S. 3 GG.

Schließlich wirken die Parteien über die *Öffentlichkeit*. Deswegen sollte der Bürger
über das Geschehen in den Parteien und insbesondere über mögliche finanzielle Abhängigkeiten Bescheid wissen; seine Entscheidung für oder gegen eine Partei sollte ja
nicht den Kauf einer Katze im Sack darstellen. Deswegen können den Parteien Öf-
fentlichkeitspflichten auferlegt werden.

Für das Deutsche Verfassungsrecht kann man dies zu dem vierfältigen Status der
Freiheit, der Gleichheit, der Öffentlichkeit und der innerparteilichen Demokratie
zusammenfassen[2].

---

[2] *K. Hesse* hat für die Parteien einen Status der Freiheit, der Gleichheit und der Öffentlichkeit
proklamiert, Die verfassungsrechtliche Stellung der politischen Parteien im modernen Staat, VVD-
StRL 17 (1959), S. 11 (27 ff.); *P. Häberle*, JuS 1967, S. 64 (71 ff.). Für die Erweiterung um die innerparteiliche Demokratie siehe *M. Morlok*, NJW 2000, S. 761 (761).

II. Besonderes Maß an Verfassungsbestimmtheit des Parteienrechts

Das Verfassungsrecht ist für das Parteienrecht von besonderer Bedeutung; dieses ist stärker verfassungsgeprägt als andere Rechtsgebiete. *Konrad Hesse* hat dies auf das Wort gebracht: „Parteienrecht ist primär Verfassungsrecht"[3]. Für diese gesteigerte Bedeutung der Verfassung auf dem Gebiete des Parteienrechtes lassen sich zwei Gründe namhaft machen: Die Verfassung kennt eine eigene Regelung für die Parteien (1), diese enthält darüber hinaus auch Funktionserwartungen für die Parteien (2).

1. Spezialnormen für die politischen Parteien

Regelmäßig enthalten die Verfassungen sehr allgemeine Bestimmungen, die über die verschiedensten Sachgebiete hinweg gelten, wenn es um Organisationen geht; so gibt es regelmäßig eine allgemeine Vorschrift über die Vereinigungsfreiheit. Wenn es nicht um Staatsorgane geht, kennen die Verfassungen typischerweise keine Spezialregelungen für einen Typus von Organisationen. Dies ist bei den politischen Parteien anders. Die Verfassungen vieler Staaten (siehe unten auch IV. 3.) kennen eine oder gar mehrere Normen, die eigens den politischen Parteien gewidmet sind, im Grundgesetz gelten ihnen die Vorschriften des Art. 21. Vergleichbar damit sind im Grundgesetz die Tarifvertragsparteien, denen Art. 9 III GG gilt, eine Vorschrift, die sich aber weitgehend jeder Detailregelung enthält; eine weitere Parallele findet sich in den Weimarer Staatskirchenrechtlichen Bestimmungen, die eigene verfassungsrechtliche Regelungen für die Religionsgesellschaften enthalten, siehe insbesondere Art. 140 GG/Art. 137 ff. WRV.

Wenn eine Verfassung einem Gegenstandsbereich eigene Regelungen widmet, so bedeutet dies fast immer, dass sie auf diesem Gebiet eine höhere Regelungsintensität entfaltet als auf anderen Gebieten, auf welchen der Verfassung nur aus allgemeinen Bestimmungen direktive Gehalte für besondere Fragen entnommen werden müssen. Spezialvorschriften können speziellere Regelungen treffen und tun dies auch. So enthalten die Parteienartikel der Verfassungen etwa Bestimmungen über die Freiheit der Parteien[4], aber eben auch mehr oder weniger Details über ihre Rolle bei Wahlen[5], über die Interna ihres Willensbildungsprozesses[6] oder über die Parteifinanzen[7].

---

[3] *K. Hesse*, Einführung – 30 Jahre Parteiengesetz, in: *D. Th. Tsatsos* (Hrsg.), 30 Jahre Parteiengesetz in Deutschland, 2002, S. 38 (42).

[4] Dazu siehe etwa Verfassung Griechenland, Art. 4 S. 1.

[5] So etwa Verfassung Schweden, Kapitel 3, § 1, § 7 ff.

[6] Beispielsweise in der Verfassung Portugals, Art. 51 V.

[7] Bestimmungen dazu enthält etwa Art. 51 VI Verfassung Portugal. Zum Bestand an Parteienrecht vgl. nur *D. Schefold/D. Th. Tsatsos/M. Morlok*, Rechtsvergleichende Ausblicke, in: *D. Th. Tsatsos/D. Schefold/H. P. Schneider* (Hrsg.), Parteienrecht im Europäischen Vergleich, 1990, S. 737 ff. (757 ff.).

2. Funktionserwartungen der Verfassung an die Parteien

Die Verfassungen sind auch deswegen von gesteigerter Bedeutung für die alltägliche Parteitätigkeit, weil sie typischerweise eine mehr oder weniger deutlich artikulierte *Funktionserwartung* an die Parteien enthalten. Nach dem deutschen Verfassungsrecht wirken sie an der politischen Willensbildung des Volkes mit; nach Art. 10 IV EUV tragen die politischen Parteien auf europäischer Ebene „zur Herausbildung eines europäischen politischen Bewusstseins und zum Ausdruck des Willens der Bürgerinnen und Bürger der Union bei". Die Verfassung selbst gibt damit schon Ansatzpunkte für eine Verfassungstheorie der Parteien, oder, um einen Aufsatz von *Uwe Volkmann* zu zitieren, für ein „Leitbild" der Tätigkeit der Parteien[8]. Eine solch konzeptuelle Vorstellung von dem, wie die Parteien funktionieren sollen, gibt Handreichungen für die dichtere Interpretation der rechtlichen Bestimmungen. Dies wirkt sich auch aus auf die Interpretation der einfachgesetzlichen Normen des Parteienrechts. Darin ist mithin ein Anlass für eine gesteigerte Ausstrahlungswirkung der verfassungsrechtlichen Bestimmungen über die politischen Parteien zu sehen.

Aus beiden Gründen stehen das Parteigeschehen und einfachgesetzliches Parteienrecht besonders stark unter verfassungsrechtlichem Einfluss[9].

III. Die Alternative zur Konstitutionalisierung des Parteienrechts: Regelung durch den einfachen Gesetzgeber

Die politischen Parteien bedürfen aus verschiedenen, meist augenscheinlichen Gründen, der rechtlichen Regulierung (siehe oben I. 2.). Wenn sich die parteirechtlichen Normen nicht in der Verfassung befinden, so obliegen sie der Tätigkeit des Gesetzgebers, was auch bedeutet, dass sie dem Zugriff des einfachen Gesetzgebers unterliegen. Für Regelungen auf dem Niveau des einfachen Gesetzes sprechen einige Umstände.

1. Größere Detailgenauigkeit und Änderbarkeit einfachgesetzlicher Regelungen

a) Die Verfassung ist ein Regelungsinstrument, welches sich vernünftigerweise in der Detailgenauigkeit seiner Regelungen begrenzt. Dies aus verschiedenen Gründen, die Verfassung soll nicht mit Einzelbestimmungen überfrachtet werden und jedenfalls in Teilen auch ihre sprachliche Knappheit und damit Symbolträchtigkeit behalten. Die rechtliche Regelung des Parteiwesens muss sich demgegenüber auch mit Einzel-

---

[8] *U. Volkmann*, Leitbildorientierte Verfassungsanwendung, AöR 34 (2009), S. 157 (164 ff.).

[9] Zur Entfaltung dieser verfassungsrechtlichen Gehalte durch das Bundesverfassungsgericht siehe *H. H. Klein*, Bundesverfassungsgericht und Parteiengesetz, in: *J. Ipsen* (Hrsg.), Osnabrücker Beiträge zur Parteienforschung Bd. 3 – „40 Jahre Parteiengesetz", 2009, S. 19 ff.

heiten befassen, etwa Bestimmungen über den Eintritt, den Austritt oder den Ausschluss von Mitgliedern enthalten; die – um der Chancengleichheit der Parteien wie der Bürger willen gebotene[10] – Regelung der Zuwendungen an die Parteien verlangt ebenso genaue Normen, wie die Ausführung des Publikationsgebotes aus Art. 21 I S. 4 GG sich exakter und präziser Vorschriften über die Rechnungslegung bedienen muss. Ganz allgemein gilt: Die Verfassung braucht, um ihren Wirkort „im Leben" zu finden, detaillierte Ausführungsgesetze.

b) Insbesondere soll die Verfassung eine rechtliche Ordnung für lange Zeit darstellen, die Regelung von Details ist immer mit der Gefahr eines häufigen Änderungsbedarfs verbunden. Man denke etwa daran, dass im Hinblick auf politische Parteien auch steuerrechtliche Regelungen notwendig sind, so etwa die der Steuerpflicht der Parteien selbst für verschiedene Aktivitäten oder die Behandlung von Spenden an die politischen Parteien. Solche Detailregelungen müssen, allein schon wegen der Notwendigkeit ihres Zusammenstimmens mit anderen Regelungen, hier des Steuerrechts, öfter geändert werden, so dass es sich nicht empfiehlt, eine sehr detaillierte Regelung auf Verfassungsebene zu treffen.

Damit ist der Gesichtspunkt der Änderbarkeit durch den einfachen Gesetzgeber angesprochen. Die Ebene des einfachen Gesetzes erlaubt eine schnelle Reaktion des Gesetzgebers bei akut auftretendem Bedarf und eben auch den Verzicht auf das aufwendige und nicht immer realisierbare Verfahren der Verfassungsänderung.

2. Einige Probleme parteienrechtlicher Regelungen im einfachen Recht

Damit geraten aber auch schon Gegengesichtspunkte gegen die Überantwortung wichtiger parteirechtlicher Fragen an den einfachen Gesetzgeber in den Blick. Wenn etwa das Wahlrecht durch einfaches Gesetz geändert werden kann, so kann die aktuelle politische Mehrheit es ändern, durchaus in eigenem Interesse. So hat die FDP in den Ländern, in denen sie an der Regierung beteiligt war, es durchgesetzt, dass ein Landeswahlrecht, das nur eine Stimme kannte, dahingehend geändert wurde, dass der Wähler eine Erst- und eine Zweitstimme hat. Zuletzt geschah dies in Nordrhein-Westfalen in der Legislaturperiode 2005 bis 2010[11]. Auch ist die erleichterte Änderbarkeit insofern problematisch, als eine Demokratie auch die Ausbildung von Traditionen braucht, das Austreten von „Pfaden", auf denen der politische Prozess läuft[12]. Die erschwerte Änderbarkeit kann nützlich sein für einen solchen Aufbau von Traditionen, an welchen sich Einstellungen der politischen Kultur festmachen.

Parteirechtliche Regelungen auf der Ebene des einfachen Gesetzes sind mithin notwendig. Die Verfassung ist nicht der Ort für eine allzu tiefreichende Eindringtie-

---

[10] Dazu *M. Morlok*, Handlungsfelder politischer Parteien, in: *D. Gehne/U. von Alemann* (Hrsg.), Krise oder Wandel der Parteiendemokratie?, 2010, S. 53 ff.

[11] Vgl. Gesetz zur Änderung des Landeswahlgesetzes NRW vom 20. 12. 2007, GVBl NRW 2008, S. 2.

[12] Zur sog. Pfadabhängigkeit ausführlich *R. Ackermann*, Pfadabhängigkeit, 2001.

fe des Rechts in die Einzelheiten des Regelungsbereiches. Die Verfassung sollte sich vielmehr auf voraussichtlich auf Dauer bestehende und notwendigerweise zu regelnde Grundfragen beschränken. Zugleich ist die Regelung von parteirechtlichen Fragen durch den einfachen Gesetzgeber allerdings mit bestimmten Gefahren verbunden. Im Blick hierauf wird der Sinn parteienrechtlicher Normierungen auf der Ebene des Verfassungsrechts sichtbar.

IV. Gute Gründe für die Konstitutionalisierung des Parteienrechts

So unverzichtbar parteirechtliche Regelungen durch den Gesetzgeber sind, so deutlich sind auch die Gründe erkennbar, die für die Ansiedlung parteirechtlicher Normierungen auf der Ebene der Verfassung sprechen. Einige dieser Gründe seien hier genannt.

1. *Aspekte der Konstitutionalisierung des Parteienrechts*

a) Parteienrecht ist Wettbewerbsrecht[13]. Insbesondere geht es darum, dass das Parteienrecht die Chancengleichheit aller aktuellen wie potentiellen Bewerber gewährleistet. Die Eigenschaft des Parteienrechts, als Wettbewerbsrecht zu fungieren, legt es nahe, diese Rechtsmaterie nicht in die Hand der jeweils aktuellen politischen Mehrheit zu geben. Gerade weil der rechtlich geregelte politische Wettbewerb den disziplinierten Kampf um die Macht darstellt, ist er besonders anfällig für Einflussnahmen und Manipulationen. Man tut gut daran, die jeweilige Mehrheitsgruppierung vor der Versuchung zu bewahren, die Wettbewerbsbedingungen zum eigenen Vorteil zu verändern. Die Grundlagen eines chancengleichen Parteienwettbewerbs sollten tunlichst in der Verfassung festgeschrieben werden und damit der jeweiligen politischen Mehrheit entwunden sein.

b) Das Parteienrecht sollte aber auch nicht in die Hand des Kartells der bisher erfolgreichen politischen Parteien gelegt werden. Das Misstrauen gilt nicht nur der jeweiligen Mehrheitsgruppierung, sondern auch insgesamt den bisher erfolgreichen, also regelmäßig im Parlament vertretenen Parteien. Als Beispiel für die Realisierung dieser Gefahr ist die Anhebung der gesetzlichen Voraussetzungen anzusehen, um in den Genuss der staatlichen Parteienfinanzierung zu kommen. § 18 IV S. 3 PartG wurde dahingehend geändert, dass eine Partei nicht nur in einem, sondern in drei Ländern 1% der Wählerstimmen erreichen musste. Das Bundesverfassungsgericht hat – richtigerweise – wegen der Verletzung der politischen Chancengleichheit diese Änderung für verfassungswidrig erklärt[14]. Der Eintritt in den politischen Wettbe-

---

[13] *M. Morlok*, Parteienrecht als Wettbewerbsrecht, in: *P. Häberle/M. Morlok/V. Skouris* (Hrsg.), Festschrift für D. Th. Tsatsos, 2003, S. 408 ff.

[14] Siehe BVerfGE 111, 382 ff.; dazu *M. Morlok*, NVwZ 2005, S. 157 ff.; *ders.*, JURA 2006, S. 696 ff.

werb soll für neue Gruppierungen auch bei realistischer Betrachtung möglich bleiben; der Zugang zur Konkurrenz darf nicht erschwert werden.

c) Im Zusammenhang mit politischen Parteien und den Gesetzen, welche die Abgeordneten, die fast durchweg Parteirepräsentanten sind, beschließen, spielt das Konzept der sogenannten *„Entscheidung in eigener Sache"*[15] eine Rolle. Die „Entscheidung in eigener Sache" enthält bereits der Formulierung nach einen Vorwurf, weil unsere auch im Alltagswissen verankerte rechtsstaatliche Überzeugung verlangt, dass Entscheidungen von unbeteiligter Seite getroffen werden sollen. Ohne das Problem der Entscheidung in eigener Sache an dieser Stelle vertieft behandeln zu wollen[16], so ist jedenfalls mit einer verfassungsrechtlichen Ebene ein Rahmen gesetzt, den die betroffenen Akteure einhalten müssen.

d) Die Konstitutionalisierung der Regeln des politischen Wettbewerbs zwischen den Parteien ermöglicht schließlich das Eingreifen der Verfassungsgerichtsbarkeit zum Schutz der Regeln eines chancengleichen Wettbewerbs. Es ist sogar an dem, dass im Verhältnis zwischen parlamentarischem Gesetzgeber und Verfassungsgericht die Gesichtspunkte des wettbewerbsrechtlichen Charakters des Parteienrechts Gründe für eine gesteigerte Kontrollintensität des Verfassungsgerichts gegenüber dem Gesetzgeber abgeben[17].

---

[15] Siehe etwa *W. Henke*, Bonner Kommentar, Art. 21, Rdnr. 321 ff.; insbes. *H. H. von Arnim* hat den Aspekt des Entscheidens in eigener Sache wiederholt kritisch akzentuiert, siehe etwa *H. H. von Arnim*, Der Staat als Beute, 1993, S. 342 ff. und öfter; eingehend *Th. Streit*, Entscheidung in eigener Sache, 2006; *H. Lang*, Gesetzgebung in eigener Sache, 2007.

[16] Der Begriff der „Entscheidung in eigener Sache" bezieht sein kritisches Potential aus der Vorstellung, staatliche Entscheidungen unter Selbstbetroffenheit seien auszuschließen. Dies gilt aber tatsächlich nur für den Bereich der Exekutive und der Judikative. Die Demokratie ist demgegenüber getragen von der Idee der *Selbstentscheidung*. Demokratie hat zum Kern den Gedanken, dass das Volk die es berührenden Angelegenheiten selbst regeln darf. Insofern kann der Vorwurf der „Entscheidung in eigener Sache" nicht im Kernbereich der demokratischen Rechtsetzung gelten. Die Rechtsetzung ist ja gerade deswegen in die Hand der Volksvertretung gelegt worden, weil das Volk – vermittels seiner Vertreter – seine eigenen Angelegenheiten selbst regeln soll. Das wird auch in Konzepten wie dem des Vorbehaltes des Gesetzes deutlich, der etwa bei Grundrechtseingriffen sicherstellen soll, dass die für die Bürger so wichtigen Freiheitsgewährleistungen nur eingeschränkt werden durch Vertreter der Bürger selber und nicht etwa durch Beschluss der Exekutive allein. Richtig betrachtet handelt es sich bei den problematischen Entscheidungen, die mit dem Begriff der „Entscheidung in eigener Sache" belegt werden, um Entscheidungen mit einem *strukturellen Kontrolldefizit*, so das Ergebnis der Untersuchung von *Th. Streit* (Fn. 15), dort insbes. S. 127. Die Lösung der durch die Entscheidungen aufgeworfenen Fragen ist deshalb in der Richtung einer Ausweitung der Kontrollmöglichkeiten zu suchen. Die Bezeichnung „Entscheidung in eigener Sache" suggeriert demgegenüber, es gehe darum, die fraglichen Entscheidungen in andere Hände zu legen. Dies verträgt sich nicht mit dem Demokratieprinzip.

[17] Zu diesem Gesichtspunkt *M. Morlok*, NVwZ 2005, S. 257 ff.

2. Beispiele für die Bedeutung der Konstitutionalisierung parteirechtlicher Regelungen

Ein Blick auf frühere wie aktuelle Entscheidungen und Vorkommnisse kann plausibilisieren, weswegen wesentliche parteirechtliche Entscheidungen von der Verfassung selbst getroffen werden sollen.

a) Die Wichtigkeit der Verortung wesentlicher Elemente des Parteienrechts auf Verfassungsebene wurde in einer frühen Entscheidung des Bundesverfassungsgerichts sichtbar[18]. Nach der damaligen Rechtslage konnten Zuwendungen an politische Parteien bis zur Höhe von 5% des Gesamtbetrags der Einkünfte steuermindernd als Sonderausgaben abgezogen werden. Diese Regelung des Steuerrechts wurde vom Bundesverfassungsgericht für verfassungswidrig erklärt – wegen Verstoßes gegen die Chancengleichheit im politischen Wettbewerb, und zwar einmal gegen die Chancengleichheit der Parteien, zum anderen gegen die Chancengleichheit der Bürger. Die steuerliche Begünstigung von Parteispenden kommt nämlich eher denjenigen Parteien zugute, welche die Interessen „kapitalkräftiger Kreise ansprechen"[19]. Diese sind zum einen eher in der Lage, die Partei aus Sympathie finanziell zu unterstützen, zum anderen wirkt sich eine Steuerabzugsmöglichkeit ausschließlich auf Ebene der Bemessungsgrundlage wegen der Progression der Einkommensteuer bei den Empfängern hoher Einkommen deutlich stärker aus als in den unteren Einkommensschichten. Die formale Gleichheit des Rechts führte mithin zu einer faktischen Ungleichbehandlung der Parteien in ihren Wettbewerbschancen, welche vom Bundesverfassungsgericht verworfen wurde. Eine entsprechende Ungleichbehandlung gab es auch auf der Ebene der einzelnen Bürger. Auch diese wurden in ihren politischen Präferenzen durch jene steuerrechtliche Regelung in unterschiedlich starkem Maße begünstigt. Bemerkenswert an dieser Entscheidung des Bundesverfassungsgerichts ist, dass jene Regelung trotz der formalen Gleichbehandlung aller Parteien und Bürger wegen ihrer tatsächlichen Auswirkungen für verfassungswidrig erklärt wurde. Jedenfalls in diesem Bereich ist die Auswirkungsgleichheit einer gesetzlichen Regelung verfassungsrechtlich relevant[20]. Der Verfassungsrang der Chancengleichheit im politischen Wettbewerb verhindert eine Selbstbegünstigung der über die Parlamentsmehrheit verfügenden Parteien ebenso wie eine Begünstigung ihrer besonderen Klientele. Auch in andere Entscheidungen zur Parteienfinanzierung musste das Bundesverfassungsgericht zur Wahrung der Chancengleichheit eingreifen[21].

---

[18] BVerfGE 8, 51 ff.

[19] BVerfGE 8, 51 (66).

[20] Dies stellt eine Besonderheit gegenüber der generellen Rechtslage dar, wonach der Staat weder verpflichtet, noch in der Lage ist, für die Gleichheit der Auswirkungen einer rechtlichen Regelung zu sorgen, dazu *St. Huster*, Die ethische Neutralität des Staates, 2002, S. 98 ff.; *ders.*, Das Prinzip der religiös-weltanschaulichen Neutralität des Staates – Gehalt und Dogmatik, in: *J. Krüper/H. Merten/M. Morlok* (Hrsg.), An den Grenzen der Rechtsdogmatik, 2010, S. 3 (11 ff.); *R. Forst*, Kontexte der Gerechtigkeit, 1994, S. 82; speziell zur Gleichbehandlung der Parteien *U. Volkmann*, in: *K. H. Friauf/W. Höfling* (Hrsg.), Berliner Kommentar zum Grundgesetz, Art. 21, Rdnr. 61 f.

[21] Siehe nur BVerfGE 11, 382 ff.

b) Ein anderes Beispiel bildet die gesetzliche Regelung und die dazu entwickelte Praxis bei der Zulassung von Parteien zur Bundestagswahl. Im Sommer 2009 geriet diese aus Anlass des Begehrens der Partei „Die Partei", zur Wahl zugelassen zu werden, in die Diskussion. Parteien, die bislang weder im Deutschen Bundestag noch in einem Landtag mit mindestens 5 Abgeordneten vertreten waren, bedürfen nach § 18 BWahlG der Zulassung durch den Bundeswahlausschuss. Dieser ist – jedenfalls in der geübten Praxis – nach § 9 II BWahlG wesentlich von den bislang erfolgreichen Parteien besetzt[22], was auch in § 9 II S. 4 BWahlG in Verbindung mit §§ 1, 4 II BWahlO zum Ausdruck kommt. Auch die vom Bundeswahlausschuss geübte Verfahrensweise ist kritikbedürftig[23]. Mit guten Gründen wurde an der Arbeit des Bundeswahlausschusses Kritik geübt[24]. Die vorgetragenen Mängel wiegen um so schwerer, als es vor der Wahl keine Rechtsmittel gegen dessen Entscheidungen gibt, § 49 BWahlG lässt nur das nachträgliche Wahlprüfungsverfahren zu – eine im Hinblick auf Art. 19 IV GG bedenkliche Regelung, zumal es beste Argumente dafür gibt, abstellbare Wahlfehler vor der Wahl zu korrigieren. Auch hier ist der Rekurs auf die Verfassungsebene geboten, um eine eingespielte Praxis, die Gefahren für die Gleichbehandlung aller Parteien birgt, zu verändern.

c) Nach § 7 I PartG gliedern sich die Parteien in Gebietsverbände. Die Mitgliedschaft in einer Partei und die damit verbundenen Mitwirkungsmöglichkeiten an der innerparteilichen Willensbildung knüpfen dementsprechend am Wohnsitz des Mitgliedes an. Der Schutz der durch Art. 21 I S. 3 GG den Parteien vorgegebenen innerparteilichen Demokratie verlangt eine gewisse Strenge bei der Beachtung der örtlichen Radizierung der Mitgliedschaft. Auch wenn es im Einzelfall gute Gründe geben mag, die Mitwirkungsrechte eines Parteimitgliedes in einer anderen Basiseinheit als derjenigen seines Wohnortes einzuräumen, so sind diese Ausnahmen durch eine interpretative Aktivierung der Verfassung eng begrenzt zu halten – um eben Manipulationen bei Wahlen und Abstimmungen im Orts- oder Kreisverband nach Möglichkeit auszuschließen. Die Satzungsfreiheit der Parteien sowie die Interpretationsmöglichkeiten der Parteisatzungen werden hier eingeengt.

d) Die Konstitutionalisierung von Grundelementen des Rechtes des politischen Prozesses erweitert die Verantwortung des Staates gegenüber den demokratiewesentlichen Teilnehmern an diesem Prozess. Der Staat darf sich der Verantwortung für einen offenen und chancengleichen, zugleich freiheitlichen politischen Willensbildungsprozess nicht entziehen. Damit ist es etwa unzulässig, dass über die Vergabe staatlicher Mittel an politische Jugendorganisationen aufgrund privater Rechtsetzung befunden wird. Dies ist derzeit aber in den Ländern der Fall, in denen staatliche

---

[22] Zur Besetzungspraxis siehe *W. Schreiber*, Bundeswahlgesetz, 8. Aufl., 2009, § 9, Rdnr. 11; siehe dazu auch *H. H. Klein*, ZG 2010, S. 151 (159 ff.).

[23] Zur Darstellung der Arbeitsweise des Bundeswahlausschusses siehe *J. Risse*, MIP 11 (2003), S. 57 ff.; *ders.*, MIP 13 (2006), S. 60 ff.; zur rechtlichen Würdigung *H. H. Klein*, ZG 2010, S. 151 (161 ff.); zur konkreten Behandlung der Parteien, zumal „Der Partei" 2009, siehe auch *M. Morlok*, FAZ vom 27. 10. 2009.

[24] Siehe insbes. *H. H. Klein*, ZG 2010, S. 159 ff. mit weiteren Nachweisen.

Mittel zur Beförderung der politischen Bildung pauschal an den „Ring politischer Jugend" oder ähnliche Vereinigungen privatrechtlichen Charakters gegeben werden. Diese Organisationen, regelmäßig zivilrechtliche Vereine, bestimmen dann nach ihrer Satzung über die Vergabe der staatlichen Mittel. Über die Vergabe von Haushaltsmitteln hat aber der Staat selbst zu befinden, jedenfalls müssen durch staatlichen Rechtsakt die Verteilungskriterien festgelegt werden. Solche Entscheidungen dürfen auch nicht an nachrangige Rechtssetzer, etwa an die Gemeinden, überantwortet werden. Denn auch hier geht es darum, Manipulationsmöglichkeiten der im Rat vertretenen Parteien zugunsten ihrer eigenen Jugendorganisationen und zu Lasten von Externen auszuschließen[25].

e) Ein letztes Beispiel für die notwendige Direktionskraft der Verfassung bildet die Ausgestaltung der rechtlichen Position der Wählervereinigungen. Diese verstehen sich in aller Regel nicht als Parteien, genießen einen Teil ihrer Attraktivität auch gerade aus dieser Besonderheit. Über die Jahre hin wurden ihnen – zu Recht – durch die Rechtsprechung des Bundesverfassungsgerichts aus Gründen der verfassungsrechtlich begründeten Chancengleichheit sukzessive ähnliche Rechte wie den Parteien zugesprochen[26]. Andererseits wurde aber versäumt, diese Wählervereinigungen denselben Pflichten zu unterwerfen, wie sie für die politischen Parteien bestehen, insbesondere geht es um die durch Art. 21 I S. 4 GG gebotene Transparenz der Finanzen. Auch landesrechtliche Variationen in der Ausgestaltung der Rechte der Wählervereinigungen verkennen zum Teil, dass nicht alles, was sich als Wählervereinigung bezeichnet, sich den Rechten *und* Pflichten der Parteien entzieht; der Parteistatus kann nicht durch Selbstbezeichnung vermieden werden[27]. Art. 21 GG sorgt *bundeseinheitlich* für eine chancengleiche politische Wettbewerbsordnung.

3. Die Konstitutionalisierung des Parteienrechts im internationalen Vergleich

a) Angesichts dieser Bedeutung der Parteien für die Demokratie ist ihre rechtliche Regulierung – zu Recht – eine Sache des Verfassungsrechts geworden. Diese Aufgabe hat Verfassungswürdigkeit erreicht. So haben etwa die Nachkriegsverfassungen von Italien 1947 oder der Bundesrepublik 1949 Parteienartikel aufgenommen. Das Verständnis für die verfassungsrechtliche Anerkennung und den Schutz der Parteien ist typischerweise nach der Überwindung einer Diktatur besonders ausgeprägt. Demzufolge haben die freiheitlichen Verfassungen nach solchen Erfahrungen Parteienartikel eingeführt, so etwa Spanien 1978 oder Griechenland 1975.

Dieser gesteigerte Eigenwert der Verfassung im Parteienrecht wurde im internationalen Maßstab anerkannt. Mittlerweile gehören Parteienartikel zum Standardre-

---

[25] Für einen solchen Fall siehe etwa OVG NW v. 18.08. 1989, NWVBl 1990, S. 56 ff., und dazu *M. Morlok*, NWVBl 1990, S. 230 f.

[26] Zur Begründung der Ansprüche dieser Vereinigungen siehe insbes. *A. Kießlinger*, Das Recht auf politische Chancengleichheit, 1998, bes. S. 148 ff.

[27] Dazu *M. Morlok/H. Merten*, DÖV 2011, S. 125 ff.

pertoire moderner Verfassungen. Die neuen Verfassungen enthalten deswegen solche Bestimmungen über die politischen Parteien, älteren Verfassungen wurde im Zuge einer generellen Überholung ein Parteienartikel eingefügt[28]. Von den 32 demokratischen Ländern in Europa haben mittlerweile 28 einen Parteienartikel in der Verfassung. Das Vereinigte Königreich scheidet mangels schriftlicher Verfassung aus, ohne einen Parteienartikel kommen lediglich Belgien, Dänemark, Irland und die Niederlande aus[29].

b) Die verfassungsrechtlichen Bestimmungen über politische Parteien haben auch im internationalen Vergleich ähnliche Inhalte. Man kann die Verfassungsbestimmungen wie folgt klassifizieren:

- Es gibt grundsätzliche Aufgabenbestimmungen, so etwa Art. 21 I S. 1 GG oder Art. 10 IV EUV.
- Die Rechte der Parteien werden gewährleistet, solche der Bürger zur Vereinigung ebenso wie Handlungsfreiheiten der Parteien selbst.
- Weiter werden den Parteien bestimmte Pflichten auferlegt, etwa intern demokratisch zu verfahren.
- Ein typischer Regelungsgegenstand sind auch die Finanzen, es finden sich Transparenzvorschriften wie Bestimmungen über die staatliche Finanzierung.
- Eine eigene Kategorie von Verfassungsvorschriften über Parteien handelt von deren Rolle bei Wahlen und überhaupt der Einwirkung auf den Staat. Dabei finden sich auch Inkompatibilitätsvorschriften etwa derart, dass Richter nicht Mitglieder einer politischen Partei sein dürfen[30].

V. Die Bedeutung des Europäischen Rechts für das Parteienrecht

1. Der Bestand im europäischen Parteienrecht

Politikformulierung und das Setzen verbindlicher Entscheidungen findet auch auf überstaatlicher Ebene statt. Die europäische Union verfügt über ein tatsächlich wirksames „politisches System" in diesem Sinne, auf völkerrechtlicher Grundlage gibt es darüber hinaus eine Vielzahl weiterer Abreden zwischen den Staaten, die aber regelmäßig der Übernahme durch die einzelnen Staaten bedürfen. Angesichts der verbindlichen Entscheidungsmacht durch die Organe der Europäischen Union, die nach Art. 10 I EUV sich ja auf die demokratischen Grundsätze verpflichtet hat, liegt die Frage nach einem *Europäischen Parteienrecht* nahe. Erst im Hinblick auf ein sol-

---

[28] So etwa in Finnland und der Schweiz im Jahr 1999 oder in Luxemburg 2008.

[29] Für eine Übersicht siehe *I. van Biezen/G. Borz*, The Place of Political Parties in National Constitutions: A European Overview, Working Paper Series on the Legal Regulation of Political Parties, No. 1, im Internet abrufbar unter http://www.partylaw.leidenuniv.nl/pdfs/wp0109.pdf, zuletzt besucht am 14.01.2011.

[30] So etwa in Ungarn, Art. 50 III.

ches Recht kann für die Parteien das Thema unserer Tagung bearbeitet werden. Vor der Beschäftigung mit unserem Zentralproblem ist also eine Bestandsaufnahme des überstaatlichen, im wesentlichen europäischen Rechts vorzunehmen, das die politischen Parteien betrifft.

a) Unionsrechtliches Parteienrecht/unionsrechtliche Parteivorschriften

Das Unionsrecht kennt vier Fundstellen für spezifische Aussagen über politische Parteien, drei primärrechtliche und eine sekundärrechtliche.

aa) Den Bestimmungen der nationalen Verfassungen über die politischen Parteien entspricht Art. 10 IV EUV:

„Politische Parteien auf europäischer Ebene tragen zur Herausbildung eines europäischen politischen Bewusstseins und zum Ausdruck des Willens der Bürgerinnen und Bürger der Union bei".

Diese Bestimmung ist eine verkürzte Fassung von Art. 191 I EGV, welcher seinerseits eine in Absatz 2 angereicherte Fassung des Parteienartikels 138 a des Vertrages in der Version von Maastricht war. Die Bestimmung drückt eine europapolitische Zielsetzung aus und enthält sonstige wesentliche Grundfunktionen der Parteien. Sie enthält aber keine Rechte oder Pflichten der Parteien.

bb) Eine freiheitsrechtliche Gewährleistung der Parteien findet sich aber in Art. 12 der Grundrechtecharta. Absatz 1 enthält die Versammlungs- und Vereinigungsfreiheit, ausdrücklich auch für den politischen Bereich, ohne allerdings die Parteien beim Namen zu nennen. Die Parteien werden in Absatz 2 genannt als Instrumente, um den politischen Willen der Unionsbürger zum Ausdruck zu bringen. In dieser Norm finden wir also wiederum eine Funktionsbestimmung der Parteien, die wohl keine subjektiv-rechtliche Qualität hat, trotz ihrer Stellung in der Charta der Grundrechte. Jedenfalls ihrer Formulierung nach ist sie lediglich objektiv-rechtlich. Die künftige Interpretation mag aber durchaus dazu führen, dass man diese Bestimmung als spezielles Freiheitsrecht der politischen Parteien verstehen wird[31].

cc) Die sparsame Vorschrift im Unionsvertrag lässt viele regelungsbedürftige Fragen offen. Darauf bezieht sich Art. 242 AEUV. Dort findet sich die ehedem in Art. 191

---

[31] *W. Rengeling/P. Szczekalla*, Grundrechte in der Europäischen Union, Charta der Grundrechte und Allgemeine Rechtsgrundsätze, 2004, S. 578; *H. D. Jarass*, Charta der Grundrechte der Europäischen Union, 2010, Art. 12, Rdnr. 9, einschränkend Rdnr. 18; vorsichtig *M. Kober*, Der Grundrechtsschutz in der Europäischen Union, 2009, S. 101 f., der Art. 12 II GRCh dahingehend versteht, die Norm gebe am ihm einen Kontext mit Parteien einschlägigen Grundrechten eine besondere Prägung, die konkretisierend auf die betreffende grundrechtliche lex generalis durchschlage, sei aber selbst kein Grundrecht; ähnlich *S. Rixen*, in: *J. Tettinger/K. Stern* (Hrsg.), Kölner Gemeinschaftskommentar zur Europäischen Grundrechte-Charta, Art. 12, Rdnr. 12 und *N. Bernsdorff*, in: *J. Meyer* (Hrsg.), Charta der Grundrechte der Europäischen Union, 2. Aufl. 2006, Art. 12, Rdnr. 21.
Die Grundrechtsfähigkeit politischer Parteien in diesem speziellen Fall andeutend: *A. Weber*, in: *S. Griller/W. Hummer* (Hrsg.), Die EU nach Nizza – Ergebnisse und Perspektiven, 2003, S. 286 f.; eine deklartorische Schutzwirkung der Vorschrift in Bezug auf die Bildung von Parteien annehmend *R. Winkler*, Die Grundrechte der Europäischen Union: System und allgemeine Grundrechtslehren, 2006, S. 425.

II EGV enthaltene Ermächtigung für den Erlass eines Europäischen Parteienstatutes. Für das Parteiwesen in vielleicht bemerkenswerter Weise wurde dort der Rat ermächtigt, freilich im Verfahren der Mitentscheidung, ein Parteienstatut zu erlassen. Die jetzige Fassung hat immerhin das Europäische Parlament an die erste Stelle gestellt. Parteirechtliche Detailregelungen sind also damit dem Sekundärrecht übertragen worden.

dd) Von dieser Ermächtigung wurde doppelter Gebrauch gemacht: Zum einen wurde durch die Verordnung EG Nr. 2004 aus dem Jahre 2003 ein Parteienstatut erlassen, das sich in erster Linie der Finanzierung der europäischen Parteien widmet. Insbesondere begründet diese Norm einen Anspruch europäischer Parteien auf Finanzierung aus dem EU-Haushalt. Aufgrund der mit dieser Verordnung gemachten Erfahrungen forderte das Europäische Parlament 2006 einige Veränderungen. Daraufhin wurden im Jahr 2007 zwei Verordnungen zur Änderung und Durchführung erlassen[32]. Neben haushaltsrechtlichen Veränderungen – die europäischen Parteien können jetzt Rücklagen bilden – und anderen finanzrechtlichen Bestimmungen, wurde vor allen Dingen eine Finanzierung politischer Stiftungen auf europäischer Ebene eingeführt[33].

b) Freiheitsgewährleistungen der Europäischen Menschenrechtskonvention

Neben dem Unionsrecht können sich auch die Freiheitsgewährleistungen der Europäischen Menschenrechtskonvention auf Parteienrechtsfragen auswirken, so insbesondere die Meinungsäußerungsfreiheit in Art. 10 und die Vereinigungsfreiheit nach Art. 11 I EMRK. Parteitätigkeit kann auf die Gewährleistung der Meinungsäußerungsfreiheit ebenso angewiesen sein wie auf die Freiheit zum Zusammenschluss und zur Betätigung in Parteien.

2. Praktische Relevanz des Europäischen Parteienrechts

Die Existenz eines übernationalen Parteienrechts per se sagt noch nicht viel aus über dessen Bedeutung und schon gar nicht über dessen Einwirkungskraft auf das nationale Verfassungsrecht. Für unser gemeinsames Problem ist herauszupräparieren, welche Bedeutung die verschiedenen Elemente des Europäischen Parteienrechts für das nationale Parteienverfassungsrecht haben. Hier kann vorab festgestellt werden, dass die genannten europarechtlichen Normen mit ausdrücklichem oder implizitem möglichen Parteibezug nur begrenzte Bedeutung für Art. 21 GG und das darunter liegende einfache deutsche Parteienrecht haben.

---

[32] EG Nr. 1524/2007, ABl. 2007, L 343/5 und EG Nr. 1525/2007, ABl. L 343/9. Siehe *F. Shirvani*, Das Parteienrecht und der Strukturwandel im Parteiensystem, 2010, S. 305 ff. und 486 ff.; *ders.*, EuZW 2008, S. 364 ff.; *St. Zotti*, Politische Parteien auf europäischer Ebene, 2010, S. 81 ff.

[33] Art. 2 Nr. 4 EG Nr. 1524/2007. *F. Shirvani*, EuZW 2008, S. 364 ff.; *St. Zotti*, Politische Parteien auf europäischer Ebene, 2010, S. 84 ff.

a) Art. 10 IV EUV

Für Art. 10 IV EUV ergibt sich dies ohne weiteres daraus, dass diese Bestimmung nur für die europäischen politischen Parteien gilt, die in Art. 2 und 3 der Verordnung EG Nr. 2004/2003 idF der Verordnung von EG Nr. 1524/2007 eine Legaldefinition erfahren. Politische Partei auf europäischer Ebene ist nur eine Partei, die mindestens in einem Viertel der Mitgliedsstaaten durch Mitglieder im Europäischen Parlament oder in nationalen oder regionalen Parlamenten vertreten ist oder mindestens in einem Viertel der Mitgliedsstaaten mindestens drei Prozent der abgegebenen Stimmen in jedem dieser Mitgliedstaaten erreicht hat. Die existierenden Parteien auf nationaler Ebene werden also von dieser Norm nicht erfasst.

Darüber hinaus ist die *tatsächliche* Bedeutung der europäischen politischen Parteien bislang eine recht begrenzte. Sie sind aus der Zusammenarbeit im Europäischen Parlament erwachsen und haben so gut wie keinen Unterbau. Ganz überwiegend haben sie keine natürlichen Personen als Mitglieder, sie sind vielmehr Dachverbände der nationalen Parteien. Die Möglichkeit einer persönlichen Mitgliedschaft ist durchaus die Ausnahme. Die europäischen politischen Parteien sind sozusagen Kopfgeburten, ihre Entstehungsgeschichte ist umgekehrt zu der der sonstigen Parteien: Der normale Gang der Parteientwicklung war der, dass zunächst politische Parteien entstanden und diese dann allmählich ihre rechtliche Anerkennung erkämpften und es schließlich zur verfassungsrechtlichen Adelung brachten. Die europäischen politischen Parteien sind hingegen durch Art. 138 a EGV in der Maastrichter Fassung in die Wirklichkeit getreten, nachdem sie vorher eher lockere Arbeitsgemeinschaften waren, die aus den Fraktionsmitteln des Europäischen Parlaments finanziert wurden. Wie auch im nationalen deutschen Verfassungsrecht hat der Wunsch, an Haushaltsmittel zu kommen, zur Verrechtlichung geführt. Mit Art. 138 a EGV wurde dann auch eine Finanzierung aus Mitteln der Gemeinschaft eingeführt, nachdem der Europäische Rechnungshof zuvor die Finanzierung aus Fraktionsmitteln für illegal erklärt hatte.

Vor allen Dingen ist die Bedeutung der europäischen politischen Parteien auch deswegen relativ klein geblieben, weil der europäische politische Prozess anders als der nationale weniger kontrovers und noch weniger kontrovers zwischen den politischen Grundrichtungen verläuft. Neben die politischen Unterschiede treten nämlich auch die unterschiedlichen nationalen Interessen. Das Geschehen im Europäischen Parlament hat deswegen einen sehr viel stärkeren integrativ-konsensualen Charakter als in der nationalen Politik. Das Lebenselement der Parteien ist aber gerade die streitige Auseinandersetzung mit anderen politischen Auffassungen.

Auch ist zu sehen, dass der europäische politische Entscheidungsgang zu einem guten Teil vom *Rat* bestimmt wird und von daher der Logik des Regierungshandelns unterliegt und viel weniger derjenigen des Parteihandelns. Auch das fehlende einheitliche Wahlrecht und die nach wie vor völlig nationale Ausrichtung der Wahlen zum Europäischen Parlament sind Faktoren, die gegen eine bedeutende Rolle der europäischen Parteien sprechen. Aus all dem ergibt sich eine gewisse Resistenz des europäischen politischen Prozesses gegen eine Parteipolitisierung. Die Struktur der europäischen Institutionen und der jedenfalls bislang darin ablaufende politische Prozess sind ein wenig fruchtbarer Boden für das Wachsen und Gedeihen europäischer politischer Parteien[34].

Endlich ist Art. 10 IV EUV auch deswegen bedeutungsarm, weil diese Norm über die generelle Aufgabenbestimmung der Parteien hinaus keine detaillierten Regelungen enthält. Es gibt keine Aussagen zu Spenden, zu Publikationspflichten der Parteien, zur inneren Demokratie, zu Mitgliedschaftsrechten usw.

Immerhin wird aus Art. 10 I EUV (ex Art. 6 I) eine Pflicht der Mitgliedstaaten zum Verbot demokratiefeindlicher Parteien hergeleitet[35] – eine Auffassung, der man nicht folgen muss.

b) Art. 12 I und II GRCh

Nicht viel anders fällt das Ergebnis bei einer Betrachtung von Art. 12 der Grundrechtecharta aus. Art. 12 I enthält eine allgemein gehaltene Gewährleistung der Versammlungs- und Vereinigungsfreiheit, ohne spezifisch auf die Parteien einzugehen. Die Norm hat damit wenig instruktiven Gehalt für spezifische Fragen des Parteienrechts. Absatz 2 liest sich, wie gesagt, wie eine weitere objektive Aufgabenbestimmung der Parteien. Auch wenn sie künftig als spezifisches Freiheitsrecht der Parteien verstanden werden sollte, so ist dies noch keine spektakuläre Aussage, die größere Bedeutung für die Beantwortung parteirechtlicher Einzelfragen haben dürfte.

Vor allen Dingen ist die Wirkung von Art. 12 GRCh nach Art. 51 GRCh begrenzt auf die Anwendung von Unionsrecht, sei es durch die Organe der Union, sei es durch solche der Mitgliedstaaten. Da das Unionsrecht aber von seiner Herkunft her seinen Schwerpunkt im Wirtschaftsrecht und benachbarten Fragen hat und nicht in den politischen Willensbildungsprozess der Mitgliedstaaten interveniert, sind Anwendungsfälle dieser Normen in den Mitgliedstaaten kaum vorstellbar.

Die Nichteinschlägigkeit des damals geltenden Art. 191 EGV für Fragen im Zusammenhang mit dem NPD-Verbotsverfahren hat auch das Bundesverfassungsge-

---

[34] Zur Entfaltung dieses Gedankens siehe *H. H. Klein*, Europäisches Parteienrecht, in: *J. Bröhmer et al* (Hrsg.), Festschrift für Georg Rees, 2004, S. 541 ff.; dieser These widerspricht mit politischem Optimismus *D. Th. Tsatsos*, der gerade den demokratischen Charakter der europäischen Entscheidungsfindung für einen wichtigen Impuls hält, um ihn durch politische Parteien zu demokratisieren; allein, die Wünschbarkeit ist etwas anderes als eine realitätsgetragene Einschätzung. Nicht zu bestreiten ist freilich, dass der bisherige Zustand der Europäischen Union und der dort stattfindende Politikprozess eine ratio constitutionis par excellence für den europäischen Parteienartikel darstelle, *D. Th. Tsatsos*, Ist die Europäische Unionsgrundordnung für die Tätigkeit politischer Parteien ungeeignet?, in: *F. Hufen* (Hrsg.), Festschrift für H. P. Schneider, 2008, S. 236 ff. (hier besonders 246).

[35] *St. Armbrecht*, Politische Parteien im europäischen Verfassungsverbund. Neue Impulse durch die VO (EG) Nr. 2004/2003, 2008.

richt festgestellt[36], weshalb eine Vorlage an den EuGH nicht in Frage kam. Das Unionsrecht enthält keine ausdrücklichen Bestimmungen über nationale Parteiverbote, weder zu den Voraussetzungen noch zum Verfahren.

c) Art. 224 AEUV

Die jetzt separat stehende Ermächtigungsgrundlage in Art. 224 AEUV beschränkt ihre Geltung auf „politische Parteien auf europäischer Ebene" und entfaltet damit auch wenig Wirkung für das nationale Parteienrecht. Dies wird unterstrichen durch die Erklärung Nr. 11 zu Art. 191 EGV, der Vorgängernorm im Vertrag von Nizza. Dort wird ausdrücklich daran erinnert, dass

„Art. 191 keine Übertragung von Zuständigkeiten auf die Europäische Gemeinschaft zur Folge hat und die Anwendung der einschlägigen einzelstaatlichen Verfassungsbestimmungen nicht berührt".

Diese Erläuterung stellt also selbst eine negative Antwort auf die Frage einer Einwirkung des europarechtlichen Bestandes auf das nationale Verfassungsrecht dar. Was die Finanzierung anlangt, so stellt diese Erklärung weiter klar, dass die Finanzierung der europäischen politischen Parteien „nicht zur unmittelbaren oder mittelbaren Finanzierung der politischen Parteien auf einzelstaatlicher Ebene verwendet" werden darf.

Die auf diese Ermächtigung gestützten Verordnungen haben dann zwar detaillierteren Charakter, teilen aber den begrenzten Anwendungsbereich ihrer Ermächtigungsgrundlage. Im Übrigen sind die Voraussetzungen, um in den Genuss europäischer Finanzmittel zu kommen, so hoch angesetzt, dass sie jedenfalls mit dem deutschen Verfassungsrecht wegen Verstoßes gegen die Chancengleichheit in Bezug auf Parteineugründungen oder kleine Parteien kollidierten[37]. Auch von daher dürfte diese Verordnung – jenseits ihrer begrenzten Einschlägigkeit – keine Vorbildwirkung für das nationale Recht entfalten[38].

Übernationales Recht dürfte sich gerade dann auch jenseits einer rechtstechnischen Bindungswirkung im nationalen Recht Beachtung verschaffen können, wenn seine Vorgaben mit dem nationalen Recht kompatibel sind, insbesondere, wenn im nationalen Recht offene Fragen dort beantwortet werden. In solchen Fällen

---

[36] BVerfGE 104, 214 (218 f.)

[37] Die von einer Gruppe von Abgeordneten unter Führung des dänischen Parlamentsmitglieds Jens-Peter Bonde u. a. mit eben dieser Begründung eingereichte Klage gegen die Verordnung EG Nr. 2004/2003 (Rechtssache T-13/04, *Bonde and others against the European Parliament and the Council of the European Union*, Abl. EU v. 20.03. 2004, C 71/34) wurde zwischenzeitlich als unzulässig abgewiesen, EuG, Beschl. v. 11.07. 2005, ABl EU v. 17.09. 2005, C 229/44. Mit selber Begründung (keine unmittelbare Betroffenheit) wurden auch die im Wesentlichen gleichlautenden EuG-Rechtssachen T-17/04 (*Front National and others*) und T-40/04 (*Bonino and others*) als unzulässig abgewiesen.

[38] Vgl. zur Rechtmäßigkeit der Verordnung *St. Armbrecht*, Politische Parteien im europäischen Verfassungsverbund. Neue Impulse durch die VO (EG) Nr. 2004/2003, 2008, S. 263 ff.; *H. H. von Arnim/M. Schurig*, Die EU-Verordnung über die Parteienfinanzierung, 2004, S. 91 ff.

kann es eine Abrufbereitschaft seitens des nationalen Rechts geben. Dies ist hier nicht der Fall.

d) Art. 10, 11 EMRK

Die rechtliche Bedeutung der Meinungsäußerungsfreiheit und der Versammlungs-/ Vereinigungsfreiheit in der EMRK ist für das deutsche Recht größer. Sie entspricht der generellen Bedeutung der EMRK für die Praktizierung des Rechts in Deutschland. Die Gewährleistungen der EMRK spielen eine Rolle bei der Interpretation der einschlägigen nationalen Gewährleistungen, so wie wir es vom Grundrechtsbereich her kennen[39]. Die EMRK-Normen haben – anders als die Bestimmungen des Unionsrechts – auch in der Zukunft voraussichtlich Bedeutung für das nationale Parteienrecht – wie das auch bereits in der Vergangenheit wiederholt der Fall war.

So spielten die Rechte der EMRK eine Rolle bei einer einschlägigen Entscheidung des Europäischen Gerichtshofes für Menschenrechte in dem Fall des so genannten Radikalenerlasses insofern, als die Weigerung der Aufnahme in den öffentlichen Dienst wegen der Mitgliedschaft in einer politischen Partei in Straßburg für ungerechtfertigt erklärt wurde[40]. Der Europäische Gerichtshof für Menschenrechte hat sich in mehreren Urteilen mit nationalen Parteiverboten beschäftigt[41]. Diese Rechtsprechung dürfte für Parteiverbote in Einzelstaaten auch künftig wichtig sein. Die vier Richter, die die Einstellung des Verbotsverfahrens gegen die NPD nicht für notwendig erachteten, haben ausdrücklich darauf hingewiesen, dass der Senat bei der Fortführung des Verfahrens auch die Gelegenheit gehabt hätte, „über die Fortentwicklung des Verfassungsrechts im Hinblick auf die Europäische Konvention zum Schutz der Menschenrechte und Grundfreiheiten und die Rechtsprechung des Europäischen Gerichtshofes für Menschenrechte" zu entscheiden. In dieser Hinsicht hat also das Verfassungsgericht selbst auf die Beachtlichkeit der Straßburger Rechtsprechung hingewiesen[42]. In der Sache dürfte wichtig sein, dass der EGMR eine konkrete Gefahr für die Demokratie durch eine Partei als Voraussetzung eines Verbotes fordert.

Als „Ergebnis" dieser Relevanzprüfung ist festzuhalten: Art. 10 und 11 EMRK haben für das deutsche Parteiverfassungsrecht und auch für andere nationale Parteirechtsbestimmungen ihre Bedeutung im Sinne der Erarbeitung gemeinsamer Grundrechtsstandards, eben auch auf dem Gebiet der Parteien. Das Unionsrecht hingegen schmälert die Bedeutung des nationalen Verfassungsrechts auf dem Gebiet

---

[39] Siehe dazu *L. Michael/M. Morlok*, Grundrechte, 2. Auflage 2010, Rdnr. 63 ff.

[40] EGMR, EuGRZ 1995, S. 590 ff.; hierzu *U. Häde/M. Jachmann*, ZBR 1997, S. 8 ff.

[41] Vgl. hierzu *D. Kugelmann*, EuGRZ 2003, S. 533 ff.; *S. Theuerkauf*, Parteiverbote und die Europäische Menschenrechtskonvention, 2006; *S. D. Emek*, Parteiverbote und Europäische Menschenrechtskonvention, 2007; *K. Kontopodi*, Die Rechtsprechung des Europäischen Gerichtshofs für Menschenrechte zum Verbot politischer Parteien, 2007; *W. Frenz*, Handbuch Europarecht, 2009, Bd. 4, S. 671 ff.

[42] BVerfGE 107, 339 (394 f.).

der politischen Parteien derzeit so gut wie nicht wegen seiner Nichtanwendbarkeit auf nationale Parteien, wegen der geringen Bedeutung der europäischen Parteien und aus beiden Gründen auch deswegen, weil es keine Ausstrahlungswirkung entfalten kann, auch nicht als Modell interpretationsleitend sein dürfte, weil die europäischen parteirechtlichen Normen mit dem nationalen Partei(Verfassungs)recht zu wenig Berührungspunkte haben.

3. *Erweiterung auf das Recht des politischen Prozesses*

a) Mit diesem Befund soll es freilich nicht sein Bewenden haben. Der Gegenstand, um den es in der Sache geht, darf nicht zu eng gefasst werden. Nimmt man die Überlegungen vom Anfang auf, so ist das hier in Rede stehende Regelungsproblem der Verfassung die Ausgestaltung und Nutzung der demokratischen Inputstrukturen. Diese Regelungsaufgabe teilen sich aber das Parteienrecht und das Wahlrecht, das Parlamentsrecht einschließlich des Rechts der Abgeordneten und der Fraktionen und auch diejenigen Rechtsvorschriften, die sich auf die Bildung der öffentlichen Meinung auswirken. Deswegen ist es in meinen Augen angezeigt, sich nicht auf das Parteienrecht im engeren Sinne zu beschränken, sondern die Perspektive zu erweitern auf das *Recht des politischen Prozesses* überhaupt.

b) Nimmt man diese Materien mit in den Blick, so ergibt sich ein ganz ähnlicher Befund wie zum Parteienrecht im engeren Verständnis.

aa) Unionsrechtliche Vorgaben wirken sich für das nationale Wahlrecht insofern nicht aus, als nach wie vor die Wahl zum Europäischen Parlament noch nicht nach einem einheitlichen Wahlrecht erfolgt und damit auch kein Anreiz für das nationale Recht gesetzt wird, von dort Impulse aufzunehmen.

bb) Das Parlamentsrecht mit seinen verschiedenen Facetten in den Mitgliedsstaaten bleibt unberührt, weil die einstweiligen europarechtlichen Vorschriften begrenzt auf das Europäische Parlament und offensichtlich nicht für den nationalen politischen Prozess einschlägig sind. Ein Versuch deutscher Europaabgeordneter, die dem Text nach weiterreichende Indemnität als Europaabgeordnete auch in Deutschland zur Geltung zu bringen, wurde zu Recht vom deutschen Gericht nicht anerkannt. Es ging dabei darum, ob die europäische Indemnität sich auf *alle* Aussagen eines Abgeordneten beziehe und nicht begrenzt sei auf Äußerungen im Parlament[43]. Diese Entscheidung ist deswegen beachtlich, weil andernfalls Europaabgeordnete im öffentlichen Meinungskampf einen großen Vorteil gehabt hätten.

cc) Damit sind wir bei den allgemeinen Grundrechten. Hier gilt das oben zu den Parteien Gesagte: Die Rechte der Charta wenden sich gegen Freiheitsbeeinträchti-

---

[43] Urteil des LG Hamburg v. 16.04. 2004, Az. 324 835/04 in Bestätigung der vorangegangenen einstweiligen Verfügung v. 23.02. 2004, Az. 324 100/04; vertiefend zu Problemen der Immunität auf europäischer Ebene *F. Lange*, Das parlamentarische Immunitätsprivileg als Wettbewerbsvorteil, 2009, S. 39 ff.

gungen auf unionsrechtlicher Grundlage, und auch im weiteren Bereich des Rechtes der Politik sind hier gegenwärtig wenig Anwendungsfälle absehbar, jedenfalls ist kaum mit erheblichen Friktionen mit dem nationalen Recht zu rechnen.

dd) Anders verhält es sich lediglich mit der EMRK. Hier kann die Garantie der Meinungs- und der Vereinigungs- und Versammlungsfreiheit in Fragen der öffentlichen Meinungsbildung sich auf das nationale Recht auswirken, wie gezeigt, auch in parteirechtlich eingefärbten Fragen; hier waren wir ja auf zwei Feldern bei der Repression von politischen Parteien und ihrer Anhänger auf die EMRK gestoßen.

c) Wenn dem so ist, dass die unionsrechtlichen Normen für den nationalen politischen Prozess wenig Relevanz haben, wenn andererseits das nationale Parteienrecht nicht eingestellt ist auf die europäische Ebene der Politik – indikativ dafür ist die Beschränkung in § 2 II und III PartG auf die nationale politische Sphäre –, so ist die Teilnahme einer Partei an den Wahlen zum Europäischen Parlament nach dem Wortlaut des Gesetzes nicht geeignet, einer Organisation die Rechtsstellung als Partei zu erhalten, was freilich von der Literatur richtigerweise korrigiert wird[44].

Es ist allgemein anerkannt, dass die demokratische Legitimation der Entscheidungen der Europäischen Union auf zwei Säulen beruht, auf derjenigen durch das Europäische Parlament und über die Politik der nationalen Regierungen führend auf derjenigen des Rates. Dieser zweite Legitimationsstrang wird vom Recht der Politik in Gestalt von Parteien-, Wahl- und Parlamentsrecht aber nicht unmittelbar erfasst. Insofern gibt es ein Defizit an Inputregulierung der politischen Impulse, die über die Regierung nach Brüssel gesendet werden. Der politische Input wird europarechtlich sonst nur an einer anderen Stelle reguliert: in Gestalt des Lobbyisten-Verzeichnisses in Brüssel[45]. Insofern besteht Bedarf nach einem Äquivalent zum Parteienrecht.

Dieses findet sich mit Art. 23 II und III GG in Gestalt von Mitwirkungsrechten des Bundestags bei der Formulierung der Position der Bundesregierung bei der Herstellung von Rechtssetzungsakten der Europäischen Union. Das dazu notwendige Ausführungsgesetz ist ja unlängst vom Bundesverfassungsgericht beanstandet worden[46]. Diese Einzelheiten sind nicht mehr mein Thema. Versteht man aber als *sachliches Grundproblem* hinter der Frage nach der Bedeutung des nationalen Parteienrechts diejenige nach der rechtlichen Gestaltungs- und Steuerungsmöglichkeit der einzelnen Mitgliedstaaten für den politischen Prozess, so rücken Art. 23 II und III GG

---

[44] Siehe dazu M. *Morlok*, DVBl 1989, S. 393 ff.; H. *Wißmann*. in: J. *Kersten/S. Rixen* (Hrsg.), Parteiengesetz (PartG) und europäisches Parteienrecht, 2007, § 2, Rdnr. 39; J. *Ipsen*, Parteiengesetz Kommentar, 2008, § 2, Rdnr. 6.

[45] Das bisherige Register CONECCS (Consultation, the European Commission and Civil Society) wurde in Folge des Grünbuchs „Europäische Transparenzinitiative" (EK 2006b) im Juni 2008 durch das Register der Interessenvertreter der Europäischen Kommission ersetzt. Im Internet abrufbar unter http://ec.europa.eu/transparency/regrin/, zuletzt besucht am 14. 01. 2011. Vgl. zu diesem Thema nur D. *Fritsch*, Zivilgesellschaft in Europa, Einbindung zivilgesellschaftlicher Akteure in den europäischen Politikprozess, 2008, S. 40 ff.; T. *Beichelt*, Deutschland und Europa, die Europäisierung des politischen Systems, 2009, S. 170 ff.

[46] BVerfGE 123, 267 (432 ff.).

nebst Ausführungsgesetz und für die föderale Komponente die weiteren Bestimmungen von Art. 23 I GG, schließlich das Gesetz über die Zusammenarbeit von Bund und Ländern in Angelegenheiten der Europäischen Union mit in den Fokus unseres Themas.

VI. Ergebnis

Das Ergebnis meiner Überlegungen kann ich wie folgt zusammenfassen:

1. Die Regelung der wesentlichen parteirechtlichen Fragen auf der Ebene des Verfassungsrechts, also die *Konstitutionalisierung* des Parteienrechts ist eine sinnvolle und auch mittlerweile weit verbreitete Praxis. Regeln auf Verfassungsebene entziehen das Parteienrecht, welches die Wettbewerbsbedingungen zwischen den Parteien regelt, dem einfachen Gesetzgeber. Mit dieser Konstitutionalisierung kann weder die jeweilige aktuelle Mehrheit ihre Position gegenüber der derzeitigen Minderheit verbessern, noch kann die Gruppierung aller zu einem bestimmten Zeitpunkt relativ erfolgreichen Parteien sich schützen vor dem Auftreten neuer oder auch künftiger Konkurrenten. Wegen der Unverzichtbarkeit eines funktionierenden Parteiwesens für eine moderne Demokratie haben die Verfassungen neueren Datums durchweg Bestimmungen über die Parteien aufgenommen und damit auch die Verantwortung des Staates für ein funktionierendes Parteiwesen zum Ausdruck gebracht. Die Hochzonung parteirechtlicher Regelungen auf die Ebene der Verfassung gibt zugleich auch die Möglichkeit einer verfassungsgerichtlichen Kontrolle von Maßnahmen des einfachen Gesetzgebers auf dem Gebiet des Parteienrechts, die jedenfalls für Detailregelungen unverzichtbar bleiben.

2. Das Recht der Parteien und auch des politischen Prozesses überhaupt ist nach wie vor Sache des nationalen Rechts. Das hat seinen wesentlichen Grund darin, dass das Europarecht nicht in die nationale Herrschaftsordnung und die darauf bezogenen verfassungsrechtlichen Bestimmungen interveniert.

3. Europarechtlich wurde vielmehr über das nationale politische System eine weitere Schicht gelegt: die des europäischen politischen Systems – verstanden als die Institutionen, die verbindliche Entscheidungen treffen können. Die demokratischen Inputstrukturen in Gestalt des Europäischen Parlaments und der Wahl zu diesem sind separat neben diese nationalen Inputstrukturen gestellt. Dies gilt bis heute in starkem Maße auch für die europäischen politischen Parteien. Institutionell wie materiell ist die auf die europäische Entscheidungsbildung zielende Politik relativ wenig verbunden mit der nationalen Politikformierung.

4. Das auf diesen demokratischen Input bezogene Unionsrecht wirkt sich wegen dieser geringen faktischen Verbundenheit kaum auf das nationale Recht der Politik aus, auch deswegen, weil sein Anwendungsgebiet eng auf die eigenen Inputstrukturen begrenzt ist, und auch deswegen, weil die unionsrechtlichen Normen von geringer Regelungsdichte sind und deswegen wenig Gelegenheit bieten, als Vorbild oder

Modell zu wirken, aus dem das nationale Recht – konkret: die nationalen Rechtswissenschaftler – interpretativ für die Aufbereitung des nationalen Rechts viel gewinnen könnten.

Insofern behält das nationale Verfassungsrecht wie das einfache Recht der politischen Parteien weitgehend ungeschmälert seine Bedeutung. Die durch die Lissabon-Entscheidung des Bundesverfassungsgerichts erfolgte Betonung des nationalen politischen Prozesses stärkt ebenfalls die künftige Bedeutung dieser Rechtsmaterien.

5. Die Existenz des europäischen politischen Systems und das Rechtsgebot der europarechtsfreundlichen Auslegung verlangen aber begrenzte Anpassungsleistungen des nationalen Rechts, wohl eher des einfachen Parteienrechts als des Verfassungsrechts. So muss auch die Teilnahme an Europawahlen statuserhaltend für nationale politische Parteien sein. Auch sind die Restriktionen in § 2 III PartG hinsichtlich der Mitgliedschaft von Ausländern und eines ausländischen Sitzes einer Partei im Hinblick auf die Unionsbürgerschaft und das Kommunalwahlrecht für Unionsbürger ebenso wie die Möglichkeit europäischer Parteien, in Deutschland zu wirken, zu überdenken und wohl revisionsbedürftig. Insofern gibt es eine Ausstrahlungswirkung des Unionsrechts auf das nationale Recht.

6. Diese Aussagen sind wesentlich das Resultat einer Bestandsaufnahme, sie stützen sich auf den tatsächlichen wie auch rechtlichen Istzustand – und stellen keine normative Festschreibung der gegenwärtigen Lage für alle Zukunft dar. Angesichts dessen, dass das Projekt der europäischen Einigung deutlich den Charakter eines historischen Prozesses hat, ist auch hier mit möglichen Veränderungen zu rechnen. Ein demokratischer gemeineuropäischer politischer Prozess mit funktionstüchtigen europäischen Parteien ist nicht für alle Zukunft auszuschließen. Ob und wie das geschieht, steht in engem Zusammenhang mit der Frage der Entwicklung einer europäischen Öffentlichkeit und damit auch mit der Frage, ob eine gemeinsame Sprache Bedingung ihrer Möglichkeit ist. Die vom Bundesverfassungsgericht in der Lissabon-Entscheidung zu Recht erfolgte Erinnerung an die Vernetztheit bestimmter politisch zu entscheidender Fragen mit der Geschichte, Kultur und Mentalität eines Landes[47] darf nicht gelesen werden als Unwandelbarkeit dieser historisch gewachsenen Gegebenheiten und damit auch ihrer nationalen Verschiedenheit. Nimmt man die kulturellen Angleichungsprozesse der letzten 50 Jahre zum Vergleich, so ist damit zu rechnen, dass sich solche Divergenzen in den nächsten 50 Jahren in erheblichem Maße einebnen können und damit auch nach dem Grundgedanken des Bundesverfassungsgerichts in deutlich größerem Maßstab eine europäische politische Entscheidungsfindung möglich werden kann.

Im gegenwärtigen Moment aber ist die Verfassung der mit Abstand wichtigste Maßstab für das Recht der Politik.

---

[47] BVerfGE 123, 267 (356 ff.).

Rainer Wahl

Die Rolle staatlicher Verfassungen
angesichts der Europäisierung und der Internationalisierung

I. Der Eigenwert staatlicher Verfassungen liegt in der Verfassung politischer Prozesse

Das Generalthema vom Eigenwert staatlicher Verfassungen verweist von vornherein auf einen Vergleich. Einen Eigenwert reklamiert man für eine Größe wie die Verfassung nur dann, wenn es einen Konkurrenten gibt – und zwar einen, der ebenfalls einen (Eigen)Wert verkörpert. Genau dies ist die Ausgangssituation: Verfassungen haben Konkurrenz bekommen, ebenso die von ihnen verfassten Einheiten, die Staaten – und zwar durch supranationale und internationale Einheiten. Traditionellerweise hätte man die große Anzahl staatlicher Verfassungen im verfassungsgeschichtlichen Längsschnitt mit vor-staatlichen und vor-verfassungsrechtlichen Regimen verglichen. In der Gegenwart zielt der Vergleich jedoch auf Gemeinsamkeiten oder Unterschiede zwischen den gegenwärtigen Verfassungen der Staaten einerseits und Verfassungen bzw. Grundordnungen von supra- und internationalen politischen Einheiten wie der EU oder internationalen Organisationen bzw. der internationalen Ordnung insgesamt andererseits.[1] In dieser Perspektive einer Mehrebenen-Konfiguration erhält das Thema des Eigenwerts der staatlichen Verfassung fast zwangsläufig die Konnotation, dass es um die *verbleibende* Rolle der staatlichen Verfassungen gehe. Eine solche quantifizierende und von vornherein auf Rest-Funktionen abzielende Betrachtung nehmen die nachfolgenden Überlegungen nicht ein. Stattdessen interessieren *spezifische* Funktionen der staatlichen Verfassung. Die weiteren Überlegungen nehmen dabei die Verfassung als ein – noch näher darzulegendes – politisch-rechtliches Gesamtphänomen und das Verfassungsrecht als ein *law in context* in den Blick.

Die These des Beitrags sei vorweg formuliert:
Die Verfassungen in den Staaten und die Grundordnungen jenseits des Staates unterscheiden sich nicht grundlegend in den zentralen Prinzipien und in ihren machtbegrenzenden Inhalten. Die Verfassung erschöpft sich nicht in ihrem Rechts-

---

[1] Von den beiden Dimensionen, mit denen sich die Vorträge in diesem Bande befassen, behandele ich das vertikale Verhältnis (die Mehrebenen-Konstellation: Staatsverfassungen zu Grundordnungen der EU oder internationaler Organisationen), nicht das horizontale Verhältnis (Verfassung zu den sog. Sonderverfassungen). Gefragt wird also nach dem Eigenwert der Verfassungen im Staat gegenüber Verfassungen jenseits des Staates.

gehalt und den Rechtwirkungen, sie ist mehr als Verfassungsrecht, sie ist ein kulturell-politisch-rechtliches Gesamtphänomen.

Als solches haben die Verfassung und das Verfassungsrecht ein vielfältiges und
komplexes Umfeld. Der erste und wichtigste „Bezug" ist die untrennbare Verbindung der jeweiligen Verfassung mit ihrer Bezugs-Einheit, mit der von ihr verfassten
politischen Einheit. Wegen dieser Wechselwirkungen haben Stärken und Schwächen
der jeweiligen politischen „Bezugs-Einheit" auch Auswirkungen auf die Verfassung.
Je mehr eine politische Einheit über eine politische „Infrastruktur" verfügt, in der
und durch die sich politische Prozesse der Angehörigkeits- und Gemeinschaftsempfindungen sowie der Akzeptanz bilden, desto größer sind auch die Chancen für die
Akzeptanz der Verfassung und ihre praktische Wirksamkeit (die mehr und anderes
ist als die rein juristische Geltung).

Die nationalen Verfassungen und die von ihnen verfassten Staaten bilden einen
explizit politischen Rahmen und schaffen dadurch den Raum für politische Prozesse, die aus der Angehörigkeit entstehen und diese verstärken. Die Staaten und die
staatlichen Verfassungen waren und sind erfolgreich darin, bei ihren Bürgerinnen
und Bürgern Angehörigkeitsgefühle und Gemeinschaftsbewusstsein zu erzeugen
und zu verfestigen sowie Prozesse der Zustimmung, der Anerkennung, der Akzeptanz und des Mittragens von Entscheidungen – auch für die Einzelnen nachteilige –
zu organisieren. Bei Gemeinschaften oder politischen Einheiten jenseits des Staates
ist dagegen die Kraft zur politischen Einheitsbildung derzeit noch begrenzt. Die
Staaten haben eine ausgeprägte, zumindest jedenfalls relativ starke „politische Infrastruktur";[2] sie mobilisieren in erheblichem Maße Empfindungen und Gefühle der
Angehörigkeit und der Gemeinschaftszugehörigkeit.[3] Diese Leistungen der Bezugs-
Einheit stärken auch die staatlichen Verfassungen: Eine hohe Akzeptanz des Staates
vermittelt sich typischerweise (nicht notwendigerweise) auch der Verfassung.[4]

Der Eigenwert der staatlichen Verfassung gründet sich auf die politisch-gesellschaftlichen Prozesse der Akzeptanz und Anerkennung, also auf ihr starkes politisch-gesellschaftliches Umfeld. Damit ist zugleich gesagt, dass die Unterschiede
zwischen den Verfassungen in den Staaten und jenseits der Staaten nicht in erster
Linie im Inhalt (also in Grundsätzen, Rechtsprinzipien oder Verfassungsüberzeu-
gungen) oder in der Funktion begründet liegen. In den inhaltlichen Werten können
sich die Verfassungen in und jenseits der Staaten sogar annähern und auf eine einheitliche Grundlage stützen. Die Differenz aber liegt auf absehbare Zeit in der Ge-

---

[2] Im Text geht es nicht um die auch bedeutsame Frage, ob der Appetit auf Politik in manchen
Staaten der OECD-Welt abgenommen oder gar eine kritische Schwelle unterschritten hat. Im Text
geht es um relative Vorteile des Staaten gegenüber anderen politischen Gemeinschaften bzw. Einheiten.

[3] Ausnahmen oder Schwächen in dieser Hinsicht fallen sogleich auf, etwa die Situation in Belgien oder manche Spannungen in Spanien, dazu unten VI. 2.

[4] Es handelt sich natürlich um Wechselwirkungen: eine aus der Gründungs- und Pionierzeit
eines Staates und einer Verfassung entstandene hohe Akzeptanz der neuen Verfassung stabilisiert
auch den Staat.

samtkonstellation von Verfassungsrecht und dem – unterschiedlich – stützenden Kontext der beiden Verfassungs„arten". Der wichtigste Faktor sind die Prozesse der Identifikation und Akzeptanz, die im Hinblick auf Staaten und ihre Verfassungen stärker ausgebildet sind als bei den Verfassungen jenseits des Staates.

Um den so umschriebenen Eigenwert staatlicher Verfassungen von dem Leistungsvermögen nicht-staatlicher Verfassungen oder Grundordnungen abgrenzen zu können, ist es erforderlich, Verfassungen in ihren gesellschaftlich-politischen Gesamtzusammenhang zu stellen und als komplexes Gesamtphänomen zu verstehen, das vom breit verstandenen Konzept *law in context* am besten umschrieben wird. Im vorliegenden Zusammenhang sind dabei die Kontexte wichtiger als die Inhalte des Verfassungsrechts (zumal diese in den verschiedenen westlichen Verfassungsstaaten nicht groß differieren).

Die weiteren Überlegungen bieten nicht als erstes eine Begründung dieser These, sondern wählen zunächst eine historische Perspektive, also einen Blick auf die Geschichte von Verfassungen; in ihr zeigen sich politische Bedingungen des Erlasses, aber auch des Erhaltens von Verfassungen sehr deutlich.

II. Die Erfolgsgeschichte der Verfassung im Selbstverständnis der Verfassungsrechtswissenschaft

1. Die eindimensionale Darstellung der Geschichte der Verfassungen

Die Einbettung einer Verfassung in ihr politisch-gesellschaftliches Umfeld lässt sich am deutlichsten im Entstehungs- und Entwicklungsprozess der Staats-Verfassungen erweisen, wenn man die Perspektive nur weit genug wählt und eine ausschließlich rechts-interne Betrachtung überschreitet. Kein Zweifel, die Geschichte des Verfassungsdenkens in Deutschland ist lang und sehr komplex, deshalb können auch die folgenden Ausführungen nur holzschnittartig sein. Überblickt man die letzten 250 Jahre, dann stellt sich leicht die Auffassung ein: Das GG hat eine Erfolgsgeschichte – das haben wir 2009 zum 60. Jahrestag der Bundesrepublik häufig gehört[5] –, und es markiert auch einen absoluten Höhepunkt in dieser Entwicklung. Niemals war das Verfassungsrecht so sehr und so erfolgreich Recht und niemals wurde es für so gewichtig eingeschätzt.[6] Analysiert man näher, dann wird deutlich: Maßstab für diese

---

[5] Aus den zahlreichen Aufsätzen zum 60-jährigen Jubiläum des Grundgesetzes *Paul Kirchhof*, Das Grundgesetz – ein oft verkannter Glücksfall, DVBl. 2009, S. 541 ff.; *Peter M. Huber*, Das europäisierte Grundgesetz, DVBl. 2009, S. 574 ff.; *Horst Dreier* (Hrsg.), Macht und Ohnmacht des Grundgesetzes: sechs Würzburger Vorträge zu 60 Jahren Verfassung, 2009; *Klaus Stern* (Hrsg.), 60 Jahre Grundgesetz. Das Grundgesetz für die Bundesrepublik Deutschland im europäischen Verfassungsverbund, 2010; zum Ganzen auch *Jörn Ipsen*, Der Staat der Mitte. Verfassungsgeschichte der Bundesrepublik Deutschland, 2009; *Edgar Wolfrum*, Die geglückte Demokratie. Geschichte der Bundesrepublik Deutschland von ihren Anfängen bis zur Gegenwart, 2006.
[6] Im Einzelnen sind die hohe Bedeutung insbesondere der Grundrechte in der deutschen Rechts-

Beurteilung ist die *Rechts*funktion. Die Verfassung ist Teil der Rechtsordnung, sie hat den obersten Rang. Sie ist vorrangig gegenüber allem Gesetzesrecht, sie durchdringt die gesamte Rechtsordnung. Im gewohnten historischen Längsschnitt denkt man die ansteigende Kurve der Bedeutsamkeit in etwa den folgenden Schritten:

Zunächst gab es in der Aufklärung, in der zweiten Hälfte des 18. Jahrhunderts, philosophische Lehrgebäude und Prinzipien, die aber anfangs ohne jede praktische Verwirklichung(schance) waren.

Später wurden in den nordamerikanischen Kolonien und in Frankreich die ersten Verfassungen als Dokumente, als wirkmächtige Ideen und Leitlinien für die Politik erlassen. So berechtigt es ist, die ehemaligen nordamerikanischen Kolonien und Frankreich als Pioniere der Verfassungsgebung nebeneinander zu stellen, so wenig darf man die beiden Länder, was den Rechtscharakter und die rechtlichen Wirkungen der Verfassung betrifft, in einem Atemzug nennen und einfach gleichstellen. Die USA waren sowohl in ihren Institutionen als auch im Miteinander von Bund und Gliedstaaten eine völlig neuartige Einheit, die sich ausdrücklich und betont auf den Boden des Rechts und der Rechtsverbindlichkeit stellte und auch im Supreme Court die Rechts- und Verfassungsstaatlichkeit zu einem krönenden rechtlichen Abschluss brachte. In Frankreich hingegen waren die Verfassungen der Revolutionszeit ausgesprochen kurzlebig und die Deklaration von 1789 das, was ihr Name sagte: ein hohe und hochwirksame politische „Deklaration", aber kein im Rechtsleben verwendbares und darin integriertes Rechtsdokument – konkrete Rechtsfälle zu entscheiden, war nicht die Intention der Deklaration. Im übrigen Europa grassierte nach 1789/91 zwar eine „vibrierende Spannung" und ein „Verfassungsfieber",[7] zunächst gab es aber keine positivrechtlichen Verfassungen.

Das 19. Jahrhundert, das vergleichbare Höhepunkte wie 1778/87 oder 1789/91 nicht aufweist, wird in der Verfassungsgeschichte meist als Zwischenglied der Erfolgsgeschichte verstanden: Es habe Rückschläge gegeben, die konstitutionellen Verfassungen in Deutschland gelten als Schein-, Teil- oder Semi-Verfassungen,[8] die weit hinter den maßstabsetzenden Vorbildern zurückblieben. 1848 habe daran leider nichts geändert, insgesamt bleibe die Bilanz bescheiden. Zutreffend an der Ansicht

---

ordnung ebenso wie Tendenzen zu einem *Sonderweg* dargestellt in: *Rainer Wahl*, Die objektiv-rechtliche Dimension der Grundrechte im internationalen Vergleich; in: Detlef Merten/Hans-Jürgen Papier (Hrsg.), Handbuch der Grundrechte in Deutschland und Europa, Bd. I – Entwicklungen und Grundlagen, 2004, S. 745 ff. Rn. 27 (Zusammenfassungen in Rn. 12–26, sowie Rn. 52 [Sonderstellung Deutschlands] und 54); *ders.*, Die Reformfrage, in: FS BVerfG, Bd. 1, 2001, S. 482 ff. (S. 488: „Die deutsche Rechtsordnung leidet nicht unter zu wenig Verfassungsrecht. ... Ihre Probleme liegen eher in einem zu großen Wachstum des (Verfassungs)Rechts.").

[7] Insgesamt dazu *Hasso Hofmann*, Zur Herkunft der Menschenrechtserklärungen, JuS 1988, S. 841 ff. Auf einer frühen Tagung der Vereinigung für Verfassungsgeschichte hatte *Hofmann* die Metapher vom Verfassungsfieber gebraucht.

[8] Dazu *Dieter Grimm*, Deutsche Verfassungsgeschichte 1988 (Nachdruck 1995), S. 158: Einmal erfunden, konnte die Form der Verfassung auch für andere Zwecke dienstbar gemacht werden als in den Ursprungsländern Frankreich oder USA. Dort auch die Begriffe „Scheinkonstitutionalismus" und „Teilkonstitutionalismus".

der skeptischen Stimmen ist, dass damals die sog. konstitutionellen Verfassungen im Ob und dem Umfang ihrer Wirksamkeit hochumstritten waren, keineswegs also ein ruhender Pol und fester Rahmen für die politischen Auseinandersetzungen gewesen sind. Unter diesen Vorzeichen war der Vorrang der Verfassung nicht anerkannt; in vielen Rechtsfragen wurde die Verfassung wie ein bloßes Gesetz behandelt. Die Grundrechte hatten einen ambivalenten Charakter, jedenfalls konnten sie den Gesetzgeber rechtlich nicht binden.[9]

Nach dem Ersten Weltkrieg gab es in Deutschland dann die Weimarer Verfassung mit bedeutenden Fortschritten (Demokratie, Republik), aber auch einem immer enger werdenden Korridor des Unumstrittenen. Die Debatte um die Geltung der Grundrechte gegenüber dem Gesetzgeber kam bald auf und wurde ein Hauptthema der staatsrechtlichen Auseinandersetzungen; zu einem Abschluss kam die Diskussion aber nicht.[10] Für die Staatspraxis auch der Weimarer Zeit galt im Wesentlichen, dass die Grundrechte den Gesetzgeber nicht zu binden vermochten.

Und dann läuft alles auf 1949 und das Grundgesetz als Höhepunkt der Entwicklung zu. Im Grundgesetz endlich kommen die Verfassungsbestimmungen zu einem denkbar hohen Maß an rechtlich-normativer Bedeutung.[11] Kein Wunder, dass die Bonner Verfassung im Wesentlichen als Rechtsinstrument und Bestandteil des Rechtssystems erlebt wird.[12] Kein Zweifel – die Einführung der Verfassungsgerichtsbarkeit war ein kaum zu überschätzender Vorteil, die (erfolgreiche) Verfassungsgerichtsbarkeit hat die Verfassung sichtbar im Alltag und im Bewusstsein der Bürgerinnen und Bürger verankert.

Erst nach 160 Jahren also, in der 2. Hälfte des 20. Jahrhunderts, lässt sich die Verfassungsgeschichte in den Begriffen des Fortschritts und des Erfolgs lesen. Die Interpretation der Verfassung als Text und Instrument des Rechts hat einen Höhepunkt erreicht. Was sollte nun daran hindern, das Verfassungsdenken (gemessen an der rechtlichen Bedeutung) auch für die Europäische Union und generell den Raum jenseits des Staates zu entdecken und für voll anwendbar zu halten (dazu unten)?

---

[9] *Rainer Wahl*, Rechtliche Wirkungen und Funktionen der Grundrechte im deutschen Konstitutionalismus des 19. Jahrhunderts, Der Staat 18 (1979), S. 321–348; (*ders.*, Verfassungsstaat, Europäisierung, Internationalisierung, 2003, S. 141 ff.); zum fehlenden Vorrang *ders.*, Der Vorrang der Verfassung, Der Staat 20 (1981), S. 485 ff., 491–498 (*ders.*, Verfassungsstaat, Europäisierung, Internationalisierung, 2003, S. 121 ff., 128–138).

[10] *Horst Dreier*, Die Zwischenkriegszeit, in: Handbuch der Grundrechte Bd. I., 2004, § 4, Rn. 8 ff., 38 ff., und *Joachim Rückert*, Weimars Verfassung zum Gedenken, Rechtshistorisches Journal 18 (1999), S. 215 ff.

[11] Im Grundgesetz führte die entschiedene Negation des NS-Regimes zu einer beispiellosen Aufwertung der Grundrechte und insgesamt zu einer vertieften Verrechtlichung des politischen Lebens sowie zu einer Vertiefung der normativen Kraft der Verfassung. Der Hauptindikator dieser enormen Bedeutungssteigerung ist die Verfassungsgerichtsbarkeit.

[12] S. auch unten II 3.

2. Verfassungen und ihr politisch-gesellschaftliches Umfeld

Dieser Abriss illustriert gleichermaßen, dass und wie in der (Verfassungs)Rechtswissenschaft die Entwicklungsgeschichte der Verfassungen vorwiegend als rechtsinterne Erfolgsgeschichte, als positive Entwicklung innerhalb des Rechts verstanden und gelesen wird. Diese Betrachtungsweise ist freilich sehr verkürzt. Die Geschichte der Verfassungen zeigt nämlich zugleich die immer vorhandene Einbettung einer Verfassung in ein politisch-gesellschaftliches Umfeld und die Abhängigkeit der erwünschten Rechtswirkungen von einem für die Wirksamkeit günstigen Umfeld. Besonders anschaulich ist dies am *Prozess des Werdens* einer Verfassung abzulesen. Gerade und schon in der Anfangssituation und an den inhärenten Problemen, ob eine Verfassung überhaupt zustande kommt und die Gegenkräfte überwinden kann, zeigt sich die grundsätzliche Abhängigkeit vom allgemeinen Umfeld: Das europäische 19. Jahrhundert ist vor allem auch ein Jahrhundert der Kämpfe um den Erlass von Verfassungen. Im Für und Wider der Verfassungsgebung definierten sich liberale und konservative Parteien, Revolutionen des 19. Jahrhundert – auch und vor allem diejenigen des Jahres 1848 – entzündeten sich an der Verfassungsforderung, wie auch die Gegenbewegungen und Restaurationen zum Teil in der Abschaffung von Verfassungen gipfelten (so im Habsburger Kaiserreich).

Das 19. Jahrhundert bietet zahlreiche Beispiele dafür, dass eine einmal abgerungene und erlassene Verfassung weiterhin der aktiven Unterstützung bedarf, um aufrechterhalten zu bleiben. Verfassungskonflikte, gipfelnd im großen preußischen Verfassungskonflikt,[13] durchziehen nämlich das deutsche 19. Jahrhundert. Für das Verhältnis zwischen dem Recht und seinem vielfältigen Umfeld verdient hervorgehoben zu werden: Die geminderte Bedeutung der Verfassungen im 19. Jahrhundert ist kein Versagen des damaligen Rechtssystems oder eines Unvermögens der Staatsrechtswissenschaft, sondern Ausdruck der politischen Machtverhältnisse, die es den liberalen Kräften nicht ermöglichten, sich gegenüber monarchistisch-konservativen Kräften durchzusetzen.

Ebenso deutlich treten die politischen Bedingtheiten einer Verfassung bei der Weimarer Verfassung hervor. Diese war keinesfalls eine ausschlaggebende Ursache für die Auflösung der Weimarer Republik. Rein von ihrem Konzept und dem rechtlichen Niveau ihrer Artikel her hatte die Weimarer Verfassung nicht weniger gute Chancen als das Grundgesetz im Jahre 1949, Ausgang einer guten verfassungsstaatlichen Entwicklung zu werden. Was 1919 und 1949 grundlegend unterschied, waren

---

[13] Verfassungskonflikt ist ein Leitwort der (Verfassungs)Geschichte des 19. Jahrhunderts in Deutschland bis hin zum epocheprägenden großen Preußischen Verfassungskonflikt 1862–1866. Dazu *Ulrike Müßig*, Konstitutionalismus und Verfassungskonflikt, Symposium für Dietmar Willoweit, 2006, und *Rainer Wahl*, Der preußische Verfassungskonflikt und das konstitutionelle System des Kaiserreichs, in: Ernst-Wolfgang Böckenförde (Hrsg.), Moderne Deutsche Verfassungsgeschichte (1815–1918), Köln 1972, S. 208–231. Darin zeigt sich deutlich, dass nicht nur das Entstehen einer Verfassung, sondern auch ihre Aufrechterhaltung sowie die Erhaltung ihres Wirksamkeitsniveaus durch politische Bewegungen erkämpft werden mussten.

die politischen Ausgangsbedingungen und das negative politische Umfeld während der meisten Jahre des Bestehens der Weimarer Republik. Zugespitzt formuliert: Die Weimarer Verfassung war nicht eine schlechte juristisch-normative Verfassung, sondern sie existierte in einer Republik ohne ausreichend viele Republikaner und in einer Demokratie ohne genügend Demokraten. Umgekehrt ist der zu konstatierende Erfolg des Grundgesetzes in der deutschen Verfassungsgeschichte ab 1949 nicht primär durch Fortschritte im Verständnis vom Rechtscharakter der Verfassung, sozusagen im rechtsinternen Raum, verursacht worden, obwohl es 1949 bedeutsame Fortschritte gegeben hat; verantwortlich und gleichermaßen wichtig war vielmehr das gesamte vorwiegend positiv wirkende Umfeld der Verfassungsgebung und der ersten Jahre unter dem Grundgesetz.

3. Verengungen der traditionellen Sicht auf die Verfassung

In den gewohnten Selbstdarstellungen der Erfolgsgeschichte von Verfassungen wird eine charakteristische und folgenreiche *Verengung* in der Einschätzung dessen deutlich, was Verfassung ist, was mit dem Begriff, Konzept, Begriffsumfeld von Verfassung verbunden ist: die Verengung des Verfassungsverständnisses nämlich auf das Verfassungs*recht*. Verfassung ist danach, was in Rechtsform niedergelegt ist und durch das Verfassungsrecht ausgelegt, fortentwickelt und durchgesetzt wird.[14] Verfassung wird als der Hauptteil eines sich steigernden Verrechtlichungsprozesses wahrgenommen, eines Verrechtlichungsprozesses, der zum einen bisher vom Recht nicht erfasste Bereiche ergreift, zum andern schon bisher rechtlich geregelte Bereiche wesentlich vertieft und intensiver regelt. Letzteres gilt insbesondere für die Grundrechtsdogmatik[15] und die praktische Wirksamkeit der Grundrechte im Rechtsleben. Fortschritte zeigen sich hier in einer Erhöhung des rechtlichen Schutzniveaus der Grundrechte.

Beim gegenwärtigen Stand, der durch materielle Verrechtlichung und eine starke Verfassungsgerichtsbarkeit geprägt ist, wird dem Recht und dem Verfassungsgericht in Karlsruhe (und anderen Gerichten) eine hohe konfliktlösende Kraft bei Problemen zugeschrieben, die früher politische Krisen und Konflikte aufbrechen ließen. Nach diesem verfassungs- und verfassungsgerichtskonzentrierten Verständnis lösen sich heute solche Krisensituationen in rechtliche Prozesse auf und münden in rechtlich verbindliche Entscheidungen; man geht davon aus, dass politische Krisen durch

---

[14] Zumeist werden Verfassungen ausschließlich als Gegenstand und Bestandteil des Rechtssystems wahrgenommen, wobei die Ausbildung der Verfassungsgerichtsbarkeit als Höhepunkt und Schlussstein eines Verrechtlichungsprozesses gilt.

[15] In der Gründungszeit der Bundesrepublik gab es ein starkes Grundrechtsverständnis, stark, weil das Recht und an seiner Spitze die Grundrechte ganz bewusst dem Unrechtssystem der NS-Zeit entgegengesetzt wurden. In der Logik dieser Entgegensetzung und dem Imperativ des „Nie wieder!" gab es keine Grenzen des Wachstums des Grundrechtsverständnisses. Dazu, dass diese Entwicklungslinie auch eine Tendenz zur Übersteigerung in der Verrechtlichung und zu Sonderentwicklungen in der Grundrechtsdogmatik beinhaltet, vgl. die Nachweise oben in Fn. 6.

das Verfassungsrecht domestiziert werden. Eine solche Verrechtlichung einstiger Machtprozesse gilt als relativ problemlos zu bewerkstelligen, sie ist im Selbstverständnis zum nicht mehr befragten Normalfall avanciert. Und generell wird die nie erledigte Frage, welche Kräfte und Prozesse die Verfassung tragen und weitertragen, nicht gestellt und folglich auch nicht beantwortet. Dabei ist die Einbettung einer Verfassung in ihr politisches Umfeld eine der Grundbedingungen ihres Erfolgs oder Misserfolgs.[16] Häufig liegt dem eine unterkomplexe und verdünnte Fassung des Verfassungskonzepts zugrunde. Verfassung ist danach die oberste Norm, sie hat Vorrang, sie bringt Grundsätzliches zur politischen Organisation und zum Verhältnis zwischen politischer Herrschaft und den Bürgern zum Ausdruck. Warum aber diese höchste Norm Kraft und Wirksamkeit entfalten kann oder auch nicht entfalten kann, wird nicht erörtert.

Die Kritik an einer solchen Verengung des Verfassungsbegriffs und der Ausklammerung ihrer politischen Funktionen bzw. ihres politischen Umfelds ist nicht neu. Der Text knüpft hier an meine Überlegungen über den Vorrang der Verfassung vom Anfang der achtziger Jahre an,[17] in denen ich zweierlei herausgestellt habe: zum einen die hohe Bedeutung des Rechtsinstruments der vorrangigen Verfassung, zum anderen aber auch ausdrücklich die Mehrdimensionalität der Verfassung. Damals wurden der Rechtsfunktion die politisch-programmatischen Funktionen an die Seite gestellt, weil Verfassungen nicht nur als Maßstab in Rechtsverfahren dienen, sondern für das generelle politische Bewusstsein der einzelnen Versprechungen enthalten und Programme ankündigen können. Der weitere Text weitet diesen Ansatz der Mehrdimensionalität des Blicks auf die Verfassung aus.

III. *Constitution in contexts* – Verfassungen in verschiedenen Kontexten

Die geschilderte Abhängigkeit des Entstehungsprozesses von politischen Bewegungen zugunsten von Verfassungen ist nur ein Beispiel für ein weit umfassenderes Thema. Die rechtsinterne normative Sicht schöpft das Thema Verfassung keineswegs aus. An einer Verfassung interessiert nicht nur die juristisch zu beantwortende Frage der Geltung, sondern auch die weiterreichende Frage nach ihrer praktischen Wirk-

---

[16] Unter einer starken Verengung des Verfassungsbegriffs leiden insbesondere viele Versuche, das Verfassungskonzept auf die internationale Ebene zu übertragen. Diese Übertragungen leiden zumeist unter einem schmalen, politisch entleerten Begriff der Verfassung. Dazu *Rainer Wahl*, Verfassung jenseits des Staates – Eine Zwischenbilanz, in: Martin Hochhuth (Hrsg.), Nachdenken über Staat und Recht. Kolloquium zum 60. Geburtstag von Dietrich Murswiek, 2010, S. 107 (133 ff.).

[17] *Rainer Wahl*, Der Vorrang der Verfassung, Der Staat 20 (1981), S. 498, 514 f. (= *ders.*, Verfassungsstaat, Europäisierung, Internationalisierung, 2003, S. 121 ff., 157 f.); vgl. dort die Frage: „Kann das Verfassungsrecht in der Technizität eines streng ‚juristisch' verstandenen positiven Verfassungsgesetzes aufgehen? Werden dadurch nicht die den Positivismus überwindenden Einsichten der Weimarer Verfassungsdiskussion über den ‚politischen' Charakter des Verfassungsrechts aufs Spiel gesetzt?"

samkeit. Ob eine konkrete Verfassung nur geringe oder hohe Chancen der Befolgung und der Realisierung des normativ Gewollten hat, hängt von einer Reihe rechtsinterner, aber vor allem auch rechtsexterner Voraussetzungen ab. Weil letztere in erster Linie als Grund für den Eigenwert der staatlichen Verfassungen (im Verhältnis zu Grundordnungen jenseits des Staates) in Betracht kommen, müssen diese Voraussetzungen in einen größeren theoretischen Zusammenhang gerückt werden.

Die Verfassung ist – weit mehr, als nur ein Rechtsinstrument und -dokument zu sein – ein vielfältig verwobener Bestandteil der gesamten politisch-gesellschaftlichen Sphäre, letztlich ein Kulturphänomen, womit ihr komplexer Charakter betont und die Notwendigkeit eines pluri-disziplinären Zugangs herausgestellt ist. Vom Recht her gesehen kann und muss dieser Gesamtcharakter konzeptualisiert werden als das Eingebettet-Sein des Rechts in vielfältige und umfassende Zusammenhänge (Bezüge).[18] Zu diesen (größeren) weitreichenden Zusammenhängen gehören politisch-gesellschaftliche Prozesse, in denen Verfassungen zuallererst entstehen und in Geltung gesetzt werden, ebenso wie Prozesse, in welchen der Rechtsanspruch einer erlassenen Verfassung reale Wirksamkeit und Kraft zur Gestaltung der politisch-sozialen Verhältnisse gewinnt.[19]

Ein Denken, das das Recht in seine vielfältigen Bezüge hineinstellt und in ihnen reflektiert, findet in der derzeitigen Theoriediskussion eine Verwandtschaft und einen generellen Nenner im Konzept *law in context*,[20] oder besser: *law in different contexts*. Dieses Generalkonzept wird hier spezieller als *constitution in contexts* (Verfassung in ihren Bezügen) verwendet. Dies ist eine Art Dach-Konzept, das unterschiedliche Ansätze unter der verbindenden Grundvorstellung vereint, dass Recht nicht nur rechts-intern, sondern in seinen vielen Bezügen zur Politik, zu gesellschaftlichen Bewegungen und Auffassungen sowie Werthorizonten verstanden werden muss.[21]

---

[18] *Ulrich Haltern*, Europarecht. Dogmatik im Kontext, 2. Aufl. 2007, Rn. 6: Recht hat viele Dimensionen. Manche Dimensionen wirken auf das Recht zurück; Rn. 9: „Europarecht muss Kontext thematisieren".

[19] Zum Rechtssystem und Feld der Verfassungsrechtswissenschaft gehören die Geltung des Rechts und die Interpretation und Anwendung des Rechts in der Praxis. Wirksamkeit als Geltung *in action*, Geltung in der Praxis hängt dagegen von zahlreichen anderen Faktoren ab, die erfüllt sein müssen, damit der Geltungsanspruch einer Norm nicht nur auf dem Papier oder nur als reiner Anspruch besteht.

[20] In Deutschland am stärksten von *Ulrich Haltern* artikuliert und vertreten. Aus seinen Schriften vor allem Europarecht und das Politische, 2005, S. 13 („Recht im kulturellen Kontext"); Europarecht. Dogmatik im Kontext (2005), 2. Aufl. 2007, S. 2 ff., 6 ff. (programmatisch). – Zur internationalen Diskussion vor allem *William Twining*, Globalisation and legal theory, Evanston, Ill: Northwestern University Press, 2001 (zuerst: London 2000, in der Reihe *law in context*), und insgesamt die Reihe *law in context* bei Cambridge University Press.

[21] Die Binnendifferenzierung soll an dieser Stelle nicht interessieren. Der Text versteht die „*contexts*" als reale Umgebungen des Rechts, als Kräfte, die der Wirksamkeit des Rechts entweder nützlich oder hinderlich sind. Es geht um reale politische Prozesse, die zum Beispiel den Erlass einer Verfassung fordern, oder um reale Bewegungen, die wichtige Prinzipien des Verfassungsrechts stützen oder bekämpfen. Es versteht sich, dass aus dieser Sichtweise die Notwendigkeit eines multidisziplinären Ansatzes folgt. Das Ziel der Überlegungen ist aber nicht die multidisziplinäre Analyse

Für die Rechtswissenschaft ist die daraus resultierende multidisziplinäre Perspektive jedenfalls dann unerlässlich, wenn sie sich jenseits von Rechtsinterpretation für den Eigenwert der Verfassungen im Verhältnis zu Verfassungen jenseits des Staates interessiert und wenn Chancen auf Vertiefung von Verfassungselementen etwa der europäischen Grundlagenverträge diskutiert werden. Einige Ähnlichkeiten weist das Konzept *law in contexts* mit der immer wieder verwendeten Kategorie der Verfassungs*voraussetzungen*[22] auf und bringt damit schon im Ansatz zum Ausdruck, dass das Gelingen der Verfassungen und des Verfassungsrechts nicht allein von deren normativer Geltung und der korrekten Anwendung von Methoden abhängt.[23]

Einer von diesen verschiedenen „Bezügen" ist in der oben eingenommenen verfassungsgeschichtlichen Perspektive deutlich zu Tage getreten. Sie zeigt das (Verfassungs)Recht *im Werden* und dabei die entstehungsgeschichtliche Abhängigkeit der Verfassung von politischen Bestrebungen.[24] Einem einmal in Kraft getretenen Verfassungsrecht kommt Geltung zu, es ist Verfassung(srecht) in Geltung. Im normativen Zusammenhang, also rechtsintern, geht es dann nur noch um Interpretation, auch um Fortbildung. Aber Recht in Geltung ist nicht notwendigerweise auch Recht von hoher *Wirksamkeit*. Manches in Geltung befindliche Recht steht nur auf dem Papier; beim Verfassungsrecht heißt dies vor allem, dass sich die politisch Mächtigen um dieses Recht nicht kümmern müssen, es ist schwach, sie können es unsanktioniert übertreten.[25] Demgegenüber heißt praktische Wirksamkeit die möglichst hohe Verwirklichung des normativen Anspruchs im gesellschaftlichen Leben und

des Verfassungsrechts als solche, sondern die multidisziplinäre Analyse der realen Einbettung von Verfassung(srecht) in politisch-gesellschaftliche Kraftfelder.

[22] Zu dieser Kategorie: *Herbert Krüger*, Verfassungsvoraussetzungen und Verfassungserwartungen, in: FS Scheuner, 1973, S. 285 (291 ff.); *Josef Isensee*, Grundrechtsvoraussetzungen und Verfassungserwartungen, in: HStR, Bd. V, 1992, § 115 Rn. 105; *ders.*, Staat und Verfassung, in: HStR, Bd. I, 1. Aufl. 1987, § 13 Rn. 1; Bd. II, 3. Aufl. 2004, § 15 Rn. 1; *Paul Kirchhof*, Die Identität der Verfassung in ihren unabänderlichen Inhalten, HStR, Bd. I, 1. Aufl. 1987, § 19 Rn. 49 ff.; Bd. II, 3. Aufl. 2004, § 21. – Vgl. auch den bemerkenswerten Obertitel der Staatsrechtslehrertagung des Jahres 2008: Erosion von Verfassungsvoraussetzungen (darin *Christoph Möllers*, VVDStRL 68 [2009], S. 47, und *Susanne Baer*, ebd., S. 300); zum Ganzen schon *Christoph Möllers*, Staat als Argument, 1999.

[23] Die Verwendungsweise der Kategorie Verfassungsvoraussetzungen ist keineswegs einheitlich. Sie bleibt problematisch, wenn sie als *Geltungs*voraussetzung verstanden wird (stark angenähert an ein solches Verständnis *Paul Kirchhof*, Identität (Fn. 22), 3. Aufl., § 21 Rn. 65: „Verfassungsvoraussetzungen sind Geltungsvoraussetzungen des Verfassungsgesetzes, nicht Inhalt der Verfassungsgarantien …"), weil dann der Weg von der vom jeweiligen Autor formulierten Verfassungs-Voraussetzung zum Gehalt der Norm recht kurz wird.

[24] Jedenfalls vor dem Erlass einer anspruchsvollen Verfassung muss es politische Prozesse der Bestrebungen sowie eine positiv aufgeladene Bewegung zugunsten einer rechtsstaatlich-demokratischen Verfassung geben. Dies erscheint selbstverständlich. Im Lichte des europäischen Verfassungsvertrages ergibt sich jedoch die Frage, wie breit eine solche Bewegung sein muss. Reicht es, dass die Eliten das Projekt befördern, oder braucht es breitere Unterstützung bei den Bürgerinnen und Bürgern? (Die es offenbar nicht gab.)

[25] Speziell für das Verfassungsrecht heißt praktische Wirksamkeit, dass die mächtigen politischen Kräfte die grundsätzliche Verrechtlichung und die rechtlichen Grenzen ihres Handelns anerkennen und sie im Regelfall freiwillig befolgen. Dass dies erreicht wird, ist recht voraussetzungsvoll.

eine weitgehende Befolgung in der Realität, wobei beides am besten auf der Grundlage einer tatsächlichen generalisierten Anerkennung des (Verfassungs)Rechts bei Bürgerinnen und Bürgern geschieht. Eine der oft übersehenen oder zu Unrecht für unproblematisch gehaltenen Vorbedingungen für praktische Wirksamkeit ist eine ausreichende Zustimmung aller regionalen Teile und sozialen Schichten des Volkes. Natürlich mangelt es einer in Kraft getretenen Verfassung später an Wirksamkeit, wenn sie von relevanten Teilen im Volk überhaupt bestritten oder sogar in ihrer Existenz abgelehnt wird.

Die Rede ist hier von der Akzeptanz der Verfassung bei den Bürgerinnen und Bürgern, diese kann zweifelhaft sein, so im gegenwärtigen Japan, wo es immer noch starke politische Kräfte gibt, die die Verfassung von 1946 heute noch mit dem Verdikt belegen, sie sei eine von den Amerikanern auferlegte unjapanische Verfassung. Das Beispiel dieser Kritiker zeigt: Japan als Staat ist bei den Kritikern hoch akzeptiert, die Kritik richtet sich allein auf die Verfassung, die nach ihrer Meinung anders sein könnte und anders sein sollte. Auf den Unterschied zwischen Akzeptanzproblemen für die Verfassung und solchen für den zugrundeliegenden Staat ist schon an dieser Stelle aufmerksam zu machen, weil unten[26] auch der weitergehende Fall von Akzeptanzproblemen eines Staates oder einer politischen Einheit als eigener Problemkreis behandelt wird.

Die normalerweise gegebene Wirksamkeit des Rechts kann gesteigert werden, wenn das Recht Durchsetzungsinstrumente schafft, im Zusammenhang der Verfassung in erster Linie also die Errichtung eines Verfassungsgerichts. Aber auch dann ist die praktische Wirksamkeit des Rechts nicht automatisch gegeben.[27] Die Verwirklichung des immer voraussetzungsvollen und prekären Verrechtlichungsanspruchs bedarf aber zusätzlich vieler „Kraftquellen" außerhalb des Rechtssystems. Zu den vielen Faktoren, die insofern erfüllt sein müssen, gehört auch eine möglichst hohe Identifikation der einzelnen Bürgerinnen und Bürger mit der Verfassung und mit dem Staat (mit der zu verfassenden politischen Einheit). Identifikation, Akzeptanz und starke Anerkennung einer politischen Einheit durch ihre Bürgerinnen und Bürger schlagen sich im Gemeinschaftsbewusstsein und einem starken Angehörigkeitsempfinden nieder. Sie zeigen, dass die politische „Einheit" auch eine *Gemeinschaft* und im positiven Falle eine Gemeinschaft mit starkem Angehörigkeitsbewusstsein ist.[28] Auch diese ist nicht von Anfang an vorhanden, sondern wird erst im Laufe einer

---

[26] VI 2 mit Fn. 48.

[27] Auch die Verfassung als innerjuristisch sozusagen „perfektes" Instrument steht in der Rechtswirklichkeit nicht für sich und ruht nicht in sich allein, sie verwirklicht sich auch nicht automatisch. Auch nach dem Erlass und nach den ersten Jahren einer Verfassung sind gesellschaftlicher Konsens, Zustimmung und Akzeptanz im Hinblick auf die Inhalte und die Wirkungsweise der Verfassung eine der wesentlichen Bedingungen und Ressourcen für ihre praktische Wirksamkeit.

[28] Dazu schon *Rainer Wahl*, Der Einzelne in der Welt jenseits des Staates, Der Staat 40 (2001), S. 45–72 (ausführlichere Fassung in: R. Wahl/J. Wieland (Hrsg.), Das Recht des Menschen in der Welt, Kolloquium aus Anlass des 70. Geburtstags von Ernst-Wolfgang Böckenförde, 2002, S. 59 ff.; und *ders.*, Verfassungsstaat, Europäisierung, Internationalisierung, 2003, S. 53 (62, 72).

Entwicklung erworben. Politische Akzeptanzprozesse bei den Bürgerinnen und Bürgern mussten sich in der Anfangsphase des Grundgesetzes erst ausbilden, sie mussten gekräftigt werden, sie sind es auch heute, die der Verfassung und dem Verfassungsgericht Beachtung und Zustimmung verschaffen.

Trifft eine generelle Abhängigkeit (der Wirksamkeit) des Rechts von Konsens und Anerkennung für alles Recht zu, dann steigert sich diese Abhängigkeit noch beim Verfassungsrecht wegen dessen Besonderheiten. Das Verfassungsrecht zielt nämlich darauf ab, ausgerechnet die Macht und die politischen Kräfte Rechtsbindungen zu unterwerfen, also diejenigen Kräfte, die ansonsten dazu dienen, die Rechtsordnung zu schützen und durchzusetzen, die aber natürlich auch imstande sind, sich eben solchen Rechtsbindungen zu entziehen. Im Kalkül politischer Kräfte sind Rechtsbindungen, um es zurückhaltend zu sagen, lästig, sie sind zu vermeiden. Diesem elementaren Interesse muss ein Gegengewicht entgegengesetzt werden, soll das normative Regelungsziel der Verfassungen erreicht werden. Ein derartiges Gegengewicht entsteht nicht allein aus dem normativen Anspruch der Texte, sondern es muss eingebettet und von starken politischen Kräften unterstützt sein. Auch die Befolgung verfassungsgerichtlicher Urteile ist davon abhängig, ob die Verfassung in der Öffentlichkeit anerkannt wird oder nicht. Rechtsgehorsam der Mächtigen gegenüber der Verfassung ist prekär.[29]

Deshalb bedarf es auf der höchsten Normebene in besonderer Weise der Durchsetzungsinstrumente eines Gerichtes und der politischen Unterstützung durch die Einzelnen oder das Volk. Dafür sind politische Prozesse notwendig, Prozesse des Akzeptierens, des Tragens der Verfassung. Diese politischen Prozesse sind eine wichtige Hilfs-Kraft für die Wirksamkeit der Verfassung insgesamt. Gerade im Verfassungsrecht ist das Normative am wenigsten selbsttragend, gerade bei ihm bedarf es gewichtiger, starker unterstützender Kräfte, eben der erwähnten Faktoren.

IV. Die komplexe verfassungsstaatliche Konstellation

In einer Zwischenzusammenfassung sei festgehalten: Die „Verfassung" im Staat ist nicht nur eine höchste Norm mit Vorrangwirkung, sondern „Verfassung" ist eine Gesamtkonstellation von rechtlichen Wirkungen und Qualitäten, von politischen Hoffnungen, von Akzeptanz durch „die da unten" und die realen Kräfte im politischen Leben. Verfassungsgerichtliche Urteile werden in Deutschland in großem Maße von den Bürgerinnen und Bürgern „getragen", genau dies macht das Gewicht des Gerichts aus. Insgesamt kann man von einer komplexen vielgliedrigen *verfassungsstaatlichen Konstellation*[30] sprechen. Dieser Begriff fasst das komplexe Feld *law in contexts* für die Verfassungen der Staaten zusammen; für die anderen politischen

---

[29] Insgesamt dazu die Beiträge in: Gunnar Folke Schuppert/Christian Bumke (Hrsg.), Bundesverfassungsgericht und gesellschaftlicher Grundkonsens, 2000.

[30] Dazu schon *Rainer Wahl*, Verfassung jenseits des Staates – Eine Zwischenbilanz, in: Martin

Gemeinschaften bzw. Organisationen ist eine ähnliche (aber nicht die gleiche) Gesamtkonstellation zu beschreiben, also für die EU und für die internationale Gemeinschaft bzw. internationale Organisationen.

1. Die hier zunächst interessierende verfassungsstaatliche Gesamtkonstellation besteht aus einer Verbindung von

Prinzipien,

der Ausformulierung allgemeiner Werte und Prinzipien in konkrete verfassungsrechtliche Normen; also insgesamt dem Überführen von (Staats)Philosophie in Recht,

der in ihrer Bedeutung nicht zu überschätzenden Institutionenbildung. Diese beginnt mit der Einrichtung von repräsentativen Parlamenten zur Gesetzgebung, die in sich eine innere Verbindung des demokratischen mit dem rechtsstaatlichen Prinzip enthalten. Die Institutionenbildung hat im 20. Jahrhundert ihren Höhepunkt mit der weltweiten Verbreitung der Verfassungsgerichtsbarkeit gefunden,

einem Mentalitätswandel bei den Herrschenden von einer machtbezogenen zu einer rechtsbezogenen Einstellung; generell geht es um soziokulturelle Voraussetzungen,[31]

einer ebenso notwendigen mentalitätsmäßigen Verwandlung der Untertanen in Bürger(innen) und Grundrechtsträger(innen),

insgesamt der Verankerung des Verfassungsdenkens bei den Mitspielern des politischen Kräftefelds und auch bei dem Volk und bei den Einzelnen.[32]

Eine Verfassung ist in ihrer Entstehung und ihrer Aufrechterhaltung von gesellschaftlich-politischen Prozessen des Konsenses und der Anerkennung abhängig. Hohe Zustimmung befördert die Verwirklichung entschieden, beträchtlicher Dissens über den Staat, die Verfassung oder wichtige Inhalte erschwert die Wirkung und Wirksamkeit der Verfassung erheblich.

Letzteres ist noch näher darzulegen.

2. Die Wirksamkeit von Verfassungen ist im Weiteren und im letzten abhängig von der politischen Einheit, die sie verfasst. Diese zu verfassende politische Einheit war über Jahrhunderte hinweg der Staat. In der Gegenwart sind mit der Europä-

---

Hochhuth (Hrsg.), Nachdenken über Staat und Recht. Kolloquium zum 60. Geburtstag von Dietrich Murswiek, 2010, S. 107–148.

[31] In seiner berühmten Formel: „Der freiheitliche, säkularisierte Staat lebt von Voraussetzungen, die er selber nicht garantieren kann" nennt *Ernst Wolfgang Böckenförde* als Voraussetzung für die Demokratie besonders das Vorhandensein einer Emanzipationsstruktur.

[32] Die geschichtliche Entwicklung zeigt exemplarisch, dass es oft einen schwierigen und langen Weg von der Verfassung auf dem Papier zu einer effektiven und wirkungskräftigen Verfassung gab. Selten nur gelang dieser Weg über eine Verbesserung der normativen Inhalte, meist geschah der Durchbruch durch Veränderungen des politischen Willens, durch kraftvollen Einsatz vieler Bürgerinnen und Bürger sowie politischer Kräfte für die Verfassung. Auch *Konrad Hesse*, Die normative Kraft der Verfassung, 1959, dem die Kräftigung und das Ernstnehmen der normativen Kraft der Verfassung zentral am Herzen lag, kam am Ende seiner gleichnamigen Abhandlung auf den Willen zur Verfassung, auf das Eintreten für die Verfassung zu sprechen, ohne dieses Element wirklich in sein Konzept integrieren zu können.

ischen Union und internationalen Organisationen bzw. der internationalen Gemeinschaft insgesamt neue Prätendenten hinzugekommen.[33] Die Entfaltungschancen
und die Wirksamkeit einer Verfassung sind vom Zustand der politischen Bezugs-
Gemeinschaft schon deshalb nicht zu trennen, weil Krisen im Zusammengehörigkeitsgefühl der Teile eines Staates (etwa das Überwiegen zentrifugaler Kräfte) oder
im Maße der gesellschaftlichen Integration die Basis der Verfassung, nämlich die
generelle Folgebereitschaft gegenüber staatlichen Akten und auch gegenüber Entscheidungen der Verfassungsgerichtsbarkeit, gefährden oder sogar auflösen. Wenn
die politischen Basisfunktionen einer staatlich geordneten Gemeinschaft, die Integration und die generelle Folgebereitschaft wegbrechen oder die politische Gemeinschaft in der Krise ist, dann ist auch dem – juristisch nach wie vor intakten und
existierenden – Geltungsanspruch der Verfassung die Grundlage entzogen. Was für
dramatische Krisen gilt, hat abgeschwächt und relativiert auch im Hinblick auf mehr
oder weniger Integration, mehr oder weniger Folgebereitschaft der Organe und der
Bürgerinnen und Bürger seine Berechtigung. Kurz: Eine Verfassung bedarf der un-
bestrittenen Normativität, aber sie kann nicht allein von dieser leben. Ihre praktische Wirksamkeit im politischen und gesellschaftlichen Leben hängt zuallererst
von Basisfunktionen ab, die von der zu verfassenden politischen Gemeinschaft zu
leisten sind; Wechselwirkungen sind dabei nicht ausgeschlossen, sie sind aber nicht
der Hauptfaktor. Dies gilt auch für die häufig reklamierte einheitsstiftende Kraft einer Verfassung. Davon kann man für das Grundgesetz mit gutem Recht reden; der
„Beweis" liegt schon darin, dass mit einigem Recht und wenig Widerspruch vom
„Verfassungspatriotismus" der Deutschen gesprochen wurde.[34] Wenn nur ein Teil
dieser Beschreibung zutrifft, ist dies eine hohe Auszeichnung. Darin spiegelt sich
auch die besonders hohe Bedeutung des Grundgesetzes im deutschen politisch-gesellschaftlichen Leben nach 1949 – um eine Kennzeichnung aller Verfassungen handelt es sich aber keinesfalls.

Den Hauptanteil der politischen Prozesse der Gemeinschaftsbildung, der Erzeugung und Aufrechterhaltung eines Angehörigkeitsbewusstseins müssen die politische Einheit, der Staat und die andere Prätendenten im Wesentlichen selbst leisten
(ein gewisser Anteil an Stabilisierung und Bekräftigung eines vorhandenen Integra-
tions- und Angehörigkeitsgefühls durch die Verfassung und ihr gutes Funktionieren
ist dabei eingerechnet; aber bei Krisen oder zentrifugalen Kräften in dieser Hinsicht
kann die Verfassung in ihrer Normativität nichts zum Erfolg beitragen).

Anlass, darauf hinzuweisen, bestand bisher im Staatsrecht der Bundesrepublik
Deutschland nur im Zusammenhang mit der offenen deutschen Frage. Vor der Eini-

---

[33] An dieser Stelle sollte nicht die – überschätzte – Diskussion geführt werden, ob eine Verfassung den Staat voraussetzt und deshalb die EU keine Verfassung haben könnte.

[34] Den Begriff hat in mehreren Schriften _Dolf Sternberger_ geprägt; ausführlich in: _ders._, Schriften
Bd. X: Verfassungspatriotismus, 1990; der Begriff wurde aufgenommen und umgeprägt durch _Jür-
gen Habermas_, Staatsbürgerschaft und nationale Identität, in: _ders._, Faktizität und Geltung, 1992,
S. 632–660, sowie _ders._, Verfassungspatriotismus – im Allgemeinen und im Besonderen, in: _ders._,
Die nachholende Revolution, 1990, S. 147–174.

gung 1990 war offen, ob sich die Bundesrepublik auf Dauer als deutscher Teilstaat etablieren müsste; bis dahin waren sowohl zwei wesentliche Elemente eines Staates, nämlich der Umfang des Staatsgebiets und des Staatsvolks, als auch zugleich der Geltungsbereich des Grundgesetzes offen. Außer diesem wichtigen und im Grundgesetz selbst benannten Thema gab es in den vier Jahrzehnten zwischen 1949 und 1989 keine Infragestellung der Existenz des Staates. Die bundesrepublikanische Demokratie stellte sich als hochintegrierte politische Gemeinschaft dar. Das Grundgesetz und das Verfassungsgericht waren nicht in politischen Situationen gefordert, in denen die Zusammengehörigkeit der einzelnen Teile der Bundesrepublik in Frage stand oder gefährdet gewesen wäre. Aus der Sicht der Wirksamkeit der Verfassung war das Bestehen und Nicht-Infragestellen des Staates so etwas wie eine Verfassungsvoraussetzung geworden: nicht ausdrücklich behandelt, weil für selbstverständlich gehalten, nicht erörtert, weil für problemlos gehalten.

Das Diskussionsfeld ändert sich aber grundlegend, wenn man die Chancen und Probleme einer Verfassungsgebung und deren realer Verwirklichung jenseits des Staates diskutiert. Selbst für die relativ staatsnahe Einheit der EU eröffnet sich damit ein größeres Problemfeld.[35] Indem diese Probleme im Einzelnen analysiert werden (dazu sogleich), ergibt sich eine Folie für die recht andere Situation bei den Staaten und ihren Verfassungen. Im (Umkehrschluss und) Vergleich zu den manifesten sowie unübersehbaren spezifischen Problemen bei der EU tritt der Eigenwert der staatlichen Verfassungen *ex negativo* oder *ex comparatione* sichtbar hervor. Nicht minder werden die Unterschiede zwischen den Staaten und den politischen Einheiten jenseits des Staates deutlich profiliert, wenn man nach dem für rechtliche Grundordnungen notwendigen gesellschaftlichen Grundkonsens und intensiver politischer Verbundenheit bzw. dem Gemeinschaftsbewusstsein fragt.

V. Die komplexe Gesamtkonstellation für die EU

1. Die Ausgangsproblematik in der EU

Der EU als Integrationsgemeinschaft ist die Zeit- und Fortschrittsdimension sozusagen eingeschrieben, man kann sie als ihr prägendes Charakteristikum bezeichnen. Die EU ist immer im Werden und in der Weiterentwicklung, sie ist nach ihren eigenen Zielsetzungen und Dynamiken stets auf dem Weg zur (regionalen) Erweiterung wie auch zur (sachlichen) Vertiefung. Diese Charakteristika sind bekannt. Weniger diskutiert sind allerdings die Folgen, die sich daraus für das Angehörigkeits- bzw.

---

[35] Zum Konstitutionalismus auf der internationalen Ebene *Rainer Wahl*, Verfassung jenseits des Staates – Eine Zwischenbilanz, in: Martin Hochhuth (Hrsg.), Nachdenken über Staat und Recht. Kolloquium zum 60. Geburtstag v. Dietrich Murswiek, 2010, S. 107–148; *ders.*, In Defence of "Constitution", in: Petra Dobner/Martin Loughlin (eds.), The Twilight of Constitutionalism?, Oxford University Press, 2010, S. 220–242.

Gemeinschaftsempfinden der Bürgerinnen und Bürger ergeben: Ihr Ja zur EU wird nicht nur einmal, bei der Gründung oder dem Beitritt, gefordert, sondern sie stehen immer wieder vor der Entscheidung, ob sie die EU in ihrer jeweils neuen Form, auf der jeweils vertieften Integrationsstufe wollen oder nicht. In der Literatur wird dies zu Recht auf die Formel gebracht, dass die Bürgerinnen und Bürger in den Mitgliedsstaaten alle einen Einheitswillen zugunsten der EU haben, dass dieser Wille aber ein begrenzter sei,[36] so dass jede neue Integrationsstufe diese Art von Grundentscheidung wieder aktuell mache und aufrufe. Ebenso folgt daraus, dass auf dem Weg zu den einzelnen Integrationsstufen nicht nur Änderungen in den Texten und Beifall bei den Politikern und einigen (europageneigten) Eliten erforderlich sind, sondern dass auch mehr tatsächliche Bereitschaft der Einzelnen zu mehr Integration notwendig ist. Jede weitere Integrationsstufe wie auch erhebliche Erweiterungen der EU haben somit eine Doppelgestalt: Sie erfordern Text-Änderungen und sie erfordern gleichermaßen eine Änderung und Steigerung der Integrationsbereitschaft bei den Einzelnen – die letztere Anforderung ist die am häufigsten übersehene. In dieser Perspektive zeigt sich, dass für die EU die Ausarbeitung einer anspruchsvollen Grundrechtecharta oder eines qualitätsvollen Verfassung(svertrags) weniger problembeladen und deshalb leichter zu bewerkstelligen ist[37] denn die Mobilisierung von Gemeinschaftsempfindungen und politischer Zustimmung bei den für eine demokratische Ordnung entscheidenden Instanzen, bei den einzelnen Bürgerinnen und Bürgern in den Mitgliedsstaaten. Im Lichte dieser Überlegungen ist im Folgenden ein vergleichender Blick auf staatliche Verfassungen einerseits und die Debatte über einen EU-Verfassungs-Vertrag andererseits zu werfen.

2. EU als Rechtsgemeinschaft und der Versuch einer Krönung der Rechtsgemeinschaft durch eine Verfassung

Zunächst trifft für viele europäische Staaten und die EU gleichermaßen zu, dass die Zeit seit 1950 als Erfolgsgeschichte und zugleich als Erfolgsgeschichte des Rechts verstanden werden kann. In der über 50-jährigen Entwicklung der EU haben viele Politiker und Europarechtler noch mehr als beim Grundgesetz die Gemeinschaft als im Recht begründet interpretiert, noch mehr wird „alles" vermittelt durch die Brille bzw. das Medium Recht gesehen. Nicht umsonst ist der von *Walter Hallstein* geprägte Begriff, nämlich die Leitvorstellung von der EU als *Rechtsgemeinschaft*, zentral, wir-

---

[36] Ausdruck bei *Gertrude Lübbe-Wolff*, Volk, Demokratie, Verfassung – Die „Verfassung für Europa" als Herausforderung an die Verfassungstheorie, in: Winfried Kluth (Hrsg.), Europäische Integration und nationales Verfassungsrecht, 2007, S. 47/56.

[37] Dabei ist in der EU die im engeren Sinne rechtliche Entwicklung, die Ausbildung von Prinzipien, Grundsätzen und von Rechtsregeln auf dem Hintergrund starker gemeinsamer Rechtstraditionen vergleichsweise einfach – die meisten Rechtsgedanken sind nicht neu zu erfinden, sondern sind in den Mitgliedsstaaten mit einigen Binnenvarianten bereits vorhanden. Die Übertragung der grundsätzlichen Gehalte von der Verfassungsebene der staatlichen Verfassungen in den Raum jenseits des Staates ist naheliegend und attraktiv und bietet nicht allzu viele Probleme.

kungsmächtig und symbolhaft geworden.[38] *Hallstein* lobte mit diesem Begriff, dass die EU nur auf Recht und der Folgebereitschaft gegenüber dem Recht begründet sei. Die EU verfüge nicht über die typischen Gewalt-Instrumente wie die Staaten, also weder Militär noch Polizei. Kurz: Was die EU zusammenhalte, sei das Recht, die Treue zu den Verträgen, die sich im Alltag in der Befolgung der EU-Rechtsetzung zeige.

Natürlich ist allerdings in der EU nicht der Menschheitstraum nach einem gesellschaftlichen Zusammenleben ohne Gewalt Wirklichkeit geworden. Bei Lichte betrachtet, gibt es die Gewaltinstrumente natürlich, nur liegen sie bei den Mitgliedstaaten bzw. bei einer eigenen internationalen Organisation NATO, sie sind also nur nicht in der EU vergemeinschaftet worden. Abgesehen davon aber ist richtig, dass das Recht in der EU eine bedeutsame Rolle spielt. Und vor allem stimmt, dass das vielfältige, kaum zu überschauende EU-Recht seinerseits durch Gerichte effektiv gemacht wird. Was beim deutschen BVerfG zu konstatieren war, wiederholt sich beim EuGH, vielleicht sogar in noch größerem Ausmaß. Das Recht der EU, wirksam durchgesetzt durch die europäischen Gerichte (EuGH und EG – Europäisches Gericht Erster Instanz), wird weitgehend als selbsttragend verstanden – die Rechtsgemeinschaft ruht in sich, sie bringt das Recht hervor und setzt es auch durch.

Der für die weiteren Betrachtungen entscheidende Zeitraum liegt im letzten Jahrzehnt, seit die EU durch die großen Erweiterungswellen in die Notwendigkeit einer Reform ihres Entscheidungsapparats und ihrer Entscheidungsregeln geriet. Ursprünglich wollte man diese notwendigen EU-organisatorischen Veränderungen mit einem großen Wurf, mit dem Ausgriff auf die symbolkräftige Kategorie einer Verfassung bzw. eines Verfassungsvertrags verbinden. Dieser Ansatz war sichtbar von der Absicht getragen, den Glanz und die hohe Akzeptanz des staatlichen Instituts der Verfassung mit dem europäischen Primärrecht zu verbinden, dieses Primärrecht mit seiner technischen Bezeichnung um das symbolische Gewicht der „Verfassung" zu erhöhen und dadurch zu veredeln sowie zugleich die rechtlichen und politischen Errungenschaften der staatlichen Verfassungen auf die EU zu übertragen. Mit dem Verfassungsbegriff in der Hand sollte der Weg zur nächsten Integrationsstufe für die Bürgerinnen und Bürger in den europäischen Staaten leichter werden. Aber gerade im Zusammenhang mit diesem gestreckten Verfassungsprojekt hat es Probleme und dann einen schmerzlichen Lernprozess gegeben. Der Lissabon-Vertrag des Jahres

---

[38] Erstmalig wohl in der Rede *Walter Hallsteins* „Die EWG – Eine Rechtsgemeinschaft" von 1962 zur Ehrenpromotion in Padua, abgedruckt in: Thomas Oppermann/Joachim Kohler (Hrsg.), Walter Hallstein: Europäische Reden, 1979, S. 343 ff. Später *ders.*, Der unvollendete Bundesstaat: Europäische Erfahrungen und Erkenntnisse, 1969, S. 33: „Die Europäische Wirtschaftsgemeinschaft ist in dreifacher Hinsicht ein Phänomen des Rechts: Sie ist Schöpfung des Rechts, sie ist Rechtsquelle und sie ist Rechtsordnung." Später auch *ders.*, Die Europäische Gemeinschaft, 5. Aufl. (1979), S. 51–77. – Zur Begriffsgenese *Manfred Zuleeg*, Die Europäische Gemeinschaft als Rechtsgemeinschaft, NJW 1994, S. 545 (546), sowie insgesamt zum Konzept der „Rechtsgemeinschaft" *Franz C. Mayer*, Europa als Rechtsgemeinschaft, in: Gunnar F. Schuppert/Ingolf Pernice/Ulrich Haltern (Hrsg.), Europawissenschaft, 2005, S. 429 (bes. 430 m. Fn. 1).

2007/2009[39] ist weder dem Wortlaut nach, noch in der Sache, noch in den Symbolen eine Erfüllung der Hoffnungen, die ursprünglich auf einen europäischen Verfassungsvertrag gesetzt worden waren.

Was war ursprünglich mit der politischen Bewegung zugunsten einer europäischen Verfassung gemeint? Aufgegriffen wurden dabei zum einen Vorschläge aus der Literatur, auch die Charakterisierung des EuGH.[40] Zum anderen aber wollte man mit dem Verfassungsvertrag den Gang der Integration beschleunigen, nach dem Beitritt so vieler neuer Staaten die *machinery of government* auf europäischer Ebene gründlich reformieren und generell die politische Integration, die mit dem zunächst eingeschlagenen Weg zur wirtschaftlichen Integration immer auch mitbefördert worden war, voranbringen. Die Verfassungsdiskussion war – neben anderem – ein Angebot, die *politische* Integration durch Verwendung des hochangesehenen Begriffs der Verfassung, überhaupt durch Aufwertung der unterkühlten Sprache der bisherigen Verträge[41] und durch die Ausstattung mit den Symbolen Flagge und Hymne zu vertiefen. Insoweit war das Verfassungsprojekt richtig angelegt. Es hatte sich nicht nur auf die rechtliche Sphäre bezogen, sondern man wollte die politische Basis, sozusagen die politische „Infrastruktur" in der EU, bekräftigen, vor allem die Akzeptanz und Verbundenheit der Bürgerinnen und Bürger mit der EU stärken.

Die Initiatoren des europäischen Verfassungsprojekts wollten für die Einzelnen und die Völker in Europa eine Verfassung im vollen Sinne als eine Verbindung von Rechtlichem und Politischem. Die Einzelnen sollten sich mehr mit der EU identifizieren, ihr eine ähnliche Verbundenheit entgegenbringen wie sie dies gegenüber ihrem (National)Staat getan haben und tun. Das Problem aber war, dass man zwar Angebote für eine bessere Verbundenheit und Identifizierung machen kann, dass aber im Weiteren alles davon abhängt, ob die Bürgerinnen und Bürger diesen qualitativen Schritt auf eine neue Ebene der Integration auch wollen. Jedenfalls zwei Völker, die Franzosen und die Niederländer, wollten dieses Angebot offenbar nicht annehmen. So hat das Schicksal des Verfassungsvertrags exemplarisch deutlich gemacht: Für einen solchen Sprung auf eine höhere Vertiefungs- und Integrationsphase reichen theoretische Konzepte von Akademikern und Parolen der Politiker sowie von EU-Eliten nicht aus, sondern über die Annahme des verstärkten Integrationsangebots müssen schon die Einzelnen selbst entscheiden. Notwendig sind also politische Prozesse, politische Bewegungen zugunsten der europäischen Integration; es reichen nicht Texte, von denen Wissenschaftler behaupten, dass sie dem Charakter von Verfassungen gleichkommen. Zu Recht gingen die Politiker beim Formulieren des Verfassungs-Pakets davon aus, dass die rechtliche Vorrangordnung und überhaupt das

---

[39] Am 13. Dezember 2007 in Lissabon von den Staats- und Regierungschefs unterzeichnet, am 1. Dezember 2009 nach Ratifikation durch alle Mitgliedstaaten in Kraft getreten.

[40] Beginnend mit der Auffassung des Generalanwalts *Lagrange* v. 25. 6. 1964 zu EuGH Rs. 6/64, *Costa/E. N. E. L.*, Slg. 1964, 1279 (1289); *Les Verts/European Parliament* Slg., 1986, 1357 (1365), Rz. 23: „charte constitutionelle de base qu'est le traité".

[41] In den ersten Jahrzehnten hat der EWG(EG)-Vertrag bewusst die Begriffe „Verfassung" und „Gesetze" vermieden.

rechtliche Design nicht genügen, dass vielmehr auch Symbole und (emotional besetzte) Worte eine wichtige Rolle spielen. Aber diese Einsicht nutzt nichts, solange die Völker Europas (zumindest die zwei von ihnen, die sich äußern durften) nicht auf den Zug der gesteigerten Integration aufgesprungen sind.[42]

So hat sich in dem langen Prozess von beinahe 10 Jahren auf einem etwas gewundenen (Um)Weg die große, ja ausschlaggebende Bedeutung des Politischen an einer denkbaren europäischen Verfassung geltend gemacht – und zwar negativ. Auch eine europäische Verfassung, will sie den Namen verdienen, muss eine Verbindung von Rechtlichem und Politischem sein. Die bloße Vorrangordnung, die Kreation von grundsätzlichen und vorrangigen Normen allein genügt nicht. Wenn die Einzelnen in der EU den Eindruck haben, dass sie als Mit-Träger des Verfassungsprozesses nicht einmal vorgesehen sind, dann werden sie einer solchen Verfassung die innere Zustimmung und Akzeptanz verweigern. Auf dem Papier und in den formellen Entscheidungsprozessen mag dann zwar alles in Ordnung sein, aber nicht an der Basis der Integrationsgemeinschaft.

VI. Der Eigenwert der Verfassungen in den Staaten

1. Im Gegenbild der EU werden die Leistungen und Errungenschaften der Verfassungen in den Staaten profilierter.[43] Dabei soll noch einmal die generelle Leitvorstellung von *law in context, constitutions in contexts*, angewendet werden. Der Eigenwert der Verfassung eines Staats liegt längst nicht mehr in der Ausformulierung der tragenden Grundsätze und Errungenschaften des jahrhundertelangen Bemühens um die Begrenzung öffentlicher Gewalt und der durchgängigen Verrechtlichung des Verhältnisses Bürger-Staat.[44] Zwar mögen die staatlichen Verfassungen dank der Ausgereiftheit des Verfassungsdenkens und der in ihnen gespeicherten langen Erfahrungen einen gewissen inhaltlichen Vorsprung vor den Verfassungen jenseits des Staates haben; grundlegende qualitative Unterschiede zwischen den beiden Arten von Grundordnungen (staatlichen Verfassungen und EU-Verträgen) sind aber nicht auszumachen, so wenig wie dies zwischen der europäischen Menschenrechtskonvention und Grundrechtskatalogen in den europäischen Mitgliedsstaaten der Fall ist. Verfassungen in und jenseits der Staaten unterscheiden sich auch nicht in ihrem Integrations-Potential. Nicht nur die politischen Gemeinschaften selbst, sondern auch ihren Verfassungen und Grundordnungen kann eine Integrations- und einheitsbildende

---

[42] Wie schon in früheren Texten wird auch hier keineswegs die Möglichkeit der Entwicklung zu einem stärkeren europäischen Identitätsgefühl bei den Völkern bestritten oder als unwahrscheinlich angenommen. Nur darf eine solche Entwicklung nicht bloß postuliert werden, sie muss real geschehen. Wünsche können reale Vorgänge nicht ersetzen. Ehe sich das europäische Identitätsgefühl bei den Völkern nicht geändert hat, kann man nicht sozusagen in einem kühnen Vorgriff so tun, als ob es sich schon geändert hätte.

[43] Noch deutlicher gegenüber der dritten, internationalen Ebene.

[44] Einsetzung des Bürgers in eine Position der Selbständigkeit und Rechtsinhaberschaft.

Kraft zukommen. Das gleiche gilt für die Akzeptanz, die sich eine Verfassung – analytisch gesehen – unabhängig von der politischen Gemeinschaft erwerben kann.[45]

Der Eigenwert der Verfassungen im Staat liegt auf einem anderen Feld und zwar in den *Kontexten* der staatlichen Verfassungen. Ausschlaggebend ist dabei ihre Verbindung zu der von ihr verfassten Einheit. Indem sich die staatlichen Verfassungen auf eben diesen Staat beziehen, ihn verfassen und von seiner Fähigkeit, Gemeinschaftsbedürfnisse der Bürgerinnen und Bürger zu mobilisieren bzw. ihnen ein Gefäß und einen Rahmen zu geben, Nutzen ziehen, ist die Konstellation: Staat und staatliche Verfassung wesentlich stärker als bei den anderen Prätendenten (der Integrationsgemeinschaft EU oder internationalen Organisationen). Falsch wäre es dabei, die verschiedenen politischen Gemeinschaften (bzw. Einheiten) im Sinne einer Entweder-Oder-Entscheidung gegeneinander auszuspielen. Zweifellos können die Staaten in der Gegenwart und Zukunft ihre frühere Rolle als Quasi-Monopolisten der politischen Prozesse und der Gemeinschaftsbildung nicht mehr spielen, kompliziertere Arrangements und Verflechtungen sind notwendig. Aber allein deswegen, weil Arbeitsteilung und Aufgabenverlagerungen notwendig sind[46] und weil jenseits des Staates viel Erhebliches und Wichtiges geschieht und geschehen muss, sind die dort aktiven politischen Einheiten nicht schon in der Lage, auf dem zweiten und autonomen Feld der Gemeinschaftsbildung, des Angehörigkeitsbewusstseins und der politischen Infrastruktur mit den Staaten gleichzuziehen. Wie viel die Einzelnen in den Mitgliedsstaaten der EU und den internationalen Organisation zu geben bereit sind und zu welcher neuen Gemeinschaft sie sich in einem aktiven Sinne zugehörig fühlen und diese mittragen wollen, ist eine eigene Frage, ein eigener Problemkreis. Quasi objektive Gründe für *Vergemeinschaftung* und Bereitschaft der Menschen zur *Gemeinschaftsbildung* laufen keineswegs notwendigerweise parallel.[47] Dabei kann es durchaus beträchtliche Differenzen und Verzögerungen in der Zeit- und der Bewusstseinsdimension geben. Gegenüber Europa zögerlich gewordene Bürgerinnen und Bürger in den verschiedenen Mitgliedsstaaten lassen sich von beschwörenden

---

[45] Was analytisch trennbar ist und daher getrennt werden kann, ist realiter meist doch miteinander verwoben. Festzuhalten aber ist, dass sowohl Akzeptanz wie auch Integrationswirkungen sich sowohl auf den Staat bzw. die politische Gemeinschaft wie auch auf deren Verfassung beziehen können.

[46] Es ist eines der gängigsten Argumente in der gesamten europäischen und internationalen Diskussion, dass die jeweils größere Einheit für die Erfüllung gewisser Aufgaben geeigneter sei, dass der Staat solche Aufgaben nicht mehr befriedigend wahrnehmen könne. Dieses Argument trifft für sich genommen häufig zu, es ist aber nicht ausreichend, um in immer neuen Anwendungsfällen eine Aufgabenverlagerung nach oben zu rechtfertigen. Das Denken in der funktionalen Kategorie der Arbeitsteilung nimmt nämlich überhaupt nicht das Problem zur Kenntnis, noch weniger es berücksichtigt, dass nach solchen Verlagerungen nach oben eine Einheit entstehen könnte, die von den Angehörigkeitsempfindungen der einzelnen Angehörigen nicht mehr hinreichend getragen wird.

[47] Sich steigernde Notwendigkeiten der Vergemeinschaftung in der EU können die Bewusstseinsvorgänge bei den Bürgerinnen und Bürger anstoßen und beschleunigen, die Notwendigkeit der ersteren kann aber die Prozesse der kollektiven Gemeinschaftsbildung und der Angehörigkeitsgefühle nicht unmittelbar erzeugen.

oder fordernden Appellen zu Europa nicht beeindrucken, wenn solche Postulate ihrem Empfinden widersprechen. Die EU muss die Emotionen und Gefühle aller gewinnen, nicht nur den Verstand einiger Eliten.

2. Die Überlegungen führen zur Ausgangsthese: Staatliche Verfassungen haben mit ihrem Staat eine Bezugs-Einheit, die im Verhältnis zu den diskutierten anderen Prätendenten EU und internationale Organisationen über eine ausgeprägtere politische „Infrastruktur" verfügt; verantwortlich dafür ist die größere Verbundenheit der Angehörigen untereinander, ein relativ hohes Gemeinschaftsgefühl. In den Staaten haben sich die einzelnen Mitglieder der jeweiligen Gesellschaft ausdrücklicher und fester zu einer politischen Gemeinschaft verbunden als in den anderen politischen Einheiten. Dies schließt natürlich nicht aus, dass sich das Integriertsein der Menschen auch in einem Staat auflösen kann und dass es zu Zerfalls- bzw. zu Separationsprozessen kommt. Verantwortlich dafür ist dann in der Regel gerade die Erosion des politischen Angehörigkeitswillen – was wiederum die obige Hauptthese von der Relevanz der politischen „Infrastruktur" bekräftigt. Zugleich lassen sich an Staaten mit schwachem oder gefährdetem Zusammengehörigkeitswillen oder -gefühl die Wechselbeziehungen zwischen der Verfassung und ihren zu verfassenden Grundeinheiten zeigen. Natürlich kann und wird auf der einen Seite eine gute, akzeptierte Verfassung die Integriertheit eines Staates, sein Integrationsniveau erhöhen und damit den Staat stabilisieren. Auf der anderen Seite hängt umgekehrt die Wirksamkeit der Verfassung vom Zustand oder der guten Verfasstheit seines Staates ab; dies gilt etwa für die Einstellung der Angehörigen zu der Frage, ob dieser Staat von ihnen erwünscht ist oder ob er gar abgelehnt wird. Integrationsschwächen mindern die Entfaltungschancen einer Verfassung. Von zentrifugalen Tendenzen in einem Staat bleibt nämlich auch die praktische Wirksamkeit einer Verfassung nicht unberührt, weil eben in einer solchen Krisensituation auch die Akzeptanz der Verfassung regelmäßig leidet.[48]

In den stabilen Staaten ist der Sprung von einer mehr oder weniger stark erlebten Zusammengehörigkeit zu einem politischen Kollektivkörper und zu einer Angehörigengemeinschaft gelungen, in denen Entscheidungen getroffen werden, die sich inklusiv an den Interessen aller ausrichten sollen – man nennt dies traditionellerweise:

---

[48] Ein klares Indiz gibt ein wichtiges Verfahren vor dem spanischen Verfassungsgerichtshof. Die autonome Region Katalonien hatte sich im Jahre 2006 auf Grundlage eines Referendums ein Autonomiestatut gegeben, in dem sich Katalonien selbst als Nation bezeichnete und eine Reihe weiterer in einer föderalen Verfassung exzeptioneller Regelungen gab. Das Austarieren von zentrifugalen und zentripetalen Strömungen war schon bei der Verfassungsgebung im Jahre 1978 ein schwieriges, um nicht zu sagen belastendes Thema gewesen. In Katalonien wurde das Ausreizen von Autonomieansprüchen mehrheitlich getragen und als verfassungsgemäß verstanden, außerhalb Kataloniens wurde die Verfassungsmäßigkeit verbreitet bestritten und bekämpft. In dieser Situation brauchte das Verfassungsgericht vier quälende Jahre für die am 28. Juni 2010 verkündete Entscheidung, in der – insoweit salomonisch – der Selbstzuschreibung der Bezeichnung „Nation" im katalonischen Statut jede Rechtswirkung abgesprochen wurde. Es bedarf keiner näheren Analyse des Urteils im Einzelnen, um behaupten zu können, dass die Kraft dieser Entscheidung eine begrenzte ist.

am Volk ausrichten sollen. Staaten haben ein Volk als politische Form der Zusammengehörigkeit von vielen Bürgerinnen und Bürgern.[49]

Die Staaten, wie sie seit 200 Jahren entstanden sind, haben gegenüber den neu entstandenen Gemeinschaften, seien es die Integrationsgemeinschaft der EU oder internationale Organisationen, einen beträchtlichen Vorsprung darin, dass sie die normativ postulierten politischen Mitwirkungsprozesse der Einzelnen auch in der Realität stärker hervorbringen und mobilisieren können. In diesem Sinne vermögen sie es in höherem Maße, Interesse der Menschen an der Politik zu erwecken. Die Wahlen zu den staatlichen Parlamenten werden als „wichtiger", als die Einzelnen mehr berührend und betreffend erlebt als etwa die Wahlen zum Europäischen Parlament.[50] Von der Politik in Straßburg und Brüssel lassen sich die Einzelnen viel weniger ansprechen und in Bann schlagen als von der Politik im eigenen Staat. Das mag zu einem gewissen Teil an den öffentlich wenig wahrnehmbaren Prozessen vor allem innerhalb der Kommission in Brüssel liegen. Die Kritik an der Brüsseler Regierungsweise allein wäre aber vordergründig und eindimensional, sie übersieht die tatsächlich bestehenden Wechselwirkungen zwischen dem spezifischen Regierungsstil in Brüssel und dem geringen Interesse der Bürgerinnen und Bürger.[51]

Die Bürgerinnen und Bürger engagieren sich, soweit sie es tun, bei politischen Prozessen im Staat mehr als bei solchen Prozessen jenseits der Staaten. Dies hat viel mit der relativen Überschaubarkeit, relativer Zugänglichkeit der im Staat handelnden Personen von den Einzelnen aus gesehen, überhaupt mit einer generell größeren Nähe der Probleme gegenüber den auf europäischer oder internationaler Ebene behandelten Themen und nicht zuletzt mit der größeren Verbundenheit der Angehörigen der Staaten untereinander als mit dem großen Ganzen der EU zu tun. Bei alledem formuliere ich in diesem Text kein Urteil über eine an und für sich gegebene,

---

[49] Sie mögen in den letzten Jahrzehnten schwächer geworden sein, sie mögen sich auch durch die tagtäglichen Erfahrungen vieler Einzelner in Raum jenseits des eigenen Staates lockern – stärker als die Loyalitäten und Verbundenheitsgefühle mit Einheiten jenseits des Staates sind sie jedenfalls nach wie vor.

[50] Probleme mit dem Wahlrecht zum Europäischen Parlament sind weniger die vom Bundesverfassungsgericht im Lissabon-Urteil lehrbuchartig aufgeführten „Mängel" in der direkten Proportionalität (Abweichungen vom Grundsatz *one man one vote*). Die Schwäche des Europäischen Parlaments liegt nicht darin, dass die Bürgerinnen und Bürger von Malta ein mathematisch darstellbares Stimm-Übergewicht haben. In Deutschland und Frankreich wird sich daran wohl kaum jemand ernsthaft stören, denn jeder kennt doch das tatsächliche Gewicht dieser beiden Länder und damit auch das Gewicht ihrer Abgeordneten und damit auch das Gewicht der einzelnen Wahl-Bürgerinnen und Bürger in diesen beiden Ländern. Was sollte da das mathematisch ausdrückbare Übergewicht der kleinen Länder ausmachen? Nein, das Europäische Parlament leidet darunter, dass die Einzelnen in den Mitgliedstaaten sich mit der EU nicht stark genug verbunden fühlen, dass ihnen der eigene Staat viel näher und wichtiger ist.

[51] Daran ändert auch nicht viel, dass sich die EU in den letzten Jahren betont darum bemüht, Verbraucherthemen zu besetzen und so den Einzelnen als Quelle von Vorteilen und von Interessenbefriedigung zu erscheinen. Im Sinne der Gettysburg-Rede von *Abraham Lincoln* erfordern Demokratie und Angehörigkeitsgefühl nicht nur Handeln für die Einzelnen, sondern auch Handeln durch die Einzelnen, sie erfordern jedenfalls Verbindungen, Bindungen oder Bande zwischen den Einzelnen und der Regierung.

sozusagen absolute Qualität der Staaten oder der in ihnen wirksamen politischen Mitwirkungsprozesse. Für eine Idealisierung der Angehörigkeits- und Gemeinschaftsempfindungen in den Staaten besteht kein Anlass. Stattdessen bleiben die Überlegungen streng bei einem Vergleich, das Muster der Überlegungen ist die *Relation*: In den Staaten ist das politische Verhalten der Bürgerinnen und Bürger stärker als in den anderen Einheiten. Daraus entsteht für die anderen Gemeinschaften ein grundsätzliches Problem. Dieses Problem besteht freilich nicht darin, dass die andere Gemeinschaften Demokratie und legitimierende Prozesse von unten genau in derselben Weise wie im Staate verwirklichen müssten, sondern das Problem liegt darin, dass sie das Ur-Anliegen von Demokratie, dass sich Herrschaft von unten legitimiert, und dass die Einzelnen sich in der Ausübung der Herrschaft „wiederfinden" können müssen, auf ihre Weise lösen müssen. Demzufolge müssen die EU und internationale Einheiten ein adäquates, aber gegenüber der Gegenwart sicherlich höheres Maß an Verbindung mit den Einzelnen erreichen als dies bisher der Fall ist. In mancher der hier angedeuteten Einzelfragen kann es Änderungen in absehbarer Zeit geben. Im Gesamtbündel dieser Einzelheiten ist die Voraussage naheliegend, dass die Staaten ihren Vorsprung als zur Bildung von Gemeinschaftsbewusstsein und Einheitswillen besser befähigte Instanzen noch längere Zeit behalten werden.

3. Zusammengefasst: Hinter der Normativität der Verfassung stehen Prozesse der Akzeptanz, des Konsenses und der Zustimmung – oder aber sie stehen nicht oder nicht in ausreichendem Maße hinter der Grundordnung. Im letzteren Fall wäre ein im Übrigen gleicher Verfassungstext weniger „wert", was seine praktische Wirksamkeit betrifft.[52] Der Eigenwert der Verfassung liegt in ihrer Verbindung zu der von ihr verfassten politischen Gemeinschaft – eine Verbindung, die stärken, die aber auch schwächen kann. Es zeigt sich: Die allgemeine Leitvorstellung von der Verfassung eines Staates ist im Sinne der oben skizzierten komplexen Konstellation zu verstehen. In der Sichtweise der *Verfassung im Kontext* mit ihrer politischen Einheit kann man für die über 200 Jahre während Geschichte der Verfassungen in den Staaten von einer komplexen verfassungsstaatlichen Konstellation sprechen. Die möglichen und diskutierten Übertragungen des Verfassungskonzeptes auf die europäische und internationale Ebene hätten es dann mit einer komplexen *europäischen Verfassungskonstellation* oder einer komplexen *internationalen Verfassungskonstellation* zu tun.[53]

---

[52] Hier und im ganzen Text wird unterschieden zwischen Normativität und Wirksamkeit einer Verfassung. Juristische Normativität oder Geltung entsteht nur aus rechtsinternen Ableitungen und Begründungen. Geltung entsteht aus der Einhaltung von Geltungsregeln. Mit dieser Geltung ist noch lange nicht eine praktische Wirksamkeit, schon gar nicht eine hohe Wirksamkeit notwendigerweise verbunden. Diese entsteht (und vergeht) in anderen Prozessen.

[53] Es darf also nicht die spezifische Gesamtkonstellation, die oben für die staatlichen Verfassungen formuliert worden ist, als verbindlich für alle politischen Einheiten genommen werden. Aber die Notwendigkeit einer Einbettung in ein vorteilhaftes Umfeld besteht für alle politischen Einheiten.

Das Konzept *constitution in contexts* gilt für alle „Ebenen". Auf jeder steht die jeweilige Grundordnung in zahlreichen realen Kontexten. Die Rechtswissenschaft
kann diese Einheiten nur „begreifen", wenn sie sie im Sinne dieser Gesamtkonstella-
tionen denkt. Auf der Ebene der realen Prozesse und der dort eingebrachten politischen Energien von unten liegt derzeit in der EU die kritische Stelle bei den Be-
wusstseinsprozessen, in dem nicht ausreichenden Einheits- und Gemeinschaftsbewusstsein der Angehörigen. Sie haben in ihrer Mehrheit alle einen Willen zu einer
europäischen Einheit, offen und brüchig ist die Einstellung zur derzeitigen Dichte
und fortschreitenden angekündigten Vertiefung der Union. Eliten allein erschaffen
kein Gemeinschaftsbewusstsein, sie allein sind keine tragfähige personelle Grundlage für die EU. Eliten haben zwar im 19. Jahrhundert mehrfach eine Nation und den
Nationalismus „erfunden". In der Gegenwart aber haben europäisch gesinnte Eliten
es bisher nicht vermocht, eine solche Entwicklung auf europäischer Ebene zu wieder-
holen. So leicht erfinden lassen sich offenbar Gemeinschaft und Gemeinschaftsgefühl doch nicht, wie die Formel vom Erfinden einer Nation vorgibt; die einschlägigen
Prozesse waren auch im 19. Jahrhundert sehr komplex und vielgestaltig, die Entstehung der Nation ist ein aus zahlreichen Prozessen von oben und unten zusammen-
laufender Großprozess.[54] Beim europäischen Einigungs- und Integrationsprozess
kommt eine Erschwernis hinzu: Im Unterschied zu den Staaten geht es in der EU
nicht nur um *einen*, den europäischen Einheitswillen, sondern um ein glaubhaftes
und kraftvolles Mit- und Ineinander von staatlicher *und* europäischer Angehörigkeit. Insofern ist nicht nur mehr Integrationswille und -bewusstsein erforderlich, die
Angehörigen in den Mitgliedstaaten müssen für sich vielmehr auch einen Mentalitätswandel vollziehen, einen Wandel vom ursprünglich ausschließlich auf eine Gemeinschaft, den Staat, ausgerichteten politischen Bewusstsein zu einem Denken und
Empfinden in der Zwei- bzw. Mehrstufigkeit. Dies ist alles andere als einfach, jedenfalls keine bloße Addition.

---

[54] Es spricht auch alles dafür, dass es auch im 19. Jahrhundert in den einschlägigen Ländern
nicht nur um die Prozesse von oben, die zielgerichtete Erzeugung nationaler Zugehörigkeitsgefühle
durch Darstellung und Verherrlichen der eigenen Geschichte, der Literatur, der Sagen und Märchen
usw. ging, sondern dass auch von unten eine große Bereitschaft bestand, sich in die neuen Größen-
ordnungen einzufinden.

Dieter Grimm

Verfassungsbilanz – ein Resümee

I. Die neue Grundsätzlichkeit der Verfassungsdiskussion

Wie der vorliegende Band zeigt, ist die Verfassung wieder fragwürdig geworden. Es genügt nicht mehr, sie zu systematisieren und zu interpretieren und ihre Anwendung, Fortentwicklung und Änderung zu kommentieren und zu kritisieren. All das findet freilich weiterhin statt. Aber es findet nicht mehr unter der stillschweigenden Voraussetzung statt, dass weitergehende Fragen auch nicht nötig seien. Lange Zeit war das die vorherrschende Einstellung. Die Verfassung hatte sich in Deutschland nach vielen Kämpfen und Rückschlägen in der zweiten Hälfte des zwanzigsten Jahrhunderts endlich etabliert. Sofern sie Anlass zu Konflikten gab, bezogen sie sich auf Verfassungsinhalte oder -auslegungen. Die Verfassungsstaatlichkeit an sich blieb davon unberührt. Die Verfassungsdogmatik blühte, während die Verfassungstheorie die Weimarer Höhen nicht wieder erklomm.

In den letzten Jahren hat sich das jedoch geändert. Die Beschäftigung mit der Verfassung ist wieder grundsätzlicher geworden. Die Fragen drehen sich darum, ob die nationale Verfassung ihre Funktion noch erfüllen kann, ob Verfassungen auch für nicht-staatliche politische Einheiten auf der internationalen Ebene oder gar für nicht-politische kollektive Akteure vorstellbar sind und wie man Verfassungen unter den Bedingungen der post-nationalen Konstellation zu denken hat. Was diese Zweifel von den Streitfragen des 19. und der ersten Hälfte des 20. Jahrhunderts unterscheidet, ist die Einstellung zur Verfassung. Ging es damals um die Frage, ob die Verfassung als Muster der Legitimation und Organisation von Herrschaft zu bejahen oder abzulehnen war, so steht die Bejahung heute außer Zweifel. Die Frage ist, ob die Verfassung diesen Zweck noch zu erfüllen vermag und gegebenenfalls wie.

Die Diskussion entzündete sich zunächst an internen Erosionsprozessen, deren Ursache in einer Veränderung der Aufgaben und Instrumente des Staates im Vergleich mit der Entstehungszeit des Konstitutionalismus lag. Dass damit auch äußere Erosionstendenzen in Gang gesetzt worden waren, wurde lange Zeit nicht wahrgenommen.[1] Mit der fortschreitenden europäischen Integration und der weltpolitischen Zeitenwende von 1989/90 schoben sie sich nachdrücklich ins Bewusstsein. Auf der supranationalen Ebene entstanden Organisationen, die nicht mehr nur nach

---

[1] Die Herausgeber des Bandes bemerken in ihrer Einführung zu Recht, dass sie in meinem Buch „Die Zukunft der Verfassung" von 1991 (3. Aufl. 2002) keine Rolle spielen. Ein Band, der sie thematisiert, soll im Frühjahr 2012 erscheinen („Die Zukunft der Verfassung II").

Art der traditionellen Allianzen staatliche Aktionen koordinierten, sondern Aufgaben und die zu ihrer Lösung nötigen Befugnisse von den Staaten übernahmen und
sie diesen gegenüber mit dem Anspruch auf Vorrang ausübten. Seitdem kreist die
Diskussion vornehmlich um die Konstitutionalisierung der Herrschaftsregime, die
sich auf der internationalen Ebene etabliert haben.

Dem gegenüber bemüht sich dieser Band um eine andere, freilich komplementäre
Perspektive. Er bezieht sich auf die Staatsverfassung und fragt, was von ihr nach der
Globalisierung bleibt. Sie erscheint als die wesentliche Herausforderung für die Verfassung. Doch sollte man die Herausgeber, was die Einschränkung auf die Globalisierung angeht, nicht beim Wort nehmen, denn sie stellen nicht nur die Globalisie-
rungsfrage, sondern noch weitere Fragen, nämlich die, was die Tendenz zur Fragmentierung der Verfassung in Teilverfassungen für die Einheit der nationalen
Verfassung bedeutet, und die, wie sich das Verhältnis der Politik zu Verfassung und
Verfassungsgerichtsbarkeit geändert hat. Beide Fragen waren vor der Globalisierung
da und sind nicht notwendig mit ihr verbunden. Schließlich geht es darum, welche
Folgerungen aus den Veränderungen für die Verfassungstheorie zu ziehen sind.

II. Die Verfassung vor der Globalisierung

Die Frage, was von der Verfassung *nach* der Globalisierung bleibt, lässt sich nur be-
antworten, wenn geklärt worden ist, was die Verfassung *vor* der Globalisierung war.
Sie wird in dem Band nicht ausdrücklich gestellt und soll daher im Rahmen dieses
Resümees kurz erörtert werden. Die Antwort liegt freilich nicht auf der Hand. Bezö-
ge man die Frage auf die Fülle von Dokumenten, die den Namen „Verfassung" trugen
oder tragen, käme schnell zum Vorschein, dass die Verfassung zu verschiedenen
Zeiten und an verschiedenen Orten Verschiedenes war. Mit einer Darstellung der
Vielfalt wäre viel Aufwand verbunden und für die Beantwortung doch wenig gewonnen. Die Thematik des Bandes legt es vielmehr nahe, die Frage auf die Gattung zu
beziehen und darzustellen, was der Konstitutionalismus seinem Anspruch und seiner Funktion nach war, ehe er in den Globalisierungssog geriet.

In komprimierter Form kann man sagen[2]: Die Verfassung verstand sich als ein
Komplex von Rechtsnormen, deren Regelungsgegenstand die Staatsgewalt war, die
sie als legitime allererst konstituierten (also nicht lediglich modifizierten) und nach
Einrichtung und Ausübung systematisch und umfassend regelten. Systematisch war
die Regelung, indem die einzelnen Vorschriften auf ein grundlegendes Legitimati-
onsprinzip zurückgeführt wurden, umfassend, indem sie den Anspruch erhob, die
Staatsgewalt vollständig zu erfassen. Jede Herrschaftsbefugnis musste sich aus der

---

[2] Ausführlicher wird sie in meiner Deutschen Verfassungsgeschichte, 1988 (3. Aufl. 1995), S. 10–
42, gegeben; vgl. auch *Dieter Grimm*, Die Zukunft der Verfassung, 3. Aufl. 2002, S. 300; *ders.*, Ursprung und Wandel der Verfassung, in: Josef Isensee/Paul Kirchhof (Hrsg.), Hdb. d. Staatsrechts I,
3. Aufl. 2003, S. 1.

Verfassung ergeben, jeder Herrschaftsakt musste sich in ihrem Rahmen halten. Diesen Anspruch konnte die Verfassung nur erfüllen, wenn sie auf eine der Staatsgewalt vorausliegende Quelle zurückging und den Akten der Staatsgewalt im Rang vorging. Auch diese beiden Merkmale gehören daher wesentlich zum Konstitutionalismus.

Das Bedürfnis nach Legitimation und Limitation politischer Herrschaft war freilich älter als die Verfassung und wurde auch schon vor ihr mittels Recht befriedigt. Zur Verfassung konnte es aber erst in Folge eines tiefgreifenden Wandels von Herrschaft kommen. Gemeint ist die Herausbildung des modernen Staates auf dem europäischen Kontinent als Anwort auf die Glaubensspaltung und die von ihr ausgelösten konfessionellen Bürgerkriege. Von vorangegangenen Herrschaftsformen unterschied sich der Staat dadurch, dass er die früher auf eine Vielzahl unabhängiger Träger verteilten, nicht auf ein Territorium, sondern auf Personen bezogenen Herrschaftsrechte an sich zog und zur umfassenden öffentlichen Gewalt im Singular verdichtete. Auf diese Weise bildete sich eine autonome Sphäre des Politischen heraus, ohne die es kein auf ihre Regulierung spezialisiertes Gesetz und keinen umfassenden Regelungsanspruch dieses Gesetzes hätte geben können.

Mit der Entstehung des Staates stellte sich die Frage der Legitimation und Limitation von Herrschaft neu. In der Verfassung fand sie ihre Antwort. Die Verfassung war indes nicht sofort mit dem Staat da. Was sofort da war, war die Souveränität. Bedingt durch seine historische Mission: die Überwindung des Bürgerkriegs und die Pazifizierung der religiös gespaltenen Gesellschaft, entstand der Staat zunächst als absoluter. Die Legitimationsfrage wurde dadurch umso dringlicher. Da sie sich nach der Glaubensspaltung nicht mehr in verallgemeinerungsfähiger Weise transzendental beantworten ließ, setzte die zeitgenössische Philosophie an die Stelle der göttlichen Legitimation von Herrschaft eine säkulare, nämlich den Konsens der Herrschaftsunterworfenen, ausgedrückt im Gesellschafts- und Staatsvertrag, der jedoch nicht als historischer Akt, sondern als regulative Idee eingeführt wurde.

Dagegen trat die Limitierungsfrage erst auf, nachdem der souveräne Staat seine Pazifizierungsaufgabe erfüllt hatte und die Notwendigkeit unbeschränkter Gewalt nicht mehr plausibel machen konnte. Sie wurde beantwortet durch das Postulat natürlicher Freiheitsrechte der Individuen, die nun nicht mehr wie in der absolutistischen Staatstheorie im Vertrag an den Staat abgetreten werden mussten, sondern aus dem Naturzustand in ihn überführt wurden und von ihm zu respektieren und zu schützen waren. Aufgegeben werden musste nur das Recht zur Selbsthilfe und zum unbegrenzten Freiheitsgebrauch. Im Übrigen sollte soziale Gerechtigkeit die automatische Folge gesellschaftlicher Selbststeuerung nach dem Muster des Markts sein. Durch Gewaltenteilung schien das am besten gewährleistet. Sie bildete die organisatorische Konsequenz der individuellen Freiheit.

Inhaltlich waren also die wesentlichen Elemente der Verfassung um die Mitte des 18. Jahrhunderts ausgebildet und bestimmten die Gerechtigkeitsvorstellungen des Bürgertums. Sie lagen der Kritik an der bestehenden Ordnung zugrunde und wurden in dem revolutionären Bruch mit der angestammten Herrschaft im letzten Viertel des 18. Jahrhunderts in Nordamerika und Frankreich handlungsleitend für die Herstellung einer neuen Ordnung. Diese sollte nun verwirklicht werden, und Verwirklichung hieß nichts anderes als Überführung von Philosophie in Recht. Nur das Recht besaß die Fähigkeit, die Ordnungsvorstellungen von dem historischen Moment ihrer Durchsetzung und dem Konsens der Beteiligten abzulösen, auf Dauer zu stellen und verbindlich zu machen. Das Produkt war die moderne Verfassung, ein Novum, das es bisher in der Geschichte nicht gegeben hatte und das schnell außerordentliche Anziehungskraft auch außerhalb der Ursprungsländer entwickelte.

Mit der Feststellung, dass die Verfassung ihre Entstehung einer bestimmten historischen Konstellation verdankt, ist freilich implizit gesagt, dass die Bedingungen ihrer Möglichkeit auch wieder entfallen können. Sie genießt keine Ewigkeitsgarantie. Tritt dieser Fall ein, kann etwas „Verfassung" Genanntes trotzdem fortleben. Aber es wird nicht mehr dasselbe sein wie bisher. Da die Verfassung in dem beschriebenen Sinne den Staat voraussetzte, ist die Frage, was von der Verfassung nach der Globalisierung bleibt, also die Frage, was vom Staat bleibt, auf den sie sich regelnd bezieht.[3] Für ihn gilt nichts anderes als für die Verfassung: Auch er entstand unter bestimmten historischen Bedingungen und kann mit dem Wegfall dieser Bedingungen seinerseits wieder verschwinden und anderen Vergemeinschaftungsformen Platz machen oder sich in seiner Eigenart verändern.

Die Eigenart des Staates bestand in der Monopolisierung der öffentlichen Gewalt einschließlich der legitimen physischen Gewaltausübung und der dazu erforderlichen finanziellen, personellen und sächlichen Mittel auf einem gegen andere Staaten abgegrenzten Territorium, die in ihrem Hoheitsbereich dieselbe Stellung einnahmen. Entscheidendes Merkmal war also die Konkurrenzlosigkeit der territorialen Herrschaft. Konkurrenzlos war sie in zweifacher Richtung: Im Innern des Staates gab es keine nicht-staatlichen Herrschaftsträger. Durch die Konzentration aller Herrschaftsbefugnisse beim Staat fielen alle Einwohner auf den Status von Privaten zurück. Außerhalb des Staates gab es keine über- oder nebengeordneten Träger von Herrschaftsbefugnissen mit Binnenwirkung. Die Staaten regelten ihre Beziehungen auf der Grundlage wechselseitiger Anerkennung ihrer Souveränität, also nicht hoheitlich, sondern vertraglich.

Damit war aber auch die Funktionsfähigkeit der Verfassung vom Fortbestand dieser beiden Grenzen abhängig, der Grenze zwischen privat und öffentlich und der Grenze zwischen innen und außen. Wo der Staat das Monopol der öffentlichen Gewalt auf seinem Territorium verlor und seine Herrschaftsbefugnisse mit Privaten teilen oder einer externen Herrschaft unterordnen musste, war die Verfassung nicht mehr in der Lage, ihren umfassenden Regelungsanspruch einzulösen. Als Staatsverfassung regelte sie dann nur noch denjenigen Teil der öffentlichen Gewalt, der Staatsgewalt war. Ihre Regelung erstreckte sich aber weder auf externe Träger innerstaatlich wirkender Herrschaftsbefugnisse noch auf Private, die im Besitz von Herr-

---

[3] So dezidiert auch *Rainer Wahl* in diesem Band.

schaftsmitteln waren oder an der Ausübung staatlicher Herrschaft partizipierten. Sie verlor wesentliche Merkmale, welche sie von den älteren Formen der Verrechtlichung politischer Herrschaft unterscheidet.

Vor der Beantwortung der Frage, ob dieser Zustand durch die Globalisierung oder durch andere Entwicklungen eingetreten ist und die Verfassung um ihre ursprüngliche Bedeutung gebracht hat, sind aber zwei relativierende Bemerkungen am Platze. Erstens war die Verfassung von Anfang an umkämpft, und nicht überall, wo Verfassungen entstanden, lagen auch die Bedingungen ihres Erfolges vor. Es gab stets Staaten ohne Verfassungen oder mit wirkungslosen oder wirkungsarmen Verfassungen, und es gab zahlreiche Verfassungen, die den mit dem Konstitutionalismus verbundenen umfassenden Regelungsanspruch nicht erhoben oder nicht einlösten. Zweitens diskutieren wir heute die Frage nach dem Bedeutungsverlust von Verfassungen vor dem Hintergrund eines beispiellosen Siegeszugs der Staatsverfassung. So viel Verfassung wie seit dem letzten Viertel des 20. Jahrhunderts war nie. Die Staatenwelt ist nahezu vollständig konstitutionalisiert.

Dabei handelt es sich nicht nur um eine territoriale Ausbreitung der Verfassung, sondern auch um eine Intensivierung ihrer Geltung. Die Mehrzahl der Staaten, die sich jüngst Verfassungen gegeben haben, versucht die spezifische Schwäche von Verfassungsrecht, die daraus resultiert, dass Adressat und Garant der Normen identisch sind, durch die Einrichtung von Verfassungsgerichten zu beheben. Je selbstbewusster diese ihre Aufgabe wahrnehmen und dafür Akzeptanz finden, desto mehr entwickelt sich die Verfassung zum alles durchdringenden Prinzip der politischen und sozialen Ordnung und dehnt sich in zahlreiche Bereiche aus, die ursprünglich konstitutionsfrei waren. Es kann sogar sein, dass die Verfassung den öffentlichen Diskurs politischer und sozialer Probleme beherrscht und über ihre rechtliche Geltung hinaus auch auf der symbolischen Ebene als Integrationsfaktor für Gesellschaften wirkt.[4]

III. Globalisierungseffekte

Mit einem solchen Fall setzt dieser Band ein. Die Beiträge von *Schönberger* und *Volkmann* sind dem „Aufstieg der Verfassung" als Ausgangspunkt für die Beantwortung der Frage nach ihrem Abstieg infolge der Globalisierung gewidmet. Abgehoben wird aber auf eine ganz bestimmte Verfassung: das Grundgesetz. Dass die Verfassung in der Bundesrepublik, gemessen an früheren Verfassungsepochen, einen erheblichen Bedeutungszuwachs erfahren hat, lässt sich schwer leugnen. Keiner deutschen Verfassung und wenigen ausländischen Verfassungen war eine solch hohe Relevanz für die Rechtsordnung, das politische Handeln und die gesellschaftlichen Verhältnisse beschieden. *Schönberger* sucht sich gleichwohl der Abfolge von Aufstieg und Abstieg

---

[4] Vgl. *Hans Vorländer* (Hrsg.), Integration durch Verfassung, 2002; *Gunnar Folke Schuppert/ Christian Bumke* (Hrsg.), Bundesverfassungsgericht und gesellschaftlicher Grundkonsens, 2000; *Dieter Grimm*, Integration durch Verfassung, Leviathan 2004, S. 448.

zu entziehen, nicht indem er die als Aufstieg gedeutete Entwicklung der Verfassung leugnet, sondern indem er sie uminterpretiert.

Das gelingt ihm dadurch, dass er die Geltungsschwäche der Verfassung im 19. und in der ersten Hälfte des 20. Jahrhunderts und in zahlreichen Staaten noch weit darüber hinaus als den Normalzustand ausgibt und die hohe Geltungskraft des Grundgesetzes als einen deutschen Sonderweg darstellt, der auf Ausnahmebedingungen im Nachkriegsdeutschland beruhte. Der nunmehr eintretende Bedeutungsverlust ist dann nicht Abstieg, sondern Normalisierung. Nicht mit dem Aufstieg der Verfassung beendet Deutschland seinen Sonderweg in der Geschichte und schließt zum westlichen Standard auf, sondern mit dem Abstieg. Das Wort „Sonderweg" wählt man nicht zufällig. In der geschichtswissenschaftlichen Diskussion ist es negativ besetzt: Am Ende des deutschen Sonderwegs steht Hitler.[5] Auch hier scheint es negativ konnotiert, freilich in dem harmloseren Sinn von: des Guten zuviel.

Schönberger hat der Verfallsthese damit, jedenfalls was das Grundgesetz angeht, den Boden entzogen. Der Preis wird bei der Normativität der Verfassung fällig. Die Feststellung, dass die Verfassung früher weniger Relevanz besaß als heute und in den meisten Ländern heute weniger Relevanz besitzt als in Deutschland, ist empirischer Natur. Misst man die Verfassung dagegen an dem normativen Anspruch, den bereits die Prototypen in Nordamerika und Frankreich erhoben, dann kann man die Geltungsschwäche der Verfassung zwar „normal" im Sinn von „üblich" nennen, aber nicht „normal" im Sinn von „normgemäß". Es wird verbrämt, was die Zeitgenossen beklagten. Die Verfassungen waren ja nicht erkämpft worden, um dann lediglich als Vorschlag in Kraft gesetzt zu werden, wie auch die Grundrechtskataloge nicht durchgesetzt worden waren, um bloß als Appelle zu wirken.

Volkmann lässt sich auf diese Umdeutung nicht ein. Er beschreibt die Entwicklung der Verfassung in der deutschen Nachkriegsgeschichte in sieben Punkten als Aufstieg, aber als einen Aufstieg, der den Charakter der Verfassung verändert hat. Die Verfassung verliert durch das Verständnis als „ethischer Grundkonsens der Gesellschaft und moralisches Prinzip, in dem sie sich einig weiß", an Normativität im Sinn von Regelungsgewissheit und Vorhersehbarkeit der aus ihren Normen angesichts bestimmter Probleme gezogenen Schlüsse. Dafür gewinnt sie in einer Zeit, in der die Integrationskraft traditioneller Werte und gesellschaftlicher Institutionen schwindet, identitätsbildende Kraft in einem Maß, das früheren Verfassungen nicht eigen war. Dass das einem Gesetzestext gelingen kann, ist höchst voraussetzungsvoll. Welche Voraussetzungen dazu notwendig sind, erklärt *Volkmann* nicht näher. Dazu ist später bei *Vesting* und vor allem bei *Wahl* mehr zu erfahren.[6]

Den beiden Aufstiegs-Beiträgen folgt kein entsprechender Abschnitt über den Abstieg der Verfassung. Nach *Schönbergers* und *Volkmanns* Aufsätzen geht es bei

---

[5] Vgl. die Darstellung und Kritik bei *Helga Grebing*, Der „deutsche Sonderweg" in Europa 1806–1945, 1986.

[6] Vgl. auch *Dieter Grimm*, Verfassungspatriotismus nach der Wiedervereinigung, in: *ders.*, Die Verfassung und die Politik, 2001, S. 107.

Steinhauer und *Vesting* sogleich um eine zeitgenössische oder postmoderne Verfassungstheorie, also eine Verfassungstheorie nach dem Abstieg. Worin der globalisierungsbedingte Abstieg besteht, ist eher angedeutet als ausgeführt. Erst *Wahls* Schlusskapitel kommt auf die Leitfrage nach den Globalisierungswirkungen zurück, ohne sie jedoch ins Zentrum seiner Überlegungen zu stellen. Zwischen *Schönberger* und *Volkmann* einerseits und *Steinhauer* und *Vesting* andererseits tut sich also eine Leerstelle auf. Zur Beantwortung der Frage, was von der Verfassung nach der Globalisierung bleibt, ist es aber wichtig, sie zu füllen. Man sollte genauer wissen, was die Globalisierung anrichtet, und auch, ob es immer die Globalisierung ist, die die Bedeutung der Verfassung schmälert. Deshalb auch dazu ein kurzes Wort in diesem Resümee.[7]

Wenn es zutrifft, dass von der Staatsverfassung nur so viel bleiben kann, wie vom Staat bleibt, muss die Analyse den Staat einbeziehen. Bevor dieser unter dem wachsenden Druck von Problemen, die sich im nationalstaatlichen Rahmen nicht mehr effektiv lösen ließen, Befugnisse an internationale Organisationen abgab oder aufgrund von Globalisierungsphänomenen Handlungsmöglichkeiten verlor, hatte er allerdings erst einmal seine Aufgaben ausgeweitet. Die Aufgabensteigerung war eine Folge des Umstandes, dass der Liberalismus, der die Funktion des Staates auf eine Garantenstellung für gesellschaftliche Selbststeuerung reduzieren wollte, die damit verbundenen Erwartungen größeren Wohlstands und sozialer Gerechtigkeit nicht einlösen konnte. Zwar wuchs der Wohlstand mit dem Übergang zur Marktwirtschaft. Aber seine Verteilung war höchst ungleich. Bei formal verstandener Freiheit und Gleichheit hatte das Klassenspaltung und private Unterdrückung zur Folge.

Die politische Antwort darauf war der Sozialstaat oder Wohlfahrtsstaat, der die soziale Gerechtigkeit, welche sich über Marktprozesse nicht wie erwartet von selbst einstellte, nun wieder aktiv zu bewirken hatte. Im Verfassungstext machte sich das zunächst nicht bemerkbar. Der Umschwung begann unterhalb der Verfassung auf der gesetzlichen Ebene. Mancherorts verzögerte oder verhinderte die Verfassung ihn sogar, während im Deutschland des 19. Jahrhunderts die Rückständigkeit der Verfassung die Progressivität der Sozialpolitik beförderte. Die Öffnung der Verfassung für sozialstaatliche Ziele setzte erst nach dem Ersten Weltkrieg ein. Nach und nach hat der Staat wieder eine Generalverantwortung für Bestand und Entwicklung der Gesellschaft in fast allen Lebensbereichen übernommen, in den westlichen Demokratien aber ohne Preisgabe der grundrechtlich gesicherten Individualfreiheit und Autonomie der verschiedenen gesellschaftlichen Funktionssysteme.

---

[7] Ausführlicher an den genannten Stellen (Fn. 2); zusätzlich *Dieter Grimm*, Die Verfassung im Prozess der Entstaatlichung, in: Festschrift für Peter Badura, 2004, S. 145; *ders.*, The Achievement of Constitutionalism and its Prospects in a Changed World, in: Petra Dobner/Martin Loughlin (Hrsg.), The Twilight of Constitutionalism?, 2010, S. 3; *ders.*, Lässt sich die Verhandlungsdemokratie konstitutionalisieren?, in: Claus Offe (Hrsg.), Demokratisierung der Demokratie, 2003, S. 193; *ders.* (Hrsg.), Wachsende Staatsaufgaben – sinkende Steuerungsfähigkeit des Rechts, 1990.

Dass damit nicht nur ein Bedeutungsgewinn der Verfassung verbunden war, ist bei *Volkmann* ausgeführt. Es hat vor allem mit dem Bemühen zu tun, den Liberalismus nicht dem Sozialstaat zu opfern, sondern beide miteinander zu versöhnen. Soweit der Sozialstaat durch Staatszielbestimmungen oder soziale Grundrechte in Verfassungsrang erhoben wurde, zeigte sich, dass sie von anderer Natur waren als die traditionellen Verfassungsbestandteile. Während sich die liberale Verfassung auf Organisationsnormen, Verfahrenregeln und Schrankenbestimmungen beschränkte und gerade in dieser Beschränkung dem Verfassungsrecht eine hohe Wirksamkeit sicherte, konnten die sozialstaatlichen Ziele nicht durch staatliche Zurückhaltung erreicht werden, sondern nur durch staatliche Interventionen, die aber vermehrte Freiheitsbeschränkungen erforderten, sowie durch staatliche Leistungen, deren Art und Maß jedoch in der Verfassung selbst nicht vorgegeben werden konnte.

Für die Verfassung hatte das zwei Konsequenzen: Die Determinationskraft der sozialstaatlichen Verfassungsnormen war geringer als die der liberal-rechtsstaatlichen Normen, und ihre Verwirklichung geriet unter die Bedingung des Möglichen. Infolgedessen konnte sich der Staat zur Erfüllung der wohlfahrtsstaatlichen und später auch der risikovorsorgenden Aufgaben nur begrenzt auf seine spezifisch staatlichen Mittel verlassen, nämlich imperatives Recht und zwangsweise Durchsetzung, teils weil sich wohlfahrtsstaatliche Ziele wie Konjunkturbelebung oder Bildungsbereitschaft ihrer Eigenart nach gegen hoheitliche Anordnung sperrten, teils weil solche Anordnungen grundrechtlich verboten waren, teils weil dem Staat das Steuerungswissen für effektive Risikovorsorge fehlte oder die Implementationskosten zu hoch waren. Indirekt wirkende Steuerungsformen traten neben die hoheitlichen.

Im selben Maß wurde der Staat aber von der freiwilligen Folgebereitschaft der Steuerungsadressaten abhängig. Seine Antwort auf diese Lage bestand in Verhandlungsangeboten an die privaten Problemverursacher, die diese wiederum zur Förderung ihrer partikularen Interessen ausnutzen konnten. Wenn die Verhandlungsergebnisse mit Gesetzeskraft versehen werden oder gar an die Stelle des Gesetzes treten, lassen sich solche korporativen Arrangements nicht mehr als Einflussnahme Privater auf Staatshandeln, sondern nur noch als Partizipation an Staatshandeln beschreiben, ohne dass die privaten Akteure jedoch in den Legitimations- und Verantwortungszusammenhang einbezogen wären oder werden könnten, dem die Verfassung staatliches Verhalten unterwirft. Die für die Verfassung konstitutive Grenze zwischen öffentlich und privat verwischt sich dadurch und grundlegende Prinzipien der Verfassung werden unterhöhlt.

Trat diese Entwicklung unabhängig von der Globalisierung ein und erfuhr durch sie nur insofern eine Verstärkung, als es den wirtschaftlichen Akteuren erleichtert wurde, der staatlichen Regulierung auszuweichen oder mit Abwanderung zu drohen, betrafen Globalisierungsphänomene vorwiegend die andere für die Funktion der Verfassung konstitutive Grenze, nämlich die zwischen innen und außen. Globalisierung bedeutet vor allem Durchlässigkeit territorialer Grenzen. Staatsgrenzen sind zwar nie undurchlässig gewesen. Aber lange Zeit besaßen die Staaten die Kon-

trolle über grenzüberschreitende Vorgänge. Hinsichtlich der unkörperlichen Grenz-
überschreitungen, die der wissenschaftlich-technische Fortschritt ermöglicht, ist
ihnen diese Kontrolle weitgehend entglitten. Weltweit operierende private Akteure
können sich dadurch dem regulierenden Zugriff von Staaten entziehen und entwickeln eigene globale Regelwerke und Institutionen.[8] Die Aktionsradien von Wirtschaft und Politik decken sich nicht mehr.

In Reaktion darauf hat sich die Staatenkooperation beträchtlich erhöht und inten-
siviert. Gegründet von Staaten, sind internationale Organisationen entstanden, die
nicht nur nach Art der traditionellen Bündnisse Staatenaktivitäten koordinieren,
ohne selbst Träger öffentlicher Gewalt zu sein. Vielmehr nehmen sie im eigenen Namen Aufgaben wahr, die früher Sache der Staaten waren, und haben zu diesem Zwecke Hoheitsrechte von den Staaten erhalten, die sie ihnen gegenüber zur Geltung
bringen. Zwar behalten sich die Staaten einen mehr oder weniger großen Einfluss in
den Entscheidungsorganen der internationalen Organisationen vor. Wo keine Ein-
stimmigkeit verlangt wird oder internationale Exekutiven und Gerichte entscheiden,
verselbstständigen sich die Organisationen aber von ihren Gründern und Trägern
und werden zu eigenständigen politischen Akteuren neben oder über den Staaten.

Auch die globalisierte Welt besteht also weiter aus Staaten. Aber kein Staat ist nach
diesen Veränderungen noch souverän in dem Sinn, in dem Staaten vor 1945 souverän waren.[9] Die Identität von öffentlicher Gewalt und Staatsgewalt besteht nicht
mehr. Alle Staaten unterfallen in dieser oder jener Hinsicht einer übergeordneten
Herrschaft. Andererseits ist die Entwicklung aber nicht so weit vorangeschritten,
dass die Souveränität auf die internationalen Organisationen übergegangen wäre.
Sämtlichen internationalen Organisationen fehlt das Recht zur Selbstbestimmung
über ihre eigene Grundordnung, ohne das Souveränität schwer vorstellbar ist. Hinsichtlich ihrer Grundordnung sind alle internationalen Organisationen fremdbe-
stimmt, nämlich durch ihre Mitgliedstaaten. Auch liegt das Gewaltmonopol weiterhin bei den Staaten. Soweit internationale Organisationen zur Durchsetzung ihrer
Maßnahmen auf physische Gewalt angewiesen sind, müssen sie sich diese von den
Staaten borgen.

Den Staaten ist dagegen das Selbstbestimmungsrecht im Prinzip, wenn auch nicht
mehr zur völlig freien Ausübung, erhalten geblieben. Der Gebrauch des Selbstbe-
stimmungsrechts zu Aggressionen oder Verbrechen gegen die Menschlichkeit rechtfertigt Interventionen internationaler Organisationen, denen gegenüber die Staaten
sich nicht mehr auf ihre Souveränität berufen können. Souveränität deckt nur noch
ein begrenztes Selbstbestimmungsrecht. Während aber die internationalen Organisationen, sofern sie Herrschaftsbefugnisse besitzen, in der Regel nur über eng begrenzte Zuständigkeiten verfügen, ist die Generalzuständigkeit bei den Staaten ver-

---

[8] Vgl. dazu vor allem *Gunther Teubner*, Global Private Regimes, in: Karl-Heinz Ladeur (Hrsg.),
Public Governance in the Age of Globalization, 2004, S. 71; *ders*. (Hrsg.), Global Law without a
State, 1997.

[9] Vgl. dazu *Dieter Grimm*, Souveränität, 2009.

blieben. Die territoriale Herrschaftsgewalt ist prinzipiell umfassend, die internationale ist funktional spezialisiert. Insofern ist es nach wie vor berechtigt, den Staaten die in ihrer Bedeutung freilich gewandelte Souveränität zuzusprechen.

IV. Die Verfassung nach der Globalisierung

Die Frage, was nach der Globalisierung von der nationalen Verfassung bleibt, lässt sich auf dieser Grundlage leichter beantworten. Allerdings sollte die Antwort nicht allein aus der europäischen Perspektive gegeben werden. Zwar stellt sich die Verfassungsfrage im Blick auf die Mitgliedstaaten der Europäischen Union besonders dringlich, weil die Union an Kompetenzfülle und Organisationsdichte alle anderen internationalen Organisationen übertrifft. Nicht ohne Grund ist die neue Verfassungsdiskussion daher von Europa ausgegangen. Aber Europa ist nicht die Welt. Die Verfassungen anderer Staaten sind von der Entwicklung weniger betroffen. Die Hoheitsrechte der UN mögen zwar fühlbarer als die der EU sein: Sie schließen militärische Gewalt ein. Doch kommen sie nur selten zum Einsatz. Die Frage, was vom Staat und seiner Verfassung nach der Globalisierung bleibt, stellt sich verschiedenen Ländern in sehr verschiedener Weise.

Trotz des Untertitels steht sie nicht im Zentrum dieses Buches. *Steinhauers* einleitende Feststellung, die Verfassung sei „nicht (mehr) die rechtliche Grundordnung" des Staates, ist jedenfalls voreilig, denn das Problem besteht nicht darin, dass die Verfassung *nicht mehr* die rechtliche Grundordnung des Staates ist, sondern darin, dass sie *nur noch* die rechtliche Grundordnung des Staates ist. Da der Staat jedoch die öffentliche Gewalt auf seinem Territorium nicht mehr allein innehat, kann auch die Staatsverfassung ihre Funktion nicht mehr ungeschmälert erfüllen. Sie ist deswegen aber nicht zur Bedeutungslosigkeit geschrumpft. Vielmehr behält sie Bedeutung, soweit der Staat im globalen Feld Bedeutung behält, und erweitert sie unter Umständen sogar, weil sich die Einflussmöglichkeiten des Staates im Rahmen der internationalen Organisationen erweitern.

Verschiedene Ebenen sind zu unterscheiden.[10] Da die internationalen Organisationen, welche über öffentliche Gewalt verfügen, diese nicht aus eigenem Recht innehaben, sondern einer Übertragung seitens der Mitgliedstaaten verdanken, bleibt es Sache der nationalen Verfassung zu bestimmen, ob, unter welchen Bedingungen, in welchem Maß und in welchen Formen die Übertragung zulässig ist. Die nationale Verfassung wirkt auf diese Weise als Filter für die Abgabe staatlicher Aufgaben und Rechte. Die Politik ist insoweit nicht frei. Heute finden sich in zahlreichen Verfassungen Regeln für diesen Fall. In Staaten mit Verfassungsgerichtsbarkeit können überdies Gerichte prüfen, ob die Regeln beim Abschluss völkerrechtlicher Verträge

---

[10] Vgl. dazu näher *Dieter Grimm*, Zur Bedeutung nationaler Verfassungen in einem vereinten Europa, in: Detlef Merten/Hans-Jürgen Papier (Hrsg.), Hdb. der Grundrechte, Bd. VI/2, 2009, S. 3.

eingehalten worden sind. Bei den europäischen Verträgen ist das nicht nur in Deutschland mehrfach geschehen.

Ist die Übertragung erfolgt, bestimmt sich die Ausübung der abgetretenen Rechte durch die internationalen Organisationen aber nicht mehr nach der nationalen Verfassung, sondern nach den Statuten oder rechtlichen Grundordnungen der Organisationen. Die nationale Verfassung regelt also die Ausübung öffentlicher Gewalt nur noch insoweit, als diese weiterhin Staatsgewalt ist. Die Legitimationsanforderungen, die die Staatsverfassung an Akte der öffentlichen Gewalt in ihrem territorialen Geltungsbereich richtet, gelten nur noch für nationale Akte. Allenfalls kann die nationale Verfassung die Anwendbarkeit externer Hoheitsakte auf dem nationalen Territorium in Extremfällen, etwa bei ultra-vires-Handlungen oder identitätsgefährdenden Akten, ausschließen.[11] Dabei sind die Staaten in einer relativ günstigen Position, weil sie gewöhnlich die Durchsetzungsgewalt nicht abgetreten haben.

Das ändert aber nichts daran, dass die Verfassung ihren umfassenden Regelungsanspruch nicht mehr einlösen kann. Sie wird Teilverfassung. Das vollständige Bild der rechtlichen Anforderungen an die Einrichtung und Ausübung öffentlicher Gewalt ergibt sich erst aus einer Zusammenschau der nationalen Verfassung mit ihren internationalen Äquivalenten. Bei Widersprüchen zwischen internationalem Recht und nationalem Verfassungsrecht muss dieses in der Regel zurücktreten. Auch der Vorrang der nationalen Verfassung gilt also nur noch gegenüber den Akten der staatlichen Gewalt. Allerdings sind die Beziehungen zwischen nationalen und internationalen Gerichten nicht hierarchisch geordnet. Es lässt sich also nicht ausschließen, dass gerichtliche Entscheidungen einander widersprechen, ohne dass der Widerspruch rechtlich aufgelöst werden kann. Das eröffnet der nationalen Verfassung eine begrenzte Selbstbehauptungschance.

Schließlich lässt sich auch der Anspruch, dass alle im räumlichen Geltungsbereich der nationalen Verfassung ausgeübte öffentliche Gewalt ihre Legitimation vom Staatsvolk erhält, nicht mehr einlösen. Zwar fehlt es den internationalen Organisationen nicht an einer Legitimationsgrundlage für ihre Herrschaftsgewalt. Sie besteht aus den Verträgen, die die Organisationen ins Leben gerufen haben und sie rechtlich ordnen. Indessen hat dieses Recht seinen Ursprung nicht im Volk des Staates, das der Herrschaft unterworfen ist. Die Herrschaftsgewalt der internationalen Organisationen geht von den Mitgliedstaaten aus. Auch dort, wo diese selbst demokratisch sind, verleiht das der Rechtsgrundlage aber noch keine demokratische Legitimation in der Art, wie sie eine Verfassung vermittelt. Sie garantiert auch nicht, dass das Volk nur solchen Herrschaftsakten unterworfen ist, denen sein eigener Staat in einem demokratischen Verfahren zugestimmt hat.

Diese Grundkonstellation wird aber dadurch abgemildert, dass sich die Mitgliedstaaten internationaler Organisationen einen erheblichen Einfluss in den Organen

---

[11] So etwa das Lissabon-Urteil, BVerfGE 123, 267 (2009); vgl. aber die Konkretisierung im Honeywell – Beschluss, BVerfGE 126, 286 (2010).

dieser Organisation sichern. Soweit internationale Organisationen ihre Entscheidungen nur mit Zustimmung aller Mitgliedstaaten treffen können, kann die nationale Verfassung verlangen, dass die nationale Regierung keinem Beschluss zustimmt, der nicht den verfassungsrechtlichen Anforderungen für einen entsprechenden nationalen Beschluss genügt. Aber auch im Bereich von Mehrheitsentscheidungen gewinnen die Staaten durch die Vergemeinschaftung ehedem exklusiv staatlicher Zuständigkeiten Einflussmöglichkeiten auf der internationalen Ebene und vermittelt über sie auf die anderen Mitgliedstaaten. Dabei liegt der Staat an der Leine der nationalen Verfassung, die auf diese Weise ihren Wirkungsbereich über die Staatsgrenzen hinaus ausdehnt, dort allerdings demselben Anspruch anderer Verfassungen begegnet.

An die Stelle des klaren Dualismus von intern geltendem Verfassungsrecht und extern geltendem Völkerrecht ist also eine unübersichtliche Gemengelage getreten, in der einmal die nationale Verfassung, ein andermal das internationale Recht überwiegt, ohne dass eine völlige Harmonisierung der verschiedenen Rechtsmassen garantiert wäre. Die Kollisionsregeln, die im nationalen Recht Normenwidersprüche auflösen, gelten nicht im Verhältnis zum internationalen Recht. Die Einheit der Rechtsordnung ist folglich nicht mehr gewährleistet. Rechtspluralismus ist das Schicksal der Zukunft. Je mehr das bewusst wird, desto häufiger findet man allerdings Versuche, darin nicht nur Nachteile, sondern auch Vorteile zu sehen. Nationale und internationale Akteure können sich im Konfliktfall nicht auf hierarchische Positionen zurückziehen, sondern sind zum Dialog und zur wechselseitigen Rücksichtnahme angehalten.[12]

Es ist jedoch nicht die vom Rechtspluralismus ausgehende Gefahr für die Einheit der Verfassung, die im Zentrum des Bandes steht, sondern die vor allem von *Vesting* behauptete Auflösung der Verfassung in eine Vielzahl auseinanderstrebender Teilverfassungen. Die Globalisierung tritt hier als Verursacher ganz in den Hintergrund. Für die von *Vesting* angenommene Entwicklung werden vielmehr die deutsche Staatsrechtslehre und die Rechtsprechung des Bundesverfassungsgerichts verantwortlich gemacht. Ihre Wirkungen zeigen sich dem gemäß am Grundgesetz und werden auch nur für dieses untersucht. Ob es sich um eine generelle Tendenz im Zeichen der Globalisierung handelt und deswegen der Konstitutionalismus an sich davon erfasst ist, bildet nicht den Gegenstand der Erörterung.

Die Kandidaten für Teilverfassungen, die in dem Band behandelt werden, sind vielgestaltig. Die meisten ranken sich um ein Grundrecht (Medienfreiheit, Wissenschaftsfreiheit, Religionsfreiheit, informationelle Selbstbestimmung) oder um einen Komplex von Grundrechten (wirtschaftliche Freiheiten). Sicherheitsrecht ist das Ergebnis einer jungen Entwicklung, die – ausgelöst durch neuartige Bedrohungen, namentlich den internationalen Terrorismus – zu Verfassungsänderungen, Gesetzes-

---

[12] Vgl. etwa *Anne-Marie Slaughter*, A New World Order, 2004, S. 65ff.; *Monica Claes*, The National Courts' Mandate in the European Constitution, 2006; *Stefan Oeter/Franz Merli*, VVDStRL 66 (2007), S. 361 und 392.

änderungen und einer Serie darauf bezogener verfassungsgerichtlicher Urteile geführt hat. Bei Umweltrecht und Sozialrecht handelt es sich um ausgedehnte Rechtsgebiete mit hoch abstrakter verfassungsrechtlicher Legitimation im Sozialstaatsgebot und in der Staatszielbestimmung des Art. 20a GG und mit Grundrechtsberührung. Das Finanzverfassungsrecht schließlich bildet einen umfangreichen Abschnitt im Grundgesetz selbst.

Dass hier keine Einheitlichkeit der dogmatischen Behandlung zu erwarten ist, ergibt sich aus der Verschiedenheit der Regelungsgegenstände, der Schutzrichtungen und der Schrankenklauseln. Aber Unterschiede sind noch keine Teilverfassungen, und Teilverfassungen sprengen noch nicht notwendig die Einheit der Verfassung. Hinzukommen muss vielmehr eine Art der dogmatischen Bearbeitung, die den Zusammenhang der Teilverfassungen auflöst, so dass sie nicht mehr als gegenstandsbedingte Ausformungen eines allen gemeinsamen Prinzipienbestandes angesehen werden können. Schon in *Rossen-Stadtfelds* Beitrag, mit dem dieser Teil beginnt, wird aber deutlich, dass sich die Sonderdogmatik für die Rundfunkfreiheit gerade aus den beiden Fundamentalentscheidungen der Verfassung für die freie Entfaltung der Persönlichkeit und das Demokratieprinzip speist. Das Grundrecht der Rundfunkfreiheit erhält aus diesen alles überwölbenden allgemeinen Prinzipien seinen besonderen Sinn.

Ähnliches gilt für *Augsbergs* Beitrag, in dem die Wissenschaftsfreiheit sich ähnlich wie die Rundfunkfreiheit als gegenstandsadäquate Ausformulierung des allgemeinen Grundrechtsverständnisses erweist. Noch deutlicher wird *Heinig*, wenn er eine Sonderheit der Religionsfreiheit oder gar eine „hermeneutische Abgeschlossenheit einer Teilverfassung" bestreitet und feststellt, dass das Religionsverfassungsrecht die Einheit der Verfassung nicht in Frage stellt, sondern im Gegenteil voraussetzt. Von diesem Muster weichen auch die wirtschaftlichen Freiheiten nicht ab. *Kersten* bestreitet, dass es eine geschlossene, mit anderen Verfassungsregelungen nicht abgestimmte Wirtschaftsverfassung gibt, und *Lepsius* spricht sogar von einer verfassungsgerichtlichen Strategie der Nicht-Konstitutionalisierung des Wirtschaftsrechts, die Änderungsversuchen aus der Lehre erfolgreich widerstand. Weder der Markt noch der Wettbewerb wurden als solche in den Schutzbereich der wirtschaftlichen Grundrechte einbezogen.

Auch *Hase* spürt in seinem Beitrag keine sozialrechtliche Teilverfassung auf. Er beklagt im Gegenteil, dass das Verfassungsrecht dem legislatorischen Wildwuchs und Veränderungsdrang, der in diesem Rechtsgebiet herrsche, keine festen Grenzen zieht, sondern die Gewissheitsverluste durch die Abwägungsdogmatik und -rechtsprechung noch verstärkt. Beide durchziehen aber die Verfassungsdogmatik in allen Bereichen mit Grundrechtsberührung. Das Umweltrecht wiederum ist nach *Appel* nur schwach verfassungsgeprägt. Der europarechtliche Einfluss wird als stärker veranschlagt, so dass es schon deswegen problematisch ist, von einer eigenständigen Umweltverfassung zu sprechen. Schließlich kann *Korioth* hinsichtlich der Finanzverfassung feststellen, dass nach anfänglichen Versuchen, ihr eine Sonderstellung im

Grundgesetz zuzusprechen, geradezu die gegenteilige Entwicklung eingetreten ist: Die Interpretation bemüht sich um die Einbettung des X. Abschnitts in den Gesamtzusammenhang des Grundgesetzes.

Keine der zehn Bereichsuntersuchungen hat also die Zerfallsthese bestätigt. Bei einer resümierenden Betrachtung überwiegt im Gegenteil der Eindruck von Einheitlichkeit. Das liegt zum einen an der Rückführung aller Grundrechte auf die Persönlichkeitsentfaltung und die dafür notwendigen Voraussetzungen, zum anderen an dem großen Bestand allgemeiner Grundrechtslehren, die an den besonderen Gegenständen und ihren Eigengesetzlichkeiten durchgespielt werden. Das Verhältnismäßigkeitsprinzip ebnet die verschiedenen Gesetzesvorbehalte der Grundrechte weitgehend ein und unterwirft sie einer vereinheitlichenden Auslegung. Die im Lüth-Urteil entwickelte Ausstrahlungswirkung der Grundrechte auf das Gesetzesrecht ist zum großen Einheitsstifter in einer vom Ursprung her disparaten Rechtsordnung geworden. Viele Eigentümlichkeiten der Teilrechtsgebiete sind unter dem vereinheitlichenden Einfluss der Grundrechte zusammengeschmolzen.

Auch die beiden die Teilverfassungs-Kapitel ergänzenden Beiträge *Jestaedts* zur Verfassungsgerichtsbarkeit und *Morloks* zu den politischen Parteien veranschlagen die Verluste der nationalen Verfassung in ihren Untersuchungsbereichen als gering. *Jestaedt* kommt zu dem Ergebnis, dass das Problem der Verfassungsgerichtsbarkeit kein Zuwenig an Verfassungsrecht, sondern ein Zuviel ist. Den Grund sieht er in der Methode der Verfassungsinterpretation durch das Bundesverfassungsgericht, die dem Politischen keinen Ort mehr übrig lasse. Nicht der Eigenwert der Verfassung scheint hier bedroht, sondern derjenige der Politik. *Morlok* berichtet dagegen zustimmend von einer besonders hohen Bedeutung des Verfassungsrechts im Parteienrecht. Notwendig erscheint sie ihm, weil er Parteienrecht als Wettbewerbsrecht für Parteien versteht, das durch einfaches Recht nicht zugunsten bestimmter Wettbewerber verändert werden darf.

Blickt man in Kenntnis dieser Bestandsaufnahme nochmals auf *Vestings* Forderung nach einer postmodernen Verfassungstheorie zurück, die sich auf den Zerfall der Einheit der Verfassung einstellt, so verliert sie beträchtlich an Überzeugungskraft. Es gibt mehr Einheit der Verfassung, als *Vesting* in seinem Beitrag zugestehen wollte. Dieser Befund hätte wohl doch zu einer Überprüfung der These Anlass geben müssen, dass diese Einheit, die er gleichwohl für notwendig hält, nur noch auf der symbolischen Ebene fingiert werden könne. Eine Platzierung der verfassungstheoretischen Beiträge am Ende des Bandes, also nach der Bestandsaufnahme über Globalisierungs- und Fragmentierungswirkungen, hätte womöglich dazu gezwungen. So findet man nur in der Einleitung der beiden Herausgeber einen kurzen Hinweis, dass es um die Einheit der Verfassung vielleicht doch nicht so schlecht bestellt sei.

V. Verfassung im Kontext

Vestings Überlegungen sind damit allerdings nicht abgetan. Das wäre nur der Fall, wenn sie sich in der These vom Verlust der Einheit der Verfassung erschöpften. Es ist indes lediglich eine bestimmte, substanzhafte oder in einem der Verfassung unterliegenden System begründete Einheit, die er für unwiederbringlich verloren hält. Auf die Einheit überhaupt glaubt er nicht verzichten zu können. Das soll eine Reihe von Analogien bekräftigen. So wie das zersplitterte postmoderne Individuum sich unablässig von seiner Einheit überzeugen müsse, so wie die Familie ihre generationenübergreifende Einheit kontrafaktisch behaupten müsse und so wie die Gesellschaft ein einheitsstiftendes kulturelles Gedächtnis benötige, so sei auch die Verfassung auf eine Einheit angewiesen, die gepflegt und bewahrt werden müsse.

Was für Personen und Personenkollektive wie Familie und Gesellschaft gilt, lässt sich freilich nicht unbesehen auf einen normativen Text wie die Verfassung übertragen. Wie *Vestings* Berufung auf Anthropologie, Soziologie und Kulturtheorie zeigt, geht es ihm jedoch um mehr als eine Vermeidung von Widersprüchen im Verfassungstext oder in dessen Auslegung und Anwendung. Man muss vielmehr von der Funktion der Verfassung her denken, wenn man die Notwendigkeit der Einheit begründen will. *Vesting* erwartet, dass sie einer sozialen Einheit einen „Richtungssinn" gibt, der wiederum die Individuen stützt. *Wahl* stellt darauf ab, dass die Verfassung eine politische Einheit verfasst. Diese Einheit mag vor der Verfassung existiert und durch sie ihre Handlungsfähigkeit erhalten haben. Sie mag durch die Verfassung erst hervorgebracht, „konstituiert" worden sein. In jedem Fall ist die Bezugsgröße der Verfassung eine Einheit.

Daraus kann man folgern, dass die Verfassung die Funktion der Einheitsgründung und Sinnstiftung nur erfüllen kann, wenn sie selber eine Einheit bildet. Worin besteht diese aber oder worauf gründet sie sich, wenn man *Vesting* abnimmt, dass die ursprüngliche Einheit durch externe Pluralisierung und interne Fragmentierung unmöglich geworden sei? Ein Surrogat hat *Vesting* nicht anzubieten. Da er die Einheit gleichwohl für unentbehrlich hält, bleibt ihm nur die Fiktion. Die in der Verfassungsrealität abwesende Einheit muss auf der symbolischen Ebene fingiert werden. Dort muss ein „eigenständiger Raum symbolischer Verfassungsrealität" entstehen. Die Gesellschaft muss mit ihrer Verfassung so umgehen, *als ob* sie eine Einheit bilde. Die Einheit ist das Produkt eines „kollektiv geteilten Glaubens" an diese Einheit. Sie ist „narrative Realität". Doch was, wenn eine Gesellschaft entdeckt, dass ihre Erzählung keine Entsprechung in der Realität hat, also Ideologie ist?

Vesting betont, dass an der Einheit „gearbeitet" werden muss. Sie darf also nicht als gegeben unterstellt werden. Er zweifelt aber nicht daran, dass die Arbeit Einheit schafft. *Wahl* scheint sich dessen nicht so sicher zu sein. Er betont, dass Verfassungspatriotismus eher die Ausnahme als die Regel ist. Aber selbst die rechtliche Wirksamkeit der Verfassung ist nicht schon mit ihrer Geltung gesichert. Sie ist hochgradig voraussetzungsvoll. Den Vorwurf, das zu übersehen, macht er den gängigen Darstellungen des Grundgesetzes als Erfolgsgeschichte. Der Erfolg werde hier dem Verfassungs*recht* gutgeschrieben. Aber er habe nur entstehen können, weil das Grundgesetz in einen Kontext eingebettet war, der seine rechtliche Relevanz begünstigte. Aus diesem Grund kommt *Wahl* auf die Unterscheidung von Verfassung und Verfassungsrecht zurück, aber nicht im *Smend*schen oder gar *Schmitt*schen Sinn. Die Verfassung ist für ihn ein „kulturell-politisch-rechtliches Gesamtphänomen", von dem das Schicksal des Verfassungs*rechts* abhängt.

Wahl macht diese Erkenntnis für den Vergleich zwischen nationalen und supranationalen Verfassungen fruchtbar. Das ist von erheblicher Bedeutung. Denn wenn auch die nationale Verfassung von innen weniger gefährdet ist, als *Vesting* annimmt, so bleibt doch die äußere Entwertung durch Europäisierung und Globalisierung. Sie hat die Konstitutionalisierungsdebatte ausgelöst. *Wahl* misst der Frage der Verfassungsfähigkeit internationaler Organisationen keine große Bedeutung zu. Er sieht die wesentlichen Unterschiede auch nicht im Inhalt der jeweiligen Dokumente, sondern im Kontext der jeweiligen Bezugseinheiten. Auf der supranationalen Ebene, Europa inbegriffen, fehlt das Zusammengehörigkeits- oder Gemeinschaftsgefühl, von dem das Verfassungsrecht zehrt. In dieser Hinsicht haben die Staaten einen Vorsprung, und deswegen prophezeit er auch den nationalen Verfassungen einen Vorsprung vor allem, was auf der supranationalen Ebene als „Verfassung" ausgegeben wird. Das ist wohl der wichtigste Ertrag des Bandes.

Verzeichnis der Autoren

Prof. Dr. Ivo Appel, Universität Augsburg

Dr. Dr. Ino Augsberg, Ludwig-Maximilians-Universität München

Prof. Dr. Dr. h. c. mult. Dieter Grimm, LL.M. (Harvard), Humboldt-Universität zu Berlin

Prof. Dr. Friedhelm Hase, Universität Bremen

Prof. Dr. Hans Michael Heinig, Georg-August-Universität Göttingen

Prof. Dr. Matthias Jestaedt, Albert-Ludwigs-Universität Freiburg i. Br.

Prof. Dr. Jens Kersten, Ludwig-Maximilians-Universität München

Prof. Dr. Stefan Korioth, Ludwig-Maximilians-Universität München

Prof. Dr. Oliver Lepsius, LL.M. (Chicago), Universität Bayreuth

Prof. Dr. Martin Morlok, Heinrich-Heine-Universität Düsseldorf

Prof. Dr. Ralf Poscher, Albert-Ludwigs-Universität Freiburg i.Br.

Prof. Dr. Helge Rossen-Stadtfeld, Universität der Bundeswehr, München

Prof. Dr. Christoph Schönberger, Universität Konstanz

Prof. Dr. Indra Spiecker gen. Döhmann, LL.M. (Georgetown), Karlsruher Institut für Technologie (vormals Universität Karlsruhe)

Dr. Dr. Fabian Steinhauer, Bauhaus-Universität Weimar

Prof. Dr. Thomas Vesting, Johann Wolfgang Goethe-Universität Frankfurt/M.

Prof. Dr. Uwe Volkmann, Johannes Gutenberg-Universität Mainz

Prof. Dr. Rainer Wahl, Albert-Ludwigs-Universität Freiburg i. Br.

Recht – Wissenschaft – Theorie

Standpunkte und Debatten

Herausgegeben von
Matthias Jestaedt, Oliver Lepsius, Christoph Möllers und Andreas Voßkuhle

In der rechtswissenschaftlichen Alltagsarbeit stellen praktische Fragen die theoretischen Dimensionen des Rechts in den Hintergrund. Über Theorie und Methode räsoniert man nicht, man wendet sie in der praktischen Arbeit einfach an, lautet eine gängige Einstellung. Die hier anzuzeigende Schriftenreihe rückt demgegenüber den Theoriebezug der Rechtswissenschaft in den Mittelpunkt. Sie bildet das Forum für Monographien, Sammelbände und Streitschriften, die die Selbst- oder Fremdreflexion der Jurisprudenz zum Ziel haben. Dabei geht es sowohl um Fragen der innerjuristischen Arbeitsteilung zwischen den Teilrechtsgebieten und den an der Rechtsetzung beteiligten Institutionen als auch um die interdisziplinäre Anschlussfähigkeit der Rechtswissenschaft zu den Nachbardisziplinen. Es geht um das Proprium der Rechtswissenschaft als einer theoretisch angeleiteten und nicht bloß praktisch motivierten Wissenschaft, mit anderen Worten: um Grundfragen der Rechtswissenschaft, die Standpunkte einfordern und Debatten auslösen.

Die lieferbaren Bände:

1 Das Proprium der Rechtswissenschaft. Herausgegeben von *Christoph Engel* und *Wolfgang Schön.* 2007. XIV, 329 Seiten. Fadengeheftete Broschur.
2 Rechtswissenschaftstheorie. Herausgegeben von *Matthias Jestaedt* und *Oliver Lepsius.* 2008. VII, 207 Seiten. Fadengeheftete Broschur.
3 Öffentliches Recht und Wissenschaftstheorie. Herausgegeben von *Andreas Funke* und *Jörn Lüdemann.* VII, 216 Seiten. Fadengeheftete Broschur.
4 An den Grenzen der Rechtsdogmatik. Herausgegeben von *Julian Krüper, Heike Merten* und *Martin Morlok.* 2010. VIII, 162 Seiten. Fadengeheftete Broschur.
5 Der Eigenwert des Verfassungsrechts. Was bleibt von der Verfassung nach der Globalisierung? Herausgegeben von *Thomas Vesting* und *Stefan Korioth.* 2011. VIII, 395 Seiten. Fadengeheftete Broschur.

*Einen Gesamtkatalog erhalten Sie gerne vom Verlag
Mohr Siebeck, Postfach 2040, 72010 Tübingen.
Aktuelle Informationen im Internet unter www.mohr.de*